Library of
Davidson College

LA VIE LITTÉRAIRE
AU QUÉBEC

Sous la direction de Maurice Lemire

Avec la collaboration de
Aurélien Boivin
Anne Carrier
Jacques Cotnam
Gilles Dorion
Kenneth Landry
Hélène Marcotte
Pierre Rajotte
Lucie Robert
Denis Saint-Jacques
André Senécal
membres du Centre de recherche
en littérature québécoise (CRELIQ)

LA VIE LITTÉRAIRE AU QUÉBEC
**II
1806
1839**

Le projet national des Canadiens

LES PRESSES DE L'UNIVERSITÉ LAVAL
Sainte-Foy, 1992

Le projet de recherche sur l'histoire littéraire du Québec est financé conjointement par le Conseil de recherches en sciences humaines du Canada (CRSHC) et par le Fonds pour la formation de chercheurs et l'aide à la recherche du Québec (FCAR).

Cet ouvrage a été publié grâce à une subvention de la Fédération canadienne des études humaines, dont les fonds proviennent du Conseil de recherches en sciences humaines du Canada.

Les Presses de l'Université Laval reçoivent chaque année du Conseil des arts du Canada une subvention pour l'ensemble de leur programme de publication.

Données de catalogage avant publication (Canada)

Vedette principale au titre :

La vie littéraire au Québec

    L'ouvrage complet comprendra 5 v.
    Comprend des réf. bibliogr. et des index.
    Sommaire : t. 1. 1764-1805, la voix française des nouveaux sujets britanniques – t. 2. 1806-1839, le projet national des Canadiens.
    ISBN 2-7637-7259-5 (v. 1) – ISBN 2-7637-7282-X (v. 2)

1. Littérature canadienne-française – Québec (Province) – Histoire et critique. 2. Québec (Province) – Vie intellectuelle. I. Lemire, Maurice.

PS8073.V53 1991   C840.9   C91-096598-6
PS9073.V53 1991
PQ3901.V53 1991

© Les Presses de l'Université Laval 1992
Tous droits réservés. Imprimé au Canada
Dépôt légal (Québec et Ottawa), 4ᵉ trimestre 1992
ISBN 2-7637-7282-X

Les Presses de l'Université Laval
Cité universitaire
Sainte-Foy (Québec)
Canada G1K 7P4

PRÉSENTATION

La vie littéraire au Québec est d'abord conçue comme un outil de référence à caractère scientifique. Elle tente de cerner le fait littéraire non seulement grâce à l'examen des textes eux-mêmes, mais aussi par l'analyse du processus de leur production et de leur réception. Cette histoire littéraire n'est pas principalement organisée autour des œuvres ou des auteurs. Elle apparaît plutôt comme celle de la constitution de la littérature québécoise et elle concerne en premier lieu l'étude des conditions d'émergence et du cheminement par lequel la littérature acquiert son autonomie et sa légitimation, c'est-à-dire sa reconnaissance sociale. Or, aux XVIIIe et XIXe siècles, des pratiques que d'autres pays ont appris à considérer comme normales se développent en Amérique francophone de manière souvent inédite. En fait, quatre étapes marquent le développement de l'histoire de la vie littéraire québécoise: l'émergence d'un ensemble de pratiques d'écriture et de discours; la reconnaissance de certaines de ces pratiques comme littéraires; la constitution du corpus en littérature nationale distincte; la désignation de cette littérature en objet d'étude et de savoir.

Approche générale

Le *Dictionnaire des œuvres littéraires du Québec* a révélé un corpus littéraire étonnamment riche. L'abondante documentation laissée par ce projet de recherche a rendu possible une nouvelle interprétation et une synthèse du corpus québécois. L'inventaire des œuvres a permis le réexamen, au-delà de critères purement esthétiques, tant des œuvres et des écrivains dont la valeur canonique était reconnue depuis longtemps, que de ceux qui avaient été oubliés ou méconnus. Une fois la connaissance pratique acquise par la lecture des œuvres prises individuellement et par l'accumulation des renseignements d'ordre biographique et bibliographique, il est devenu possible de mettre en relation des processus, des événements et des textes, et de tenter une analyse du phénomène littéraire dans sa dimension collective par l'intermédiaire de la discipline historique.

La préparation et la rédaction d'une histoire de la vie littéraire conjuguent plusieurs perspectives d'ordre socio-historique. La constitution de la littérature est replacée dans la conjoncture particulière du siècle qui l'a vue naître; l'étude s'inscrit aussi dans la perspective que propose Jürgen Habermas sur la création des espaces publics et privés dans le développement des sociétés bourgeoises. La séparation de ces espaces paraît constituer l'enjeu fondamental de l'occupation et de l'organisation des champs politique et intellectuel dans les années mêmes où naît une littérature distinctive au pays.

La littérature se déploie autour de deux grands axes: l'autonomie et la légitimité. En effet, l'histoire littéraire du Québec se caractérise par la poursuite problématique d'un statut culturel autonome et légitime, tant au regard des autres activités intellectuelles qu'en rapport avec les autres littératures, en particulier la littérature française. La « naissance » de l'écrivain, le développement d'un marché pour le livre, la création des prix littéraires, la constitution du corpus des œuvres, sa promotion et son enseignement, l'émergence de la critique littéraire participent à ce mouvement.

La vie littéraire au Québec porte sur l'ensemble des processus ressortissant à la production, au discours et à la réception de la littérature. Outre qu'elle s'intéresse à l'étude des œuvres, elle met en lumière la formation des écrivains, leur regroupement volontaire en associations, en mouvements ou en écoles, la fabrication de l'imprimé, son édition et sa distribution. L'ouvrage étudie aussi le public lecteur, la critique littéraire, les académies et, parfois, la censure. Le moment intermédiaire, celui du « discours » de la littérature, désigne tant le « métadiscours » tenu sur la littérature, de l'extérieur, par la critique et l'histoire littéraire que le « discours » inscrit dans les œuvres elles-mêmes, par la référence directe, des citations ou des marques d'intertextualité, et par d'autres signes, qui rendent apparent le projet d'écriture à l'origine des textes et qui contribuent à établir leur valeur littéraire. La problématique d'ensemble porte aussi sur les conditions dites externes de la littérature, celles qui relèvent de la production et de la réception littéraires, et sur d'autres conditions qu'on appelle, par analogie, « internes », car elles renvoient au texte et à la conception littéraire qui a présidé à sa genèse. La littérature québécoise est donc conçue comme une

« formation discursive », selon la formule de Michel Foucault. Elle en arrive à constituer son propre cadre de référence et trouve appui dans un ensemble de structures sociales qu'elle contribue à circonscrire, prenant ainsi un caractère institutionnel, au sens où l'entendent Jacques Dubois et Michel Van Schendel. Elle découpe dans la société un ensemble de textes et de pratiques singulières, qui se structurent en un « champ », selon la théorie de Pierre Bourdieu, et constituent un « domaine discursif » participant de ce que Marc Angenot a nommé le « discours social ». Ces approches ont servi à fonder la constitution de la littérature sur les cinq processus suivants : l'enseignement littéraire, le milieu des créateurs, la formation des frontières, le discours sur la littérature, la manifestation du littéraire dans les œuvres.

L'enseignement littéraire

L'enseignement de la littérature fut d'abord celui de la rhétorique et des belles-lettres latines, puis françaises. Il joue un rôle essentiel dans la formation de l'écrivain en l'initiant à la pratique de l'écriture et en lui présentant des modèles de textes et même de vies. Il assure également la préparation d'un public lettré. Le collège classique paraît le lieu principal de la communication des « habitus » fondateurs, qui renvoient à un ensemble de perceptions et d'appréciations acquises, et qui constituent un savoir social si bien intégré et maîtrisé par l'individu qu'il paraît inné ou naturel. La didactique présuppose un savoir transmissible et contribue à la sélection d'un corpus d'œuvres destiné à l'enseignement en même temps qu'à la préparation d'un discours d'accompagnement qui sert à expliquer le choix de celles-ci. En raison de son caractère national, l'enseignement a un effet décisif dans l'établissement d'un corpus littéraire autonome. Le cours classique demeure la voie d'accès normale à l'écriture littéraire alors que l'université se manifeste comme instance dernière de légitimation. La rhétorique, l'esthétique, les modèles concrets proposés dans cet enseignement doivent donner une forme aux pratiques littéraires situées en amont, le grec et le latin, aussi bien que la rhétorique, l'esthétique et les modèles de la littérature contemporaine.

Le milieu des créateurs

La constitution d'un champ de production repose sur des regroupements d'individus (associations formelles et informelles) et sur des infrastructures matérielles (imprimeries, journaux, librairies, bibliothèques). Ce milieu favorise la critique et les débats sur les conditions théoriques de la littérature. Il permet l'émergence de réseaux utilisés à des fins d'information, de promotion et de carrière. Un champ autonome se constitue à travers des pratiques qui conduisent certains écrivains à se regrouper pour écrire des textes dont la reconnaissance sociale viendra des pairs. Des regroupements littéraires ou intellectuels, tels les écoles, les associations, les collectifs de rédaction des périodiques créent un premier niveau d'organisation; ils fournissent des lieux institués pour l'exercice de la littérature. Enfin, la critique, les prix et la reconnaissance dans l'enseignement confirment le statut des « œuvres », des écrivains, ainsi que celui des médias qu'ils utilisent.

La formation des frontières

Le vocable « frontières » désigne les divisions et les limites apportées au phénomène littéraire. Quand peut-on commencer à parler de littérature? À propos de quels textes? Les frontières se manifestent notamment dans les processus d'exclusion et d'inclusion des œuvres au regard du corpus d'ensemble. Au cours de son histoire, la littérature québécoise a dû progressivement se déterminer un espace propre (passage de l'oral à l'écrit, du politique à l'esthétique, du non-littéraire au littéraire, de la culture commune à la culture restreinte), spécifier ses pratiques (genres, mouvements), mais aussi défendre ou déborder les frontières esthétiques, culturelles et politiques qu'elle s'était constituées.

Les journaux et les revues révèlent la façon dont se précisent certaines pratiques d'écriture: poème, conte, nouvelle, description, discours, récit de voyage, théâtre, etc., ce qui amène le développement d'une édition spécifiquement littéraire. Les discours d'accompagnement, manifestes, prospectus, préfaces font voir la valeur sociale de l'écriture littéraire à une époque donnée. Le plus important reste la mise en valeur des pratiques diverses et particulièrement du discours réflexif qui appelle et découvre la littérature nationale.

Le discours sur la littérature

Les textes qui traitent explicitement de littérature, dans son sens général, esquissent les notions autour desquelles se constitue l'idée de littérature. Le discours sur la littérature participe de deux modes d'existence: une dépendance à l'endroit du discours social et plus particulièrement du discours intellectuel (politique, religieux et scientifique) dont il est l'un des domaines, et une autonomie fondée sur ses déterminations propres. Les débats constants qui entourent la notion de littérature permettent de retrouver autant les consensus qui assurent sa stabilité au champ que les conflits qui entraînent ses transformations.

Ces textes se retrouvent dans les périodiques, mais aussi dans des prospectus, avant-propos, introductions, et parfois dans les œuvres elles-mêmes, par des allusions de l'auteur à la pratique de l'écriture et au phénomène littéraire en général. À mesure qu'elle se constitue, la littérature réfléchit sur elle-même et se projette dans un discours qui la justifie.

La manifestation du littéraire dans les œuvres

Les œuvres affichent elles-mêmes leur caractère littéraire, tant sur le plan de la représentation que sur celui des formes. Elles manifestent des traits qui les font reconnaître comme littéraires : dans leur thématique, par l'emploi d'une figuration partielle ou générale du phénomène littéraire ; dans leur forme, par le recours à des genres et à des styles canoniques ; dans leur intertextualité, par le renvoi à d'autres écrits du champ. Certaines œuvres appartiennent également à plusieurs domaines – juridique, religieux, didactique, etc. – tout en présentant des marques distinctives de littérarité. C'est en se référant au discours sur la littérature de l'époque correspondante que l'on arrive à reconnaître ces caractéristiques plus ou moins explicites selon l'époque, les genres et les écoles, et à déterminer le degré de littérarité d'un texte à une période donnée. La manifestation du littéraire que construisent ces marques entre en dialogue avec la réception critique pour constituer l'horizon d'attente général du champ.

*

Dans l'ensemble des processus et des pratiques, un système synchronique d'interrelations se constitue alors : l'enseignement prédispose le public lecteur à la consommation et, de façon plus restreinte, à la production de la littérature ; les intérêts communs des producteurs les conduisent à se regrouper pour former un champ propice à leurs activités ; en s'unissant, ils s'autonomisent et créent ainsi les frontières qui les situent dans le champ intellectuel général, ce qui se manifeste dans des discours qui deviennent « textes ». Ceux-ci sont évalués par des récepteurs qui, dans leurs jugements, se réfèrent généralement à des modèles que l'on retrouve dans la formation littéraire, où l'on enseigne beaucoup plus à reproduire qu'à produire. La réception de la littérature devient, à travers la didactique et l'enseignement de la littérature, l'instrument de formation des générations ultérieures. L'histoire littéraire du Québec devrait se lire non comme un axe continu, allant de la production à la réception, mais plutôt comme une spirale où le mouvement lui-même est facteur de changement.

La périodisation

Devant l'impossibilité de tout raconter, l'histoire littéraire adopte une forme sélective à laquelle elle ne peut échapper sans risquer de tomber dans les éphémérides. Elle tire généralement sa forme et sa substance de ses critères de sélection, car le choix des faits et des œuvres à retenir se fait souvent à partir des jugements portés par les contemporains et par les générations successives. La résistance à l'épreuve du temps semble la meilleure consécration. L'historiographie littéraire québécoise ne fait pas exception à cette règle ; cependant, la rareté de la production, à la période des débuts en particulier, a rendu parfois les choix difficiles.

Tant que la littérature reste en voie de constitution, elle se contente d'un rôle ancillaire dans un champ dominé par d'autres forces. Au début, c'est surtout la politique ou la religion qui dictent la voie aux lettres canadiennes. Alors, la périodisation s'impose de l'extérieur. À mesure qu'elle s'affranchit de l'opinion publique, la littérature influe davantage sur son propre contexte sans jamais acquérir une entière autonomie. Des interventions du gouvernement ou du clergé peuvent toujours infléchir son évolution dans un sens imprévu. C'est pourquoi les lettres forment d'abord un champ général, jusqu'à ce qu'une certaine autonomie leur accorde un pouvoir relatif sur leur évolution.

Les écrits de la Nouvelle-France, bien que rédigés par et pour des Français, font, aux XIXe et XXe siècles, l'objet d'une réception canadienne – et même américaine – et sont graduellement incorporés au corpus nord-américain. Dans ce contexte, le mouvement qui se les approprie permet de les situer dans l'histoire mieux que la date de leur rédaction. La présente histoire de *La vie littéraire au Québec* comptera cinq tomes, répartis selon autant de périodes.

Première période, 1764-1805

L'introduction d'infrastructures telles que l'imprimerie, la presse, les librairies et les bibliothèques appelle l'émergence d'une écriture publique. Les classes antagonistes qui disputent le pouvoir au gouvernement colonial, c'est-à-dire les marchands écossais et les seigneurs canadiens, s'en servent pour promouvoir leurs intérêts. Les vacillements du droit inquiètent alors de nombreux propriétaires. En plus des nombreuses pétitions qu'ils adressent au roi, les juristes s'appliquent à accorder le droit français aux lois anglaises. Mais les Canadiens, peu familiarisés avec les nouvelles institutions, restent plutôt à l'écart d'une vie littéraire que domine l'imprimé. Quelques Français, récemment immigrés et connaissant mieux la presse, initient les coloniaux à l'exercice de l'opinion publique.

Deuxième période, 1806-1839

En quelques années, à la suite de la nouvelle Constitution de 1791, un changement radical s'opère. Avec la Chambre d'assemblée, les Canadiens ont maintenant une ouverture sur le pouvoir. La création du *Canadien* en 1806 leur donne une voix propre dans la lutte pour l'hégémonie sur l'opinion publique en servant de creuset à la formation d'un nouveau projet collectif. Les collèges classiques préparent une nouvelle élite d'hommes de profession capables de promouvoir ce projet en exploitant les possibilités mises à leur disposition par la nouvelle Constitution. Avec l'avènement de la démocratie parlementaire, le journal devient l'organe principal de l'opinion publique. De plus, commencent à paraître des périodiques à caractère encyclopédique. Dans ce climat d'agitation politique, les premières œuvres d'envergure sont publiées sous forme de volumes au pays.

Troisième période, 1840-1869

L'échec des patriotes, que vient sceller l'union des Canadas, favorise la montée du clergé, qui profite de la conjoncture pour augmenter son emprise sur l'enseignement, la presse et l'assistance publique. Ses initiatives alarment les libéraux qui ripostent par la fondation de journaux et d'associations. La lutte déborde bientôt la simple politique pour envahir le terrain religieux. L'enjeu est clairement défini : la conquête de l'opinion publique. Le journaliste-écrivain peut-il s'exprimer librement ou doit-il suivre les directives de l'Église ?

Dans ce contexte s'impose l'idée d'une littérature nationale, concrétisée par la publication du *Répertoire national* de James Huston, qui donne une première reconnaissance à la littérature canadienne. Avec François-Xavier Garneau, Octave Crémazie, Philippe-Joseph Aubert de Gaspé, Henri-Raymond Casgrain apparaît un mouvement littéraire, l'École patriotique de Québec, où l'histoire, la poésie, le roman et la critique donnent des œuvres fondatrices. Le champ se structure de manière autonome.

Quatrième période, 1870-1894

Le déménagement de la capitale nationale de Québec à Ottawa disperse plusieurs hommes de lettres, aussi membres de la fonction publique, et entraîne la disparition des grandes revues littéraires : *Les Soirées canadiennes* (1861-1865) et *Le Foyer canadien* (1862-1866). L'emprise de l'ultramontanisme se resserre et l'abbé Casgrain profite de cette conjoncture favorable pour affirmer son pouvoir de régenter les lettres en organisant l'édition des livres de prix scolaires. Mais la première *Histoire de la littérature canadienne* d'Edmond Lareau est libérale, tout comme Louis Fréchette qui reçoit la consécration littéraire de l'Académie française. En opposition à la littérature instituée surgissent des pratiques marginales, où se fonde la poésie intimiste. Par ailleurs, les femmes commencent à faire entendre leur voix. Sous l'effet de facteurs tant politiques qu'économiques et institutionnels, le champ tend à se fragmenter.

Cinquième période, 1895-1914

L'institutionnalisation du champ prend une configuration moderne avec une avant-garde organisée au sein de l'École littéraire de Montréal et un circuit légitime représenté notamment par la Société du parler français au Canada. À l'intérieur de ce réseau s'opposent bientôt deux tendances :

les « régionalistes » prônent l'inspiration strictement nationale, tandis que les « exotiques » ou « parisianistes » rêvent d'un *aggiornamento* d'après la littérature française contemporaine. Le rétablissement des relations avec la France fournira aux uns et aux autres le modèle justificateur. Si Louis Dantin donne une voix critique reconnue à l'École littéraire, l'université trouve en Camille Roy un animateur nationaliste qui reconnaît de façon officielle la valeur de la littérature canadienne.

*

Les citations d'époque sont reproduites telles quelles, en respectant l'orthographe, la syntaxe et la ponctuation d'origine, même si certains mots ou expressions employés durant la période que couvre ce tome n'ont plus aujourd'hui le sens qu'ils avaient autrefois. Tout changement apporté à une citation est indiqué entre crochets. Pour faciliter la lecture, les citations en langue anglaise sont traduites.

La facture de l'ouvrage, collectif qui peut être consulté en tout ou en partie, et les multiples perspectives empruntées dans cette *Vie littéraire au Québec* obligent l'équipe de rédaction à certains renvois et redites indispensables.

REMERCIEMENTS

L'équipe de rédaction a reçu l'appui de plusieurs organismes et de nombreuses personnes pour la préparation de ce deuxième tome. Qu'il nous soit permis d'exprimer toute notre gratitude à l'Université Laval et à son Centre de recherche en littérature québécoise (CRELIQ), ainsi qu'aux organismes subventionnaires, le Conseil de recherches en sciences humaines du Canada (CRSHC) et le Fonds pour la formation de chercheurs et l'aide à la recherche du Québec (FCAR).

Nous remercions également les personnes qui nous ont fourni une aide toute particulière au cours des diverses étapes de la recherche, de la rédaction et de l'édition de ce tome. Nos remerciements vont d'abord à notre comité scientifique, composé de Manon Brunet (Université du Québec à Trois-Rivières), David M. Hayne (Université de Toronto), Laurent Mailhot (Université de Montréal) et Paul Wyczynski (Université d'Ottawa). Nous tenons à exprimer notre reconnaissance envers les membres suivants du corps professoral : Serge Courville, Yolande Grisé, Pierre Hébert, Raymond Joly et Alonzo Le Blanc. Notre équipe d'auxiliaires de recherche mérite aussi toute notre gratitude : Christian Beaucage, Serge Bergeron, Lucie Chéné, Georges Henri Cloutier, Yves Duchesne, Alain Fournier, Catherine Lamy, Jacques Lévesque, Natalie Plante, Yann Rousset et Isabelle Tousignant. Enfin, nous soulignons la collaboration de Guy Champagne et de Marie-José des Rivières.

Nous avons également bénéficié de la contribution du personnel de la bibliothèque de l'Université Laval, du Musée du séminaire de Québec, des Archives nationales du Québec, du Musée du Québec, de l'Assemblée nationale du Québec, du Royal Ontario Museum et de la Bibliothèque nationale du Québec.

SIGNES CONVENTIONNELS ET ABRÉVIATIONS

AN	Archives nationales du Canada
ASQ	Archives du séminaire de Québec
BRH	*Bulletin des recherches historiques*
DBC	*Dictionnaire biographique du Canada*
DOLQ	*Dictionnaire des œuvres littéraires du Québec*
LHSQ	Société littéraire et historique de Québec / Literary and Historical Society of Quebec
MSa	« Ma Saberdache »
MSRC	*Mémoires de la Société royale du Canada*
RAPQ	*Rapport de l'archiviste de la province de Québec*
RHAF	*Revue d'histoire de l'Amérique française*
TPCF	*Les textes poétiques du Canada français*
art. cit.	articulo citato
f.	feuillet(s)
ibid.	*ibidem*
ill.	illustration(s)
loc. cit.	loco citato
n°, n^{os}	numéro, numéros
op. cit.	opere citato
p.	page(s)

s.éd.	sans éditeur
s.l.	sans lieu
t.	tome
V.	voir
vol.	volume
o	indique la fin d'un vers dans une citation
[...]	indique un passage supprimé dans une citation ou un titre tronqué

TABLEAU DES MONNAIES AU BAS-CANADA VERS 1815

			Symbole
12 deniers ou 2 farthings	font	1 sol	s.
2 sols	font	1 penny	d.
12 pence	font	1 chelin (shilling)	S.
20 chelins	font	1 livre sterling ou louis	£
5 chelins	font	1 piastre	
4 piastres	font	1 louis	
1 livre, 3 chelins, 4 pence	font	1 guinée	

Source : Michel BIBAUD, *L'arithmétique en quatre parties* […], p. 30-31.

The Habitant, d'après une toile de J.H. Macnaughton, gravure, sans date. Tirée d'Adam Shortt et Arthur G. Doughty, *Canada and its Provinces*, t. XV: *Quebec in the Dominion: General Outlines*, frontispice.

Introduction

Après la conquête de 1760, des immigrants, tels Fleury Mesplet et Joseph Quesnel, permettent l'émergence d'une modeste activité littéraire francophone dans la colonie britannique du Canada. Les premiers journaux bilingues ouvrent alors leurs pages à une production encore indifférenciée où les apports canadiens se distinguent mal des réemplois de la production anglaise et française. Mais une voix de langue française insiste pour se faire entendre et cherche à créer une opinion publique favorable aux intérêts des nouveaux sujets britanniques. L'*Appel à la Justice de l'État* [...] de Pierre Du Calvet et *Colas et Colinette* [...] de Joseph Quesnel, par exemple, présentent dès lors des œuvres qu'on peut reconnaître comme canadiennes.

LES CONDITIONS GÉNÉRALES ENTRE 1806 ET 1839

Une évidente discontinuité dans le déroulement des activités intellectuelles, une maîtrise encore bien fragile des pratiques importées d'Europe et l'absence d'institutions destinées à l'unification et à la légitimation sont autant de preuves que le champ littéraire canadien demeure en voie de formation. Se précise d'abord un espace public dans le discours francophone, condition essentielle à l'existence d'une littérature québécoise.

Le début du XIXe siècle entraîne une série de transformations importantes dans la colonie, en particulier une réorganisation en profondeur du champ politique que détermine le gouvernement représentatif. Ces mutations ne manqueront pas d'infléchir la fonction et le statut des pratiques littéraires, autant dans les progrès que dans les contrecoups des désordres. La population, en particulier dans les villes, croît de façon extrêmement rapide et garantit ainsi un plus large public aux imprimés. Les communications s'améliorent concurremment et favorisent ainsi la circulation de ces productions. Les collèges classiques se multiplient et préparent une nouvelle génération d'acteurs sociaux qui ont reçu une formation littéraire de base. La vie politique s'intensifie et détermine un lieu de combat idéologique où prend forme un projet national canadien. Ces divers facteurs favorisent une intensification de la vie des lettres au pays.

En revanche, la situation précaire de la colonie, pendant le conflit avec les États-Unis qui conduit à la guerre de 1812, pousse les dirigeants à établir une défense militaire. Cependant, la littérature résiste au bruit des canons. La poésie patriotique y trouve quelque inspiration. Plus grave parce que moins éphémère se révèle le danger que représente l'immigration de colons d'origine britannique. La majorité francophone se sent d'autant plus menacée que les villes de Montréal et de Québec deviennent rapidement pour moitié anglophones. Les nouveaux colons, disposant de la plus grande part du pouvoir tant économique que politique, menacent de dominer le monde des idées et d'imposer leur langue pour les échanges véhiculaires. La résistance à cette menace d'assimilation contribue à alimenter la lutte parlementaire, qui déborde elle-même dans une rébellion, les troubles de 1837. L'échec de ce mouvement aurait dû entraîner dans sa suite celui de la survie intellectuelle francophone en Amérique. Mais il n'en est rien.

LA SITUATION LITTÉRAIRE

Une première tension, endogène, le nationalisme, ordonne la vie littéraire du Bas-Canada en ce premier tiers du XIXe siècle. Elle alimente la prose d'idées, cela va sans dire, mais elle agit aussi sur la production d'imagination. Toutefois, cette littérature subit l'action d'une autre tension, exogène, celle du romantisme venu d'Europe, en particulier de France. Les pratiques poétiques et narratives y sont alors particulièrement sensibles.

Une littérature dûment constituée doit présenter, à cette époque, les traits suivants : un système organisé d'enseignement des lettres, un milieu littéraire structuré avec des éditeurs et des associations dynamiques de gens de lettres, des textes reconnus comme œuvres autonomes et explicitement préformés pour cette reconnaissance, enfin, des instances de légitimation fortes et unificatrices. Les littératures française ou anglaise de la période romantique répondent à ces critères. L'affermissement du champ littéraire dans une colonie dont les activités intellectuelles s'organisent à peine favorise un tout autre modèle dans lequel la littérature se détachera difficilement de l'hégémonie du discours public du champ politique.

PLAN DU TOME II

Pour éclairer le contexte de l'activité des lettres au Bas-Canada, il faut d'abord considérer, dans un premier chapitre, le mouvement littéraire en Europe d'où la colonie importe la plupart des biens culturels qu'elle consomme ; la bataille romantique bat son plein. Dans un deuxième chapitre, les déterminations historiques générales de l'évolution de la colonie fournissent les conditions de réemploi et de transformation des pratiques que ces biens appellent. Le Bas-Canada crée ainsi son nationalisme en réaction notamment à des écrits anglophones que nous avons voulu mettre en lumière pour qu'ils donnent son plein sens à la contribution francophone. La vie littéraire des acteurs mêmes permet de voir, dans le troisième chapitre, comment des journalistes, des hommes politiques, des érudits font carrière dans les activités intellectuelles et collectivisent leur action. On y côtoie des écrivains nés canadiens, comme Michel Bibaud, Louis-Joseph Papineau, François-Xavier Garneau, Jacques Viger, et des étrangers immigrants, tels Joseph-David Mermet et Hyacinthe-Poirier Leblanc de Marconnay ; on se familiarise avec des sociétés littéraires et des troupes de théâtre. Le quatrième chapitre s'attarde aux appareils qui matérialisent les activités intellectuelles et qui favorisent l'essor de la lecture : la presse, l'édition, les librairies et les bibliothèques. Les deux chapitres suivants font le point sur les pratiques d'écriture. Le cinquième s'intéresse à la prose d'idées : le discours de l'opinion publique réunit l'essai politique, le discours pamphlétaire et l'éloquence religieuse, puis le discours de l'appropriation du pays rassemble l'histoire, la géographie et les sciences de la conservation des documents. Le sixième chapitre présente les pratiques de la littérarité nouvelle de l'imagination et de la subjectivité : la poésie, le théâtre, les récits de fiction, mais aussi les récits de voyages et les écrits intimes. Le dernier chapitre porte sur la réception des littératures étrangère et canadienne dans lesquelles s'articulent encore une fois la question nationale et le romantisme. Sous la pression de ces deux courants conjugués se dégage, dans le champ des lettres québécoises, un espace plus spécifiquement littéraire.

Perdus dans la forêt, huile sur toile d'Antoine Plamondon, 1836.
Musée du Québec (84.14). Photographe : Jean-Guy Kerouac.

CHAPITRE 1

L'ÂGE DU ROMANTISME

Les guerres napoléoniennes et leurs contrecoups dominent les premières années du XIXe siècle en Occident. Après le tumulte des batailles qui troublent l'Europe de Lisbonne à Moscou et l'émancipation des colonies latino-américaines qui profitent de l'impuissance conjoncturelle de leurs métropoles espagnole et portugaise, naît en effet dans la plupart des pays d'Europe une réaction monarchiste assez générale, dont la Sainte-Alliance, formée en 1815 entre la Russie, l'Autriche et la Prusse, donne l'exemple. Ni la guerre ni la restauration d'un pouvoir traditionnellement hostile à la liberté d'expression ne semblent propices aux lettres. Et pourtant...

Goethe, les frères Schlegel, Walter Scott, lord Byron, Chateaubriand, Mme de Staël, Leopardi, Pouchkine transforment alors radicalement la république des lettres et lui ouvrent un des plus fructueux moments de son histoire. Leur succèdent sans déchoir Heine, Hoffmann, Tennyson, Dickens, Hugo, Balzac, Manzoni, Gogol et Poe. C'est l'âge éclatant du romantisme.

Sous les augures économiques et politiques apparemment les moins favorables, la littérature s'ennoblit du « sacre de l'écrivain », tel que l'a caractérisé Paul Bénichou. S'y fonde l'acte de naissance de la littérature moderne.

LA FORMATION LITTÉRAIRE

L'évolution de la formation littéraire ne paraît pas avoir joué un rôle décisif dans cette transformation. On cherche en vain des changements importants du côté de l'enseignement des lettres en Europe ou en Amérique. On peut même croire à première vue que les pratiques éducatives sont essentiellement orientées pour lutter contre toute évolution de la formation littéraire.

En France, les idées de liberté et de rationalité, nées avec la Révolution, ont favorisé une théorie de l'éducation démocratique des citoyens sous l'impulsion de l'abbé Grégoire et de Condorcet. La République n'en a ni les moyens ni même vraiment l'intention arrêtée. L'Empire entreprend ensuite la centralisation du système éducatif en fonction de principes où la liberté le cède à la raison d'État. La chute de l'Empire et la Restauration entraînent l'interruption de ces expériences. Pourtant, le mouvement ainsi déclenché vers une intervention de l'État dans l'enseignement ne s'arrêtera plus.

En Angleterre comme en France, modèles déterminants pour la colonie canadienne, malgré les contraintes économiques résultant des efforts de guerre, l'expansion des réseaux d'enseignement, ressentie comme anarchique, conduit les deux gouvernements non seulement à tenter de réglementer l'instruction publique, mais même à investir en ce sens au cours des années 1830. Dans les deux cas, la mise en place d'un ensemble d'établissements professant des idéologies opposées à celles des réseaux déjà constitués donne lieu à une lutte où l'État se sent contraint d'intervenir pour pouvoir mieux orienter un processus qui tend à échapper progressivement à la tutelle des religions dominantes. C'est à propos de ce droit de former les citoyens que se livrent au XIXe siècle les luttes pour la prédominance du politique sur le religieux.

Le système d'enseignement francophone au Canada reste lié durant cette période à la tradition française. Ce qui se passe là-bas a valeur d'exemple, positif ou négatif, pour la colonie. L'Empire a laissé au clergé de la Restauration une université nationale centralisée et hiérarchiquement puissante dont, sous la Restauration, Denis Antoine, comte de Frayssinous saura se servir pour infléchir une politique scolaire explicite qui donne alors lieu à la création d'un ministère de l'Enseignement. Guizot, sous la monarchie de Juillet, n'aura qu'à réorienter le cours des événements dans un sens plus libéral. L'enseignement ne sortira plus de la sphère d'action du pouvoir en France ; bien au contraire, son assujettissement au politique ira croissant.

Or, l'Université française s'est donné une faculté des lettres qui régente la formation littéraire d'une façon stricte. En effet, si les cours qu'elle donne ont la fonction mondaine de conférences publiques où Villemain, Guizot et Cousin connaissent des succès éclatants durant les années 1820, la nouvelle faculté obtient surtout le monopole des examens de baccalauréat qui couronnent les études secondaires des collèges classiques. Par cette voie, le gouvernement met la main sur la gestion des programmes.

De fait, en 1837, Guizot propose d'introduire un baccalauréat sans grec, avec de nouvelles matières plus étroitement ordonnées en fonction des besoins du marché du travail : langues vivantes, droit commercial, comptabilité et sciences appliquées. Mais, en Chambre, Lamartine mène avec succès la lutte pour le maintien intégral du cours classique traditionnel. Sur ce terrain de l'enseignement des lettres, la restauration du système traditionnel réussit complètement. À peu de chose près, le collégien de 1770 et celui de 1830 étudient les mêmes auteurs latins et grecs, et de la même façon. Le romantisme ne se forge pas là. Et ce n'est pas une particularité de la France ; en Angleterre, les grandes *public schools*, libres de la tutelle de l'État, s'appuient sur les stipulations de leurs dotations pour interdire toute transformation du cursus. On lit à Eton les mêmes classiques qu'à Louis-le-Grand. L'enseignement de la littérature en langue nationale commence à s'étendre, mais ne s'intéresse pas aux œuvres contemporaines.

En France s'amorce alors la lutte entre catholiques et laïcs pour « l'enseignement libre », c'est-à-dire plus ou moins indépendant du réseau subventionné par l'État. Mais ce conflit n'a que peu d'effet sur la formation lettrée. De même, le climat conservateur de l'enseignement ne sert en rien les intérêts des femmes, dont la sous-scolarisation relative reste un des traits propres au système. Aucun changement d'importance à signaler de ce côté.

L'enseignement primaire, qui connaît un essor considérable, joue un rôle appréciable dans la transformation du champ littéraire. Témoignent en particulier de la croissance de ce secteur de nouvelles méthodes de communication pédagogiques : les enseignements « mutuel » et « simultané ». La pédagogie mutuelle, idéologiquement progressiste, a recours aux élèves les plus doués pour prendre le relais des interventions du titulaire ; la nouveauté de l'enseignement simultané, créé en réaction contre l'enseignement mutuel par les frères des Écoles chrétiennes, consiste à réunir les élèves dans des salles séparées pour chaque niveau et, à l'aide du tableau noir, à présenter à tous, au même moment, la matière à apprendre. La concentration urbaine permet des formules appropriées à l'enseignement aux grands groupes. Cette évolution suscite l'apparition d'un public lecteur citadin non lettré qui commence alors à jouer un rôle décisif, contre lequel le champ littéraire réagit vigoureusement.

LE CIRCUIT DE PRODUCTION

Si le monde de l'enseignement des lettres bouge lentement, celui de la production et de la consommation de la littérature pour le marché libre se transforme complètement. Le rôle de l'écrivain, l'organisation du marché et la composition du lectorat subissent des mutations radicales dont les déterminations politiques et économiques ne laissent aucun doute.

La France se singularise avec des auteurs dont l'importance politique échappe à toute référence antérieure : Mme de Staël anime un foyer de dissidence quasi officielle contre l'Empire ; sous la Restauration, Chateaubriand devient diplomate, puis ministre et, enfin, porte-parole parlementaire d'une tendance sinon d'un parti, tandis que Benjamin Constant est nommé chef de l'opposition libérale ; Lamartine entre dans la députation sous la monarchie de Juillet, s'y préparant pour la présidence de la IIe République ; Hugo arrive à la pairie grâce à sa réussite d'écrivain ; des ministres comme Guizot, Thiers et Villemain se font d'abord connaître par leur production littéraire.

Ce passage d'un domaine d'activité à un autre chez les auteurs les plus reconnus marque un moment tout à fait exceptionnel de l'histoire. Il donne son plein sens au « Je serai Chateaubriand ou rien ! », attribué au jeune Hugo en 1820, ce qui signifie homme de lettres *et* homme d'État. La prétention des auteurs célèbres à la compétence politique n'a jamais été mieux reconnue que dans cette France de la Restauration et de la monarchie de Juillet. Le « sacre de l'écrivain » s'y révèle non comme gloire idéale, mais bien comme habilitation à un magistère effectif. En cela, le romantisme français reste unique et crée un modèle dont le rayonnement se fonde sur l'attraction internationale de Paris à la fois comme centre culturel et comme foyer des révolutions passée (1789), contemporaine (1830) et pressentie (1848).

Dans cette conjoncture littéraire et politique, plusieurs femmes écrivent. Mme de Staël, Marceline Desbordes-Valmore, George Sand en France, Jane Austen, Mary Shelley (Godwin) en Angleterre ne sont que les plus célèbres des très nombreuses femmes de lettres que le champ ne réussit pas toujours à confiner aux genres mineurs et privés de la poésie brève, du roman, du conte, de la fable, enfin de toute une littérature sentie comme domestique. « On peut affirmer, sans exagération, que près de la moitié des textes littéraires publiés par les Américains entre la guerre de 1812 et la guerre civile étaient rédigés par des femmes[1]. » Les choses ne sont

---

1. Nina BAYM, « The Rise of the Woman Author », dans Emory ELLIOT (dir.), *Columbia Literary History of the United States*, p. 305.

pas si différentes en Europe ; partout l'accroissement du public lecteur féminin pousse des femmes à écrire, en particulier dans les nouveaux magazines de mode.

Or, ce qui change dans la profession d'écrivain, c'est la disparition à peu près complète du mécénat et le passage général à la rémunération sous forme de droits d'auteur. Apparaît donc la soumission à l'économie de marché. De façon exemplaire, Hugo abandonne sa pension dès que ses droits lui suffisent ; Balzac, George Sand et Alexandre Dumas père ne vivent désormais que du revenu de leurs œuvres. L'homme de lettres d'Ancien Régime, client d'un particulier, disparaît ; le remplace l'auteur, travailleur rémunéré à la pièce, car le contrat d'édition comporte normalement une rétribution forfaitaire. Le premier remplissait une fonction de célébration, le second s'en remet à un intermédiaire qui régularise son rapport avec un acheteur virtuel. Cette distance entre le lecteur et le producteur donne une nouvelle liberté de jeu à l'un et à l'autre. La création de la Société des auteurs et compositeurs dramatiques, en 1829, et de la Société des gens de lettres, en 1837, permet le regroupement des auteurs sur une base économique. Ce mouvement s'accorde avec celui du musicien ou du peintre vers les salles de concert et les musées publics.

L'écrivain fait ainsi son entrée dans le monde capitaliste. Une telle situation modifie le poids relatif des formes d'association déterminantes dans le champ. L'Académie, institution du privilège, perd peu à peu de son importance, même si elle représente encore le lieu de la reconnaissance ultime pour un auteur vivant. Les romantiques le comprennent parfaitement : ils la défient d'abord et l'investissent ensuite. Mais le marché libre confère une plus grande importance à d'autres formes de socialisation des auteurs : le salon, en particulier, joue un rôle décisif en ce sens, comme à Coppet ou à l'Arsenal où se forgent les mouvements littéraires les plus importants. La revue fournit bientôt un lieu de regroupement plus ouvert encore à la « création », où les acteurs du champ autonomisé se replient sur l'art à l'abri des sollicitations « mondaines ».

En ce qui concerne les moyens de production, l'imprimerie résiste énergiquement au changement tant en Angleterre qu'en France. La conviction largement partagée que l'imprimé doit rester un produit de luxe à ne pas mettre entre toutes les mains freine la plupart des innovations. À cette époque, le livre vaut surtout ce que coûte le papier : plus de la moitié du prix de revient de l'imprimé passe dans cette matière première rare, donc chère. Ainsi les économies d'échelle qu'on pourrait faire sur le travail ne paraissent pas d'abord très intéressantes. Le salaire pourtant relativement élevé de l'ouvrier pressier ou compositeur ne suscite que très lentement des transformations industrielles mécaniques dans les entreprises modestes que sont les imprimeries.

Pourtant, la presse à levier, puis à cylindre et enfin à vapeur finit par s'imposer pour satisfaire à la demande croissante. Durant les années 1830, la presse et le livre à bon marché deviennent l'objet de stratégies de production organisées tant en France et en Grande-Bretagne qu'aux États-Unis. En France, par exemple, la littérature joue un rôle décisif dans ces stratégies : le roman, présenté sous forme de feuilleton, souvent en première page, sert de locomotive et assure une large diffusion aux nouveaux journaux à grand tirage. Cette modernisation de la littérature populaire a un effet de choc sur la littérature restreinte et favorise ainsi un nouvel affrontement entre ces deux champs. Dans les campagnes, toutefois, la « Bibliothèque bleue » poursuit sa carrière sans avoir à se renouveler vraiment. L'urbanisation accélérée et l'amélioration des moyens de transport ouvrent bientôt ce marché aux nouveaux médias.

La Révolution a désorganisé les circuits traditionnels d'achats de livres. Comme le clergé et les nobles n'ont plus les ressources nécessaires au rétablissement et à la croissance de leurs bibliothèques, le public bourgeois prend la relève sans garantir cependant une continuité appréciable. Les succès de librairie mettent en évidence principalement des ouvrages éducatifs : les *Fables* de La Fontaine ou de Florian, les *Contes* [...] de Perrault, le *Catéchisme historique* de l'abbé Fleury et le *Petit Carême* de Massillon, *Les aventures de Télémaque* de Fénelon. Les auteurs reconnus, Racine, Molière, Voltaire et Rousseau, dominent avec leurs *Œuvres complètes*. Les contemporains gardent la portion congrue, le succès exceptionnel des *Chansons* de Béranger mis à part. Chateaubriand devient un classique de son vivant et connaît une fortune sans cesse renouvelée, d'abord pour son *Génie du christianisme*, ensuite pour la grande édition de ses *Œuvres complètes*; Lamartine obtient un succès éclatant avec ses *Méditations*, Hugo avec *Notre-Dame de Paris*, et Mme de Staël avec *Corinne* [...]. De tels exploits ne sont que des brèches dans un marché plutôt conservateur. Les réussites réelles du romantisme français seraient relativement modestes quant aux ventes si on n'y ajoutait les succès des auteurs étrangers, par exemple lord Byron, Walter Scott et Silvio Pellico, auxquels sa fortune reste liée. Mais les auteurs du classicisme attardé paraissent encore moins compter sur ce terrain : les écrivains contemporains qu'on voudrait opposer aux romantiques ne percent pas.

Les ventes de livres ne donnent pas une idée exacte de la pénétration de nombreux titres très populaires que le cabinet de lecture, bibliothèque de type commercial, permet alors de faire lire largement. Le prix élevé des ouvrages est amorti grâce à un régime d'abonnement qui stimule une consommation peu coûteuse des produits mis en circulation. Certaines publications sont directement destinées, pour plus de la moitié de leur tirage, aux cabinets de lecture. Les nouveaux lecteurs moins lettrés y trouvent romans noirs, romans d'aventures ou romans gais, ceux de Ducray-Duminil, Pigault-Lebrun ou Paul de Kock, revues et journaux, surtout d'opposition, écrits séditieux et licencieux en tout genre, enfin les imprimés dont la vente ferme freine la distribution. C'est là en particulier que les nouvelles lectrices non lettrées sont mises en contact avec des œuvres de fiction qui leur sont destinées, tels les romans de Mme Cottin ou de Mme de Montolieu.

Les journaux sont également difficiles d'accès. Ils ne se vendent que par abonnement dont le prix représente l'équivalent de un mois et demi de travail pour un ouvrier. Les revues aussi sont chères et apparemment réservées aux plus nantis. Le cabinet de lecture joue encore son rôle d'agent de démocratisation : le journal est l'article le plus en demande pour consultation dans les diverses boutiques qui, parfois, se limitent à cette unique forme d'imprimé. *Le Constitutionnel*, principal organe de l'opposition libérale, semble alors la production écrite la plus lue en milieu urbain. Arrive ensuite le journal à bon marché, en 1836, avec *La Presse* d'Émile de Girardin, dont l'abonnement est réduit de moitié grâce à la publicité et au pouvoir d'attraction du roman-feuilleton. Les revues, entre autres celles qui traitent de mode, connaissent une forte augmentation de tirage sous l'effet des mêmes facteurs. La publication dans les périodiques compte de plus en plus dans la diffusion et la fortune des œuvres contemporaines. Ainsi, *Le Conservateur littéraire* des frères Hugo, puis *La Muse française* et *Le Globe* jouent un rôle important dans le combat romantique et, durant les années 1830, *La Revue des Deux Mondes* devient un des lieux privilégiés de la publication littéraire ; on y retrouve, entre autres collaborateurs, Balzac, Heine, Hugo, Musset, Sand et Vigny. Ses critiques, tout spécialement Planche et Sainte-Beuve, occupent bientôt une position décisive dans le champ littéraire et font concurrence à ceux du *Journal des débats*, Janin et Saint-Marc Girardin en particulier. S'instaure alors le règne du journaliste critique.

LES FRONTIÈRES

L'élargissement du public lecteur entraîne de façon paradoxale une fragmentation du champ de la culture cosmopolite européenne. Les nouveaux lecteurs sont souvent unilingues, de sorte que les marchés tendent à être plus nationaux. La littérature française, largement nourrie par les expériences romantiques allemande et britannique, n'en connaît pratiquement que des traductions. La chute du latin, puis du français, comme langues véhiculaires de la culture commune, ne donne pas lieu par la suite à une prépondérance semblable de l'anglais. La montée des nationalismes et la démocratisation de la lecture l'empêchent ; les diverses littératures occidentales, ouvertes les unes aux autres pour les idées, les thèmes et les genres, s'adressent surtout à des lecteurs unilingues. De cette façon, les littératures des deux principales ethnies immigrées canadiennes évoluent vers la séparation l'une de l'autre et le renforcement des liens avec leurs mères patries respectives, la Grande-Bretagne et la France. Si les œuvres de lord Byron, Walter Scott et James Fenimore Cooper influencent les pratiques d'écriture canadiennes, il en va de même en France, où des traductions de leurs œuvres connaissent le succès et inspirent des réemplois dans la production contemporaine. Ce sont ces traductions qui traversent l'Atlantique pour être offertes dans la colonie. Pour comprendre ce qui se passe en français au Canada, il est important de connaître l'évolution des pratiques littéraires en France.

Il n'en va pas de même aux États-Unis, où l'expansion économique, la stabilité démocratique et un fort nationalisme orientent les pratiques littéraires vers une autonomie manifeste. Si Washington Irving est récupéré par l'Angleterre, Cooper en vient à donner une forme propre au roman d'aventures, qui exercera une grande influence tant en Europe qu'en Amérique, et, avec le transcendantalisme, Emerson fonde le premier mouvement littéraire original dans la tradition nord-américaine. À la fin des années 1830, en Nouvelle-Angleterre, les Emerson, Thoreau, Hawthorne écrivent déjà et, dans le Sud, Poe publie ses contes fantastiques. La littérature des États-Unis affirme son indépendance.

Des frontières littéraires découpent le champ lui-même. En France, le cabinet de lecture et le théâtre de boulevard, puis l'imprimé à bon marché favorisent la naissance d'une littérature populaire des villes tout à fait distincte de celle des campagnes. Le mélodrame, la chanson et le roman populaire produisent en milieu urbain des formes suffisamment proches du drame, de la poésie et du roman lettré pour susciter une grande inquiétude chez les critiques institués, qui commencent dès lors à dénoncer la « littérature industrielle ». La division moderne du champ des lettres se réalise là.

La littérature proprement dite est elle-même en proie à un conflit violent qui voit un mouvement esthétique rénovateur dit « romantique » s'en prendre à une position retranchée dite « classique », en même temps qu'une idéologie libérale laïque s'oppose à une idéologie monarchiste catholique. L'évolution fait passer les romantiques les plus remarqués, Lamartine et Hugo, de la droite monarchiste et catholique à une gauche à la fois libérale et chrétienne, selon une trajectoire orientée comme celle qui conduit La Mennais de l'ultramontanisme extrême à un socialisme religieux contestataire. Les idéaux aristocratiques résistent mal à la déception engendrée par la mesquinerie des monarques et du « parti prêtre » réactionnaire sous la Restauration. Débordant la position catholique monarchiste de Chateaubriand, Lamartine, Hugo et Vigny transforment la composante religieuse de leur position initiale en prospective visionnaire humanitaire.

Pour sa part, l'esthétique classicisante n'a guère que le passé à opposer et des places fortes à défendre : l'enseignement avec succès, la scène du Théâtre français avec pertes décisives, l'Académie et le marché du livre progressivement pris d'assaut. Pierre de Béranger, Paul-Louis Courier et Casimir Delavigne, tous conservateurs par l'esthétique mais libéraux en politique, ne constituent pas un mouvement organisé, ni une tradition. Leur réussite incontestable ne ralentit pas la montée du romantisme. Les lettrés de la réaction n'ont que des figures de second plan à opposer aux grands stratèges du renouveau. C'est de ce côté que la gloire reconnaîtra les siens.

Le romantisme lui-même se scinde dès la monarchie de Juillet. La nouvelle génération, celle des Musset, Nerval, Gautier, d'abord transportée par l'œuvre de Hugo, refuse bientôt de composer politiquement avec le pouvoir bourgeois, même dans un rôle d'opposition. Avec ces poètes, en particulier avec Gautier qui marquera la rupture, le champ littéraire connaît un repliement. On parle déjà de l'« art pour l'art ». Vigny, auteur charnière entre les deux tendances, illustre avec *Chatterton* la représentation de cette distanciation ; le mythe du poète maudit reporte ainsi sur la société matérialiste le refus de composer avec la pureté de l'idéal artistique.

La hiérarchie des genres subit aussi un réaménagement important qui assure à la littérature sa configuration moderne. La poésie lyrique et le roman passent à l'avant-scène ; au théâtre s'amorce une longue évolution qui lui procurera une esthétique propre. Quant à la prose, hors la fiction, elle tend à ne reconnaître comme littéraires que les formes personnelles (pamphlet, autobiographie, essai, etc.) et la critique.

Le drame donne lieu à la bataille entre les romantiques et les classiques. Le théâtre en était venu à occuper le premier rang dans l'esthétique française classique dont Racine et Molière apparaissaient comme les deux références incontournables. Les romantiques y substituent l'exemple de Schiller puis de Shakespeare et remportent, avec les représentations des drames de Hugo, de Vigny et de Dumas durant les années 1830, une victoire éclatante. Les pièces les plus significatives à long terme logent au « théâtre dans un fauteuil » de Musset et de Mérimée.

C'est la poésie, au sens restreint de production versifiée à prédominance lyrique, qui triomphe. « La poésie, c'est tout ce qu'il y a d'intime dans tout », décrète Hugo, et on le suit quand on ne le précède pas. Le succès de cette pratique se mesure, par exemple, à l'entrée à l'Académie de Lamartine, qui n'a pourtant publié que deux recueils et quelques pièces en dix ans. Son triomphe, qui est celui du lyrisme le plus manifeste, reste le plus foudroyant de la période. Sur ce terrain, le classicisme perd même son meilleur représentant en Chénier, récupéré comme ancêtre par les nouveaux poètes.

Le roman accède lui aussi à une prééminence décisive, mais moins valorisée. Si Stendhal et Balzac produisent et combattent alors, l'œuvre du premier ne s'impose pas, et celle du second, qui connaît une indéniable fortune, ne lui assure pas la qualité requise pour accéder à l'Académie. Le roman noir dit « gothique » et le fantastique « frénétique » que pratiquent

Nodier, Hugo ou Gautier gardent des liens explicites avec la tradition de l'épouvante qu'illustrent les écrivains populaires comme Ducray-Duminil ou Pixérécourt. Le roman littéraire, malgré son audience et sa respectabilité croissantes, reste perçu par la critique comme un genre suspect et problématique. Sa fortune repose sur un large public et c'est justement ce qui le déclasse. Des auteurs qui s'y consacrent, comme Balzac, Stendhal et George Sand, ne peuvent encore prétendre au premier rang du champ littéraire.

Les grands prosateurs, tels Chateaubriand, essayiste et mémorialiste, Courier, pamphlétaire, Sainte-Beuve, critique, popularisent les domaines où va de plus en plus se confiner la prose littéraire: ceux du sujet de l'écriture et de la pratique littéraire. Michelet, justement si personnel, semble le dernier historien reconnu comme littéraire. Le socialiste utopiste Charles Fourier, l'activiste religieux Félicité-Robert de La Mennais, le philosophe Victor Cousin, le sociologue Auguste Comte échappent à la littérature. L'opinion publique s'émancipe; reste en prose l'écriture du repliement sur le sujet et sur le champ littéraire.

Deux genres, pourtant destinés à être littérairement marginalisés à court terme, connaissent une fortune exceptionnelle: le récit de voyage et l'histoire. Le premier genre se littérarise avec Chateaubriand, Byron, Stendhal et Hugo, dans un sens déjà touristique. Il ne suffit plus de rapporter à un public largement captif une information nouvelle à propos de contrées inconnues, mais d'aller sur des terrains célèbres et célébrés, où il est relativement facile de retourner, en Terre sainte, en Grèce, en Italie ou sur le Rhin par exemple, et d'en tirer quelque illumination poétique, quelque réflexion historique où l'auteur sache affirmer son originalité. Ainsi pâlit aux ciels littéraires l'étoile de l'Amérique et monte celle de l'Orient.

L'histoire constitue un des pivots du mouvement littéraire romantique. Non seulement la fiction romanesque et théâtrale y retrouve-t-elle des modèles d'inspiration, mais l'écriture historique elle-même se transforme au goût du jour par le recours à une narrativité affichée qui marque un moment crucial de rupture dans l'historiographie française. Rejetant le souci universalisant des dissertations «philosophiques» d'un Voltaire ou d'un Gibbon et contestant leur préoccupation quasi exclusive pour les institutions politiques et les détenteurs personnels du pouvoir, les nouveaux historiens, Barante, Guizot, Villemain et, singulièrement, Thierry, racontent des événements dans l'esprit et la couleur des chroniques du passé et font revivre les «peuples» plus que les individus. Ils ne cachent pas leur dette envers Chateaubriand, ni envers le groupe de Coppet, ni surtout envers Scott dont le talent à ressusciter la couleur locale et la vie des «nations» anciennes le fait reconnaître comme précurseur. Cette histoire narrative permet au nouveau nationalisme libéral romantique de s'inventer des origines.

LA RÉCEPTION

Le combat romantique semble être avant tout une affaire de réception. Que faut-il consacrer? Voilà la question. La censure et la propagande d'abord, l'opinion ensuite sont les arbitres du conflit. Dans un souci manifeste d'affirmation nationale, Napoléon impose une réorganisation de la vie littéraire qui tend à restaurer un classicisme étriqué: la réglementation de l'imprimerie, la prise en mains de l'Institut de France dont relève l'Académie, la surveillance du comité de réception des pièces du Théâtre français l'illustrent. Un néo-classicisme respectueux du pouvoir et fondé sur l'héroïsme cornélien régente les lettres. Toutefois, Chateaubriand et Mme de Staël, qui apportent le souffle du romantisme européen et qui sont, par conséquent, contrariés et censurés, s'en remettent à l'opinion publique et remportent un éclatant succès, en dépit de tout ce que la

Première apparition d'Atala à Chactas, prisonnier des Muscogulges, de Le Normant, gravure de l'édition définitive d'*Atala* [...] et de *René*, 1805. Tirée de François-René de Chateaubriand, *Atala, René. Les aventures du dernier Abencérage*, jaquette.

production officielle cherche à promouvoir. Le *Génie du christianisme* prépare l'avènement de l'Empire comme *De l'Allemagne* en annonce la fin. Ces œuvres sont justement des interventions dans le champ de la réception littéraire qui assurent la promotion de la nouvelle esthétique romantique.

Avec Chateaubriand et Mme de Staël naît un mouvement de propagande actif en faveur d'une réaction religieuse littéraire. Si le protestantisme avoué et la vie sentimentale orageuse de la seconde nuisent à son influence, il en va tout autrement pour le premier, qui profite d'une conjoncture politique favorable pour imposer son *Génie du christianisme* à l'opinion publique et donner une référence fondatrice au romantisme de droite. Louis de Bonald et Joseph de Maistre luttent également en faveur de la religion catholique la plus intransigeante sur le front littéraire, mais ils sont vite dépassés par une évolution culturelle qu'ils refusent. Plus habile, un jeune prédicateur, Frayssinous, qui deviendra bientôt évêque puis ministre, cherche à séduire, dans ses conférences à Saint-Sulpice, les romantiques encore incertains du début des années 1820. Toutefois, La Mennais, prosélyte acharné, illustre à la fois l'intensité de l'engagement des forces religieuses dans la sphère littéraire et leur rapide et complète déroute. Le romantisme français ne va pas rester inféodé à une religion instituée. Avec Balzac, les écrivains catholiques passent définitivement à la marginalité.

La Restauration, qui assure une plus grande liberté d'opinion, donne d'abord lieu à une réaction du sentiment national contre la culture des vainqueurs. Même si l'œuvre de Schiller devient un modèle d'inspiration pour les dramaturges, celle de Byron pour les poètes et celle de Scott pour les romanciers, une résistance concertée des institutions cherche à s'opposer à la montée du romantisme perçu comme un ennemi. Le débat se poursuit par des polémiques dans les journaux et les revues, et porte plus sur les qualités relatives de la culture française ou étrangère que sur des œuvres récentes. D'ailleurs, l'originalité des *Méditations* leur vaut un succès où la question du romantisme ne joue aucun rôle explicite. Lamartine ne sera reconnu comme romantique que plus tard.

Si, en 1824, l'Académie juge bon de faire tenir un discours antiromantique à son secrétaire, tel n'est pas là le principal terrain des opérations: la décision ne relève pas des autorités, mais de l'opinion. Journaux et revues entrent dans la lutte. Le *Racine et Shakespeare* de Stendhal est un recueil d'articles publiés en divers lieux. Aux périodiques s'ajoutent les préfaces des œuvres nouvelles, dont la célèbre *Préface de Cromwell* de Hugo. À la fin des années 1820 s'effectue le passage à gauche des romantiques les plus notoires, dont la reconnaissance est assurée dans la presse libérale, en particulier au *Globe*, par Sainte-Beuve devenu pour un temps un critique dévoué au Cénacle de Hugo.

La sanction décisive reste pourtant celle de la scène, lieu clef du prestige des lettres depuis Corneille. L'entrée d'un administrateur ouvert au mouvement à la Comédie-Française permet entre autres la célèbre bataille d'*Hernani* et assure par là le succès des nouveaux écrivains. Ensuite, l'Académie est patiemment investie : Lamartine d'abord, Nodier et Hugo ensuite, et les autres plus tard.

Dès la Restauration, le gouvernement cesse de jouer un rôle appréciable dans la réception et, devant la faveur publique devenue toute-puissante, les littéraires s'activent à instaurer un pouvoir interne qui puisse servir d'intermédiaire entre les créateurs et les consommateurs. Commence alors le règne d'un médiateur, le journaliste critique (Sainte-Beuve, Janin, etc.), muni d'un pouvoir que les écrivains les plus soucieux de l'autonomie du champ perçoivent rapidement comme excessif. L'opinion des autres « poètes » a déjà à leurs yeux plus de poids que la scandaleuse faveur de la société bourgeoise et des critiques qu'elle reconnaît.

LA MANIFESTATION DU LITTÉRAIRE

Les marques de reconnaissance du littéraire subissent l'effet de l'évolution du champ de diverses façons, tant dans les questions de forme et d'intertextualité que dans l'autoreprésentation du littéraire dans les textes. Le vers est un des principaux enjeux de la bataille du drame. Mme de Staël et Stendhal, entre autres, allèguent que le vers n'est pas une forme moderne et que la dramaturgie doit s'en libérer en faveur de la prose. Soucieux de faire profiter la scène des réformes qu'ils apportent à la versification, Hugo et Vigny ne l'entendent pas ainsi ; le drame romantique qu'ils imposent un moment pourra être écrit en vers ou en prose, non sans que la valorisation traditionnelle du premier ne joue en sa faveur. Cette déréglementation de la forme stylistique du théâtre reste acquise par la suite. Il en va de même des « unités », particulièrement celles de temps et de lieu, qui deviennent affaire de liberté. Les marques traditionnelles de la littérarité du théâtre s'estompent.

Le vers lui-même change. Les nouveaux poètes en assouplissent la métrique, en permettant des jeux de rythme plus variés, dont l'enjambement. Ils prennent surtout leurs distances vis-à-vis de la rhétorique ancienne et recherchent des images plus inédites qu'imitées et, au détriment de la périphrase circonspecte, le rétablissement du mot juste même quand il n'est pas noble. Hugo en particulier inquiète et séduit ses contemporains par cette versification éclatante dont *Les orientales* assurent le succès. Le vers n'est plus une convention entre lettrés, c'est un instrument original qu'on forge pour s'affirmer. La poésie tend déjà dans « Les Djinns » *(Les orientales)* vers le pur jeu formel.

L'intertextualité évolue dans un sens tout aussi manifeste. L'épigraphe et la citation explicite apparaissent comme des marques revendicatrices de l'esthétique moderne. Les références à Shakespeare, Byron, Ossian, Schiller se trouvent garanties par les renvois à Homère, Virgile ou Dante. De plus, les parodies, emprunts et commentaires confirment ces nouvelles autorités. On dialogue avec Byron mort, on adapte Schiller, on recrée Shakespeare : ce dernier atteint progressivement à la primauté parmi les grands génies de la littérature. Le réservoir de la mythologie antique est petit à petit abandonné pour celui de l'histoire des héros de l'époque féodale.

Dans plusieurs de ses textes, Hugo représente le poète comme un penseur universel qui domine l'ensemble du monde et qui annonce l'avenir au peuple. « Fonction du poète », dans *Les rayons et les ombres*, en offre un exemple caractéristique. L'art poétique importe moins que l'enseignement au lecteur : il s'agit de faire voir le modèle du créateur de cette esthétique, le mage et le prophète. Avec les années 1830, le renfermement du champ suscite un intérêt différent pour la représentation littéraire du poète et de sa condition. Ses malheurs sont à la mode. Dans *Stello* et surtout dans *Chatterton*, Vigny donne une forme largement appréciée de la nouvelle situation du poète : la vocation comme condamnation aux vexations et à l'incompréhension sociale. Les places qu'occupent les Chateaubriand, Lamartine et Hugo ne sont pas celles des purs poètes ; l'idéal de la poésie ne saurait se compromettre dans l'hégémonie bourgeoise ambiante. Les *Nuits* de Musset confirment pour leur part la nécessité de la souffrance personnelle et de la contrariété inhérentes à l'inspiration authentique : le poète tend à échapper au monde ; le Parnasse n'est pas loin.

*

S'il faut voir naître alors la modernité dans les lettres, c'est dans cette valorisation paradoxale de l'activité littéraire à la fois habilitée à intervenir pour défendre publiquement des valeurs dans l'ordre du politique et autorisée à ne tirer que d'elle-même la consécration de son statut propre. Position logiquement intenable, mais promise pourtant à une grande fécondité historique.

Pour en savoir davantage

AMBRIÈRE, Madeleine (dir.), *Précis de littérature française du XIXe siècle*, Paris, Presses universitaires de France, 1990, xxx-637 p.

BÉNICHOU, Paul, *Les mages romantiques*, Paris, Gallimard, 1988, 553 p.

—————, *Le sacre de l'écrivain, 1750-1830. Essai sur l'avènement d'un pouvoir spirituel laïque dans la France moderne*, Paris, Corti, 1973, 492 p.

ELLIOT, Emory (dir.), *Columbia Literary History of the United States*, New York, Columbia University Press, 1988, 1263 p.

MARTIN, Henri-Jean, et Roger CHARTIER (dir.), *Histoire de l'édition française*, t. II : *Le livre triomphant, 1660-1830*, 1984 ; t. III : *Le temps des éditeurs : du romantisme à la Belle Époque*, 1985, Paris, Promodis, 4 vol.

ROCHE, Daniel, *Les républicains des lettres. Gens de culture et lumières au XVIIIe siècle*, Paris, Fayard, 1988, 393 p.

Quebec (détail), gravure de James Smillie, 1829. Tirée de George Bourne et James Smillie, *The Picture of Quebec*, frontispice.

CHAPITRE 2

LES CONDITIONS GÉNÉRALES

LE MOUVEMENT MIGRATOIRE

Le XIXᵉ siècle se caractérise par l'immense mouvement migratoire des Européens vers l'Amérique : plus de 60 millions de personnes passent au Nouveau Continent[1]. À mesure que le capitalisme industriel s'installe en Europe, il accule une bonne partie de la population à l'émigration. Première nation à s'industrialiser, l'Angleterre est aussi la première exportatrice d'hommes. Les États-Unis, principaux bénéficiaires de l'émigration, deviennent une terre d'asile où le mythe américain de la réussite prend forme et hante les imaginations.

Ce mouvement est d'abord limité : seuls les Britanniques émigrent massivement, empruntant pour la plupart Québec comme porte d'entrée. Après 1830, il prend toute son ampleur. Pendant la seule année 1832, la ville de Québec (qui compte alors 28 000 habitants) accueille 49 905 immigrants de passage. Les riverains du fleuve Saint-Laurent ne restent

---

1. René Rémond, *Introduction à l'histoire de notre temps*, t. II : *Le XIXᵉ siècle, 1815-1914*, p. 237.

pas insensibles à ce mouvement qui remet en cause leur statut de premiers occupants. Pour eux, dont l'établissement sur ce continent remonte à deux siècles, les nouveaux venus posent un problème crucial : vont-ils accepter de s'intégrer à leur société ou chercheront-ils à tout recommencer à neuf ? Englobés dans ce mouvement, les Canadiens risquent de se voir confondus avec les immigrants, toujours plus nombreux. Les Anglo-Canadiens s'en réjouissent, prédisant pour bientôt une Amérique entièrement anglo-saxonne. Bon gré mal gré, les francophones vont devoir s'assimiler. De leur côté, ceux-ci ont de bonnes raisons d'espérer garder leur nationalité. Au recensement de 1831, la population totale du Bas-Canada atteint 511 917 habitants. Elle s'accroît de 88 239 depuis le recensement de 1825, grâce à la fécondité des Canadiens plutôt qu'à l'immigration[2]. La forte natalité fait plus que contrebalancer l'immigration : elle maintient les rapports entre la majorité canadienne et la minorité britannique dans les mêmes proportions.

La population du Bas-Canada, à 90 % rurale, garde une homogénéité remarquable. À l'exception de ses deux villes principales, la province ne compte que quelques bourgs de plus de 1 000 habitants : Trois-Rivières, William Henry (Sorel) et Laprairie. Berthier, pourtant chef-lieu de la seigneurie la plus peuplée entre Montréal et Québec, n'atteint pas 500 habitants. Cette situation n'est cependant pas particulière au Bas-Canada puisque le Haut-Canada, qui dénombre 215 750 habitants au recensement de 1831, ne compte pas même un vingtième de population urbaine : Kingston et York (Toronto), avec des populations de 3 500 habitants, ne sont encore que des villages.

Les anglophones, surtout versés dans le commerce, se concentrent dans les villes de Montréal et de Québec, qui comptent respectivement 27 000 et 28 000 habitants ; ces chiffres sont loin d'être négligeables dans l'Amérique d'alors. New York, avec ses 220 000 habitants, fait déjà figure de métropole, mais plusieurs villes, maintenant importantes, n'étaient guère plus populeuses. Avec ses 67 000 âmes, Boston règne sur la Nouvelle-Angleterre. Charleston (32 000), Cincinnati (31 000) et Washington (20 500) sont sensiblement de la même taille que Québec et Montréal.

D'après les statistiques compilées par Jacques Viger en 1825, le district de Montréal atteint 37 279 habitants, dont 28 580 Canadiens et 8 699 « étrangers »[3]. De ces derniers, 7 946 vivent dans la ville même de Montréal. Quoique minoritaire, ce groupe compact forme une communauté capable de se doter d'institutions particulières, comme la Bank of

---

2. Jean HOLMES, *Nouvel abrégé de géographie moderne, suivi d'un appendice, et d'un abrégé de géographie sacrée, à l'usage de la jeunesse*, appendice, p. XIII.
3. Les chiffres concernant les populations donnés dans ce chapitre sont conformes à l'enquête de Jacques Viger effectuée en 1825 et au recensement de 1831, mais ne concordent pas avec les statistiques publiées dans les *Annuaires* de la province, qui normalisent les chiffres en tenant compte des excédents de population.

Montreal, le McGill College et le Montreal General Hospital. Même si les barons de la fourrure perdent du prestige depuis que la North West Company a été englobée par la Hudson's Bay Company en 1821, ils n'en exercent pas moins une influence déterminante sur la politique canadienne. Dès cette époque, Montréal prend un visage anglais, principalement parce que cette langue s'impose dans les services, le commerce et les divertissements. Rien de surprenant que la ville s'inscrive dans le circuit nord-américain des troupes itinérantes de théâtre, des cirques et des autres spectacles du genre[4]. Rien de surprenant non plus que la majorité des journaux et des revues y soient en langue anglaise. Les anglophones forment la portion la plus riche et la plus éduquée de la population urbaine, et donc le milieu le plus favorable à la vie littéraire.

LES COMMUNICATIONS

Depuis sa fondation, le Canada a toujours souffert de sa position géographique. Ses ports, fermés pendant plus de cinq mois en hiver, et les obstacles naturels tels que rapides et forêts immenses gênent la circulation en été. La conjoncture historique contribue également à cet isolement : la révolution américaine et les guerres napoléoniennes ont ralenti les relations avec l'Europe, en particulier avec la France. Mais, à l'aube du XIXe siècle, la nouvelle bourgeoisie marchande entend bien corriger la situation pour que son commerce rivalise avec celui des Américains.

La nature avait déjà doté le pays d'un réseau fluvial extraordinaire : le Saint-Laurent était navigable jusqu'à Montréal pour les bateaux de faible tonnage. En amont des rapides de Lachine, il pouvait devenir, grâce à des aménagements, une artère commerciale allant jusqu'aux Grands Lacs. Vers le sud, la rivière Richelieu prolongée par le lac Champlain menait, après un portage, jusqu'au fleuve Hudson, qui se jette dans la mer près de New York. Le canot, moyen de transport emprunté aux indigènes, convenait aux rivières qui conduisaient à l'intérieur des terres.

C'est en fonction du commerce que s'étendent les réseaux fluviaux et routiers ainsi que leur corollaire, la poste. Montréal acquiert de ce fait une position prédominante qui l'inscrit sur le même axe que New York. La vie culturelle bénéficie de cet apport, même si les grands courants de communication favorisent la diffusion de la culture anglo-saxonne. La culture française s'en trouve menacée, du moins dans les villes. La majorité de la

---

[4]. Voir, dans le présent ouvrage, à la section intitulée « Le théâtre », p. 136-137.

population qui vit à la campagne, peu engagée dans le commerce international, se regroupe dans les seigneuries en bordure du fleuve, dont elle n'est jamais plus éloignée que de 30 kilomètres; elle bénéficie des services de communication entre les deux villes principales.

Les Nord-Américains exploitent ce réseau fluvial et tirent profit d'une invention récente, le moteur à vapeur. Dès 1807, un premier *steamboat* relie New York à Albany. L'année suivante, un deuxième bateau, spécialement conçu pour le transport des voyageurs, assure le service entre Whitehall, à la tête du lac Champlain, et Saint-Jean-sur-Richelieu. Ainsi les Montréalais qui atteignent la rive du Richelieu par la diligence disposent, avec le steamer, d'un moyen de transport rapide et confortable entre leur ville et la métropole américaine. En 1830, le trajet ne dure plus que 3 jours, alors qu'il en fallait 16 en 1792. Même en hiver un service régulier s'organise. En 1835, la Red Bird Line de Whitehall parcourt régulièrement le trajet entre Montréal et Albany en moins de 48 heures, y inclus les arrêts. Les communications entre Montréal et Québec bénéficient également de cette invention. En 1809, John Molson établit un service régulier de steamer: l'*Accommodation* accomplit son voyage inaugural aller-retour en 66 heures. Un deuxième bateau à vapeur, le *Swiftowne*, capable d'accueillir 150 personnes, entre en service peu après[5].

Le Haut-Canada met un temps considérable avant de jouir des mêmes avantages. En effet, depuis Sault-Saint-Louis jusqu'à la décharge du lac Érié, de nombreux rapides nuisent à la navigation. Les Américains, qui ont commencé à exploiter le sud des Grands Lacs, ont contourné ces difficultés en creusant un canal qui relie le lac Ontario au fleuve Hudson en empruntant la rivière Mohawk. Les Canadiens se trouvent ainsi forcés d'aménager le haut Saint-Laurent, sans quoi tout le commerce de l'intérieur du continent sera drainé vers New York. Ils inaugurent donc successivement les canaux Lachine (1825), Welland (1829) et Rideau (1832). Ainsi, Montréal communique avec les Grands Lacs par la rivière Outaouais. Ce détour temporaire n'empêche pas de rêver au jour où le Saint-Laurent sera navigable sur tout son parcours.

Le réseau routier s'étend, bien que l'entretien soit inégal: chaque propriétaire riverain doit voir au bon état du tronçon de chemin qui traverse sa terre. L'épandage du gravier est irrégulier et les routes de la plaine argileuse du Saint-Laurent deviennent glissantes à la moindre pluie. Mgr Plessis avoue qu'on aurait grand avantage à adopter le système d'entretien en vigueur en Europe, surtout pour les chemins « auprès des villes où ils sont ordinairement impraticables[6] ». Les seules améliorations viennent de l'initiative privée, qui obtient le droit de construire des routes et des

---

5. Ces renseignements sont tirés de François Cinq-Mars, *L'avènement du premier chemin de fer au Canada* [...], p. 65 et 67.

6. Joseph-Octave Plessis, *Journal d'un voyage en Europe* [...], p. 100.

ponts à péage. Déjà en 1835, sur les 1 574 kilomètres de voie ferrée existant dans le monde, les États-Unis en possèdent 1 290[7]. Pour harmoniser leur économie à celle de leurs voisins, les Canadiens doivent emboîter le pas. L'ouverture du tronçon Montréal–Laprairie–Saint-Jean en 1836 annonce une politique de communication qui se poursuivra jusqu'à la fin du siècle.

Royal William, huile sur toile de Samuel Skillet, 1834. Musée du Québec (L74.260). Photographe : Patrick Altman.

Les moyens de communication avec l'Europe ne s'améliorent vraiment qu'à la fin de la décennie 1830-1839. Construit à Québec, le premier steamer transatlantique, le *Royal William*, met presque 20 jours, en 1836, pour aller de Québec à Liverpool, alors que les voiliers en prennent généralement 14 ou 15. À partir de 1840, un service régulier de transatlantique s'organise entre New York et Liverpool, tous les 15 jours pendant la belle saison, tous les mois en hiver. Malgré les progrès considérables qui s'annoncent, la traversée de l'Atlantique reste toujours une épreuve et on comprend que les voyageurs rédigent leur testament et recommandent leur âme à Dieu avant de partir. Le port de Québec mettra encore plusieurs décennies avant d'offrir un service transatlantique régulier, mais son achalandage pendant les années 1830 ne s'en accroîtra pas moins avec le commerce du bois et l'afflux des émigrés britanniques. Les occasions de communiquer avec l'Europe se multiplient donc.

---

7. J.B. SNELL, *Premiers chemins de fer*, p. 31.

La poste canadienne gagne en rapidité et en efficacité quand elle emprunte les grandes voies de communication. En 1827, le service entre Montréal et Québec devient quotidien[8]. À partir de 1828, la poste américaine dessert journellement la ligne New York–Saint-Jean. Du tronc principal se détachent quelques rameaux secondaires: Trois-Rivières–Nicolet–Sorel, service bihebdomadaire; Trois-Rivières–Sherbrooke–Stanstead, service hebdomadaire. Des courriers bihebdomadaires partent également de Montréal vers Hull et Niagara.

Les progrès de ce service se traduisent par une augmentation du nombre des bureaux de poste en région. Même si la population du Haut-Canada atteint à peine la moitié de celle du Bas-Canada, elle en obtient deux fois plus: de 1816 à 1827, leur nombre passe de 10 à 49 au Bas-Canada, tandis qu'il augmente de 9 à 65 dans le Haut-Canada[9]. Le *Postmaster general* dit, comme les autres anglophones, que les Canadiens lisent peu et écrivent encore moins, tandis qu'il importe pour le bien de l'empire de maintenir des liens très étroits entre les immigrants britanniques.

La poste facilite la diffusion de l'information par les journaux même si, avec le temps, le coût d'expédition devient prohibitif. Fixé à 1 chelin par année en 1790, il atteint 4 chelins pour les hebdomadaires et 5 chelins pour les bihebdomadaires en 1830[10]. En fait, le journal est soumis au même tarif que les lettres. En 1829, plusieurs éditeurs de gazettes du Bas-Canada présentent une requête au gouverneur James Kempt pour que les frais de poste soient assumés par les lecteurs plutôt que par l'éditeur, et demandent que ces frais se réduisent à 1 penny par numéro.

LA MONTÉE DES PROFESSIONS LIBÉRALES

D'abord soucieux de son recrutement, le clergé multiplie les fondations de séminaires, facilitant ainsi l'accès aux études secondaires à une plus large partie de la jeunesse. Les curés sélectionnent les enfants les plus brillants de leur paroisse pour les envoyer au collège. Les familles qui jouissent d'une certaine aisance se font un point d'honneur de faire instruire au moins un de leurs fils. Comme la majorité de ces jeunes gens ne répondent pas aux aspirations du clergé, ils s'orientent vers les professions libérales: le droit, le notariat et la médecine.

---

8. William SMITH, *The History of the Post Office* [...], p. 155-156.

9. *Ibid.*, p. 117.

10. *Ibid.*, p. 158.

Les conditions d'accès à ces études n'ont guère changé depuis l'ordonnance de 1785 sur la formation professionnelle. En 1779, certains avocats s'étaient déjà regroupés en société sous le nom de Communauté des avocats. Mais l'ordonnance qui confiait au gouverneur la prérogative d'octroyer les diplômes avait porté un coup fatal à cette société en la dépouillant de sa compétence quant à la profession. En 1803, Michel-Amable Berthelot Dartigny avait bien tenté de la ressusciter, mais en vain. Ce n'est qu'en 1828 que certains avocats, pour la plupart anglophones, fondent à Montréal la Bibliothèque des avocats – celle de Québec sera créée en 1831 – pour que les intéressés puissent consulter les jugements qui fondent la jurisprudence. L'association vise également à parfaire la formation de ses membres par des conférences sur les questions de droit et par des concours. Même si la majorité des aspirants ont fait au moins quelques années d'études collégiales, le cours classique n'est toujours pas requis pour s'inscrire comme clerc chez un notaire ou chez un avocat. Toutefois, ceux qui ont terminé leurs deux années de philosophie font leur cléricature en quatre ans au lieu de cinq.

Également régies par l'ordonnance de 1785, les quatre années d'études de la médecine se font auprès d'un médecin d'expérience. Un bureau d'examinateurs à Québec et un autre à Montréal décernent des licences aux candidats jugés compétents. Il faut cependant couronner ces études par un stage dans une université reconnue. En 1818, seulement 5 sur 31 praticiens du district de Québec et 5 sur 51 du district de Montréal sont titulaires d'un diplôme en médecine. En 1826, les médecins de Québec forment une association, la Société de médecine de Québec, et lancent une revue médicale, le *Journal de médecine de Québec*.

Avec le temps, les hôpitaux organisent un enseignement plus systématique de la médecine. Après la tentative du docteur Anthony von Iffland d'instaurer un cours d'anatomie au dispensaire de Québec entre 1818 et 1820, l'hôpital des Émigrants, puis l'hôpital de la Marine donnent un enseignement rudimentaire jusqu'à la fondation de l'École de médecine de Québec en 1845. Un enseignement similaire est offert à Montréal dans des hôpitaux comme l'Hôtel-Dieu et l'Hôpital général.

En 1791, année du premier recensement, on comptait 88 hommes de profession canadiens pour 142 000 catholiques, c'est-à-dire 0,6 pour 1 000. En comparaison, les protestants en comptaient 62 pour une population de moins de 20 000, soit 3 pour 1 000. On peut en conclure qu'ils avaient déjà investi ce champ. On dénombre alors 35 médecins de langue anglaise contre seulement 7 de langue française, 8 avocats anglophones contre 9 francophones. En revanche, le fait qu'il y ait 48 notaires francophones contre seulement 7 anglophones illustre que le notariat est inconnu en Angleterre. En 1838, le nombre absolu des hommes de profession canadiens s'est accru de 600 % par rapport à une augmentation de la population catholique de 300 % : on dénombre 596 hommes de profession pour 500 000 catholiques, soit 1,2 pour 1 000. Chez les Britanniques, la progression se fait à peu près au même rythme: de 62 ils passent à 343, ce qui signifie une augmentation de 500 % pour une population de 100 000 protestants, soit 3,4 pour 1 000[11].

L'encombrement des professions libérales, notable dès les années 1820, résulte moins du type de formation dispensé dans les collèges classiques et des préjugés contre le commerce que de la rareté des débouchés pour les francophones. Le nombre élevé de notaires par rapport aux autres professions (324 notaires en 1838 contre 122 avocats, 101 médecins et 49 arpenteurs) continue de refléter que le notariat est une profession particulière au Bas-Canada. Le marché des professions est loin d'être la chasse gardée des Canadiens.

Sans le pouvoir de l'argent, les hommes de profession ne forment qu'une «pseudo-bourgeoisie», car ils manquent d'emprise sur l'économie. Ils tirent cependant un certain pouvoir de leur ascendant sur le peuple. Avec le curé, le notaire et le médecin exercent la plus grande influence dans la paroisse, ascendant limité par celui des marchands anglais qui achètent les récoltes, exploitent les forêts et construisent les moulins. Le rapport de forces peut paraître disproportionné, mais il n'en est pas moins réel. Les marchands sont frustrés de ne pas exercer sur la population l'autorité à laquelle leur fortune leur donne droit, comme le note lord Durham: «Les Anglais fortunés s'irritaient de ce que leurs biens ne leur donnassent pas d'influence sur leurs dépendants français qui agissaient sur les ordres des chefs de leur race[12].» Les hommes de profession compensent leur infériorité matérielle, toujours selon Durham, par le raffinement de l'esprit: «La supériorité [des Britanniques] n'est pas si apparente ni si généralisée, quant aux classes plus éclairées [...] Je suis porté à croire que le raffinement de la pensée, l'esprit spéculatif et la connaissance des livres, sauf quelques brillantes exceptions, sont du côté des Français[13].» Ainsi se trouve-t-on devant une pyramide sociale couronnée par une bourgeoisie à deux têtes. L'une, tenant les cordons de la bourse, dirige l'économie; l'autre, forte du pouvoir de la parole, règne sur l'opinion.

La carrière politique

La constitution de 1791 a modifié substantiellement le rapport au pouvoir. Le cens très bas exigé pour siéger à la Chambre ouvre la porte à des candidats peu qualifiés: dès les premières législatures, des cultivateurs et des marchands peu instruits s'y font élire. Mais les hommes de profes-

---

11. Les calculs sont effectués à partir du tableau présenté en p. 255 de l'ouvrage de Fernand OUELLET, *Éléments d'histoire sociale du Bas-Canada*. Les renseignements concernant les populations sont tirés de Georges LANGLOIS, *Histoire de la population canadienne-française*, p. 163.
12. John George LAMBTON, 1er comte de Durham, *Le rapport de Durham*, p. 97.
13. *Loc. cit.*

sion dominent rapidement. Leur ascendant sur l'électorat grandit particulièrement en période de fréquentes dissolutions des Chambres. Conscients de l'efficacité de leur pouvoir, ils l'entretiennent en multipliant les déclarations favorables au peuple tant à la Chambre que dans les assemblées publiques et dans les journaux. Au contraire des bureaucrates aux allures aristocratiques, ils se mêlent au peuple pour exposer leur politique et défendre leurs idées. L'« orateur », qui occupe la fonction de président de la Chambre, constitue le héros dans lequel se projette l'imagination populaire. Cantonnés dans le domaine verbal par la politique britannique, les hommes de profession se piquent au jeu et excellent dans leur opposition, sans sérieusement songer à un programme politique. Veulent-ils avoir le peuple derrière eux pour leur propre avantage ou pour le bien commun ? Chose certaine, ils aspirent naturellement à leur promotion personnelle. Pendant tout le XIXe siècle, le service du gouvernement représente la position idéale pour nombre d'entre eux.

Certains hommes d'État répondent à ce désir en procurant des postes à plusieurs de leurs compatriotes. Marginalisée par l'économie, exclue des emplois publics les mieux payés, la jeunesse instruite mise sur la politique, qui représente à ses yeux une sorte de raccourci vers le succès. Peu rémunérateur en soi, car longtemps dépourvu de toute allocation de dépenses, le poste de député ouvre cependant la porte au favoritisme politique. La carrière idéale débouche sur la magistrature après un certain nombre d'années à la Chambre, comme ce fut le cas pour Louis-Charles Foucher, Pierre-Stanislas Bédard et Pierre-Amable De Bonne. Même des hommes politiques aussi prestigieux qu'Augustin-Norbert Morin et Louis-Hippolyte La Fontaine assureront ainsi leur sécurité financière.

Les députés d'arrière-banc aspirent à de moindres faveurs, comme l'illustre bien l'exemple de Louis Bourdages[14]. Au sortir du collège, il se lance dans le commerce maritime, mais échoue et se rabat sur la culture de la terre où il vivote tout en accomplissant son stage de clerc de notaire. Élu député en 1804, il participe à la fondation du *Canadien* en 1806 et s'engage dans la milice pendant la guerre de 1812. Ses promotions de major de bataillon puis de lieutenant-colonel lui valent une certaine rémunération. En 1814, le gouverneur Prevost le nomme surintendant des postes de relais au salaire annuel de 100 livres. Puis, en 1819, le gouvernement britannique lui octroie 1 200 acres de terre dans le canton d'Ély. Il compte alors parmi les plus riches propriétaires de sa localité. Chez un opposant au régime, ce succès est assez révélateur pour que les « bureaucrates » en fassent des gorges chaudes.

---

14. Voir, dans le présent ouvrage, à la section intitulée « Les satires, pamphlets et polémiques », p. 276-277.

Si elle accepte tacitement son exclusion du commerce comme allant de soi, la jeunesse instruite n'en lorgne pas moins avec convoitise du côté de la fonction publique. Les manœuvres des marchands écossais la scandalisent moins que le cumul des fonctions les plus rémunératrices, dont Jonathan Sewell représente un exemple avec ses salaires de juge en chef, d'« orateur » du Conseil législatif, de président du Conseil exécutif et de la Cour d'appel. La soixante-quinzième des Quatre-vingt-douze Résolutions déposées en 1834 dénonce l'injuste répartition des emplois publics : « [...] l'établissement du Gouvernement civil du Bas-Canada [la liste civile], en 1832, [...] contenait les noms de 157 Officiers et employés salariés, en apparence d'origine Britannique ou Étrangère, et les noms de 47 des mêmes, en apparence natifs d'origine française[15] ».

Le favoritisme politique entre certes pour une bonne part dans l'enjeu des luttes entre la Chambre d'assemblée et les Conseils. Comment, en effet, exercer un pouvoir réel sans disposer des incitatifs nécessaires à sa politique ? Pour un avancement rapide, certains mettent en veilleuse leurs convictions politiques, comme l'ont fait Pierre-Amable De Bonne, Pierre-Dominique Debartzch et Clément-Charles Sabrevois de Bleury, mais ils ont encouru la réprobation générale. La solidarité interdit les règlements à la pièce pour une reconnaissance de droits égaux pour tous. Même un modéré, comme John Neilson, reconnaît les abus :

> Les fonctionnaires salariés du gouvernement civil sont mieux payés que les plus riches propriétaires de fonds, ou que les personnes engagées dans les branches de l'industrie les plus profitables ; ils deviennent dans le fait par ce moyen les seigneurs du pays. Le plus riche d'entre les propriétaires fonciers ne retire pas plus de 1 500 louis par an et les individus les plus marquants des professions pensent qu'ils font de bonnes affaires lorsqu'ils gagnent 1 500 louis par an, et c'est un gain qui ne dure peut-être pas plus de huit ou dix ans[16].

Le projet national

Les Canadiens forment le projet de conserver leur nationalité sous la protection de l'Angleterre et de garder la province du Bas-Canada pour leurs descendants. Ils comptent atteindre cet objectif grâce aux institutions parlementaires britanniques[17]. Comme la constitution de 1791 est très

---

15. Daniel Latouche (dir.), avec la collaboration de Diane Poliquin-Bourassa, *Le manuel de la parole. Manifestes québécois*, t. I : *1760 à 1899*, p. 64-65.
16. *Rapport sur le gouvernement civil*, p. 81, cité dans Thomas Chapais, *Cours d'histoire du Canada*, t. III : *1815-1833*, p. 197.
17. Voir, dans le présent ouvrage, la section intitulée « L'essai politique », p. 225-246.

peu explicite sur la manière dont la nouvelle Chambre populaire doit exercer ses pouvoirs, les nouveaux députés se mettent à étudier la tradition parlementaire anglaise pour y trouver des précédents. Ils lisent les *Commentaries* de William Blackstone, *The Treatise of Civil Government* de John Locke et les œuvres de Jean-Louis De Lolme[18] et ils traduisent *Rule Britannia*. Ils se donnent ainsi une culture politique originale, en jouant sur le sens du mot « peuple » qui est en passe de revêtir une signification nouvelle. Désignant la dernière classe de la société, le terme s'oppose à « aristocratie », sans autre connotation. Mais, dans l'esprit des élus canadiens-français, le mot se confond très tôt avec « nation » : ils sont les représentants de la majorité, c'est-à-dire de la nation canadienne, qui cherche une reconnaissance officielle tant de la part de la métropole que de la minorité anglo-saxonne de la province. D'une part, ils se perçoivent plus comme les mandataires de la nationalité que comme les représentants des intérêts populaires. Leur nationalisme revêt une forme éminemment moderne puisqu'il vise à la prise immédiate du pouvoir. D'autre part, en acceptant les règles du jeu des Britanniques, ces mêmes députés partagent leur culture parlementaire. Même s'ils en transgressent les règles, ils le font dans un esprit d'opposition avalisé par la coutume. Ils apprennent à établir des rapports de forces efficaces à l'intérieur des cadres légaux par des interprétations peut-être abusives mais certainement ingénieuses. C'est cette attitude qui modifie en profondeur la pensée française au Canada.

L'effort pour trouver une formule de gouvernement responsable satisfaisante à la fois pour la métropole et pour leurs aspirations nationalistes marque les hommes politiques de ce temps. Aucun n'a laissé de traité comparable à ceux de Montesquieu ou de Locke. C'est au fur et à mesure des discussions qu'ils s'initient au parlementarisme, qu'ils en découvrent les lois et les stratégies. Aucune œuvre d'envergure ne résulte de leur démarche et de leurs conceptions. L'écriture prend le relais de l'action politique seulement pour faire écho sur la place publique aux débats de la Chambre.

L'affaire des Prisons, qui concerne la levée des taxes nécessaires à l'érection de deux prisons, l'une à Québec et l'autre à Montréal, révèle la coloration ethnique des oppositions politiques. Alors que les députés canadiens-français n'ont pas de difficulté à faire adopter leur point de vue, qui consiste à vouloir lever une taxe spéciale sur le commerce, les marchands britanniques, déjà regroupés dans une formation politique désignée par les Canadiens comme étant le « parti breton », réclament une taxe foncière et mènent une active campagne de presse dans la *Montreal Gazette* et le *Quebec Mercury*. C'est en réponse à cette campagne que sont fondés,

---

18. Fernand Ouellet, dans la notice qu'il consacre à Pierre-Stanislas Bédard, *DBC*, t. VI, p. 50, en témoigne.

d'une part, le Parti canadien et, d'autre part, *Le Canadien*, premier journal politique publié exclusivement en français. Des lecteurs y exposent leurs points de vue, plus en situation agonique que théorique. Leurs écrits de combat invoquent des précédents et citent des auteurs reconnus par leurs adversaires. Rédigés à la hâte, avec comme principal souci de confondre l'adversaire, les articles de journaux livrent une pensée politique encore recouverte de sa gangue. Malgré ses scories, elle reste capitale pour former une opinion publique sur laquelle s'appuient les tribuns, surtout en temps de crise.

LE STATUT ET LE RÔLE DE L'ÉGLISE CATHOLIQUE

Au début du XIXe siècle, l'Église éprouve des difficultés de recrutement. En 1800, on comptait un prêtre pour 1 800 fidèles. En 1830, on ne compte toujours qu'un prêtre pour 1 834 fidèles et, en 1837, un prêtre pour 1 547 fidèles. Le nombre total de prêtres qui œuvrent au Bas-Canada est de 323, pour une population d'environ un demi-million de personnes[19]. Par rapport à l'ensemble du pays, la ville de Montréal est privilégiée : en 1800, elle compte un prêtre pour 682 fidèles ; en 1815, un prêtre pour 1 015 fidèles ; en 1820, un pour 1 115, en 1825, un pour 1 295 et, en 1831, un prêtre pour 1 260. La charge y reste lourde, mais pas autant qu'à la campagne. L'organisation paroissiale se stabilise à partir de 1810, mais les vocations ne répondent pas au besoin. Pour 191 paroisses, le clergé ne dispose, en 1831, que de 169 curés. Trente-sept prêtres enseignent dans les collèges et les séminaires et neuf aumôniers exercent leur ministère auprès de 343 religieuses. Malgré la fondation de nouveaux séminaires en milieu rural, les fils de cultivateurs montrent plus d'intérêt pour les professions libérales que pour le sacerdoce.

Les problèmes d'effectifs qui perdurent depuis la Conquête obligent l'Ordinaire à envoyer les prêtres dans les paroisses très rapidement après leur ordination, malgré leur formation théologique étriquée. Le curé de campagne, entre 1791 et 1840, paraît souvent plus préoccupé de la décoration de son église que de la santé morale de ses ouailles. Toutefois, les sulpiciens de Montréal, majoritairement des Français, jouissent d'une

---

19. Nive VOISINE, avec la collaboration d'André BEAULIEU et de Jean HAMELIN, *Histoire de l'Église catholique au Québec (1608-1970)*, p. 34.

formation de meilleure qualité. Cette éducation est « à l'heure de la décadence théologique » : les prêtres d'ici partagent la même orientation idéologique que leurs confrères parisiens, à savoir une ecclésiologie gallicane opposée à l'activisme social de La Mennais et de son premier disciple canadien, Jean-Jacques Lartigue (qui était pourtant sulpicien).

La guerre de 1812 a prouvé l'attachement du clergé à la couronne d'Angleterre. Cette collaboration tient à deux raisons principales. La première renvoie à une conception théologique selon laquelle tout pouvoir vient de Dieu, principe qui soude l'Église au pouvoir établi. « La crainte des évêques de perdre au profit d'une élite laïque le rôle de définisseurs de situation et de porte-parole du groupe canadien-français[20] » constitue la seconde. De plus, l'Église est encore dans une position précaire : sa reconnaissance dépend du bon vouloir du gouverneur. Le statut que lui avait conféré le roi de France la lie plutôt aux seigneurs qu'à la bourgeoisie francophone. Ainsi, en 1810, Mgr Plessis accepte de faire lire par les curés la proclamation du gouverneur contre le Parti canadien. En reconnaissance de cette collaboration, Mgr Plessis recevra un traitement de 1 000 livres ; en 1813, lord Bathurst s'adresse à lui en tant qu'évêque catholique de Québec et, en 1818, le prélat entre au Conseil législatif. Le conflit entre l'Église et les patriotes, qui s'envenime tout au long de la période, manifeste avant tout la manière dont les notables tentent d'exercer le pouvoir de représentation jusque dans la paroisse et démontre comment le curé résiste à cette intrusion, qu'il considère comme une usurpation de pouvoir.

Bien que l'évêque catholique de Québec soit reconnu officiellement par l'Angleterre, l'Église catholique ne jouit pas pour autant d'une liberté entière. En 1818, Mgr Plessis entreprend un voyage en Europe pour obtenir de Londres et de Rome l'autorisation de restructurer l'administration de l'Église canadienne. Il souhaite former une province ecclésiastique par l'érection en diocèses suffragants des provinces maritimes, du Haut-Canada et du district de Montréal. Si Rome anticipe ses désirs en le nommant archevêque de Québec, Londres refuse de modifier quoi que ce soit dans le statut de l'évêque, de peur d'indisposer les protestants. Le prélat se contente donc de nommer des auxiliaires qui le représentent à titre de vicaires généraux.

Montréal, déjà en rivalité avec Québec, s'offusque particulièrement de ce traitement. Dans ces conditions, Jean-Jacques Lartigue répugne à accepter le siège épiscopal de Montréal et les sulpiciens s'insurgent contre cette ingérence dans leurs affaires. Après avoir vécu deux ans à Paris en liaison étroite avec les ultramontains, le futur évêque rentre au Canada

---

20. *Ibid.*, p. 33.

avec des idées passablement différentes de celles de Plessis sur la collaboration avec l'État. Plutôt que de toujours rechercher la concertation, il ambitionne pour l'Église un affranchissement total et un rayonnement social qui lui soit propre. Il aurait aimé, entre autres choses, lancer un journal pour jouer un rôle analogue à celui de *L'Avenir* que fondent La Mennais, Lacordaire et Montalembert. Ce n'est qu'en 1836 que le diocèse de Montréal obtient sa pleine autonomie.

L'ÉDUCATION

L'enseignement public

Dans les années 1820, trois factions se disputent l'enseignement primaire : l'Église, le Conseil et la Chambre d'assemblée. Pour l'Église, qui consacre l'essentiel de ses ressources à l'enseignement classique, l'enjeu est la confessionnalité des écoles. Depuis 1801 et l'adoption de l'« Acte pour établir des écoles gratuites et pour le progrès de l'Instruction », mieux connu sous le nom de l'Institution royale ou de Royal Institution for the Advancement of Learning, le gouvernement cherche à élaborer un système scolaire unifié, financé à même les fonds publics, répondant aux besoins des Anglais et favorisant, du même coup, l'assimilation des Canadiens. Quant aux députés canadiens, ils mettent de l'avant leur propre projet scolaire, laïque et libéral, et tentent de soustraire l'enseignement primaire tant à la juridiction de l'Église qu'à celle du gouverneur.

Au début du siècle, on ne peut compter sur un système d'enseignement primaire pour initier la population à l'écriture et à la lecture, et encore moins pour lui assurer une formation littéraire, fût-elle élémentaire. Les crises politiques successives empêchent l'établissement d'un tel système. En 1818, malgré l'Institution royale, on ne dénombre que 35 de ces écoles pour l'ensemble du territoire[21]. En 1829, sa meilleure année, l'Institution royale ne dépasse pas le nombre de 84. Toutes ces écoles, sauf deux *English grammar schools*, l'une à Montréal et l'autre à Québec, sont de niveau primaire. L'indifférence de la population à l'égard de l'instruction, la crainte de la levée d'impôts pour soutenir le système et l'opposition du clergé à ce régime d'instruction contribuent à son échec : en 1822, Mgr Plessis demande et obtient que la loi de 1801 soit amendée. On garantit à l'Église

---

21. Louis-Philippe Audet, *Le système scolaire de la province de Québec*, t. IV : *L'Institution royale. Le déclin, 1825-1846*, p. 182.

le principe de la confessionnalité dans l'organisation de ces écoles. Adopté par les Chambres, l'amendement n'obtient toutefois pas la sanction royale.

Considérée comme la réponse des Canadiens à l'Institution royale, la *Loi des écoles de fabrique*, qui autorise les fabriques paroissiales à consacrer une partie de leurs revenus à l'établissement d'une école, entre en vigueur en 1824. Les relations, pour le moins difficiles, entre les hommes de professions libérales, le clergé et les seigneurs, l'indifférence du bas clergé,

Collège (de Montréal) et *Séminaire* (Saint-Sulpice), gravures de James D. Duncan, 1839. Tirées de Newton Bosworth (dir.), *Hochelaga Depicta* […], hors-texte entre les pages 146 et 147.

souvent rabroué par les évêques, expliquent que cette loi reste lettre morte et que, en 1828, seulement 48 écoles aient fonctionné dans ce cadre[22].

La loi de 1829, dite *Loi des écoles de syndics* ou *Loi des écoles d'Assemblée*, qui autorise la Chambre d'assemblée à attribuer à des syndics, sorte de notables, des subventions destinées à la création et à l'administration d'écoles locales, connaît un succès franc et immédiat, parce qu'elle prévoit l'octroi de subventions. En 1829, 262 nouvelles écoles ouvrent leurs portes; en 1830, 752. En 1829, 18 401 enfants fréquentent l'école, chiffre qui, l'année suivante, s'établit à 41 791[23]. Les écoles de syndics seront cependant sacrifiées dans les batailles qui opposent la Chambre d'assemblée au Conseil législatif. En 1836, le Conseil refuse de renouveler la loi. Faute de fonds, ces écoles ferment leurs portes.

À l'exception de l'Institution royale qui prévoyait un système complet d'instruction, mais qui n'a trouvé de champ d'application que dans la petite école, l'ensemble des lois scolaires porte sur le cours primaire, qui s'étend alors sur trois ou quatre années. L'histoire de ces lois établit la ferme volonté d'intervention de l'État, mais aussi la divergence irréconciliable entre la Chambre d'assemblée et le Conseil législatif, qui empêche l'établissement d'un véritable système d'instruction. Elle met en lumière l'extrême faiblesse du clergé qui, en raison d'un manque d'effectifs, ne parvient pas à assumer les tâches qui lui sont dévolues quand la loi l'y autorise. Jusqu'en 1836, 96% des instituteurs sont des laïcs. La langue d'enseignement dans les écoles primaires favorise nettement l'anglais. Selon Lionel Groulx, en 1838, l'anglais est enseigné dans la moitié des 178 écoles du diocèse de Québec. Dans les 27 comtés qu'il étudie, soit la moitié de ceux que comprend le Bas-Canada, il dénombre 363 écoles françaises, 140 écoles «bilingues» et 258 écoles anglaises[24], ce qui révèle également l'accroissement de l'enseignement en langue maternelle plutôt qu'en latin. La fréquentation scolaire n'est pas obligatoire – les travaux agricoles sont la cause d'un haut taux d'absentéisme – et rarement gratuite, bien que des enfants pauvres jouissent d'un traitement de faveur. En 1832, une loi limite à dix le nombre d'enfants admissibles gratuitement dans chaque école et fixe à 190 jours le calendrier scolaire.

Cette situation, qui règne à la campagne où vit la majorité de la population, ne s'applique toutefois pas aux villes de Montréal et de Québec et aux gros bourgs qui comptent alors un grand nombre d'écoles privées. Au cours de la décennie 1810-1819, la ville de Québec en aurait dénombré 44, la plupart tenues par des immigrants britanniques qui offrent leurs services, par la voie des journaux, à la clientèle tant francophone qu'anglophone. Les nouveaux arrivants recourent à la publicité,

---

22. *Ibid.*, t. V: *Les écoles élémentaires dans le Bas-Canada, 1800 à 1836*, p. 85.
23. *Ibid.*, t. V, p. 140.

24. Lionel Groulx, *L'enseignement français au Canada*, t. I: *Dans le Québec*, p. 37-135.

tandis que les maîtres canadiens, déjà bien connus, n'en éprouvent pas le besoin. Ces maîtres étrangers, qui peuvent avoir jusqu'à 30 élèves à la fois, leur apprennent à lire, à écrire et à compter. Quelques-uns annoncent des spécialités susceptibles de leur attirer une clientèle choisie : la tenue de livres, les langues modernes, la géométrie, etc. Les arts d'agrément, comme la danse, le dessin, la peinture, la musique ou le chant, sont en demande à Québec, où la haute société commande la vie mondaine. Les familles bourgeoises canadiennes envoient volontiers leurs enfants dans ces écoles pour les initier à l'anglais, à l'instar des Aubert de Gaspé et des Couillard de Lespinay.

Quant aux religieuses, elles assurent un enseignement dans 22 établissements ainsi répartis entre les diverses communautés : deux couvents d'ursulines, trois des hospitalières, un des sœurs de la Charité et 16 des Dames de la Congrégation[25]. Depuis 1825, elles enseignent exclusivement aux filles pour lesquelles elles ont élaboré un programme d'études qui correspond à la place et au rôle réservés à la femme dans la société : « Les jeunes personnes du sexe y apprennent la lecture, l'écriture, l'arithmétique, la géographie, l'histoire, le dessin, la musique, la couture, la broderie, etc. Et surtout les leçons de toutes les vertus morales et chrétiennes[26]. » L'anglais apparaît au programme après 1800. Dans quelques couvents, les élèves disposent d'une bibliothèque générale pour leur initiation à la littérature[27]. Chez Joseph-François Perrault, les filles suivent un enseignement pratique. Elles y apprennent « à échiffer, à carder, à filer, à tricoter, à faire de la toile, de l'étoffe, à les tailler et à en faire des vêtemens[28] ».

La formation des maîtres

En 1831, si on additionne toutes ces écoles, on constate que le Bas-Canada en compte 186 pour les garçons, 183 pour les filles et 844 établissements mixtes où enseignent 670 hommes et 635 femmes. Celles-ci ne reçoivent que la moitié du salaire de leurs confrères. La population scolaire compte 21 613 garçons et 20 567 filles[29]. Bien que les maîtres attachés à l'une ou l'autre des écoles subventionnées doivent être habilités à enseigner, ceux qui exercent leur métier dans les écoles privées n'ont d'autorité que celle que leur confère leur réputation. Les premiers venus s'improvisent souvent maîtres d'école. D'autres, dans les écoles confessionnelles, suivent toujours les programmes et les méthodes d'Ancien Régime. Un observateur de l'époque note à cet effet : « Il y en a qui ont des maîtres que l'on pourrait comparer aux frères ignorantins de la France,

---

25. Jean HOLMES, *op. cit.*, p. VII.
26. *Ibid.*, p. 6.
27. Thérèse LAMBERT, *Histoire de la Congrégation de Notre-Dame de Montréal*, t. X : *1855-1900*, p. 467-468.
28. *Rapport d'un Québécois sur quelques écoles élémentaires du district de Québec*, p. 3.
29. Louis-Philippe AUDET, *op. cit.*, t. V, p. 142.

qui, dit-on, ne savaient ni lire ni écrire, les uns se contentent, comme autrefois, de leur montrer à lire en latin, pour en faire, disent-ils, des chantres, dont ils ont le plus besoin ; d'autres se bornent à montrer le catéchisme et les prières au peu d'élèves qu'ils ont, disant que cela suffit pour des habitans[30]. »

Ce n'est qu'à la fin de la période que les autorités civiles et cléricales se préoccupent de la formation des maîtres. Deux démarches concurrentes sont ainsi entreprises. En 1836, la Chambre d'assemblée adopte la loi sur les écoles normales et autorise l'abbé Jean Holmes du séminaire de Québec à s'enquérir aux États-Unis et en Europe des meilleurs programmes de formation des maîtres. La loi prévoit que les établissements devront être biconfessionnels. L'école normale de Montréal, par exemple, dirigée par François Regnaud, assure cette formation du 5 septembre 1837 au 23 février 1842. Trois couvents s'occupent également de l'éducation des institutrices : ceux des ursulines, à Québec et à Trois-Rivières, et celui des Dames de la Congrégation, à Montréal. Entre 1836 et 1842, 23 femmes s'y préparent à l'enseignement. Les effets de cette initiative demeurent toutefois limités. Par ailleurs, conscients que les effectifs du clergé ne permettent guère d'établir un réseau d'écoles primaires catholiques, les sulpiciens de Montréal font venir les premiers frères des Écoles chrétiennes en 1837. Ces religieux favorisent une formule pédagogique nouvelle, promise au succès : l'enseignement simultané, où le maître, devant la classe et à l'aide d'un tableau noir, enseigne à tous les élèves à la fois.

L'initiative de Joseph-François Perrault[31]

Dès le début des années 1820, Joseph-François Perrault se propose, dans le cadre de la Société d'éducation de Québec, de répandre parmi les pauvres une instruction conforme à leurs principes religieux, qui serait dispensée gratuitement. Au cours de sa première année, l'école tenue par cette société reçoit 90 enfants. En 1830, elle compte 415 garçons et filles. Une telle école ne peut se maintenir sans subvention du gouvernement. Aussi des demandes en ce sens sont-elles soumises à la Chambre d'assemblée presque tous les ans.

Perrault, qui se place au-dessus des religions et des nationalités, fraie aussi avec les protestants. En 1825, il devient président de la Société d'école britannique et canadienne, l'antagoniste de la Société d'éducation de Québec. Il quitte donc la présidence de cette dernière et concentre tous ses efforts sur l'école de la société britannique qui compte, en 1827, 139 élèves répartis comme suit selon la religion : 40 catholiques, 60 anglicans

---

30. *Rapport d'un Québécois sur quelques écoles élémentaires du district de Québec*, p. 1-2.
31. Les renseignements contenus dans cette section sont tirés de Jean-Jacques JOLOIS, *Joseph-François Perrault (1753-1844) et les origines de l'enseignement laïque au Bas-Canada*, p. 141.

et 39 de diverses confessions religieuses. Autrement dit, les deux tiers sont de langue anglaise et de religion protestante.

En 1829, Perrault, s'autorisant des dispositions de la nouvelle loi, fonde deux écoles, l'une pour les garçons, l'autre pour les filles, dont la pédagogie repose sur la méthode de Joseph Lancaster, soit l'enseignement mutuel[32]. Il contourne ainsi l'obstacle auquel achoppent les autres écoles, c'est-à-dire le manque de maîtres compétents. Par cette initiative, Perrault suscite l'hostilité du clergé catholique qui y voit une influence d'inspiration protestante dangereuse pour la foi.

En réaction contre l'enseignement traditionnel, qui se limite à la formation religieuse, Perrault préconise un plan d'éducation essentiellement pratique. Il désire que les élèves, en quittant l'école, soient capables d'exercer un métier qui leur procure l'aisance. Source première de la prospérité publique, l'instruction élémentaire devrait être obligatoire pour tous les enfants de 6 à 15 ans. Par cette recommandation, Perrault suscite l'ire du clergé, en particulier celle de Mgr Lartigue, qui défend le droit des parents à disposer de leurs enfants comme bon leur semble.

En 1830, les écoles de Perrault comptent 229 élèves, parmi lesquels seulement 2 paient le plein prix, soit 4 dollars par année. Selon leur état de fortune, les autres jouissent de prix de faveur. Quarante-neuf sont admis gratuitement. Les initiatives de Perrault, comme en témoigne une enquête menée par un député de la Chambre d'assemblée, intitulée *Rapport d'un Québécois sur quelques écoles élémentaires du district de Québec*, donnent des fruits. Pour la première fois, cet innovateur fait la preuve qu'il est possible d'éduquer convenablement les classes les plus défavorisées de la société. Malheureusement, seule la ville de Québec en a profité. Cela devrait suffire à illustrer la différence qui existe, sous le rapport de l'alphabétisation, entre la ville et la campagne. On peut ainsi affirmer que, à partir de 1830, il se trouve dans les villes, en plus des lettrés sortis des collèges classiques, des gens suffisamment alphabétisés pour s'intéresser à la lecture des journaux, ce qui expliquerait en bonne partie leur multiplication durant les années 1830.

Les collèges classiques

Pour les Canadiens, les séminaires de Montréal et de Québec étaient, à la fin du XVIIIe siècle, les lieux normaux de formation littéraire. Mais avec l'accroissement rapide de la population et la difficulté de recruter en France, l'Église multiplie les maisons d'éducation classique. Elle fonde, en 1803, le séminaire de Nicolet, à mi-chemin entre Montréal et Québec,

---

32. Voir, dans le présent ouvrage, au chapitre 1 intitulé « L'âge du romantisme », en particulier p. 9.

pour desservir la clientèle de la rive sud. Puis s'ajoutent Saint-Hyacinthe en 1811, Saint-Roch, dans la basse-ville de Québec, en 1818 – qui fermera ses portes en 1827 –, Chambly et Sainte-Thérèse en 1825, Sainte-Anne-de-la-Pocatière en 1827, et L'Assomption en 1832. De leur côté, les anglophones fondent des institutions particulières: le Stanstead College en 1817, le McGill College en 1829 et le Bishop's College en 1838. Il semble bien que les deux groupes linguistiques aient renoncé à des écoles communes au profit d'institutions confessionnelles qui leur soient propres.

Bien qu'elles démarrent lentement, les nouvelles maisons d'enseignement modifient sensiblement le paysage culturel de la province. Jusqu'à la fin du XVIIIe siècle, les études avaient surtout été l'apanage des citadins de la classe bourgeoise. L'essaimage des collèges en province y introduit la culture savante. Des villages comme Nicolet, Saint-Hyacinthe et Sainte-Anne-de-la-Pocatière élaborent un style de pensée particulier, et leurs interventions dans les grands débats de l'heure se font sentir dans les journaux. Mais leur apport principal est de favoriser une première démocratisation de l'enseignement secondaire. Les collèges ruraux accueillent en effet une clientèle dont le profil social diffère sensiblement de celui qu'on observe dans les collèges urbains. En prenant comme échantillon de la population étudiante du collège de Montréal une promotion (1809-1817) au milieu de la période, sur 95 élèves inscrits, 38 viennent de la ville même, 30 des paroisses environnantes et 22 de l'étranger, soit d'Angleterre, d'Écosse, du Vermont, de l'État de New York et des pays d'en haut; 35 sont des anglophones, soit de Montréal, soit de l'extérieur. La diversité de religion, de langue et de coutumes dans un établissement dirigé par des Français lui donne une allure de carrefour culturel[33]. Les collèges ruraux jouissent au contraire d'une grande homogénéité: les distances sociales et les conditions de fortune y sont moins marquées. Partout ailleurs dans le monde, les humanités sont encore réservées à la noblesse et à la bourgeoisie; ici, elles s'ouvrent au peuple.

L'ampleur que prend la montée d'une nouvelle classe sociale laisse croire que le recrutement des élèves au cours classique est beaucoup plus considérable qu'il n'est en réalité. Eu égard à la population totale du Bas-Canada, le nombre de collégiens reste minime: 710 d'après le recensement de 1831. D'après Arthur William Buller, responsable, sous lord Durham, d'une enquête sur l'éducation, il aurait atteint 1 000 individus en 1838. Peu d'entre eux terminent le cycle complet des études, puisque aucun diplôme n'est encore requis pour entreprendre des études professionnelles. Les fils de marchands limitent leur stage à quelques années, puis retournent derrière le comptoir pour parfaire leur apprentissage.

---

33. Olivier MAURAULT, *Le collège de Montréal, 1767-1967*, p. 206-208.

Le personnel enseignant

La rareté du clergé par rapport aux besoins du ministère fait des collèges les parents pauvres du système. En 1831, seulement 37 prêtres enseignent dans les divers collèges, mais ce nombre minime tient peu compte des initiatives personnelles de certains curés. À côté d'établissements bien structurés, comme les séminaires de Québec et de Montréal, et en partie Nicolet, les autres fondations apparaissent longtemps comme des initiatives de curés qui regroupent dans leur presbytère un certain nombre de sujets prometteurs pour leur enseigner les rudiments du latin et les préparer ainsi à poursuivre leurs études à la ville. L'initiative la plus originale est certainement celle de Jean-Baptiste Boucher, dit Belleville, curé de Laprairie, qui organise avec les curés des paroisses avoisinantes un réseau d'écoles latines d'après la formule suivante: « Les curés réunissent quelques élèves dans leur presbytère respectif pendant une année pour évaluer leurs aptitudes et leurs qualités. Ceux qui sont trouvés dignes de continuer sont envoyés faire leurs classes de grammaire dans une paroisse, leurs humanités dans une autre, avant d'être confiés enfin à Boucher-Belleville, qui leur fait la rhétorique[34]. »

Séminaire de Nicolet, gravure anonyme imprimée par Sarony & Cie, New York, sans date. Archives nationales du Québec à Québec (P600-5/N-673.48).

Ainsi, la distinction entre prêtre enseignant et prêtre du ministère ne se fait qu'en fonction de l'autonomie croissante des collèges par rapport aux paroisses. Certains établissements, comme ceux de Nicolet et de Saint-Hyacinthe, se dotent d'un corps professoral plutôt stable. Mais ces enseignants, malgré la difficulté des matières au programme, n'éprouvent guère

---

34. Claude GALARNEAU, *Les collèges classiques au Canada français (1620-1970)*, p. 24.

le besoin de faire des études autres que théologiques. Jusqu'en 1840, deux collèges enverront des professeurs se perfectionner à l'étranger : Nicolet dépêche François Lesieur-Désaulniers et Saint-Hyacinthe, son frère Isaac, chez les jésuites de Georgetown en 1833-1834, l'un pour étudier la philosophie, l'autre, les sciences[35]. Même les études théologiques ne font pas l'objet d'un enseignement formel : pendant leur régence, les séminaristes préparent leurs examens canoniques. Comme les besoins sont pressants, plusieurs, sinon la majorité, sont ordonnés après deux ans d'études et envoyés en paroisse.

Malgré cette situation difficile, certains prêtres acquièrent une grande réputation d'éducateurs. À Québec, l'abbé Jérôme Demers a été le mentor de plusieurs générations d'élèves. Son cours de philosophie publié sous forme de manuel en 1835 a été largement utilisé dans les autres collèges. De plus, Demers inaugure un enseignement scientifique de type expérimental fondé sur les plus récentes découvertes dans le domaine du magnétisme et de l'électricité. L'abbé Jean Holmes publie, dès 1831, un *Nouvel abrégé de géographie moderne, suivi d'un petit abrégé de géographie ancienne, à l'usage de la jeunesse*, qui connaîtra plusieurs rééditions. Il contribue au renouvellement de l'enseignement de l'histoire en concevant des cahiers où l'élève collige ses travaux et ses notes de lecture. Il met l'accent sur l'histoire moderne et, à partir de 1838, sur l'histoire de la Nouvelle-France.

Au collège de Montréal, le Français Jean-Baptiste-Jacques Chicoisneau, avec le concours de Claude Rivière, Jacques-Guillaume Roque et Antoine-Jacques Houdet, établit dès le début du siècle des exigences plus strictes pour relever le niveau des études. Houdet, en particulier, donne la mesure de sa compétence dans son *Cours abrégé de rhétorique, à l'usage du collège de Montréal* et dans le *Cours abrégé de belles-lettres, à l'usage du collège de Montréal*. Les deux ouvrages ne sont publiés qu'après sa mort (1826), l'un en 1835, l'autre en 1840. Les collèges ruraux ont aussi leurs maîtres : l'abbé Jean Raimbault à Nicolet et l'abbé Charles-François Painchaud à Sainte-Anne-de-la-Pocatière. Le curé Antoine Girouard regroupe en sa maison de Saint-Hyacinthe plusieurs disciples.

La formation littéraire

Le « Plan d'éducation du séminaire de Québec » (1790) est d'abord conçu exclusivement en fonction de la langue et de la littérature latines. Les classes préparatoires de huitième et de septième sont consacrées à l'apprentissage et à la maîtrise de la langue d'enseignement, le latin. Au début du siècle, les *Elements de la grammaire latine* de l'abbé Charles-François Lhomond sont en usage. En sixième commence véritablement le cours de belles-lettres fondé

---

35. *Ibid.*, p. 100.

sur « les préceptes de MMrs Rollin et Batteux[36] ». Sous le titre de *Selecta latini sermonis exemplaria*, le pédagogue a sélectionné un certain nombre de textes dont les difficultés sont adaptées au degré d'avancement des élèves. *L'abrégé de l'histoire romaine (Breviarium ab urbe condita)* d'Eutrope fournit les extraits à traduire. Pour la cinquième, les *Selecta latini sermonis exemplaria* proposent des extraits de Cornelius Nepos, de Justin, de Quinte-Curce et de César. En quatrième, ce sont les *Catilinaires* et les trois premiers livres de *L'Énéide*. En troisième, c'est l'art oratoire de Cicéron qu'on apprécie dans le *Pro Archia*, *Pro Ligario*, *Pro rege Deiotaro* et dans le *Pro Marcello*. L'étude des livres V, VI, VII et VIII de *L'Énéide* et du livre I des *Géorgiques* complète le programme. En seconde, les devoirs sont tirés de Pline, Sénèque, Cicéron, Salluste et Tite-Live. Les œuvres à l'étude sont le *Pro Milone*, les livres IX, X et XI de *L'Énéide* et le livre I des *Odes* d'Horace. Les cours de première portent sur les préceptes de rhétorique, *L'art poétique* d'Horace, le livre II de ses *Odes* et quelques satires. De Cicéron, le *Pro Murena* et le *Divinatio in Quintum Cecilium*. De Virgile, le livre XII de *L'Énéide* et le livre IV des *Géorgiques*. Les préceptes de rhétorique sont mis en pratique dans des devoirs rédigés principalement en français.

Le *cursus studiorum*, mis en place par les jésuites depuis la seconde moitié du XVIe siècle et régi par la *Ratio atque institutio studiorum* ou « plan d'études », repose sur un « enseignement essentiellement « littéraire » fondé sur l'étude des auteurs, par une lente gradation dans les matières allant de la grammaire à la rhétorique, le tout couronné par la philosophie et les sciences[37] ». Conçu dans la perspective humaniste du XVIe siècle, ce plan d'études ne considère comme littéraires que les textes des auteurs latins et grecs. Aussi les langues anciennes sont-elles les seules à être enseignées. Le cours vise d'abord à la maîtrise grammaticale et syntaxique et, ensuite, à l'apprentissage de l'expression littéraire par l'étude des grands modèles de l'Antiquité. L'enseignement se fait toujours essentiellement en latin. Le français est enseigné dans certaines classes, mais pas vraiment après la troisième. Le grec apparaît dans les programmes d'enseignement, mais il n'est guère enseigné avant 1837. L'étude de l'anglais débute en 1810 et fait partie des classes régulières à partir de 1820. Le programme cède toutefois peu à peu une certaine place aux auteurs français à mesure que la littérature française s'impose. Aux exemples grecs et latins s'ajoutent des exemples français. Non enseignée pour elle-même comme un objet de savoir, la littérature constitue un réservoir d'exemples pour illustrer les diverses règles qui découlent toutes plus ou moins de la *Poétique* et de la *Rhétorique* d'Aristote.

Les enseignants trouvent dans ces ouvrages des principes qui peuvent s'appliquer à presque tous les genres littéraires, d'où les nombreux commentaires d'Aristote sur la définition des genres littéraires et sur leurs

---

36. ASQ, Séminaire 5, 67, p. 2.
37. Claude GALARNEAU, *op. cit.*, p. 166. Voir aussi, dans le présent ouvrage, au chapitre 1 intitulé « L'âge du romantisme », en particulier p. 8-9.

règles. Celui qui les connaît bien est considéré comme un lettré, car il peut apprécier ce qui détermine le littéraire dans le texte. Mais la formation, plus orientée vers la production, s'organise en fonction de la pratique. Dans un premier temps, l'élève apprend à découvrir comment les règles ont été appliquées dans les grands modèles classiques et, dans un second temps, il tente de les imiter. Tel serait l'essentiel de la pédagogie si le latin était la langue maternelle des élèves mais, depuis que les langues vernaculaires ont pris l'avantage, il faut une initiation au latin classique qui nécessite des exercices de thème et de version. Le bien-dire et le bien-écrire s'inscrivent dans le passage d'une langue à l'autre, l'objectif premier étant la maîtrise de la langue littéraire latine. Mais un tel exercice ne se fait pas dans un seul sens. La version oblige à reproduire en français littéraire les figures de style latines. C'est à ce contact que la langue vernaculaire se littérarise.

Comme le montre le père Camille de Rochemonteix, un plan d'études savamment dosé conduit à cet objectif, mais sans comporter autant de contraintes qu'un manuel. En effet, la plupart des régents rédigent leur cours eux-mêmes et le dictent à leurs élèves. Certains cours de professeurs chevronnés font autorité et se transmettent d'une génération à l'autre. Bien qu'il ait donné d'excellents résultats, ce régime appelle une certaine systématisation pour que l'étude soit à la fois plus extensive et plus ordonnée.

Les *Principes de littérature* de l'abbé Charles Batteux demeurent le principal ouvrage de référence, même s'ils représentent une des dernières expressions d'une poétique traditionnelle, épuisée à force de redites. Cantonnée dans un intemporel factice, elle fait abstraction du temps et de l'espace en s'appuyant sur la croyance que la nature humaine est partout et toujours la même. Pour Batteux, l'art se réduit à un ensemble de règles dont l'application stricte produit le chef-d'œuvre. Ainsi exprimée, la question de l'art n'a que faire du génie créateur. Toutefois, on aurait tort de croire que Batteux propose aux artistes de faire simplement des doubles de la nature, car seule la belle nature est objet de l'art. Comme d'autres théoriciens, il entretient délibérément la confusion entre la nature réelle et la nature de convention. La confusion des deux natures permet de faire croire que les règles découlent de la nature réelle et d'en consacrer ainsi l'immuabilité. De ce fait, l'enseignement s'accorde sur le monde artistique une position hégémonique que rien ne devrait ébranler. Prémuni contre toute nouveauté, le lettré, une fois formé, n'est guère porté à remettre en question les préceptes de ses maîtres[38].

---

38. Voir, dans le présent ouvrage, au chapitre 7 intitulé « La réception », en particulier p. 432-436.

Avec de telles assises théoriques, l'abbé Batteux aurait pu privilégier les anciens aux dépens des modernes mais, au contraire de toute attente, il fait une très large part aux auteurs français. C'est là une innovation qui contraste avec la pédagogie des jésuites et qui entraîne le renouvellement du « Plan d'éducation du séminaire de Québec ». Aussi ne doit-on pas s'étonner que certains enseignants trouvent leurs exemples chez les auteurs français. En 1770, l'abbé Urbain Boiret introduit dans son cours des extraits des grands orateurs sacrés, Bossuet, Fléchier, Bourdaloue et d'autres auteurs tels que Racine, La Fontaine, Boileau, Corneille, Fénelon et même Voltaire et Jean-Jacques Rousseau[39]. Vers 1830, les « Morceaux choisis » utilisés incluent des pièces de Mirabeau, Maury, Chateaubriand, Rousseau, et aussi de quelques auteurs connus pour leur ultramontanisme, Bonald, de Maistre et La Mennais. Les examens sont toutefois centrés sur les auteurs classiques : ceux de 1838, par exemple, imposent, pour la classe de belles-lettres, des traductions de Cicéron, d'Horace et de Lucien, et, pour la classe de rhétorique, des traductions d'Homère, de Démosthène et d'Horace[40].

Le mérite de Batteux consiste, pour une bonne part, à trouver les règles de prosodie et de stylistique qui conviennent à la langue française pour produire des effets d'écriture comparables à ceux de la langue latine. S'inspirant de Du Marsais et du père d'Olivet, il tâche de caractériser le génie propre à la langue française et d'en tirer les conséquences. En franchissant ce pas, il rompt avec la tradition humaniste, qui présidait à la formation des lettrés, de ne considérer que le latin comme langue littéraire et de faire porter tous les efforts didactiques sur l'acquisition d'une compétence dont l'objet s'évanouissait chaque jour davantage. Par ailleurs, Batteux maintient la littérature française dans un total état de dépendance à l'égard de la littérature latine. L'esthétique se confond avec l'imitation sans laisser jamais de place à l'innovation. Un tel programme pédagogique a l'avantage de graduer les difficultés pour que l'élève se familiarise assez avec la langue latine pour en arriver à traduire les textes les plus abscons. Mais ce subtil aménagement se fait au prix d'un morcellement des œuvres qui leur enlève presque tout sens. Limitées à des extraits, les versions sont loin de donner une idée d'ensemble de la pensée et de l'art d'un auteur. Dans les classes plus avancées, l'explication des œuvres se concentre sur Cicéron pour la prose et sur Virgile pour la poésie. En d'autres mots, la culture latine de ces élèves est assez limitée. Extraits de leur contexte, privés de toute perspective historique, les textes au programme baignent dans une intemporalité factice qui les prive de toute emprise sur la réalité.

---

39. Noël BAILLARGEON, *Le séminaire de Québec de 1760 à 1800*, p. 173.
40. Lionel GROULX, *op. cit.*, p. 195.

LA LANGUE

Le français n'obtient donc dans ce programme que la portion congrue. Les études sont en fonction du latin, qui demeure la langue littéraire par excellence. La grammatisation de la langue latine a été faite à partir de quelques auteurs comme Cicéron et César et *Les délices de la langue latine, tirées de Cicéron & des auteurs les plus purs*, qu'on propose aux élèves de troisième et de seconde, illustrent bien cet idéal. La langue française, encore traitée comme une langue vernaculaire, c'est-à-dire une langue d'usage, ne saurait prétendre à la littérarité. Aussi n'éprouve-t-on pas le besoin d'en enseigner la grammaire pour discerner les lois qui président à son bon usage. Faute d'un enseignement formel, l'orthographe et la syntaxe s'apprennent à la lecture des auteurs français. En revanche, l'exercice de la version sert d'apprentissage à la langue littéraire française. Par ce moyen, on reproduit d'une langue à l'autre certains effets stylistiques.

La norme linguistique

Bien que les élèves soient appelés à évoluer dans un monde régi par la langue française, leur programme d'études est conçu comme si la langue latine dominait toujours la littérature. C'est pourquoi ils ont entre les mains, dès la troisième, *Les délices de la langue latine* [...] afin de s'initier au bon usage reconnu par les puristes. C'est également pourquoi on insiste sur la grammaire d'une langue dont les règles sont claires et précises. Aucune confusion n'est possible entre le latin littéraire et le bas latin. Mais dans quelle mesure les élèves parviennent-ils à opérer ce transfert culturel ? Même si quelques-uns réussissent à rédiger des vers latins avec plus ou moins de correction, la majorité saisit avec peine le sens des grands textes. À la fin de leurs études, très peu d'élèves écrivent un latin convenable. L'objectif premier est donc loin d'être atteint. Mais qu'en est-il de l'objectif second, la maîtrise de la langue littéraire française ? Les plaintes sont déjà nombreuses au sujet des études classiques ; personne n'éprouve le besoin de prendre leur défense.

Les conséquences de cet état de choses pour la culture littéraire sont importantes. Appelés à écrire en français plutôt qu'en latin, les jeunes gens ne jouissent pas d'une formation littéraire suffisante. Les préceptes ont certes une valeur universelle, mais pas l'orthographe, la syntaxe, la prosodie ni la phraséologie. La concentration de la didactique sur le latin fait négliger la mise au point d'outils essentiels pour l'enseignement du français. L'orthographe, qui n'est pas encore fixée, ne fait l'objet d'aucun enseignement systématique. Aussi retrouve-t-on dans les textes de l'époque des graphies très diverses. La syntaxe vogue à la dérive dans un pays où l'anglais l'agresse sans cesse. De plus, le français populaire a tendance à prévaloir sur le français littéraire. La maîtrise de la prosodie latine ne rend pas apte à versifier en français. Les décalques de la phraséologie latine alourdissent la prose française.

Au Canada, la langue française côtoie journellement l'anglais dans l'administration, les tribunaux, le commerce et les métiers. En effet, les lecteurs francophones, partie infime de la population, qui lisent le plus souvent des extraits de journaux traduits de l'anglais, assimilent une syntaxe et un vocabulaire de plus en plus fautifs. Le fossé se creuse ainsi, en particulier chez les lettrés, entre la langue d'usage et la langue normative. L'expression élégante en français se fait plus difficile. Aussi ne s'étonne-t-on guère de trouver à cette époque les premières réflexions sur la norme du français parlé et écrit au Bas-Canada. Les chroniques de Michel Bibaud sur l'état de la langue française, du type « dites et ne dites pas », paraissent dans *L'Aurore* en 1817. Avant lui, en 1810, Jacques Viger avait préparé une « Néologie canadienne ou dictionnaire des mots créés en Canada et maintenant en vogue ; – des mots dont la prononciation et l'orthographe sont différentes de la prononciation et orthographe françaises, quoique employés dans une acception semblable ou contraire, et des mots étrangers qui se sont glissés dans notre langue », resté alors à l'état de manuscrit. Toutefois, ce n'est véritablement qu'après 1840 que le discours linguistique normatif s'affirmera, c'est-à-dire au moment où l'enseignement prendra en charge la didactique de la langue vernaculaire.

Le français, langue nationale

L'établissement du régime parlementaire de type britannique avait posé un ensemble de problèmes d'ordre technique et politique, notamment en ce qui concerne la langue. Si la question de la langue d'usage dans les débats avait été résolue assez rapidement – chaque député parlant l'idiome de son choix –, les élections de 1792 à la présidence de la Chambre d'assemblée, puis la consignation des débats et la valeur des traductions avaient été l'occasion d'un débat plus houleux. Dans la pratique, comme tous les greffiers de la Chambre sont de langue anglaise, tandis que les francophones occupent les postes de correcteurs adjoints et de réviseurs, il résulte que tous les débats de la Chambre publiés en français ne sont que des traductions de l'anglais. En réalité, ils font l'objet d'une double traduction, puisque la plupart des débats en Chambre se déroulent en français, qu'ils sont traduits immédiatement et publiés en anglais, puis retraduits en français. Dans ces conditions, la version française est en retard de façon chronique, et d'une qualité douteuse. Pendant toutes ces années, les Britanniques continuent de n'accepter le français qu'en tant que *langue de traduction*, tandis que les députés canadiens tentent par tous les moyens de faire du français une *langue légale*.

La professionnalisation du métier d'avocat joue un rôle important à cet effet. Augustin-Norbert Morin rédige en 1825 la *Lettre à l'Honorable Edward Bowen, Écuyer, Un des juges de la Cour du Banc du Roi de Sa Majesté pour le district de Québec* pour protester contre le fait que deux plaideurs canadiens aient été déboutés parce que le « bref » était rédigé en français seulement. Sous la présidence de Denis-Benjamin Viger sera ensuite déposé le *Rapport d'un comité de la Chambre d'assemblée, sur les décisions des cours de justice au sujet de la langue des ordres de sommation* [...] (1826). Dans ces textes apparaît la quête d'une tradition qui servirait à légitimer la revendication des Canadiens quant à l'existence d'une langue légale, la langue française, rendue apte à exprimer le droit anglais et reconnue dans sa légitimité à le faire. Le débat s'envenime avec les années, la magistrature étant un des milieux principaux où s'exacerbe le conflit linguistique. D'autres textes prendront la relève des précédents. Les *Moyens de conserver nos institutions, notre langue et nos lois*, publiés par Joseph-François Perrault en 1832, continuent de lier indissolublement la langue et le droit. La « Déclaration de l'Indépendance » du 28 février 1838 ne contient pas de clause sur la place du français comme langue du pays, mais elle s'appuie largement sur une pratique du droit en langue française. Si le statut juridique de la langue française n'est pas conçu généralement comme un enjeu politique en soi, il apparaît de plus en plus lié à la survivance des lois et des coutumes françaises et de la religion catholique.

Jusqu'à la rébellion, la bourgeoisie francophone maintient sur la question linguistique une position inaltérable : celle du bilinguisme de fait dans un discours de la diversité linguistique. Loin de favoriser le projet d'assimilation, l'établissement du parlementarisme a, au contraire, permis la formulation d'un projet de société canadien et assuré, dans les conflits politiques qui marquent cette période, la survie de la langue française dans une société qui se prétend bilingue. Même le projet patriote conserve cet idéal d'une société bilingue. L'échec de la rébellion et, surtout, l'Acte d'Union qui suit en 1840 entraînent la rupture définitive de la cohésion idéologique qui avait uni les Canadiens autour de ce projet commun. À compter de cette date, une partie de la population associe son avenir à celui du Canada, à un Canada bilingue, et un autre groupe opte pour le particularisme culturel. C'est donc autour de cette première loi à proscrire l'usage légal de la langue française au Canada, l'Acte d'Union, qu'apparaîtront les revendications linguistiques de type nationaliste et que le français deviendra peu à peu le symbole de la nationalité.

LES ARTS

Sans école de beaux-arts ni musée, les Canadiens peuvent difficilement s'initier à l'art. Ce sont les étrangers récemment arrivés au Bas-Canada qui leur apprennent à découvrir le pittoresque de leur pays. Grâce à la présence de l'effectif militaire et de quelques voyageurs britanniques, l'art du paysage connaît un essor décisif. Dans le même esprit, le clergé recourt à la tradition européenne pour orner églises et chapelles de tableaux représentant les saints et les mystères de la religion. Le circuit privé encourage par ailleurs l'artiste à multiplier le portrait bon marché, la miniature et la silhouette, qui lui attirent une nombreuse clientèle. Le besoin d'édifices publics favorise également le développement de l'architecture. La musique savante reste aussi dépendante de la tradition européenne. C'est plutôt dans la chanson populaire qu'on reconnaît l'inspiration locale.

Le paysage

Depuis la Conquête, la ville de Québec accueille la garnison britannique dont les officiers lettrés constituent une communauté de culture influente. Parmi eux, les ingénieurs-arpenteurs, particulièrement, multiplient les croquis, dessins et aquarelles qui définissent un Bas-Canada pittoresque (ruines du château Richer, monument à Wolfe, chute

View of the Eastern Townships, Lower Canada, estampe de Joseph Bouchette et Robert-Shore-Milnes Bouchette, sans date. Musée du Québec (69.488). Photographe : Patrick Altman.

Montmorency, Amérindiens de la Nouvelle-Lorette). Formés en Angleterre par l'Académie royale de Woolwich, des artistes comme George Heriot (*Vue de Québec*, vers 1805 ; *Danse au château Saint-Louis*, 1801) et surtout James Pattison Cockburn (*L'auberge Neptune à Québec en 1830* et *Les casernes des jésuites et la place du marché*, 1829) traduisent aussi des scènes du quotidien. Le travail des rares paysagistes canadiens (Joseph Bouchette, lui-même arpenteur, *La distillerie Harrower's sur la rivière Trois-Saumons*, 1815) et des graveurs venus de l'étranger (James Smillie, *The Picture of Quebec*, 1829) complète cette image du pays. Si Heriot traduit lui-même ses aquarelles en aquatintes pour illustrer ses *Travels through the Canadas* [...] (1807), si Bouchette veille aux planches qui ornent sa *Description topographique de la province du Bas Canada* [...] (1815), il n'en va pas de même de l'œuvre documentaire des autres artistes militaires. Les dessins et les aquarelles de Cockburn et d'autres se répandent à l'étranger par l'entremise de graveurs européens.

À l'occasion, les paysages militaires transcendent la dimension documentaire ou pittoresque et évoquent de façon romantique les grands spectacles de la nature, comme dans *La débâcle du Saint-Laurent dans le port de Montréal au printemps* (vers 1836) de George Russell Dartnell ou l'*Arrivée en hiver du 43ᵉ régiment d'infanterie légère sur le bord du fleuve Saint-Laurent à la hauteur de Saint-André de Kamouraska* (1837) de William Robert Herries ; ce dernier tableau accentue la grandeur et le sublime des espaces enneigés. Ces épiphanies demeurent aussi rares que les grandes toiles construites d'après le regard du Lorrain ou de Pierre Paul Rubens et empreintes de lumière romantique, telles *Québec vu de la tour ronde sur la rivière Saint-Charles*, vers 1840, de Cockburn, et *Vue de Québec*, 1839-1840, de John Richard Coke Smyth. Joseph Légaré se signale par ses scènes cataclysmiques (*Le choléra à Québec*, vers 1832) et ses paysages allégoriques (*Paysage au monument à Wolfe*, vers 1840).

L'iconographie religieuse

Dans le culte catholique, l'iconographie joue traditionnellement un grand rôle. Les curés ou leur fabrique paroissiale, les couvents et les séminaires garnissent leur église ou leur chapelle de tableaux. Souvent, l'œuvre commandée n'est qu'une copie, plus ou moins fidèle, de la toile d'un Européen – Rubens, Jean-Baptiste Van Loo, Pierre Mignard, Philippe de Champaigne – ou de celle d'un peintre mineur. Avant l'âge de la multiplication mécanique de l'image, les curés ou les marguilliers préfèrent la copie d'un Murillo ou d'un Le Brun à toute production originale. On loue cet art en série et, à l'instar des maîtres reconnus, l'artiste reproduit ses propres toiles. Joseph Légaré laisse au moins quatre copies de sa *Mort de saint François Xavier* dont la plus réussie est celle de 1824. À partir de 1817, les peintres s'inspirent d'une collection impressionnante de toiles rescapées de la révolution française par l'abbé Philippe-Jean-

Louis Desjardins. Les communautés religieuses et les fabriques de paroisses se procurent ces toiles alors attribuées à Charles Le Brun, Claude Vignon, Philippe de Champaigne, Pierre Puget, Simon Vouet, etc. Peintre autodidacte, Légaré se passionne pour cette collection dont il acquiert un grand nombre d'œuvres qu'il incorpore à sa galerie, la première au pays[41]. Presque tous les artistes du temps, des plus mièvres (Jean-Baptiste Roy-Audy, *Le baptême du Christ*, 1824) aux plus vifs (Antoine Plamondon, *La déposition de la croix* d'après Rubens, 1840), s'adonnent à cet art religieux.

Le portrait

Avant l'invention de la photographie, la peinture sous la forme du portrait joue un rôle social institutionnalisé : toute personne d'un statut reconnu tient à faire fixer ses traits pour la postérité. Objet de consommation et de promotion sociale, le portrait se vend bien auprès d'une clientèle bourgeoise ou religieuse. Aussi quelques artistes portraiturent-ils les dignitaires des mondes politique, juridique, militaire et religieux. William Berczy (*La famille Woolsey*, 1808-1809 ; *Pierre-Amable De Bonne*, 1808) et Louis Dulongpré (*James McGill*, avant 1813 ; *James Sinclair*, 1808) annoncent une maîtrise technique rarement vue jusqu'alors au Bas-Canada. Roy-Audy fait plus de 200 portraits (*Portrait de l'archiprêtre P. Fréchette*, 1826 ; *Portrait de Ludger Duvernay*, 1832). D'autres artistes, comme l'Américain Eliab Metcalf en 1808-1809, découpent notamment la silhouette des Aubert de Gaspé, des Neilson, du couple Salaberry. Le portraitiste le plus éloquent de l'époque est sans contredit Antoine Plamondon, élève de Joseph Légaré, qui s'est perfectionné à Paris. Dans ses toiles les plus réussies, Plamondon retrouve un art qui laisse deviner de fortes personnalités (*Madame John Redpath, née Jane Drummond*, 1836 ; *Louis-Joseph Papineau*, 1836). À ses moments les plus inspirés, Plamondon peut résumer un destin en un portrait (*Zacharie Vincent*, aussi connu sous le titre *Le dernier des Hurons*, 1838). Ce tableau, acquis par lord Durham, inspirera à François-Xavier Garneau son poème « Le dernier Huron[42] ».

L'architecture

L'affermissement des institutions politiques, judiciaires, éducatives et religieuses se traduit par la construction d'édifices publics tels que parlement, palais de justice, prison, collège, église, etc. Le style néoclassique marque l'architecture institutionnelle, publique et conventuelle.

---

41. Dennis Reid, *A Concise History of Canadian Painting*, p. 43.
42. *Le Canadien*, 12 août 1840, p. 1, reproduit dans *TPCF*, t. IV, n° 157, p. 315-319. Voir aussi, dans le présent ouvrage, à la section intitulée « Les pratiques associatives », p. 124.

Cette esthétique provient autant d'une influence française (Philibert De L'Orme, Jacques-François Blondel et l'abbé Marc-Antoine Laugier) que de la présence au pays d'ingénieurs militaires britanniques, influencés par les préceptes d'Andrea Palladio, et d'architectes, soit anglais comme William Chambers et James Gibb, soit irlandais comme James Gandon et Thomas Colley. Les architectes du pays se mettent à l'école du néo-classicisme, subissant l'influence de François Baillairgé qui séjourne à l'Académie royale de peinture et de sculpture de Paris, de 1778 à 1781, et surtout de son fils, Thomas, qui collabore de près avec l'abbé Jérôme Demers. Le « Précis d'architecture pour servir de suite au Traité élémentaire de physique à l'usage du séminaire de Québec » (1828) de ce dernier influence une génération de bâtisseurs et de décorateurs. Les deux Baillairgé, Demers et leurs imitateurs laissent des églises imposantes : Saint-Charles-Borromée de Charlesbourg (1828-1830), Sainte-Geneviève de Berthierville (1816-1821), moins sobres que les temples de Pierre Conefroy (Saint-Antoine de Longueuil, 1810-1813) et moins savantes que des réalisations tardives (la nouvelle façade de l'église de Saint-Eustache de Joseph Robillard, 1841). Les édifices conventuels (séminaire de Nicolet, 1827-1832, de l'abbé Demers) s'apparentent aux prisons (celle de Québec, devenue en 1862 le Morrin College, 1808-1811, et celle de Trois-Rivières, 1816-1819, de François Baillairgé) et au réaménagement de l'édifice du Parlement à Québec (en 1830, par Thomas Baillairgé, et, en 1833, par Louis-Thomas Berlinguet).

L'influence britannique se manifeste dans des églises de grande sobriété, travaux d'ingénieurs militaires (la cathédrale anglicane de Québec de William Hall et du major William Robe, 1799-1804) et dans des édifices publics aussi inspirés par la facture palladienne (le Palais de justice de Québec, 1799-1804). Dans la région de Montréal, des architectes-constructeurs s'inspirent des modèles britanniques (la prison de Montréal de Louis Charland, 1808-1809 ; le Palais de justice de François-Xavier Daveluy, 1799-1803). Vers la fin de la période, une nouvelle génération d'ingénieurs militaires érigent des édifices imposants à Québec (l'hôpital de la Marine et des Émigrés, 1831, de Henry Musgrave Blaiklock et sa Maison des douanes, 1831-1839) et à Montréal (le bureau des douanes de la place Royale de John Ostell, 1836).

La réalisation la plus marquante est toutefois de style néo-gothique. L'église Notre-Dame (1823-1829), œuvre de l'Irlandais James O'Donnell, dote Montréal du plus grand édifice religieux en Amérique du Nord après la cathédrale de Mexico. L'architecte veille au confort des fidèles par des aménagements – chauffage central, plancher incliné, éclairage naturel, etc. – qui font de l'église paroissiale des Messieurs de Saint-Sulpice une des merveilles de son époque.

La Cathédrale de Montréal, dessin de William Henry Bartlett, gravé par James Carter, 1838. Tiré de Nathaniel P. Willis, *Canadian Scenery Illustrated*, t. I, p. 24.

La musique

La vie musicale du monde lettré continue de dépendre des besoins liturgiques des cultes établis au pays et des rituels régimentaires de la garnison britannique cantonnée à Montréal et à Québec. Ce sont des étrangers qui composent majoritairement les corps de musique et les rares orchestres de chambre, comme celui du juge Jonathan Sewell, et qui rehaussent les festivités publiques et les fêtes de la saison mondaine. En 1819, un prêtre français réfugié, Jean-Denis Daulé, lance son *Nouveau recueil de cantiques* [...] en français, un des seuls parus dans la colonie avant 1840. Ce livre fournit les renseignements essentiels sur la musique du rite catholique romain de l'époque. En 1834, Stephen Codman rassemble 111 chanteurs et 60 musiciens sous les voûtes de la cathédrale anglicane de Québec pour présenter un grand concert qui inclut des œuvres de Haydn, Haendel, Mozart et Rossini.

Des fanfares et des « sociétés harmoniques » relaient les corps musicaux de la garnison et les groupes intimes comme celui de Sewell. En 1819, Frederick Glackemeyer, le plus important animateur musical avant les années de Marie-Hippolyte-Antoine Dessane, met sur pied la Société harmonique de Québec. En 1824, Théodore-Frédéric Molt fonde la Juvenile Harmonic Society. Dès 1836, Charles Sauvageau constitue son corps de 12 exécutants, Musique canadienne. Que ce soit pour un concert de couventines chez les ursulines, le débarquement du prince de Galles, les fêtes champêtres à Spencer Wood ou la levée des troupes au château Saint-Louis, les grands événements s'agrémentent d'assez de musique au Bas-Canada pour qu'un premier facteur de pianos, Frederick Hund, puisse gagner sa vie dès 1816. En 1836, le fabricant d'orgues, Samuel R. Warren, formé aux États-Unis auprès de Thomas Appleton, se fixe à Montréal.

Enracinée plus profondément dans le quotidien du terroir, la musique populaire[43] façonne la voix d'un pays. De rares étrangers comme Thomas Moore recueillent l'écho des voyageurs des pays d'en haut, tandis que l'éveil nationaliste et la vie des associations volontaires multiplient les chants patriotiques et les chansons de « campagnes d'élections ». De cette première floraison de chansons savantes, Ernest Gagnon recueillera les plus originales. L'hymne patriotique de Joseph-Isidore Bédard, *Sol canadien! Terre chérie!*, allie la musique de la tradition à la parole d'une identité qui se découvre.

L'aube du XIXe siècle coïncide avec un essor artistique dans les domaines de la peinture, de l'architecture et de la musique, qui s'appuie en grande partie sur l'apport européen. Mais, en moins d'une génération, cette nouvelle maîtrise assure une vie des arts suffisamment intense pour que les talents artistiques du pays puissent s'affirmer.

LA LIBERTÉ DE LA PRESSE

Pendant cette période, la liberté de la presse est rudement mise à l'épreuve, principalement parce que francophones et anglophones ne s'entendent pas sur l'extension de ce terme. Aux yeux des Britanniques, chaque citoyen jouit de la liberté de promouvoir à sa façon le projet collectif de l'empire, mais non de le détruire. Aussi regardent-ils comme un abus de la liberté de la presse la fondation d'un journal destiné à défendre et à soutenir la nationalité canadienne. Anglicanus se prononce sur ce sujet : « Cette province est déjà beaucoup trop française pour une colonie britannique. La défranciser [*unfrenchify*] autant qu'il est possible, si je puis me servir de l'expression, devrait être notre but primordial [...] Le moment actuel est-il bien opportun pour lancer des publications tendant nécessairement à rendre la province encore plus française quand elle l'est déjà trop[44]. » C'est pour cette raison que James Craig fait emprisonner les rédacteurs du *Canadien* et saisir leurs presses.

---

43. Voir, dans le présent ouvrage, à la section intitulée « Les textes poétiques », p. 345-348.

44. *The Quebec Mercury*, 27 octobre 1806, p. [337].

Mais les francophones ne s'en laissent pas imposer pour autant. Réduite au silence pour un temps, la presse partisane renaît de ses cendres et poursuit le combat sous divers noms, avec une certaine prudence toutefois. Comme les auteurs des textes se cachent sous des pseudonymes, ce sont les propriétaires et les imprimeurs qui en portent la responsabilité. Voilà pourquoi des écrits trop osés empruntent la forme de la brochure, par mesure de sécurité. Avec les projets d'union des deux Canadas déposés en 1822 et 1826, le journalisme de combat regagne de la vigueur.

En 1827, Jocelyn Waller, rédacteur du *Canadian Spectator*, est arrêté en compagnie de Ludger Duvernay, son imprimeur, pour diffamation contre le gouvernement : il a osé critiquer le discours de lord Dalhousie à l'occasion de la prorogation de la Chambre. Daniel Tracey, rédacteur du *Vindicator and Canadian Advertiser*, connaît le même sort en 1832 pour avoir réclamé l'abolition du Conseil législatif. Duvernay le suit bientôt en prison pour un article sur le même sujet dans *La Minerve*. À leur libération, le 25 février 1832, ils sont accueillis comme des héros par une foule de patriotes. À son retour à Montréal – il a été incarcéré à Québec –, on remet à Duvernay une médaille avec cette devise en exergue : *La liberté de presse est le palladium du peuple*, qui indique bien l'enjeu de la bataille. En 1836, Duvernay se retrouve derrière les barreaux pour avoir accusé, dans son journal, le shérif Louis Gugy de partialité dans la constitution d'un jury. Un imposant cortège de patriotes l'accompagne jusqu'à la prison. En novembre 1837, Duvernay serait encore retourné en prison s'il n'avait réussi à s'enfuir aux États-Unis. Edmund Bailey O'Callaghan, le bouillant rédacteur du *Vindicator and Canadian Advertiser*, subit le saccage de ses bureaux par la horde du Doric Club le 6 novembre 1837. Au début de 1839, Napoléon Aubin doit purger 53 jours de prison pour avoir publié le poème de Joseph-Guillaume Barthe intitulé « Aux exilés politiques canadiens[45] ». Même le rédacteur pourtant modéré du *Canadien* est arrêté en même temps que son imprimeur, Jean-Baptiste Fréchette. Le journaliste Étienne Parent est emprisonné du 26 décembre 1838 au 12 avril 1839.

Autant dire que, en pratique, la liberté de la presse n'est pas encore un droit acquis. Le gouvernement se rend compte que le journal accroît l'emprise de l'élite francophone sur la population et qu'il forme une opinion publique de plus en plus consistante. Dans son impuissance à maîtriser ce mouvement social, il recourt à la coercition. Les journalistes deviennent alors de vrais héros populaires. C'est peut-être là la reconnaissance la plus obvie qu'ait reçue la gent de plume.

*

---

45. *Le Fantasque*, 26 décembre 1838, p. 301-302, reproduit dans *TPCF*, t. IV, n° 83, p. 166-167. Voir aussi, dans le présent ouvrage, à la section intitulée « Les textes poétiques », p. 337-339 et 341-345.

UNE PÉRIODE DE CRISES

La période qui s'étend de 1815 à 1840 est une des plus complexes de l'histoire de l'Occident. Bien qu'on en ait peu mesuré l'importance au Bas-Canada, elle est, comme ailleurs dans le monde occidental, un moment charnière dans la transition vers le capitalisme et dans la naissance du discours moderne. Le commerce des fourrures connaît une crise qui précède « son effacement presque complet de l'économie[46] » du Bas-Canada. Plusieurs années de mauvaises récoltes déstabilisent l'agriculture. D'abord exportatrice de blé, la colonie doit en importer en 1830. L'essor de l'industrie forestière entraîne une réorientation générale de l'économie : la prolétarisation des cultivateurs qui s'ensuit engendre du même coup des changements sociaux importants. C'est à cette époque que naissent les nouveaux modèles de surveillance de la santé et de la déviance. La maladie, la folie, le crime et la pauvreté deviennent des problèmes sociaux pour lesquels apparaissent de nouvelles solutions, notamment la philanthropie.

Cette prolétarisation, la spéculation sur les terres, l'endettement paysan consolident une couche de propriétaires aisés, alors que, corrélativement, l'accroissement de la population, conjugué avec les difficultés de s'établir sur des terres incultes, entraîne la paupérisation des petits agriculteurs. À Montréal, en 1840, 38 % des chefs de famille sont sans propriété[47].

Cette conjoncture, accompagnée d'une crise des institutions politiques, se manifeste par les tensions dans l'exercice du pouvoir. La Chambre d'assemblée, de plus en plus dominée par la bourgeoisie francophone, revendique la responsabilité ministérielle. Se crée ainsi une césure entre un pouvoir exécutif (sous l'influence des marchands anglophones) et une « majorité » canadienne. La lutte se mue en combat armé en 1837 et 1838. Elle retarde l'entrée en vigueur de mesures importantes : par exemple, la *Loi des écoles de fabrique*, adoptée par l'Assemblée en 1817, ne sera ratifiée qu'en 1824. Cette polarisation se mesure dans la division des organisations, de plus en plus fondée sur la base ethnique. Les sociétés savantes et autres associations perdent leur caractère bilingue et biculturel. En fait, on peut dire qu'une rupture est en voie d'institution.

La cristallisation de l'affrontement apparaît comme le résultat d'un ensemble de blocages consécutifs à la fois de la dépendance du pays face à

---

46. Jean HAMELIN (dir.), *Histoire du Québec*, p. 291.
47. Fernand OUELLET, « Libéré ou exploité ! Le paysan québécois d'avant 1850 », *Histoire sociale / Social History*, vol. XIII, n° 25 (mai 1980), p. 359.

la métropole britannique, de l'enrayage de l'appareil d'État – qui se manifeste notamment dans la question des subsides – et d'un certain nombre d'autres causes d'ordre économique et politique. Les patriotes renoncent au discours défensif qui était en vogue depuis 1810 pour revendiquer une indépendance relative vis-à-vis du pouvoir colonial et du régime monarchique. Pour ce faire, ils s'allient aux radicaux anglais, choisissent comme modèle Daniel O'Connell, le héros irlandais, et élaborent, dans les Quatre-vingt-douze Résolutions, un programme qui dépasse les traditionnelles rivalités ethniques. C'est dans l'échec du soulèvement que se cristallise ce qu'il est désormais convenu d'appeler « la question nationale ».

Il ne faut donc pas voir dans le soulèvement de 1837-1838 l'affaire de la seule classe politique, mais également celle d'éléments populaires. Si les tribuns réclament la direction des finances pour mieux gérer le favoritisme politique, les habitants s'attendent au freinage de l'immigration et à l'abolition du monopole des grandes compagnies sur les terres en friche afin d'y établir leurs enfants. Malgré leurs divergences, les intérêts de classe ne sont pas incompatibles, puisqu'ils ont en commun la sauvegarde de la nationalité. Lord Durham l'a bien compris quand il écrit au sujet de l'Assemblée : « Elle considérait la province comme le patrimoine de sa race à elle ; elle la considérait non comme un pays à établir, mais comme déjà établi[48]. » Le jumelage de deux structures sociales parallèles, fondées sur des projets collectifs distincts, engendre des distorsions de fonctionnement qui doivent normalement aboutir au rejet de l'une au profit de l'autre. Les Canadiens ont pour eux le nombre, les Britanniques, le pouvoir. Dans cette conjoncture, une solution naturelle se présente aux plus démunis : l'émigration aux États-Unis. Pendant la décennie 1820-1829, 200 personnes par année partaient vers la république voisine. Au cours des dix années suivantes, ce chiffre passe à 1 200[49]. Les esprits éclairés refusent d'admettre cette seconde défaite à une époque où l'éveil des nationalités proclame le droit des peuples à disposer d'eux-mêmes. En d'autres mots, la bourgeoisie francophone réclame une restructuration de la société en faveur de la majorité, c'est-à-dire une acceptation par les anglophones du projet collectif des francophones et la reconnaissance des règles de conduite qui en découlent. En attendant ce retour tant désiré à une société normale, le pourrissement de la situation marque les générations qui le subissent.

---

48. John George LAMBTON, 1er comte de Durham, *op. cit.*, p. 101.
49. Yolande LAVOIE, *L'émigration des Canadiens aux États-Unis avant 1930*, p. 10.

Pour en savoir davantage

Béland, Mario (dir.), *La peinture au Québec, 1820-1850. Nouveaux regards, nouvelles perspectives*, Québec, Musée du Québec et Les Publications du Québec, 1991, 605 p. Ill.

Bernard, Jean-Paul (dir.), *Les rébellions de 1837-1838. Les patriotes du Bas-Canada dans la mémoire collective et chez les historiens*, Montréal, Boréal Express, 1983, 349 p.

Collectif Clio (Micheline Dumont, Michèle Jean, Marie Lavigne et Jennifer Stoddart), *L'histoire des femmes au Québec depuis quatre siècles*, Montréal, Le Jour, 1992, 646 p.

Courville, Serge, *Entre ville et campagne. L'essor du village dans les seigneuries du Bas-Canada*, Québec, Les Presses de l'Université Laval, 1990, xii-335 p.

Galarneau, Claude, *Les collèges classiques au Canada français (1620-1970)*, Montréal, Fides, 1978, 287 p.

Hamelin, Jean (dir.), *Histoire du Québec*, Montréal, France-Amérique, 1978, 538 p.

Lambton, John George, 1er comte de Durham, *Le rapport Durham*, document, traduction et introduction de Denis Bertrand et Albert Desbiens, Montréal, L'Hexagone, «Typo», 1990, 317 p.

Noël, Danièle, *Les questions de langue au Québec, 1759-1850*, gouvernement du Québec, Conseil de la langue française, « Dossiers », 32, 1990, xiv-397 p.

Ouellet, Fernand, *Éléments d'histoire sociale du Bas-Canada*, Montréal, Hurtubise HMH, 1972, 379 p.

Voisine, Nive (dir.), *Histoire du catholicisme québécois. Les XVIIIe et XIXe siècles*, t. I : *Les années difficiles (1760-1839)* de Lucien Lemieux, Montréal, Boréal, 1989, 438 p.

Market Place Quebec, 1831 (détail), eau-forte de Thomas George Marlay. Musée du Québec (A61 163E). Photographe: Neuville Bazin.

CHAPITRE 3

LES AGENTS : INDIVIDUS ET REGROUPEMENTS

L'ACTIVITÉ littéraire se matérialise dans les carrières des agents – écrivains, éditeurs et critiques – qui y participent et dans les associations et les réseaux sur lesquels ils s'appuient. L'inexistence quasi absolue de ces réseaux au cours du XVIIIe siècle a rendu la production littéraire occasionnelle. Les quelques associations ponctuelles, l'Académie de Montréal de Valentin Jautard et de Fleury Mesplet, ainsi que le cercle de Joseph Quesnel, avaient fourni un support trop éphémère aux productions les plus significatives de l'époque. Ces initiatives sont le fait d'immigrants de fraîche date qui introduisent dans la colonie des modèles et des pratiques qui ne correspondent pas aux possibilités de la situation. Dans ce contexte, l'intervention des Canadiens est encore négligeable. L'apparition d'un mouvement nationaliste modifiera le déséquilibre.

La formation dispensée par les collèges classiques et la montée des professions libérales favorisent l'éclosion d'un milieu propice à l'écriture et la venue de nouveaux acteurs sur la scène littéraire. Le journalisme et la politique leur fournissent les tribunes appropriées. Les besoins de la lutte politique conduisent à l'essaimage des réseaux et même d'associations qui assurent la stabilité de la productivité intellectuelle. Cependant, il n'est pas clair que les effets du conflit national se font sentir dans l'activité théâtrale.

Les acteurs
de la vie littéraire

Avec la multiplication des journaux, l'écriture acquiert une fonction sociale reconnue. Elle devient un lieu d'échange non plus entre personnes privées, mais avec un public anonyme. Il est normal que les hommes politiques cherchent les premiers à l'accaparer. Mais l'écriture répond aussi à d'autres besoins : instruction, divertissement, édification, etc. Des acteurs aux objectifs plus désintéressés interviennent à divers titres, sous plusieurs formes. Bien sûr, le journal appartient d'abord à ses rédacteurs, mais il reste ouvert à tous les lettrés. Certains collaborent très épisodiquement, d'autres de façon plutôt suivie. Il devient difficile d'établir une ligne de démarcation entre ceux qu'on peut compter au nombre des acteurs et ceux qu'on doit écarter. L'échantillon qui apparaît dans le tableau ci-dessous répertorie 50 noms de Canadiens français représentatifs de diverses tendances de la carrière pendant cette période. Ce tableau donne une idée assez juste de leur origine sociale, de leur éducation secondaire, de leur formation professionnelle, du genre d'écrits qu'ils produisent et de leur relation avec la fonction publique.

ÉCHANTILLON DE 50 AGENTS LITTÉRAIRES (1806-1839)

Légende

Cn :	Le Canadien	S.A.P. :	séminaire de Sainte-Anne-de-la-Pocatière
Labadie :	leçons du maître d'école Louis Labadie	S.M. :	séminaire de Montréal
Mn :	La Minerve	S.N. :	séminaire de Nicolet
MR :	Mélanges religieux	S.Q. :	séminaire de Québec

Nom	Vie	Profession	Études	Écrits	Profession du père	Fonction exercée
Angers, François-Réal	1812-1860	Avocat	S.Q. (1830?-1837?)	Narration	Cultivateur	Sténographe (fonction publique)
Aubert de Gaspé, Philippe-Ignace-François (fils)	1814-1841	Sténographe	S.N. (1827-1832)	Narration	Seigneur	Journaliste
Barthe, Joseph-Guillaume	1816-1893	Avocat	S.N. (1827-1834)	Poésie, journalisme	Navigateur	Greffier (Cour d'appel), député
Bédard, Joseph-Isidore	1806-1833	Avocat	S.N. (1816-1824)	Journalisme, poésie	Homme de profession	Député
Bédard, Pierre-Stanislas	1762-1829	Avocat	S.Q. (1777-1784)	Journalisme, essai	Artisan	Juge, député
Bellenger, Joseph-Marie	1788-1856	Prêtre	S.Q. (1800-1808)	Grammaire, éducation	Marchand	Missionnaire
Berthelot, Amable	1777-1847	Notaire	S.Q. (1785-1793)	Bibliophilie	Notaire	Député
Bibaud, Michel	1782-1857	Journaliste	S.M. (1800-1806)	Histoire, poésie	Cultivateur	Fonctionnaire
Blanchet, François	1776-1830	Médecin	S.Q. (1790-1794) Columbia College, N.Y. (1799-?)	Journalisme occasionnel	Cultivateur	Député
Boucher-Belleville, Jean-Philippe	1800-1874	Instituteur	S.M. (1814-1825)	Journalisme		Secrétaire du département de l'Instruction publique (fonction publique)
Boucher de Boucherville, Georges	1814-1894	Avocat	S.M. (1822-1832)	Narration	Seigneur	Fonctionnaire
Bouchette, Joseph	1774-1841	Arpenteur		Description topographique	Militaire	Arpenteur-chef

Nom	Dates	Profession	Éducation	Écrits	Profession du père	Autres rôles
Bouthillier, Jean-Antoine	1782-1835	Arpenteur	S.M. (1782-1800)	Manuel	Marchand	Fonctionnaire, greffier adjoint, Chambre d'assemblée
Chaboillez, Augustin	1773-1834	Prêtre	S.M. (1782-1788)	Pamphlet	Marchand	Curé
Chartier, Étienne	1798-1853	Avocat, prêtre	S.Q. (1811-1818)	Journalisme	Cultivateur	Curé
Cherrier, André-Romuald	1820-1863	Avocat	S.M. (1840)	Poésie	Marchand	
Cherrier, Odile	1818-?			Poésie, nouvelles	Marchand	
Côté, Cyrille-Hector-Octave	1809-1850	Médecin	S.Q. (1818-1823) S.M. (1823-1826) Univ. of Vermont (1831)	Journalisme, pamphlet	Navigateur	Ministre protestant
Debartzch, Pierre-Dominique	1782-1846	Avocat	Harvard College (Boston)	Pamphlet	Marchand	Conseil législatif, député
Demers, Jérôme	1774-1853	Avocat	S.Q. (1785-1788) S.M. (1788-1794)	Pamphlet	Seigneur	Enseignant
Derome, François-Magloire	1821-1880	Avocat	S.A.P. (1830-1835)	Poésie		Journaliste *MR* (1851-1852), *Cn* (1852-1857)
Duvernay, Ludger	1799-1852	Journaliste	Labadie	Journalisme	Artisan	Député
Estimauville, Robert-Anne d'	1754-1831	Officier	École militaire	Essai	Militaire	Journaliste, fonctionnaire
Faribault, Georges-Barthélemi	1789-1866	Avocat	École de John Fraser	Bibliographie	Homme de profession	Bibliothécaire adjoint (fonction publique)
Ferland, Jean-Baptiste-Antoine	1805-1865	Prêtre	S.N. (1816-1822)	Récit de voyage	Marchand	Historien, enseignant
Franchère, Gabriel	1786-1863	Commis	S.M. (1795-1799)	Récit de voyage	Marchand	Commis
Garneau, François-Xavier	1809-1866	Notaire		Poésie, histoire	Artisan	Greffier (fonction publique)
Gosselin, Léon	1801-1842	Avocat	S.M. (1811-1819)	Journalisme	Artisan	*Mn*, fonctionnaire
Labrie, Jacques	1784-1831	Médecin	S.Q. (1798-1804)	Journalisme, histoire	Cultivateur	Député
La Fontaine, Louis-Hippolyte	1807-1864	Avocat	S.M. (1820-1826?)	Pamphlet	Artisan	Député, ministre, juge
Laviolette, Pierre	1794-1854	Instituteur	S.M. (1808-1815)	Journalisme, poésie	Marchand	Coseigneur

Nom	Vie	Profession	Études	Écrits	Profession du père	Fonction exercée
Lesieur-Désaulniers, Isaac-Stanislas	1811-1868	Prêtre	S.N. (?-1829) Univ. des Jésuites de Georgetown (Washington, D.C.) (1833-1834)	Journalisme	Cultivateur	Enseignant
Maguire, Thomas	1776-1854	Prêtre	S.Q. (1788-1794?)	Pamphlet	Fonctionnaire	Curé
Meilleur, Jean-Baptiste	1796-1878	Médecin	S.M. (1815-1821) Castleton Academy of Medicine (affiliée au Middlebury College de Montpelier, Vermont) et Dartmouth College (New Hampshire) (entre 1821 et 1826)	Essais scientifiques	Cultivateur	Surintendant de l'Instruction publique du Bas-Canada (fonction publique)
Mondelet, Dominique	1799-1863	Avocat	S.M. (?)	Pamphlet	Homme de profession	Juge, Conseil exécutif, député
Morin, Augustin-Norbert	1803-1865	Avocat	S.Q. (1815-1822)	Journalisme	Cultivateur	Commissaire des terres de la couronne, juge, député
Panet, Louise-Amélie	1789-1862		Atelier de Berczy	Poésie	Homme de profession	Seigneuresse
Papineau, Louis-Joseph	1786-1871	Avocat	S.Q. (1802-1804)	Éloquence	Homme de profession	Président de la Chambre d'assemblée
Paquin, Jacques	1791-1847	Prêtre	S.Q. (1808-1813)	Pamphlet	Cultivateur	Curé
Parent, Étienne	1802-1874	Avocat	S.N. (1814-1819) S.Q. (1819-1821)	Journalisme	Cultivateur	Traducteur adjoint, officier en loi de l'Assemblée, greffier du Conseil exécutif, bibliothécaire (fonction publique)
Perrault, Joseph-François	1753-1844	Avocat	S.Q. (1765-1771)	Éducation	Marchand	Protonotaire (fonction publique)
Petitclair, Pierre	1813-1860	Notaire	S.Q. (1825-1829)	Dramaturgie, poésie	Cultivateur	Précepteur
Plamondon, Louis	1785-1828	Avocat	S.Q. (1797-1804)	Poésie	Cultivateur	Fonctionnaire
Plessis, Joseph-Octave	1763-1825	Prêtre	S.M. (?-1778?) S.Q. (1778-1780)	Récit de voyage	Artisan	Évêque

Sabrevois de Bleury, Clément-Charles	1798-1862	Avocat	S.M. (1809-1815)	Pamphlet	Militaire	Député, Conseil législatif
Sales Laterrière, Pierre-Jean de	1789-1834	Médecin	S.Q. (1799-1807) Hôpital St. Thomas (Londres) (1808-1809)	Essai	Homme de profession	
Turcotte, Joseph-Édouard	1808-1864	Avocat	S.N. (1821-1829)	Poésie	Militaire	Député
Vallières de Saint-Réal, Joseph-Rémi	1787-1847	Avocat	S.Q. (1805-1806)	Journalisme	Artisan	Député, juge
Viger, Denis-Benjamin	1774-1861	Avocat	S.M. (1782-1794)	Journalisme, poésie	Artisan	Député, ministre
Viger, Jacques	1787-1858	Avocat	S.M. (1799-1808)	Journalisme, bibliographie		Fonctionnaire, maire de Montréal

LES CANADIENS[1]

Sur les 50 individus de l'échantillon, 11 sont nés avant 1780, 13 pendant la décennie 1780-1789, 7 pendant la suivante, 10 dans la première décennie du siècle, 7 dans la deuxième et 2 dans la troisième. Trente et un naissent avant 1800 et 19 après. Une dominante s'impose pour les caractériser : leurs écrits ont une allure nettement utilitaire. Amable Berthelot, Michel Bibaud, Joseph Bouchette, Jean-Antoine Bouthillier, Augustin Chaboillez, Pierre-Dominique Debartzch, Robert-Anne d'Estimauville, Georges-Barthélemi Faribault, Jacques Labrie et Denis-Benjamin Viger se tournent spontanément vers l'histoire et la politique. Les gens nés après 1800 optent pour une conception plus gratuite de l'écriture, comme l'illustrent les récits de François-Réal Angers, d'Aubert de Gaspé fils, de Georges Boucher de Boucherville, de Jean-Baptiste-Antoine Ferland, et les poésies de Joseph-Isidore Bédard, d'André-Romuald et Odile Cherrier, de François-Magloire Derome et de François-Xavier Garneau. Les appels à l'opinion publique ne disparaissent pas pour autant, comme en témoignent les carrières d'Étienne Parent et d'Augustin-Norbert Morin.

Bien que l'origine sociale des acteurs soit assez diversifiée, les profils de carrière se ressemblent. L'échantillon compte 12 fils de cultivateurs, 10 de marchands, 8 d'artisans, 2 de navigateurs, 7 d'hommes de profession, 3 de seigneurs, 4 de militaires et un de fonctionnaire. L'échantillon comprend également deux femmes et trois noms dont l'origine sociale demeure inconnue. Les deux cinquièmes viennent de milieux présumément analphabètes et constituent la première génération à accéder à la culture littéraire. En ajoutant les marchands sûrement alphabétisés pour les besoins de leur commerce, mais non lettrés, il est possible d'affirmer que les trois cinquièmes ne bénéficient d'aucun capital culturel hérité susceptible de les disposer à la littérature. Un peu plus du cinquième jouissent d'un milieu familial propice à la culture savante. C'est dire toute l'importance que revêt l'enseignement collégial dans la formation des futurs écrivains.

L'initiation à la littérature se fait normalement dès le cours classique. Aussi 42 de ces « littérateurs » passent-ils par le collège. Sept, dont deux femmes, ne jouissent pas de cet avantage et le remplacent par leur propre initiative. Ces marginaux ne sont toutefois pas à négliger puisqu'on compte parmi eux Garneau, Faribault et Bouchette. Ils font voir quel enrichissement la littérature aurait pu retirer d'une plus grande diversité de formation. La fréquentation des mêmes maisons d'enseignement redouble l'homogénéité du milieu littéraire. Bien que quatre nouveaux collèges ouvrent leurs portes au cours de la période, la majorité des futurs écrivains se recrutent parmi les anciens du séminaire de Québec (17) et du séminaire de Montréal (17). Seulement sept viennent du séminaire de Nicolet[2]. Les structures éducatives mises en place à la fin du XVIIIe siècle portent donc fruit. La diffusion de la culture classique en région se fait plus lentement. Malgré certaines exceptions, la culture littéraire reste intimement liée à la vie urbaine. C'est pourquoi les jeunes qui ont quelque ambition en ce domaine souhaiteront rester en ville.

1. À moins d'indication contraire, les renseignements biographiques contenus dans cette section sont tirés du *DBC*.
2. Pour les besoins de l'analyse, les étudiants qui ont fréquenté plusieurs établissements sont comptés avec le collège où ils ont passé le plus de temps.

Selon le profil de carrière le plus commun, la plupart des aspirants écrivains s'inscrivent à des études professionnelles au sortir du collège. Sans encadrement universitaire, ces études se limitent généralement à un stage de cinq ans auprès d'un patron. Elles sont sanctionnées par un examen supervisé par des pairs. Quarante et un des individus de l'échantillon font un stage en droit, en médecine, en théologie ou en arpentage. Le choix des écrivants et celui des autres hommes de profession divergent toutefois sensiblement. Le tableau des professions établi par Fernand Ouellet indique, sans tenir compte du clergé, 54 % de notaires, 20 % d'avocats, 16 % de médecins et 8,2 % d'arpenteurs[3]. Chez les gens de lettres, les avocats détiennent la première place avec 58,5 %, les prêtres viennent en second avec 17 %, suivis par les médecins, 12 %, les notaires, 7,3 %, et les arpenteurs, 4 %. Cette importante distorsion pourrait s'expliquer par l'attrait de l'art oratoire, tellement prisé à l'époque. Les jeunes gens qui se croient doués se mettent en position d'exercer leur talent. Plaider, n'est-ce pas avant tout maîtriser la parole ? Les notaires, au contraire, sont plutôt hommes de cabinet.

Toutefois, le choix d'une profession est loin d'être déterminant puisque la majorité d'entre eux ne l'exercent pas. Dans une société qui consomme peu de services, le marché des professions est rapidement saturé. Pour gagner honorablement sa vie, il faut s'éloigner des grands centres. Or, comment participer à la vie littéraire en dehors des villes ? La formation professionnelle apparaît donc chez les écrivants comme un complément de l'éducation nécessaire pour aborder la vie politique ou la fonction publique. Aussi 17 des écrivants siègent-ils un jour ou l'autre à la Chambre d'assemblée. Mais la politique, si attrayante soit-elle, n'offre pas non plus un gagne-pain : les maigres allocations de séjour ne suffisent certainement pas à motiver ses adeptes. Les avocats couronnent naturellement leur carrière politique par l'accession à la magistrature. Les plus opportunistes entrent au Conseil législatif, où ils disposent d'une certaine part du favoritisme politique.

La voie politique n'est pas la plus favorable à l'épanouissement du talent littéraire. Augustin-Norbert Morin, par exemple, au fur et à mesure qu'il progresse dans sa carrière, s'éloigne du journalisme pour se consacrer au droit. Il en va de même pour Louis-Hippolyte La Fontaine et Joseph-Rémi Vallières de Saint-Réal. Pendant que se structure l'appareil gouvernemental, se dessine un lieu que convoitent plusieurs lettrés, la fonction publique. Les postes de traducteurs, de sténographes et de greffiers paraissent taillés sur mesure pour eux. Un emploi stable voué aux écritures favorise les carrières de recherche comme celles de Jacques Viger, de Georges-Barthélemi Faribault, de Joseph Bouchette et de François-Xavier Garneau. Nombre de journalistes aspirent à cette promotion.

Au cours du premier tiers du siècle se précise donc un espace privilégié où l'écriture peut progresser à l'ombre du pouvoir. Sous d'autres cieux, en des circonstances particulières, se perpétue ainsi le clientélisme qui avait marqué en France la littérature des XVIIe et XVIIIe siècles. Les patrons, pour n'avoir pas des noms de grands seigneurs, n'en sont pas moins toujours présents dans la pensée des prébendiers. La publication individuelle reste encore marginale par rapport à l'écriture dominée par l'esprit de parti. Joseph Bouchette, arpenteur en chef du Canada tout en étant géographe de profession, consacre sa plume à la gloire de l'empire britannique. Étienne Parent, bibliothécaire de la Chambre d'assemblée, puis greffier du

---

3. Voir le tableau dressé par Fernand Ouellet dans *Éléments d'histoire sociale du Bas-Canada*, p. 255.

Conseil législatif, poursuit une carrière de journaliste et de conférencier au service de la cause canadienne.

Ces statistiques pourraient à elles seules expliquer le conformisme qui règne dans les écrits de l'époque. L'imitation n'est-elle pas à la base de tout enseignement de la poétique ? Les élèves fréquentent les mêmes établissements, sont à l'écoute des mêmes maîtres et épousent les mêmes profils de carrière ; il était inévitable de trouver, en fin de compte, les mêmes produits. Pourtant, ce constat n'épuise pas toutes les interrogations, dont l'une persiste : comment se fait-il que les clercs, si manifestement assimilés à la société de droit divin, aient produit des libéraux qui proclament la souveraineté du peuple ?

Les collèges classiques exercent un indéniable monopole sur la culture littéraire, mais cette emprise est toujours contestée. Malgré des contraintes certaines, les esprits parviennent à se libérer, comme l'illustrent les cas de Pierre-Stanislas Bédard et de Louis-Joseph Papineau. Les « Notes de philosophie, mathématiques, chimie, physique, grammaire, politique et journal, 1798-1810 », déposées aux Archives du séminaire de Québec, prouvent que le premier atteint, peu après sa sortie du collège, une remarquable maturité d'esprit. La diversité de ses lectures et ses capacités de réflexion étonnent. Bédard est un cérébral plus attaché à approfondir des théories qu'à dresser des plans d'attaque. Ses réflexions sur le gouvernement responsable sont nettement avant-gardistes. Sans jamais avoir étudié à l'étranger, Louis-Joseph Papineau jouit d'une culture littéraire au-dessus de la moyenne, probablement à cause du régime spécial que le séminaire lui accorde : « Comme il lui était permis, par faveur spéciale, de lire, même pendant l'étude, sans l'agrément des maîtres de salle, il se dépêche de broder ses devoirs pour se livrer ensuite à son goût favori. Il est redevable de cette indulgence, je crois, en reconnaissance de services importants que son père avait rendus au séminaire de Québec[4]. »

Ses camarades de classe, Louis Plamondon, Joseph-Rémi Vallières de Saint-Réal et Aubert de Gaspé père n'y avaient pas droit, mais pouvaient compenser cet inconvénient par ailleurs. Plamondon a été adopté par le curé Brassard Deschenaux, qui possède une des plus belles bibliothèques de la colonie. Vallières de Saint-Réal est le protégé de Mgr Joseph-Octave Plessis. Quant à Aubert de Gaspé père, il trouve tous ces avantages dans son milieu familial. C'est ce petit groupe d'amis qui fonde, en 1809, avec le concours de quelques anglophones, la première société littéraire de Québec[5].

---

4. Philippe-Joseph AUBERT DE GASPÉ, *Mémoires*, 1885, p. 245.
5. Voir, dans le présent chapitre, à la section intitulée « Les pratiques associatives », p. 112-114.

La direction des lectures dans les collèges est loin d'être aussi efficace qu'on pourrait le croire. Même si les auteurs du XVIIIe siècle ne figurent pas au programme, les élèves ne les ignorent pas, comme l'atteste encore Aubert de Gaspé père :

> Notre professeur de métaphysique, entre autres préceptes, nous avait inspiré une sainte horreur, d'abord du diable, (à tout seigneur tout honneur,) et ensuite de messieurs Voltaire, J.J. Rousseau, D'Alembert, Diderot, et surtout du citoyen Volney. Mais vu que les jeunes gens [...] ne recevaient trop souvent qu'avec méfiance les avis salutaires de leurs parents et des autres gardiens de leur morale [...] je ne pus résister à la tentation de lire au moins quelques pages de ce livre proscrit [*Les ruines* [...] de Volney][6].

Plusieurs, à l'instar d'Aubert de Gaspé père, durent succomber à la tentation, d'autant plus que la Bibliothèque de Québec, à deux pas du séminaire, « contenait une collection complète de toutes les œuvres des philosophes modernes[7] ».

C'est surtout pendant leur stage d'études professionnelles que les futurs écrivains jouissent de leur pleine liberté. Le patron qu'ils choisissent détermine souvent l'orientation de leur carrière. En s'inscrivant à l'étude de Jonathan Sewell, Aubert de Gaspé père opte pour le camp bureaucrate dans l'espoir d'obtenir un poste dans la fonction publique. Augustin-Norbert Morin, clerc chez Denis-Benjamin Viger, s'initie à la politique auprès d'un député déjà bien en vue. Dans l'étude d'Archibald Campbell, François-Xavier Garneau et Pierre Petitclair trouvent autant de livres qu'ils veulent pour satisfaire leur curiosité intellectuelle d'autodidactes.

À cette étape de leur carrière, les jeunes lettrés empruntent des voies différentes selon l'état de fortune de leurs parents. Les fils de familles à l'aise, encore aux crochets des leurs, ont tout le loisir de se consacrer à leurs études. Ils obtiennent leur commission dans le délai prescrit et disposent de fonds pour ouvrir leur propre cabinet. Les clercs de condition modeste, admis au collège grâce à la protection d'un curé, s'efforcent de subsister pendant leurs études en donnant des leçons privées de français et de latin, ou encore en assumant la rédaction d'un journal. Les cinq années de cléricature permettent bien des aménagements, car elles ne comportent ni programme ni cours. Chacun étudie Jacques Cujas, Robert-Joseph Pothier, etc., à son rythme et à sa guise. Pour les jeunes bourgeois qui disposent de beaucoup de temps, ce sont les lectures variées, les réunions joyeuses, les discussions sans fin, qu'Aubert de Gaspé père se remémore avec émotion. Pour les autres, cette étape est plus difficile. Certains n'ont

---

6. Philippe-Joseph AUBERT DE GASPÉ, *op. cit.*, p. 309.   7. *Ibid.*, p. 314.

tout simplement pas les moyens d'entreprendre des études professionnelles. La plupart, cependant, prétendent mener de front études et travail. L'afflux des jeunes lettrés sans le sou répond aux besoins d'une presse incapable d'ouvrir des postes permanents. Les salaires correspondent donc aux besoins modestes d'un étudiant, mais non à ceux d'un chef de famille.

Les journalistes

Le stage dans un journal constitue un autre volet de la formation littéraire. Les journalistes en herbe s'initient à l'art particulier de la polémique, qui domine les échanges entre les diverses feuilles, et se rangent sous la bannière d'un parti politique capable de leur ouvrir des portes. Mais les rédacteurs amateurs sont bientôt aux prises avec des journalistes étrangers comme Napoléon Aubin, Hyacinthe-Poirier Leblanc de Marconnay, Alfred-Xavier Rambau, qui relèvent les standards.

Dans une société encore embryonnaire, la fonction sociale de l'écrivain resterait longtemps indéterminée sans le support de la presse. L'attitude mercantile que promeuvent les marchands britanniques accrédite auprès de l'élite francophone la nécessité de l'instruction, ou du moins de l'information, pour participer à la politique et à l'économie. À défaut d'un système d'éducation populaire, le journal paraît le meilleur moyen de former les adultes pour les intégrer au courant de l'opinion publique. Michel Bibaud et Étienne Parent se sont voués à ce genre d'apostolat social.

Michel Bibaud (1782-1857)

Bibaud s'impose à la postérité moins par son talent que par sa volonté de faire carrière d'écrivain. Le premier, il parvient à combiner assez heureusement la carrière journalistique et la carrière littéraire. Outre qu'il est d'un certain rapport, le journal lui offre le moyen de diffuser sa poésie et ses travaux historiques. Il acquiert ainsi une renommée incontestable. Fils d'un cultivateur de Côte-des-Neiges (Montréal), il nourrit une véritable passion pour le savoir. À l'âge tardif de 18 ans, il commence son cours classique au collège Saint-Raphaël de Montréal qu'il quitte six ans plus tard sans protection et sans argent. Il renonce donc à entreprendre des études professionnelles et gagne sa vie en donnant des leçons privées. En 1813, il entre comme rédacteur au *Spectateur*, propriété du Français Charles-Bernard Pasteur, et y demeure jusqu'à l'embauche d'Henry-Antoine Mézière en 1817. C'est alors qu'il fonde, avec Joseph-Victor Delorme, *L'Aurore*, hebdomadaire qui fait une large place à la littérature. Les nombreux poèmes qu'il y publie font croire qu'il a opté pour le journalisme afin de trouver un débouché pour son œuvre poétique. À l'absorption de *L'Aurore* par *Le Spectateur canadien*, en 1819, Bibaud reprend la rédaction de ce journal jusqu'à sa disparition en 1823. Pendant cette première décennie de carrière journalistique, il élargit son champ d'activité. Il publie un manuel, *L'arithmétique en quatre parties* […], et s'occupe de la réécriture du récit de voyage de Gabriel Franchère, édité en 1820. Outre les leçons privées qu'il donne, il fait probablement de la traduction à la pige, comme le laissent croire les nombreux exemples que renferme *La Bibliothèque canadienne*.

À force d'un travail persévérant, Bibaud parvient à maintenir les diverses revues culturelles qu'il fonde à partir de 1825. *La Bibliothèque canadienne* (1825-1830), mensuel destiné au public lettré, fait paraître de nombreux extraits littéraires. C'est aussi pour Bibaud le lieu de convergence de diverses recherches en histoire dirigées par Jacques Viger. Il profite de tous ces renseignements pour rédiger et livrer par tranches au public son *Histoire du Canada, sous la domination française*. En 1830, croyant pouvoir accélérer le rythme de publication de son périodique, il lance un hebdomadaire, *L'Observateur*, mais sa présomption l'oblige à en suspendre la publication en juillet 1831. De retour à la formule originelle, en 1832, avec un mensuel intitulé *Magasin du Bas-Canada*, il ne réitère cependant pas le succès de *La Bibliothèque canadienne*. Soucieux de sa renommée littéraire, il recueille, en 1830, les nombreux poèmes qu'il a déjà fait paraître dans les journaux et les publie en volume, ce qui lui vaut alors une certaine consécration comme poète.

Après 19 ans de métier, Bibaud obtient un poste de fonctionnaire comme surintendant du marché et inspecteur des poids et mesures, mais il n'abandonne pas le journalisme pour autant. Il entre comme rédacteur à *L'Ami du peuple* […]. Destitué de son poste de surintendant, il doit se battre pour obtenir au moins une pension. Bibaud est poète et écrivain en dépit de circonstances souvent défavorables qui lui rendent la vie difficile. Sans être l'âme dirigeante d'un cercle, Bibaud, par ses périodiques, se situe au confluent de certains réseaux. Il travaille en étroite collaboration avec Jacques Viger et Ludger Duvernay. Mais ses sympathies bien affichées pour le Parti bureaucrate l'isolent au sein d'une intelligentsia à majorité patriote.

Étienne Parent (1802-1874)

Premier maître à penser des Canadiens, Étienne Parent se mesure longtemps à Papineau dans le débat politique qui précède la rébellion. Par sa dialectique serrée, par ses arguments péremptoires, il tient tête au tribun en prônant la modération plutôt que la violence. On lui reconnaît un réel talent de prosateur.

Parent ne doit qu'aux sacrifices de sa famille de fréquenter le séminaire de Québec. Fils de cultivateur, il n'envisage pas d'études professionnelles immédiatement après son collège. Ami d'Augustin-Norbert Morin, rédacteur du *Canadien* depuis 1820 et fortement attiré par le journalisme, il

Étienne Parent, photographie, sans date. Archives nationales du Canada (PA 74149).

accepte en 1822 de succéder à son ami au pupitre de rédaction avant même d'avoir terminé son cours classique. Malheureusement, l'organe du Parti canadien, doublé sur sa gauche par *La Gazette de Québec*, disparaît en 1825. Sans emploi, Parent effectue un stage de clerc chez Vallières de Saint-Réal pour parfaire ses études de droit tout en donnant des cours de français pour assurer sa subsistance. À l'automne de la même année, il assume la rédaction de la section française de *La Gazette de Québec*. En 1827, il obtient les postes de traducteur adjoint et d'officier en loi de l'Assemblée du Bas-Canada. Grâce à une souscription parmi les patriotes de Québec, il relance *Le Canadien* en mai 1831 et joue un rôle de premier plan jusqu'à la rébellion. Mais son journal n'atteint pas la rentabilité et Parent ne peut le soutenir qu'avec son salaire de fonctionnaire. C'est pourquoi il accepte, en 1833, en plus de ses autres fonctions, le nouveau poste de bibliothécaire de l'Assemblée. Le cumul de ces emplois ne lui rapporte cependant qu'un modeste salaire de 800 dollars par année. Emprisonné en 1838 malgré ses appels à la modération et le désaveu des radicaux de Montréal, Parent est rayé de la fonction publique. À sa libération, il lance, avec Jean-Baptiste Fréchette, un supplément au *Canadien*, destiné à publier des œuvres françaises et canadiennes « marquées au coin de l'excellence ». *Le Coin du feu*, revue hebdomadaire, ne dure cependant qu'un an (du 21 novembre 1840 au 13 novembre 1841).

Aux premières élections tenues après 1840, Parent pose sa candidature dans la circonscription de Saguenay et se fait élire député. Il assiste aux deux premières sessions du parlement à Kingston, mais la surdité qui l'a frappé en prison l'empêche d'y jouer un rôle actif. La Fontaine obtient pour lui le poste de greffier du Conseil exécutif. Il quitte alors *Le Canadien* pour suivre le gouvernement dans ses pérégrinations. Il se met à prononcer des conférences qui lui valent une certaine célébrité. À titre de journaliste, Parent entretient des liens très étroits avec des hommes politiques comme Augustin-Norbert Morin, Louis-Joseph Papineau et John Neilson. Malheureusement, il doit rompre avec plusieurs à mesure que le Parti patriote se radicalise. Il adopte l'attitude modérée qui est celle de Neilson. Il sait discerner le talent du jeune Faribault et en fait son assistant. C'est également lui qui ouvre les portes de la bibliothèque parlementaire au jeune François-Xavier Garneau et lui fait obtenir un poste de traducteur.

Ludger Duvernay (1799-1852)

La place de Ludger Duvernay est difficile à cerner. D'abord imprimeur, puis journaliste à l'occasion, homme d'affaires et organisateur, il occupe une place prédominante dans le champ littéraire de l'époque. Sans avoir produit d'œuvre remarquable, il se situe au premier rang des promoteurs intellectuels de la période. Fils d'un menuisier de Verchères, Duvernay entre, après quelques années d'études avec Louis Labadie, comme apprenti à l'imprimerie de Charles-Bernard Pasteur à l'âge de 14 ans et complète sa formation au contact des typographes. En 1817, il ouvre une imprimerie à Trois-Rivières et fonde, sans doute avec l'aide de Denis-Benjamin Viger, la *Gazette des Trois-Rivières*, qui cesse de paraître en 1822.

Ludger Duvernay, fondateur de la Société Saint-Jean-Baptiste, gravure, sans date. Archives nationales du Québec à Québec (P 600-6/PCV-D/2). Photographe : Jules-Ernest Livernois.

Avant d'emménager à Montréal en 1826, il lance des journaux éphémères, comme *L'Ami de la religion et du roi*, *Le Constitutionnel* et *L'Argus*. Avec le départ de John Jones, éditeur du *Canadian Spectator*, il s'établit à Montréal. Le jour même où il s'engage par contrat à publier le journal irlandais, il achète *La Minerve* du jeune Augustin-Norbert Morin, incapable d'en poursuivre la publication. Sous sa direction, le journal s'impose rapidement comme porte-parole des patriotes. Jusqu'à la rébellion, Duvernay exprime la tendance la plus radicale du parti et s'oppose aux modérés comme John Neilson et Étienne Parent.

Éditeur de plusieurs journaux et principal imprimeur francophone, Duvernay connaît une certaine prospérité qui relève son statut social. Dans une lettre, Augustin-Norbert Morin constate en effet l'état florissant de son établissement[8]. Aussi Duvernay est-il assez influent pour faire accepter l'idée d'une société nationale des Canadiens. Denis-Benjamin Viger, Louis-Joseph Papineau, Édouard-Raymond Fabre, Augustin-Norbert Morin, Louis-Hippolyte La Fontaine, Charles-Ovide Perrault, Cyrille-Hector-Octave Côté fréquentent son bureau de *La Minerve*. Duvernay y parle avec autorité. Son manque d'instruction lui interdit la haute spéculation, mais est-il justifié de prétendre qu'il n'aurait excellé que dans les injures et les agressions verbales[9]? Côté le considère pourtant comme un homme éclairé au sens du XVIIIe siècle, louant la qualité de son intelligence cultivée par la lecture, la bonne société et les voyages[10]. L'absence de signature au bas des articles rend difficile la tâche d'apprécier la contribution de Duvernay à *La Minerve*. La plupart du temps, il recourt à de jeunes rédacteurs comme Augustin-Norbert Morin, Léon Gosselin, Hyacinthe-Poirier Leblanc de Marconnay, James Julien Theodore Phelan, mais il peut aussi écrire lui-même, comme le prouve *Le Patriote canadien*, journal qu'il rédige seul pendant son exil à Swanton au Vermont. La volumineuse correspondance qu'il reçoit alors témoigne de l'étendue de ses relations. Toutefois, ces faits ne dissipent pas l'ambiguïté qui persiste au sujet de son statut: exerce-t-il plus d'influence comme imprimeur que comme journaliste?

Les hommes politiques

La carrière politique paraît certes la plus enviable aux yeux des jeunes Canadiens. Rares sont les intellectuels qui, un jour ou l'autre, ne succombent

---

8. Lettre d'Augustin-Norbert Morin à Ludger Duvernay, 1er décembre 1831, dans Ivanhoé CARON, «Papiers Duvernay conservés aux Archives de la province de Québec», *RAPQ*, 1926-1927, p. 154.
9. Antoine GÉRIN-LAJOIE, *Antoine Gérin-Lajoie. La résurrection d'un patriote canadien*, p. 64.
10. Lettre de Cyrille-Hector-Octave Côté à Ludger Duvernay, 6 juillet 1839, dans Ivanhoé CARON, *op. cit.*, p. 207.

pas à son attrait. Même un Étienne Parent ou un Ludger Duvernay, au prestige politique pourtant reconnu, tiennent à siéger à la Chambre. Les Canadiens sont sensibles aux honneurs. Tout homme de quelque renom ambitionne d'être officier de milice, juge de paix, puis député. Les maigres émoluments attachés à ces postes ne leur sont pas indifférents, mais ce n'est pas une raison suffisante pour désirer un siège à l'Assemblée. Le parlement ouvre la voie du pouvoir, comme le montrent Pierre-Amable De Bonne, Dominique Mondelet et Pierre-Dominique Debartzch, qui se rangent du côté du gouvernement. Mais la majorité des Canadiens songent moins à une réussite personnelle qu'à une reconnaissance collective. Ils lient leur avenir à l'acceptation de leur projet de société. Aussi les luttes parlementaires prennent-elles une coloration particulière, selon qu'on est issu d'une famille riche ou pauvre.

Louis-Joseph Papineau (1786-1871)

La carrière fulgurante de Louis-Joseph Papineau repose en grande partie sur un puissant réseau familial. Premier fils de député à siéger à la Chambre, il jouit de l'attention d'un père éclairé qui possède dans sa bibliothèque les œuvres de Voltaire, Diderot et d'Alembert. Particulièrement soucieux de l'éducation de son fils, Joseph Papineau obtient pour lui du séminaire de Québec la permission de lire pendant les heures d'étude. Son ascendance des deux côtés l'apparente aux Viger, aux Lartigue, aux Cherrier et aux Dessaulles. Encore peu connus au début du siècle, ces noms désignent des petits-bourgeois capables d'offrir le cours classique à leurs enfants. Après avoir obtenu leur commission professionnelle, ces derniers établiront un véritable réseau d'influences tant par leurs alliances que par les postes qu'ils occuperont. Au cours des années 1840, Louis-Hippolyte La Fontaine a cru nécessaire de dénoncer ce *family compact*.

À sa sortie du séminaire de Québec, Louis-Joseph Papineau s'inscrit pour un stage de clerc à l'étude de son cousin Denis-Benjamin Viger, son aîné de 12 ans. Les deux entrent à la Chambre la même année et rivalisent pendant toute leur carrière politique pour occuper la première place. Ils traceront la voie au Parti patriote. Cependant, le plus jeune se démarque rapidement par son éloquence et son ascendant. Élu président de la Chambre en 1815, Papineau s'impose comme chef du Parti canadien. Il fera du contrôle des subsides par les élus du peuple son cheval de bataille contre le Parti bureaucrate. Certains, tant d'une division que de l'autre, auraient souhaité des accommodements, mais le leader maintient par son éloquence entraînante la députation dans une opposition systématique. Un contemporain s'étonne de la puissance d'un tel orateur: «Je n'ai jamais vu personne qui paraît plus versé que cet orateur canadien dans les artifices et la contenance au moyen desquels un seul homme domine l'esprit d'un grand nombre, et il s'affermit davantage tous les jours dans son autorité, comme eux dans leur obéissance[11]. »

Papineau jouit d'un charisme qui ne tient pas seulement à son éloquence, mais aussi à sa personnalité. Plusieurs de ses partisans lui garderont une fidélité inébranlable. Édouard-Raymond Fabre, malgré sa circonspection, le soutiendra même après la rébellion. Ludger Duvernay aura beaucoup de mal à se détacher de lui pour servir Louis-Hippolyte La Fontaine.

Au cours de son exil, de 1837 à 1845, le chef patriote se croira toujours en mesure de faire tourner la situation à son avantage. Mais, pendant une si longue absence, son mythe s'est évanoui. Même réélu député, il ne peut renverser le courant politique inauguré par La Fontaine. À son retour, il constate avec amertume que les jeux ont été refaits durant son éloignement.

Papineau, malgré toute son information, ne s'affirme pas comme un penseur original dans ses écrits. Il devait exceller dans l'improvisation, dans les reparties à brûle-pourpoint, dans les joutes oratoires, mais pas devant la feuille blanche. La progression logique de sa pensée est souvent déficiente. Son argumentation est loin d'être toujours apodictique. À mesure qu'il évolue vers les troubles, il trouve dans le La Mennais des *Paroles d'un croyant* un moyen terme entre le libéralisme et le catholicisme, mais jamais il ne discute de la pensée qui l'inspire. En exil à Paris, il fréquente le célèbre dissident. Dans sa correspondance, il mentionne ses rencontres avec lui, mais sans noter le contenu des échanges, comme si les idées ne l'intéressaient pas. Cependant, ces défaillances ne nuisent en rien à son image. Aux yeux de toute une génération, qui l'adule ou le honnit, il est l'instigateur de tout ce qui arrive. « C'est la faute à Papineau[12] » répète la chanson. La société canadienne, en quête d'un héros, en a enfin trouvé un. Papineau se laisse porter par la vague plus qu'il ne la provoque, mais l'échec de la rébellion ruine son prestige politique. Au cours de sa longue retraite, Papineau aurait pu, à l'instar de Cicéron, retravailler ses discours pour en faire de véritables œuvres littéraires. Mais l'homme politique, semble-t-il, ne tient pas à entrer dans l'histoire en tant qu'écrivain. Aussi ne révise-t-il pas non plus sa correspondance.

Denis-Benjamin Viger (1774-1861)

Denis-Benjamin Viger fait carrière à peu près dans les mêmes conditions que son cousin Louis-Joseph Papineau. De simple menuisier qu'il était, son père devient entrepreneur en construction et s'enrichit par

---

11. Thomas Frederick Elliot, cité par Fernand OUELLET, « Papineau, Louis-Joseph », *DBC*, t. X, p. 622.

12. Voir, dans le présent ouvrage, à la section intitulée « Les textes poétiques », p. 338-339.

d'heureuses transactions. Le fils, lui, s'assure la fortune par un mariage avantageux, ce qui lui permet de garder une indépendance totale vis-à-vis du pouvoir et de parler au nom des siens avec désintéressement. Délégué à Londres par la Chambre d'assemblée, Viger a les moyens de se comporter en véritable ambassadeur et de faire les représentations voulues. Il s'adjoint le jeune Garneau comme secrétaire. À Paris, il fréquente Isidore Lebrun, auquel il fournit nombre de renseignements pour son *Tableau statistique et politique des deux Canadas*. Il agit également comme mécène: en effet, il serait venu en aide à Duvernay pour établir son imprimerie à Trois-Rivières. Dans les moments de grande difficulté, l'éditeur de *La Minerve* peut compter sur lui.

Moins doué pour la parole que son cousin Papineau, Denis-Benjamin Viger commence très jeune à publier des articles dans la *Gazette de Montréal*. À la suite de plusieurs textes sur la position des Canadiens de langue française vis-à-vis de l'Angleterre, il fait paraître en 1809 une brochure qui donne pour la première fois une formulation cohérente au nouveau projet collectif des Canadiens[13]. Il développera sa pensée sur le sujet dans un autre essai en 1826. Viger manifeste une connaissance étonnante des auteurs du XVIIIe siècle, tels que Montesquieu et Duvoisin, mais il n'est pas que politicologue: il aspire également, pendant un certain temps, à la réputation de poète. Au fur et à mesure qu'il acquiert sa stature véritable d'homme politique, Denis-Benjamin Viger délaisse la littérature, mais sans s'abstraire du monde journalistique. Intimement lié aux entreprises de Duvernay, il collabore avec Édouard-Raymond Fabre pour soutenir des feuilles favorables aux patriotes.

Augustin-Norbert Morin (1803-1865)

Pour les fils de parents pauvres, la carrière politique est loin d'être le tremplin qu'on aurait cru, comme l'illustre Augustin-Norbert Morin. Membre d'une famille de cultivateurs de 11 enfants, il entre au séminaire de Québec grâce à la protection de son curé, Thomas Maguire. Mais l'élève déçoit son maître en choisissant le droit plutôt que la prêtrise. Sans ressources à la fin de son cours, il assume la rédaction du *Canadien* et, à la disparition du journal, en 1823, il émigre à Montréal où il s'inscrit à l'étude de Denis-Benjamin Viger. Aiguillonné derechef par le monde du journalisme, il fonde en 1826 une nouvelle feuille qu'il baptise *La Minerve*. Sans autre revenu que celui de ses 240 abonnements, l'entreprise serait vouée à la disparition si elle n'était rachetée par Ludger Duvernay, qui garde Morin à la rédaction. Commence alors entre les deux hommes une collaboration qui durera plus de dix ans.

---

13. Voir, dans le présent ouvrage, à la section intitulée «L'essai politique», p. 226-228.

Élu député de Bellechasse l'année même de sa réception au barreau (1830), Morin pourrait passer pour un modèle de réussite auprès des jeunes Canadiens. Mais l'accès à la Chambre ne signifie pas la fortune. Si le jeune député continue de collaborer à *La Minerve* après son élection, c'est d'abord par besoin monétaire. Il vit à Québec dans un état voisin de la misère. Chacune de ses lettres à Duvernay se termine par une demande d'argent. L'indemnité de 10 chelins par jour de session que reçoivent les députés n'assure pas la sécurité financière. Morin souhaiterait plutôt un poste permanent de courriériste parlementaire. Il s'en ouvre à Duvernay : « À l'âge et dans la position où je me trouve, ce n'est qu'un état bien précaire et les circonstances me forceront peut-être enfin de décider de mon avenir. C'est bien moins une augmentation de salaire que je demande qu'un intérêt permanent au moyen duquel je puisse travailler pour moi comme pour vous[14]. »

En l'absence de réponse positive, il revient à la charge une semaine plus tard. Il songe à se marier et voudrait occuper une position plus rémunératrice. La carrière politique étant pleine d'aléas, il désire devenir sténographe officiel : « Je me perfectionnerai dans la sténographie et je les [les débats] prendrai par la suite, si je cesse d'être représentant[15]. » Un an plus tard, il ne note aucune amélioration de sa condition. À l'âge de 30 ans, il n'a pu encore se marier et n'a rien d'assuré, « ni argent, ni pain, ni habits[16] ». La seule solution serait de s'établir à la campagne, comme son ami Jean-Joseph Girouard, où il pourrait se créer un bel avenir, mais en renonçant à intervenir dans les grands débats de l'heure. L'incertitude continuelle dans laquelle il vit affecte sa santé psychique, comme le constate Étienne Parent : « Vous m'affligez en m'apprenant la maladie prolongée de Morin. Je crains bien que nous le perdions jeune. Ce n'est pas de la cervelle qu'il a dans la tête, c'est de la lave brûlante. Il faudrait à ce génie une sphère où il pût s'ébattre à son aise. Cette imagination n'ayant pas d'aliments extérieurs à consumer, dévorera son enveloppe[17]. » Ce serait lui qui aurait rédigé, dans le style emphatique des révolutionnaires, les Quatre-vingt-douze Résolutions, dont une grande partie proviennent du *Canadien* de Parent[18]. En somme, la carrière de Morin, si brillante qu'elle ait été par la suite, a été entravée à ses débuts par une pauvreté persistante. Emprisonné à la suite des troubles de 1837-1838, il ne récolte les fruits de

---

14. Lettre d'Augustin-Norbert Morin à Ludger Duvernay, 1er décembre 1831, dans Ivanhoé CARON, *op. cit.*, p. 154.
15. Lettre d'Augustin-Norbert Morin à Ludger Duvernay, 8 décembre 1831, dans Ivanhoé CARON, *op. cit.*, hors-texte entre p. 64 et 65.
16. Lettre d'Augustin-Norbert Morin à Ludger Duvernay, 31 décembre 1832, dans Ivanhoé CARON, *op. cit.*, p. 163.
17. Lettre d'Étienne Parent à Ludger Duvernay, 10 décembre 1833, dans Ivanhoé CARON, *op. cit.*, p. 166.
18. Jean-Charles FALARDEAU, « Parent, Étienne », *DBC*, t. X, p. 636.

ses services qu'à partir de 1842, année où il devient juge des districts de Kamouraska, de Rimouski et de Saint-Thomas, puis commissaire des terres de la couronne. En 1843, il peut enfin épouser Adèle Raymond, sœur de l'abbé Joseph-Sabin Raymond. La carrière de Morin illustre bien le sort d'un jeune homme pauvre qui milite, sans défaillance, pour une cause.

Les gens de lettres

Au cours de la décennie 1830-1839, la fonction littéraire semble vouloir se séparer de la fonction journalistique. Plusieurs jeunes gens, la plupart étrangers à la presse, envoient spontanément aux journaux, qui un poème, qui un essai, qui une nouvelle. Malheureusement, l'anonymat ou le pseudonymat empêchent souvent les réputations de s'établir. On peut déceler un renforcement du champ littéraire grâce à la multiplication des titres : une vingtaine de nouveaux journaux de langue française, la plupart éphémères, voient le jour en cette décennie. Des écrivains, comme François-Xavier Garneau, Napoléon Aubin, Aubert de Gaspé fils et Joseph-Guillaume Barthe, fondent leur propre journal. L'arrivée d'intellectuels français ou francophones, par exemple Napoléon Aubin, Léon Potel, N.D.J. Jeaumenne, Hyacinthe-Poirier Leblanc de Marconnay, Alfred-Xavier Rambau et Amury Girod, donne de la consistance au milieu. L'apport de Rambau et de Leblanc de Marconnay mérite d'être souligné. Plus sensibilisés que les Canadiens aux besoins d'une littérature nationale, ils ouvrent largement les pages de leur journal aux jeunes talents. Au contraire de Valentin Jautard, qui avait rebuté plusieurs collaborateurs, ils se montrent accueillants et indulgents, Leblanc de Marconnay en particulier.

François-Xavier Garneau (1809-1866)

François-Xavier Garneau commence sa carrière littéraire comme poète. Trop pauvre pour fréquenter le séminaire de Québec, il entre comme commis au greffe judiciaire et poursuit son éducation en autodidacte. Pendant son stage de clerc, il s'éveille au goût de la littérature et du voyage. En 1828, il accompagne un ami d'Archibald Campbell dans un voyage en Amérique du Nord. Un an après avoir reçu sa commission de notaire (1830), il s'embarque pour l'Angleterre où il retrouve Denis-Benjamin Viger[19]. Il visite Paris où il fait la connaissance de Lebrun. Il profite de son séjour de deux ans à Londres, à titre de secrétaire de Viger, pour fréquenter des personnalités politiques et littéraires. Il est même élu membre de la Société littéraire des amis de la Pologne. Pendant un second

---

19. Voir, dans le présent ouvrage, au chapitre 7 intitulé « La réception », en particulier p. 468-469.

voyage à Paris, il renoue avec Lebrun et fait la connaissance du bibliophile canadien Amable Berthelot, avec lequel il reste lié. Garneau rentre au Canada en juin 1833, bien au courant des mouvements littéraires et politiques de l'Europe.

Avant son départ, Garneau avait signalé son intention de devenir poète en participant au concours littéraire lancé par *Le Canadien* pour célébrer la mission de Denis-Benjamin Viger en Angleterre. Le 31 août 1831, le journal publie « Dithyrambe sur la mission de Mr. Viger, envoyé des Canadiens en Angleterre[20] ». Au cours des années 1830, le même journal diffuse une vingtaine de ses poèmes. James Huston les recueille presque tous dans son *Répertoire national*. Durant les années qui suivent son retour, Garneau a du mal à trouver sa voie. Associé au notaire Louis-Théodore Besserer, en 1833, il ne commence à signer des actes qu'en février 1834. En 1836, il ouvre sa propre étude, mais, faute de clients ou de goût, il devient caissier à la Banque de l'Amérique du Nord britannique. Il n'atteint la sécurité financière et la quiétude d'esprit nécessaires à son œuvre qu'en septembre 1842, grâce à un poste de traducteur français adjoint à la Chambre d'assemblée. Cependant, le nouveau système de capitale mobile lui déplaît. C'est comme greffier de la ville de Québec qu'il jouit d'une vraie stabilité au printemps de 1844.

La carrière littéraire de Garneau se divise donc en deux périodes d'inégale longueur : sa carrière poétique (de 1831 à 1841), et sa carrière d'historien (de 1841 jusqu'à sa mort). Par sa persistance et son application à écrire, Garneau a certes voulu d'abord se faire un nom comme poète, mais il réoriente sa carrière vers un secteur qui lui assure plus de visibilité. Le retentissement de son *Histoire du Canada depuis sa découverte jusqu'à nos jours*, en 1845, lui donne raison : c'est l'historien qui rescape le poète. Sa réputation lui permettra même d'exhumer ses carnets de voyage pour en faire un feuilleton.

Pendant la décennie 1830-1839, Garneau recherche certes une formule qui lui permettrait de combiner écriture et activités professionnelles. La seule option un tant soit peu plausible est celle de journaliste-écrivain. Comme bien d'autres lettrés, il fonde donc son journal en 1833, *L'Abeille canadienne*, mais il en suspend la publication après quelques mois. Il tente de nouveau sa chance avec un autre journal, *L'Institut*, en 1841, avant de se rendre compte que la fonction publique est le milieu le plus favorable aux lettres.

---

20. *Le Canadien*, 31 août 1831, p. 1, reproduit dans *TPCF*, t. III, n° 117, p. 176-182.

Philippe-Ignace-François Aubert de Gaspé (1814-1841)

Aubert de Gaspé fils n'aurait probablement pas lorgné du côté de la littérature s'il n'avait bénéficié d'un milieu familial exceptionnel. Son père, fin lettré comme il le prouvera par la suite, retiré à Saint-Jean-Port-Joli depuis 1823 à la suite de sa destitution comme shérif de Québec, s'occupe personnellement de l'éducation de ses enfants. Parfait bilingue, il connaît aussi bien la littérature anglaise que la littérature française. La lecture à haute voix est un divertissement quotidien au manoir des Aubert de Gaspé. Les conversations, on l'imagine, sont à l'avenant. Cette éducation choyée contraste avec la discipline du séminaire de Nicolet que le jeune homme quitte sans avoir terminé son cours, pour aller apprendre la sténographie, probablement aux États-Unis. Il revient au pays comme courriériste parlementaire pour *Le Canadien* et le *Quebec Mercury*. Mais, après une altercation avec le député Edmund Bailey O'Callaghan, il se venge en versant de l'assa-fœtida sur le poêle de la Chambre. Avec son complice Napoléon Aubin, Aubert de Gaspé fils se réfugie au manoir paternel de Saint-Jean-Port-Joli pour échapper aux poursuites de la police.

Comment passer le temps pendant une retraite forcée de plusieurs mois? Avec l'aide de son père et de son ami Aubin, il rédige le premier roman canadien d'expression française, *L'influence d'un livre*. Les trois amateurs de lecture mettent en commun leur bagage littéraire: Balzac, Bulwer-Lytton, Ducray-Duminil, Hugo, Nodier, Scott, Sue, etc. Malheureusement, la rébellion de 1837 occulte la parution du roman. Par la suite, Aubert de Gaspé fils émigre en Nouvelle-Écosse, où il meurt en 1841.

Georges Boucher de Boucherville (1814-1894)

Georges Boucher de Boucherville doit également aux bouleversements politiques une retraite propice à la création littéraire. Né en 1814, il étudie au collège de Montréal de 1822 à 1832. Son cours à peine terminé, il envoie à *L'Ami du peuple* [...] une première nouvelle, qui révèle l'influence du roman gothique au Bas-Canada. Au contraire de «La tour de Trafalgar», sa seconde nouvelle, «Louise Chawinikisique», exploite l'exotisme amérindien mis à la mode par *Les Natchez* (1826). Avec ce texte, il gagne le concours lancé par *L'Ami du peuple* [...]. Boucher de Boucherville épouse la cause des patriotes et devient le secrétaire des Fils de la liberté. Arrêté le 16 novembre 1837 et libéré grâce aux relations de sa famille le 8 juillet 1838, il préfère s'exiler en Louisiane plutôt que de s'exposer à une seconde arrestation. Pendant cette retraite forcée, il aurait ébauché la première partie de son roman *Une de perdue, deux de trouvées*. De retour au pays, il fait paraître son roman en feuilleton dans l'*Album littéraire et musical de La*

Minerve[21]. Fonctionnaire du gouvernement canadien, il aura tout le loisir de reprendre son roman au début des années 1860 et de le transformer, selon la mode du jour, en roman historique qui se dénoue pendant la rébellion.

Pierre Petitclair (1813-1860)

Fils de cultivateur, Pierre Petitclair, après avoir fréquenté l'école de Joseph-François Perrault dans le faubourg Saint-Louis, étudie pendant quatre ans au petit séminaire de Québec (1825-1829). En 1829, il abandonne l'école pour un poste de commis au greffe judiciaire de Québec, où les avocats Edward Burroughs et Joseph-François Perrault lui enseignent le droit. Au bout de trois ans, le notaire Archibald Campbell l'engage comme calligraphe. Petitclair se retrouve ensuite, au cours de l'hiver 1837-1838, précepteur chez Guillaume-Louis Labadie, commerçant de pelleteries. Il accompagne la famille de 12 enfants dans ses déplacements, qui le conduisent de la Côte-Nord à la Gaspésie et jusqu'aux frontières du Labrador. Quelques séjours sporadiques à Québec ponctuent ce long itinéraire.

La carrière littéraire de Petitclair dure peu. Entre 1831 et 1843, il publie huit poèmes, un conte et deux pièces de théâtre ; une grande partie de ces écrits échappent à l'oubli grâce au *Répertoire national*. Une troisième pièce, intitulée *Une partie de campagne*, fait l'objet d'une édition posthume en décembre 1865. Petitclair serait aussi l'auteur de deux autres textes dramatiques dont les manuscrits demeurent introuvables.

L'intérêt que porte Petitclair à la dramaturgie reste énigmatique. D'une part, il écrit des textes qui pourraient facilement être mis en scène et qui s'inscriraient fort bien au répertoire des troupes de l'époque. D'autre part, la facture même du *Griphon* [...], par exemple, démontre que Petitclair fréquente les salles de spectacle et connaît bien les pièces qu'on y joue. En revanche, rien ne laisse croire qu'il aurait été lié de quelque façon à une troupe après sa sortie du séminaire[22].

Le milieu du théâtre à Québec est très restreint. Au moment où Petitclair écrit *Griphon* [...], seul Firmin Prud'homme, associé à quelques amateurs canadiens, anime sporadiquement la vie théâtrale de la capitale. Il semble cependant que le dramaturge entretient des liens avec Napoléon Aubin : la publication de textes de Petitclair, entre 1837 et 1840, dans *Le*

---

21. Auguste VIATTE, *Histoire littéraire de l'Amérique française* [...], p. 511-513, voit dans ce renouveau une influence de la révolution de 1830.

22. Au sujet de Petitclair, voir, dans le présent ouvrage, à la section intitulée « Les textes dramatiques », p. 352-356.

Télégraphe […] et *Le Fantasque*, tend à le démontrer. Mais Petitclair quitte la ville avant qu'Aubin ne forme sa troupe d'amateurs typographes[23].

Le groupe du Populaire *(1837-1838)*

Plusieurs écoliers inondent pendant quelques années les pages du *Populaire* de leurs vers et de leur prose. Ils laissent croire que Leblanc de Marconnay, le rédacteur en chef, s'est fait le promoteur de la littérature canadienne. Mais l'histoire est plus complexe qu'il ne semble à première vue. André-Romuald Cherrier et son frère aîné sont à l'emploi du *Populaire*, on ne sait trop à quel titre. Le benjamin profite des circonstances, ou de la connivence de Leblanc de Marconnay, pour faire agréer ses textes, ceux de sa sœur Odile et probablement ceux de Marie-Louise, pseudonyme de Joseph-Guillaume Barthe. Ces jeunes profitent de la sensation que provoque l'écriture féminine pour s'imposer à l'attention du public. Peu de Canadiennes francophones s'étaient jusqu'alors hasardées dans ce domaine. Certaines, comme Louise-Amélie Panet, esquissent quelques vers à l'occasion, mais sans oser publier. Mary Graddon (épouse de Léon Gosselin) aurait voulu rallier tout le suffrage féminin avec son journal bilingue, le *Montreal Museum* (1832), mais elle doit se limiter à l'édition anglaise, faute de l'appui du milieu francophone.

L'aventure de Marie-Louise revêt donc un certain caractère insolite : la première auteure à oser prendre la parole pour exprimer ses sentiments personnels est en fait un homme… Joseph-Guillaume Barthe, l'auteur de la supercherie, est-il de connivence avec André-Romuald Cherrier ? On peut se permettre de le croire ; c'est dans cette foulée que s'inscrit le nom de la première « femme » à publier dans les journaux. Sous le pseudonyme d'Anaïs, Odile Cherrier exerce sa verve romantique. N.J.D. Jeaumenne, Belge récemment arrivé, se joint au groupe, et les échanges vont bon train jusqu'au jour où *Le Populaire*, en difficulté financière, cesse de paraître. Leblanc de Marconnay, qui protège le groupe, est mis à pied. Léon Gosselin reprend la publication grâce au soutien de Debartzch et congédie les deux frères Cherrier. C'est la fin de cette aventure littéraire.

*

Au début de la période, l'écriture littéraire n'est possible qu'à la faveur d'une carrière de journaliste, comme l'ont compris Michel Bibaud et Étienne Parent, mais elle a beaucoup moins de chance de s'épanouir au cours d'une carrière politique, où elle ne joue qu'un rôle ancillaire. En fait, le goût d'écrire, hérité de la formation classique, n'est lié à aucun métier ou

---

23. Voir, dans le présent ouvrage, à la section intitulée « Le théâtre », p. 141-142.

profession. Il se manifeste à l'occasion d'un incident politique, d'une retraite forcée, ou d'une attaque. Aussi la production est-elle plus ponctuelle que régulière. Certains n'ont que quelques poèmes à leur actif. C'est pourquoi la carrière littéraire, dans plusieurs cas, ne se distingue guère de la carrière professionnelle des non-littéraires. Ce manque de démarquage empêche la formation de milieux littéraires homogènes.

Le champ est en conséquence faiblement valorisé. Le premier venu, comme André-Romuald Cherrier, peut s'imposer sans s'attendre à subir les foudres des pairs. Il est vrai que l'accès à la culture littéraire de nombre de fils d'ouvriers ou de cultivateurs expose à une démocratisation impensable dans les pays de tradition aristocratique où une telle formation est réservée aux fils de famille et à la bonne bourgeoisie. Un esprit foncièrement démocratique entraîne d'inévitables répercussions dans la formation d'un champ traditionnellement sélectif.

Les auteurs d'ouvrages scientifiques

La littérature divertissante ne paraît guère appropriée en une période de recherche d'identité nationale. L'immense continent nord-américain, encore peu connu, invite à l'étude. C'est vers les sciences naturelles, la botanique, la zoologie, la minéralogie et la climatologie que les Britanniques désirent orienter les intellectuels, comme en témoignent les travaux de la Société littéraire et historique de Québec. Dans la même veine, ils proposent l'histoire de la colonisation comme sujet d'étude.

Joseph Bouchette (1774-1841)

C'est dans cet esprit que Joseph Bouchette entreprend ses grands travaux sur la topographie du Canada. Fils d'un officier qui a sauvé Guy Carleton en 1775 et neveu de Samuel Johannes Holland, il bénéficie des faveurs du régime. Sans avoir fréquenté d'établissement d'enseignement, il entreprend des études d'arpenteur-géomètre avec son oncle, auquel il succède bientôt comme arpenteur général du Canada. Très anglophile, il conçoit son œuvre comme un hommage à la domination britannique au pays. Une bourse du gouvernement lui permet de se rendre à Londres pour achever et surveiller l'édition de sa *Description topographique de la province du Bas Canada* [...] qui paraît en 1815, en français et en anglais. Cette publication lui vaut une médaille d'or à Londres, mais peu de ses compatriotes francophones souscrivent pour obtenir son ouvrage. En 1833, Bouchette publie à Londres un second ouvrage (*The British Dominions in North America* [...], en deux volumes, et *A Topographical Dictionary of the Province of Lower Canada*, en un volume) sans autre soutien que la promesse du gouvernement de lui en acheter 100 exemplaires. Les frais de séjour en Europe, ajoutés à ceux de l'édition, compromettent sa situation financière. Bouchette, qui a des goûts d'aristocrate, sera désormais tourmenté par les soucis d'argent jusqu'à sa mort.

Jean Holmes (1799-1852)

L'abbé Jean Holmes travaille dans le même sens que Bouchette en publiant, en 1831, son *Nouvel abrégé de géographie moderne, suivi d'un petit abrégé de géographie ancienne, à l'usage de la jeunesse*. Ce fils d'un agriculteur du Vermont en fugue au Bas-Canada aboutit, après une trajectoire pleine d'imprévus, comme professeur au séminaire de Québec. Converti au catholicisme, ordonné prêtre, il renonce au ministère à cause de sa santé fragile et se consacre à l'enseignement. Venant de l'extérieur, mais s'intégrant parfaitement à la communauté francophone, il en perçoit plus que tout autre les points forts et les faiblesses. Ses visions nouvelles conjuguées à son dynamisme de néophyte lui font prononcer des diagnostics éclairants sur la société canadienne et ses besoins. Son manuel de géographie répond d'abord à des exigences pédagogiques, mais il porte pour la première fois un regard canadien sur le monde. Par ses tableaux statistiques, il situe bien le Bas-Canada dans l'ensemble nord-américain. Holmes s'illustre surtout comme orateur sacré. Ses conférences à Notre-Dame seront publiées en recueil en 1850.

Pendant les nombreuses années où il occupe le poste de directeur des études, il se révèle un infatigable animateur de la vie culturelle, tant à l'intérieur qu'à l'extérieur du séminaire. Ses voyages en Amérique et en Europe lui ouvrent de nouveaux horizons et lui permettent de prendre conscience de l'état du pays dans un monde en évolution.

Georges-Barthélemi Faribault (1789-1866)

Avec sa bibliographie annotée et raisonnée sur la colonisation de l'Amérique, Georges-Barthélemi Faribault est probablement le fleuron de la Société littéraire et historique de Québec. Ce fils d'un notaire canadien et d'une mère d'ascendance écossaise fréquente l'école de John Fraser plutôt que le séminaire de Québec. Après l'obtention de sa commission d'avocat en 1810, il entre dans la fonction publique en 1812 à titre de greffier des comités et des papiers (archives parlementaires). Les objectifs que se fixe la Société littéraire et historique de récupérer toutes les archives concernant l'histoire de la colonie l'intéressent particulièrement. C'est à titre de bibliothécaire de la société qu'il entreprend une vaste bibliographie destinée à guider les recherches des historiens. Habitué aux index, aux greffes et aux ouvrages de référence, Faribault consacre beaucoup de temps à lire et à annoter. Malheureusement, peu de membres de la société travaillent dans le même sens que lui, Amable Berthelot et Jean Holmes exceptés. C'est François-Xavier Garneau qui bénéficiera surtout de ses recherches.

Jacques Viger (1787-1858)

Même si les Montréalais ne jouissent pas de l'encadrement d'une société subventionnée, ils ne restent pas pour autant étrangers au mouvement de récupération des archives nationales dont Jacques Viger devient l'animateur[24]. Par sa naissance, Viger se situe au centre d'un réseau de personnes influentes dont il saura profiter le temps venu : Louis-Joseph Papineau, Jean-Jacques Lartigue, Denis-Benjamin Viger et Côme-Séraphin Cherrier sont ses cousins. Il sait également mettre à profit des amitiés comme celles de Hugues Heney et de Joseph-David Mermet. Joseph Quesnel vieillissant lui confie ses papiers. Après avoir tâté du journalisme dans sa jeunesse (comme rédacteur du *Canadien*), Viger s'oriente vers la fonction publique, plus propice à ses recherches. Nommé en 1813 inspecteur des grands chemins, ruelles et ports de Montréal, il dispose de suffisamment de temps pour recopier et annoter tout document susceptible d'intéresser les historiens. Il acquiert une autorité qui force la reconnaissance de plusieurs de ses pairs. Le premier, il anime un réseau voué d'abord à la recherche historique, mais aussi à la promotion de certaines réputations littéraires.

Portrait de Jacques Viger, attribué à James D. Duncan, aquarelle et gomme arabique, sans date. Musée du séminaire de Québec (n° 607). Photographe : Pierre Soulard. Cette illustration figure sur la couverture du manuscrit de « Ma Saberdache ».

---

24. Au sujet de Jacques Viger, voir aussi, dans le présent ouvrage, à la section intitulée « La bibliographie et l'archivistique », p. 303-305.

Dès le début de sa carrière, Viger se lie d'amitié avec Quesnel qui lui confie ses manuscrits dans l'intention implicite qu'il les conserve et les diffuse. Quelques années plus tard, au cours de la campagne militaire de 1813, Viger rencontre le poète français Mermet, à qui il assure une réputation littéraire en peu de temps. Il envoie certains de ses poèmes aux journaux et les diffuse dans les salons. Quand Mermet quitte le Canada, en 1816, il jouit d'une renommée qui fait l'envie des jeunes Canadiens.

C'est surtout comme « archéologue » que Viger tient à être reconnu. Encore dans la vingtaine, il devient le mentor de William Berczy, qui lui soumet ses travaux et à qui il donne son avis sur le livre *Travels in Lower and Upper Canada* d'Edward Augustus Kendall[25]. Le 22 septembre 1811, il lui envoie les résultats de son enquête sur la paroisse de Boucherville pour servir à une « Histoire statistique du Canada[26] ». Par la suite, Berczy soumet ses manuscrits à l'érudit montréalais pour qu'il en fasse l'appréciation et la correction. Dans sa lettre du 4 novembre 1811, Viger accuse réception des « Fastes chronologiques du Canada » et signale quelques erreurs[27].

La correspondance avec Berczy n'est interrompue que par la mort soudaine de ce dernier aux États-Unis en 1813. Il avait soumis à son jeune maître pour correction une « Histoire abrégée du Canada » qu'il emportait aux États-Unis afin de la faire publier.

L'échange épistolaire avec Denis-Benjamin Viger révèle déjà une complicité entre cousins. Au moment où Denis-Benjamin publie ses *Considérations* [...] sur la Constitution britannique (1809), Jacques est rédacteur du *Canadien* à Québec, donc en bonne situation pour faire valoir la brochure de son parent. Denis-Benjamin lui en envoie 50 exemplaires ; quant à Jacques, il passe une annonce dans son journal et rédige une recension signée Le Canadien[28]. Dans une missive subséquente, Denis-Benjamin enjoint à son cousin de lui faire part des critiques de son essai[29]. Par la suite, leur correspondance porte plus sur la politique que sur la littérature.

Lorsque Pierre-Dominique Debartzch lance sa satire contre Louis Bourdages en 1814, il compte sur Jacques Viger pour en assurer le succès. Une première lettre présente la brochure à Viger[30]. Une deuxième le prévient qu'il est temps de la faire circuler[31]. Dans une troisième, le

---

25. Il s'agit probablement de l'ouvrage *Travels through the Northern Parts of the United States, in the Year 1807 and 1808*, publié à New York en 1809.
26. Lettre de Jacques Viger à William Berczy, 22 septembre 1811, MSa, vol. II, p. 16-25.
27. Lettre de Jacques Viger à William Berczy, 4 novembre 1811, MSa, vol. II, p. 39-41.
28. « Pour *Le Canadien* », 11 mars 1809, MSa, vol. I, p. 162-164.
29. Lettre de Denis-Benjamin Viger à Jacques Viger, 19 mars 1809, MSa, vol. I, p. 174.
30. Lettre de Pierre-Dominique Debartzch à Jacques Viger, 25 décembre 1814, MSa, vol. V, p. 65-68.
31. Lettre de Pierre-Dominique Debartzch à Jacques Viger, 30 décembre 1814, MSa, vol. V, p. 68.

pamphlétaire déplore que le moment propice ait été raté à cause du retard de l'imprimeur à livrer la brochure[32]. Dans sa réponse, Viger rend compte de la réception du pamphlet: «Les Québécois trouvent la *Vie de Mr. B.* «une excellente copie de l'original», et les Montréalais, «Un vrai libelle»[33].»

Jacques Labrie, domicilié à Saint-Eustache, correspond assidûment avec Viger. Jeune rédacteur du *Courier de Québec*, il s'est déjà intéressé en amateur à l'histoire du Canada en 1807. Depuis, il s'est mis sérieusement à la rédaction de son histoire et consulte souvent le maître sur des points précis. Par exemple, il demande les mémoires d'Ethan Allen (23 janvier 1827). Une autre fois, il sollicite des renseignements sur l'invasion américaine de 1775 (22 mars 1827). En retour de ces documents, Labrie lui fournit copie de la lettre de Luc de La Corne adressée aux journaux londoniens en 1779. Une certaine connivence s'établit entre les deux historiens sur l'importance à accorder à certains faits. Labrie enjoint à Viger de prouver à l'encontre de William Lindsay («Narrative of the invasion of Canada by the American Provincials under Montgomery and Arnold […]») que les Canadiens favorables aux rebelles en 1775 étaient moins nombreux qu'on veut le faire croire[34].

Les relations entre Jacques Viger et Michel Bibaud demeurent significatives parce que les deux hommes pouvaient entrer en concurrence pour la domination du champ. Bibaud, d'abord journaliste au *Spectateur canadien*, puis propriétaire et rédacteur de *La Bibliothèque canadienne*, dans lesquels Viger publie à plusieurs reprises, pourrait bien être celui qui ouvre la voie à l'érudit. Mais il semble bien que la situation soit inversée. Malheureusement, la «Saberdache bleue» contient peu de lettres qui explicitent leurs rapports. On peut cependant croire que, pour Bibaud, la connaissance de Viger fut une véritable aubaine. Au moment de la fondation de *La Bibliothèque canadienne*, Viger offre en effet sa «Saberdache» au rédacteur: «[…] quelle mine à exploiter que cette «Saberdache» pour votre *Bibliothèque canadienne*! Vous y trouverez, d'un côté, des vers... bons quoiqu'ils ne soient pas de moi; de la prose... comme je n'en écrirai pas de meilleure; bref une correspondance inédite entre Canadiens et Européens[35].» Sous la rubrique «Matériaux pour l'histoire du Canada», Viger fait paraître dans le périodique de Bibaud, sous la signature S.R.[36], une série d'articles sur l'administration de la justice sous le régime militaire.

---

32. Lettre de Pierre-Dominique Debartzch à Jacques Viger, 9 janvier 1815, MSa, vol. V, p. 76.
33. Fernand OUELLET, «Inventaire de la «Saberdache de Jacques Viger»», *RAPQ*, 1955-1956 et 1956-1957, p. 113. Voir, dans le présent ouvrage, à la section intitulée «Les satires, pamphlets et polémiques», p. 248-250.
34. Lettre de Jacques Labrie à Jacques Viger, 27 avril 1827, MSa, vol. III, p. 103.
35. Lettre de Jacques Viger à Michel Bibaud, juillet 1826, MSa, vol. VII, p. 215-217.
36. «*La Bibliothèque canadienne*. Note», MSa, vol. VII, p. 202-215.

D'autres lettres dissipent toute ambiguïté quant aux rapports entre Viger et Bibaud. Les collaborateurs qui fournissent des articles pour la rubrique « Matériaux pour l'histoire du Canada » s'adressent d'abord à Viger plutôt qu'à Bibaud. Dominique Mondelet lui envoie son texte sur l'administration de la justice dans le gouvernement de Montréal pendant le régime militaire en mentionnant qu'il le destine à *La Bibliothèque canadienne*[37]. Louis Plamondon adresse également à Viger son étude sur l'administration de la justice sous le régime militaire[38]. Mondelet lui soumet dans le même dessein son poème intitulé « Chanson du voyageur canadien[39] ». Ces quelques exemples suffisent à montrer que Viger, loin de laisser Bibaud puiser dans sa « Saberdache » à pleines mains, lui indique les choix à faire. Agissant comme une sorte de directeur littéraire, il fait bénéficier le rédacteur de son grand crédit dans le monde des lettres. Quelquefois, le directeur littéraire se départit à son avantage de son impartialité critique, par exemple lorsque *La Bibliothèque canadienne* publie son récit de voyage à Kingston qui dort dans ses cartons depuis 1813[40]. Mais qui pouvait contester ce choix ?

La reconnaissance la plus flatteuse pour Viger lui vient certainement de Québec, lorsque Georges-Barthélemi Faribault lui soumet le manuscrit de son *Catalogue d'ouvrages sur l'histoire de l'Amérique* [...] pour qu'il en fasse la critique. La capitale détient une longueur d'avance sur Montréal dans les recherches historiques. En plus des archives de la colonie, elle possède celles du séminaire de Québec, de l'Hôtel-Dieu, des ursulines, de l'Hôpital général. De surcroît, elle s'est dotée d'une société dont l'étude de l'histoire coloniale constitue le mandat principal. Le travail de Faribault résulte de tous ces efforts concertés. Au moment de l'évaluation, à qui s'adresse-t-on ? Au Montréalais qui a travaillé seul sans le soutien d'aucun organisme. Le 21 janvier 1832, Faribault soumet sa bibliographie à Viger pour examen et appréciation. C'est l'occasion pour l'érudit montréalais de donner sa pleine mesure. Il signale de si nombreuses lacunes que le bibliographe québécois est obligé de retarder la publication. Le catalogue paraîtra finalement en 1837.

Les préoccupations archivistiques de Viger débordent le Bas-Canada. Dès 1812, il s'occupe de faire rééditer la *Relation de la mort de Louis XVI, roi de France*, de Henry Essex Edgeworth de Firmont. Il profite des stages des Canadiens en Europe pour obtenir des reproductions de certains documents. François-Xavier Garneau lui passe la copie qu'il a faite à Paris d'un manuscrit sur la question suivante : « Si l'Angleterre pouvait d'un seul

---

37. « Matériaux pour l'Histoire du Canada. Par E.T. [Dominique Mondelet] », MSa, vol. VIII, p. 76-96.

38. Lettre de Louis Plamondon à Jacques Viger, 30 juin 1827, MSa, vol. VIII, p. 164-168.

39. Lettre de Dominique Mondelet à Jacques Viger, 2 mai 1827, MSa, vol. VIII, p. 126-128.

40. « La Bibliothèque Canadienne ou Miscellanées historiques et littéraires », MSa, vol. VII, p. 102-105.

mot rendre protestant tout le Canada et tous les pays cédés, seroit-il de son intérêt de le faire[41]?» (écrit entre 1763 et 1775). Il est particulièrement redevable à l'abbé Jean Holmes qui a rapporté au pays copie de plusieurs documents découverts dans les archives de la Marine:

«Mémoire [...] au sujet de la prétention où sont les Anglais que les Acadiens n'appartiennent plus à la France, 31 août 1762»;
«Extraits des lettres que l'abbé de l'Isle-Dieu a reçues des différentes colonies qui composent le diocèse de Québec, 1745-1752»;
«Statistiques ecclésiastiques relatives au Canada, 1756-1759»;
«Relation de la prise des Forts Chouwaguen ou Oswego, 1756»;
«S.R.I.»;
«Mémoire présenté à Mr le Marquis de La Galissonière [...] en faveur de différents officiers Canadiens».

Le Français Adolphe de Puibusque lui communique pour sa part copie du «Mémoire [...] sur les prétentions exorbitantes et sans fondement des Anglois relativement à leurs possessions et celles des François dans le Golfe St. Laurent et l'Acadie par suite du Traité d'Utrecht [...][42]» (1755). L'Anglais Charles Theodore Palsgrave lui fait parvenir *The General History of the Late War* [...] du révérend John Entick et *An Historical Journal of the Campaigns in North-America, for the Years 1757, 1758, 1759, and 1760* [...] de John Knox, ainsi que les écrits de Francis Maseres[43]. En retour de l'*Histoire philosophique et politique* [...] de l'abbé Raynal qu'il lui a fait parvenir, lord Selkirk lui envoie une copie du «Précis» en plus du *Sketch of the British fur trade in North America* [...][44]. En 1833, Denis-Benjamin Viger, en ambassade à Londres, écrit à son cousin Jacques pour qu'il rencontre William Lyon Mackenzie, alors à Montréal, qui vient de publier *Sketches of Canada and the United States*[45].

Pendant près de un demi-siècle, Viger préside et anime un véritable réseau d'informations historiques et littéraires que vient couronner, en 1853, la création de la Société historique de Montréal. Il tire son autorité à la fois de son érudition et de sa documentation. Il est permis de croire qu'il tient à la compléter, moins pour son bénéfice personnel que pour perpétuer son hégémonie. Cette patiente compilation aurait pu être ordonnée à une grande œuvre, mais nulle part Viger ne fait allusion à un tel projet.

Son mérite n'est donc pas dans ses œuvres, mais dans le rôle d'animateur qu'il a joué auprès des intellectuels de son temps. Sans lui, ni Bibaud ni Labrie n'auraient pu mener à terme leur histoire respective du

---

41. MSa, vol. C, p. 245-252.
42. MSa, vol. M₂, p. 197-208.
43. Lettre de Charles Theodore Palsgrave à Jacques Viger, 23 mars 1832, MSa, vol. IX, p. 58.
44. Lettres de lord Selkirk à Jacques Viger, 21 mai et 2 juin 1818, MSa, vol. V, p. 132-133.
45. Lettre de Denis-Benjamin Viger à Jacques Viger, 20 juin 1833, MSa, vol. IX, p. 204.

Canada. Holmes lui doit beaucoup pour son *Nouvel abrégé de géographie moderne, suivi d'un petit abrégé de géographie ancienne, à l'usage de la jeunesse*. Viger collabore aussi avec Joseph Bouchette pour le livre *The British Dominions in North America* [...]. Sans la «Saberdache», Huston aurait-il pu constituer *Le répertoire national*? On peut en dire autant de Garneau et de son *Histoire du Canada depuis sa découverte jusqu'à nos jours*. Étienne-Michel Faillon, Francis Parkman et Pierre Margry lui demandent des renseignements. En somme, Jacques Viger a ouvert la voie des études historiques que devait emprunter la littérature pour s'épanouir au Canada.

Son rôle a été reconnu par ses contemporains, comme l'atteste ce témoignage de Jean-Baptiste-Antoine Ferland:

> Ce n'est guère que depuis environ quarante ans que quelques hommes, amis du pays et attachés à ses institutions, ont commencé à s'occuper sérieusement de l'histoire du Canada. À leur tête se place le vénérable archéologue Jacques Viger, qui, bien qu'il ait livré peu d'écrits à la presse, a cependant rendu de fort grands services en recueillant nombre de monuments historiques exposés à se perdre, et en éclairant plusieurs passages obscurs des chroniques canadiennes[46].

Jean-Baptiste Meilleur (1796-1878)

Jean-Baptiste Meilleur, avec Joseph-François Perrault, est un grand instigateur de l'éducation populaire. Orphelin dès l'âge de 14 mois, il ne peut entreprendre des études qu'à 19 ans, après avoir touché un héritage. Il s'inscrit alors au collège de Montréal, puis termine ses études de médecine dans les États du Vermont et du New Hampshire. De retour à L'Assomption en 1826, il atteint rapidement à l'aisance grâce à l'exercice de sa profession.

Éveillé aux questions d'éducation par son séjour aux États-Unis, il fait paraître des articles sur le sujet dans *La Minerve*, *La Bibliothèque canadienne*, *L'Écho du pays* et *Le Glaneur*. En 1828, ses lettres sur l'éducation, dans *La Minerve*, provoquent une longue querelle qu'il prend soin d'alimenter. Il rédige des manuels, comme la *Nouvelle grammaire anglaise* [...] et le *Cours abrégé de leçons de chymie, contenant une exposition précise et méthodique des principes de cette science, exemplifiés* [...]. En 1838, Meilleur échange des lettres dans *Le Populaire* avec Arthur William Buller, secrétaire de Durham, sur l'éducation. Il participe aussi activement à la fondation du collège de L'Assomption.

---

46. Jean-Baptiste-Antoine FERLAND, *Cours d'histoire du Canada. Première partie, 1534-1663*, p. III.

Dans un pays encore sans tradition intellectuelle, le champ de l'érudition paraît ouvert à tous. Mais on se rend rapidement compte de l'avantage de l'encadrement institutionnel. Il faut des archives, des bibliothèques, un milieu où circule l'information, ce que fournit d'une certaine façon la Société littéraire et historique de Québec. La performance de Jacques Viger à Montréal est d'autant plus surprenante qu'elle résulte de la seule initiative personnelle. Le chercheur monopolise suffisamment d'information pour devenir le centre d'un réseau qui s'étend jusqu'à Québec. Toutefois, ces travaux gardent un caractère encyclopédique parce que l'heure de la synthèse tarde à venir. Un manque de recul empêche de distinguer les lignes prometteuses de l'avenir. Quoique totalement centrés sur la connaissance du pays, ils ne se limitent pas à la simple observation, mais sous-tendent une problématique qui parviendra à sa plénitude d'expression au cours de la période suivante.

LES IMMIGRANTS FRANCOPHONES

Pendant la première période, la prépondérance des immigrants français dans la vie littéraire soulignait le rôle secondaire qu'y jouaient les Canadiens. Leur apport moindre pendant la deuxième période révèle une présence accrue des écrivains du pays. À l'époque où commence un véritable exode des Européens vers l'Amérique, on aurait pu s'attendre à une immigration française plus nourrie, mais le Canada est maintenant disparu de la mémoire des Français. Comme les autres Européens, ils émigrent d'abord aux États-Unis, d'où quelques-uns apprennent l'existence d'une province française au nord. Ces jeunes aventuriers, sans le sou mais jouissant d'une bonne instruction, entendent s'imposer par leur maîtrise de la langue écrite, comme le feront Alfred-Xavier Rambau, Hyacinthe-Poirier Leblanc de Marconnay, Napoléon Aubin et Amury Girod. Joseph-David Mermet, officier de carrière, fait exception.

Joseph-David Mermet (1775-1828 ?)

Joseph-David Mermet, officier du régiment de Watteville, ne séjourne au Canada que de 1813 à 1816. Membre de la bonne bourgeoisie de Lyon, chassé de France par la Révolution, il prend du service dans l'armée suisse. Tour à tour affecté en Sicile, à Malte et en Espagne, il arrive au Canada en 1813. Il acquiert rapidement une certaine renommée grâce au milicien Jacques Viger, avec lequel il s'est lié d'amitié. L'officier lyonnais apporte avec lui un recueil manuscrit de ses poèmes qu'il remanie sans cesse. Il en compose d'autres pour tromper l'ennui des longs hivers canadiens. Dans sa correspondance avec Viger, il en glisse quelques-uns que son ami s'empresse de faire publier dans *Le Spectateur*. Malgré son jeune âge, Viger, qui s'est déjà taillé une place prédominante dans le milieu littéraire montréalais, assure la promotion du nouveau poète. C'est bientôt l'engouement dans certains salons, ce qui encourage Mermet à publier davantage et à signer ses vers. Sur 82 poèmes rédigés par lui, 47 paraissent dans *Le Spectateur* entre le 16 septembre 1813 et le 16 octobre 1815, 5 autres sont publiés ailleurs, alors que 30 restent dans les cartons de Viger. Rentré en France et retourné à la vie civile, il semble bien que Mermet soit tombé dans l'oubli.

Mermet jouit d'une réputation qui déborde largement les salons montréalais : « Ses rapports avec l'évêque de Québec avaient été fréquents et amicaux ; plusieurs fois il avait adressé au prélat de fort jolies pièces de vers[47]. » Aussi peut-il espérer un brillant avenir au Canada, mais, comme les autres légitimistes, il préfère rentrer en France dans l'espoir de recevoir la juste récompense de sa fidélité aux Bourbons. Cependant, confondu dans la foule des quémandeurs, il ne reçoit rien d'autre que la croix de Saint-Louis. Il vit à Marseille dans la gêne et l'obscurité lorsqu'une lettre de Plessis vient lui rappeler sa gloire passée. Pour remercier le prélat, il lui écrit « Épître à Monseigneur J.O. PLESSIS, Evêque de Québec, lors de son passage en France ».

Hyacinthe-Poirier Leblanc de Marconnay (1794-1868)

Hyacinthe-Poirier Leblanc de Marconnay, Parisien, arrivé à Montréal en 1834 à l'âge de 40 ans, se présente à Ludger Duvernay comme journaliste de profession. Ce dernier l'embauche à la suite de la démission de Léon Gosselin. Leblanc de Marconnay se brouille rapidement avec son patron qui, selon son habitude, tarde à lui verser son salaire. Le journaliste s'associe alors à Gosselin, qui est en rupture de ban avec les patriotes, pour fonder *Le Populaire*. Clément-Charles Sabrevois de Bleury et Pierre-Dominique Debartzch auraient soutenu de leurs deniers la fondation de ce journal, qui affiche dès sa parution une nette opposition à Papineau. Leblanc de Marconnay fait montre, à l'occasion de son passage d'un journal à l'autre, d'une vénalité qui le discrédite dans l'opinion de l'époque.

---

47. Jean-Baptiste-Antoine FERLAND, « Notice biographique sur monseigneur Joseph-Octave Plessis, évêque de Québec », *Le Foyer canadien*, t. I, 1863, p. 259.

Indépendamment de ses idées politiques, Leblanc de Marconnay donne au *Populaire* une orientation nettement plus littéraire que celle des autres journaux. Il publie en feuilleton des romans français récents. Il extrait des revues françaises certaines critiques littéraires et accorde une place d'honneur à la poésie. Mais, surtout, il ouvre ses pages aux jeunes auteurs canadiens. C'est ainsi qu'André-Romuald Cherrier et sa sœur Odile, Joseph-Guillaume Barthe, N.D.J. Jeaumenne et quelques autres dont les pseudonymes n'ont pu être percés, y ont exercé leur verve poétique.

Le Populaire devient ainsi une tribune qu'empruntent de jeunes écrivains pour se faire la main. Leblanc de Marconnay prêche d'exemple en produisant lui-même deux courtes pièces de théâtre[48]. Désespérant d'obtenir un poste à la mesure de ses ambitions, Leblanc de Marconnay repasse en France en 1840.

Alfred-Xavier Rambau (1810-1856)

Né à Chalain-d'Uzore, dans la région de la Loire, Alfred-Xavier Rambau tente sa chance en Amérique au terme de ses études au collège de Clermont-Ferrand. Comme beaucoup d'autres Français, il débarque à New York où il peut compter sur l'appui d'une nombreuse colonie française. Des lettres de recommandation adressées à Duvernay et à Parent sollicitent un emploi pour lui. Mais la presse canadienne d'expression française est incapable d'absorber tant de nouveaux venus. Pour employer Rambau, il faudrait mettre un Canadien à pied. Ses chances de faire carrière paraissent donc minces.

Rambau commence modestement comme rédacteur du *Glaneur*, petite feuille locale que Pierre-Dominique Debartzch avait lancée à Saint-Charles pour la défense des patriotes. Son esprit caustique et la couleur de ses propos attirent rapidement l'attention. Pierre-Édouard Leclère, qui a fondé *L'Ami du peuple* [...] avec l'aide des sulpiciens, en 1832, pour soutenir la politique du gouvernement, l'embauche comme rédacteur. Du jour au lendemain, Rambau se met à combattre la cause qu'il avait défendue, à la grande indignation des patriotes qui le provoquent en duel. Sa vénalité trop évidente l'expose au mépris de l'opinion publique. Duvernay refuse en ces termes de le rencontrer sur le terrain : « Ce n'est pas quand on a comme vous joué le rôle d'un misérable à New York, et qu'on en joue un autre non moins vil et non moins hypocrite que misérable en Canada, qu'on devrait s'attendre à recevoir une leçon de la part d'un honnête homme[49]. »

---

48. Voir, dans le présent ouvrage, à la section intitulée « Les textes dramatiques », p. 358-362.

49. Lettre de Ludger Duvernay à Alfred-Xavier Rambau, 26 février 1835, dans Ivanhoé CARON, *op. cit.*, p. 170.

En tant que Français, Rambau est de mèche avec son compatriote, Joseph-Vincent Quiblier, supérieur des sulpiciens qui subventionnent le journal. Les deux font bon marché de leurs convictions pour défendre leurs intérêts. Aussi les contemporains stigmatisent-ils leur opportunisme de façon cinglante : « Je suis très convaincu que si Rambau était en Turquie, il serait musulman et qu'il n'aurait pas séjourné deux ans dans cette terre, sans faire au moins une fois le pèlerinage au tombeau du saint prophète Mahomet. Quiblier serait un fervent marabout sous l'empire turc et au milieu des croyants, comme il est digne prêtre de Jésus-Christ au milieu des Chrétiens[50]. » Les cas de Leblanc de Marconnay et Rambau confirment les pressions qui s'exercent sur les journalistes à mesure que la presse devient partisane : ils sont engagés non pour exprimer leur opinion, mais pour défendre une « ligne de parti ».

Malgré l'hostilité qu'il soulève, on ne peut dénier à Rambau d'avoir ouvert la presse canadienne à la littérature française contemporaine. Il publie en feuilleton, un an tout juste après son lancement à Paris, *Le père Goriot* de Balzac. Sa ferveur pour l'auteur de *La comédie humaine* se manifeste par des extraits du *Colonel Chabert*, de *Melmoth réconcilié* et des *Chouans* […]. Soucieux de faire rayonner la littérature canadienne, il accueille favorablement les textes des jeunes auteurs. En 1835, il lance même un concours de nouvelles que remporte le jeune Georges Boucher de Boucherville avec « Louise Chawinikisique[51] ».

Quelques autres immigrants francophones, comme Charles-Bernard Pasteur, N.D.J. Jeaumenne, Léon Potel et Amury Girod s'ajoutent aux journalistes déjà mentionnés et donnent l'impression que les Français dominent la presse canadienne. Lord Durham écrit : « Leurs journaux sont rédigés surtout par des natifs de France, qui sont venus soit pour tenter la fortune dans la province, ou y ont été amenés par les *leaders* de partis, afin de suppléer à la pénurie de talent littéraire disponible pour la presse politique[52]. » L'interprétation du commissaire royal reflète le préjugé que les Canadiens sont incapables d'assumer seuls de pareilles tâches. Mais, en fait, durant cette période précédant la rébellion, la presse qui joue un rôle de premier plan n'a pas des Français pour leaders d'opinion. Les immigrants doivent s'intégrer à un monde qui a déjà acquis une certaine autonomie et du sens critique. Ces Européens se rendent compte que les référents culturels sont autres au Canada et qu'un temps d'adaptation leur est nécessaire. Aubin l'a mieux compris que les autres.

---

50. Lettre de Jean-Baptiste Boucher-Belleville à Ludger Duvernay, 3 mai 1835, dans Ivanhoé Caron, *op. cit.*, p. 171.
51. *L'Ami du peuple* […], 23 septembre 1835, p. [73]-74 ; 26 septembre 1835, p. [77]-78. Voir, dans le présent ouvrage, à la section intitulée « Les récits de fiction », p. 366-368.
52. Mason Wade, *Les Canadiens français de 1760 à nos jours*, t. I : *1760-1914*, p. 237.

Napoléon Aubin (1812-1890)

Napoléon Aubin (baptisé Aimé-Nicolas) naît à Chêne-Bougeries dans la banlieue de Genève, le 9 novembre 1812, d'une famille fort modeste. Son grand-père était cordonnier, son père, potier. Il ne semble pas avoir fréquenté d'autre établissement que l'école communale. À l'âge de 16 ans, muni d'un passeport pour les États-Unis, il rêve, comme nombre d'autres jeunes épris de liberté et foncièrement démocrate, d'un pays où les lumières seraient également répandues parmi le peuple. Sa formation, probablement autodidacte, est cependant supérieure à celle que reçoivent les jeunes Canadiens dans les collèges classiques. Ses poèmes et ses contes révèlent une connaissance de Chateaubriand, Lamartine, Béranger, et du Victor Hugo des *Odes et ballades*. Dans son poème « Le juste milieu », il fait allusion le premier à la bataille des romantiques : « Le classique et le romantique° Doivent ennuyer Apollon[53]. »

Aubin a l'avantage sur les Canadiens de mieux connaître la littérature contemporaine, ainsi que l'orientation nouvelle de l'esthétique. De plus, sa maîtrise de la langue lui assure une supériorité dont il saura se servir en temps opportun. Aurait-il préféré faire carrière en tant qu'écri-

Portrait de Napoléon (Aubin), de Théophile Hamel, lithographié par Napoléon Aubin, 1841. Musée du Québec (88.132). Photographe : Patrick Altman.

---

53. Vers 22 et 23 du poème paru aussi sous le titre « L'impartial », *La Minerve*, 23 mars 1835, p. 1, reproduit dans *TPCF*, t. III, n° 264, p. 467-468.

vain ? On peut le croire d'après ses premières productions. Jugeant son désir prématuré, il s'oriente vers le journalisme. Sa carrière d'homme de lettres proprement dite se termine en 1839, ce qui ne veut pas dire qu'il renonce à son idéal.

Les dispositions littéraires d'Aubin se manifestent dès le début de sa carrière. De New York, le jeune émigré suisse prépare son entrée au Canada en adressant à *La Minerve* une série de 11 articles sous forme de lettres, signées L'observateur étranger, et trois poèmes. Après son arrivée à Montréal, en janvier 1835, il poursuit sa collaboration à *La Minerve* en faisant paraître d'autres poèmes et des contes. Dans les disputes qui opposent alors *La Minerve* à *L'Ami du peuple* [...], Aubin prend ouvertement le parti de Duvernay contre Rambau. Pourtant, c'est à titre de courriériste parlementaire de *L'Ami du peuple* [...] qu'il se rend à Québec en octobre 1835. Il faut croire qu'il fait de nécessité vertu, car il accepte de mettre sa liberté de parole en veilleuse en échange d'un salaire. Ce revirement ne paraît pas trop lui coûter, puisqu'il daube à loisir sur les chefs patriotes. Sa position n'est pas plus ambiguë que celle de son nouvel ami, Aubert de Gaspé fils, courriériste parlementaire à la fois pour *Le Canadien*, journal patriote, et le *Quebec Mercury*, journal bureaucrate. Mais les deux journalistes, plutôt insatisfaits de leur condition de mercenaires, veulent s'affranchir en fondant leur propre journal. Après l'incident de l'assafoetida à la Chambre d'assemblée et leur fuite à Saint-Jean-Port-Joli en 1837, ils fondent *Le Télégraphe* [...], dans lequel ils font paraître leurs œuvres. L'épisode du meurtre, extrait de *L'influence d'un livre*, figure dans les livraisons du 14 et du 17 avril. Aubin publie quelques poèmes déjà parus dans *La Minerve*. Malheureusement, faute de public, *Le Télégraphe* [...] disparaît le 1er juin. L'aventure n'aura duré que 70 jours.

Nullement découragé par cet échec, Aubin mise de nouveau sur sa bonne étoile en journalisme. En août 1837, il fonde à Québec *Le Fantasque*, journal humoristique, qui porte en épigraphe « rédigé par un flâneur, imprimé par un amateur pour ceux qui voudront l'acheter[54] ». Cette fois, il a misé juste. Les premiers numéros lui révèlent la formule gagnante : la satire, l'humour, le badinage, les sarcasmes à l'adresse d'un gouvernement détestable ont plus de prise sur l'opinion que les argumentations savantes. En 1840, le journal atteint un public considérable pour l'époque.

Une fois assuré de son indépendance, Aubin ne fait de quartier à personne. Ses coups de plume déchirent autant les patriotes que les bureaucrates. Avec Parent, il prêche la modération et prévient les lecteurs contre les conséquences funestes de la rébellion. En raison des événements politiques, son journal cesse de paraître pendant cinq mois. Le 11 juin

---

54. Les 18 premiers numéros du *Fantasque* portent cette épigraphe.

1838, Aubin le relance avec le même enthousiasme, en décochant ses flèches contre les vainqueurs de la rébellion. Mais la liberté de parole n'est pas de bon ton en temps de répression. Le 2 janvier 1839, Napoléon Aubin et Adolphe Jacquies, son imprimeur, sont écroués pour avoir publié le poème de Barthe intitulé «Aux exilés politiques canadiens». Cette incarcération met fin à la première période de la carrière d'Aubin qui apprend que la liberté n'est pas seulement une affaire personnelle.

LES BRITANNIQUES

Les journaux bilingues avaient été des tentatives pour réunir les deux communautés linguistiques en une même vie intellectuelle, mais la création de journaux comme le *Quebec Mercury* et *Le Canadien* illustre bien la volonté de chaque groupe d'évoluer séparément. La fondation d'une société francophone parallèle (1827) à la Société littéraire et historique de Québec, qui privilégie la culture anglophone, cerne le malaise engendré par la cohabitation[55]. Pendant cette période, les anglophones et les franco-

City of Montreal from the canal, dessin de James D. Duncan, gravé par P. Christie, 1839. Tiré de Newton Bosworth (dir.), *Hochelaga Depicta* […], frontispice.

---

55. Voir, dans le présent chapitre, à la section intitulée «Les pratiques associatives», p. 117-118.

phones ont tendance à organiser leur vie culturelle indépendamment les uns des autres.

Les lettrés anglophones, dont la plupart sont des immigrants de fraîche date qui ont reçu leur formation en Angleterre ou aux États-Unis, sont généralement plus informés que les Canadiens des dernières nouveautés du monde littéraire et artistique. Ils s'inscrivent plus facilement dans un circuit d'information, que favorise une amélioration des communications. C'est une des raisons pour lesquelles ils prennent généralement des initiatives comme la création de journaux, de revues littéraires, de troupes de théâtre, d'associations culturelles, etc. Leur concentration dans les villes, leur scolarisation plus poussée, leurs revenus plus élevés sont autant de facteurs qui militent en leur faveur.

Aussi n'est-il pas surprenant que les premières revues littéraires voient le jour dans leur milieu: *The Scribbler* (1821-1827), *The Canadian Magazine and Literary Repository* (1823-1825) et *The Canadian Review and Literary and Historical Journal* (1824-1826). Michel Bibaud s'étonne que les anglophones, qui ne constituent que un huitième de la population, puissent soutenir autant de revues littéraires alors qu'il a toutes les difficultés du monde à vendre *La Bibliothèque canadienne*. Des poètes comme Adam Kidd *(The Huron Chief, and Other Poems)* et William Fitz Hawley *(Quebec, the Harp, and Other Poems)* sont vraiment les premiers à tenter de poétiser la nature canadienne. Le dernier se réclame en particulier de maîtres franchement romantiques : Thomas Campbell, lord Byron, Thomas Moore et Ossian. Malheureusement, le manque d'échanges entre les milieux littéraires anglophones et francophones ne permet pas au romantisme déjà en cours au pays d'influencer les Canadiens. Quelle distance entre *Épîtres, satires, chansons, épigrammes* [...] de Michel Bibaud, et *Quebec, the Harp, and Other Poems*, pourtant contemporains ! Dès la décennie 1820-1829, des anglophones trouvent le ton que devrait adopter la littérature pour devenir canadienne.

Les barrières linguistiques, religieuses et culturelles empêchent les lettrés anglophones et francophones de collaborer. Un certain nombre d'affinités rapprochent les Irlandais catholiques des Canadiens. Le clergé possède un pouvoir intégrateur hors de pair, comme en témoignent les carrières de Thomas Maguire et de Jean Holmes. La politique vient en second. Avec *La Minerve*, le *Vindicator and Canadian Advertiser* compte les journalistes les plus ardents du Parti patriote : Jocelyn Waller, Daniel Tracey et surtout Edmund Bailey O'Callaghan. Leur maîtrise de la langue anglaise leur permet de riposter avec plus de rapidité et plus d'à-propos aux attaques de la presse des bureaucrates. Ils forment une sorte de troupe de choc.

C'est à propos de l'histoire que s'amorce un certain dialogue entre anglophones et francophones. William Smith joue le rôle détonateur avec son *History of Canada* [...] qu'il soumet pendant 20 ans à divers lecteurs avant d'en autoriser la diffusion. Ce fils de procureur général fait partie de la «Clique du château[56]», qui doit assurer sa carrière. Mais ses prises de position radicales lui font redouter l'opinion publique. Afin de pouvoir mieux défendre son point de vue, il suggère à lord Dalhousie la fondation de la Société littéraire et historique de Québec pour la collation et la conservation des archives.

Robert Christie est un autre anglophone dont le discours historiographique marque la pensée canadienne. Issu d'une famille modeste de la Nouvelle-Écosse, il émigre au Bas-Canada où ses chances d'avancement sont meilleures. Greffier de la Chambre d'assemblée, il rédige des chroniques de la vie parlementaire, même après son élection comme député. Il donne ainsi une première interprétation de la politique récente à laquelle même ses adversaires devront se référer. John Fleming, Pierre-Jean de Sales Laterrière, Louis-Joseph Papineau le lisent.

L'intérêt marqué de William Berczy pour l'histoire du Canada l'amène à collaborer étroitement avec Jacques Viger. Né en Allemagne, il étudie la peinture à Vienne avant d'émigrer aux États-Unis, où il compte s'établir avec 200 de ses compatriotes. Il choisit plutôt le Haut-Canada, mais il se ruine dans son entreprise de colonisation. Il se remet alors à la peinture et séjourne dans les villes de Montréal et de Québec pour portraiturer les gens importants et restaurer des tableaux. D'après sa correspondance avec Viger, il aurait composé une histoire et un tableau statistique du Canada, qu'il a soumis au jeune érudit canadien pour correction et toilette finale. Il décède au cours d'un voyage aux États-Unis pour trouver un éditeur. Berczy donne également des cours de peinture. C'est comme élève que Louise-Amélie Panet rencontre le fils de Berczy et l'épouse. Elle s'établit par la suite dans la seigneurie de Sainte-Mélanie, dont elle avait hérité, et y tient salon.

Dominée par les marchands de Montréal, la minorité anglaise du Bas-Canada compte, pour les besoins du commerce, sur une diffusion rapide de l'information, en provenance tant de l'Europe que de l'Amérique. Les journaux sont donc essentiels à son épanouissement. C'est pourquoi, sur les 21 journaux fondés à Montréal entre 1820 et 1829, 17 sont en langue anglaise et 4 en langue française. À Québec, au contraire, sur les 8 nouveaux périodiques, seulement 2 sont en langue anglaise. Au cours de la décennie suivante, à Montréal, on ne dénombre pas moins de 22 nouveaux périodiques en anglais contre 14 en français. Même à Québec, l'anglais l'emporte à 5 contre 3 avec deux journaux bilingues. La variable longévité vient cependant relativiser ces chiffres. En général, les journaux francophones durent plus longtemps que les anglophones.

---

56. Les députés du Parti canadien désignent ainsi le cercle de favoris qui entourent le gouverneur, surtout durant le mandat de sir James Henry Craig.

Il n'en demeure pas moins que la presse anglaise, vouée à la promotion du commerce et au projet de société qu'il sous-tend, soumet la presse francophone à un feu nourri de questions. Des journaux comme *La Gazette de Québec* paraissent-ils s'attiédir, aussitôt le gouverneur mande un journaliste radical pour prendre la relève. La francophobie atteint son paroxysme avec les lettres incendiaires d'Adam Thom, à la veille de la rébellion.

Même si les deux communautés gagnent en autonomie culturelle, elles n'en continuent pas moins de s'interpeller mutuellement. De part et d'autre, les discours se radicalisent, faisant appel aux préjugés séculaires que les Anglais et les Français nourrissent les uns vis-à-vis des autres. Les difficultés politiques de l'époque ont certes un fondement dans la réalité, mais elles sont pour une bonne part alimentées et souvent amplifiées par le discours.

*

Au Canada, la presse accorde à l'écriture sa première fonction publique. C'est en tant que journaliste que l'écrivain assume un premier rôle. Toutefois, cette profession tarde à se particulariser pour la bonne raison que les journaux n'ont pas un chiffre d'affaires suffisant pour assurer à leurs employés un plan de carrière bien défini. Ceux qui persistent dans le journalisme le font un peu à leur corps défendant. Cependant, nombreux sont ceux qui collaborent aux journaux sans aucune rémunération, de façon occasionnelle, émoussant ainsi la distinction entre journalistes et non-journalistes. La majorité de ceux qui ont suivi le cours classique peuvent à l'occasion participer à un débat ou encore soumettre un poème ou une nouvelle. Mais cela n'empêche pas certains individus d'entretenir le désir de devenir écrivains. Cet idéal est largement répandu dans la population lettrée, et l'examen de divers profils de carrière montre bien qu'on recherche une position qui permettrait de le satisfaire. Mais la distinction entre écrivains et non-écrivains reste encore trop mince pour que puissent se constituer des milieux littéraires assez homogènes. La politique plus que la littérature regroupe les personnes qui partagent des intérêts communs et la presse semble le moyen le plus efficace de répandre ses idées. Le journalisme s'offre donc spontanément à l'esprit, mais les perspectives d'avenir qu'il propose sont peu satisfaisantes. La politique accapare trop d'énergie pour procurer la disponibilité nécessaire à l'écriture. La fonction publique comblerait les vœux de tous les aspirants écrivains, mais elle reste encore peu accessible aux Canadiens.

En cette période d'encombrement des professions libérales, le besoin de gagner sa vie en force plusieurs à renoncer à leur idéal pour aller s'établir à la campagne, où ils trouveront une clientèle. Ils se condamnent ainsi à vivre au milieu d'une population illettrée qui leur impose sa vision du monde. En conséquence, les carrières littéraires sont généralement courtes. Dans plusieurs cas, elles n'excèdent pas les années de cléricature.

Comme les trois cinquièmes de cet échantillon viennent de familles illettrées ou non lettrées, leur désir de devenir écrivains est plutôt superficiel et s'évanouit aux premières difficultés. Ce sont surtout les familles et les métiers ou les professions qui favorisent la mise sur pied de petits réseaux d'échanges littéraires. Au contraire, les Européens, qui jouissent d'une tradition de culture plus ancienne, persistent à gagner leur vie avec leur plume.

Les pratiques associatives

L'ESSOR des mouvements associatifs constitue l'un des traits caractéristiques de la vie littéraire au cours de la période 1806-1839. En organisant des concours, en décernant des prix, en fondant des bibliothèques, en constituant des lieux d'échange et de mobilisation autour d'un idéal commun, certaines de ces associations représentent des tentatives non négligeables pour développer le champ de production intellectuelle qui, à l'époque, intègre à la fois les discours littéraire, scientifique et artistique. Les exemples les plus représentatifs de ces pratiques associatives sont la Société littéraire de Québec (1809), le projet d'une société littéraire à Montréal (1817), les sociétés savantes comme la Société littéraire et historique de Québec (1824) et la Société pour l'encouragement des sciences et des arts (1827) et, enfin, les divers regroupements patriotiques des années 1830.

LA SOCIÉTÉ LITTÉRAIRE DE QUÉBEC (1809)

Pendant les premières années du siècle, plusieurs jeunes gens terminent leurs études au séminaire de Québec. C'est au sein de cette jeunesse intellectuelle que la Société littéraire se constitue. Grâce à une brochure imprimée en 1809 par les soins de la société, quelques membres sont connus: François Romain, président, Louis Plamondon, secrétaire, le docteur Jacques Labrie, Louis Moquin, Justin McCarthy, Joseph-Rémi Vallières de Saint-Réal et Philippe-Joseph Aubert de Gaspé. S'il faut en croire les *Mémoires* de ce dernier, tous ces hommes se connaissent de longue date. Lecteurs assidus, ils sont sans doute en contact avec la seule bibliothèque «publique» de Québec et son bibliothécaire, François Romain. De cet intérêt commun serait née la Société littéraire de Québec, considérée comme «le premier essai de groupement intellectuel, le premier mouvement d'ensemble de quelques esprits supérieurs pour établir parmi nous le culte des lettres[57]».

Dans *Le Canadien* du 29 avril 1809, une lettre signée Michael fournit des précisions sur les débuts du groupe et sur ses activités. Selon le correspondant, «quelques jeunes Messieurs Canadiens, pénétrés du désir de s'instruire et de faire honneur à leur pays [...] se sont établis en société, sous le nom de Société littéraire de Québec [dans le but précis] de faire fleurir les belles-lettres, non seulement parmi eux, mais même dans toute la province». À cette fin, ils «tiennent deux assemblées publiques par mois; où chacun, ou du moins plusieurs ont des sujets à discuter». On entretient une vision passablement élargie de la littérature, puisque la société accepte une conférence et une discussion sur le sujet suivant: «Si la musique avoit un effet médicinal». Cette discussion, rapporte Michael, provoqua l'indignation de «quelques personnes de Montréal», qui qualifiaient d'indécents les propos du conférencier. Aussi la société décida-t-elle «de ne plus avoir des sujets de cette nature pour être discutés dans ses assemblées».

La Société littéraire de Québec inaugure ses activités publiques par la tenue d'un concours. En avril 1809, *Le Canadien*, *La Gazette de Québec* et le *Quebec Mercury* annoncent que la société offre «une médaille d'argent à la personne qui célèbrera la naissance de sa glorieuse Majesté George III, par une pièce de vers, Anglaise, Françoise ou Latine». Le 3 juin suivant, à l'occasion de la remise des prix, deux odes sont couronnées, dont l'une en anglais, présentée par John Fleming, et l'autre en français, par un

---

57. Thomas Chapais, «Une séance littéraire à Québec en 1809», *Le Courrier du livre*, n° 2 (juin 1896), p. 14.

concurrent anonyme, Canadiensis[58], qui, faute de s'être identifié, semble n'avoir jamais reçu son prix.

Cette séance publique du 3 juin donne l'occasion à la société de faire preuve d'un loyalisme dithyrambique envers le gouvernement britannique. Que ce soit dans les textes primés, mais plus encore dans les discours de Louis Plamondon et de François Romain qui précèdent la remise des prix, l'éloge du monarque anglais n'a d'égal que le factum contre la révolution française, « monstre né pour la terreur du genre humain[59] » et contre Napoléon, « homme né pour la terreur du genre humain qui a ravagé toutes les nations[60] ». À la fin de son discours, Plamondon bénit le ciel d'avoir fait passer le Canada à l'Angleterre et de lui avoir épargné les horreurs de la Révolution. Il prie même qu'on admire pour sa fermeté, pour sa valeur et son savoir, ses talents et son mérite, le gouverneur Craig, celui-là même qui, deux semaines auparavant, le 15 mai 1809, avait fait, contre la majorité populaire de la Chambre d'assemblée, un petit coup d'État en proclamant la dissolution du Parlement.

Ces flagorneries s'expliquent par le contexte politique, qui oblige les sociétaires à multiplier les preuves de leur loyauté, qu'on ne tarde pas, du reste, à mettre en doute. Le 10 juillet de la même année paraît dans le *Quebec Mercury* une critique à l'endroit de la société jugée « inutile, sinon nuisible ». Le correspondant, qui signe A Smoker and News Paper Reader, reproche à la société, qui a manifesté son intention d'établir une salle de lecture, de verser dans la politique. Dans *Le Canadien* du 23 septembre 1809, Un ami de la Société littéraire répond au correspondant du *Quebec Mercury* en l'invitant à réviser ses propos : « Si la conclusion de l'auteur, « la Société littéraire va devenir une société politique, parce qu'elle va établir une Chambre de lecture » est juste, je pourrai conclure que je serai Astronome, parce que j'aurai une chambre où l'on pourra lire des livres d'astronomie, peintre, parce que j'aurai des tableaux à faire voir, imprimeur parce que j'aurai des livres à vendre. »

Sous le couvert de cette altercation, c'est ni plus ni moins la lutte entre les deux journaux et les communautés linguistiques qu'ils représentent qui se perpétue. En dépit du loyalisme qu'elle professe, la Société littéraire est prise à partie de la même manière que *Le Canadien* et les parlementaires canadiens, bref tout ce qui, d'une manière ou d'une autre, compromet le projet d'anglicisation du régime colonial. Elle cesse ses activités avant la fin de l'année 1809. Les membres connus entreprennent une carrière professionnelle au début de 1810 ; ils sont tous avocats, sauf

---

58. Luc Lacourcière attribue le pseudonyme Canadiensis à Charles[-Louis Tarieu] de Lanaudière. Voir Bernard VINET, *Pseudonymes québécois*, p. 40.
59. Louis PLAMONDON, « Discours prononcé devant la Société littéraire de Québec », dans *Séance de la Société littéraire de Québec, tenue samedi, le 3e. juin, 1809*, p. 9.
60. *Ibid.*, p. 11.

Jacques Labrie, qui exerce la médecine. Les obligations de leur carrière ont peut-être contribué à la dispersion du groupe, mais le climat politique les incite également à agir de la sorte. Au moment même où s'intensifie la lutte politique entre le Parti canadien et le gouvernement colonial britannique, les membres de la Société littéraire peuvent difficilement poursuivre leurs activités sans risquer d'être suspectés de conspiration.

La défiance de l'autorité coloniale n'est pas sans conséquence sur la pratique associative des Canadiens. Non seulement elle diffère la création de sociétés potentiellement non «loyales», mais, surtout, elle amène les Canadiens à investir dans la seule association politique légitimée qu'ils aient pour faire avancer leur cause, soit la Chambre d'assemblée, parfois même au détriment des autres formes d'associations, en l'occurrence les sociétés littéraires, comme l'illustre le projet avorté d'une association de ce genre à Montréal en 1817.

LE PROJET D'UNE SOCIÉTÉ LITTÉRAIRE À MONTRÉAL (1817)

Dans *L'Aurore* du 11 août 1817, un correspondant qui signe Philomathas fait écho à un autre correspondant, Studiosus, qui déplorait une semaine plus tôt que ni Québec ni Montréal ne possèdent de société littéraire. À ses yeux, une telle société représenterait «un excellent moyen pour donner de l'émulation, porter au travail, et faire vaincre la paresse naturelle de l'esprit», mais surtout elle contribuerait à «rendre le nom CANADIEN illustre dans la littérature». En fait, Philomathas, qui publie le préambule des règlements de la future société, voit dans le modèle européen un gage de succès pour les lettres canadiennes. Puisque le développement des académies et des sociétés littéraires a favorisé la production en Europe, pourquoi en serait-il autrement au Canada?

Poser la question en ces termes, c'est dire que, «si le Canada n'a produit jusqu'à ce jour aucun savant, aucun littérateur distingué, c'est sans doute au défaut d'institutions semblables qu'il faut l'attribuer». En établissant un rapport de cause à effet, Philomathas tente de rallier des partisans. Son projet n'aura cependant pas de suite. Tout au plus provoque-t-il quelques réactions dans *L'Aurore*. Le 16 août, un correspondant répond à ceux qui parlent «d'institutions et de Sociétés littéraires et scientifiques comme si nous n'avions rien de semblable»: «N'avons-nous pas une Société d'Agriculture à Québec, une institution de la Vaccine, une Société de Fleuristes à Montréal? Nous avons aussi une Société politique et économique. Qui est-elle, me demandera-t-on? C'est notre Chambre d'Assemblée. À mon avis, cette institution vaut bien une Académie des Sciences et une Société littéraire. »

Deux semaines plus tard, un second correspondant reproche au premier d'« ignorer ce que c'est qu'une Académie ou une Société littéraire ». Selon lui, l'Institution de la Vaccine, la Société d'Agriculture et « à plus forte raison celle des Fleuristes » ne sont pas des sociétés littéraires. Quant à la Chambre d'assemblée, il reconnaît son importance, mais estime que, loin de nuire à son bon fonctionnement, une société littéraire aurait plutôt pour effet de l'améliorer : « Pourquoi donc regardez-vous comme inutiles les meilleurs moyens d'acquérir des connaissances, et les talents de parler avec facilité ? Des assemblées où l'on discuterait sur des sujets scientifiques et littéraires ne seraient-elles pas de bonnes écoles pour préparer aux discussions politiques et économiques ? »

Visiblement, pour faire admettre l'idée d'une société littéraire, ses promoteurs doivent insister sur l'utilité et les avantages politiques qu'en retireraient les Canadiens. Aussi s'en tiennent-ils à l'acception traditionnelle de la notion de littérature, conçue comme le véhicule normal des connaissances tant scientifiques qu'artistiques et littéraires. La société littéraire qu'on préconise est ainsi mise à la remorque de l'utile : « Il serait à souhaiter qu'il y eût dans la Société, des membres capables de donner aux autres des notions claires et précises, sur les sciences les plus utiles, dont on a plus souvent occasion de parler dans la société en général, et sans la teinture desquelles il est impossible de réussir en littérature ; telles que l'histoire naturelle, la Chymie, la Botanique, l'Anatomie, la Physique et l'Astronomie[61]. » Reconnu par une longue tradition, ce regroupement souhaité de la littérature, des sciences et de l'histoire détermine en grande partie les pratiques associatives au cours des années 1820. Dans les sociétés savantes en particulier, les belles-lettres s'inscrivent presque uniquement dans le sillage des sciences naturelles.

LES SOCIÉTÉS SAVANTES (1820-1830)

Même si la Société d'agriculture en Canada existe depuis 1789, les sociétés savantes ne se répandent au pays qu'à partir des années 1820, en particulier chez les anglophones. La plus célèbre, qui subsiste encore aujourd'hui, est la Literary and Historical Society of Quebec (LHSQ). Sa fondation en

---

61. *L'Aurore*, 11 août 1817, p. [1-2].

Médaillon de la Société littéraire et historique de Québec. Cet insigne figure sur la couverture des brochures éditées par la société.

1824 ouvre la voie à d'autres sociétés scientifiques du genre, notamment la Natural History Society of Montreal (1825), la Société médicale de Québec (1826), la Société pour l'encouragement des sciences et des arts (1827), de même que différentes sociétés d'artisans comme les Mechanics' Institutes de Montréal (1828) et de Québec (1830)[62] et la Société des artisans de Québec (1831).

Au début de 1823, l'historien William Smith fait part à lord Dalhousie de son inquiétude devant la détérioration et la disparition de documents historiques relatifs à la colonie. Le gouverneur croit trouver la solution au problème en formant une société savante qui s'emploierait principalement à étudier « l'histoire des premiers temps du Canada », ainsi qu'à collectionner « tous les livres, papiers, actes et documents qui sont censés subsister mais sont négligés[63] ». Le 6 janvier 1824, la LHSQ voit le jour. Le président élu n'est nul autre que sir Francis Nathaniel Burton, le premier adjoint de lord Dalhousie. Le juge en chef Jonathan Sewell et l'« orateur » de l'Assemblée Joseph-Rémi Vallières de Saint-Réal occupent la vice-présidence, et John Charlton Fisher, le poste de secrétaire-trésorier.

Afin « d'encourager par tous les moyens possibles la découverte, la collection et l'acquisition de toutes les informations tendant à répandre du jour sur l'histoire naturelle, civile et littéraire de l'origine des Provinces Britanniques dans l'Amérique Septentrionale[64] », les membres de la LHSQ peuvent compter sur une subvention annuelle de 100 livres que leur offre

---

62. Voir, dans le présent ouvrage, à la section intitulée « Les bibliothèques et la formation du public », p. 215.
63. « Lettre de lord Dalhousie à l'Hon. William Smith, 7 mai 1823 », dans Ginette BERNATCHEZ, « La Société littéraire et historique de Québec (The Literary and Historical Society of Quebec) : 1824-1890 », mémoire de maîtrise en histoire, f. 136.
64. *Ibid.*, f. 6.

lord Dalhousie. Son successeur, le gouverneur sir James Kempt, apporte lui aussi sa contribution financière au succès de la société. On ignore cependant le montant de ses dons. Enfin, en 1830, le gouverneur Aylmer octroie « une somme de 250 £ qui permit de faire d'importantes acquisitions tant pour la bibliothèque que pour le musée[65] ».

Dans un sens, ces subsides représentent une intervention de l'État pour organiser et, partant, diriger la vie culturelle à Québec. Aussi les réactions ne tardent-elles pas à se manifester. Les Montréalais, notamment, qui se sentent un peu exclus, entendent marcher sur les brisées de la LHSQ en fondant, en 1825, la Natural History Society of Montreal. À Québec même, plusieurs n'apprécient guère le caractère aristocratique et les allures britanniques de la nouvelle société. À ses débuts, en effet, la LHSQ limite le nombre de ses membres en exigeant une admission de 5 livres – soit « le prix d'un bon microscope[66] » – et une cotisation annuelle de 3 livres. De plus, certains doutent qu'« un Gouverneur, un Lieutenant-Gouverneur, un juge en chef [puissent] écrire l'histoire d'un pays qu'ils gouvernent » de façon impartiale et objective :

> Quel écrivain, en effet, oserait s'élever contre une autorité semblable ? ce ne serait que l'autorité d'un simple individu contre celle de tout un corps [...] c'est que rien ne sera vrai et bon, que ce qui viendra par la voie de cette Société. Ce sera l'histoire des « Gouverneurs publiée par autorité, dans le siège du Gouvernement et par les Nourrissons du Gouvernement, présidés par les Chefs du Gouvernement ». Quel poids n'aura pas une telle histoire ! Tout le reste sera mensonger et ne vaudra pas la peine d'être écouté, ni au dedans ni au dehors[67].

Au printemps de 1827, quelques jeunes Canadiens et une poignée de Britanniques décident donc de fonder à Québec la Société pour l'encouragement des sciences et des arts au Canada. Rapidement, la nouvelle société compte plus de membres que sa rivale. C'est que, pour en devenir membre, il n'en coûte que 1 guinée par année, donc beaucoup moins que ce qu'exige la LHSQ. Le succès de la société compromet cependant l'existence de la LHSQ. Aussi, en 1829, le gouverneur James Kempt intervient-il en faveur de leur fusion. Il parvient à ses fins à l'été de 1829, quand les membres des deux sociétés acceptent de se regrouper au sein de la plus ancienne. À compter de ce moment, la LHSQ prend de l'ampleur ; en 1831, elle reçoit une charte royale et une subvention de 250 livres de l'Assemblée du Bas-Canada. Dans ses registres, 126 membres sont dûment

---

65. *Ibid.*, f. 7.
66. Luc Chartrand, Raymond Duchesne et Yves Gingras, *Histoire des sciences au Québec*, p. 80.
67. *Le Canadien*, 31 mars 1824, p. 2.

inscrits et les volumes de ses *Transactions* semblent devoir paraître régulièrement.

Faut-il voir dans cette fusion une continuation de la politique de Frederick Haldimand, « qui avait voulu, par l'établissement d'une bibliothèque bilingue, en 1779, unir le plus possible les gens des deux races dans un organisme culturel, pour leur donner une mentalité commune et conforme aux fins de la politique anglaise[68] » ? Ou, plus simplement, une société unique apparut-elle, en 1829, plus viable que deux organismes poursuivant des buts identiques dans une même ville ? Quoi qu'il en soit, la fusion ne semble pas avoir très bien réussi aux Canadiens de langue française, qui participent peu à l'activité de la nouvelle société. En 1842, seulement 29 membres sur 126 (23 %) sont de langue française. De plus, bien que quatre documents historiques en langue française y soient publiés entre 1838 et 1861, les réunions mensuelles se déroulent en anglais, les rapports sont rédigés dans cette langue, tout comme les publications régulières et les conférences. De 1829 à 1867, les *Transactions* de la LHSQ comptent 127 articles, dont 3 seulement en français. Enfin, « les Canadiens français occupent environ 14 % des sièges au conseil d'administration, pourcentage inférieur à celui de leur participation numérique réelle[69] ».

Bref, même si elle se veut représentative des deux groupes ethniques à Québec, la LHSQ privilégie la culture anglophone. On observe la même tendance au sein de la plupart des sociétés savantes de l'époque. À la Société des artisans de Québec (1831), les membres votent « la somme de quarante cinq louis courant pour acheter des ouvrages anglais, et de trente cinq pour l'acquisition de livres français[70] ». Au Mechanics' Institute de Montréal, qui ne compte que quatre noms français sur la liste des 200 membres, « les membres de langue française sont les bienvenus pourvu qu'ils parlent anglais[71] ». Il en est de même au sein du Mechanics' Institute de Québec et de la Natural History Society of Montreal, où la participation francophone est réduite à sa plus simple expression.

Conformément aux modèles britanniques des Literary, Scientific and Philosophical Societies, les sociétés savantes canadiennes offrent à peu près toutes les mêmes types d'activités : concours « littéraires », conférences publiques, bibliothèque et musée. En outre, « dans le but de procurer à chacun des membres l'occasion de suivre avec plus d'avantage le genre d'étude auquel il désirerait donner une attention plus particulière[72] », la

---

68. Antonio DROLET, *Les bibliothèques canadiennes (1604-1960)*, p. 115.
69. Ginette BERNATCHEZ, « La Société littéraire et historique de Québec (The Literary and Historical Society of Quebec), 1824-1890 », *RHAF*, vol. XXXV, n° 2 (septembre 1981), p. 185.
70. *Le Canadien*, 13 août 1831, p. 1.
71. Nora ROBINS, « The Montreal Mechanics' Institute : 1828-1870 », *Canadian Library Journal*, vol. XXXVIII, n° 6 (décembre 1981), p. 375.
72. X. TESSIER, *Règles et ordres de la Société pour l'encouragement des sciences et des arts en Canada*, p. 5.

plupart de ces sociétés se divisent en trois ou quatre sections qui généralement tiennent leurs séances et délibèrent séparément. À la Société pour l'encouragement des sciences et des arts, par exemple, on trouve la classe littéraire (littérature, histoire, philologie, philosophie spéculative, beaux-arts, etc.), la classe du commerce (agriculture, commerce, manufacture, mécanique, etc.) et la classe philosophique (histoire naturelle, chimie, botanique, physique, mathématiques, etc.). À la LHSQ, on distingue la classe d'histoire naturelle, la classe des arts, la classe des sciences et la classe de la littérature. À la Société des artisans de Québec, on trouve la « 1re Classe: la Littérature [, la] 2e Classe: la Physique naturelle et expérimentale [et la] 3e Classe: les Beaux Arts[73] ».

Pour manifeste qu'il soit, ce souci de distinction dénote surtout la prétention de ces associations à un savoir encyclopédique. Au cours d'une même réunion, il peut être question de problèmes scientifiques, historiques, philosophiques, littéraires ou artistiques. Un soir de mars 1829 par exemple, on se réunit à la Société pour l'encouragement des sciences et des arts afin de récompenser les auteurs de travaux scientifiques, entendre une conférence sur « La philosophie du goût », donnée par le révérend George Bourne – coauteur avec James Smillie du livre *The Picture of Quebec*, un des premiers guides touristiques publiés au Bas-Canada – et, enfin, admirer quelques tableaux de Joseph Légaré, maître de la peinture canadienne de l'époque[74].

Cette volonté de répandre un savoir encyclopédique n'est toutefois pas dépourvue d'attaches locales. Le désir de réorganiser l'information en fonction du pays est manifeste. D'abord, les activités des associations visent à « encourager le génie naissant en ce pays [, à] faire sortir de l'obscurité, ceux de nos concitoyens que la nature a doués des talents nécessaires[75] ». Mais, par-dessus tout, la création de la plupart de ces sociétés s'inscrit dans un contexte de promotion de l'empire britannique en Amérique. Fondées et dirigées le plus souvent par des anglophones, elles expriment par leurs activités une même volonté de s'approprier « scientifiquement » le milieu colonial en favorisant la découverte, la collection et l'acquisition de documents sur l'histoire naturelle, civile et littéraire de la colonie. Au demeurant, dans une société où, grâce à l'information, on accède de plus en plus au pouvoir, il importe d'accumuler l'une pour s'assurer l'autre. À la conquête militaire de 1760 succède donc celle du savoir. Dans une perspective visant à l'anglicisation de la colonie,

---

73. *Règles de la Société des artisans de Québec* [...], p. 5.
74. Le compte rendu de cette soirée est donné dans le *Star and Commercial Advertiser* de Québec, le 25 mars 1829; cité par Luc CHARTRAND, Raymond DUCHESNE et Yves GINGRAS, *op. cit.*, p. 82.
75. *La Minerve*, 18 juin 1827, p. 3 et 4.

il importe d'acquérir et de sélectionner l'information de façon à rendre compte de la supériorité du Régime britannique dans l'Amérique septentrionale. C'est dans cet esprit qu'on organise des concours et qu'on décerne des prix.

Les concours et les prix

Pour réaliser leurs objectifs, les sociétés savantes ont recours à « une méthode consacrée par l'expérience des nations éclairées[76] » qui consiste à organiser des concours et à décerner des prix (médailles honoraires d'argent). C'est par un concours littéraire et une soirée de remise de prix, par exemple, que se fait connaître la Société littéraire de Québec. Pour sa part, la LHSQ offre des prix annuels de 1828 à 1852. En 1831, elle propose 32 sujets, dont voici quelques exemples :

> 1. Pour le meilleur essai sur la première colonisation du Bas-Canada, exposant le nombre, les qualités et occupations des premiers colons, et les circonstances qui ont accompagné leur établissement [...] – Une médaille d'argent.
> 2. Pour le meilleur aperçu historique et la meilleure description de la religion, du langage des mœurs et des signes symboliques pour la communication des idées de l'une quelconque des tribus sauvages du Canada. – Une médaille d'argent.
> 3. Pour le meilleur traité sur la construction grammaticale d'une ou de plusieurs des langues sauvages. – Une médaille d'argent.
> 4. La vie et le caractère de Champlain, le fondateur de Québec. – Une médaille honoraire d'argent.
> 5. Pour le plan raisonné d'éducation générale et permanente le plus propre à faire la prospérité du Bas-Canada, eu égard à ses circonstances actuelles. – Une médaille d'argent.
> 6. Pour le meilleur morceau de poésie descriptive, lyrique ou dramatique, dont le sujet sera tiré du Canada. – Une médaille d'argent.
> 7. Quelles parties de *L'Énéide* sont historiques, et ce poème jette-t-il quelque jour sur l'ancien état de l'Italie ? – Une médaille honoraire d'argent[77].

Conformément aux objectifs de la LHSQ, les questions proposées témoignent généralement de la volonté de cumuler le plus d'information historique et scientifique possible sur la colonie. Bientôt, la société adopte

---

76. *La Bibliothèque canadienne*, octobre 1827, p. 192.
77. *L'Observateur*, 11 juin 1831, p. 364-365.

une formule annuelle de concours qui ne laisse aucun doute sur ses intentions. Elle propose une quinzaine de médailles, entre autres pour :

> 1. Une partie quelconque de L'HISTOIRE NATURELLE, le sujet ayant rapport à l'Amérique Septentrionale Britannique.
> 2. Une partie quelconque de L'HISTOIRE DU CANADA ou ses antiquités, ou sur le langage et les mœurs des Aborigènes.
> 3. Le meilleur poème sur un sujet ayant rapport à L'AMÉRIQUE SEPTENTRIONALE Britannique.
> 4. Un bon essai historique, tendant à remplir la lacune qui existe dans L'HISTOIRE DU CANADA, à dater de l'époque où Charlevoix termine son histoire en l'an 1749.
> 5. Pour le meilleur écrit sur aucun sujet lié aux Sciences.
> 6. Un sujet ayant rapport aux ARTS UTILES, et particulièrement ceux qui peuvent être applicables à l'Amérique Septentrionale Britannique.
> 7. Le meilleur essai sur L'ARCHITECTURE utile et d'ornement, applicable aux édifices publics et privés du Canada et tendant à accroître le goût dans cette branche des beaux arts[78].

La part littéraire de ces concours varie d'une société à l'autre. À la Natural History Society of Montreal, par exemple, peu de questions littéraires sont soumises aux concurrents. En 1829 et en 1830, on accorde quatre médailles d'argent dont une « pour le meilleur Essai sur une branche quelconque de littérature ou de science, autre que l'Histoire naturelle[79] ». Mais, bientôt, seules les sciences naturelles retiennent l'attention. Au concours de 1839[80], sur neuf questions proposées, aucune ne porte précisément sur la littérature.

En revanche, comme son nom l'indique, la Société pour l'encouragement des sciences et des arts accorde une importance égale à ces deux disciplines, y compris la littérature. Fondée dans le but de « faire naître une émulation louable parmi la jeunesse studieuse et instruite, en couronnant les efforts du génie et en appréciant les talents utiles[81] », elle organise des concours et décerne des prix pour des poèmes, des essais et des productions artistiques diverses. En octobre 1827, quelques mois après sa fondation, elle soumet au public une série de questions à résoudre et de sujets à traiter,

---

78. *Le Canadien*, 31 août 1836, p. 2 ; 4 août 1837, p. 1 ; 24 août 1838, p. 3 ; 22 juillet 1839, p. 2. À noter que la période étudiée par Charlevoix se termine en 1732 et non en 1749.
79. Voir l'annonce du concours de 1829 dans *La Minerve*, 11 juin 1829, p. 3, et celui de 1830 dans *La Minerve*, 26 juillet 1830, p. 3.
80. *Le Populaire*, 21 septembre 1838, p. [4].
81. *La Bibliothèque canadienne*, octobre 1827, p. 192.

Le massacre des Hurons par les Iroquois, huile sur toile de Joseph Légaré, 1828. Musée du Québec (57.204). Photographe : Patrick Altman. Avec cette toile, Légaré remporte une médaille décernée par la Société pour l'encouragement des sciences et des arts au Canada.

dont six pour la classe littéraire. Le terme « littéraire » véhicule ici le sens qui sera donné plus tard à l'épithète « culturel ». Il renvoie à des domaines aussi variés que la poésie, la peinture, la musique, la sculpture, etc. :

> Classe littéraire
>
> 1. Une pièce de poésie, dont le sujet sera pris dans le pays, dans quelque genre que ce soit.
>
> 2. Un discours sur les avantages d'établir en Canada des institutions scientifiques et littéraires, et sur les moyens de les rendre vraiment utiles et avantageuses au développement des ressources physiques et morales du pays.
>
> 3. Un tableau peint à l'huile dont le dessin et la composition seront de l'invention de l'auteur.
>
> 4. Un autre à l'eau ou au pastel, avec les mêmes conditions que le précédent.
>
> 5. Un spécimen de gravure.
>
> 6. Une pièce de musique[82].

---

82. *Loc. cit.*

La Société pour l'encouragement des sciences et des arts, comme la plupart des autres sociétés, manifeste explicitement sa volonté de promouvoir une production typiquement canadienne. De plus, en sélectionnant les meilleures productions, elle aspire à exercer un rôle dans la consécration des œuvres. Selon un correspondant de *La Minerve*, la société appelle « le génie de toutes les parties de la province, et promet à ses efforts la seule récompense qui lui convienne, de marques d'honneur, l'approbation d'un corps éclairé, de la gloire en un mot, ce qui fut toujours la passion des grandes âmes[83] ».

Il semble toutefois que les concours n'aient guère connu de succès, du moins si l'on s'en tient au peu de résultats rapportés dans les journaux. En outre, dans la plupart des sociétés, l'enthousiasme des premiers concours s'attiédit au fil des ans. En 1831, la LHSQ propose 32 questions et, en 1836, seulement 13. En 1827, la Société pour l'encouragement des sciences et des arts offre 11 médailles pour les trois classes ouvertes. Au concours de 1829, ce nombre est réduit à six dont :

1. Une médaille au révérend George Bourne, de Québec, pour un Essai sur les Institutions Littéraires et Scientifiques ;

2. Une médaille honorifique à W.F. Hawley, écuyer, de l'Isle-aux-Noix, pour une production de génie, « The Canadian Harp », poëme ;

3. Une médaille honorifique au révérend prébendaire Burton, de Burtonville, pour une production intitulée : An Essay on Comparative Agriculture ;

4. Une médaille honorifique au révérend G. Bourne pour un Essai sur l'Économie politique ;

5. Une médaille honorifique à Madame Sheppard, de Woodfield, pour un écrit scientifique sur la Conchologie des environs de Québec ;

6. Une médaille honorifique au Dr Rees, de Québec, pour un écrit sur la manufacture de l'acide pyroligneux[84].

Enfin, en 1838, un communiqué de la LHSQ publié dans *Le Populaire* laisse à penser que le succès de ces concours reste à venir :

Les prix offerts par cette société, dans le but d'exciter le talent et de diriger les connaissances, n'ont pas été tout à fait inutiles, d'où nous pouvons espérer qu'ils seront pour l'avenir un motif puissant d'encouragement [...] nous sommes persuadés que leur nature bienfaisante sera de plus en plus connue. Ce système

---

83. *La Minerve*, 18 juin 1827, p. 4.
84. *La Bibliothèque canadienne*, mars 1829, p. 159.

de prix ayant produit les plus heureux résultats dans les autres pays, pourquoi sa favorable influence ne se ferait-elle pas sentir dans le nôtre[85] ?

Les concours ont malgré tout contribué à la renommée de certains lauréats. Ainsi, le talent du peintre Antoine Plamondon est consacré par la LHSQ en 1838 pour son tableau *Le dernier des Hurons*. Jugé monument national[86], cette toile inspirera certains poètes, notamment François-Xavier Garneau, lui-même membre de la LHSQ. Pour son essai « Memoranda respecting colouring materials produced in Canada » présenté à la LHSQ, William Green obtient en 1828 la médaille Isis de la Royal Society of Arts de Londres. Primé en 1829 par la Société pour l'encouragement des sciences et des arts, puis publié la même année dans le recueil *Quebec, The Harp and Other Poems*, le poème de William Fitz Hawley intitulé « The Canadian Harp[87] » est généralement considéré comme un des textes fondateurs de la littérature canadienne. Le plus souvent, la reconnaissance des gagnants prend la forme d'une publication. En 1830 par exemple, la LHSQ offre une médaille d'argent à celui qui présentera le meilleur « plan raisonné d'éducation générale et permanente, propre à avancer la prospérité du Canada dans les présentes circonstances[88] ». Joseph-François Perrault reçoit le prix et son texte paraît dans la *Transactions* de la LHSQ. Par la suite, Perrault décide de publier son texte en brochure parce que « ce volume [des *Transactions*] se vendra cher, et ne sera dans les mains que d'un petit nombre de personnes, et que le digne protonotaire désire que l'avantage qui peut revenir au public de son travail soit plus généralement répandu[89] ».

Les conférences et les discours

Outre qu'elles organisent des concours, les sociétés savantes offrent une tribune et un auditoire à des conférenciers, à des chercheurs, ou encore à des lauréats de concours qu'on invite à venir lire leur texte en assemblée publique. Ce qui caractérise surtout ces discours et ces conférences, c'est la nette prédominance qu'ils accordent aux sciences naturelles. À la LHSQ, au moins les deux tiers des conférences prononcées entre 1829 et 1843 portent sur des questions de sciences et d'histoire naturelle. « Cette proportion est encore plus élevée à la Natural History Society of Montreal ou à la Société médicale de Québec, où les sujets littéraires ou historiques ne sont pratiquement jamais abordés par les conférenciers[90]. » De surcroît, ces conférences sont le plus souvent faites en anglais. À la LHSQ, on n'en compte qu'une seule en français avant 1840, soit celle d'Amable

---

85. *Le Populaire*, 31 janvier 1838, p. 3.
86. *Le Populaire*, 14 mai 1838, p. 3.
87. *La Bibliothèque canadienne*, mars 1829, p. 159.
88. *L'Observateur*, 18 décembre 1830, p. 381.
89. *Ibid.*, p. 381-382.
90. Luc CHARTRAND, Raymond DUCHESNE et Yves GINGRAS, *op. cit.*, p. 84.

Berthelot, *Dissertation sur le canon de bronze que l'on voit dans le musée de M. Chasseur à Québec* [...], publiée d'abord en brochure en 1830, puis lue à la société par le juge Jonathan Sewell et intégrée au deuxième volume des *Transactions* en 1831. Enfin, la plupart de ces discours participent de ce même projet visant à recenser les caractéristiques physiques et naturelles du pays. En 1829 par exemple, William Sheppard lit devant la société un essai intitulé « Observations on the American plants described by Charlevoix ». Le capitaine Henry Wolsey Bayfield présente « Outlines of the geology of Lake Superior », le lieutenant Frederick Henry Baddeley, « Geology of a portion of the Labrador Coast », et Andrew Stuart, coauteur reconnu du volume *Hawkins's Picture of Quebec* [...], « Notes on the Saguenay Country ». Au cours de la même année, John Hale, membre du Conseil législatif, fait état de ses « Observations upon crickets in Canada ». En 1831, John Furch propose une série de conférences sur la géologie et la minéralogie du Canada. En octobre 1833, Daniel Wilkie « donne une explication du changement des saisons aux Régions Polaires[91] ».

Enfin, à l'occasion, quelques poèmes sont lus en assemblée. Le 15 juin 1830, par exemple, *La Bibliothèque canadienne* annonce qu'un « poème héroïque en français sur la prise de Missolonghi par les Turcs, en 1827 », lu à une assemblée de la classe de littérature et d'histoire de la LHSQ, a été « référé à un comité pour décider plus particulièrement de son mérite ».

La contribution à la recherche historique

Au début du XIXe siècle, on assiste à un véritable mouvement de récupération des écrits de la Nouvelle-France[92]. Afin d'imposer leur vision historique, des anglophones comme William Smith, et des francophones comme Jacques Viger, Jacques Labrie et Michel Bibaud se livrent à une course aux documents de première main. C'est précisément pour faciliter ses recherches que Smith demande l'intervention du gouverneur Dalhousie, qui propose l'objectif suivant à la LHSQ : découvrir et [...] soustraire à la main destructrice du temps les fastes qui peuvent encore exister de l'histoire des premiers temps du Canada[93] ». Sous le Régime français, les autorités métropolitaines demeuraient le principal destinataire des écrits portant sur les découvertes et l'état de la colonie. Or, maintenant qu'une opinion canadienne en voie de se constituer demande de plus en plus qu'on l'informe, il apparaît nécessaire à plusieurs de rapatrier ces écrits de la Nouvelle-France. Ainsi, en 1832, après avoir reçu la somme de 300 livres

---

91. *Le Canadien*, 23 octobre 1833, p. 2.
92. Voir, dans le présent ouvrage, à la section intitulée « L'histoire », p. 269-292.
93. Ginette BERNATCHEZ, « La Société littéraire et historique de Québec (The Literary and Historical Society of Quebec) : 1824-1890 », mémoire de maîtrise en histoire, f. 5.

du gouvernement du Bas-Canada, la LHSQ s'adresse en France et en Angleterre pour se procurer des manuscrits et acheter des collections d'ouvrages et de cartes sur l'Amérique. Malgré quelques insuccès, un premier document historique intitulé *Mémoires sur le Canada, depuis 1749 jusqu'à 1760* [...] sort des presses en 1838. Bien que tardivement, la société réussit ainsi à atteindre l'un de ses principaux objectifs : rendre public un document historique demeuré à l'état de manuscrit.

Pour combler certaines lacunes dans la connaissance du territoire canadien et de ses particularités, la LHSQ commande et publie également certains rapports d'explorations et de découvertes. En 1831 notamment, elle fait paraître le *Rapport des commissaires nommés pour l'exploration du pays, borné par les rivières Saguenay, Saint-Maurice et Saint-Laurent*, rédigé par Andrew Stuart[94].

La fondation de bibliothèques

Outre les musées d'histoire naturelle, les bibliothèques et les salles de périodiques font également partie des moyens dont disposent les sociétés savantes du temps pour encourager les arts et les sciences. Plusieurs associations sont fondées en grande partie dans ce dessein : « Le but principal de cette Société [des artisans de Québec] sera de cultiver les branches les plus utiles des sciences, et pour cela elle commencera par la formation d'une Bibliothèque, dont la plus grande partie sera composée de livres purement scientifiques[95]. » Six mois après sa fondation, la bibliothèque de la société en question compte « déjà plus de deux cent cinquante volumes[96] ».

Dans ces bibliothèques, l'intérêt pour les sciences naturelles est manifeste. À la LHSQ, un catalogue publié dans les *Transactions* de 1830 évalue le contenu de la bibliothèque à 152 volumes environ et 93 titres dont la classification peut se lire comme suit :

Théologie et religion	2 titres
Droit et jurisprudence	4 titres
Histoire	16 titres
Sciences et arts	41 titres
Belles-lettres	8 titres
Journaux, annales, comptes rendus divers	14 titres
Indéterminé	8 titres

---

94. Ginette BERNATCHEZ, « Stuart, Andrew », *DBC*, t. VII, p. 906.
95. *Règles de la Société des artisans de Québec* [...], p. 3-4.
96. *Le Canadien*, 13 août 1831, p. 1.

Sur les 41 titres de la catégorie sciences et arts, 29 ont trait aux sciences naturelles en général, dont 17 portent uniquement sur la minéralogie. Quant aux huit titres de la catégorie belles-lettres, ils comprennent trois dictionnaires, deux recueils de poésie, deux almanachs et un livre de mélanges littéraires.

*

En définitive, avec leurs bibliothèques, leurs musées, les concours et les conférences qu'elles organisent peu à peu, les sociétés savantes constituent, au Québec comme ailleurs, un instrument d'avancement et de diffusion des connaissances. Elles ne présentent toutefois que peu d'intérêt pour les Canadiens de langue française, plus préoccupés de défendre leur nationalité que de recenser les plantes ou les minéraux du territoire canadien. En effet, le champ d'investigation de ces sociétés se limite généralement aux sciences naturelles. De plus, elles sont établies surtout sous l'égide des gouvernants qui désirent par là favoriser une vie culturelle conforme aux fins de la politique anglaise. Aussi, plutôt que d'épouser la cause britannique, les Canadiens préfèrent-ils réduire leur participation à sa plus simple expression et regrouper leurs forces à la Chambre d'assemblée, qui leur donne accès au pouvoir. Avec les années 1830 cependant, au moment où ils perdent leurs illusions sur l'efficacité des institutions britanniques pour défendre leur nationalité, ils prennent de plus en plus conscience de la nécessité de se doter de leurs propres institutions et associations. Ce besoin nouveau donne lieu à des pratiques associatives à l'image des conflits politiques qui opposent patriotes et bureaucrates.

LES SOCIÉTÉS PATRIOTIQUES (1830-1839)

Au cours de la dernière décennie de la période, les patriotes canadiens prennent conscience que, depuis le début du siècle, la nouvelle vision libérale qu'ils proposent n'obtient pas le succès escompté au sein d'une société dont la population peu scolarisée n'est pas réellement en mesure de participer activement aux affaires de l'État. Certes, les réunions et la presse prolongent sur la place publique les débats de la Chambre. Mais, pour plus d'efficacité, certains aspirent à former des associations qui inciteraient les citoyens à prendre part à l'action collective :

> Dans un pays comme le nôtre, où l'éducation n'est pas générale, de semblables réunions seraient le plus puissant levier

moral. Elles deviendraient pour nos cultivateurs ce que sont les journaux pour l'habitant des États-Unis. On y viendrait à l'heure du loisir apprendre à juger les actes du gouvernement. Ceux qui dirigent l'opinion publique seraient mieux appréciés, parce qu'ils se trouveraient plus souvent en contact avec leurs concitoyens : la partie pensante de la société acquerrait plus d'influence par une communication plus fréquente avec cette portion, toujours la plus nombreuse, de la société, qui ne peut avoir d'autre éducation que l'instruction auriculaire[97].

Le discours sur les associations, au cours des années 1830, ressortit à la lutte entre les bureaucrates et les patriotes. Face à la rivalité, il devient indispensable de sensibiliser les Canadiens aux enjeux politiques. Le vieux dicton « L'union fait la force » s'impose avec d'autant plus de vigueur que les querelles ethniques sont plus fréquentes :

> L'union fait la force, c'est un axiome tellement indubitable que je n'entreprendrai point de vous le prouver ; vous en sentez toute l'importance. Il est donc à espérer que chacun de vous voudra bien contribuer, autant qu'il dépendra de lui, à la formation de toutes associations qui peut avoir pour objet de nous réunir et de nous entendre pour déjouer tous les projets de nos ennemis politiques[98].

C'est dans cette perspective d'acculturation populaire et de rivalité nationale que sont fondées certaines associations politiques et patriotiques. La stratégie consiste à lutter contre l'adversaire en se servant des mêmes armes. Au cours de l'année 1834, les principales communautés ethniques du Canada fondent leur propre société nationale, à quelques mois d'intervalle. Les Irlandais lancent la fête de la St. Patrick le 17 mars, les Canadiens, la Saint-Jean-Baptiste le 24 juin, les Écossais, la St. Andrew le 1er décembre, et les Britanniques, la St. George le 19 décembre. Le 15 août 1835, quelques Français forment à leur tour une société patriotique, la Société française en Canada, dont les membres se réunissent chaque année pour célébrer la Saint-Napoléon et entonner des chants nationaux composés pour la circonstance. Si on ne peut parler d'une véritable rivalité entre ces sociétés nationales, il en va tout autrement des associations probritanniques comme la Quebec Constitutional Association (1834), la Montreal Constitutional Association (1835), le Doric Club (1836), le Loyal Club Victoria (1837), puis l'Association loyale canadienne (1838), auxquelles les Canadiens opposent les Unions patriotiques[99] qui se multiplient à Montréal dès 1835, la Société littéraire n° 1 (1837), fusionnée bientôt avec

---

97. *La Minerve*, 11 décembre 1834, p. 1.
98. *La Minerve*, 18 décembre 1834, p. 1.
99. *Le Canadien*, 6 juillet 1835, p. 1.

Banquet de fondation de la Société Saint-Jean-Baptiste de Montréal, 1834, huile sur toile de Lorenzo de Nevers, sans date. Collection de la Société historique franco-américaine, Manchester, New Hampshire. Photographe: Armour Landry.

l'association patriotique des Fils de la liberté[100], et finalement quelques sociétés secrètes paramilitaires comme les Frères chasseurs (1838). Puisque c'est à leurs associations que les Anglais doivent l'efficacité de leur opinion, semble-t-on se dire, les Canadiens ont tout à gagner en les imitant:

> La Grande Bretagne compte dans chacun de ses villages des sociétés de toutes dénominations ; c'est ce qui donne cette uniformité si utile à l'opinion publique ; c'est ce qui lui fait cette force morale qu'elle n'a nulle part ailleurs. Détruire les clubs, les associations politiques des Anglais serait changer la forme de leur gouvernement [...] Si les associations aident à nos adversaires, ils nous aideront de même : et plus à nous qu'à eux, par la raison toute simple que nous sommes les plus nombreux [...] Dans tous les États libres les associations politiques ont paru les moyens les plus propres à donner à l'opinion publique la prépondérance voulue par le bon sens. Elles existent et se multiplient avec toutes les éventualités du progrès libéral[101].

Parallèlement aux associations reconnues se constituent plusieurs regroupements spontanés dont l'influence est cependant difficile à évaluer.

---

100. *Le Populaire*, 30 août 1837, p. [3].
101. *La Minerve*, 11 décembre 1834, p. 1.

Certains cercles restreints se limitent à la convivialité ; c'est le cas de salons comme celui de Marguerite de Lanaudière tenu à Québec au coin des rues Saint-Louis et Desjardins, ou encore celui de Louise-Amélie Panet au manoir de Sainte-Mélanie d'Ailleboust et « dans lequel entraient, entre autres, MM. Jacques Viger, D.-B. Viger, le Chevalier d'Estimauville, les deux Stuart, Louis-Joseph Papineau, [Hugues] Heney, etc.[102] ». D'autres cercles semblent poursuivre des objectifs plus précis. À la tête d'un véritable mouvement de récupération des archives nationales, Jacques Viger, par exemple, entretient un réseau d'échange d'information avec la plupart des intellectuels de son temps[103]. Enfin, bon nombre de regroupements spontanés se fixent des objectifs plus proprement politiques. Leurs membres se réunissent dans les bureaux des imprimeurs de journaux (notamment *La Minerve*), dans les librairies (celle d'Édouard-Raymond Fabre), dans les cafés, et surtout à l'occasion des assemblées publiques de citoyens tenues dans les comtés. Appuyant soit le mouvement patriote, soit le mouvement loyaliste, ces groupes investissent les journaux et produisent des textes qui prennent la forme de résolutions (les Quatre-vingt-douze Résolutions, les « Résolutions de Saint-Ours », etc.), de discours électoraux, de lettres (« Lettre du Comité central aux patriotes »), de manifestes (« Adresse des Fils de la liberté de Montréal aux jeunes gens des colonies de l'Amérique du Nord »), de déclarations (« Déclaration de l'Indépendance »), de chansons, de narrations et même de poèmes et d'épigrammes :

> Grandement l'on se trompe
> En pensant les fils de la liberté
> Tous d'une même trempe.
> Tous ne sont pas pervers ;
> Le plus grand nombre, c'est la vérité,
> N'a seulement que l'esprit de travers[104].

Au sein de la plupart de ces associations, la littérature se subordonne généralement à la cause qu'on défend. À la Société Aide-toi, le Ciel t'aidera (1834) et à la Société littéraire n° 1, on se réunit régulièrement pour lire des essais « sur la littérature ou la politique[105] », mais, en raison des problèmes constitutionnels, la discussion des questions publiques relègue au deuxième rang, sinon au troisième, les exposés sur la littérature. Notons toutefois le bref récit[106] présenté par Louis-Joseph-Amédée Papineau devant la Société littéraire n° 1 en 1837. Publiée dans *Le Glaneur* sous la rubrique « Littérature canadienne », cette nouvelle intitulée « Caroline. Légende canadienne » raconte « une anecdote canadienne dont le fond est

---

102. *La Kermesse*, 25 novembre 1892, p. 132.
103. Voir, dans le présent chapitre, à la section intitulée « Les acteurs de la vie littéraire », p. 94-99.
104. *Le Populaire*, 30 octobre 1837, p. 1.
105. Victor MORIN, « Clubs et sociétés notoires d'autrefois », *Les Cahiers des Dix*, n° 15 (1950), p. 187.
106. Voir, dans le présent ouvrage, à la section intitulée « Les récits de fiction », p. 372.

historique[107] » et mérite à plus d'un titre la qualification de littéraire. L'auteur fait appel à des procédés narratifs et descriptifs qui manifestent explicitement son intention de faire œuvre littéraire. Cette remarque vaut également pour un « Article [anonyme portant sur l'éducation et] lu devant la Société Aide-toi, le Ciel t'aidera[108] », dans lequel on note l'influence de La Mennais et la promotion de l'industrie pour sauvegarder la nationalité canadienne-française en des termes semblables à ceux qu'emploie Étienne Parent en 1846 dans sa conférence « L'industrie comme moyen de conserver la nationalité canadienne-française ».

Au milieu des aspirations politiques qui occupent les esprits commence malgré tout à poindre un discours favorable aux pratiques associatives distinctives. La Société d'agriculture du Canada et la Société médicale de Québec se démarquent des intérêts plus encyclopédiques des sociétés savantes, mais ce ne sont là que des exceptions. En 1835 cependant, *La Minerve* propose de suivre l'exemple de la France en matière d'associations professionnelles. « En France, presque toute la jeunesse qui suit les professions se réunit en société pour former des espèces d'écoles mutuelles [...] Les arts libéraux ont suivi cette noble trace. Les littérateurs, les peintres, les artistes forment des groupes d'étudiants, qui travaillent la théorie et la pratique de chacune des branches auxquelles ils se destinent[109]. » Le 5 novembre 1838, Napoléon Aubin tient un discours semblable dans *Le Fantasque*. Il préconise un type d'association dans lequel les jeunes trouveraient l'émulation « pour s'aider mutuellement dans leur carrière future », une association divisible « en cercles particuliers où se fréquenteraient les jeunes gens d'une profession ou d'une classe, d'un métier, d'un quartier et même d'un âge à peu près uniforme ». À ses yeux, « le seul moyen de secouer un peu le joug de la crainte, des appréhensions et surtout de l'ennui, est de se réunir souvent afin d'apprendre à se connaître. La littérature, la musique, les représentations théâtrales, les arts, les sciences, la politique, ajoute-t-il, offrent de beaux champs à l'intelligence. »

Surtout tenu après 1840, ce discours mènera à la fondation de plusieurs associations, notamment la Société des typographes (1836), la Société musicale de Montréal (1837), les Amateurs typographes (1839), l'Association des notaires de Québec (1840), la Montreal Law Students' Society (1841), la Mercantile Library Association of Montreal (1842), la Société canadienne d'études littéraires et scientifiques (1843), la Société des amis de Montréal (1844), mais surtout l'Institut canadien de Montréal (1844) et celui de Québec (1848).

*

---

107. *Le Glaneur*, juillet 1837, p. 119-121.
108. *La Minerve*, 20 mars 1837, p. 1.
109. *La Minerve*, 21 mai 1835, p. 2.

Bien que les Britanniques leur fournissent de nombreux modèles d'associations reconnues, les Canadiens sont, du moins jusqu'aux années 1830, peu enclins à y recourir. C'est que, une fois qu'ils ont saisi les avantages que leur offre la Chambre d'assemblée au lendemain de l'Acte constitutionnel de 1791, ils y concentrent toutes leurs forces, au détriment d'autres formes d'associations qui leur paraissent moins efficaces. De plus, la rivalité politique entre Britanniques et Canadiens renforce cette attitude. L'opposition systématique des Canadiens en Chambre amène l'autorité coloniale à les soupçonner, voire à les accuser de déloyauté sinon de trahison. Dans ce contexte, qui perdure jusqu'aux insurrections de 1837-1838, les regroupements sont souvent perçus comme des complots: « association et conspiration sont une seule et même chose[110] ». C'est dire que la structure sociale qui a été, depuis la Conquête[111], favorable à leur essor, en devient finalement un frein. Pour subsister, toute association doit faire preuve de loyauté, conforter officiellement l'ordre établi ou encore limiter son champ d'études à des matières apolitiques, notamment aux sciences naturelles.

Quebec Driving Club, gravure de James Smillie, d'après une esquisse de William Wallace, 1829. Tirée de George Bourne et James Smillie, *The Picture of Quebec*, p. [7].

---

110. *La Minerve*, 21 avril 1834, p. 2.
111. Maurice Lemire (dir.), *La vie littéraire au Québec*, t. I: *1764-1805. La voix française des nouveaux sujets britanniques*, p. 161-180.

Les «associations loyales» se multiplient pendant les premières décennies du XIXe siècle. À la Société littéraire de Québec, Louis Plamondon se sent obligé de faire, comme beaucoup de ses compatriotes, un panégyrique de la Conquête: «Bénissons à jamais l'heureux moment où les armes victorieuses de l'Angleterre, sous l'immortel Wolfe, nous rendirent sujets de l'empire Britannique[112].» Quant aux sociétés savantes comme la Literary and Historical Society of Quebec et la Natural History Society of Montreal, elles privilégient une culture presque exclusivement britannique et axée essentiellement sur l'étude des sciences naturelles.

Au demeurant, les pratiques associatives sont révélatrices de l'époque. On dira de la Société littéraire de Québec qu'elle est «inutile sinon nuisible[113]», de la même manière qu'on attaquera les parlementaires francophones et les journaux qui permettent à la culture canadienne de prendre de l'expansion en dehors du cadre délimité par le régime colonial. Pour les Britanniques, les pratiques associatives s'inscrivent dans un plan de promotion de l'empire britannique. En s'associant, ils espèrent étendre et diffuser un savoir qui soutient leur projet de société. Les Canadiens, qui trouvent dans la Chambre d'assemblée le moyen ultime de défendre leur nationalité, tardent à les suivre sur ce terrain. Dans les années 1830 cependant, quand s'accentue le conflit entre les patriotes et les bureaucrates, les appels en faveur des associations se multiplient. Les résultats se feront surtout sentir aux lendemains de l'Union, c'est-à-dire après 1840. À partir du moment où ce ne sont plus des représentants de sociétés antagonistes qui s'affrontent à la Chambre, mais des équipes de candidats issues de coalitions qui mettent dans l'ombre les conflits nationaux antérieurs, il apparaîtra de plus en plus urgent aux Canadiens de constituer un nouveau lieu où leur nationalité et leur culture puissent se définir et s'affirmer. Les pratiques associatives «littéraires» leur sembleront alors le moyen tout indiqué.

---

112. Louis PLAMONDON, *op. cit.*, p. 12.
113. *The Quebec Mercury*, 10 juillet 1809, p. 217.

Le théâtre

UNE RÉFLEXION de lord Durham démontre la piètre performance théâtrale des Canadiens : « Bien qu'issue du peuple qui goûte généralement le plus l'art dramatique et qui l'a cultivé avec le plus de succès, et quoiqu'elle habite un continent où presque chaque ville, grande ou petite, possède un théâtre anglais, la population française du Bas-Canada, isolée de tout peuple qui parle sa langue, ne peut subventionner un théâtre national[114]. » S'il est vrai que les Canadiens ne possèdent pas les capitaux nécessaires pour soutenir un théâtre commercial, ils n'en pratiquent pas moins diverses formes d'art dramatique. Des amateurs francophones s'acharnent à fonder des troupes qui, peu à peu, obtiennent le concours de gens de profession et le soutien financier du Régime britannique. Mais ces initiatives sont effectivement dépassées par les entreprises théâtrales de langue anglaise, et périodiquement délaissées au profit de loisirs plus accessibles. Une chasse gardée se dessine toutefois : le théâtre de collège, qui prend forme à mesure que s'ouvrent les différents séminaires de la province.

---

114. Lord Durham, cité par Baudouin BURGER,
    L'activité théâtrale au Québec, 1765-1825,
    p. 325.

LE CONTEXTE

On ne constate l'existence d'une vie théâtrale francophone relativement riche que de 1815 à 1818, et de 1827 à 1839. Ni la prétendue ignorance des Canadiens ni l'attitude du clergé, souvent accusé d'avoir empêché le théâtre au pays, ne sont vraiment la cause de cet état de choses. Le contexte économique canadien se prête mal à une promotion de la scène par les amateurs de langue française. Longtemps encore l'Amérique du Nord consommera plus de culture qu'elle n'en produira. Très tôt après la guerre d'Indépendance, des Européens, et surtout des Anglais, organisent des tournées en Amérique : troupes de comédiens, de saltimbanques ou de musiciens. Un itinéraire assez précis se dessine.

Montréal et, sur une moins grande échelle, Québec, font partie du circuit des artistes itinérants, ceux-là mêmes qui animent la vie théâtrale au pays pendant la période. Évidemment, les acteurs en tournée sont anglophones, d'origine soit américaine, soit anglaise : pourquoi des troupes de France viendraient-elles régulièrement en Amérique du Nord, où se trouve un public francophone restreint ? Jusqu'en 1870, les conditions de transport sont difficiles ; voilà pourquoi le modèle de tournée le plus fréquent, entre 1806 et 1839, est celui de l'acteur reconnu, français ou anglais, qui voyage seul et s'adjoint sur place les comédiens qu'il lui faut. Lorsqu'un nouvel artiste arrive, il engage tout simplement les mêmes acteurs que son prédécesseur : c'est le cas, par exemple, des comédiens entourant les Américains « Noble » Luke Usher et John Bernard, en 1810 et 1811[115]. L'Anglais Edmund Kean, en 1826, sollicite également le soutien des troupes locales. Ces visites de vedettes solitaires n'excluent pas le fait que de véritables troupes séjournent en terre canadienne ; les annonces de journaux le prouvent.

Les circuits ne sont pas les mêmes pour toutes les troupes. Mais, grosso modo, Montréal et Québec constituent les destinations les plus au nord pour les troupes qui sillonnent l'est des États-Unis. Avant 1825, l'itinéraire courant comprend Philadelphie, New York, Boston, Albany, Halifax, Montréal et Québec. Après 1825, les troupes empruntent ce qu'on appelle le réseau du canal, qui les mène « de New York, le long du canal Érié, de l'autre côté du lac Ontario, à York et à Kingston, et en descendant ensuite le Saint-Laurent jusqu'à Montréal[116] ». De 1764 à 1805, Québec avait constitué le haut lieu d'activité théâtrale au pays. À partir de

---

115. Natalie REWA, « Garrison and Amateur Theatricals in Quebec City and Kingston during the British Régime », thèse de doctorat, f. 75.

116. Merrill DENISON, *Au pied du courant*, p. 158.

l'automne 1810, la situation change au profit de Montréal ; les troupes professionnelles en tournée, de même que les grands acteurs anglais ou américains, visitent d'abord Montréal et, le plus souvent, seules les troupes de peu d'importance se rendent jusqu'à Québec. Les marchands anglophones, promoteurs de l'activité économique et théâtrale, élisent généralement domicile à Montréal où se trouvent les meilleurs espoirs de profits. Dès lors, Montréal devient le principal lieu de théâtre au pays, reléguant Québec, ville plutôt administrative, au second rang.

Les comptes rendus publiés dans les journaux au lendemain d'une représentation théâtrale laissent entendre que le public est avant tout anglophone. Seuls les francophones bien nantis – et bilingues – assistent régulièrement aux représentations données en langue anglaise ; les autres, bien souvent, n'iront au théâtre qu'une seule fois dans leur vie. Les journaux en fournissent la preuve : les feuilles en langue anglaise rendent compte des soirées dramatiques francophones, tandis que l'inverse ne se vérifie pas. D'après les journaux, l'auditoire est, la plupart du temps, peu nombreux. Le mauvais temps justifie souvent cette apparente désaffection, mais on invoque aussi d'autres raisons : on affirme parfois, par exemple, que le samedi n'est évidemment pas un bon soir pour les représentations dramatiques[117]... À partir de 1835, le ridicule du travestissement des garçons en filles explique aux yeux de certains le désintérêt du public.

Le cirque attire en revanche un large public : une seule représentation accueille parfois plus de spectateurs que ne peut en contenir l'imposant Theatre Royal de Montréal[118]. De 1806 à 1839, plusieurs cirques ambulants s'exhibent dans un amphithéâtre. À son arrivée dans une ville, la troupe installe, pour une saison, un genre de construction « formé d'une enceinte en bois, d'un parterre avec un bar et d'une rangée de loges surélevées[119] ». Le prix du billet, moins élevé qu'au théâtre – le prix d'une loge au cirque équivaut à celui d'un siège de parterre au théâtre –, détermine le public auquel le loisir s'adresse : le public populaire surtout. Comme au théâtre, la disposition des sièges fait en sorte que les diverses couches sociales ne se côtoient pas de trop près. Un spectacle de cirque comprend des numéros équestres et clownesques, des jeux d'adresse, des chansons, des danses et une représentation dramatique.

La différence entre le cirque et le théâtre n'est pas toujours claire. Comme une soirée au cirque inclut une « exhibition dramatique », la présence d'un cirque dans une ville suffit souvent pour qu'aucune autre troupe ne s'y installe en même temps, ce qu'avait d'ailleurs provoqué la

---

117. Jacques GRAVEL, « Le théâtre au Québec de 1830 à 1839 », mémoire de maîtrise en études françaises, f. 136. Nous ignorons malheureusement pourquoi le samedi ne convient pas aux représentations théâtrales...

118. Baudouin BURGER, *op. cit.*, p. 305.
119. *Ibid.*, p. 306.

venue de John Bill Ricketts en 1797[120]. En 1830, on voit par contre un directeur de cirque, Mr. Page, s'associer à la troupe de Mr. Wells. Le tandem monopolise la saison artistique de juin 1830 à mai 1831, l'un prenant le relais pendant les jours de relâche de l'autre. L'acteur J.F. Schinotti est à la fois la tête d'affiche du cirque et un membre de la troupe de théâtre.

Mais c'est sans doute à William West et à C.W. Blanchard que revient le mérite d'avoir marié le cirque et le théâtre. Le cirque présente en effet des « mélodrames équestres », où acteurs et chevaux occupent simultanément la scène. De plus, le Cirque royal, salle que font construire West et Blanchard en 1824, accueille tout aussi bien les spectacles de cirque que les représentations dramatiques. D'ailleurs, la salle devient le principal lieu de théâtre de la ville de Québec.

Bien d'autres curiosités récréatives égaient les loisirs des citadins: d'innombrables bateleurs, non intégrés à un cirque ou à une troupe de théâtre, tapissent les journaux de leurs petites annonces. Magiciens, mangeurs de feu, ventriloques, puces industrieuses, êtres phénoménaux, acrobates, « monopolylogues », animaux comédiens, enfants prodiges, déclamateurs, divas, fanfares, orchestres, etc., empruntent le même circuit que les acteurs ou troupes de théâtre en tournée, et se produisent dans les mêmes lieux. Pour eux, la langue importe peu. Il en va tout autrement des troupes de théâtre itinérantes.

Après la Conquête, les officiers de la garnison animent la vie théâtrale francophone au pays. De 1774 à 1786, la garnison se produit surtout en français; jusqu'en 1795, elle joue du théâtre bilingue[121]. Après 1800, les militaires britanniques se confinent au répertoire anglophone, tandis que la milice canadienne fait son entrée en scène. Le 31 décembre 1814, comme pour fêter la fin de la guerre et inaugurer la reprise de l'activité théâtrale au pays, le premier bataillon de la milice canadienne joue *Les fourberies de Scapin* et *L'avocat Patelin*[122].

Le théâtre anglophone, civil ou militaire, que soutiennent moralement et financièrement le Régime britannique et les marchands de langue anglaise, qui attire un public bien nanti – surtout anglophone –, domine largement la vie théâtrale canadienne. Le théâtre francophone prend quelque essor seulement lorsque des troupes françaises visitent régulièrement le Canada, vers la fin du XIXe siècle. Cependant, des épisodes pleins d'espoir surviennent entre 1815 et 1818, avec l'arrivée d'une troupe d'immigrants français, et entre 1827 et 1839, où s'inscrivent l'épopée de Scévola Victor, les séjours de Firmin Prud'homme ainsi que les tentatives théâtrales de Leblanc de Marconnay et de Napoléon Aubin. Ces quelques apports extérieurs semblent étonnamment vivifiants.

---

120. Maurice LEMIRE (dir.), *op. cit.*, p. 194-196.   122. Natalie REWA, *op. cit.*, f. 81.
121. *Ibid.*, p. 184-187.

LES TROUPES ITINÉRANTES FRANÇAISES

La Société des jeunes artistes, première troupe française à visiter le pays, se produit à Québec de mai à juillet 1815, et à Montréal, d'août à octobre de la même année. En fait, peu d'informations concernant cette compagnie sont disponibles : on la dit seulement composée de jeunes étrangers[123] et dirigée par un anglophone, Ingliss[124]. Le répertoire de la troupe, composé de pièces jouées en France à la même époque (*Le médecin malgré lui*, *Monsieur de Pourceaugnac* et *Les fourberies de Scapin* de Molière, *Le déserteur* de Sedaine et Monsigny, et *L'enragé* de Carmontelle), permet d'affirmer qu'elle rassemble des immigrants français. Ceux-ci auraient d'abord visité l'Angleterre ou, encore plus probablement, les États-Unis, et emprunté ensuite le circuit habituel de tournée. Étant donné le système de navigation en vigueur, ces gens seraient probablement débarqués à New York.

La deuxième troupe professionnelle française à visiter Québec et Montréal, celle de Scévola Victor, arrive au printemps de 1827, après un séjour aux États-Unis. Elle n'attire pas le public escompté ; pour tenter d'obtenir plus de succès, elle fixe un prix d'admission semblable à celui d'un billet d'entrée pour le cirque. Finalement, le directeur s'enfuit avec les recettes de la compagnie, laissant sa troupe démunie au milieu d'un pays étranger. Ironie du sort, la dérobade de Victor donne aux amateurs francophones la possibilité de s'adjoindre des acteurs professionnels qui séjournent au pays pendant quelques saisons. À la fin de l'année 1827, le public canadien peut applaudir Laurent Alvic, comédien de cette troupe, qui, pour amasser des fonds, joue cinq rôles différents dans une pièce qu'il a lui-même écrite, *Le comédien sans argent ou le retour d'Alvic*.

Les séjours en terre canadienne de Firmin Prud'homme, entre 1831 et 1839, marquent également une étape importante dans l'histoire de la vie théâtrale québécoise. L'élève du célèbre Talma introduit au pays des pratiques jusqu'alors inconnues. L'acteur français donne des cours de déclamation et de lecture, et initie les amateurs francophones au théâtre de son pays. Son sens du tragique, surtout, innove dans un pays où ce genre est mal connu de la population francophone. Dans l'annonce de la représentation du 28 décembre 1831, au cours de laquelle il joue l'adaptation de *Hamlet* par Jean-François Ducis, le journal mentionne que « c'est la première fois qu'on représente une tragédie française [sic] depuis quinze

---

123. Baudouin BURGER, *op. cit.*, p. 143.
124. Léonard Eugène DOUCETTE, *Theatre in French Canada*, p. 73.

ans[125] » ! En fait, depuis la Conquête, deux tragédies voltairiennes, *La mort de César* (24 novembre 1815) et *Le fanatisme ou Mahomet le prophète* (16 mai 1817), ont été montées. Pendant cette même soirée, on présente aussi, autre innovation, une pièce de Prud'homme, *Napoléon à Sainte-Hélène* [...], dont le texte imprimé au pays est vendu sur place.

Que Prud'homme soit étranger et professionnel de la scène ne lui épargne pas les critiques. En février 1832, associé aux Amateurs canadiens, il présente, à Québec, l'adaptation de *Hamlet* par Ducis et *La famille du baron* d'Eugène Scribe[126]. Ces acteurs qui se sont déjà produits tant à Montréal[127] qu'à Québec[128] sont alors la cible, dans *La Gazette de Québec*, des attaques d'un spectateur mécontent. Cet article proclame la supériorité de la tragédie anglaise sur son adaptation française et conclut qu'une représentation dramatique dont le but est d'« outrager le clergé [...] n'est ni de bon goût ni utile en Canada[129] ». Le *Quebec Mercury*, *La Minerve* et *Le Canadien* ripostent en ridiculisant ce correspondant. La troupe, quelques jours plus tard, rejoue la pièce incriminée, ainsi que *Napoléon à Sainte-Hélène* [...].

L'arrivée de Prud'homme inaugure une tradition de collaboration entre gens de théâtre. Même si les représentations auxquelles prend part l'acteur français visent surtout à le mettre en vedette, comme le veut la tradition anglaise, les amateurs francophones dont s'entoure l'acteur n'en ont pas moins la chance de bénéficier d'une expérience hors du commun. Autour de lui s'uniront les amateurs anglophones et francophones dans un spectacle bilingue (deux pièces en langue française et deux pièces en langue anglaise) au Theatre Royal de Montréal[130]. La dernière apparition de Prud'homme sur la scène canadienne remonte à octobre 1839 ; il regagne son pays après avoir remplacé un comédien au cours d'une soirée mémorable que donnent les Amateurs typographes.

---

125. Article cité par Jacques GRAVEL, *op. cit.*, f. 122-123.
126. *The Quebec Mercury*, 25 février 1832, p. [3].
127. *La Minerve*, 5 décembre 1831, p. [3].
128. C'est du moins ce qu'affirme Jean-Claude NOËL dans « Pierre Petitclair : sa vie, son œuvre et le théâtre de son époque », thèse de doctorat en littérature française, f. 394.
129. *La Gazette de Québec*, 29 février 1832, p. [2], repris dans *La Minerve*, 5 mars 1832, p. [2].
130. Jacques GRAVEL, *op. cit.*, f. 127-128.

LES TROUPES D'AMATEURS FRANCOPHONES

À l'instar de Leblanc de Marconnay qui, en 1836, avait été élu président d'une société dramatique d'amateurs canadiens, un autre immigrant, Napoléon Aubin, organise une compagnie de théâtre. Composée à l'origine des typographes du *Fantasque*, la troupe des Amateurs typographes s'adjoint ensuite des citoyens engagés dans la vie politique[131]. Formée en 1839, elle présente des pièces jugées subversives. Le 23 octobre 1839, au Cirque royal de Québec, les Amateurs typographes jouent *La mort de César* (Voltaire), *Le tambour nocturne* (Destouches), l'intermède *Le soldat français* et un divertissement, *Le chant des ouvriers*, tous deux d'Aubin. Le tout irrite le chef de police Thomas Ainslie Young, celui-là même qui a procédé à l'arrestation du directeur du *Fantasque*, le 2 janvier 1839, après qu'Aubin eut publié un poème de Joseph-Guillaume Barthe en l'honneur des déportés politiques. À la suite de cette soirée, qui ne se serait pas terminée avant 2 heures du matin[132], les magistrats de Québec interdisent tout spectacle dramatique après 23 heures : « On assure que dès le lendemain une note de la part du commandant des forces fut expédiée à tous les fonctionnaires sous sa direction, leur faisant défense d'assister, à l'avenir, aux représentations en français, attendu que l'air : GOD SAVE THE QUEEN n'avait pas été joué[133] ! »

Aux détracteurs qui voient un caractère tendancieux à l'événement, Aubin répond que *La mort de César* a déjà été jouée le 10 juin précédent, sans que personne s'en offusque[134], souligne que les rôles de femmes du *Tambour nocturne* ont été tenus par des hommes et promet de publier les textes du *Soldat français* et du *Chant des ouvriers* – ce qu'il ne fera pas –, afin que tous constatent leur innocuité[135].

Cette sanction civile a de lourdes conséquences pour la troupe : incapables de louer une salle, les amateurs lancent des appels « Aux entrepreneurs[136] » et aux souscripteurs pour la construction d'une maison de théâtre bien à eux. Empêchés de monter sur les planches, les Amateurs typographes compensent en s'adonnant pour un temps à la musique, loisir

---

131. Natalie Rewa, *op. cit.*, f. 178. Louis-Michel Darveau, *Nos hommes de lettres*, p. 8, identifie vaguement les comédiens : « Les noms des Savard, des Bélanger, des Bédard, des Rowen, des Vézina, des Sauvageau, des Chartrain, des Jacquies, etc., etc., sont encore vivaces dans la mémoire de ceux qui furent témoins de leurs triomphes scéniques. »

132. Pierre-Georges Roy, « Une tragédie de Voltaire à Québec en 1839 », *BRH*, vol. XLII, n° 10 (octobre 1936), p. 640.
133. *Le Fantasque*, 13 novembre 1839, p. 95.
134. *The Quebec Mercury*, 11 juin 1839, p. [3] ; *Le Canadien*, 12 juin 1839, p. [1] ; *Le Fantasque*, 19 juin 1839, p. 19-24.
135. *Le Canadien*, 25 octobre 1839, p. 2.
136. *Le Fantasque*, 20 avril 1840, p. 144.

moins vulnérable aux attaques de toutes sortes et plus accessible au public ouvrier, vu son faible coût de production.

Quelques autres troupes d'amateurs francophones voient le jour entre 1806 et 1839, comme la Société des jeunes Messieurs canadiens, plus tard appelée le Théâtre de société, et les Amateurs du théâtre français (à noter le peu de changement dans les vocables d'une période à l'autre). Formées immédiatement après le passage de la Société des jeunes artistes, ces deux compagnies survivent respectivement un an et demi et trois ans. La première, surtout, marque l'année 1815-1816. Sa représentation de *La mort de César* lui attire la désapprobation du clergé. Mais ses partisans n'en clament pas moins la nécessité d'une vie théâtrale francophone :

> À la vérité, ce ne sera pas la première fois qu'on aura donné ici des Comédies, mais la chose arrive si rarement, à Montréal surtout, que quand on y joue une pièce, à peine se souvient-on qu'on y en a joué d'autres auparavant. Les acteurs, les spectateurs ne sont plus les mêmes pour la plupart. Si la chose avoit lieu plus souvent, ceux qui ont déjà joué, pourroient jouer encore, ils s'instruiroient eux mêmes par la pratique, et en instruiroient d'autres[137].

Un an plus tard, une nouvelle représentation de la même troupe provoque les mêmes effets. Argus, surtout, irrite le clergé en publiant un article dans *Le Spectateur canadien*, où il prétend que saint Thomas d'Aquin, le roi de France et même l'archevêque de Paris encouragent le théâtre : « L'on dit au peuple que l'on prive des sacrements les personnes qui vont voir jouer des pièces très morales sur le Théâtre de Société de Montréal, mais on a grand soin de lui cacher que sa Majesté très Chrétienne qui assiste tous les soirs, soit à la Comedie, ou à l'Opera, qui y voit souvent représenter des pièces sinon obscènes, au moins très libres, fait régulièrement ses Pâques[138]. » Dans une lettre adressée à l'imprimeur de la *Gazette de Montréal*, Plémer reprend les arguments traditionnels du clergé contre le théâtre, qu'il associe aux « autres lieux de prostitution ». Cette attaque journalistique n'empêche pas le Théâtre de société de poursuivre, avec succès – en témoigne une annonce qui souligne qu'on a dû refuser des spectateurs, ceux-ci étant venus en trop grand nombre[139] –, sa saison théâtrale jusqu'au 16 mai 1817. La troupe met alors en scène *Le fanatisme ou Mahomet le prophète*[140], représentation d'une tragédie voltairienne qui vise explicitement l'intolérance des autorités religieuses. Mais, de janvier 1818 à 1822, on perd toute trace d'activité théâtrale.

---

137. *Le Spectateur*, 25 décembre 1815, p. [2].
138. *Le Spectateur canadien*, 13 janvier 1817, p. [3].
139. *Le Spectateur canadien*, 27 janvier 1817, p. [3].
140. Ainsi que *Le tuteur* ; annonce parue dans la *Gazette de Montréal*, 11 mai 1817, p. [3].

Autre fait à signaler dans la vie théâtrale amateur francophone : la coexistence, en 1829, de deux troupes montréalaises. *La Minerve* souligne le caractère exceptionnel de la chose en invitant « le public éclairé de Montréal [...] à voir les deux représentations pour juger du mérite respectif des deux corps[141] ». L'événement coïncide avec la première apparition, dans cette ville, d'une femme dans une compagnie d'amateurs canadiens.

Parallèlement au théâtre en salle, certains indices permettent de croire que se poursuit la tradition du théâtre à domicile. Louis Panet, de son propre chef, organise une soirée de théâtre bourgeois à son domicile de La Petite-Rivière (près de la rivière Saint-Charles), le 28 janvier 1837. Le divertissement, fort attendu par le public qui n'a pas eu la chance d'aller au théâtre durant l'épidémie de choléra, remporte un vif succès. Une centaine de personnes assistent à la représentation, qui suscite des commentaires enthousiastes dans les journaux. Les chroniqueurs décrivent Panet comme le sauveur de la vie culturelle de la province[142], et le théâtre de société, genre qui permet la présence de femmes sur la scène, comme l'avenir du théâtre canadien. Panet a probablement voulu imiter la haute société anglophone, qui perpétue la tradition des théâtres privés. Les lettres de Louisa Anne Aylmer[143] rapportent en effet que, une fois par semaine, quelques personnes se réunissent pour faire la lecture d'un titre à la mode (*The School for Scandal*, *The Rivals*, etc.). Le groupe compte autant d'individus que la pièce met en scène de personnages, et chaque participant possède un exemplaire du texte. Le théâtre à la maison continue d'égayer les soirées. Aubert de Gaspé père invite amis et voisins à voir ses enfants jouer des pièces de Berquin ou des contes des *Mille et une nuits*[144].

LES LIEUX DE THÉÂTRE

Malgré de nombreuses résistances, les villes de Montréal et de Québec parviennent à se doter de salles de théâtre construites à cette fin. Tant qu'elles ne jouissent pas d'établissements permanents, les troupes jouent dans les mêmes conditions que les amateurs du XVIIIe siècle[145]. Cependant, étant donné les ravages que causent les incendies dans les salles de théâtre, les propriétaires multiplient les issues de secours et interdisent au public de fumer.

---

141. *La Minerve*, 23 avril 1829, p. [3].
142. *Le Canadien*, 30 janvier 1837, p. [2].
143. Natalie Rewa, *op. cit.*, f. 149.
144. Henri-Raymond Casgrain, « Philippe A. de Gaspé », dans *Œuvres complètes de* l'abbé H.R. Casgrain, t. II : *Biographies canadiennes*, p. 245.
145. Maurice Lemire (dir.), *op. cit.*, p. 196-197.

L'aménagement des salles marque bien la distinction des classes sociales. Le lieu est divisé en deux parties imaginaires : les souscripteurs et les non-souscripteurs. Dans les salles de fortune, les sièges avant sont réservés aux abonnés ; une barrière les sépare du public ordinaire, souvent debout. Les vrais édifices de théâtre comportent généralement trois sections : les *boxes* ou loges – parfois appelées « boîtes » – (billets à 5 chelins[146]), un *pit* ou parterre (billets à 2 chelins 6 pence), et une *gallery* ou galerie, ou paradis (billets à 1 chelin 3 pence).

Si l'emplacement des sections détermine le prix d'entrée, ainsi que la répartition du public, le propriétaire de théâtre peut aussi, selon le type de spectacle à l'affiche, viser une couche sociale particulière. Par exemple, de mars à mai 1838, les galeries du Theatre Royal de Montréal restent fermées. Par mesure de prudence, on élimine ainsi le public du paradis, le plus démuni, le plus bruyant et le plus indiscipliné, qui aurait pu, encore plus qu'à l'accoutumée pendant la période de rébellion, nuire au bon déroulement des soirées[147]. Le théâtre se trouve ainsi peuplé de gens « respectables ». Cette discrimination des publics, opérée grâce au prix des billets, ne leurre personne. Aussi des gens s'indignent-ils d'une trop grande accessibilité : « [...] ces Messieurs qualifient [leur théâtre] de *Théatre de Société*, tandis que le premier venu peut y être admis avec une piastre[148] ».

De 1806 à 1839, le théâtre loge souvent à l'enseigne de l'éphémère : tout comme les troupes, les scènes survivent rarement plus d'une saison. Périodiquement, on ouvre des souscriptions dans les journaux pour l'édification d'une salle de théâtre. Entre 1816 et 1825, au moins quatre mises en chantier sont prévues à Montréal ; entre 1805 et 1819, au moins trois constructions sont projetées à Québec. Ces initiatives engendrent des polémiques entre les autorités laïques et religieuses, les populations anglophone et francophone, les marchands et les citoyens ordinaires. D'un côté, on veut multiplier les lieux de rencontre (magasins, auberges, boutiques, etc.) pour les principaux hommes d'affaires, en prétextant que le théâtre véhicule des leçons de morale et donne au public l'occasion d'accorder du temps aux plaisirs de l'esprit ; parfois – c'est le cas d'un projet de construction à Québec, en 1819[149] –, les promoteurs bénéficient de l'appui du gouverneur. De l'autre côté, on brandit les interdits, les mandements, les peines canoniques, on montre que, de tout temps, le

---

146. Le prix est parfois aussi donné en dollars.
147. Baudouin BURGER, « Théâtre, littérature et politique en 1837-1838 », dans *Aspects du théâtre québécois, 45ᵉ Congrès. Université du Québec à Trois-Rivières, 19, 20, 21 mai 1977*, p. 8.
148. *Gazette de Montréal*, 20 janvier 1817, p. [3]. Voir, à ce sujet, un dialogue de Napoléon Aubin dans *Le Fantasque*, 29 juin 1840, p. 221-223.
149. John HARE, « Le théâtre comme loisir au Québec. Panorama historique avant 1920 », *Loisir et société/Society and Leisure*, vol. VI, n° 1 (printemps 1983), p. 50.

théâtre a été perçu comme un véhicule d'immoralité ; ou, pour le bien-être de la population, on supplie les dirigeants d'assurer la sécurité (risques d'incendie, rues mal famées, etc.) et de protéger la santé des citoyens en préservant « le peu de places publiques qui existent maintenant en dedans des Murs de cette Cité[150] ».

À partir de janvier 1823, de longs articles sur la nécessité d'établir un théâtre à Montréal sont régulièrement publiés dans les journaux. Toutes ces démarches mènent à l'érection d'un théâtre permanent, le Theatre Royal – aussi appelé théâtre Molson en l'honneur de son principal actionnaire, John Molson –, qui marquera le début d'une ère nouvelle pour la culture en langue anglaise à Montréal et confirmera son hégémonie.

Le Theatre Royal de Montréal

Sixième salle de spectacle ouverte à Montréal le 21 novembre 1825, mais premier véritable théâtre de la ville, le Theatre Royal, construit à l'intersection sud-ouest des rues Saint-Paul et Victor, au coût de 7 500 livres selon les plans de l'architecte Gordon Forbes, s'apparente aux théâtres américains, plus précisément au Federal Street Theatre de Boston, « dans un style dont l'élégance et le confort n'ont pas été dépassés de ce côté de l'Atlantique[151] ». De dimensions imposantes (50 pieds de largeur, 110 de profondeur et 32 de hauteur), l'édifice peut accueillir environ 1 000 personnes. Ce premier théâtre permanent au Québec, anglophone, semble avoir pour fonction, entre autres, d'assimiler les Canadiens français : « Si les Canadiens étaient attirés par hasard vers nos théâtres, soit à cause de l'attrait de la nouveauté, soit à cause de l'intérêt qu'ils portent aux décors ou à la musique, même si leur connaissance de l'anglais demeure rudimentaire, ils seraient ainsi incités à se perfectionner davantage dans notre langue[152]. » La ville ainsi dotée d'une salle permanente peut s'inscrire dans l'itinéraire régulier des troupes en tournée en Amérique du Nord.

L'ouverture de ce théâtre stimule aussi la collaboration entre amateurs et professionnels. La première compagnie permanente du Theatre Royal, qui compte au moins 50 personnes incluant la quinzaine de musiciens, dirigée par l'*actor-manager* Frederick Brown, recrute ses têtes d'affiche parmi les acteurs professionnels étrangers, et ses comédiens de second ordre, au sein des troupes d'amateurs montréalais. Dès le 31 juillet 1826, le Theatre Royal accueille Edmund Kean, tragédien anglais de grand renom dont le cachet absorbe toutes les recettes du théâtre. Le règne de Brown est de courte durée : après une mauvaise saison, il résilie son bail le

---

150. Article cité par Natalie REWA, *op. cit.*, f. 104.
151. *The Montreal Gazette*, 24 septembre 1825, p. [3].
152. *The Canadian Magazine and Literary Repository*, septembre 1823, p. 225.

Theatre Royal, dessin de James D. Duncan, gravé par P. Christie, 1839. Tiré de Newton Bosworth (dir.), *Hochelaga Depicta* […], hors-texte entre les pages 150 et 151.

31 octobre 1826. Pendant les deux années suivantes, le Theatre Royal n'accueille que des amateurs, jusqu'à ce que Vincent De Camp, beau-frère de Brown, en prenne la direction de 1829 à 1833. Entre la première épidémie de choléra et les troubles de 1837, différents *actors-managers* américains ou anglais dirigent la salle.

Les Theatre Royal de Québec

L'ouverture d'un édifice permanent à Montréal semble donner une impulsion aux organisateurs théâtraux de la ville de Québec. En effet, entre 1825 et 1839, on y trouve deux lieux de théâtre importants, tous deux propriétés d'intérêts anglophones : le Théâtre royal de la rue Sainte-Anne, ou théâtre royal du Marché à foin, et le Théâtre royal de la rue Saint-Stanislas, ou Cirque royal[153]. Ces deux théâtres ont des histoires qui s'entremêlent et des dénominations homonymes.

Fondé en 1790, rebâti en 1805, le théâtre royal du Marché à foin, selon les saisons, accueille tout autant les troupes professionnelles en tournée que les officiers de la garnison et les troupes amateurs, anglophones et francophones. En 1824, avec l'ouverture du Cirque royal, la salle change de vocation et devient un lieu polyvalent où se réunissent les

---

153. Pour faciliter la lecture, les appellations des Theatre Royal de Québec sont traduites.

francs-maçons, où se donnent des cours et des concerts. George B. Gale, acteur américain, achète l'établissement vers 1830[154]. Il profite de la fermeture du Cirque royal pour rénover le théâtre royal du Marché à foin et le remettre à la disposition des troupes de théâtre en juillet 1831. Mais cette réaffectation dure peu : quand le Cirque royal, en 1832, ouvre de nouveau ses portes au public, le théâtre se transforme successivement en salle d'encan, en gymnase et en lieu d'exposition.

En 1824, West et Blanchard construisent un théâtre « équestre » où animaux, acrobates et acteurs peuvent se produire devant un millier de spectateurs ; le cirque reste sous la direction des promoteurs américains pendant deux ans. Durant les cinq années suivantes, amateurs, officiers et têtes d'affiche étrangères occupent la scène. En 1831, Jonathan Sewell[155] achète la salle et fait appel à des artistes canadiens – notamment Joseph Légaré et Louis-Hubert Triaud – pour la redécorer. C'est ainsi que le Cirque royal devient, en 1832, le Théâtre royal. Thomas Ward le dirige de 1836 à 1839, année du décès de Sewell.

LES FEMMES AU THÉÂTRE

Avec le XIXe siècle, la présence des femmes sur la scène anglophone est devenue chose courante : troupes civiles, militaires et professionnelles s'échangent les quelques *actresses*, *Mrs.* et *Female Performers*[156] qui osent monter sur les planches. Plus question de travestissement au théâtre de langue anglaise : Tyrone Power, en visite au Theatre Royal en 1835, refuse de jouer dans une pièce où un rôle de femme est tenu par un homme[157].

Chez les francophones, les femmes commencent timidement à changer leur statut de personnes invitées. En effet, les regroupements féminins à but philanthropique apparaissent pendant la période et soutiennent parfois des représentations[158], ce qui marque le début d'un nouveau genre de participation féminine à la vie théâtrale. Vers la fin des années 1830, les chroniqueurs se prononcent de plus en plus souvent sur la fréquentation

---

154. Mary M. Allodi et Rosemarie L. Tovell, *An Engraver's Pilgrimage*, p. 119.
155. Voir : Pierre-Georges Roy, « Le Cirque royal ou Théâtre royal », *BRH*, vol. XLII, n° 11 (novembre 1936), p. 641 ; F. Murray Greenwood et James H. Lambert, « Sewell (Sewall), Jonathan », *DBC*, t. VII, p. 855. Eugene Benson et L.W. Conolly, *The Oxford Companion to Canadian Theatre*, p. 548, affirment que ce serait plutôt Henry Sewall.
156. *The Quebec Mercury*, 8 décembre 1806, p. 391.
157. Jacques Gravel, *op. cit.*, f. 244.
158. « By particular desire and under the patronage of the ladies of Quebec », lit-on, par exemple, dans *La Gazette de Québec*, 16 février 1809, p. [2].

Des membres du personnel de lord Durham jouent une saynète, *Tom Thumb*, à bord du navire *Hastings*, 26 mai 1838. Aquarelle de Katherine Jane Balfour (Ellice). Archives nationales du Canada (C-013378).

du théâtre par les dames, ce qui, tout en octroyant un gage de moralité aux représentations, semble devenu une coutume : « Le plaisir que l'on commence à prendre ici à ces réunions depuis que le beau sexe de notre ville se décide enfin à les favoriser de sa présence, est un sûr garant que les spectateurs se présenteront en foule[159]. » L'absence de femmes à une soirée de spectacle est tout aussi souvent attribuée aux interdictions du clergé qu'à la présence de personnes indésirables dans la salle.

---

159. *Le Fantasque*, 3 juin 1839, p. 12.

Les rares interprètes féminines de la scène francophone sont de langue maternelle anglaise. En 1816 – les 9 février et 23 septembre plus précisément –, Mrs. Young, de Boston, devient la première femme à jouer dans une troupe amateur canadienne[160] à Québec ; le 30 janvier 1824, une anglophone, Mlle B., interprète aussi un rôle féminin dans un spectacle que montent des amateurs de la capitale. Ces quelques apparitions féminines demeurent exceptionnelles : jusqu'à la fin de la période se perpétue la coutume de faire jouer les rôles féminins par des garçons. Bref, le métier de comédienne ne fait toujours pas l'unanimité chez les francophones ; on rapporte, en 1828, la réprobation suscitée par la présence d'une actrice du Théâtre français à une réception donnée par une grande dame de la capitale[161].

LE RÉPERTOIRE

Des débuts de la colonie jusqu'en 1840, année qui semble marquer un tournant à cet égard, le répertoire francophone comprend les mêmes auteurs que pendant la période précédente, et principalement Molière.

On peut affirmer que chaque annonce théâtrale comporte en moyenne un titre du célèbre dramaturge. *Le mariage forcé*, *L'avare*, *Les fourberies de Scapin* et *Le médecin malgré lui* sont ceux qui reviennent le plus souvent, bien que *Le malade imaginaire*, *Georges Dandin* et *Monsieur de Pourceaugnac* soient également bien connus du public ; on voit aussi de rares mises en scène des *Précieuses ridicules*, de *La comtesse d'Escarbagnas* et du *Misanthrope*. Parmi les autres auteurs les plus populaires, on note Destouches *(Le tambour nocturne, Le trésor caché, Madame Angot, L'obstacle imprévu* et *Le jeune homme à l'épreuve)*, David-Augustin de Brueys et Jean Palaprat (coauteurs de *L'avocat Patelin* et du *Grondeur)*, Beaumarchais *(Le barbier de Séville)*, Pigault-Lebrun *(L'orpheline, Contretemps sur contretemps* et *Le marchand provençal)* et Eugène Scribe *(Michel et Christine, Frontin, mari-garçon, Une visite à Bedlam, Les deux précepteurs, L'ours et le pacha* et *La famille du baron)* qui, après 1835, devient presque aussi populaire que Molière.

Il ne faudrait pas conclure, cependant, que les programmes de théâtre de ces 34 années se limitent à une trentaine de titres. D'autres auteurs sont également joués à une ou deux reprises ; ne sont retenus ici que ceux qui figurent aux programmes plus d'une dizaine de fois pendant la période. On ne saurait non plus oublier les quelques auteurs canadiens, ainsi que les visiteurs, dont on a monté les pièces : Joseph Quesnel *(Colas et Colinette* [...]), John Duplessis Turnbull *(Le démon de la forêt ou l'horloge a sonné*, traduction de *The Wood Demon or*

---

160. Baudouin BURGER, *L'activité théâtrale au Québec, 1765-1825*, p. 169, 258, 361 et 362.

161. *Le Spectateur canadien*, 24 septembre 1828, p. [2].

The Clock has Struck), Laurent Alvic *(Le comédien sans argent ou le retour d'Alvic* et *Le délire ou les folies de l'amour),* Firmin Prud'homme, Leblanc de Marconnay et Napoléon Aubin.

La majeure partie des pièces francophones jouées hors collège entre 1806 et 1839 appartiennent au genre comique, qui correspond le mieux à la fonction divertissante de ce loisir. La représentation de tragédies par des amateurs de langue française demeure une exception ; ceux qui s'y risquent n'interprètent que Voltaire et Ducis *(La mort de César, Le fanatisme ou Mahomet le prophète* et *Hamlet).* Cette préférence accordée aux comédies, farces et vaudevilles est liée aux contraintes que doivent affronter les amateurs francophones. En effet, plusieurs facteurs déterminent le choix des pièces : les titres disponibles dans les librairies et les bibliothèques, les attentes du public, la tolérance du clergé, le nombre et le sexe des personnages de la pièce, la simplicité des accessoires et des décors. À plusieurs égards, le genre comique semble plus accessible aux profanes de la scène : moins de personnages, dont le sexe s'avère plus interchangeable, moins d'apparat dans le décor et texte plus facile à rendre par des amateurs qui risquent de commettre quelques bévues. Pendant la dernière décennie de la période, les dithyrambes sont graduellement délaissés pour un discours qui définit davantage les attentes du public. Les chroniqueurs sont surtout unanimes à réclamer de la nouveauté. Les anglophones se lassent d'assister à des tragédies, surtout en été, car ils souhaiteraient applaudir des pièces plus légères ; les francophones, en revanche, aspirent à la situation inverse.

Les événements politiques ne trouvent pas écho dans le répertoire théâtral francophone. Une seule exception, bien curieuse, à cette règle : la présentation, à Québec, le 23 février 1816, de *La bataille de Waterloo ou l'entrée triomphante de l'armée angloise dans Paris,* peu après la défaite de Napoléon, événement souligné également par la venue du panorama de la *Grande bataille de Waterloo,* toujours à Québec, en 1817 et 1818. Annoncée simultanément en anglais et en français, *La bataille de Waterloo* [...], jumelée au *Mariage forcé,* pourrait bien avoir fait partie d'une représentation où amateurs anglophones et francophones, patronnés par les autorités gouvernementales, se partagent la scène. *La bataille de Waterloo* [...] appartiendrait alors, si l'hypothèse est valable, au répertoire de langue anglaise[162].

---

162. La pièce est annoncée dans *The Quebec Mercury,* 20 février 1816, p. 63, et dans *La Gazette de Québec,* 22 février 1816, p. [3].

L'ESSOR DU THÉÂTRE DE COLLÈGE (1830-1839)

Une certaine pratique du théâtre prend cependant son essor chez les francophones au cours de la décennie 1830-1839. Nullement lié aux conditions économiques de la colonie, le théâtre de collège engendre peu de polémiques et sait subsister sans l'apport ni l'accord de son pendant anglophone. En 1780, les collèges s'étaient vu interdire par Mgr Jean-Olivier Briand de mettre des activités dramatiques à leur programme, et les élèves, de fréquenter les théâtres. C'est surtout sous l'épiscopat de Mgr Ignace Bourget, puis de Mgr Édouard-Charles Fabre, que ce secteur de l'enseignement se structure. À partir de 1827 cependant, peu après la mort de Mgr Joseph-Octave Plessis, Jean Holmes instaure au séminaire de Québec la tradition des représentations théâtrales annuelles qu'adopteront tous les collèges, les plus anciens et les plus récents, les plus et les moins fréquentés. Le séminaire de Québec, dont le répertoire sert de modèle aux autres, restera toutefois l'endroit où l'on donne le plus de spectacles dramatiques. Entre-temps (1780-1827), les exercices littéraires de fin d'année constituent des exceptions et ne comportent que des fables, des dialogues et des plaidoyers (concours d'éloquence).

Les programmes des festivités de fin d'année, publiés dans les journaux, donnent, pour chaque groupe d'élèves, l'exercice littéraire effectué: pièce ou extrait de pièce (selon l'âge des élèves), dialogue de circonstance ou débat oratoire. Ces manifestations, organisées dans le dessein de faire passer publiquement les examens et de distribuer ensuite les prix, durent de deux à trois jours; les séances dramatiques clôturent l'interrogation d'une classe.

Les collèges privilégient la tragédie sacrée, mais les comédies, les fables et les dialogues amusants, ainsi que certaines pièces inédites, souvent écrites par des enseignants, sont aussi agréés. Pour la circonstance, la direction du collège fait peindre des toiles qui servent de décors. Le séminaire de Québec présente également, à l'occasion, des concerts de musique instrumentale et vocale. Les archives de l'établissement en conservent les programmes, imprimés ou manuscrits, souvent annotés; on sait ainsi que les élèves ont donné deux soirées musicales en 1837 (les 1er et 6 avril)[163].

Les pièces à l'affiche respectent la tradition et la morale. À cette fin, on choisit des extraits sans personnage féminin. Si le choix de Pierre

---

163. Documents conservés aux ASQ, Séminaire boîte 206, liasse n° 1.

Corneille, de Jean Racine et de Molière s'explique facilement, les mises en scène de *La mort de César, Zaïre* ou *Le fanatisme ou Mahomet le prophète* ont, en revanche, de quoi surprendre : jouées par des amateurs adultes, ces pièces appellent toujours la réprobation. La présentation, en août 1837, au petit séminaire de Québec, d'une tragédie tirée de Byron et intitulée *Les deux Foscari* déroge à la fidélité habituelle aux classiques avant 1840. En fait, la rébellion influence le répertoire de collège. Au cours de la période révolutionnaire, les maisons d'enseignement présentent des pièces où l'obéissance triomphe et la révolte échoue. C'est dans cette optique que Byron en 1837, ainsi que les berquinades *(L'incendie, Les jeunes officiers de la garnison, Le procès entre voisins, Damon et Pythias* et *Le déserteur)*, David Garrick *(High Life Below Stairs)*, les pères Du Cerceau *(Les incommodités de la grandeur)* et Lejay *(Joseph vendu par ses frères)*, sont mis au programme[164]. Les exercices de fin d'année comprennent également des pièces anglophones, qui contribuent probablement à l'apprentissage de la langue anglaise.

Le public cible de ces fêtes, des dignitaires et des parents d'élèves, appartient majoritairement à la classe sociale qui fréquente habituellement les théâtres du Bas-Canada. S'ils participent indéniablement à répandre une culture théâtrale dans le public, ces exercices littéraires n'assurent cependant pas la relève dramatique. Ils ne contribuent pas à former un milieu théâtral : « Les Messieurs qui ont représenté les Drames ont surmonté une bonne partie des difficultés que présentent les pièces versifiées, à de jeunes débutants qui n'ont jamais vu un théâtre, et exercés par des personnes qui n'ont elles-mêmes jamais assisté à une représentation dramatique, par de bons acteurs[165]. » L'art dramatique demeure un exercice exclusivement scolaire ; le 27 juillet 1838, la direction du petit séminaire de Québec défend aux étudiants, sous peine d'expulsion, de s'adonner au théâtre en dehors des murs du collège. Ce règlement restera en vigueur jusqu'en 1840.

*

La période se ferme sur des pratiques de théâtre qui, depuis 1806, se sont précisées :

> On a cité comme dangereuses les réunions nocturnes et mixtes qui ont lieu dans les théâtres, sans songer que là, comme dans toutes les grandes assemblées, chacun a sa place, que les dames ont leur loge, les dandys fashionables leur parterre, et la populace bruyante ses galeries. On a encore crié contre la légèreté équi-

---

164. Voir à ce sujet Baudouin BURGER, « Théâtre, littérature et politique en 1837-1838 », *art. cit.*, p. 15-18.

165. *Le Canadien*, 17 août 1838, p. [2].

voque des comédies, et la dissolution ordinaire des affidés des coulisses et du foyer : mais le théâtre français ne blesse presque jamais les convenances, et le théâtre anglais, auquel on a longtemps reproché l'obscénité, s'est considérablement réformé et sait ménager aujourd'hui les plus chatouilleuses délicatesses[166].

Même si, quantitativement, le nombre de troupes et de représentations n'a pas beaucoup augmenté, les citadins s'engagent dans la vie théâtrale de leur pays : ils assistent assidûment aux spectacles parathéâtraux et rétablissent le théâtre de collège.

Il n'y a pas eu, entre 1806 et 1839, de fracassantes querelles entre amateurs de théâtre et ecclésiastiques comme le Québec en a connues, par exemple, à la belle époque de *Colas et Colinette* [...]. Après l'aventure retentissante du Théâtre de société de Joseph Quesnel, le clergé observe la consigne d'intervenir à l'intérieur du confessionnal plutôt qu'en chaire. Moins grande couverture de presse, donc, qui rend les anathèmes moins visibles aux historiens. La censure n'en reste pas moins présente ; en témoignent certaines opinions sur le théâtre qui, périodiquement, stigmatisent dans les journaux les représentations francophones. Ce silence larvé transpire dans une lettre datée du 27 février 1809 :

> Sur votre témoignage je demeure persuadé que les deux pièces qui doivent se jouer ce soir au théâtre, sont des plus châtiées que l'on puisse y admettre ; mais ce sont des pièces de théâtre. Convient-il à un chrétien d'y assister ? Les gens du monde diront, oui ; les Pères de l'Église et après eux tous les Théologiens Catholiques anciens et modernes, diront, non. Dans cette diversité d'opinions, à qui dois-je m'en rapporter, si non à ceux qui sont chargés par état de diriger les hommes dans la voie du salut[167] ?

À y bien réfléchir, le mieux placé n'est peut-être pas celui qu'on pense. D'une part, les représentations francophones jouissent de l'appui tacite des autorités britanniques. D'autre part, les recettes au guichet profitent aux œuvres de bienfaisance : les troupes leur versent généralement l'excédent des frais de représentation.

En fait, la question théâtrale reste intimement liée à l'économie de la colonie. Le théâtre francophone est confiné aux scènes de Québec et de Montréal que subventionne l'élite financière anglophone et que dominent les troupes de langue anglaise. Animées par des hommes de professions libérales incapables d'investir autant que les marchands anglophones, les

---

166. *Le Canadien*, 1er février 1837, p. [1].
167. L'auteur de cette lettre a été identifié comme étant Joseph-Octave Plessis par John HARE, « Panorama des spectacles au Québec : de la Conquête au XXe siècle », dans Paul WYCZYNSKI, Bernard JULIEN et Hélène BEAUCHAMP-RANK (dir.), *Le théâtre canadien-français*, p. 71.

troupes d'amateurs francophones doivent compenser par des prix d'admission anormalement élevés pour une clientèle fort limitée. Puisque le nombre des Canadiens de langue française assez fortunés pour aller au théâtre est restreint, les troupes font rarement leurs frais : « La recette a été considérable, mais les dépenses l'ont été pareillement[168] », avoue-t-on au lendemain d'une représentation.

*

La modeste vie théâtrale francophone au Québec demeure largement tributaire des initiatives anglophones et des rares visites d'acteurs ou de chefs de troupes français. En dépit des initiatives de Prud'homme et d'Aubin, aucune évolution appréciable n'est signalée depuis les éphémères succès de la troupe de Quesnel (1789-1790)[169]. Il en va différemment de la carrière littéraire, où les réseaux associatifs commencent à jouer un rôle plus important. Si, d'un côté, le regroupement en associations volontaires demeure largement une pratique anglophone, de l'autre, la polarisation du débat idéologique entraîne les Canadiens à limiter leur participation dans ce genre de pratique. Les hommes de lettres canadiens profitent davantage des réseaux familiaux (relations entre les familles Papineau et Viger), professionnels (stage commun de Garneau et de Petitclair chez Campbell) et, à partir de 1830, des associations patriotiques (notamment les Fils de la liberté que fréquente par exemple Boucher de Boucherville). Cette évolution rend particulièrement visible l'échec des tentatives d'assimilation des sociétés savantes anglophones comme la LHSQ. Dans ce contexte apparaissent un nombre plus important d'acteurs littéraires canadiens, par exemple Bibaud, Garneau, Papineau, Parent, Viger, même si des immigrants européens continuent d'exercer une influence appréciable. Mermet, de passage au pays de 1813 à 1816, donnera pourtant une impulsion marquée à la poésie patriotique. Dès leur arrivée, Leblanc de Marconnay et Aubin fondent des journaux et participent de façon active à la vie littéraire.

Toutefois, le rôle déterminant revient aux Canadiens. Le plus grand homme politique, Papineau, et le plus grand journaliste, Parent, même s'ils n'ont pas écrit pour la postérité, se signalent comme les intervenants dominants dans le champ intellectuel de l'époque. Jacques Viger, par ses recherches et ses collectes, acquiert une position hégémonique dans le domaine de l'érudition. Bibaud poursuit la première véritable carrière littéraire au Québec, comme en témoignent son activité continue de 1831 à 1841 et son recueil de 1830. C'est aussi un Canadien, Aubert de Gaspé fils, qui signe le premier roman canadien. Les écrivains se multiplient et

---

168. *La Minerve*, 29 janvier 1829, p. [3].
169. Maurice Lemire (dir.), *op. cit.*, p. 188-189.

leurs activités s'intensifient avec la génération de 1830 ; cet accroissement, tout lié qu'il soit au mouvement patriotique qui conduit à la rébellion de 1837, se maintiendra malgré la défaite politique.

Pour en savoir davantage

BERNATCHEZ, Ginette, « La Société littéraire et historique de Québec (The Literary and Historical Society of Quebec), 1824-1890 », *RHAF*, vol. XXXV, n° 2 (septembre 1981), p. 179-192.

BURGER, Baudouin, *L'activité théâtrale au Québec, 1765-1825*, Montréal, Parti pris, 1974, 410 p.

CHARTRAND, Luc, Raymond DUCHESNE et Yves GINGRAS, *Histoire des sciences au Québec*, Montréal, Boréal, 1987, 487 p.

Dictionnaire biographique du Canada, t. I : *De l'an 1000 à 1700*, 1986 ; t. II : *De 1701 à 1740*, 1969 ; t. III : *De 1741 à 1770*, 1974 ; t. IV : *De 1771 à 1800*, 1980 ; t. V : *De 1801 à 1820*, 1983 ; t. VI : *De 1821 à 1835*, 1987 ; t. VII : *De 1836 à 1850*, 1988 ; t. VIII : *De 1851 à 1860*, 1985 ; t. IX : *De 1861 à 1870*, 1977 ; t. X : *De 1871 à 1880*, 1972 ; t. XI : *De 1881 à 1890*, 1982 ; t. XII : *De 1891 à 1900*, 1990 ; *Index onomastique. Volumes I à XII. De l'an 1000 à 1900*, 1991, Québec, Les Presses de l'Université Laval, 13 vol. parus. [*DBC*]

DOUCETTE, Léonard Eugène, *Theatre in French Canada. Laying the Foundations, 1606-1867*, Toronto, University of Toronto Press, « Romance Series », 52, 1984, x-290 p.

GARNEAU, François-Xavier, *Voyage en Angleterre et en France dans les années 1831, 1832 et 1833*, texte établi, annoté et présenté par Paul Wyczynski, Ottawa, Éditions de l'Université d'Ottawa, 1968, 375 p.

LACOURCIÈRE, Luc, « Aubert de Gaspé, fils (1814-1841) », *Les Cahiers des Dix*, n° 40 (1975), p. 275-302.

LAFLAMME, Jean, et Rémi TOURANGEAU, *L'Église et le théâtre au Québec*, Montréal, Fides, 1979, 355 p.

MONIÈRE, Denis, *Le développement des idéologies au Québec des origines à nos jours*, Montréal, Québec/Amérique, 1977, 381 p.

MORIN, Victor, « Clubs et sociétés notoires d'autrefois », *Les Cahiers des Dix*, n° 13 (1948), p. 187-222 ; n° 14 (1949), p. 167-187 ; n° 15 (1950), p. 185-219.

NOËL, Jean-Claude, « Notre premier auteur comique : Pierre Petitclair (1813-1860) », *Voix et images*, vol. VI, n° 1 (automne 1980), p. 117-126.

PARIZEAU, Gérard, *La vie studieuse et obstinée de Denis-Benjamin Viger (1774-1861)*, Montréal, Fides, 1980, 330 p.

RUMILLY, Robert, *Papineau et son temps*, Montréal, Fides, « Vies canadiennes », 1977, 2 vol.

TREMBLAY, Jean-Paul, *À la recherche de Napoléon Aubin*, Québec, Les Presses de l'Université Laval, « Vie des lettres canadiennes », 7, 1969, x-187 p.

Homme devant une bibliothèque, aquarelle de William Berczy, sans date. Royal Ontario Museum (968.298.2).

CHAPITRE 4

L'ESSOR DE LA LECTURE

Pendant la deuxième moitié du xviiie siècle, l'introduction de l'imprimerie, de la presse, des librairies et des bibliothèques de prêt favorise la mise en place d'un réseau de production, d'importation et de circulation de l'imprimé dans un contexte colonial britannique. Ces infrastructures apportées par les émigrants anglais et les loyalistes encouragent la lecture, orientée d'abord vers les intérêts de la communauté anglophone. De cette façon, les nouveaux sujets britanniques doivent se familiariser avec la culture anglaise sous diverses formes. Jusqu'à quel point cette stratégie réussit-elle ? Si la fin du xviiie siècle apparaît comme un laboratoire où s'expérimente l'édition de journaux, de brochures et de livres, ainsi que l'importation et la diffusion de l'imprimé, le début du xixe sera davantage marqué par une certaine « canadianisation » de ces pratiques ou, du moins, par leur utilisation à l'avantage des Canadiens.

Parce qu'elle encourage la discussion et forme l'opinion publique, la presse joue un rôle important dans l'essor de la lecture. La multiplication des journaux d'opinion et l'apparition de revues favorisent des pratiques d'écriture qui confèrent à la presse un ascendant sur la vie intellectuelle et relativise l'importance des imprimeries, des librairies et des bibliothèques. Non seulement cette presse sert de locomotive aux pratiques littéraires, entraînant dans son mouvement les autres infrastructures, mais elle prend aussi une part active dans l'énonciation du projet collectif des Canadiens.

Quant aux imprimeries, elles tentent de satisfaire aux besoins de leur clientèle qui ne peuvent pas être comblés par l'importation de livres et de journaux. Cependant, les problèmes d'édition qu'éprouvent les imprimeurs et les difficultés que rencontrent les libraires importateurs révèlent quelques obstacles qui freinent l'expansion d'un marché local du livre. Quant aux bibliothèques, elles exercent une influence sur la formation d'un public lettré, puisqu'elles déterminent l'accès aux imprimés dans une population encore majoritairement analphabète.

La presse périodique et la formulation d'un discours

En 1805, seulement trois journaux hebdomadaires paraissent au pays: deux gazettes bilingues, l'une à Montréal et l'autre à Québec, diffusent de l'information générale; le troisième, le *Quebec Mercury* défend les intérêts du parti anglais. Au cours de la période naissent au Bas-Canada près d'une centaine de périodiques rédigés dans l'une ou l'autre langue[1]. En 1839, trois journaux en langue française et six en langue anglaise paraissent toujours. Les deux tiers des journaux et revues franchissent à peine le seuil de la première année et plusieurs autres durent seulement quelques semaines. L'absence d'assises financières solides, la précarité des revenus provenant de la publicité et des abonnements, de même qu'un public restreint expliquent certainement leur brève existence. Souvent, c'est la formule même qui ne répond pas aux attentes du lectorat. En général, les fondateurs de journaux se sont fait des illusions sur leur public éventuel.

En effet, rien n'est plus facile que de lancer un journal; il suffit de disposer de papier et d'une imprimerie. Plusieurs propriétaires et rédacteurs au courant des diverses formules en vogue dans la presse européenne recherchent un créneau qui leur soit propre. La presse marchande, avec ses

---

1. André Beaulieu et Jean Hamelin, *La presse québécoise des origines à nos jours*, t. I: *1764-1859*, p. 1-107.

pages publicitaires, offre les meilleures chances de succès, du moins au début de la période, avant que la presse d'opinion ne jouisse du patronage politique, autour de 1830, avec *La Minerve* et *Le Canadien*. Après les tentatives de *L'Abeille canadienne* en 1818, quelques journaux à caractère politique et littéraire, qu'animent des rédacteurs européens, effectuent une percée, mais il faut attendre l'arrivée de Napoléon Aubin avec son *Fantasque* pour que s'impose une formule nouvelle, le journal satirique et littéraire.

LA PRESSE MARCHANDE

Jusqu'en 1830, le journal hebdomadaire continue d'être imprimé sur des presses à bras, comme au XVIIIe siècle. Avec un outillage rudimentaire, la production de deux pressiers ne dépasse pas 60 exemplaires à l'heure[2]. Il n'est donc pas surprenant que la plupart des officines ne publient qu'un numéro par semaine. À Québec comme à Montréal, les journaux comptent de quatre à six pages. La cherté du papier oblige à une mise en pages sans en-têtes et à une typographie serrée. L'in-folio caractérise le format de la presse marchande dans laquelle la publicité représente souvent jusqu'à 50 % du contenu, ce qui suscite le commentaire suivant : « En Europe, le journal, qui répond surtout à un besoin intellectuel, a devancé les annonces ; en Amérique, ce sont les annonces qui enfantent les journaux, et ceux-ci se ressentent de leur origine toute mercantile[3]. » Cette presse marchande fait une large place aux publications gouvernementales, aux avis publics et aux annonces commerciales. *La Gazette de Québec* et la *Gazette de Montréal* découpent et reproduisent des textes sur les événements internationaux à partir des mêmes journaux européens. Le contenu vraiment rédigé occupe moins du cinquième du journal. Dans cette presse marchande, les contemporains trouvent des renseignements sur le va-et-vient des navires, sur les nouveaux arrivages de marchandise, sur les procès en cours, etc. Ils y lisent également des nouvelles sur les pays d'Europe, en particulier sur l'Angleterre.

L'abonnement annuel se situe autour de 15 ou 20 chelins (3 ou 4 « piastres »), prix qui représente l'équivalent de une semaine de salaire pour un employé (typographe ou pressier) à l'imprimerie Neilson en 1806[4]. Le tirage, selon les seuls chiffres disponibles pour *La Gazette de*

---

2. Wilfred H. KESTERTON, *A History of Journalism in Canada*, p. 8.
3. Philippe CUCHEVAL CLARIGNY, *Histoire de la presse en Angleterre et aux États-Unis*, p. 457.
4. John HARE et Jean-Pierre WALLOT, « Les imprimés au Québec (1760-1820) », dans Yvan LAMONDE (dir.), *L'imprimé au Québec*, p. 92.

Québec, oscille vers 1806 autour de 500 exemplaires par numéro ; entre 1807 et 1812, il atteint 850[5]. Les francophones représentent environ 50 % de l'ensemble des lecteurs.

La formule du journal bilingue s'estompe à mesure que les deux communautés linguistiques se dotent de journaux unilingues. Dès 1810, les traductions disparaissent de la *Gazette de Montréal*, nouvellement acquise par James Brown, qui insère dans sa feuille beaucoup d'écrits dans la langue d'origine seulement ; John Neilson l'imite. Sur le plan politique, les deux journaux gardent une certaine neutralité. Ils publient des annonces, des manifestes et des remerciements électoraux des deux partis, laissant aux journaux d'opinion le soin de mener les grandes luttes politiques. De temps à autre, les deux gazettes publient des lettres d'abonnés sur des sujets d'ordre général et des poésies que proposent certains correspondants. Cependant, le texte littéraire ne se détache pas de l'ensemble. Cette situation de fait n'empêche pas quelques personnes de créer une presse d'opinion qui donne une voix propre aux Canadiens.

LA PRESSE D'OPINION

La presse d'opinion accompagne la formation des partis politiques. Sous un régime représentatif, les élus s'appuient constamment sur l'opinion publique. Ils doivent souvent la susciter, puis la diriger ou du moins l'orienter. Le journal divulgue et poursuit sur la place publique les discussions de la Chambre. La formation des partis remonte à 1805. À l'occasion de l'affaire des Prisons, les marchands britanniques se regroupent pour faire échec aux Canadiens majoritaires en Chambre. Le journalisme, par ses prises de position, divise alors le marché en partisans et en adversaires.

En 1805, Thomas Cary lance le *Quebec Mercury*, journal à la fois politique et commercial. De l'avis de ses collaborateurs, la province demeure encore trop française ; ils entreprennent donc de « la défranciser [*unfrenchify*] ». Ce discours, repris *ad nauseam*, provoque la création du *Canadien*, premier hebdomadaire entièrement en langue française dans la ville de Québec. Voué à la défense de la liberté de la presse et des droits constitutionnels des Canadiens, ce journal permet à plusieurs jeunes (Jacques Viger, Denis-Benjamin Viger, Jean-Antoine Panet, Jean-Antoine

---

5. John HARE et Jean-Pierre WALLOT, « Le livre au Québec et la librairie Neilson au tournant du XIXe siècle », dans Claude GALARNEAU et Maurice LEMIRE (dir.), *Livre et lecture au Québec (1800-1850)*, p. 105.

En-têtes du *Canadien* et de *La Minerve* en 1834. Photographe : Kenneth Landry.

Bouthillier et Pierre-Stanislas Bédard) de pratiquer un journalisme de combat sous le couvert d'un pseudonyme, tout en aiguisant leur plume au contact des idées anticanadiennes du *Quebec Mercury*. Au Bas-Canada comme ailleurs, la presse d'opinion s'alimente aux conflits idéologiques et tire tout son intérêt de sa riposte. Elle mobilise un public peut-être restreint, mais très partisan.

Le Canadien se fait « le héraut du peuple canadien, et en français[6] » et se situe surtout sur un plan nationaliste et politique. C'est un journal de combat où la littérature sert en quelque sorte à alimenter la lutte entre la majorité canadienne et la minorité britannique. *Le Canadien* cite, par exemple, Montesquieu, Voltaire et Diderot, grands admirateurs du parlementarisme britannique. Les rédacteurs reproduisent également des réflexions d'ordre philosophique, comme l'« Essai sur la définition de l'esprit » (14 mars 1807) ou des « Réflexions sur le pouvoir de la raison et des passions » (3 octobre 1807). Quant au contenu littéraire « canadien », composé de poèmes, d'étrennes, de chansons et d'épigrammes, les pièces versifiées parues de 1806 à 1810, à quelques exceptions près, participent au débat socio-politique qui oppose les deux partis. Joseph Quesnel demeure le poète attitré du journal et il n'hésite pas à défendre la liberté d'expression des Canadiens dans les débats avec le *Quebec Mercury* : « La Presse en Canada est libre j'en suis sûr° Depuis que *Le Canadien* fait bonne figure° N'en déplaise falala, n'en déplaise au *Mercure*[7]. » La majorité des poésies publiées en ces années sont l'œuvre de collaborateurs du *Canadien*. À la longue, les articles politiques soulèvent l'ire du gouverneur James Henry Craig qui donne en 1810 l'ordre de saisir le journal et d'arrêter l'imprimeur ainsi que les rédacteurs, Pierre-Stanislas Bédard, François Blanchet et Jean-Thomas Taschereau.

En opposition au *Canadien* surgit, en 1807, le *Courier de Québec*, fondé par Pierre-Amable De Bonne et Joseph-François Perrault, et dirigé par Jacques Labrie. Ce journal bihebdomadaire, destiné à la bourgeoisie de Québec, s'apparente plutôt aux petits magazines littéraires par sa section de belles-lettres, intitulée « Mélanges », qui renferme des contes, des nouvelles littéraires ou philosophiques, des poésies et des essais, ainsi que des extraits de livres étrangers. Labrie lui-même y publie pour la première fois au Québec une série d'articles sur l'histoire du Canada, d'après l'*Histoire et description generale de la Nouvelle France* […] de Charlevoix. Même si le *Courier de Québec* semble refléter les idées à la fois des classiques, des encyclopédistes et des premiers romantiques, sa disparition en moins de deux ans montre que les bureaucrates francophones de Québec ne sont pas en nombre suffisant pour maintenir un journal d'opinion. La présence de jeunes littérateurs comme Jacques Labrie et Louis Plamondon influence sans doute le contenu littéraire du journal, qui occupe presque autant d'espace que les querelles politiques.

Après la disparition du *Courier de Québec* et du *Canadien*, peu d'entrepreneurs se risquent à publier des journaux de combat. Avec *Le Vrai Canadien* (10 mars 1810-6 mars 1811), De Bonne tente d'occuper la place

---

6. Prospectus du journal *Le Canadien*, 13 novembre 1806.
7. *Le Canadien*, 24 janvier 1807, p. 40.

laissée libre. *Le Canadien* réapparaît de 1817 à 1820, puis de 1820 à 1825, mais éprouve de graves difficultés financières. Deux autres journaux réformistes francophones voient le jour pendant la décennie 1810-1819 : en 1813, *Le Spectateur* (devenu *Le Spectateur canadien* en juin 1816) de Charles-Bernard Pasteur, et, en 1817, la *Gazette des Trois-Rivières* de Ludger Duvernay. Pasteur et Duvernay fondent leurs journaux afin de répandre des connaissances utiles d'ordre politique, commercial, agricole et littéraire. Duvernay reproduit surtout des textes littéraires français du XVIIIe siècle, comme ceux de Voltaire, Rousseau, Buffon, La Harpe et Montesquieu, tandis que Pasteur ouvre ses colonnes à des correspondants locaux. L'un d'eux, le poète Joseph-David Mermet, lui rappelle, avec une pointe d'humour : « Il faut de l'art, Pasteur, dans le siècle où nous sommes,° Et l'art d'un nouvelliste est d'amuser les hommes.° J'admire un Gazetier qui ne ment qu'à demi[8]. »

La Minerve

Après avoir fait ses premières armes chez Pasteur et à Trois-Rivières, Ludger Duvernay amorce une nouvelle phase de sa carrière à la tête de *La Minerve*, qu'il transforme en un des plus influents journaux en langue française de 1826 à 1837. En 1827, le journal végète avec ses 240 abonnés ; cinq ans plus tard, il en compte 1 300.

Pendant les quatre premières années de *La Minerve*, poèmes, chansons, fables et textes de nature littéraire abondent dans le journal. Plusieurs de ces écrits sont anonymes, mais ce n'est manifestement pas de la littérature canadienne. Le journal reproduit des textes récemment publiés en France et ce peu de retard s'expliquerait, dans certains cas, par des abonnements aux journaux et une correspondance de Duvernay avec quelques amis français. Il est toutefois probable que Duvernay s'approvisionne aussi chez le libraire Édouard-Raymond Fabre, le plus grand importateur de livres français au Bas-Canada.

Depuis sa fondation à son interruption, survenue à la veille de la rébellion, *La Minerve* connaît divers changements dans sa présentation. Ces modifications ne touchent pas tant les rubriques que l'espace qu'elles occupent : presque chaque numéro comporte des « Variétés » (qui deviennent des « Mélanges »), des « Nouvelles étrangères » (qui occupent parfois près du tiers du journal), de la « Correspondance », ainsi que des textes éditoriaux et de la publicité. Les échanges de lettres avec des correspondants d'autres journaux occupent davantage d'espace à mesure que s'intensifie la lutte du Parti patriote.

---

8. *Le Spectateur*, 16 septembre 1813, p. 68.

À partir de 1830, et plus particulièrement après la révolution de Juillet en France, la rédaction se concentre avant tout sur la politique. Les vocables « injustice », « liberté » et « indépendance » reviennent comme des leitmotive. La partie littéraire du journal subit des modifications en conséquence : elle accentue son caractère combatif.

Comme les autres journaux d'opinion, même ceux qui se consacrent d'abord à la politique, *La Minerve* accorde un assez grand espace à la littérature. Par exemple, sous la direction d'Augustin-Norbert Morin, puis de Duvernay, la rubrique « Variétés » (poèmes, fables, chansons, etc.) est déplacée de la quatrième à la première page dès avril 1827. La majorité des textes proviennent de l'étranger : poésies de Lamartine, essais de Rousseau, chansons de Béranger, etc. Le journal reflète assez l'actualité française, mais la rédaction accueille également des textes inédits, comme les poèmes et les contes de Napoléon Aubin en 1835, ainsi que les textes poétiques de Pierre Laviolette et de George-Étienne Cartier. À partir de 1830, le critère de sélection de la « bonne littérature » qui avait cours dans le prospectus de 1826 ne tient plus. Les textes, même littéraires, ont dorénavant un caractère contestataire, s'accordant ainsi à la politisation ou polarisation patriote du journal.

Le Canadien, nouvelle version

À Québec, *Le Canadien* renaît de ses cendres pour une troisième fois, le 7 mai 1831, sous l'impulsion conjointe de l'imprimeur Jean-Baptiste Fréchette et du rédacteur Étienne Parent. En inscrivant à dessein l'adjectif possessif dans la nouvelle devise du *Canadien*, *Nos institutions, notre langue et nos lois*, Parent annonce ses couleurs sans détour :

> Notre politique, notre but, nos sentiments, nos vœux et nos désirs, c'est de maintenir tout ce qui parmi nous constitue notre existence comme peuple et, comme moyen d'obtenir cette fin, de maintenir tous les droits civils et politiques qui sont l'apanage d'un pays anglais [...] Canadiens de toutes les classes, de tous les métiers, de toutes les professions, qui avez à conserver des lois, des coutumes et des institutions qui vous sont chères, permettez-moi de vous répéter qu'une presse canadienne est le plus puissant moyen que vous puissiez mettre en usage.

Le prospectus indique non seulement les objectifs du journal, mais délimite aussi le créneau particulier du marché qu'entend occuper le nouveau périodique. C'est pourquoi l'éditeur donne l'impression d'avoir reçu le mandat de défendre ce qu'il perçoit comme les intérêts de toute la collectivité. *Le Canadien* s'arroge la vocation d'avocat du peuple : « Si nous ne gouvernons pas, nous serons gouvernés[9]. » Parent insiste sur l'importance d'augmenter le nombre de lecteurs au pays :

> La presse périodique est la seule bibliothèque du peuple. Dans un nouveau pays comme le nôtre, pour que la presse réussisse et fasse tout le bien qu'elle est susceptible de produire, il faut que tous ceux qui en connaissent les avantages s'y intéressent particulièrement, qu'ils s'efforcent de procurer de nouveaux lecteurs ; car le savoir est une puissance et chaque nouveau lecteur ajoute à la force populaire[10].

Ce prospectus dépasse largement les objectifs habituels fixés par les autres journaux, qui s'en tiennent à l'idée de plaire et d'instruire.

Parent consacre la majeure partie de son journal aux nouvelles locales et internationales, qui occupent, avec les extraits de littérature (sous les rubriques diverses, « Mélanges », « Variétés » et « Littérature ») et les détails sur la vie culturelle, les deux tiers de l'espace. La publicité occupe l'autre tiers. Pendant les années 1830, il n'y a pas vraiment d'uniformité dans la présentation des rubriques à cause de l'importance accordée aux débats de la Chambre d'assemblée et aux commentaires du rédacteur. Parent privilégie, parmi les écrits littéraires, ceux d'auteurs européens connus : Chateaubriand, Lamartine, Frédéric Soulié et Alexandre Soumet. Il reproduit aussi, le 25 octobre 1833, les premières pages connues de Balzac à paraître au Canada : « La veillée. Histoire de Napoléon contée dans une grange par un vieux soldat ». En 1834, il publie un extrait des *Paroles d'un croyant* de La Mennais, alors que l'ouvrage vient d'être lancé en France. Il sélectionne des pages de *De la démocratie en Amérique* de Tocqueville, où il est question de la liberté de la presse, des libertés de la personne et des États-Unis comme un modèle de démocratie.

Les textes littéraires canadiens comprennent des écrits de circonstance surtout et paraissent en première page du journal. En 1831, Parent lance un concours de poésie sur un sujet national dans le but de « former la jeunesse à l'art d'écrire[11] ». Le lauréat, Francois-Xavier Garneau, publie par la suite presque toute sa production poétique dans le journal.

À cause de leur stabilité relative, *Le Canadien* et *La Minerve* se classent parmi les journaux durables, mais ils ne sont pas seuls à se disputer le champ de l'opinion publique francophone après 1830. Sous prétexte de remédier au « défaut d'éducation dans le pays[12] », d'autres lettrés fondent des journaux. Les sous-titres révèlent leurs orientations : « politiques, commerciales, littéraires, industrielles ou d'agriculture ». Parmi ces rubriques, le volet littéraire domine, quoique la définition de littérature s'ap-

---

9. *Le Canadien*, 7 mai 1831, p. 1.
10. *Loc. cit.*
11. *Le Canadien*, 7 mai 1831, p. 2.
12. *L'Ami du peuple* […], 2 juin 1832, p. 1.

parente encore à celle du XVIIIe siècle, c'est-à-dire qu'elle couvre l'ensemble des connaissances, incluant les sciences, le droit, l'histoire et la pratique journalistique.

LA PRESSE APRÈS 1830

Partenaires silencieux dans une entreprise de presse, les sulpiciens de Montréal fondent, de concert avec le surintendant de la police à Montréal, Pierre-Édouard Leclère, et un marchand anglophone, John Jones, *L'Ami du peuple, de l'ordre et des lois* (1832-1840). Cet ami «sera aussi celui de la Religion; il sera l'organe de la vérité sur laquelle cette Religion est basée, convaincu que comme elle, cette vérité prévaudra[13]». Ce journal représente la deuxième tentative pour implanter un périodique religieux au pays, la première ayant été l'éphémère *Ami de la religion et du roi*, lancé par Duvernay à Trois-Rivières en 1820. Les deux feuilles se sont donné un mandat similaire en accordant un même espace aux belles-lettres. Les rubriques «Littérature», «Mélanges» et «Poésie» sont d'abord réservées aux écrits étrangers déjà sanctionnés par la critique: «Nous consulterons surtout ces auteurs que le public regarde comme ses maîtres, en morale, en littérature et en politique[14].» Les premières poésies de Lamartine reviennent souvent, ainsi que des textes d'Ernest Legouvé et de Chateaubriand; ils sont destinés à donner des «préceptes de morale». Le journal reproduit régulièrement des extraits du journal new-yorkais, le *Courrier des États-Unis*, sans toujours mentionner la provenance réelle de cette «littérature choisie[15]». *Le père Goriot* de Balzac paraît en feuilleton dès le 29 août 1835, un an à peine après sa parution en France. À partir du 25 octobre 1837, on reproduit des extraits des *Pickwick Papers* de Charles Dickens en feuilleton.

Parmi les écrits canadiens, la poésie occupe une place de choix: Pierre Laviolette publie une quinzaine de poèmes (sous des pseudonymes) de 1833 à 1838; un nommé Le Frondeur fait paraître un grand nombre de textes poétiques pendant la seule année 1835. Il entretient même une courte polémique avec un autre versificateur, Nomius, de *La Minerve*. Le 10 juin 1835, le journal lance un concours littéraire, ouvert aux Canadiens seulement. Une seule restriction quant au sujet: «la scène doit être au Canada». En proclamant le nom du lauréat, Georges Boucher de

---

13. *Loc. cit.*
14. *L'Ami du peuple* [...], 21 juillet 1832, p. 2.
15. *Le Populaire*, 2 mars 1838, p. 2.

Boucherville, auteur de la nouvelle « Louise Chawinikisique », les juges, Augustin-Norbert Morin et Dominique Mondelet, précisent que les cinq pièces soumises présentent des « histoires d'horreur et de mort [et que] ce genre fantastique et sombre en vogue aujourd'hui [est] de peu d'utilité dans la vie morale et industrielle[16] ».

D'une orthodoxie à toute épreuve, le journal de Leclère affiche un loyalisme inconditionnel envers la couronne britannique. Avec l'embauche d'un mercenaire de la plume, le Français Alfred-Xavier Rambau, qui remplace Michel Bibaud à la rédaction à partir de 1833, les attaques contre les patriotes se multiplient.

La position de la feuille de Rambau dans le champ éditorial est contestée par d'autres journaux. Des disputes, avec la presse patriote surtout, occupent régulièrement les colonnes de *L'Ami du peuple* […]. Le rédacteur suscite la polémique dans le dessein de faire valoir ses idées contre Papineau. L'écrit engendre l'écrit, dans ces circonstances, tandis qu'une rivalité éditoriale s'installe. Les autres journaux répondent aux accusations et le public se met de la partie. Journal conservateur, *L'Ami du peuple* […] étend son point de vue conformiste et moralisateur à la littérature. En 1835, un critique anonyme reproche, par exemple, à Napoléon Aubin d'avoir publié dans *La Minerve* des contes d'un nouveau genre, « mélange informe de grotesque et de romantique, de sentimental et de philosophique, de tendre et de dur, d'essai de haut style et de triviales imitations[17] ».

Pendant les années fébriles qui précèdent la rébellion de 1837, une série de nouveaux journaux en langue française se font concurrence pour représenter « les intérêts du peuple canadien ». Après *L'Ami du peuple* […] paraissent *L'Écho du pays* (devenu *Le Glaneur*) à Saint-Charles, *L'Impartial* à Laprairie, *Le Populaire* à Montréal et *Le Télégraphe* […] à Québec. Mis à part leur brève existence, les nouveaux venus possèdent au moins une caractéristique commune: leurs bailleurs de fonds sont canadiens et leur rédacteur d'origine européenne. De plus, ces périodiques abondent en textes littéraires, peut-être parce que les rédacteurs, connaissant bien la tradition journalistique française, tentent de reproduire des schémas analogues au Bas-Canada. Ces rédacteurs européens apportent une nouvelle façon de présenter les textes littéraires en leur accordant la première page du journal. Peut-être à cause de ce nouvel esprit, ces journaux deviennent, comme le signale le rédacteur du *Télégraphe* […], « une école dans laquelle il est facile de se former à la littérature[18] ».

---

16. *L'Ami du peuple* […], 23 septembre 1835, p. 1.
17. *L'Ami du peuple* […], 15 juillet 1835, p. 2.
18. *Le Télégraphe* […], 14 avril 1837, p. 1.

La fondation du *Populaire* en 1837 marque un aboutissement du journal d'opinion comme soutien à la littérature. Paraissant trois fois par semaine, ce «journal des intérêts canadiens», qui se dit «libéral par son essence et loyal par ses effets[19]», mène un combat éditorial sur deux fronts, l'un, politique, et l'autre, littéraire. Les déclarations antipapineauistes des propriétaires (Clément-Charles Sabrevois de Bleury, Léon Gosselin et un partenaire moins visible, Pierre-Dominique Debartzch), jadis partisans de Papineau, prennent beaucoup d'espace et engendrent des querelles presque dans chaque numéro avec les autres feuilles politiques. Hyacinthe-Poirier Leblanc de Marconnay, autrefois rédacteur à *La Minerve*, assure entre autres le volet littéraire.

Les journaux reproduisent surtout des textes d'écrivains étrangers, bien qu'ils fassent régulièrement appel aux auteurs locaux. En 1837, cependant, sans délaisser complètement les morceaux choisis européens, *Le Populaire* donne suite à l'invitation lancée aux jeunes écrivains. Quelques collégiens, dont, en tête, André-Romuald Cherrier et Joseph-Guillaume Barthe, monopolisent les rubriques «Poésie canadienne» et «Littérature canadienne» (consacrée aux récits et aux essais). Un an plus tard, l'éditeur rappelle au public que son «ardent désir de promulguer la littérature canadienne ne [l'a] pas rendu assez sévère vis-à-vis d'écoliers qui se sont trop tôt pensés des maîtres[20]».

Aucun autre journal d'opinion n'accorde autant d'importance aux belles-lettres canadiennes. Agissant comme un véritable éditeur, au sens moderne du terme, Leblanc de Marconnay ne se contente pas de diffuser les textes littéraires: il les corrige et les sélectionne. Ces écrits figurent en première page et ils occupent souvent deux des quatre pages du journal. La publication dans *Le Populaire* peut conférer une certaine légitimité à des écrits qui, autrement, n'auraient peut-être pas trouvé un soutien adéquat ailleurs.

Sans valoriser la littérature canadienne autant que *Le Populaire*, d'autres journaux font également un effort pour la promouvoir. Au *Libéral* […] (17 juin-20 novembre 1837), par exemple, on publie des écrits littéraires qui attaquent Étienne Parent et on reproduit un échange de lettres au sujet des *Révélations du crime* […] de François-Réal Angers. Au *Télégraphe* […] (20 mars-31 août 1837), les rédacteurs présumés, Aubert de Gaspé fils et Napoléon Aubin, veulent que leur journal demeure apolitique, tout en favorisant l'essor d'une littérature nationale. En ce sens, ils souscrivent à la mission culturelle du *Populaire*. Chez eux, la production canadienne occupe autant d'espace que celle de l'étranger. Une rubrique, «Muse canadienne», diffuse les premiers essais de jeunes poètes

---

19. *Le Populaire*, 28 mai 1838, p. 2.
20. *Le Populaire*, 12 avril 1838, p. 1.

et prosateurs. Aubert de Gaspé fils en profite pour publier un extrait inédit de son roman, *L'influence d'un livre*[21]. La fermeture prématurée du *Télégraphe* [...] peut surprendre puisque, dès les premiers numéros, le journal affirme tirer à 1 200 exemplaires[22].

Le Fantasque

Au début de 1837, un des rares journaux à ne pas croiser le fer avec *Le Populaire*, *Le Fantasque* de Napoléon Aubin, met véritablement l'écriture en valeur. « C'est un papier tout-à-fait dans le genre des feuilles légères qui font le charme des habitans de Paris et il part d'un style qui doit le faire surnommer *Le Figaro* de l'Amérique[23]. » François Lemaître, de la feuille papineauiste *La Quotidienne*, le baptise « *nec plus ultra* du génie littéraire[24] ». Ces jugements représentent une forme de consécration pour un nouveau venu sur la scène journalistique. Ce « satirique papier » détonne au milieu des pages arides et graves de la presse hebdomadaire. Il fait entendre une tonalité humoristique qui contribuera en grande partie à l'originalité et à la longévité du périodique.

La devise du « flâneur-en-chef » résume ce nouvel esprit : « Je n'obéis ni ne commande à personne, je vais où je veux, je fais ce qui me plaît, je vis comme je peux et je meurs quand il faut[25]. » Journal d'un seul individu, *Le Fantasque* renferme la majeure partie de la production poétique d'Aubin : des chansons patriotiques, imitées de Béranger, côtoient des poèmes lyriques qui en font un précurseur du romantisme au Canada. Le journal contient également quelques récits fantaisistes et humoristiques, mais Aubin excelle lorsque sa prose littéraire, débordante d'observations malicieuses et de pointes incisives, porte sur l'actualité. Le ton des articles se distingue nettement de la prose lourde et grave des autres journaux du temps. Aubin se moque de tout et il considère son journal non comme une arène mais comme un salon où chacun peut faire briller les saillies piquantes de l'esprit[26].

Cette conception particulière du métier n'empêche pas le rédacteur de servir occasionnellement quelques coups de patte à ses adversaires – notamment les rédacteurs du *Libéral* [...] –, mais il publie rarement des lettres injurieuses ou des épîtres diffamatoires. L'humour représente pour lui une arme encore plus redoutable, qu'il utilise contre ses têtes de Turc préférées. Comme les journaux parisiens qui paraissent en période de restrictions de la liberté de la presse, le journal d'Aubin adopte la formule de l'humour afin de contourner les interdictions. En 1837, dans une

---

21. *Le Télégraphe* [...], 14 et 17 avril 1837, p. 2.
22. *Le Télégraphe* [...], 24 mars 1837, p. 1.
23. *Le Populaire*, 14 février 1837, p. 2.
24. *La Quotidienne*, 20 juillet 1838, p. 2.
25. *Le Fantasque*, 1er août 1837, p. 1.
26. *Le Fantasque*, 11 juin 1838, p. 80.

société où on ne peut s'exprimer librement au sujet du gouvernement, le ton et la manière humoristiques laissent une dernière marge de manœuvre.

Convaincu de l'importance du journaliste en tant qu'« écrivain public », Aubin réussit à imposer *Le Fantasque* tant comme journal que comme recueil littéraire. L'originalité de ce périodique hybride réside non seulement dans la veine humoristique, mais aussi dans sa facture même, qui le situe entre la gazette et le magazine littéraire.

La notoriété du journal était telle qu'on « se le passait de main en main, on se l'arrachait dans les rues, on le lisait sur les boulevards, dans les salons et dans les carrefours[27] ». Aucun autre journal de cette époque ne dépasse la popularité du *Fantasque*. Cependant, le rédacteur s'insurge contre une pratique, pourtant courante, de prêter les journaux. Dans une mise en garde contre cette habitude, il mentionne le tirage et le nombre de lecteurs virtuels :

> Il est une fâcheuse coutume sur laquelle nous sommes fâchés d'avoir à revenir. Nous voulons parler de l'habitude de prêter les journaux et particulièrement *Le Fantasque*. Il se tire et se distribue actuellement 1 000 copies de notre feuille ; le nombre en a été porté au plus à 1 200, et cependant on peut compter au moins 7 ou 8 000 lecteurs en Canada seulement ; donc les sept huitièmes des amateurs s'amusent aux dépens de l'autre[28].

Aubin exagère un peu quant au chiffre global du lectorat à cette époque, car on suppose que chaque numéro d'un journal est lu par environ cinq personnes[29]. Toutefois, la presse périodique atteint, en quelque sorte, un public virtuel plus large que celui de la région immédiate de Québec. Aubin demeure conscient des responsabilités du rédacteur et des obstacles qu'il doit surmonter :

> Ici comme ailleurs la physionomie du journaliste porte, comme celle du peintre, du musicien, du poète, le coin de l'originalité. Oracle des événements, arbitre de l'opinion publique, organe des besoins du pays, redresseur des torts administratifs, distributeur des réputations en tout genre, il exerce comme on le voit une juridiction considérable ; aussi n'est-ce point sans raison que l'on se récrie si souvent sur l'influence de la presse périodique. Cependant si le *fauteuil éditorial* semble placer entre les mains de celui qui l'occupe une sorte de sceptre moral,

---

27. Edmond LAREAU, *Mélanges historiques et littéraires*, p. 43.
28. *Le Fantasque*, 20 avril 1840, p. 1.
29. Claude GALARNEAU, « Livre, culture et société », *Société royale du Canada. Présentation*, n° 35 (1979-1980), p. 111.

nul trône ne cache peut-être autant de ronces et d'épines sous les roses dont il semble orné[30].

Il est bien placé pour en parler, lui qui goûte au cachot, en compagnie de son imprimeur, Adolphe Jacquies, à la suite de la saisie du *Fantasque* le 2 janvier 1839[31]. Au même moment, l'éditeur du *Canadien* et son imprimeur sont également mis sous les verrous pendant une vague d'arrestations qui frappe aussi la direction du *Libéral* [...]. Pendant et immédiatement après la période des insurrections, de telles saisies sont devenues monnaie courante, surtout pour les feuilles d'opinion libérales, sympathiques à la cause des patriotes.

LES PÉRIODIQUES ENCYCLOPÉDIQUES ET LITTÉRAIRES

L'introduction de revues et de magazines littéraires au Bas-Canada marque l'une des premières démarches pour créer des périodiques culturels qui mettent en valeur d'abord les belles-lettres. Ces revues représentent une spécialisation du marché qui rejoint un public lettré connaissant bien les périodiques européens du même genre. Certaines personnes reçoivent l'une ou l'autre des grandes revues européennes, comme l'*Edinburgh Review* ou *La Revue de Paris*. Mais les abonnements sont chers et les retards, considérables. D'où les efforts pour reproduire un choix des meilleurs articles à des coûts moins élevés.

À son retour d'Europe en 1818 après 23 ans d'absence, Henry-Antoine Mézière fonde *L'Abeille canadienne*, revue bimensuelle qu'il qualifie de « journal purement littéraire ». Sa compilation d'écrits empruntés aux revues européennes, notamment à *La Ruche d'Aquitaine*, renferme, entre autres, des textes de Mme de Staël, Benjamin Franklin, Charles Hubert Millevoye, Eugène Labaune, Jean-François Ducis, Jean Dinemandi, dit Dorat et Jean-Sylvain Bailly. L'ancien collaborateur de Fleury Mesplet entend y « présenter l'annonce raisonnée des ouvrages que produisent toutes les littératures étrangères, et spécialement l'Angloise et la Françoise[32] ». Cette tentative pour « remplir une lacune assez considérable dans notre domaine littéraire » ne répond pas immédiatement à l'attente de son directeur. Faute d'encouragement de la part du public lettré canadien, la revue cesse de paraître en janvier 1819, après 11 numéros. L'éditeur Mézière ne se

---

30. *Le Fantasque*, 30 juin 1838, p. 105.
31. *Le Fantasque*, 8 mai 1839, p. 3-7.
32. *L'Abeille canadienne*, 1er août 1818, p. 2.

contentait pas de compiler des extraits ; il y ajoutait des gloses, des présentations et des commentaires. L'un des premiers, il osait porter un jugement sur des textes européens et éveiller les lecteurs canadiens à la dimension critique de sa démarche. Cet échec illustre bien que, en 1819, Mézière a surestimé l'importance du public lettré qui éprouve le besoin de se tenir au courant de la littérature internationale.

Michel Bibaud consacre sa carrière de journaliste à aiguillonner le public canadien. Il lance une série de périodiques qui forment un tout : *La Bibliothèque canadienne* (1825-1830), *L'Observateur* (1830-1831), le *Magasin du Bas-Canada* (1832) et *L'Encyclopédie canadienne* (1842-1843). L'ensemble forme 12 volumes, soit un collage de textes dont le contenu couvre un large éventail de sujets, « des mélanges de sciences et de littérature, surtout les découvertes et inventions nouvelles et utiles, des anecdotes piquantes, faits curieux, chansons originales, &c.[33] ».

En ajoutant à cette liste des « nouvelles de l'Intérieur et de l'Extérieur », ainsi qu'une longue série d'articles sur l'histoire, cet ensemble prend des proportions encyclopédiques impressionnantes. Chaque numéro de *La Bibliothèque canadienne*, par exemple, comporte des extraits de l'histoire du Canada de Bibaud (en préparation), ainsi que des rubriques consacrées aux « Anecdotes », aux « Variétés » (littéraires et scientifiques), etc.

Le compilateur reproduit des extraits de « Ma Saberdache » de Jacques Viger, ainsi que des « Matériaux pour l'histoire du Canada » de Jacques Labrie[34]. Il s'inspire également d'ouvrages européens, en particulier du *Petit dictionnaire des inventions*, des *Beautés de l'histoire d'Amérique* et de l'*Histoire des anciens philosophes*, en plus de *La Revue encyclopédique* de Paris. À quelques exceptions près, ce programme éditorial se poursuit dans les trois revues parues avant 1840. *L'Observateur*, hebdomadaire, délaisse un peu la littérature et les sciences au profit de l'histoire et des « dernières nouvelles » étrangères.

Dans son effort pour « instruire le peuple », Bibaud insiste sur les avantages à retirer de publications comme les siennes dans les écoles et les familles :

> En effet, un savant ou un littérateur étranger, qui voyagerait dans le Bas-Canada, et y observerait l'état de la société, sous le rapport de la littérature et des sciences, serait sans doute fort surpris de voir que dans cette province, peuplée d'un demi-million d'individus parlant la langue française, il ne se publie pas en cette langue un seul journal littéraire et scientifique ; et il ne pourrait s'empêcher d'en conclure, avec une grande apparence

---

33. *L'Observateur*, juillet 1830, p. 2.
34. Voir, dans le présent ouvrage, à la section intitulée « L'histoire », p. 280-281.

de vérité, que parmi les Canadiens d'origine française, il n'y a pas un seul homme capable de conduire un journal de ce genre, ou pas assez de lecteurs instruits, ou amis de l'instruction, pour le soutenir[35].

Conformément à ses visées pédagogiques et encyclopédistes, le compilateur contribue à créer un courant favorable à la recherche sur l'histoire du Canada. Il manifeste un certain optimisme et fait preuve d'un grand courage en lançant ce genre de recueils à faible tirage et dépouillés de toute publicité. Un journaliste expérimenté comme Bibaud connaît les attentes des lecteurs. D'un périodique à l'autre, son programme demeure essentiellement le même :

> C'est par les gazettes seules qu'on peut commencer à faire ramifier pour ainsi dire l'instruction dans toutes les branches de la Société, et à faire naître le désir d'en étendre la sphère. Dans un pays où il ne peut se trouver un grand nombre de citoyens qui aient assez de loisir ou de fortune pour se procurer ou lire communément les livres où les découvertes et les nouvelles inventions sont consignées, où l'on traite des affaires publiques, elles seraient étrangères à ses habitants, si nous négligions cette ressource[36].

Lorsqu'il change de format et de périodicité, Bibaud poursuit encore les mêmes objectifs, mais en insistant davantage sur la dimension « canadienne » de son plan d'instruction :

> [...] mettre au jour des monumens littéraires, des traits d'histoire, ou des faits à l'honneur et à l'avantage du pays, restés jusqu'à cette heure dans l'obscurité, inspirer à nos jeunes compatriotes le goût de l'étude et de l'instruction et faire naître et entretenir parmi eux une noble et louable émulation ; enfin, faire connaître toute l'étendue de pays qu'on appelle ou qu'on peut appeler Canada, mieux et plus avantageusement qu'il ne l'est, même de ses propres habitans[37].

Cet idéal peut sembler hors de la portée du lecteur des gazettes, mais l'objectif visé comporte aussi, en filigrane, l'intention d'améliorer la qualité de la langue écrite. En agissant de la sorte, Bibaud emprunte des méthodes analogues à celles des fondateurs et des rédacteurs de deux revues anglophones parues à Montréal juste avant *La Bibliothèque canadienne*. Deux libraires montréalais, Joseph Nickless et Henry H. Cunningham publient respectivement *The Canadian Magazine and Literary*

---

35. *Magasin du Bas-Canada*, 1er janvier 1832, p. 1.
36. *Le Courrier du Bas-Canada*, 9 octobre 1819, p. 1.
37. *Magasin du Bas-Canada*, 1er janvier 1832, p. 4.

Repository (juillet 1823-juin 1825), sous la direction de David Chisholme puis du docteur Alexander James Christie, et *The Canadian Review and Literary and Historical Journal* (juillet 1824-mars 1825), dirigé uniquement par Chisholme. Ces deux concurrents connaissent leur métier : Chisholme, immigrant écossais et protégé de lord Dalhousie, a largement contribué à la fondation de la Société littéraire et historique de Québec ; Christie a édité le *Montreal Herald* de 1819 à 1821. En peu de temps, les deux hommes se rendent compte que la formule du magazine littéraire ne parvient pas à s'imposer. Si les miscellanées et la « littérature mélangée », publiées sous forme de revues, n'obtiennent pas plus de succès au Canada anglais qu'au Canada français, ces périodiques culturels n'en annoncent pas moins les grandes revues littéraires de la période suivante.

En 1832, nouvelle tentative pour créer un « journal de littérature et des arts ». Cette fois, Mary Graddon (Gosselin) fonde le *Montreal Museum*, communément appelé « Ladies' Museum », d'après la formule du *London Ladies Museum*. La revue, imprimée par Ludger Duvernay, se vend à un prix raisonnable (22 chelins par année), compte tenu du nombre de pages (64). La directrice de ce magazine littéraire féminin veut corriger, à son tour, l'impression qu'ont les étrangers de « notre instruction déficiente, nos connaissances rudimentaires de la littérature ». Dès octobre 1832 paraît un numéro – le seul – en langue française. Les 15 numéros subséquents

Frontispice du premier numéro du *Montreal Museum*, dessin de Robert Auchmuty Sproule, lithographie d'Adolphus Bourne, décembre 1832. Cette allégorie montre deux chérubins debout sur les emblèmes de la peinture, de la géométrie et de la musique. Au-dessus d'eux, un ange tient le magazine.

paraissent en anglais ; l'éditrice se charge des traductions. Le contenu, essentiellement littéraire, est réparti à peu près également entre des inédits canadiens et des textes empruntés à d'autres revues, notamment le *London Athenæum*, le *London Penny Magazine*, le *Liverpool Albion*, et à l'ouvrage collectif, *Le livre des Cent-et-un*, publié à Paris en 1832 par 101 personnes qui ont chacune écrit un récit pour dépanner l'éditeur Ladvocat, en faillite. Un article signé G. (probablement Mary Graddon), «On the Immoral Tendency of Modern Novels», présente, dès le deuxième numéro, des critères moraux dans l'évaluation des œuvres littéraires. Le contenu s'harmonise avec les objectifs de la directrice de promouvoir l'instruction morale. Elle incite les femmes à écrire afin de lutter contre la mauvaise littérature.

Un tiers des textes provient d'auteures. Cette tentative pour attirer l'attention des lecteurs, mais surtout des lectrices, sur la production féminine contribue certes à l'originalité de la revue. D'une facture moins encyclopédique que les miscellanées de Bibaud, le *Montreal Museum* prétend rivaliser avec les productions américaines peu coûteuses qui inondent le marché anglophone montréalais, au détriment des œuvres produites localement. Pour une fois au Bas-Canada, un périodique en langue anglaise s'insurge contre l'«indifférence en matière de développement intellectuel d'une nation[38]», mais évite de se prononcer sur une façon de remédier à cette situation, qui reflète l'absence d'écrivains de profession et la faiblesse d'infrastructures qui leur permettraient de se faire connaître. Après 15 mois, la revue cesse de paraître ; elle est remplacée, en 1838, par *The Literary Garland*, qui mise davantage sur les productions canadiennes-anglaises.

En décembre 1833, un an à peine après la disparition du *Magasin du Bas-Canada* de Bibaud, paraît une deuxième *Abeille canadienne*, dirigée cette fois par un nouveau venu sur la scène littéraire, François-Xavier Garneau. Au terme d'un séjour de deux ans en Europe, Garneau propose aux Canadiens une revue hebdomadaire encyclopédique «destinée à l'instruction du peuple». En fait, le directeur offre à ses concitoyens une petite revue à bon marché (6 sous le numéro) d'où la politique et la polémique sont exclues, mais dont les extraits pourraient favoriser la diffusion des connaissances et le goût de la lecture. Il s'inspire largement de la formule du *Magasin pittoresque* de Paris et du *Penny Magazine* de Londres, en reproduisant des anecdotes, des pensées et des poésies, entre autres de Delavigne, Chénier, Dumas père, Bonald et Anaïs Segalas. Garneau reproduit également des poèmes du patriote polonais Adam Mickiewicz. *L'Abeille canadienne* cesse de paraître après 10 numéros, en février 1834, l'éditeur n'ayant réussi à recruter que 300 abonnés sur les 500 souscriptions

---

38. *The Montreal Museum*, décembre 1832, p. 1.

nécessaires. Pour une publication qui s'adresse à la jeunesse canadienne et au peuple plutôt qu'à la classe aisée, cette « collection des morceaux les plus instructifs de tous les écrivains dans tous les genres » représente, par son éclectisme, une entreprise qui se rapproche de celles de Bibaud. Les deux éditeurs publient des recueils sous forme de livres, pour les relier et les conserver. Garneau, cependant, ne reproduit aucun écrit canadien, en dépit d'un appel à la collaboration locale dans son prospectus.

À cause de son acharnement, Bibaud persévère plus longtemps que Mézière et Garneau, car la réponse du public ne lui est guère plus favorable. Quant à Mary Graddon, elle se rend compte que le public lecteur féminin anglophone est plus réceptif que le lectorat francophone. Normalement, les revues et les périodiques encyclopédiques et littéraires auraient dû servir à véhiculer la littérature et à réserver un sort particulier aux belles-lettres. On s'attendrait à ce que *La Bibliothèque canadienne*, par exemple, puisse être citée comme un modèle de réussite de ce genre de véhicule. Au moment de sa parution, en juin 1825, elle compte 200 abonnés ; six mois plus tard, le tirage passe à 500 exemplaires[39]. L'éditeur obtient la collaboration du réseau de lettrés formé par Jacques Viger. L'appui logistique de ce dernier lui a permis de persister. Outre la publication de ses poèmes et du premier volume de son histoire du Canada, Bibaud aura, par ses revues, polarisé en particulier la production de certains amateurs d'histoire qui peuvent par ce moyen exposer devant leurs pairs les résultats de leurs recherches. Grâce à la revue, un champ littéraire commence à prendre forme.

*

Pendant une période où les textes demeurent difficilement accessibles sous forme de livres, les journaux et les revues jouent un rôle supplétif. Malgré sa vocation commerciale, la presse marchande accorde une certaine importance à la littérature, qu'elle limite cependant à un rôle de divertissement. Le journal en langue française contribue à former un nouveau public et à susciter des habitudes de lecture. La presse d'opinion intègre la littérature à un discours plus large sur un projet de société et permet une expansion du public francophone. *La Minerve* et *Le Canadien* donnent le ton, mais le bouillonnement politique des années 1830 fait surgir d'autres journaux, comme *L'Ami du peuple* [...], *Le Populaire* et *Le Fantasque*, qui confèrent une certaine légitimité aux textes littéraires. Les revues encyclopédiques permettent la manifestation du littéraire sous une forme qui ressemble à celle des grands périodiques culturels européens.

---

39. André Beaulieu et Jean Hamelin, *op. cit.*, p. 49.

Ces miscellanées éprouvent parfois des difficultés à survivre, mais elles véhiculent un savoir encyclopédique et représentent une nouvelle spécialisation du marché pour la littérature sous forme de fascicules, que les lecteurs peuvent relier et conserver.

Des imprimeries et des questions d'édition

Alors que la presse périodique demeure le véhicule privilégié de la production littéraire au Bas-Canada, le livre joue un rôle plutôt effacé. Les imprimeurs répondent aux besoins qui ne sont pas comblés par l'importation. Cependant, si la production de périodiques et de brochures occupe activement les ateliers d'imprimerie, il ne s'ensuit pas nécessairement que les imprimeurs soient prêts à assumer les risques inhérents à la production de livres et, encore moins, d'ouvrages littéraires. Un exemple, parmi d'autres : dès 1807, Jacques Labrie lance, sans succès, une souscription visant à réimprimer, en 18 volumes de 100 pages chacun, des pièces choisies d'un auteur français à succès pour la jeunesse, Arnaud Berquin[40]. Dans un autre registre, on ne connaît qu'une seule occurrence au Bas-Canada de réédition d'un ouvrage provenant de la « Bibliothèque bleue » de Troyes, soit un récit d'aventures, *Histoire de Jean de Calais roi de Portugal; ou La Vertu recompensee* (1810) de Madeleine-Angélique Poisson de Gomez. Cette littérature de colportage remporte pourtant un large succès en France et semble bien avoir été importée au Bas-Canada.

Le principe de l'autofinancement des publications se maintient pendant toute la période et s'applique tout aussi bien aux œuvres à caractère littéraire qu'aux autres, qui paraissent soit à compte d'auteur, soit à la suite

---

40. *Courier de Québec*, 28 février 1807, p. 1.

de souscriptions publiques. Parmi les autres modalités de financement, il existe des possibilités de subventions gouvernementales et même de mise en marché spéculative, réservée aux ouvrages à «faibles risques», tels les almanachs, les calendriers, les manuels scolaires et les livres religieux, qui bénéficient d'une clientèle assurée et plus nombreuse.

Avant 1830, les conditions d'édition dans la colonie n'évoluent pas beaucoup par rapport à celles de la fin du xviiie siècle. Vers 1830, l'arrivée sur la scène d'un des premiers éditeurs, Ludger Duvernay, ouvre la voie à d'autres imprimeurs qui s'aventurent à publier des ouvrages à caractère littéraire. Cependant, des difficultés d'édition et de propriété littéraire surgissent, qui ne seront résolues qu'après 1840.

LA SITUATION AVANT 1830

Au Bas-Canada, l'imprimerie ou l'art noir, comme on l'appelait autrefois, ne bénéficie pas immédiatement des innovations techniques européennes et américaines apportées à la production mécanique des imprimés (presses en métal, à cylindre et à vapeur[41]). Jusqu'en 1830 et même après, seule la presse artisanale dessert la plupart des ateliers d'imprimerie. Les officines répondent d'abord aux besoins immédiats du marché en produisant des travaux de ville pour une clientèle variée: livres, brochures, circulaires, cartes, lettres funéraires, catalogues, affiches, contrats, etc., «le tout exécuté sur du bon papier, dans le dernier goût et à prix modéré», selon la formule consacrée. Les brochures et les livres paraissent ou en fascicules sans couverture ou avec une couverture bleue, sur du papier de chiffon. Ce produit est importé d'Angleterre, ainsi que les caractères d'imprimerie; ceux-ci, avant 1820, proviennent en majorité de la fonderie londonienne William Caslon[42]. Par la suite, les imprimeurs peuvent s'approvisionner chez la Montreal Type Foundry. En raison d'une technique de fabrication rudimentaire et des coûts de production élevés, l'impression de livres et de brochures demeure lente et chère, surtout si s'ajoutent au prix de vente les coûts de la reliure. Les formats varient, de l'in-quarto (réservé surtout aux publications gouvernementales) à l'in-octavo et à l'in-douze (format habituel des manuels scolaires et des livres de dévotion ou de spiritualité).

Pour rentabiliser leur commerce et occuper leurs presses, la majorité des imprimeurs font aussi paraître un journal, dans lequel ils annoncent leur production. En somme, les livres occupent une place modeste dans

---

41. Claude GALARNEAU et Maurice LEMIRE (dir.), *op. cit.*, p. 13.

42. George L. PARKER, *The Beginnings of the Book Trade in Canada*, p. 48.

l'ensemble des travaux courants d'imprimerie, parce que l'importation pourvoit à la majeure partie des besoins dans le monde scolaire et dans celui des professions.

Même quand ils publient des livres, les imprimeurs ne sont pas, à proprement parler, des « éditeurs » dans le sens moderne du mot, puisqu'ils n'achètent pas de manuscrits et qu'ils ne se chargent d'en faire ni la toilette ni la promotion. L'auteur qui désire publier une œuvre obtient un devis de l'imprimeur puis décide soit d'acquitter seul le montant, soit de lancer une souscription pour couvrir les frais d'impression. Pour les ouvrages importants, on sollicite parfois une subvention à la Chambre d'assemblée. Par exemple, Joseph Bouchette se prévaut de ce type de financement en 1814 et en 1832 ; Augustin-Norbert Morin sollicite l'appui de la Chambre en 1831, lorsqu'il se propose d'éditer l'histoire du Canada de Jacques Labrie.

La production locale de livres et de brochures se concentre à Québec et à Montréal. Cette dernière ville ne compte qu'un seul atelier, celui d'Edward Edwards, imprimeur de la *Gazette de Montréal*, jusqu'à l'arrivée, en 1807, de quatre nouveaux imprimeurs, Nahum Mower, James Brown, William Gray et James Lane. Sur les quatre, aucun ne s'impose comme chef de file, mais le relieur, libraire et papetier Brown connaît un peu plus de succès que les autres, grâce à une intégration de ses entreprises. Il fabrique son papier, imprime ses livres et les vend lui-même. Ses travaux

Portrait de John Neilson (détail), huile sur toile anonyme, sans date. Musée du Québec (84.30). Photographe : Patrick Altman.

divers suffisent pour qu'il acquière une manufacture de papier à Saint-André-d'Argenteuil en 1809. Il imprime aussi la *Gazette de Montréal* de 1808 à 1825. Sympathique au nationalisme du Parti canadien, il fait paraître en 1809 les *Considérations* [...] sur la Constitution, que Denis-Benjamin Viger signe du pseudonyme Un Canadien et qui provoque une réponse – anonyme et en anglais – de Ross Cuthbert, *An Apology for Great Britain* [...], imprimée à Québec par John Neilson. Ces deux brochures sont publiées vraisemblablement à compte d'auteur. Des deux autres imprimeurs montréalais, le plus proche concurrent de Brown, Mower, doit surtout sa prospérité aux commandes du clergé protestant. William Gray, pour sa part, édite une vingtaine de livres et de brochures.

James Lane, imprimeur de périodiques – *L'Abeille canadienne* de Henry-Antoine Mézière, le *Scribbler* de Samuel Hull Wilcocke et *La Bibliothèque canadienne* de Michel Bibaud –, publie, en 1816, *Poems on his Domestic Circumstances* de lord Byron, l'un des rares écrits poétiques étrangers à paraître en volume au Bas-Canada et la preuve du succès international du poète anglais. En revanche, peu de francophones se lancent dans l'imprimerie, mais la venue en 1813 de Charles-Bernard Pasteur (fondateur du *Spectateur*) et de Joseph-Victor Delorme (cofondateur de *L'Aurore* et propriétaire du *Courrier du Bas-Canada*) brise le quasi-monopole des anglophones. Pasteur publie le voyage de Franchère en 1820, à partir d'un manuscrit édité par Michel Bibaud, et Delorme fait paraître en 1819 un *Catalogue des livres a vendre* [...] chez les libraires Hector Bossange et Denis-Benjamin Papineau. Dorénavant, les auteurs ou les commanditaires d'ouvrages en français peuvent s'adresser à des imprimeurs francophones, puisque les conditions de production s'améliorent et favorisent leur entrée en scène.

John Neilson demeure l'imprimeur le plus important de la capitale, en même temps qu'un grand ami du Parti canadien et des autorités gouvernementales, qui lui octroient de lucratifs contrats d'édition. Jusqu'en 1820, il possède aussi la principale librairie des deux Canadas et domine l'édition dans la province. Il publie, outre des livres religieux et scolaires, *Colas et Colinette* [...] (1808) de Joseph Quesnel, mais il ne possède pas l'outillage nécessaire pour imprimer la musique. Neilson édite aussi, avec la mention «printed for the author» (imprimé à compte d'auteur), l'ouvrage en deux tomes de William Smith, *History of Canada* [...] en 1815. Son principal concurrent, le propriétaire de la Nouvelle Imprimerie, Pierre-Édouard Desbarats, ancien traducteur à *La Gazette de Québec*, imprime le *Quebec Mercury* ainsi que le *Courier de Québec*, organes du Parti bureaucrate. Neilson est aussi imprimeur des lois jusqu'en 1822, quand ce titre est accordé à John Charlton Fisher. En 1816, Desbarats vend sa Nouvelle Imprimerie à Thomas Cary, fils du fondateur du *Quebec Mercury*. Grosso modo, les imprimeurs de Québec et de Montréal ne prennent pas d'initiatives; ils réussissent à satisfaire les besoins de leur clientèle, sans plus. Leur production comprend surtout des « œuvres d'intérêt local ou encore d'imprimés qui ne peuvent être importés et que l'on doit façonner sur place[43] ». Leurs activités se limitent à l'impression ou à la réimpression d'ouvrages qui ne font appel à aucune intervention éditoriale (sauf le récit de voyage de Gabriel Franchère). Les travaux des imprimeurs ne nécessitent aucune spécialisation. Au Bas-Canada comme ailleurs, c'est la lecture populaire qui détermine la fonction éditoriale, ainsi que l'affirment certains historiens du livre :

> À la fin de la deuxième décennie du XIXe siècle, l'Amérique du Nord britannique n'avait pas encore une population en mesure de soutenir l'édition locale ou le commerce de librairie. Dans trois centres urbains, notamment Halifax, Montréal et Québec, il se trouvait une élite militaire, civile et religieuse suffisamment nombreuse pour assurer de l'emploi à des imprimeurs, des papetiers, des relieurs et même des libraires [...] Les imprimeurs et les libraires ne se percevaient pas comme des éditeurs, car leurs lecteurs appartenaient à la haute bourgeoisie conservatrice, pour qui les livres et la littérature étaient des objets provenant de la Grande Bretagne et de la France[44].

La pauvreté des techniques empêche la réalisation au Canada de travaux d'envergure. En témoigne l'arpenteur Joseph Bouchette, qui n'ose pas confier son ouvrage topographique sur le Bas-Canada à des ateliers canadiens. Grâce à une subvention de 1 500 livres[45] que lui vote la Chambre en 1814 pour le défrayer des coûts d'impression de son ouvrage, il se rend en Angleterre où il le fait paraître, à compte d'auteur, en français et en anglais. En 1816, une annonce de *La Gazette de Québec* invite d'éventuels acheteurs à se procurer sa *Description topographique de la province du Bas Canada* [...], livre de plus de 700 pages, au coût élevé de 5 guinées, somme équivalant à quatre ou cinq fois le prix d'un abonnement annuel à un journal hebdomadaire. Lorsque paraissent à Londres, en anglais seulement, les *British Dominions in North America* [...] (1831) du même auteur, la législature du Bas-Canada autorise le gouvernement à dépenser 500 guinées pour acquérir 100 exemplaires de l'ouvrage en deux volumes[46]. Les livres sont ensuite destinés aux bureaux publics, aux collèges de la province et aux autres maisons d'éducation.

Ce recours au financement public pour la publication d'un livre reste tout à fait exceptionnel et, dans les circonstances, Bouchette n'avait

---

43. John HARE et Jean-Pierre WALLOT, « Le livre au Québec et la librairie Neilson au tournant du XIXe siècle », dans Claude GALARNEAU et Maurice LEMIRE (dir.), *op. cit.*, p. 95.
44. George L. PARKER, *op. cit.*, p. 52.
45. En réalité, il n'a reçu que 500 livres. Voir Gérard PARIZEAU, *La société canadienne-française au XIXe siècle*, p. 166.
46. *Loc. cit.*

pas le choix de faire éditer ses deux ouvrages en dehors du pays. Ses exigences quant au grand format, à la qualité du papier, des caractères, des lithographies et des cartes géographiques surtout, dépassaient largement les moyens dont disposaient les imprimeurs canadiens.

LUDGER DUVERNAY, IMPRIMEUR ET ÉDITEUR

Duvernay acquiert l'imprimerie de James Lane en 1829 et la dote d'une nouvelle presse en métal, l'Impériale de Smith, achetée à New York. Les presses cylindriques, déjà en usage ailleurs, ne feront leur entrée à Montréal qu'en 1844[47]. Cette nouvelle presse permet d'imprimer 200 feuilles à l'heure ; Duvernay l'utilise vraisemblablement en 1830 pour *La Minerve* et réserve ses anciennes presses pour les livres et les brochures. En cours de route, il a édité bon nombre d'ouvrages scolaires, notamment le *Nouveau cours complet de grammaire française* [...] des instituteurs français N. Lemoult et Léon Potel (1830), la *Grammaire élémentaire* [...] de E.-A. Lequien (1830) et le *Cours abrégé de leçons de chymie, contenant une exposition précise et méthodique des principes de cette science, exemplifiés* [...] de Jean-Baptiste Meilleur (1833).

Principal imprimeur de livres et de brochures à Montréal à partir de 1830 jusqu'aux événements de 1837, Duvernay publie plusieurs textes politiques, notamment les discours des membres du Parti patriote (Louis-Joseph Papineau, Louis Bourdages et Denis-Benjamin Viger), ainsi que le pamphlet de Louis-Hippolyte La Fontaine, *Les deux girouettes* [...] (1834). S'il demeure relativement facile de trouver un imprimeur pour de telles brochures, il en va autrement pour les ouvrages de belles-lettres. Sur les 30 titres de livres et de brochures qu'il imprime, 2 se classent parmi les belles-lettres et encore sont-ils probablement publiés à compte d'auteur : *Napoléon à Sainte-Hélène* [...], que Firmin Prud'homme présente au théâtre à Montréal en 1831, et les *Épîtres, satires, chansons, épigrammes* [...] (1830) de Michel Bibaud. Que Bibaud fasse imprimer un hebdomadaire littéraire, *L'Observateur*, sur les presses de *La Minerve*, du 10 juillet 1830 au 2 juillet 1831, n'est certes pas étranger à cet engagement de Duvernay envers le poète. Mais l'ouverture de Duvernay à la littérature ne s'arrête pas là ; en décembre 1832, il imprime une revue, le *Montreal Museum*, dans

---

47. Jean-Marie Lebel, « Ludger Duvernay et *La Minerve* », mémoire de maîtrise en histoire, f. 110.

laquelle prédominent les belles-lettres. On ne connaît pas non plus sa participation financière dans cette aventure.

Lorsque le produit ne répond pas aux attentes du public, c'est l'imprimeur qui en assume les conséquences. Duvernay l'apprend à ses dépens, au moment de la publication, en trois volumes et 1 000 exemplaires, du volumineux *Traité des lois civiles du Bas-Canada* (1832-1833) d'Henri Desrivières-Beaubien. Dans *La Minerve* du 3 novembre 1831, il annonce la sortie prochaine du livre au prix de 30 chelins. Il aurait dû garder 10 % de la souscription[48], mais l'impression du premier volume lui a coûté beaucoup plus cher que prévu. Les souscripteurs, qui se sont engagés à fournir l'argent seulement sur réception du livre, n'acquittent pas leur dû, sans doute parce que Desrivières-Beaubien a plagié un ouvrage du juriste français Robert-Joseph Pothier. L'imprimeur réclame, devant le protonotaire de la ville de Montréal, « le droit de propriété comme éditeur et propriétaire, l'ayant acquis de l'auteur[49] ». Ayant perdu environ 100 louis dans cette aventure, Duvernay exige que la propriété littéraire revienne non pas à l'auteur mais à celui qui risque de subir des pertes financières en imprimant un livre.

En agissant ainsi, l'imprimeur se prévaut des dispositions de la nouvelle loi sur la propriété littéraire, que parraine son ami et collaborateur, Augustin-Norbert Morin. Le 25 janvier 1832, le Parlement du Bas-Canada sanctionne l'« Acte pour protéger la propriété littéraire », qui assure aux auteurs ou à leurs ayants cause la propriété de leurs ouvrages, incluant le droit exclusif d'impression et de reproduction pendant 28 ans, avec un terme additionnel de 14 ans accordé en faveur de la veuve et des enfants. Cette loi relative aux seules productions locales conduit à une première forme de dépôt légal. Les imprimeurs doivent donc dorénavant enregistrer leurs livres afin de se prémunir contre les réimpressions non autorisées.

Cependant, les droits d'auteurs étrangers ne sont nullement reconnus, comme l'illustre le cas du pamphlet politico-religieux, *Paroles d'un croyant*. En 1836, Duvernay publie une édition-pirate du célèbre livre de La Mennais. *Le Canadien* avait déjà reproduit un extrait de cet ouvrage le 18 juillet 1834, l'année même de sa parution. Condamné par Grégoire XVI dans l'encyclique *Singulari nos*, il se vend bien sous le manteau, dans les villes et dans les campagnes du Bas-Canada. L'impression canadienne, contrefaçon de la neuvième édition parisienne, mentionne comme lieu d'édition non pas Montréal, mais Paris. Grâce à ce subterfuge, Duvernay croit peut-être échapper aux sanctions du clergé diocésain de Montréal. D'une part, les décrets du Saint-Office ne semblent pas avoir nui au succès de l'ouvrage que les patriotes utilisent pour mieux justifier leurs luttes.

---

48. *Ibid.*, f. 148.
49. *Loc. cit.*

D'autre part, la loi sur la propriété littéraire ne protège que les auteurs du Bas-Canada et rien n'empêche Duvernay d'imprimer une édition contrefaite du livre de La Mennais. Les tirages et le nombre d'exemplaires qui circulent au pays demeurent inconnus; l'ouvrage, réédité à quelques reprises, est diffusé par un réseau d'associations patriotes, notamment l'Union patriotique, la Société Aide-toi, le Ciel t'aidera et les Fils de la liberté[50].

LES OUVRAGES LITTÉRAIRES EN 1837

Pendant toute la période, la majorité des imprimeurs produisent principalement, à l'exception de leurs journaux, des manuels scolaires et des livres de dévotion, dont le contenu semble avoir été puisé dans des ouvrages européens du même genre. Ces livres, peu coûteux à produire et probablement commandés par le clergé, demeurent rentables parce qu'ils s'adressent à une clientèle captive. Duvernay mis à part, peu d'imprimeurs s'engagent dans le domaine des belles-lettres.

Pour les ouvrages littéraires ou spécialisés, les imprimeurs exigent des auteurs qu'ils aient recours à la souscription. William Cowan, par exemple, publie la pièce de théâtre, *Griphon* […] de Pierre Petitclair, et le roman d'Aubert de Gaspé fils, *L'influence d'un livre*. Il s'agit, dans les deux cas, d'éditions à faible risque, l'imprimeur obligeant les jeunes auteurs à assumer eux-mêmes les coûts de production. Aubert de Gaspé fils doit recueillir un nombre suffisant de souscripteurs (précisément 256) pour couvrir les frais de publication, qui s'élèvent à 64 livres[51]. Il a du mal à atteindre ce nombre à Québec et doit faire appel aux lecteurs montréalais afin de réaliser son projet. Le roman est annoncé dans *Le Télégraphe* […] du 14 avril et dans *Le Populaire* du 21 avril, au prix de 5 chelins, payables lors de la livraison.

*

La vie littéraire tient peu de place dans les activités des imprimeurs. Dans la compilation d'une première « bibliographie canadienne[52] », Michel Bibaud ne retient aucun ouvrage de belles-lettres. La « typographie cana-

---

50. Jean-Marie LEBEL, *op. cit.*, f. 167.
51. Luc LACOURCIÈRE, « Philippe-Aubert de Gaspé (fils) », *Livres et auteurs canadiens 1964*, p. 153.
52. *L'Encyclopédie canadienne*, décembre 1842, p. 387.

dienne », d'après lui, se résume à « des pamphlets, des brochures ou des livres élémentaires ». Les textes de belles-lettres paraissent d'abord dans la presse périodique. Ceux qui font imprimer leurs productions en volume s'y aventurent à leurs risques et périls. D'une part, l'imprimeur ne joue pas un rôle important au regard de la littérature ; d'autre part, il n'existe qu'un public restreint pour les ouvrages littéraires.

Jusqu'en 1830, l'imprimeur local joue surtout un rôle supplétif en répondant d'abord aux besoins immédiats. La formule de l'impression à compte d'auteur ou celle de la souscription sert à couvrir les frais engagés. Après 1830, Ludger Duvernay réussit mieux que ses confrères imprimeurs à occuper une place prépondérante dans le champ grâce à la production locale d'imprimés. C'est lui qui a la haute main sur l'impression de brochures et de livres pendant les années 1830.

Les librairies et l'importation du livre

Malgré l'implantation d'imprimeries à Montréal et à Québec, les Canadiens continuent d'importer, au début du siècle, près de 95 % de leurs imprimés[53]. Ce pourcentage élevé correspond à une situation normale dans une colonie encore fortement dépendante de l'Europe.

Depuis 1760, la plus grande partie du commerce d'importation provient de l'Angleterre, situation qui marque l'imposition d'un monopole anglais sur le marché canadien pour les produits anglais, y compris les livres. L'approvisionnement en livres français n'est possible qu'en recourant à un libraire londonien. L'imprimeur-libraire, John Neilson, le plus gros importateur de livres au pays jusqu'en 1820, se fournit parfois chez quelques commerçants américains, mais surtout auprès des maisons de Londres[54].

À la fin du XVIIIe et au début du XIXe siècle, en raison de l'enchevêtrement des occupations dans le domaine de l'imprimé, l'importateur de livres peut être un imprimeur-libraire, un marchand général ou un encanteur. À Québec seulement, le dénombrement des listes de livres

---

53. Claude GALARNEAU, « Livre et société à Québec (1760-1859) », dans Yvan LAMONDE (dir.), *op. cit.*, p. 131.
54. John HARE et Jean-Pierre WALLOT, « Le livre au Québec et la librairie Neilson au tournant du XIXe siècle », dans Claude GALARNEAU et Maurice LEMIRE (dir.), *op. cit.*, p. 95 et 110.

Market-Hall and Boat-Landing, Quebec, lithographie de J. Filmer, sans date. Musée du Québec (68.235). Photographe : Neuville Bazin.

publiées sous formes d'annonces dans *La Gazette de Québec* et *Le Canadien* avant 1840 s'élève à plus de 13 000 titres[55], constitués d'imprimés de toutes catégories, pour répondre aux besoins du clergé, de l'enseignement, de l'administration publique, de la justice et des professions connexes, ainsi que, accessoirement, à ceux des amateurs de belles-lettres. Malgré le grand nombre de titres disponibles, l'importation du livre, au début du XIXe siècle, est constamment entravée par les conflits en Europe, car, de 1793 à 1815, la France et l'Angleterre sont presque toujours en guerre. Le commerce entre les deux nations ennemies est interrompu en particulier par le blocus continental imposé par Napoléon à partir de 1806. Cet embargo sur les relations commerciales de la France avec l'Angleterre s'étend évidemment aussi aux colonies britanniques. C'est pourquoi l'approvisionnement en livres français demeure difficile.

En cette période, les restrictions qui touchent la circulation des imprimés sont moins idéologiques qu'économiques. Pendant les guerres napoléoniennes, c'est surtout par la « filière ecclésiastique » qu'on fait venir des livres de France. En effet, des prêtres sulpiciens français, arrivés à Montréal entre 1793 et 1802, en importent par l'entremise de leur

---

55. Claude GALARNEAU, « Livre, culture et société », *art. cit.*, p. 113.

communauté, le séminaire de Saint-Sulpice de Paris. Le Traité de Vienne et la Restauration contribuent au renouvellement des relations commerciales entre la Grande-Bretagne et la France, et permettent la naissance de la librairie francophone dans la colonie avec l'ouverture d'une succursale de la librairie Bossange à Montréal, en 1815. D'autres commerces de librairie française ouvriront leurs portes pendant les années 1820, dans le sillage d'Hector Bossange, notamment ceux d'Augustin-René Langlois, dit Germain et d'Édouard-Raymond Fabre, qui s'impose rapidement comme chef de file dans ce domaine au Bas-Canada.

LA SITUATION EN 1815

En 1815, un abonné de la *Gazette de Montréal* se désole de ne pas trouver suffisamment d'ouvrages en langue française au pays : « La rareté des livres français se fait sentir de plus en plus dans cette province ; les libraires en sont tout à fait dépourvus et si par hasard il en arrive quelques-uns, ils sont enlevés à des prix exorbitants avant que la dizième partie des amateurs en aient connaissance[56]. » L'acheteur canadien doit s'adresser soit à un imprimeur, soit à un marchand (anglophone), les seuls, hormis quelques encanteurs, à pratiquer ce commerce. L'approvisionnement en imprimés dans la colonie souffre manifestement des interdictions imposées au XVIIIe siècle. L'Angleterre continue d'exercer un monopole sur le commerce à cause des lois sur la navigation, qui réservent aux seuls navires anglais le commerce avec les colonies britanniques. Les vendeurs d'ouvrages en langue anglaise éprouvent moins de difficultés que leurs collègues francophones, comme en témoigne la publicité parue dans les journaux avant 1815. Les annonces d'imprimés français à vendre demeurent plutôt rares au début du siècle. John Neilson fait paraître une longue liste de livres dans *La Gazette de Québec* du 26 décembre 1811, sans aucun titre français. La même année, il publie, sous forme de brochure, un *Catalogue of books, imported from London* [...] dans lequel la proportion de titres français s'établit à 26 % de l'ensemble (214 titres sur 833)[57]. Un encanteur, James Fraser, annonce, dans la *Gazette de Montréal* du 11 novembre 1811, « une excellente consignation de livres, reçus par les vaisseaux dernièrement

---

56. *Gazette de Montréal*, 18 novembre 1815, p. 3.
57. John HARE et Jean-Pierre WALLOT, « Le livre au Québec et la librairie Neilson au tournant du XIXe siècle », dans Claude GALARNEAU et Maurice LEMIRE (dir.), *op. cit.*, p. 100.

arrivés, comprenant la plus grande partie des publications récentes, et que l'on verra plus particulièrement détaillés dans les Catalogues avant la vente ».

L'approvisionnement en livres se fait par l'entremise des circuits commerciaux qui remontent au XVIIIe siècle. Pendant les conflits, tant que le blocus demeure en vigueur, le livre français transite au Bas-Canada via Londres en été et, pendant la saison hivernale, par les ports de la côte orientale des États-Unis, Boston, Portland et New York surtout[58]. Cet axe Paris–États-Unis assure une certaine continuité pour les importateurs francophones, parmi lesquels on retrouve des institutions religieuses qui l'utilisent pour importer directement leurs livres.

LA « FILIÈRE ECCLÉSIASTIQUE »

Sans imprimerie et sans librairie, la Nouvelle-France est essentiellement importatrice de livres. Les membres du clergé, qui dominent le monde scolaire après la Conquête, perpétuent cette pratique et commandent des livres par l'entremise de leur agent d'affaires à Londres. Tant et aussi longtemps qu'il n'existe pas de librairie au Canada, cette façon de procéder est sans conséquence pour le marché de l'importation. Au XVIIIe siècle, le besoin de manuels pour l'enseignement avait incité les Messieurs de Saint-Sulpice et les prêtres du séminaire de Québec à recourir à un libraire londonien. On importe aussi des livres classiques et des volumes de récompense. Cette pratique se poursuit durant les guerres napoléoniennes et même après, puisque des prêtres émigrés, arrivés à Montréal entre 1793 et 1802, font venir à leur tour des livres de France par Londres ou New York. Dès 1796, Candide-Michel Le Saulnier commande des livres pour la bibliothèque des prêtres de Saint-Sulpice en s'adressant directement à l'abbé François-Emmanuel Bourret, son agent d'affaires à Londres. De 1800 à 1806, plusieurs caisses de volumes arrivent à Montréal. En 1802, par exemple, Bourret écrit à son confrère montréalais : « Je vous enverrai […] deux à trois cents volumes, de bons ouvrages, qui faisaient partie de ma bibliothèque publique que j'avais formée pour l'usage des prêtres français vivant à Londres[59]. »

---

58. Yvan LAMONDE, *La librairie et l'édition à Montréal, 1776-1920*, p. 26.
59. Marcel LAJEUNESSE, « Le livre dans les échanges sulpiciens Paris-Montréal au cours de la première moitié du XIXe siècle », dans Claude GALARNEAU et Maurice LEMIRE (dir.), *op. cit.*, p. 136.

À partir de 1802, les commandes de volumes neufs en langue française passent chez le libraire français Dulau de Londres et les envois comprennent des ouvrages de piété et de dévotion, destinés à des usages de pastorale et de pédagogie. De 1812 à 1815, au plus fort des guerres contre Napoléon, « lorsque le livre était cher et rare[60] », le curé Le Saulnier importe des volumes pour une somme de plus de 2 000 livres. Après 1815, les conditions de la librairie se modifient, avec le retour de la concurrence chez les fournisseurs. En 1817, le séminaire de Montréal importe de Dulau des ouvrages de belles-lettres : les œuvres choisies de Berquin, le *Cours de littérature* de La Harpe, *Les martyrs* de Chateaubriand, les *Œuvres* de Mme de Genlis, l'*Abrégé du christianisme*, *Les aventures de Télémaque*, *Madame de Maintenon peinte par elle-même* et d'autres titres qu'on retrouve dans les catalogues de libraires à Québec et à Montréal dans les années 1820.

Certains membres du clergé, entre autres Joseph-Sabin Raymond, du séminaire de Saint-Hyacinthe, et Jean Holmes, du séminaire de Québec, se rendent eux-mêmes en Europe afin de se procurer des livres et des instruments scientifiques destinés à l'enseignement. Lorsque les prêtres réussissent à faire réduire ou à éliminer les droits douaniers impériaux et provinciaux sur les livres qu'ils achètent en France, les libraires canadiens se plaignent d'une concurrence déloyale[61]. Cependant, ce privilège de ne pas payer les taxes d'accise date des années qui suivent la Conquête et se perpétue sans que les libraires importateurs canadiens puissent l'éliminer.

Derrière l'achat de livres se profilent des intérêts religieux à défendre. À plusieurs reprises, le curé Le Saulnier, qui ne commande pas de titres précis mais plutôt des genres d'ouvrages souhaités, se retrouve avec des livres à ne pas « mettre entre les mains de toutes sortes de personnes[62] ». À Montréal, « le Séminaire maintient toujours une bataille sur le front de la diffusion des imprimés, s'opposant à la circulation de la littérature « romanesque » et « philosophique », favorisant, dans un marché où le livre français demeure une denrée rare, la prédominance des livres de dévotion et de spiritualité[63] ».

---

60. *Ibid.*, p. 138.
61. Jean-Louis ROY, *Édouard-Raymond Fabre libraire et patriote canadien (1799-1854)*, p. 99.
62. Louis ROUSSEAU, *La prédication à Montréal de 1800 à 1830*, p. 93.
63. *Ibid.*, p. 94.

LES LIBRAIRES BOSSANGE ET GERMAIN

Avec la fin des guerres napoléoniennes, certains échanges commerciaux avec la France redeviennent possibles, à une époque où la librairie est en expansion. La maison de Martin Bossange, qui diffuse le livre français à travers le monde, avec des comptoirs à Londres, Mexico, Rio de Janeiro, Madrid et Leipzig, inclut le Bas-Canada dans son circuit. Après un stage à New York en 1813-1814, Hector Bossange, fils de Martin, ouvre boutique à Montréal et fonde la première librairie française au Canada. Il vend toutes sortes de produits européens de luxe. Comme chez les autres importateurs, les livres côtoient divers objets, tels des dragées, pommades, chaussures, dentelles, corsets, etc.

Hector Bossange fait paraître un premier catalogue en 1816. Il offre un choix de 448 livres français, répartis en trois sections: religion, jurisprudence et mélanges. Cette dernière catégorie renferme surtout des «livres d'assortiment», c'est-à-dire des ouvrages de littérature et d'histoire, des mémoires historiques, des manuels de pratique, des récits de voyages, des romans et des contes. La majorité des livres importés répondent aux besoins professionnels des lecteurs: ouvrages de droit, de médecine et de théologie. Si des titres religieux, pratiques et scolaires dominent cette liste, le catalogue contient bon nombre d'ouvrages de belles-lettres (20 % des titres)[64], destinés surtout à la jeunesse étudiante. Le catalogue, qui paraît sans page de titre, fait état d'un choix de livres disponibles à la fois à Montréal et à Québec, chez un dépositaire, «aux Magazins de Messrs. G. & B. Horan». On note en première page que «Mr. Bossange attend tous les jours un nouvel envoi de Paris, pour lequel il fera imprimer un Supplément à ce Catalogue». Aucune mention du prix des livres, tous reliés, mais certainement très élevé à cause des lourdes taxes d'entrée. Les envois transitent par la maison Bossange et Masson de Londres. Ce catalogue démontre que, du point de vue du commerçant, le nombre et le choix de livres justifient déjà la création d'un tel instrument de publicité et de sélection.

Hector Bossange annonce aussi régulièrement (plus d'une cinquantaine d'encarts publicitaires paraissent de 1816 à 1822) dans les journaux montréalais, mais il semble privilégier le catalogue détaillé comme moyen

---

64. Yvan LAMONDE, «La librairie Hector Bossange de Montréal (1815-1819) et le commerce international du livre», dans Claude GALARNEAU et Maurice LEMIRE (dir.), *op. cit.*, p. 67-75.

de publicité efficace pour ses imprimés. Celui qu'il publie en 1819 chez Joseph-Victor Delorme, avec son nouvel associé, Denis-Benjamin Papineau, contient près de 792 titres. La répartition par catégories ressemble à celle du premier catalogue : histoire, 28 % ; sciences, 26 % ; belles-lettres, 22 % ; religion, 18 % ; droit, 6 %[65]. Soucieux de répondre aux besoins de leur clientèle francophone, les importateurs les rassurent au sujet des difficultés d'approvisionnement : « Les Soussignés ont l'honneur de prévenir le Public et le Clergé en général qu'ils ont commencé à recevoir, et attendent, par les vaisseaux qui arriveront successivement, durant le cours de la saison, un des plus beaux assortiments de LIVRES FRANÇAIS qui aient jamais été importés dans ce pays, soit pour le nombre, soit pour le choix des auteurs[66]. »

Dès 1815, un autre importateur, Augustin-René Langlois, dit Germain, annonce dans *La Gazette de Québec* du 2 novembre « la plus grosse commande de livres français jamais importés dans ce pays ». Germain arrive de Londres avec des livres achetés en France. Il publie un premier catalogue en 1821 et un second en 1826. Dans les deux cas, les livres sont disponibles également chez un fournisseur montréalais (Joseph Roy, puis Isidore Malo). Le catalogue de 1821 compte 695 titres, en langue française à 97 %, les autres étant en latin[67]. Plus du tiers portent des titres sur la religion, et un quart, sur le droit. Les autres sont répartis en livres de science et d'art, d'histoire et de belles-lettres. Ce deuxième catalogue ressemble au premier publié par Bossange, puisque la répartition du contenu suit des proportions similaires, avec une nette prédominance des ouvrages religieux.

Ces catalogues reflètent par leur contenu la production offerte au public français au début de la Restauration. Avec l'extension du système d'éducation populaire, le lectorat s'est élargi. Les libraires mettent l'accent sur les livres scolaires. En conséquence, la littérature légère, comprenant le roman et la nouvelle, est singulièrement absente des catalogues canadiens ; la proportion de romans ne dépasse pas 5 % et elle comprend majoritairement des récits édifiants destinés à la jeunesse. En France, après 1815, le commerce du livre est axé sur la réédition d'œuvres de la littérature classique. Les libraires remettent en circulation, dans des éditions populaires, selon des formats pratiques et à des prix abordables, des œuvres destinées essentiellement aux jeunes lecteurs. La plupart d'entre elles marquent la valeur constante du fonds classique : les *Fables* de La Fontaine, le *Petit Carême* de Jean-Baptiste Massillon ou *Les aventures de*

---

65. *Ibid.*, p. 109.
66. *Catalogue des livres a vendre* […], p. 1.
67. Claude GALARNEAU, « Langlois, dit Germain, Augustin-René », *DBC*, t. VIII, p. 542.

Télémaque de Fénelon, par exemple. Sont également publiées des séries d'œuvres «complètes» et de «morceaux choisis» de Racine et de Voltaire dans des formats in-douze et in-dix-huit, formats les plus accessibles et le plus souvent annoncés dans les catalogues de Bossange et de Germain.

Manifestement, le contenu de ces catalogues révèle un fonds commun de livres classiques et un bon nombre d'auteurs moralisateurs qu'on trouve dans les envois au sulpicien Le Saulnier à pareille date, comme Berquin ou Mme de Genlis. Cependant, la production contemporaine en est absente; tout au plus remarque-t-on des œuvres de Chateaubriand et de quelques romanciers, Mme Cottin et Mme de Montolieu, par exemple, qui témoignent de la présence d'un genre dont la popularité n'est pas encore confirmée.

Une crise de la librairie française entre 1825 et 1830, provoquée par la saturation du marché intérieur, force les éditeurs français à compter de plus en plus sur l'exportation. À cause d'une surproduction de livres à Paris et des faillites qui en résultent, l'offre peut parfois dépasser la demande canadienne. Cependant, cette situation ne semble pas entraîner l'expédition de surplus au Canada[68].

L'ASCENSION D'ÉDOUARD-RAYMOND FABRE

En 1819, Hector Bossange repasse en France, afin d'obtenir son propre brevet de libraire. Son beau-frère, Édouard-Raymond Fabre, fait une année d'apprentissage à Paris chez Martin Bossange avant de revenir, en 1823, à Montréal, où il acquiert d'un ancien commis de Bossange, Théophile Dufort, le fonds de commerce de la librairie Bossange et Papineau, que Dufort avait acheté en 1819. Quelque temps plus tard, Dufort ouvre une librairie, qu'il constitue à partir de deux fonds, celui de Germain, de Québec, et celui d'Isidore Malo, de Montréal, et devient ainsi le principal rival de Fabre. En ouvrant sa librairie française, il annonce à sa clientèle: «Le dit Soussigné a eu soin d'épurer de ce qui pouvait s'y rencontrer d'immoral ou d'irréligieux[69]. » Malo a beau se vanter d'avoir à sa disposition le «fonds de librairie française le plus complet que l'on puisse trouver dans les Canadas», Fabre ne met que peu de temps

---

68. Françoise PARENT-LARDEUR, «Les envois de livres de Paris au Bas-Canada, de 1824 à 1827», dans Claude GALARNEAU et Maurice LEMIRE (dir.), *op. cit.*, p. 40.

69. *Le Spectateur canadien*, 7 février 1829, p. 3.

à dépasser son rival et devient le plus important libraire francophone au Bas-Canada, durant la première moitié du siècle.

En 1827, il met fin à son association avec Hector Bossange, parce qu'il n'apprécie guère un choix de « mauvais livres[70] » (au sens moral) que le libraire parisien lui a fait parvenir. De 1828 à 1835, il s'associe à son beau-frère, l'imprimeur Louis Perrault, et adopte la raison sociale de la librairie Fabre et Perrault. Par la suite, il continue seul le commerce de la librairie. Il fait paraître pas moins de cinq catalogues (1830, 1835, 1837, 1845 et 1853) qui comptent, en moyenne, 1 500 titres chacun. Ces répertoires révèlent la prédominance du livre religieux et un certain déclin des œuvres littéraires et philosophiques. L'augmentation des ouvrages de pédagogie semble se produire au détriment de la jurisprudence, de l'histoire et de la politique[71].

Fabre n'offre pas que des livres à sa clientèle ; il vend aussi de la papeterie, des objets du culte et des fournitures d'école. Il aménage encore un cabinet de lecture à l'intérieur de sa boutique, où ses clients peuvent consulter livres et journaux. En outre, il est le dépositaire de documents officiels, tels que statuts, ordonnances et lois des Parlements provincial et impérial touchant le Bas-Canada.

Entre 1832 et 1837, Fabre joue un rôle important sur les plans intellectuel et politique, puisque sa librairie sert de lieu de rencontre à plusieurs partisans des patriotes ; en 1836, les dirigeants de la Société Saint-Jean-Baptiste s'y rassemblent. Dès 1832, il figure parmi les membres fondateurs de la Maison canadienne de commerce ; en 1835, il participe à la création de la Banque du peuple. L'ensemble des opérations commerciales de sa maison, importation de livres et de marchandises diverses, édition et reliure, assure son succès financier et lui permet de jouer un rôle de mécène auprès de Duvernay. En 1832, il relance le *Vindicator and Canadian Advertiser*, journal d'obédience patriote que dirige Edmund Bailey O'Callaghan.

Le succès commercial de Fabre est en partie attribuable à sa vigilance dans l'achat de livres en France à l'occasion de voyages et dans les relations stables qu'il établit avec des libraires et des éditeurs français. Il soigne surtout sa clientèle religieuse et scolaire : la section « Religion » représente 62,0 % des achats, et la catégorie « Lettre et Philosophie », 15,6 %. Comme les autres importateurs, Fabre doit faire face à des coûts élevés d'importation, qu'il justifie ainsi dans une lettre au libraire Hocquart de Paris :

> Les droits d'entrée dans la colonie équivalent à cinquante pour cent de la valeur du prix d'achat ; de plus, il faut compter vingt

---

70. Jean-Louis Roy, *op. cit.*, p. 58.
71. Jean-Louis Roy, « Fabre, Édouard-Raymond », *DBC*, t. VIII, p. 314.

Édouard-Raymond Fabre, illustration anonyme, sans date. Tirée des *Cahiers des Dix*, n° 24 (1959), p. 188.

pour cent pour les frais de transport, vingt-cinq pour cent pour faire passer l'argent en France. À ces divers coûts, s'ajoutent les frais d'assurance évalués à quinze pour cent de la valeur de la marchandise. Si l'on ajoute quinze pour cent comme profit avoué, il faut conclure que le volume français se vend à Montréal près du double de son prix en librairie parisienne[72].

Cette question des coûts demeure capitale pour la librairie d'importation au Bas-Canada. Elle explique en partie pourquoi, dans certaines couches moins fortunées de la population, on préfère soit louer des ouvrages à la semaine ou au mois, soit lire les extraits de livres français parus dans les journaux, plutôt que d'acheter les volumes. Les libraires aussi se plaignent du prix excessif des livres. D'ailleurs, peu de catalogues osent afficher leurs prix. Fabre est un des premiers à le faire en 1835 ; ses prix se situent en moyenne autour de 3 chelins pour un in-douze, 5 chelins

---

72. Jean-Louis Roy, *Édouard-Raymond Fabre libraire et patriote canadien (1799-1854)*, p. 74.

pour un in-octavo et 2 chelins pour un in-dix-huit. La reliure d'un volume coûte à elle seule entre 2 et 4 chelins, ce qui en augmente le prix. On comprend, dans ces circonstances, que Fabre insiste tant pour qu'on exécute les commandes chez les fournisseurs parisiens sans ajouter des envois d'office.

Tout au long de sa carrière commerciale, Édouard-Raymond Fabre prouve que, dans le négoce, un entrepreneur canadien peut réussir parmi ses pairs dans un secteur protégé par la langue. Son exemple tend à démontrer qu'il existe bel et bien un marché francophone du livre au Bas-Canada avant 1840. Mais ce marché dépasse celui de l'importation : l'édition locale bénéficie également de l'initiative des libraires. Les stratégies commerciales se diversifient ; à plusieurs reprises, la maison Fabre s'associe à un imprimeur local pour financer la publication d'un ouvrage et, en retour, la librairie obtient les droits exclusifs de sa vente. Cependant, les libraires canadiens en général ne pratiquent que très peu l'édition, contrairement à leurs confrères européens, qui achètent les droits d'auteur pour les manuscrits qu'ils publient. Fabre innove au Bas-Canada en ce domaine. Par exemple, en 1837, Louis Perrault publie les *Notes sur l'inamovibilité des curés dans le Bas-Canada* de Louis-Hippolyte La Fontaine et Fabre les vend. Les deux partenaires concluent plusieurs ententes de cet ordre, même après la dissolution de leur association en 1835. Entre 1828 et 1835, ils font paraître ensemble plus d'une trentaine de titres, surtout des brochures et des livres destinés à l'enseignement et au clergé.

D'autres ententes d'impression et de vente, liant Fabre à des imprimeurs ou à des libraires de Montréal ou de Québec, laissent entrevoir comment le marché du livre s'adapte aux circonstances de l'édition locale. Les méthodes de financement demeurent l'abonnement ou la souscription, l'association entre libraires et imprimeurs, et l'entente entre libraires. Les contrats d'impression entre Fabre et Duvernay sont nombreux, particulièrement dans le domaine des calendriers, almanachs et manuels, notamment *Le maître français* [...], paru anonymement en 1830 et réédité par la suite. Pendant les années 1828-1831, les maisons Fabre de Montréal et Neilson de Québec signent plusieurs ententes au sujet d'échanges d'ouvrages publiés et diffusés par l'une ou l'autre des deux maisons, essentiellement des ouvrages religieux et des manuels scolaires. Par exemple, en 1831, Fabre demande à Neilson de lui transmettre 1 000 grammaires (la *Grammaire élémentaire* [...] de E.-A. Lequien) en échange de 1 000 bibles[73]. À Québec, en 1832, Jean-Baptiste Fréchette imprime pour Fabre 6 000 exemplaires des *Instructions chrétiennes pour les jeunes gens* [...] de Pierre-Hubert Humbert.

---

73. *Ibid.*, p. 85.

En raison de l'importance et de la quantité d'ouvrages scolaires et religieux mis en circulation, Fabre devient rapidement un des piliers du marché de l'édition locale. Il réussit à occuper une place centrale dans le champ de production. Son commerce bénéficie de stratégies efficaces de mise en marché de ces produits culturels que représentent les livres et les brochures. Que ce soit pour l'importation des livres, le financement de l'édition sur place, la diffusion de la production locale, la maison Fabre devient un centre de référence.

LES AUTRES LIBRAIRES

À partir des années 1830, d'autres libraires et importateurs s'installent à Montréal: les maisons anglophones Campbell (1831), Magrane (1832), Henry H. Cunningham (1833), Andrew H. Armour & Hew Ramsay, entre autres, font paraître leurs annonces de livres à vendre dans les journaux en langue anglaise. La barrière linguistique contribue à former deux marchés distincts, sans que s'établisse une concurrence entre les deux. Cependant, la rivalité devient de plus en plus vive entre libraires francophones. Un ancien associé de Fabre, son beau-frère Louis Perrault,

Jean-Baptiste Fréchette (détail), huile sur toile d'Antoine Plamondon, sans date. Musée du Québec (55.642).

ouvre sa propre maison en 1835. L'année suivante, Henry Vasseur crée une « loterie de livres » et une librairie. La librairie de Charles-Philippe Leprohon ouvre ses portes en 1837. Ces commerces, qui reprennent les méthodes de vente de Fabre, favorisent la concurrence.

À Québec, les premières librairies, attenantes aux officines de journaux, appartiennent à des imprimeurs. John Neilson a donné le ton en publiant régulièrement des listes de livres à vendre. Par la suite, d'autres imprimeurs l'imitent : son fils Samuel et William Cowan (à partir de 1822) ; Thomas Cary junior ; Jean-Baptiste Fréchette & Frères. Des marchands et encanteurs emboîtent le pas. Les noms des marchands Giovanni Domenico Balzaretti et de John Christopher Reiffenstein reviennent souvent dans les annonces de livres parues dans *La Gazette de Québec*.

Une percée du marché du livre par les libraires francophones marque la période, à la fois à Montréal et à Québec. Dans la capitale, Germain mène la marche et il est suivi par Jean-Baptiste Fréchette, fondateur de l'Imprimerie canadienne et de la Librairie canadienne (1833). Ce dernier ne publie pas de catalogues ni de listes de livres, mais il annonce régulièrement les titres dans son journal, *Le Canadien*, et permet par la suite à d'autres francophones d'assurer la relève, notamment les frères Joseph et Octave Crémazie et les libraires-imprimeurs Augustin Côté et Léger Brousseau.

*

Au XVIIIe siècle et jusqu'en 1815, l'importation du livre ne justifie pas l'existence d'un commerce spécialisé au pays. Quelques imprimeurs, des marchands et des membres du clergé importent des livres de France par l'intermédiaire de libraires londoniens. Toutefois, le marché canadien, une fois libéré des entraves de la guerre, devient suffisamment intéressant pour attirer une grande maison parisienne. Hector Bossange, le premier, introduit au pays la librairie française. À partir de 1823, grâce à ses liens avec Bossange qui est retourné à Paris, Fabre peut mieux tirer parti de ses fournisseurs européens. Il ajoute aussi une nouvelle dimension à son entreprise, celle d'un imprimeur qui diffuse la production locale. Pendant la décennie 1830-1839, marquée par une forte concurrence, Fabre s'impose et domine tous ses concurrents. Il est non seulement « le premier véritable libraire du Bas-Canada[74] », mais aussi un des premiers Canadiens à occuper un espace économique d'une telle envergure.

---

74. Jean-Louis Roy, « Fabre, Édouard-Raymond », *DBC*, t. VIII, p. 313.

Les bibliothèques et la formation du public

L A QUESTION du rôle et de l'importance des bibliothèques au Bas-Canada soulève celle de l'accès à l'imprimé et à la lecture. La présence d'extraits littéraires et d'annonces de livres dans les journaux et la publication de catalogues par les libraires importateurs indiquent que les livres et les périodiques circulent assez librement au pays et que le marché de l'offre correspond aux besoins de la population lettrée, tant de langue française que de langue anglaise. Cependant, compte tenu de la présence de plusieurs types de bibliothèques privées et collectives, l'accès à la culture de l'imprimé demeure assorti de conditions et de restrictions qui influencent l'instauration d'une tradition de lecture.

Les francophones comptent d'abord sur des bibliothèques personnelles, celles de leur famille en particulier ou des collections de livres dont disposent les maisons d'enseignement. Les bibliothèques de certains curés et de quelques patrons (par exemple durant la cléricature des candidats aux professions) servent aussi d'instruments dans la formation de prêtres, d'hommes de profession et d'écrivains. Chez les anglophones, qui bénéficient d'une tradition de bibliothèques qui remonte au début du XVIIIe siècle, les pratiques de lecture prennent des formes collectives surtout, liées souvent aux activités commerciales, qui rendent ces institutions « payantes ». En l'absence de toute bibliothèque « publique », c'est-à-dire accessible à l'ensemble de la population, ils mettent sur pied des bibliothèques de souscription, des cabinets de lecture, des bibliothèques d'associations professionnelles et de métiers. Ces établissements offrent au public, contre rétribution, la lecture sur place de livres et de périodiques. Parce qu'ils se situent au cœur de la diffusion de l'information et de la circulation des imprimés, les bibliothèques collectives déterminent en grande partie les pratiques de lecture de leur clientèle.

La culture anglo-saxonne est une culture d'associations, de regroupements et de communautés d'intérêts, ce qui expliquerait la présence d'autant de formes collectives. La population lettrée francophone participe timidement à ces initiatives, car elle continue de souscrire à des types de bibliothèques plus conformes à ses structures religieuses et sociales et plus près de ses traditions culturelles. L'attitude des Canadiens envers les livres et la lecture se manifeste dans leurs propres bibliothèques, celles des collections privées appartenant à des individus ou à des familles, ainsi que celles des établissements religieux ou d'enseignement (paroisses, séminaires et collèges) ou même celles de patrons.

Tout compte fait, la position des lecteurs au Bas-Canada envers la lecture publique ressemble un peu à celle des Français sous la Restauration. En France, le livre coûte cher ; par exemple, un roman en deux volumes se vend 15 francs, prix qui équivaut à plus du tiers du salaire mensuel d'un ouvrier ; un abonnement annuel à un journal comme *Le Constitutionnel* coûte 72 francs[75]. Quant aux institutions chargées d'assurer le fonctionnement de la lecture publique, les quatre grandes bibliothèques – Bibliothèque royale, Arsenal, Mazarine et Panthéon –, ainsi que les bibliothèques rattachées aux établissements d'enseignement, imposent des conditions d'accès qui excluent la majorité des lecteurs. Les Français mettent sur pied des cabinets de lecture dès le XVIIIe siècle ; au XIXe siècle, ces « boutiques à lire » prolifèrent, puisqu'elles offrent à une clientèle peu fortunée un accès facile aux journaux et aux livres, à défaut de bibliothèques publiques. Les premières bibliothèques municipales françaises datent de 1860[76]. Au Bas-Canada comme en France, l'organisation de la lecture pour le grand public relève de l'initiative privée. Cependant, la permanence du concept de la bibliothèque privée chez les Canadiens se manifeste tout au long de la période. Ils s'attachent à demeurer fidèles à d'anciennes traditions de lecture, bien que les anglophones introduisent de nouvelles pratiques institutionnelles commerciales dans le but d'assurer, à leur avantage, les fonctions de la lecture publique.

---

75. Françoise PARENT, « De nouvelles pratiques de lecture », dans Henri-Jean MARTIN et Roger CHARTIER (dir.), *Histoire de l'édition française*, t. II : *Le livre triomphant, 1660-1830*, p. 613.
76. *Loc. cit.*

LES BIBLIOTHÈQUES PERSONNELLES

Même si le cours classique demeure la voie d'accès normale à l'écriture littéraire, d'autres facteurs ont une incidence sur la formation des écrivains et du public, notamment les bibliothèques personnelles, pour les écrivains issus de milieux déjà scolarisés. Aubert de Gaspé fils, Georges Boucher de Boucherville et Louise-Amélie Panet ont accès à des collections de livres dans leurs familles respectives. La famille Papineau pourrait également être citée en exemple. Le tribun Louis-Joseph Papineau est même devenu l'un des plus remarquables bibliophiles de son époque. Pendant ses études au séminaire de Québec, Papineau acquiert une réputation de grand lecteur. Son confrère, Aubert de Gaspé père, écrit dans ses *Mémoires* qu'il éprouve un tel goût pour la lecture qu'il préfère ses livres aux amusements : « Il [Papineau] lisait pendant une partie des récréations, faisait une partie de dames, d'échecs, ou s'entretenait de littérature, soit avec ses maîtres, soit avec les écoliers de classes supérieures à la sienne[77]. » Lorsqu'il fait sa cléricature dans l'étude de Denis-Benjamin Viger, son cousin, il se plaint d'ailleurs de n'avoir plus le temps de lire[78]. Il continue par la suite d'enrichir sa collection de livres. En 1839, lorsqu'il se retrouve à Paris, il recommande à son épouse d'en vendre une partie, mais de conserver les documents canadiens : « Il en faudrait excepter les livres particulièrement relatifs au Canada. Lois provinciales et journaux, histoires et brochures canadiennes, qui me serviront à écrire l'histoire du Canada si nous en sommes bannis[79]. »

Quant à Aubert de Gaspé fils, la bibliothèque familiale compte probablement plus que le collège dans sa formation. Les nombreuses allusions, citations, épigraphes et emprunts aux auteurs anglais et français dans *L'influence d'un livre* – Bulwer-Lytton, Byron, Scott, Shakespeare, Balzac, Béranger, Bertaut, Delavigne, Dumas père, Hugo, La Mennais, Nodier, etc. – démontrent à quel point sa culture livresque puise aux mêmes sources que celle de son père. Ce roman aurait pu s'intituler « *L'influence d'un père*, tellement l'influence du vieux seigneur de Saint-Jean-Port-Joli est marquante[80] ». Dans un témoignage sur l'étendue des

---

77. Philippe-Joseph AUBERT DE GASPÉ, *Mémoires*, 1885, p. 245.
78. Fernand OUELLET, « Papineau, Louis-Joseph », *DBC*, t. X, p. 621.
79. Louis-Joseph PAPINEAU, « Lettres de L.-J. Papineau à sa femme (1820-1862) », *RAPQ*, 1953-1955, p. 427.
80. Olive HEWS, « Les lectures de Philippe Aubert de Gaspé, père et fils », mémoire de maîtrise en littérature, f. 114.

connaissances du jeune romancier, Leblanc de Marconnay décrit ainsi ce grand liseur :

> *L'influence d'un livre* est très bien écrit ; il étaie un luxe d'érudition extraordinaire et nous nous attendions à cela car nous savions que Mr. de Gaspé dévorait tout ce qu'il rencontrait. Il ne se promène jamais, il ne met jamais le pied sur un bateau-à-vapeur, il ne monte jamais à cheval, sans avoir un livre sous le bras, et ce qui est le mieux, c'est qu'il le lit religieusement ; puis il possède une mémoire phénoménale telle qu'il est capable de vous débiter cent vers de Bertand [Jean Bertaut] et deux cents vers de Byron sans se tromper d'une syllabe[81].

Étant donné la culture livresque des Aubert de Gaspé, il est logique de supposer que, dans cette famille comme dans bien d'autres de même statut social, la présence d'une bibliothèque contribue d'abord à l'éducation des enfants.

D'autres écrivains font valoir l'importance d'une bibliothèque personnelle dans leur formation. Pierre-Stanislas Bédard laisse un cahier manuscrit où les citations d'auteurs contemporains abondent. Ses « Notes de philosophie, mathématiques, chimie, physique, grammaire, politique et journal, 1798-1810[82] » révèlent non seulement un lecteur cultivé, mais aussi un touche-à-tout qui a sans doute orienté les lectures et la pensée politique de son fils, le poète Joseph-Isidore Bédard.

Parmi les autres bibliothèques personnelles dignes de mention figure celle de l'« antiquaire » Jacques Viger, qui se range parmi les mieux pourvues en livres et en documents ayant trait à l'histoire du Canada. À partir de sa collection de plus de 1 200 volumes et de documents d'archives, dont les « Saberdaches » rouge et bleue ne constituent qu'une partie, Viger en vient à jouer un rôle de critique érudit. Sa bibliothèque alimente non seulement un réseau familial, mais également les travaux historiques de Michel Bibaud, avec qui il entretient des rapports étroits, surtout à l'occasion de la publication de *La Bibliothèque canadienne*.

LES BIBLIOTHÈQUES DE CURÉS

Certains écrivains, nés de parents analphabètes, tirent profit de la présence d'un prêtre qui leur donne accès à des bibliothèques personnelles. Par

---

81. *Le Populaire*, 25 novembre 1837, p. 3-4.
82. Fernand Ouellet, « Bédard, Pierre-Stanislas », *DBC*, t. VI, p. 53.

exemple, l'abbé Thomas Maguire héberge le jeune Augustin-Norbert Morin ; Mgr Joseph-Octave Plessis invite Joseph-Rémi Vallières de Saint-Réal à loger chez lui. Plessis est le propriétaire d'une impressionnante collection de livres, évaluée à 2 166 volumes à son décès[83]. Sa bibliothèque, riche en ouvrages de théologie et de religion, comprend également des titres de belles-lettres, sélectionnés en fonction de sa profession.

Louis Plamondon, pris en charge par le curé Charles-Joseph Brassard Deschenaux, apprend à lire et à écrire au presbytère et puise dans l'imposante bibliothèque de son bienfaiteur avant d'entreprendre des études classiques au petit séminaire de Québec. Cette bibliothèque compte près de 2 200 volumes, avec des sections consacrées aux belles-lettres, notamment aux œuvres de Bonald, Buffon, Burke, Mably, Rousseau et Voltaire. « C'était la bibliothèque d'un honnête homme de la fin du XVIIIe et du début du XIXe siècle[84]. »

Le curé Jean-Baptiste Boucher, dit Belleville, possède 2 000 volumes ainsi répartis : les classiques latins et grecs, les grands auteurs français, anglais et espagnols en théologie, en histoire, en sciences, en arts et en belles-lettres. Boucher loge dans son presbytère quelques jeunes candidats au sacerdoce et leur enseigne la rhétorique. Ces quelques exemples témoignent de l'importance qu'on accorde à la lecture supervisée dans la préparation de futurs prêtres.

LES BIBLIOTHÈQUES DE COLLÈGES

Les collèges se dotent de bibliothèques modestes ; les livres y sont d'abord réservés aux professeurs. En général, seuls les ouvrages les plus anodins demeurent à la disposition des élèves et la lecture des journaux y est rigoureusement interdite. D'après la morale catholique, l'accès aux livres, surtout dans une maison d'enseignement, doit être autorisé avec circonspection. Les professeurs, qui sont aussi des directeurs de conscience, conseillent aux élèves des textes à lire d'après leur cheminement personnel.

Lionel Groulx mentionne qu'au collège de Montréal, vers 1824 et même un peu avant, des professeurs, n'ayant pas à leur disposition les moyens de subvenir aux besoins de leurs élèves, composent des « Morceaux choisis de littérature française » ou des « Morceaux choisis de divers auteurs

---

83. Gilles LABONTÉ, « Les bibliothèques privées à Québec (1820-1829) », mémoire de maîtrise en histoire, f. 256.

84. Claude GALARNEAU, « Brassard Deschenaux, Charles-Joseph », *DBC*, t. VI, p. 92.

pour servir de thème aux écoliers de rhétorique », à partir de leurs bibliothèques personnelles : « Ils font entrer tout le moderne d'alors : du Mirabeau [le physiocrate], du Maury [le prédicateur], du Chateaubriand, du Bonald, du Joseph de Maistre, du La Mennais et voire du Jean-Jacques Rousseau[85]. »

Étienne Parent, ancien élève du séminaire de Québec, explique comment les lecteurs de sa génération devaient copier les livres qu'ils empruntaient : « [...] j'ai vu le temps où l'arrivée, dans notre bonne ville de Québec, d'un ouvrage français contemporain, était presque un événement ; et bienheureux s'estimait celui qui pouvait en avoir la lecture. Je pourrais vous citer de mes amis de jeunesse, qui ont copié à la main des ouvrages français, qu'on ne pouvait se procurer qu'à un prix exorbitant[86]. »

La plupart des collèges ont de ces directeurs spirituels qui prennent en charge des candidats prometteurs et marquent ainsi des générations d'élèves : Jérôme Demers et Jean Holmes à Québec, Antoine-Jacques Houdet à Montréal, Joseph-Sabin Raymond et Isaac-Stanislas Lesieur-Désaulniers à Saint-Hyacinthe, Charles-Joseph Ducharme à Sainte-Thérèse, Charles-François Painchaud à Sainte-Anne-de-la-Pocatière, etc.

LES BIBLIOTHÈQUES DE PATRONS

Dans la formation d'un individu, la période de cléricature équivaut à un apprentissage de la liberté. Après les contraintes du collège, l'étudiant en droit ou en médecine s'adonne aux lectures les plus variées, si la bibliothèque de son patron lui en donne la possibilité. Celle d'Archibald Campbell détermine en grande partie la vocation littéraire de François-Xavier Garneau et de Pierre Petitclair. Le choix d'un patron ne se fait pas d'après ce seul critère, mais cet élément compte. Campbell possède une riche collection de livres, il s'intéresse aux arts et aux lettres, et il se plaît à promouvoir de jeunes talents francophones. Augustin-Norbert Morin, qui choisit Denis-Benjamin Viger comme maître de stage, est assuré d'avoir accès à une excellente bibliothèque. Il en va de même pour Amable Berthelot et Georges-Barthélemi Fairbault, qui font leurs études de droit et leur cléricature dans le cabinet de Jean-Antoine Panet avant d'être admis au barreau. À partir de leur stage de clerc, ils deviennent tous deux bibliophiles et s'intègrent à un réseau de lettrés qui, avec Jacques Viger, amassent des matériaux pour servir à une histoire du Bas-Canada, qui ne sera jamais publiée.

---

85. Lionel GROULX, *L'enseignement français au Canada*, t. I : *Dans le Québec*, p. 198.

86. *La littérature canadienne de 1850 à 1860*, t. I, p. 159.

LES BIBLIOTHÈQUES ASSOCIATIVES ET LES CABINETS DE LECTURE

Si les bibliothèques personnelles et de collèges servent à préparer l'individu, en l'occurrence le jeune auteur, à la lecture et, peut-être, à la carrière des lettres, les bibliothèques collectives visent en revanche une clientèle plus variée. D'abord, ce sont des initiatives nées presque exclusivement en milieu anglophone. Elles s'adressent parfois à des individus sans liens entre eux, comme dans le cas des bibliothèques de souscription et des cabinets de lecture, mais elles servent le plus souvent les intérêts de groupes, de communautés, de sociétés ou d'associations qui manifestent des besoins en information qu'on ne pourrait combler autrement. Elles sont à usage restreint, car elles doivent s'autofinancer par divers moyens: abonnements, souscriptions ou cotisations des membres. Enfin, elles font partie de diverses stratégies ou formules visant à prendre en charge la lecture publique et collective au pays.

En 1806, il n'existe pas de bibliothèque qui relève de l'autorité gouvernementale et dont la fonction concourt à la lecture publique. Au début du XIXe siècle, il y a principalement des bibliothèques de tradition britannique, implantées sur le territoire au XVIIIe siècle[87]. Dans ces bibliothèques associatives, dites « par abonnement » ou bibliothèques publiques de souscription (en France, ce sont des cabinets de lecture), on loue des livres à des sociétaires ou à des « souscripteurs propriétaires », comme dans le cas de la Bibliothèque de Québec (1779) ou celle de Montréal (1796), qui survivent pendant la période. Ces deux entreprises maintiennent une politique d'autofinancement par souscription qui leur permet d'offrir à leurs lecteurs les succès de librairie de la production étrangère.

Le contenu de la Bibliothèque de Montréal, tel qu'il est présenté dans trois catalogues, imprimés au rythme de un par décennie environ (1824, 1833 et 1842), fait état d'une collection qui comprend majoritairement des livres en anglais: 82 % contre seulement 18 % en français, d'après le dernier catalogue[88]. Les ouvrages d'érudition n'ont pas la plus haute cote parmi la clientèle: la section des romans (700 titres sur 2 720) domine nettement l'ensemble. Viennent ensuite les ouvrages d'histoire (443), de belles-lettres (371) et de voyages (299). Le public anglophone peut ainsi avoir accès à la production courante de la littérature d'imagination anglaise.

---

87. Maurice LEMIRE (dir.), *La vie littéraire au Québec*, t. I: *1764-1805. La voix française des nouveaux sujets britanniques*, p. 255-262.

88. Yvan LAMONDE, *Les bibliothèques de collectivités à Montréal (17e-19e siècles)*, p. 38.

Les proportions citées précédemment sont à peu près les mêmes à la Bibliothèque de Québec, du moins en ce qui a trait au nombre restreint d'ouvrages en langue française. Dans les catalogues de 1832 et 1844, les ouvrages en français datent presque tous du XVIIIe siècle, tandis que la majorité des titres en anglais font partie de la production courante. Ces deux bibliothèques locatives, dites « de souscription par actions », disposent d'une « chambre publique de nouvelles » (salle de journaux) et d'une « chambre de lecture », où les actionnaires-propriétaires peuvent se rencontrer.

Des entreprises différentes résultent d'initiatives individuelles. À Québec, Thomas Cary met sur pied une bibliothèque commerciale, sans sociétaires, en 1797, sous le nom de « bibliothèque circulante ». Cette bibliothèque locative bilingue, sorte de cabinet de lecture, compte plus de 5 000 titres en 1835[89], mais elle s'adresse majoritairement à une clientèle anglophone, puisque les livres en français n'occupent que 18 % de l'ensemble. Il en va de même pour la *circulating library* de Nickless and MacDonald, fondée à Montréal vers 1819. Ces cabinets de lecture offrent des services similaires à une clientèle qui préfère la location à l'achat de livres. Un libraire qui voudrait offrir les mêmes avantages n'aurait qu'à aménager un coin de lecture à l'intérieur de sa boutique. C'est d'ailleurs ce que fait Théophile Dufort en 1829, en ajoutant une « chambre de lecture » à sa librairie française[90]. Vers la même époque, Édouard-Raymond Fabre joint à sa librairie un cabinet de lecture « assez bien pourvu, comme dans les cercles, de journaux, de nouveautés, de recueils périodiques et étrangers[91] ».

Les bibliothèques commerciales de prêt mettent habituellement à la disposition de leurs clients un certain nombre de journaux et de périodiques étrangers. Cette pratique donne lieu à des cabinets de lecture pour gens d'affaires à Montréal : New Reading Room (1820), News Room and Exchange (1821), Montreal News Room (1829) et, à Québec, Exchange Reading Room (1817).

---

89. Marie TREMAINE, *A Bibliography of Canadian Imprints, 1751-1800*, p. 502.
90. *La Minerve*, 27 juillet 1829, p. 1.
91. Isidore LEBRUN, *Tableau statistique et politique des deux Canadas*, p. 236.

LES BIBLIOTHÈQUES D'ASSOCIATIONS PROFESSIONNELLES ET DE MÉTIERS

L'accroissement rapide des professions libérales, dont les effectifs doublent au Bas-Canada de 1819 à 1838[92], entraîne en 1828 la création à Montréal d'une institution bilingue, la Bibliothèque des avocats. À Québec, en 1831, un groupe d'avocats et de juges fondent également une bibliothèque à leur usage[93]. À Québec également, c'est en 1826 que naît une société médicale dotée d'une bibliothèque et d'un périodique, le *Journal de médecine de Québec*. En 1829, une société formée de médecins donne lieu à la fondation de la bibliothèque de médecine du McGill College.

Parallèlement à ces activités de groupes professionnels, des Mechanics' Institutes, calqués sur le modèle écossais, sont créés à Montréal (1828) et à Québec (1830). C'est en vue de former une main-d'œuvre plus instruite qu'on met sur pied cette forme d'association. Patronnées par une bourgeoisie philanthropique, ces associations ont pour objectifs la formation des travailleurs artisans, la mise sur pied de salles de lecture de journaux et de bibliothèques, ainsi que l'organisation de conférences et de cours du soir. Elles constituent ainsi une première forme d'éducation des adultes. Les livres de la bibliothèque tendent vers des ouvrages « purement scientifiques[94] » et l'abonnement annuel est de 10 chelins pour les membres âgés et de 5 chelins pour les jeunes. À Montréal, il en coûte 15 chelins au patron, 10 aux ouvriers et 5 aux jeunes ouvriers ou apprentis. La Bibliothèque de Montréal, à la même époque, fixe à 30 chelins le prix de l'abonnement annuel[95]. Les bibliothèques d'artisans diffèrent quelque peu de celles des associations professionnelles, non seulement par leur contenu, mais aussi par le fait qu'elles facilitent, chez les artisans, l'habitude de la lecture et l'accès à la culture de l'imprimé. En un sens, elles marquent également une étape vers l'avènement des bibliothèques publiques gratuites[96]. Consciente de l'intérêt suscité par cette forme de bibliothèque, la Chambre d'assemblée accorde des subventions de 100 livres à chacun des instituts, celui de Québec et celui de Montréal, « pour l'achat de livres et d'instruments[97] ».

---

92. Fernand OUELLET, *Éléments d'histoire sociale du Bas-Canada*, p. 255. À ce sujet, voir, dans le présent ouvrage, à la section intitulée « La montée des professions libérales », p. 31-32.
93. Antonio DROLET, *Les bibliothèques canadiennes (1604-1960)*, p. 111.
94. *Règles de la Société des artisans de Québec* […], p. 4.
95. Ægidius FAUTEUX, « Les bibliothèques canadiennes et leur histoire : II, 1763-1916 », *La Revue canadienne*, nouvelle série, vol. XVII, n° 3 (mars 1916), p. 215.
96. Louis-Philippe JOLICŒUR, « Les Mechanics' Institutes, ancêtres de nos bibliothèques publiques », *Bulletin de l'Association canadienne des bibliothécaires de langue française*, vol. X, n° 1 (mars 1964), p. 8-9.
97. Antonio DROLET, *op. cit.*, p. 121.

Vers la fin des années 1820, des sociétés savantes créent leurs propres bibliothèques. En 1829, au moment de la fusion, sous le gouverneur James Kempt, de la Société littéraire et historique de Québec et de la Société pour l'encouragement des sciences et des arts, on lance l'idée d'une bibliothèque accessible aux deux communautés linguistiques. La nouvelle société entreprend de recueillir et de publier des documents historiques sur le Canada. Elle met à la disposition de ses membres un musée et une bibliothèque d'intérêt historique et scientifique. Dès 1830, la Chambre d'assemblée lui octroie 250 livres pour l'achat de volumes et, par la suite, lui accorde d'autres subventions variant de 50 à 300 livres. Georges-Barthélemi Faribault prend en charge la constitution de la collection. À Montréal, une association scientifique entièrement anglophone, la Natural History Society, incorporée en 1825, met également à la disposition de ses membres un musée et une bibliothèque, sans toutefois bénéficier des largesses gouvernementales. À la fin de la période, sa bibliothèque compte plus de 1 000 volumes scientifiques[98], chiffre élevé si on compare cette collection avec celle de la Société littéraire et historique de Québec qui n'en possède que 152.

LA BIBLIOTHÈQUE PARLEMENTAIRE

Fondée en vertu de la constitution de 1791, la bibliothèque de l'Assemblée n'ouvre ses portes qu'en 1802 et connaît un accroissement plutôt lent à ses débuts : de 1 000 volumes recensés en 1817, sa collection passe à 5 000 en 1832. Elle devient ainsi l'une des institutions du Bas-Canada les mieux pourvues en livres, brochures et journaux[99]. Elle comprend d'abord des ouvrages sur le droit parlementaire anglais. Pendant longtemps, les greffiers de la Chambre agissent comme bibliothécaires. Depuis le début des années 1820, la collection commence à perdre son caractère exclusivement juridique ou administratif et devient plus universelle. Georges-Barthélemi Faribault, qui occupe d'abord le poste de greffier des comités et des papiers, intègre des ouvrages achetés à l'étranger et des collections importantes de livres, comme celle d'Amable Berthelot, vendue à l'encan en 1832, ou celle de l'avocat montréalais John Fleming, mise en vente en 1833 et comprenant plus de 8 000 volumes[100].

---

98. Luc CHARTRAND, Raymond DUCHESNE et Yves GINGRAS, *Histoire des sciences au Québec*, p. 86.

99. Gilles GALLICHAN, *Livre et politique au Bas-Canada, 1791-1849*, p. 265.
100. *Ibid.*, p. 279.

Parliament House, gravure de James Smillie, 1829. Tirée de George Bourne et James Smillie, *The Picture of Quebec*, hors-texte entre les pages 32 et 33 (où la gravure a été exécutée à l'envers).

En 1833, Étienne Parent est nommé bibliothécaire. Convaincu que la démocratisation de la culture demeure une des conditions principales du progrès au XIXe siècle, il donne une nouvelle impulsion à la bibliothèque. Il n'occupe ses fonctions que pendant deux ans et demi, mais il tente de réorienter la politique de l'institution dans une série de rapports qui font état de l'importance d'en faire « une source de connaissances au service des chefs politiques bien sûr, mais aussi des intellectuels et des jeunes[101] ». Parent exprime le principe d'une responsabilité de l'État dans le domaine de la lecture publique, idée qui fera son chemin surtout après 1840, avec le projet du philanthrope français Nicolas-Marie-Alexandre Vattemare de créer des bibliothèques municipales dans les centres urbains. Avec la collaboration du bibliothécaire adjoint Faribault, il facilite l'acquisition de documents qui « pourront servir utilement à ceux qui se sentiraient disposés à écrire une histoire du Canada plus complète que celles qui existent maintenant[102] ». En fait, Faribault souhaite que son *Catalogue*

---

101. *Ibid.*, p. 280.
102. Georges-Barthélemi FARIBAULT, *Catalogue d'ouvrages sur l'histoire de l'Amérique* [...], introduction.

d'ouvrages sur l'histoire de l'Amérique [...] puisse servir de plan d'acquisition pour doter enfin la bibliothèque de l'Assemblée d'une collection aussi complète que possible sur l'histoire nationale.

Grâce à Faribault, sous la gouverne de Parent et de son successeur, Jasper Brewer, la bibliothèque devient une des principales institutions culturelles au Bas-Canada. Elle acquiert effectivement bon nombre de livres, Canadiana et Americana, et rassemble ou conserve les documents nécessaires à l'administration de l'État. Cette institution répond à des besoins documentaires collectifs qui dépassent ceux des seuls parlementaires et fonctionnaires. Parent et Brewer poursuivent également une pratique, établie en 1825 grâce au député Amable Berthelot, qui permet au public d'avoir accès à la collection de livres et de journaux lorsque la Chambre ne siège pas. La bibliothèque parlementaire devient ainsi une bibliothèque publique ou, du moins, ouverte parfois au public, initiative qui plaît particulièrement aux étudiants du séminaire de Québec, puisqu'ils s'y rendent pour étudier et préparer leurs examens[103].

*

Pendant le premier tiers du XIXe siècle, on expérimente plusieurs formes de bibliothèques. Celles des francophones s'appuient sur la permanence du concept de la bibliothèque privée, puisqu'ils continuent de percevoir les bibliothèques en fonction de la culture et des professions. Les bibliothèques collectives, initiatives des anglophones, demeurent des entreprises commerciales privées, c'est-à-dire réservées à une clientèle particulière, qu'elle soit marchande, professionnelle, ouvrière ou scientifique. Mais l'instruction populaire commence à se répandre dans les années 1830 et une population relativement plus alphabétisée cherche à combler ses besoins en lectures. À vrai dire, la bibliothèque de la Chambre d'assemblée peut répondre aux aspirations de ces nouveaux lecteurs et elle le fait en ouvrant ses portes au public, en dehors des périodes de session de la Chambre. La transformation de la bibliothèque parlementaire en une institution nationale ne s'est pas réalisée du jour au lendemain, mais le fait de rendre sa collection de livres et de journaux plus accessible aux citoyens souligne la responsabilité de l'État dans le domaine de la lecture publique.

---

103. Gilles GALLICHAN, *op. cit.*, p. 33.

Pour en savoir davantage

GALARNEAU, Claude, et Maurice LEMIRE (dir.), *Livre et lecture au Québec (1800-1850)*, Québec, Institut québécois de recherche sur la culture, 1988, 269 p.

GALLICHAN, Gilles, *Livre et politique au Bas-Canada, 1791-1849*, Sillery, Septentrion, 1991, 519 p.

LAMONDE, Yvan, *Les bibliothèques de collectivités à Montréal (17e-19e siècles)*, Montréal, ministère des Affaires culturelles, Bibliothèque nationale du Québec, 1979, 139 p.

_____ , *La librairie et l'édition à Montréal, 1776-1920*, Montréal, Bibliothèque nationale du Québec, 1991, 198 p.

LAMONDE, Yvan (dir.), *L'imprimé au Québec. Aspects historiques (18e-20e siècles)*, Québec, Institut québécois de recherche sur la culture, 1983, 368 p.

PARKER, George L., *The Beginnings of the Book Trade in Canada*, Toronto, University of Toronto Press, 1985, xiv-346 p.

ROY, Jean-Louis, *Édouard-Raymond Fabre libraire et patriote canadien (1799-1854). Contre l'isolement et la sujétion*, Montréal, Hurtubise HMH, « Histoire et documents d'histoire », 17, 1974, 220 p.

Louis-Joseph Papineau (détail), huile sur toile de Napoléon Bourassa, 1858. Musée du Québec (G-52-58-P).
Photographe : Patrick Altman.

CHAPITRE 5

LA PROSE D'IDÉES

L E DÉBUT du XIXᵉ siècle place en situation d'affrontement une idéologie coloniale britannique établie et une parole publique francophone obligée de se définir pour accéder à la reconnaissance. Le conflit pour la conquête de l'opinion mobilise l'énergie des écrivains du Bas-Canada. La prose d'idées que suscitent le parlementarisme et la nouvelle presse de combat y joue un rôle déterminant. En réponse au discours des nouveaux colons britanniques qui disqualifient pour cause d'« ignorance » la population francophone, les Canadiens se forgent une identité commune.

La politique se trouve ainsi au cœur du débat. Apparaissent alors des essais pour en cristalliser les temps forts, tandis que la pratique du journalisme et de l'éloquence parlementaire en assure la continuité. En quelques années, une évolution saisissante conduit des prudentes protestations de Denis-Benjamin Viger aux revendications révolutionnaires de Louis-Joseph Papineau, dans la construction d'une pensée politique opportune, celle du nationalisme libéral. L'intensité du conflit d'opinion provoque une prépondérance des discours agoniques : satires, pamphlets et polémiques, même parmi le clergé. Le politique, ici encore, attire toute l'attention. Même une querelle religieuse, l'affaire Chaboillez, ne s'en écarte pas, puisqu'elle concerne une question ecclésiastique en rapport avec le pouvoir. Les seuls sermons imprimés en français mettent toujours ce domaine en cause ; ils célèbrent l'État et ses gloires. Le discours de l'opinion, laïque ou religieux, tourne alors autour de la question du pouvoir et de la légitimité de son exercice.

Pour fonder leur conscience nationale, les Canadiens doivent se donner des références communes : s'approprier un pays et une mémoire. L'histoire devient l'enjeu décisif dans cette bataille, car la vision que les conquérants ont du passé de la Nouvelle-France dévalorise tout ce qui les a précédés. Or, la pensée libérale des Canadiens se trouve en contradiction avec elle-même, puisqu'elle doit exalter une colonie soumise à des monarques absolus et accepter une évangélisation conduite par les jésuites : la condamnation de la colonisation de la Nouvelle-France dans l'*Histoire philosophique et politique* [...] de Raynal joue contre l'histoire hagiographique de Charlevoix. La reconnaissance du territoire pose moins de problèmes, car la géographie s'emploie d'abord à décrire le plus fidèlement possible l'état des lieux. Mais les premiers géographes n'en cachent pas pour autant leurs positions idéologiques. Toutefois, l'apparition des sciences annexes, telles l'archivistique et la bibliographie, qui garantit une organisation des matériaux de base et une circulation des données, permettra, après 1840, l'élaboration de la grande histoire du Canada de Garneau.

LE DISCOURS DE L'OPINION PUBLIQUE

L'essai politique

Durant une période où la pensée politique est en voie d'élaboration, des plumes partisanes s'affairent à résoudre les contradictions qui divisent la société canadienne. Cette pensée chemine rarement sous forme d'essai dominé par des spéculations plus ou moins théoriques. La plupart du temps, elle s'affirme au cours de discussions et de polémiques qui occupent un large espace dans les journaux, et revêt une forme nettement agonique et dialogique. Elle s'exprime de deux façons : la brève, souvent humoristique, qui vise à tourner les arguments de l'adversaire en ridicule, paraît dans les journaux ; la longue, qui prétend traiter une question à fond indépendamment de l'espace à couvrir, connaît souvent la publication en brochure.

La pensée politique des francophones ne se développe pas en vase clos, mais en interaction constante avec celle des anglophones qui lui sert de révélateur. C'est pourquoi il convient de mettre en parallèle les arguments principaux de part et d'autre pour reconnaître la façon dont se détermine la problématique.

LE DISCOURS AUTOUR DE LA CONSTITUTION

***Considérations* [...] de Denis-Benjamin Viger**

Parmi les aléas politiques, celui qui provoque la radicalisation des anglophones, c'est la domination par la majorité francophone de la Chambre d'assemblée, comme le démontre l'épreuve de force à l'occasion de l'affaire des Prisons[1]. Le *Quebec Mercury* canalise alors leurs récriminations, *Le Canadien* lui réplique. En 1809, Denis-Benjamin Viger répond à un certain Scevola qui a dénoncé l'enseignement donné en français dans les collèges de la province. Ses *Considérations sur les effets qu'ont produit en Canada, la conservation des établissemens du pays, les mœurs, l'éducation, etc. de ses habitans ; et les conséquences qu'entraîneroient leur décadence par rapport aux intérêts de la Grande Bretagne* prennent une ampleur qui dépasse largement le simple article de journal, car l'auteur a cru qu'« un sujet aussi intéressant méritoit dans le fait d'être discuté avec la gravité qui convenoit

Denis-Benjamin Viger, lithographie de Sarony, Major et Knapp, New York, publiée par J.-B. Rolland et Fils, Montréal, sans date. Musée du séminaire de Québec (Portefeuille 156G folio 80). Photographe : Pierre Soulard.

---

1. Voir, dans le présent ouvrage, le chapitre 2 intitulé « Les conditions générales », en particulier p. 35-36.

à son importance, surtout en observant la liaison que les sentimens de l'auteur sur l'éducation du pays, étoient liés avec toutes les autres productions de l'éditeur du papier qui les avoit accueillis[2] ».

Prendre la défense de la langue française sans se faire accuser de traîtrise demande du doigté, particulièrement en une période où les victoires répétées de Napoléon font voir aux Anglais des ennemis partout. Viger n'entreprend donc pas de traiter du droit des Canadiens de conserver leur langue, mais de l'avantage que peut y trouver l'Angleterre. D'abord, il attaque la relation que les Anglais établissent entre langue et fidélité : « [...] ce n'est point la similitude du langage qui inspire aux hommes les mêmes affections et les mêmes sentimens. Ce sont les principes sur les quels l'éducation est dirigée[3]. » En lettré qui connaît bien ses classiques, il puise dans l'histoire ancienne des exemples de peuples dont on a respecté la langue et qui ont été beaucoup plus fidèles que ceux qu'on a forcés à s'assimiler.

Le corps de l'argumentation repose cependant sur un autre principe, celui de l'expérience comme fondement des maximes de la politique et du gouvernement. Or, qu'enseigne cette expérience ? C'est en voulant bouleverser l'ordre ancien des choses qu'on provoque les pires désordres. De nouveau, l'exemple de l'Antiquité s'offre à la réflexion. La prévalence de l'épicurisme sur la philosophie traditionnelle a entraîné la décadence de l'empire romain. Aujourd'hui, ce sont les idées nouvelles des philosophes qui plongent l'Europe dans le chaos. D'où la nécessité d'une politique conservatrice : « Il faut toujours travailler à réparer l'édifice tant qu'il n'est pas entièrement détruit[4]. » Afin de le prouver, Viger évoque un cas particulièrement intéressant pour les anglophones, celui des Normands qui voulurent imposer la langue française en Angleterre. Leur propre histoire montre aux conquérants la conduite à suivre au Canada : « Oubliant leurs injustes prétentions, ils [les Normands] se rapprochèrent d'eux-mêmes, et se réunirent aux vaincus[5]. »

Viger adopte des positions exagérément conservatrices parce qu'elles sont de bon ton, surtout en période où toute idée nouvelle est suspecte. L'histoire ancienne apparaît comme le paradigme de toute réalité moderne, ce qui n'empêche pas l'auteur de trouver ses meilleurs arguments dans l'histoire récente. Si la relation entre la langue et la fidélité est si évidente, pourquoi, en 1775, les sujets de langue anglaise se sont-ils révoltés contre leur roi tandis que les sujets de langue française l'ont défendu ? D'autres exemples tirés des histoires belge et prussienne confirment que ce sont les bons principes et non la langue qui assurent la fidélité. D'où la conclusion :

---

2. Denis-Benjamin VIGER, *Considérations* [...], p. 1.
3. *Ibid.*, p. 5.
4. *Ibid.*, p. 10.
5. *Ibid.*, p. 13.

« [...] *la morale des peuples est la véritable source de leur attachement pour le gouvernement et le fondement le plus solide de l'autorité*[6] ».

Ensuite, Viger se demande quel objectif poursuit la presse anglophone en attaquant continuellement la religion, les lois et le système d'éducation des Canadiens. Il entend démontrer qu'en agissant de la sorte elle dessert les intérêts de l'Angleterre. Refusant de reconnaître l'établissement des francophones, les anglophones affirment : « Il faudroit, suivant ces penseurs, substituer à la population de ce pays une population nouvelle, digne de l'habiter, et d'en tirer parti[7] », en d'autres mots, ouvrir toute grande la porte à l'immigration américaine et livrer le pays à la république voisine, car les Américains immigrés se sentiront toujours portés à s'unir à leurs anciens compatriotes. Par leur langue, leur religion et leurs coutumes, les Canadiens érigent une barrière contre l'expansion des voisins : « [...] nous sommes par notre position géographique destinés à former un peuple entièrement différent des François et de nos voisins mêmes[8] ». Tant à cause de la géographie que de la mentalité, les Canadiens ne redeviendront jamais des Français. Leur différence ethnique assure à la Grande-Bretagne la possession de ses colonies nord-américaines.

En somme, c'est la loyauté des anglophones qu'il faudrait remettre en question. En cherchant à détruire le Canada français, ne font-ils pas le jeu des Américains ? La vraie loyauté dicte de parfaire ce qui est déjà commencé : « Ne seroit-il pas plus avantageux de travailler à tirer tout le parti dont on est capable d'un établissement tout fait, dont l'utilité est prouvée, que de songer à le renverser et à le détruire [...][9] ? » Viger admet que des défauts restent à corriger, sans voir là une raison de rejeter l'ensemble. Pour la première fois, un politique trouve une justification pour la métropole et pour les immigrants de conserver la nationalité canadienne et de faire de la langue française le moyen de s'opposer à l'expansion américaine.

An Apology for Great Britain [...] de Ross Cuthbert

Une prise de position aussi explicite appelle une réplique non moins claire de la part des Anglo-Canadiens. Ross Cuthbert s'en charge dans son *Apology for Great Britain, in Allusion to a Pamphlet, Intituled, « Considerations, &c. par un Canadien, M.P.P. »*, qu'il rédige en anglais, bien qu'il écrive correctement le français. Par précaution oratoire, il tente de minimiser l'objet du grief en soutenant que l'article de Scevola ne mérite pas une telle diatribe. Puis, il enfourche le cheval de bataille habituel des anglophones : ce plaidoyer ne peut venir que de l'ignorance et de l'incompréhension de la Constitution britannique. D'après lui, seul le

---

6. *Ibid.*, p. 24.
7. *Ibid.*, p. 30.
8. *Ibid.*, p. 32-33.
9. *Ibid.*, p. 34.

désir de la justice guide le gouvernement de Londres, qui réserve à tous ses peuples le même traitement sans distinction de langue et de religion. Il a eu des bontés particulières pour le Canada en lui accordant l'Acte de Québec et l'Acte constitutionnel. Aussi les menaces appréhendées contre la langue française et contre la religion catholique sont-elles sans fondement.

Après cette affirmation de principe, il prétend réfuter l'un après l'autre les arguments de son adversaire. Il conteste la validité des précédents historiques invoqués par les *Considérations* [...]. Dans tous les exemples, il s'agit d'établissements parvenus à maturité et consacrés par plusieurs siècles d'existence, tandis que le Bas-Canada est encore aux premiers stades de son enfance. Des précédents plus appropriés seraient ceux de la Nouvelle-Amsterdam, de la Louisiane et de la Jamaïque, qui ont adopté les lois et les coutumes de leurs nouveaux maîtres. Ils montrent bien que Cuthbert, comme les autres anglophones, refuse de reconnaître aux Canadiens le titre juridique de premiers occupants du sol. Pour lui, le degré d'évolution d'un pays se mesure à l'exploitation du sol. Un cinquantième du sol canadien serait mis en valeur, déclare-t-il arbitrairement. Pourquoi faudrait-il que les 49 autres soient aménagés d'après cette première partie? En minimisant l'ampleur de l'espace occupé, Cuthbert réduit également l'importance numérique des francophones en les considérant par rapport non pas à la totalité des habitants du Canada, mais à l'ensemble de l'empire britannique. La population de langue française ne constituerait que un centième de l'ensemble des sujets de Sa Majesté. Non content de diluer la majorité dans un ensemble hétéroclite, il renchérit en soutenant que, en considération de l'éducation, du savoir-faire et de l'ingéniosité, elle ne vaudrait pas plus que un cinq centième. En supposant qu'un Britannique vaut cinq Canadiens, il conclut: «Il n'y aurait eu aucun dessein cruel, sur le plan politique, à obliger cette unité de céder et d'être incorporée à ce nombre[10].»

Cuthbert ne parvient pas à s'expliquer la répugnance des Canadiens pour l'assimilation. La seule raison qui lui paraît plausible, c'est l'intérêt des démagogues – les députés du Parti canadien – de maintenir le peuple dans une homogénéité impénétrable pour mieux le dominer. Quelle que soit la résistance à court terme, elle ne change rien à l'échéance inéluctable: «Leur tentative échouera; leur corps politique se dissoudra et disparaîtra[11].» En effet, pour quelle raison une race aussi manifestement inférieure chercherait-elle à se perpétuer?

Comme le fera lord Durham, Cuthbert cite à son tribunal chacune des deux races pour la sommer de justifier son existence. À ses yeux, les

---

10. Ross Cuthbert, *An Apology for Great Britain* [...], p. 17.

11. *Ibid.*, p. 22.

colons français, produits du despotisme et de la superstition, manquent totalement d'initiative, d'ambition et d'ingéniosité. En deux siècles, ils ont défriché les deux rives du Saint-Laurent. Plutôt que de chercher à profiter des avantages du Nouveau Continent, ils préfèrent se regrouper autour du clocher paroissial et subdiviser leur terre entre leurs descendants. Comment espérer une colonie prospère et vigoureuse avec de tels habitants? Les Américains loyalistes, ceux qui immigrent au Canada, sont au contraire entreprenants et pleins d'initiative. En quelques saisons, ils défrichent une terre et la rendent fertile. Rien n'est à craindre de leur loyauté après qu'ils ont opté pour le Canada. La similitude de langue, de religion et de coutumes contribue à l'unité canadienne, tandis que la résistance des francophones à l'assimilation engendre la division et l'animosité.

Le projet collectif des anglophones se révèle incompatible avec celui des francophones : «Cette province se destine à recevoir une population britannique nombreuse [...] Ils trouvent ce territoire en friche, non entamé par l'industrie ou l'art, sauf pour la lisière que nous occupons[12]. » Une terre aussi vierge qu'au premier jour de la création attend encore le travail de l'homme pour la fertiliser. La colonisation recommence sur de nouveaux fondements que les Canadiens doivent accepter sous peine de devenir des étrangers dans leur propre pays.

Cuthbert ne cache pas ses préjugés raciaux : toute différence lui est intolérable. «[N]ous nous associons, involontairement, avec ceux qui, à cause d'une similitude de sentiments et de comportements, nous renvoient une image de nous-mêmes[13]. » En raison de leurs différences, les Canadiens sont des motifs de répulsion pour les immigrants. Ils doivent donc s'assimiler pour mieux les accueillir. En parlant pour le futur et non pour le présent, Cuthbert évite habilement de considérer le rapport des forces en présence et de reconnaître au moins l'immense supériorité numérique des Canadiens.

Cuthbert partage le discours des milieux anglophones de Montréal et de Québec. Les lettres de Hugh Gray, John Lambert et Jeremy Cockloft, qui séjournent au Canada en 1806, 1807, 1808 et 1811, en constituent une preuve tangible. Confinés à la société anglophone par la barrière de la langue, ces voyageurs anglais ne reflètent qu'un aspect des problèmes canadiens de l'heure. L'affaire des Prisons a révélé aux Britanniques que les Canadiens pouvaient dominer la Chambre d'assemblée. Leur volonté de dissidence s'exprime dans le journal *Le Canadien*, qui annonce leur intention d'employer tous les moyens autorisés par la Constitution pour se défendre. Aux yeux des Britanniques, ces Canadiens déloyaux retournent contre leur mère patrie les dons qu'elle leur a gracieusement accordés. Les

---

12. *Ibid.*, p. 29.
13. *Ibid.*, p. 28.

voyageurs s'interrogent sur les motifs qui les ont conduits à une telle ingratitude : seule l'ignorance des institutions britanniques explique une telle perversion. Pour éviter que la colonie ne tombe dans l'anarchie complète, Gray suggère le retour du gouvernement « despotique » qu'avait instauré l'Acte de Québec de 1774, le seul convenable pour les Canadiens.

Some Considerations on this question […] de John Fleming

En 1810, John Fleming répond à Hugh Gray dans une brochure intitulée *Some Considerations on this question; Whether the British Government Acted Wisely in Granting to Canada her Present Constitution? With an Appendix; Containing Documents, &c.* Dans son avertissement au lecteur, il signale la neutralité du lieu d'où il parle : « L'auteur de l'essai qui suit n'est pas conscient d'avoir été influencé par l'esprit de parti[14]. » Mais son pseudonyme, A British Settler, trahit son point de vue. C'est en tant qu'immigrant qu'il expérimente le nouveau régime politique.

Il commence par une brève revue des principaux événements qui ont marqué la vie politique depuis la Conquête. Au lendemain de sa victoire, l'Angleterre avait pris de bonnes dispositions pour étendre à la nouvelle colonie les lois et les institutions en vigueur dans ses autres colonies américaines. Elle offrait gratuitement des terres à ses officiers et à ses soldats démobilisés pour renforcer son emprise sur le pays. Mais l'Acte de Québec, « expressément calculé pour maintenir cette province aussi distincte et aussi différente que possible des autres colonies[15] », a tout bouleversé. Les conséquences ont été désastreuses avant tout pour les nouveaux sujets : « En un mot, [l'Acte de Québec] a imposé aux classes inférieures les chaînes de l'ignorance, de la superstition et du vasselage[16]. » On violait ainsi les droits imprescriptibles des colons britanniques et on érigeait en système la division entre les francophones et les anglophones de la province.

Au lieu de corriger ce faux pas pendant qu'il en était encore temps, le gouvernement de Londres l'a aggravé par la division du pays en deux provinces. Cette séparation détermine une évolution particulière à chaque entité et rend la réunion ultérieure quasi impossible. Mais la conséquence la plus grave, c'est l'abandon du pouvoir législatif à quelques députés ignorants qui exploitent habilement les préjugés de leurs compatriotes et peuvent ainsi bloquer tout le commerce de la plus populeuse des provinces de l'Amérique du Nord britannique.

Faut-il pour autant répudier la constitution de 1791 et revenir aux dispositions de 1763 ? Fleming ne le croit pas : il serait indigne de l'empire britannique de régresser vers le despotisme et de priver les sujets de Sa

---

14. John FLEMING, *Some Considerations on this question* […], p. [3].
15. *Ibid.*, p. 9.
16. *Ibid.*, p. 9-10.

Majesté de leurs droits. Il met tout son espoir dans l'éducation qui devrait faire des Canadiens des sujets capables de jouir pleinement d'une Constitution libérale.

Les premiers rudimens de la Constitution britannique [...] de Jacques Labrie

La question de l'aptitude ou de l'inaptitude des Canadiens à comprendre et à interpréter la Constitution britannique alimente le débat qui entoure les projets successifs d'union des deux Canadas. Selon les bureaucrates, il importe de réunir les deux provinces en une seule afin de redonner la majorité à des élus qui comprennent bien le fonctionnement de la Constitution. C'est en 1827, au plus fort des discussions engendrées par les actes autoritaires de lord Dalhousie, que Labrie publie un ouvrage hybride sur la Constitution anglaise intitulé *Les premiers rudimens de la Constitution britannique, traduits de l'anglais de M. Brooke ; précédés d'un précis historique, et suivis d'observations sur la Constitution du Bas-Canada, pour en donner l'histoire et en indiquer les principaux vices, avec un aperçu de quelques-uns des moyens probables d'y remédier. Ouvrage utile à toutes sortes de personnes et principalement destiné à l'instruction politique de la jeunesse canadienne*. C'est donc une tentative de vulgarisation pour aider le peuple à comprendre la teneur du débat en cours, puisque la Constitution n'est accessible qu'à travers les commentaires et quelques brochures. À partir du 1er juillet 1831, *Le Canadien* annonce la parution d'un *Précis de la Constitution anglaise*, ouvrage destiné « à tous les enfans qui fréquentent les écoles[17] ».

Trois parties écrites par des auteurs différents composent l'ouvrage : la première est un précis historique tiré de Jean-Louis De Lolme, la deuxième, un abrégé de la Constitution anglaise extraite du roman de Henry Brooke, *The Fool of Quality* [...], et la troisième, une comparaison de Labrie entre la Constitution anglaise et la Constitution canadienne de 1791. Bien que composite, cet ensemble garde une certaine unité en ce qu'il met en lumière le processus historique par lequel la Constitution anglaise a atteint sa maturité. Avant d'arriver à un juste équilibre, les trois états, c'est-à-dire la couronne, l'aristocratie et les Communes, se sont livré des luttes féroces, et l'harmonie ne s'est établie qu'à partir du moment où chacun d'eux a disposé d'assez de pouvoir pour faire contrepoids aux autres. L'État peut donc se comparer à un édifice soutenu par trois colonnes : une seule venant à faillir, tout l'édifice s'écroule. Pour Labrie, la Constitution anglaise apparaît comme le paradigme selon lequel toute autre constitution doit se modeler.

---

17. *Le Canadien*, 2 juillet 1831, p. [3].

Dans la dernière partie, Labrie commente, pour le bénéfice du lecteur canadien, les différences entre la Constitution métropolitaine et la Constitution coloniale. Le gouverneur devrait être l'équivalent du roi mais, en fait, il n'est qu'un fonctionnaire redevable au secrétaire des colonies. Il s'entoure de conseillers exécutifs dépourvus de responsabilité et qui le compromettent par des initiatives intempestives. Choisis trop souvent parmi les conseillers législatifs, les conseillers exécutifs confondent les rôles et, par le cumul des pouvoirs, rompent l'équilibre entre les états. Par sa dépendance, le Conseil législatif compromet toute la stabilité de l'édifice. Normalement recruté parmi les citoyens distingués par leur naissance et leur fortune, ce Conseil devrait jouir d'une indépendance suffisante pour sanctionner tant la couronne que les Communes. Mais, composé surtout de commis de l'État qui reçoivent leur salaire de la couronne, il ne jouit plus de l'indépendance nécessaire à l'équilibre des pouvoirs. Toujours solidaire du Conseil exécutif contre la Chambre d'assemblée, il paralyse la bonne marche des institutions gouvernementales.

Dans une rétrospective de l'histoire du parlementarisme canadien, Labrie en arrive à formuler une loi : chaque fois que des gouverneurs se sont rapprochés des représentants du peuple, ils ont été désavoués par les Conseils exécutif et législatif et rappelés à Londres pour se justifier. Chaque fois, en revanche, qu'ils se solidarisent avec la Chambre haute, ils violent les droits du peuple et exercent la tyrannie.

L'essai de Labrie n'a d'autre mérite que de résumer de façon pratique et pédagogique l'interprétation que les politiques canadiens ont fait de la Constitution britannique depuis qu'ils ont commencé à s'en inspirer, mais il marque aussi un jalon dans le débat qui oppose bureaucrates et patriotes. En fait, son initiative appelait une riposte.

LE DISCOURS BUREAUCRATE

Esquisse de la Constitution britannique de Robert-Anne d'Estimauville

En 1827, Robert-Anne d'Estimauville fait paraître, lui aussi, une brochure intitulée *Esquisse de la Constitution britannique* dans laquelle il défend la position des bureaucrates. Après avoir parcouru l'Europe pour tenter de se faire une situation, ce cadet de famille noble se résigne en 1806 à revenir au Canada pour partager la faveur de son frère, grand voyer. Toute sa vie, il professe un loyalisme outrancier parce qu'il ne subsiste que grâce au favoritisme politique.

Incapables de s'autoriser des précédents de la courte vie parlementaire canadienne, les députés du Parti patriote puisent dans la tradition des Communes britanniques pour justifier leurs prises de position. Or, d'après d'Estimauville, la Constitution anglaise est le produit unique de l'histoire qui ne se reproduira pas ailleurs : « Mais transportez-là, telle que décrite par eux [Jean-Louis De Lolme et William Blackstone], dans tout autre pays et vous vous appercevrez bientôt que sa marche sera irrégulière, et que, par conséquent, elle ne doit pas son succès en Angleterre à sa seule organisation[18]. » Rappelant les circonstances de sa mise au point, il soutient que, loin de remonter à la *Magna Carta* (Grande Charte), elle ne prend effet qu'à l'avènement de Guillaume d'Orange, qui accepte la couronne des mains du peuple. Le compromis entre le souverain et les Communes aurait toutefois pu dégénérer en crise s'il n'avait été tempéré par une aristocratie solidement constituée. D'Estimauville met l'accent sur le rôle de ce corps indépendant de fortune et d'intérêt pour montrer jusqu'à quel point il fait défaut au Canada. Il conclut que « la marche souvent irrégulière des gouvernemens des colonies, ne doit pas être attribuée aux individus et aux partis, mais bien à l'organisation vicieuse des chartes constitutionnelles[19] ». Pour ce noble déchu, tous les malaises politiques canadiens proviennent du refus du gouvernement londonien de constituer une aristocratie héréditaire véritable au Canada.

En 1827, dans un second essai intitulé *Cursory View of the Local, Social, Moral and Political State of the Colony of Lower-Canada*, d'Estimauville abandonne le ton modéré du simple commentateur pour celui du polémiste. Probablement pour justifier la hausse de son ton, il prend soin de définir le lieu neutre d'où il parle. Parvenu à l'âge de 75 ans, dépourvu d'ambition politique et affranchi des préjugés nationaux par ses longs séjours à l'étranger, il se sent en excellente position pour conseiller ses compatriotes canadiens sur la façon d'orienter leur avenir collectif.

En fait, *Cursory View* [...] s'adresse, en anglais, aux Communes britanniques, qui ont à examiner le rapport d'un comité spécial sur l'administration de lord Dalhousie. Ce rapport, très favorable aux doléances des députés patriotes, risque de miner la crédibilité des membres du Parti bureaucrate. Dans un premier temps, l'auteur poursuit son commentaire sur la Constitution britannique en notant les différences entre la colonie et la métropole, et en insistant sur le danger d'appliquer des solutions valables pour l'une ou l'autre. Mais ces différences sont encore plus grandes pour une colonie conquise. Les disparités de langue, de religion et de coutumes ont été aggravées par l'indulgence inconsidérée du gouvernement britannique. Plus de fermeté aurait rendu l'usage de l'anglais

---

18. Robert-Anne d'Estimauville, *Esquisse de la Constitution britannique*, p. 5.
19. *Ibid.*, p. 20.

obligatoire dans tous les postes de la fonction publique, de la justice et même de la milice. Mais le gouvernement impérial n'est pas le seul à blâmer, car les Canadiens ont opposé une résistance incompréhensible à l'assimilation. En retour des bienfaits de la Constitution britannique, ils auraient dû spontanément sacrifier leur langue et leur religion. Mais pourquoi tant de résistance ? D'Estimauville fournit d'abord une réponse d'arpenteur : la disposition des terres en larges bandes parallèles le long du rang complique la fréquentation de l'école. Puis, une réponse d'aristocrate : la campagne ne comporte pas de petite noblesse ou gentry capable de prêcher par l'exemple. Contents de leur sort, les Canadiens n'espèrent rien de plus que leur présente condition. Population obéissante mais amorphe, elle ne risque pas de se soulever, contrairement à ce que certains prétendent.

D'Estimauville pourrait être qualifié de parfait « chouayen », tant son sentiment d'appartenance à un peuple s'est émoussé au profit d'une conscience de classe. Pour lui, comme pour plusieurs autres membres de la noblesse canadienne, la stabilité et la prospérité de l'État seraient garanties par une aristocratie héréditaire dont l'Angleterre offre le modèle. Une politique favorable à la noblesse aurait pu éviter tous les malaises dont souffre le Canada. Michel Bibaud, dont les sympathies pour les bureaucrates sont bien connues, dénonce pourtant la position radicale adoptée par d'Estimauville et lui reproche sa trop grande servilité.

LE DISCOURS PATRIOTE

Au cours des années 1830, les journaux supplantent les brochures comme soutiens du débat politique. La pensée ne s'y développe pas pour elle-même, mais toujours en réponse à une autre. Aux études et aux dissertations on préfère le dialogue pour découdre l'un après l'autre les arguments de l'adversaire ; polémique entre journaux, il va sans dire, mais aussi dialogue inventé par un même journaliste qui met en scène deux personnages qui discutent d'une question. Le genre atteint son sommet de popularité en 1834 avec les cinq « comédies du statu quo ». David Roy et Georges-Barthélemi Faribault auraient écrit pour les bureaucrates, Elzéar Bédard et François-Réal Angers auraient défendu les patriotes.

Pourquoi des journalistes recourent-ils à cette forme ? C'est moins une mise en scène qu'une stratégie pédagogique pour retenir l'attention de lecteurs peu habitués à fournir une somme d'attention permettant de suivre un long développement. À cause de son indéniable popularité, ce genre d'exposé des grands débats se perpétue dans la plupart des journaux.

À Montréal, *La Minerve* et le *Vindicator and Canadian Advertiser* deviennent les interprètes des patriotes. Duvernay apparaît alors comme le porte-étendard des nationalistes, mais, puisqu'il recourt à des rédacteurs successifs pour son journal, sa relation à l'écriture reste assez ambiguë.

Étienne Parent

La contribution d'Étienne Parent au *Canadien* de Québec est plus personnelle et plus facile à reconnaître. L'étape la plus exaltante de sa carrière journalistique coïncide avec une affirmation de l'opinion publique. Dans les années 1830, un champ se dessine que les forces adverses se disputent.

La carrière intellectuelle de Parent se divise en deux parties. Dans la première, il se fait connaître comme rédacteur du *Canadien* de 1831 à 1842 au cours d'une période particulièrement difficile de l'histoire du pays. Plus que tout autre, il croit en la mission du journaliste pour instruire le peuple et l'aider à se former une opinion : pas de démocratie sans une presse libre. Dès ses premières années de métier, Parent apparaît comme un penseur original par ses prises de position personnelles, bien qu'il n'expose sa pensée que dans ses éditoriaux. Comme ses collègues des autres journaux, le rédacteur du *Canadien* commente d'abord l'actualité. C'est à propos d'événements, tels que des élections, une épidémie, un projet de loi, une dispute en Chambre, qu'il manifeste ses idées. Une grande partie de ses éditoriaux sont des réponses à d'autres journaux. Le rédacteur s'applique alors à retourner contre ses adversaires leurs propres arguments avec une adresse souvent remarquable. Même si Parent manifeste dès cette époque une pensée bien organisée, il ne sera confirmé comme essayiste que durant la période suivante.

À l'heure où les patriotes affirment avec fracas les droits de la nation canadienne de langue française, Parent se signale par sa prudence. Il analyse avec soin les trois options qui s'offrent aux Canadiens et les évalue au mérite. Si on se propose comme objectif premier le maintien de la nationalité canadienne, on doit rejeter l'annexion aux États-Unis, car le Bas-Canada n'aurait certes pas un sort meilleur que celui de la Louisiane, dont les particularismes n'ont pas été respectés. Si jamais l'Angleterre faisait fi de ses engagements, il vaudrait mieux opter pour l'annexion à un pays démocratique tant qu'à perdre l'identité canadienne.

L'autre option qui s'offre aux Canadiens, c'est l'indépendance pure et simple. Mais, avec 600 000 habitants, le Bas-Canada est incapable d'assurer sa sécurité face à la république voisine qui, elle, compte 13 millions d'âmes. Une déclaration d'indépendance le priverait de la protection de l'Angleterre et le livrerait sans défense aux mains des États-Unis.

Un vieux de « 37 », dessin de Henri Julien, sans date. Tiré de Henri Julien, *Album*, p. 186.

L'indépendance ne peut venir tant que le pays ne comptera pas un nombre suffisant de citoyens pour le défendre[20].

La troisième option, celle que prône Parent, c'est de rester sous la protection de l'Angleterre tant que le peuple sera incapable d'assumer sa propre sécurité :

> Nous ne croyons pas qu'un peuple de six cent mille et quelques cents âmes puisse maintenir son indépendance et sa nationalité surtout, au voisinage d'une nation puissante et entreprenante […] C'est pour cette raison que nous avons toujours maintenu que l'intérêt bien entendu de l'Angleterre et du Bas-Canada était que la nationalité du peuple Canadien fut conservée et favorisée jusqu'à ce qu'il fût en état de se défendre des empiétemens de ses voisins[21].

Dans tous ses articles, comme éditorialiste, Parent évite de mettre en cause la bonne foi et la sincérité des autorités impériales, car un pacte tacite

---

20. *Le Canadien*, 4 février 1832, p. [1].   21. *Le Canadien*, 22 février 1832, p. [3].

lierait les deux parties: l'Angleterre protégerait les droits des Canadiens à condition qu'ils défendent la colonie, tandis que ces derniers accorderaient à la métropole la disposition des richesses naturelles du pays pour qu'elle les exploite. Ce contrat serait rompu dès que la Grande-Bretagne cesserait de protéger la nationalité canadienne.

C'est sur ce point que l'opinion de Parent et celle de Papineau divergent. En effet, le tribun considère, dès 1827, que l'Angleterre a manqué à ses engagements en prenant parti pour la minorité anglophone, tandis que le journaliste persiste à croire en la bonne foi de la métropole jusqu'à ce que les résolutions de lord John Russell autorisent le gouverneur à puiser dans le Trésor public sans l'assentiment de la Chambre. Parent reconnaît alors sa pusillanimité, mais il n'en continue pas moins à rechercher la protection de l'Angleterre pour les Canadiens.

Dès 1831, Parent résume son objectif politique par «l'émancipation progressive fondée sur la justice et sur l'intérêt réciproque[22]». Comme Garneau l'affirmera dans son histoire à la suite de Thierry, il croit à la destinée particulière des peuples: «[...] c'est le sort du peuple Canadien d'avoir non seulement à conserver la liberté civile, mais aussi à lutter pour son existence comme peuple[23]». Les Canadiens sont engagés comme peuple dans un combat à finir contre une oligarchie inhérente au système colonial moderne, car le «but poursuivi par la colonisation moderne [...] est d'assurer à la métropole des débouchés pour ses produits manufacturiers, au détriment de l'industrie des colonies[24]». En d'autres mots, la métropole recherche d'abord son avantage et celui de ses favoris avant la prospérité des colons. Parent est fier de reproduire dans son journal un article du *Morning Chronicle* de Londres (29 juin 1832) qui confirme son point de vue: «L'objet qu'a eu constamment en vue jusqu'à présent notre Gouvernement oligarchique n'a certainement pas été à l'avantage des Colons ou celui du peuple en Angleterre, mais de donner des places profitables à un aussi grand nombre possible des parens et des parasites rempans de l'Aristocratie[25].» La maîtrise par la couronne des Conseils législatif et exécutif assure à «cette foule de chercheurs de places et de distinctions[26]» une mainmise permanente sur tous les appareils de l'État. Le gouvernement ainsi dénaturé ne sert plus le peuple mais des étrangers. Paraphrasant un discours d'Augustin-Norbert Morin, Parent affirme: «[...] venus ici pour s'engraisser, ils devenaient naturellement les représentans de tous les fonctionnaires publics – Ils étaient les protecteurs du monopole du commerce, des intérêts d'un clergé étranger. Leurs liaisons sociales étaient toutes au-delà des mers[27].»

---

22. *Le Canadien*, 8 octobre 1831, p. [3].
23. *Le Canadien*, 7 mai 1831, p. [1].
24. Philippe Reid, «Représentations idéologiques et société globale. Le journal *Le Canadien* (1806-1842)», thèse de doctorat en sociologie, f. 318.
25. *Le Canadien*, 27 août 1832, p. [1].
26. *Le Canadien*, 20 juillet 1831, p. [2].
27. *Le Canadien*, 18 janvier 1833, p. [2].

Évidemment, cette charge contre les « gens à places » expose Parent et ses compatriotes à se faire accuser d'être jaloux et de reprocher aux autres ce qu'ils souhaiteraient pour eux-mêmes. Le journaliste proteste de la pureté de ses intentions : « Non, ce n'est pas pour nos amis que nous demandons des places et des honneurs, mais c'est pour le peuple que nous voudrions les voir former partie du personnel de l'administration ; nous voudrions les voir dans une position où ils pussent rendre au peuple les services dont il a besoin[28]. »

Devant ses adversaires qui ne ratent pas une occasion de ramener le débat à une simple querelle de races, Parent persiste à affirmer qu'il s'agit d'une lutte du peuple contre l'oligarchie. Loin d'être circonscrite au seul Bas-Canada, elle se manifeste partout en Occident. La révolution de Juillet en France l'illustre bien. Les peuples maintenus dans l'ignorance se sont laissé subjuguer par les grands féodaux, mais l'imprimerie a dissipé suffisamment de ténèbres pour que les petits prennent conscience de leurs droits. La presse réveille les peuples et chasse les derniers vestiges de la féodalité. Parent croit assister à une seconde révélation, dont les journalistes sont les apôtres. Malheureusement, la presse populaire n'attire qu'une portion infime de la population canadienne comme il le reconnaît : « Les Journaux politiques, les Gazettes n'ont pas encore pu fournir à la classe ouvrière, qui ne lit pas, l'aliment qui conviendrait à sa position. La presse n'a pas encore par la crainte ou plutôt par la certitude de ne pas réussir, cherché à pénétrer jusqu'à l'humble foyer de l'artisan[29]. » Aussi le journaliste fonde-t-il tous ses espoirs sur l'école. Le personnage important pour l'avenir, c'est l'instituteur. Une fois instruit, le peuple pourra se prendre en charge et se libérer.

Bien qu'il se défende de vouloir identifier le peuple aux Canadiens de langue française, parce qu'il déplacerait le débat sur le terrain de ses adversaires, Parent accorde au terme « peuple » des significations différentes selon les besoins de son argumentation. La notion de « peuple » désigne tout à la fois ou successivement la culture, la force sociale qui s'oppose à l'oligarchie et même parfois, de façon particulière, les classes laborieuses qui constituent la plus grande partie de l'ensemble social[30]. En jouant sur les acceptions diverses de ce même terme, il fonde son argumentation. Quand il affirme, par exemple :

> Chose indubitable ce pays n'offre pas d'élémens aristocratiques, dans l'acceptation ordinaire de ce mal, les parchemins, les titres de noblesse n'ont pas de racine en Amérique, non plus que la considération qu'ils donnent en Europe, et dernièrement on riait ici de l'idée qu'on avait de transplanter en ce pays

---

28. *Le Canadien*, 19 juin 1833, p. [1].
29. *Le Canadien*, 27 mai 1835, p. [2].
30. Philippe REID, *op. cit.*, f. 312.

> cette plante d'un autre ciel, d'autres mœurs; la richesse qui pourrait les remplacer n'existe même pas encore en Canada; bref il n'y a encore vraiment en ce pays qu'un peuple, un intérêt, une force populaire[31],

il évoque la majorité qui s'oppose à la minorité oppressive. Heureusement pour le publiciste, cette majorité au Canada coïncide avec la nationalité canadienne-française. Voilà qui lui permet d'affirmer: «[...] notre politique, notre but, nos sentimens, nos vœux et nos désirs, c'est de maintenir tout ce qui parmi nous constitue notre existence comme peuple[32]», en appuyant nettement cette fois sur la nationalité.

Puisque le peuple pris au sens large de force sociale coïncide avec la nationalité, il ne serait pas abusif de définir le combat présent comme une lutte interraciale, mais Parent s'en défend bien car il démolirait du coup son argumentation: «Réduire toute la réalité politique à un simple affrontement entre Canadiens et Anglais. C'est perdre de vue, selon lui, le caractère universel de la lutte que mène le peuple de nombreux pays contre les privilèges et les monopoles de l'oligarchie[33].» Il étaye sa position en invoquant la lutte que les colons britanniques mènent contre l'oligarchie dans le Haut-Canada. Là aussi le peuple, bien que d'une même nationalité, s'insurge contre les usurpations d'une minorité.

Les adversaires l'ont bien compris: les Canadiens ont l'avantage d'être majoritaires. Aussi emploient-ils toutes leurs ressources à les réduire en minorité. Après avoir échoué dans leur tentative d'union des Canadas, ils s'apprêtent à les submerger par une immigration massive. Parent voit dans les milliers d'arrivants britanniques l'effet d'un complot contre la nationalité canadienne-française. L'exemple de la Pologne lui revient en mémoire: «Pendant que le Czar transporte les enfans de la Pologne en Sibérie, l'oligarchie du Canada appelle une émigration européenne dans le but évident et avoué de noyer un peuple heureux, moral, religieux et loyal, et dont le seul tort est de ne vouloir pas être esclave[34].» Cette immigration massive est d'autant plus déplorable qu'elle survient à une époque où le peuple canadien ne peut s'établir partout dans le pays qu'à condition de renoncer à ses institutions: «[...] il lui faut tout abandonner; aller vivre sous des lois qu'il ne connait pas, adopter une nouvelle manière de vivre, et souvent se plonger au milieu d'une population étrangère, ou d'une forêt inhabitée[35]».

Si, pendant de nombreuses années, Parent a paru épouser la position de Papineau et de *La Minerve*, il se désolidarise d'eux à mesure qu'ils deviennent plus radicaux. Avant de conseiller quoi que ce soit, il en suppute

---

31. *Le Canadien*, 9 novembre 1831, p. [2].
32. *Le Canadien*, 7 mai 1831, p. [1].
33. Philippe REID, *op. cit.*, f. 286.
34. *Le Canadien*, 13 mai 1833, p. [2].
35. *Le Canadien*, 10 octobre 1832, p. [2].

les chances de réussite et surtout les conséquences. Si les événements démentent ses positions, il n'hésite pas à reconnaître ses torts et à analyser la nouvelle situation. Par exemple, les résolutions de lord John Russell ruinent sa théorie de pacte avec l'Angleterre pour la préservation de la nationalité canadienne. Au lieu d'opter pour les États-Unis, comme il l'avait promis, il continue à prôner la fidélité à l'Angleterre comme un moindre mal.

Quel idéal de société Parent propose-t-il? Son libéralisme ne serait-il pas fortement teinté de conservatisme? Le fait de vouloir maintenir la nationalité dans son intégrité avec son droit coutumier, sa tenure seigneuriale et ses dîmes ne révèle-t-il pas une tendance au repliement? Sans doute la société canadienne présente-t-elle des aspects retardataires, non pas tant par ses institutions que par la sujétion dans laquelle elle est maintenue. La liberté corrigerait rapidement la situation. Les États-Unis demeurent le modèle à imiter: ils ont fait la preuve que la liberté, « cette flamme glorieuse[36] », engendre la prospérité. Seul le souci de préserver leur nationalité empêche les Canadiens de se joindre à eux.

Dans la seconde partie de sa carrière, Parent aura l'occasion de réviser ses positions et de leur donner des assises théoriques plus fermes et une forme discursive plus continue. Pour l'heure, le fond et la forme de la polémique prédominent. Parfois, il se laisse emporter par son souffle oratoire, multiplie les apostrophes et les interjections, sans tomber parfois dans une certaine grandiloquence coutumière au genre. Mais il recourt habituellement à une forme plus discrète pour mettre ses idées en valeur. Le journaliste se préoccupe d'abord de débouter ses adversaires, comme le ferait un avocat dans sa plaidoirie. L'ordre de la pensée est souvent dicté par les arguments opposés. Malgré les contraintes que lui impose le journal d'opinion, Parent n'en demeure pas moins d'une logique implacable. Une fois posées les données du problème et les règles qui doivent les régir, il développe sa pensée à l'intérieur et en accord avec les paramètres qu'il s'est fixés. S'il succombe parfois aux attraits des élans oratoires, il ne s'abandonne pas à la dérive du verbe comme le fera malheureusement trop souvent Papineau. C'est probablement ce qui a contribué à façonner sa réputation de penseur.

L'échec de la rébellion, l'Acte d'Union (en 1840) et les regroupements de forces politiques qu'il favorise, donnent raison à la modération de Parent. Son insistance sur les aspects économiques de la politique en fait un précurseur d'un courant de pensée qui prône la conquête économique avant la conquête politique.

---

36. Expression tirée de *L'Écho du pays*, reprise par *Le Canadien*, 13 décembre 1833, p. [2].

Louis-Joseph Papineau

Louis-Joseph Papineau est certainement le personnage historique le plus célèbre du XIXe siècle dans la mémoire collective des Québécois. Des expressions populaires telles que « c'est pas la tête à Papineau », « c'est la faute à Papineau[37] » ou « le coq à Papineau » survivent pour montrer jusqu'à quel point le grand homme impressionnait le peuple. Papineau doit surtout cette réputation à ses talents d'orateur. Il jouit d'un charisme qui subjugue ses auditeurs ; il peut parler des heures sans lasser le public. Tant en Chambre que sur la tribune électorale, il prononce de nombreux discours, la plupart improvisés, sur des sujets divers. Aussi ne reste-t-il qu'assez peu de textes pour justifier une telle réputation.

Certains discours, comme celui qu'il prononce en Chambre à l'occasion de la mort de George III[38], ont été rédigés avec un souci évident de littérarité. D'autres, comme l'adresse de la Chambre au Parlement anglais[39], ont une teneur juridique indéniable : ils sont rédigés par l'avocat doué d'un esprit de législateur. La plupart ont été transcrits par des sténographes ou résumés à grands traits par des chroniqueurs parlementaires, qui s'attachent plus à noter les idées que les formules qui les véhiculent. Aussi donnent-ils une mauvaise idée de l'éloquence du tribun. Seuls sont connus des textes choisis de Papineau ; la sélection a pour but de faire valoir une thèse sur la pensée politique de l'homme, non de faire ressortir les qualités formelles de la prose. Découpés et tronqués juste assez pour mettre en lumière l'aspect que veut faire ressortir le compilateur, les textes ont ainsi perdu leur élan oratoire. Il semble bien que Papineau n'ait jamais attaché une grande importance à la mise en valeur de ses discours. Après son retrait de la vie politique, il aurait pu retravailler ses meilleures allocutions en vue d'une publication. Peut-être ne tenait-il pas à entrer dans l'histoire comme un orateur. Même ses contemporains n'ont pas retenu ses discours comme des modèles : aucun recueil littéraire n'en contient.

Les discours qui restent portent à croire que la pensée du grand homme ne s'impose pas par son originalité : elle recoupe en beaucoup de points celle des autres patriotes. Au début de sa carrière politique, il s'enthousiasme pour la Constitution anglaise. Comme Parent, il croit qu'un pacte lie l'Angleterre et le Canada pour la sauvegarde de la nationalité canadienne-française. Mais, à mesure que la question des subsides se pose avec acuité, son admiration se transporte vers les institutions américaines. Tandis que Parent organise toute sa stratégie autour de la préservation de la nationalité canadienne, Papineau fait de la démocratie son objectif

---

37. Voir, dans le présent ouvrage, à la section intitulée « Les textes poétiques », p. 338-339.
38. Louis-Joseph PAPINEAU, *Papineau, textes choisis et présentés* [par Fernand Ouellet], p. 21-22.
39. *La Minerve*, 24 mars 1834, p. [1]-[3].

premier. Sans sous-estimer les dangers de l'option américaine, il croit que le Bas-Canada aurait assez d'autonomie à l'intérieur de la fédération américaine pour préserver son identité. À mesure que les positions se radicalisent de part et d'autre, le tribun se sert de la menace américaine pour exercer un certain chantage auprès du gouvernement colonial. À l'entendre, on croirait que la république voisine n'attend qu'un signe pour venir au secours des patriotes. Il semble bien qu'il ait été le premier à se leurrer.

Malgré tout le mal qu'il a dit d'eux, Papineau n'a cessé de croire au *fair-play* des Britanniques en politique. C'est pourquoi il s'est permis de faire appel à la rébellion comme argument suprême, espérant jusqu'à la fin que les autorités gouvernementales reculeraient. Mais les résolutions de Russell démolissent son argumentation: pour la première fois, Londres transgresse les règles démocratiques. Pris à son propre jeu, l'orateur se trouve dans l'impossibilité de battre en retraite sans se renier. Il ne lui reste plus qu'à s'enfuir.

Papineau connaît bien les théoriciens de la Constitution britannique. Dans ses discours, il s'appuie souvent sur les précédents à la Chambre des communes. Il a lu les écrits de Montesquieu, de Voltaire et de La Mennais. Comme ce dernier, il prône une séparation complète de l'Église et de l'État. Quand il s'adresse aux députés, il argumente comme un avocat, invoquant des articles du code ou des textes de loi. Pendant les grandes assemblées publiques, il fait appel aux sentiments des électeurs: il n'hésite pas à faire planer sur eux la menace de complots contre la nationalité canadienne, à dénoncer des malversations et à révéler des scandales. Son langage concret et ses exemples souvent réducteurs amènent l'auditeur aux conclusions qu'il désire. Voici, par exemple, une définition populaire du système colonial: «[…] ce n'est que pour faire des *jobs*, mot qui n'a pas synonyme en français, apparemment parceque l'acte est plutôt anglais que continental; ce n'est que pour placer dans les colonies des cadets dont on ne sait que faire dans la métropole, ce n'est que pour s'assurer une influence Européenne, que l'ancien système colonial est conservé[40]». Voilà une pensée exprimée de façon à toucher particulièrement une jeunesse que l'immigration et la crise économique réduisent au chômage.

Le libéralisme de Papineau a toutefois ses limites. Sa prise de position contre l'abolition de la tenure seigneuriale l'illustre bien. De plus, il aurait voulu perpétuer une économie fondée sur l'agriculture, plutôt que de livrer la province aux «monopoleurs». Le vœu le plus sincère de l'homme politique est cependant d'amener les Canadiens à participer à l'économie nord-américaine, qui montre un réel dynamisme depuis l'indépendance. La prospérité des États voisins lui apparaît comme le fruit immédiat de

---

40. *La Minerve*, 17 mars 1836, p. [1].

leurs institutions démocratiques. Il suffirait donc de changer celles du Canada pour l'inscrire dans le même courant. Dans un pays démocratique, les Canadiens auraient autant de chance que les autres et prendraient sans peine la place qui leur revient. L'économie se fonderait-elle encore sur l'agriculture? Papineau a du mal à imaginer quelle physionomie elle prendrait pour évoluer tout en gardant son identité, mais il ne doute pas que la prospérité qui découlerait d'un changement de gouvernement donnerait à tous les citoyens plus de possibilités que le régime colonial. L'idéal qu'il perçoit presque à portée de la main est certes beaucoup plus lointain qu'il ne l'imagine, mais il n'est pas utopique puisque l'histoire récente confirme ses vues. Plus que tout autre, Papineau est conscient des défectuosités du système qui favorise quelques dizaines d'individus. La résistance qu'il a rencontrée tout au long de sa carrière l'a porté plutôt à dénoncer les abus qu'à proposer des réformes innovatrices.

Papineau tenait à passer à l'histoire plus comme homme politique que comme écrivain. Après son retrait de la vie politique, il aurait eu tout le loisir, dans la quiétude de son manoir, de reprendre ses grands discours et de les polir pour les publier. Mais il ne caressait pas ce rêve. Pendant son exil à Paris (de 1839 à 1845), il fréquente assidûment les archives, engage des copistes et recueille une documentation pour écrire une histoire du Canada. Mais il ne s'est jamais mis à la rédaction. Sa trop grande facilité de parole lui rendait peut-être l'écriture difficile.

LE RAPPORT DE DURHAM

L'essai politique, quelle que soit sa forme, s'élabore dans un contexte purement agonique. Personne, sauf peut-être Pierre-Stanislas Bédard, qui n'a laissé que des notes, ne réfléchit à tête reposée sur la meilleure manière d'en arriver à un bon gouvernement. Les essais, quelles qu'en soient les dimensions, prennent toujours position par rapport à une pensée antérieure. On s'occupe plus d'avoir raison que d'atteindre à une certaine vérité. Aussi les faits sont-ils mis en perspective de façon à occulter des éléments qui pourraient nuire à l'argumentation. Les Canadiens invoquent volontiers les droits du peuple sans jamais tenter d'expliquer comment ils sont limités par le droit de conquête. Les Britanniques, de leur côté, évitent de parler de la majorité canadienne, préférant toujours percevoir les francophones comme une minorité au sein de l'empire ou en Amérique du Nord. Ils regardent plus volontiers le futur que le présent pour ne pas devoir avouer leur statut de minorité, mais aussi parce que leur projet collectif est clair et précis. Les Canadiens, pour leur part, n'ont pas les coudées aussi franches. Ils peuvent bien formuler des projets, mais en tenant toujours compte de leur compatibilité avec ceux de leurs adversaires. La marge de liberté dans l'expression de leur pensée politique est assez restreinte, comme le prouvent l'emprisonnement de journalistes et la saisie de leurs presses, en 1810 et en 1837. On ne devrait pas pouvoir mettre en doute leur loyauté envers le souverain et leur respect de la Constitution.

Toutefois, à mesure que les positions se clarifient, les précautions oratoires tombent et les Quatre-vingt-douze Résolutions énoncent clairement des revendications politiques souverainistes. Le discours politique de la minorité britannique atteint son paroxysme de frénésie en 1836 avec les *Anti-Gallic Letters* [...] d'Adam Thom. Certes, les Canadiens ripostent de leur mieux, surtout dans les journaux, mais sans rester insensibles au fondement de l'argumentation adverse, à savoir leur ignorance. Isolés en ce coin du monde, prenant conscience de leur différence sans être trop capables de l'interpréter, ils sont sensibles au doute que les anglophones sèment dans leur esprit.

Ces discours prennent une allure de sentence sous la plume de lord Durham, qui en résume la substance dans son fameux rapport de 1839. Loin d'innover, le commissaire royal ne fait qu'officialiser un discours fréquent dans les milieux anglo-canadiens. Deux projets de société sont en concurrence : l'un repose sur des sujets entreprenants, ambitieux et efficaces dans une Amérique appelée à devenir entièrement anglo-saxonne, l'autre est promu par des habitants retardataires, ignorants et trop facilement satisfaits de leur sort, reliquat d'une colonisation évanouie.

Dans l'immédiat, le rapport de Durham appelait la réplique. Papineau était le mieux placé pour répondre, mais son *Histoire de l'insurrection du Canada par L.-J. Papineau, orateur de la ci-devant Chambre d'assemblée du Bas-Canada. En réfutation du rapport de Lord Durham* déçoit. Au lieu de suivre la ligne argumentative du commissaire, le bouillant orateur donne libre cours à son indignation. Trop souvent les injures tiennent lieu d'idées. Encore sous le coup de l'émotion, l'auteur se sent incapable d'analyser le rapport avec une certaine objectivité. C'est pourquoi il reporte à plus tard un examen du contenu : « Je montrerai dans un prochain article combien sont injustes les griefs de Lord Durham contre le Canada[41]. » Mais cette seconde partie ne vint jamais.

Papineau doit son incontestable renommée plus à ses dons oratoires qu'à ses qualités d'homme politique. Dans une civilisation encore largement dominée par l'oral, il a trouvé le moyen d'atteindre le plus grand nombre de personnes. Le journal, au contraire, s'adresse encore à une population restreinte. C'est pourquoi Parent, avec des idées plus justes et des arguments mieux construits, exerce cependant moins d'influence.

---

41. Louis-Joseph PAPINEAU, *Histoire de l'insurrection du Canada* [...], 1839, p. 33.

*

La capitulation de 1759 paraissait avoir scellé pour toujours le sort des Canadiens. Mais, à la faveur des changements constitutionnels, ils apprennent comment prendre en main leur destinée collective. Malgré leur faible marge de manœuvre, ils parviennent à formuler un projet collectif qui se précise dans la controverse. Au cours de la décennie de 1830, Étienne Parent et Louis-Joseph Papineau prennent des positions divergentes, imprimant ainsi deux tendances à l'opinion, l'une révolutionnaire, l'autre réformiste.

Les satires, pamphlets et polémiques

La satire, le pamphlet et la polémique appartiennent à la prose d'idées et forment un ensemble textuel autour d'un point commun, le jugement. Ils se caractérisent par une double stratégie d'écriture : démontrer une thèse et en réfuter une autre. La satire tend à créer, comme en un miroir déformant, un monde inversé, un contre-modèle. Le pamphlétaire tente de disqualifier son adversaire et il exerce son action persuasive sur le lecteur. La polémique rassemble des écrits qui, tout en affirmant des positions contraires, sont réunis par un topique, c'est-à-dire un objet qui en constitue l'enjeu. La situation politique du Bas-Canada au début du XIXe siècle favorise l'émergence de cette littérature qui s'exerce au libelle plutôt qu'au raisonnement. Ces pièces sont écrites, publiées et diffusées rapidement, ce qui favorise les formes brèves, textes courts et percutants, ainsi qu'une publication qui prend la forme de brochures, tracts, opuscules ou lettres ouvertes, formes qui ont rendu difficile la conservation de ces œuvres. Aussi ces écrits peuvent-ils être distribués rapidement, sans être saisis, et l'imprimeur qui choisit de rester anonyme se dégage de toute responsabilité juridique. De plus, la brochure engendre la brochure, c'est-à-dire qu'elle suscite un plus grand intérêt et des réactions plus nombreuses que ne paraît le faire l'article de journal.

LES SATIRES

Plusieurs satires ont été écrites et publiées aux XVIIIe et XIXe siècles. Longtemps indissociables du genre poétique, elles prennent souvent la forme de chansons ou de poèmes, notamment dans les écrits de Michel Bibaud[42]. On trouve un certain nombre de récits brefs dans les journaux, notamment dans *Le Fantasque*, journal rédigé par Napoléon Aubin[43]. Cependant, en 1814, une satire en prose paraît sous la forme d'une brochure, sans adresse éditoriale: la *Vie politique de Mr. ******** Ex-Membre de la Chambre d'Assemblée du B C & & & Ecrite par lui même, à la sollicitation de Mr. son Frere et à lui adressée par l'Auteur sous le titre modeste de Confidences d'un Frère à son Frère, ou Dix années de mes erreurs passées; avec cette épigraphe: « Lis et rougis pour nous deux »*[44]. Attribuée à Pierre-Dominique Debartzch, elle serait fondée sur la vie politique de Louis Bourdages, député de la circonscription de Richelieu, qui se rallie aux Britanniques pendant l'invasion américaine de 1812, et que le gouverneur, sir George Prevost, en reconnaissance, nomme successivement major (1812), puis lieutenant-colonel (1813) du bataillon de milice de Saint-Denis et, enfin, surintendant des postes de relais de la colonie britannique (1814). Elle semble avoir été rédigée à l'occasion des élections de 1814, au moment où Debartzch, conseiller législatif, l'emporte sur son adversaire Bourdages, victoire que le candidat défait réussit à faire annuler par l'Assemblée. Battu de nouveau dans ce comté en 1815, Bourdages est cependant élu dans Buckingham – on pouvait alors être candidat dans plus d'une circonscription –, où il sera défait l'année suivante, aux élections déclenchées par le départ du gouverneur Prevost.

Un « Avertissement de l'éditeur » précise que cet « essai biographique [est] copié du Manuscrit même de l'Auteur, trouvé dans une maison de poste sur la route de Montréal à Québec[45] », ce qui révèle à qui veut l'entendre l'identité de l'homme politique mis en cause. Ainsi est établie une situation fictive qui met en scène plusieurs protagonistes: le rédacteur de la lettre, son destinataire, celui qui a trouvé le manuscrit et cet éditeur qui croit intéresser un lecteur en le publiant après avoir refondu certains passages et rejeté certaines expressions qu'il juge incorrectes. Comme son titre le laisse entendre, la satire emprunte la forme épistolaire, à la fois lettre et confession que le narrateur destine à son frère. Dès le début, il précise l'identité de son destinataire: « [...] sois discret, je t'en prie; rappelle-toi sans cesse que ce n'est que pour

---

42. Voir, dans le présent ouvrage, à la section intitulée « Les textes poétiques », p. 327-328 et 333-337.
43. Voir, dans le présent ouvrage, à la section intitulée « Les récits de fiction », p. 370-371.
44. Le *DBC* date cette brochure de 1811, ce qui paraît improbable étant donné que Louis Bourdages fut nommé surintendant des postes de relais de la colonie en 1814.
45. [Pierre-Dominique Debartzch], *Vie politique de Mr. ******** [...]*, p. 3.

toi et toi seul que j'écris[46] », avis qui paraît d'autant plus absurde que le lecteur, destinataire réel, a une brochure imprimée entre les mains. Le texte ne manifeste toutefois pas de complicité avec ce frère qu'on ne connaîtra que pour son « indiscrétion ». L'exhortation avait pourtant été reprise en guise de conclusion, le narrateur exigeant encore une fois « le secret le plus inviolable » de peur d'être voué à « l'exécration publique à jamais », tandis qu'il a encore espoir, si ses frasques sont oubliées, de « remonter sur le pinacle et d'y jouer un grand rôle[47] ».

La vie politique du narrateur fait l'objet du récit. Celui-ci avoue n'avoir reculé devant aucun moyen pour atteindre son but : duper le peuple, aussi bien que le gouverneur, tout en montrant un indéfectible attachement à leurs droits et privilèges respectifs, fussent-ils contradictoires. Telle fut la tâche principale de sa carrière, qui commence en 1804 et se termine en 1814, année où « [ses] sourdes menées et [ses] intrigues furent dévoilées et enfin connues de tous les électeurs du Comté de R*** ce qui les porta, pour ainsi dire d'une voix unanime, à [le] déclarer indigne d'être leur Représentant[48] ». Ces dix années voient se succéder trois gouverneurs, Robert Shore Milnes pendant une brève période, le « Chevalier Craig », peu sensible aux manœuvres de l'homme politique, et George Prevost, qui finit par lui octroyer la charge de « Directeur des Postes », charge quelque peu en deçà de ses aspirations, mais qu'il accepte rapidement, de peur qu'elle lui soit retirée à la suite d'une éventuelle dénonciation par ses électeurs.

Le récit lui-même est plutôt faible en rebondissements, car le narrateur se contente de confesser ses péchés de manière générale, sans donner le détail de ses anecdotes et sans proposer d'exemples à l'énoncé de ses méfaits. La satire manque ainsi de mordant et laisse percevoir une ambition démesurée et sans scrupules, plutôt qu'une véritable méchanceté dont d'autres auraient eu à pâtir. Le seul exemple précis de duplicité se situe au moment où un journal le surnomme « l'Antéchrist », insulte sans commune mesure avec la nature de ses méfaits. Il raconte alors comment, profitant de l'ignorance des cultivateurs et cherchant à tirer profit de la sonorité même du mot, il a réussi à imposer une définition qui lui a permis de se poser comme « l'ami du peuple et l'ennemi de toute tirannie[49] ».

Le texte présente par ailleurs certains procédés rhétoriques originaux et quelques références littéraires. Parmi ces dernières, deux méritent d'être signalées pour leur effet comique. La première compare la politique du narrateur « à l'habit d'Arlequin. Son maître n'avoit point de drap, quand il fallut l'habiller ; il prit ses vieux lambeaux de toutes couleurs. Arlequin fut ridicule, mais il fut vêtu[50]... » La seconde renvoie à l'œuvre de Cervantès. Le personnage s'y compare à Sancho Pança sur « son grison » : « [...] je lui ressemblois sous bien d'autres rapports, mais surtout par le génie et mon air sournois et pesant ; mon language n'est guères plus pur que le sien. Quoique je ne sois point Gouverneur d'une Ile comme celle de Barataria, je lui ressemble cependant encore sous ce rapport ; car je gouverne les Postes[51]. » Ces deux exemples, qui mettent en évidence le ridicule du personnage et qui ne se heurtent à aucun contre-exemple, suffisent à distinguer la satire d'une confession véridique.

---

46. *Ibid.*, p. 5.
47. *Ibid.*, p. 21.
48. *Ibid.*, p. 6.
49. *Ibid.*, p. 12.
50. *Ibid.*, p. 6.
51. *Ibid.*, p. 17-18.

La *Vie politique de Mr.* ******** […] prend la forme d'un récit carnavalesque et elle tire ainsi son efficacité de l'exagération. L'auteur ne s'est pas contenté de grossir les traits de l'homme politique. La duplicité, la veulerie, tous les péchés du politicien s'inscrivent dans une confession fictive qui rend explicite ce qui aurait pu rester sous-entendu : nul doute n'est possible quant à la valeur morale de ces actions, leur condamnation est partagée par le narrateur et par son destinataire, le frère fictif. La nécessité d'être explicite indique toutefois un malaise dans la construction de la satire, malaise où celui qui écrit doute du jugement de son lecteur.

LES PAMPHLETS

Plusieurs écrits qui paraissent au début du XIXe siècle sont appelés « pamphlets », terme qui désigne alors, selon son sens anglais, une requête ou un mémoire, et qui se confond avec la forme de sa publication, la brochure. Tel est le cas notamment des *Communications de Mercator, sur la conteste entre le comte de Selkirk, et la compagnie de la Baye d'Hudson, d'une part ; et la compagnie du Nord-Ouest, d'autre part, extraites du Montreal Herald* […] (1817) que l'auteur, vraisemblablement le réformiste Edward Ellice, désigne dans sa préface, et qui réunit en français un ensemble d'articles publiés à l'origine dans le *Montreal Herald* pour protester contre la position du comte de Selkirk sur le monopole du commerce des fourrures. Tel est également le cas des *Notes sur l'inamovibilité des curés dans le Bas-Canada* de Louis-Hippolyte La Fontaine. Dans son sens français, le pamphlet désigne un type d'écrit moins répandu que la satire : on trouve plus souvent une « parole pamphlétaire[52] », inscrite dans des romans, des essais politiques ou des poèmes, comme si le régime parlementaire britannique favorisait davantage la discussion que le combat. Le tourbillon politique des années 1830, qui se terminent dans la rébellion, est cependant fertile en écrits politiques virulents. Deux de ces écrits respectent les lois du genre pamphlétaire.

Publié à la veille des élections générales de 1834 par Ludger Duvernay, le pamphlet *Les deux girouettes, ou l'hypocrisie démasquée* de Louis-Hippolyte La Fontaine se fait ici le porte-parole du Parti patriote. Il dénonce le député Dominique Mondelet qui vient d'accepter un poste au sein du Conseil exécutif et répond à son frère Charles-Elzéar qui, en avril, a pris position contre les Quatre-vingt-douze Résolutions. Le pamphlet de La

---

52. Selon l'expression de Marc ANGENOT, *La parole pamphlétaire.*

Fontaine se présente comme une lettre de dénonciation dont l'écriture s'est « imposée [comme un] devoir pénible[53] » à son auteur, et auquel il a failli renoncer au nom d'une intimité ancienne et du désir de protéger l'union des Canadiens. C'est ce sentiment du devoir qui dicte à l'auteur la conduite à suivre et qui, d'une certaine manière, le mandate pour dénoncer la conduite des frères Mondelet. Détenteur du savoir, porteur de la vérité (« Ce serait donc un crime que de dire la vérité, et surtout de la dire sans détour[54] ! »), il se place ainsi dans une position dont la difficulté est en réalité un artifice littéraire. Le destinataire est tout aussi ambigu : la lettre s'adresse à messieurs Mondelet, mais la dénonciation elle-même ne peut être destinée qu'à un public plus large, aux lecteurs en particulier, qu'elle interpelle plusieurs fois. On trouve même une exhortation aux adversaires politiques : « Que ceux qui sont de bonne foi parmi nos adversaires, se rendent compte d'un changement aussi facile d'opinions politiques[55] ! »

Le texte, relativement long, forme une brochure de 75 pages bien remplies, où le débat s'inscrit avant tout dans le jeu des questions et des réponses (« Vous me direz peut-être [...] ») et dans l'argumentation de type judiciaire (« Vous traduisant ainsi au tribunal de l'opinion publique, elle sera notre juge ; je me soumets de bon cœur au jugement qu'elle portera[56] »). L'auteur établit sa preuve de trois manières. D'abord, il dévoile la connivence des deux frères et les rend responsables des gestes qui leur sont reprochés. Ainsi, les actes de Charles-Elzéar pourront servir de preuves de la duplicité de Dominique et vice versa.

La deuxième série d'arguments introduit un premier récit, celui de la carrière du rédacteur de *L'Argus* de Trois-Rivières. La Fontaine raconte comment, de 1826 à 1832, Charles-Elzéar Mondelet s'est ouvertement prononcé pour que les représentants du peuple soient élus et libres de toute charge officielle. Il cite de larges extraits du journal où sont bien mises en évidence les positions démocratiques de Charles-Elzéar Mondelet, son amitié pour les États-Unis et son opposition au gouvernement colonial. L'épigraphe qui apparaît sur la page de titre de la brochure est tirée du même journal : « « Les lâches et les fourbes, quelque soit le parti auquel ils appartiennent, méritent d'être représentés comme tels aux yeux du public. » *L'Argus* du 8 novembre 1826. » De cette manière, La Fontaine place les Mondelet en position de contradiction telle que les gestes de l'un vont contre les dires de l'autre et que les dires antérieurs sont dénoncés par les gestes actuels. Cette contradiction montre l'instabilité des positions politiques et justifie le titre du pamphlet : « Il faut convenir [...] que l'on voit des GIROUETTES ailleurs que sur les toits ; il y en a qui sont de chair et d'os[57]. »

La troisième série de preuves, ou second récit, est consacrée à la carrière politique de Dominique Mondelet, que La Fontaine connaît bien pour avoir été en quelque sorte son compagnon d'armes. Il y est fait état d'événements publics aussi bien que de conversations privées, depuis l'élection de Mondelet comme représentant du comté de Montréal à la Chambre d'assemblée, sur la recommandation de La Fontaine lui-même. Transparaît ainsi une autre justification du pamphlet : responsable en quelque sorte de cette carrière politique, La

---

53. Louis-Hippolyte La Fontaine, *Les deux girouettes* [...], p. 3.
54. *Ibid.*, p. 74.
55. *Ibid.*, p. 46.
56. *Ibid.*, p. 5.
57. *Ibid.*, p. 11.

Fontaine justifie l'appui qu'il avait donné à Mondelet à l'origine et se démarque publiquement des orientations récentes de cette carrière.

Ce récit constitue l'essentiel du pamphlet et se divise en deux parties. La première décrit la période d'action patriotique de Mondelet, qui commence « en 1827 et 1828 », rappelant que les deux frères ont pris une part active au « mouvement populaire » et que, en conséquence, ils ont « eu l'honneur d'une destitution dans la milice[58] », comme leur père avant eux. Apparaissent déjà un certain nombre de « symptômes » qui laissent présager la défection à venir. Tel ce « crime » où Charles-Elzéar Mondelet, plutôt que de révéler la paternité d'un écrit politique publié dans *La Minerve*, laisse condamner le rédacteur en chef, Ludger Duvernay, qu'il ne daignera même pas visiter en prison.

La deuxième partie du récit décrit la rupture entre Dominique Mondelet et La Fontaine. Cinq événements la ponctuent. Le premier renvoie au moment où La Fontaine maintient son appui à Clément-Charles Sabrevois de Bleury, candidat aux élections, contre Antoine-Olivier Berthelet, que soutient Mondelet. Le deuxième se rapporte à l'indifférence des Mondelet pendant une autre élection, où Daniel Tracey, que La Fontaine considère comme le « champion des libertés du peuple[59] », se porte candidat. La Fontaine rappelle la triste journée du 21 mai 1832, appelée « massacre de Montréal », journée au cours de laquelle trois partisans de Tracey sont tués par un soldat, rue Saint-Jacques, à Montréal : « Où étiez vous, pendant tout ce tems là, M. Dominique Mondelet[60] ? » demande La Fontaine à plusieurs reprises. En quatrième lieu, La Fontaine lui reproche d'avoir accepté le poste de conseiller exécutif que lui a offert le gouverneur. Ajoutant l'insulte à l'injure, l'attribution de cette charge s'accompagne d'une décision par laquelle le gouverneur maintient le statut de député de Mondelet, malgré celle de la Chambre de déclarer son siège vacant, et elle est suivie de la nomination de Mondelet comme commissaire aux États-Unis. La Fontaine accuse son adversaire de trahison et croit même au complot : « [...] vous aviez peut-être juré de servir un nouveau maître[61] ». Aussi le terrain est-il bien préparé pour qu'il dévoile le cinquième chef d'accusation : un des Mondelet aurait, dans une assemblée publique, dénoncé La Fontaine et ses « collègues de la Majorité », qui venaient d'adopter les Quatre-vingt-douze Résolutions, et lancé contre eux des accusations de « trahison », « rebellion », « sédition » et « révolution[62] ». Ainsi se trouve complété le récit de la vie politique de Dominique Mondelet, représentant du peuple qui s'en prend aux autres représentants du peuple, quand ils réclament du gouverneur le respect des institutions démocratiques. Le pamphlet se termine par un appel au repentir : « Vos compatriotes vous regardent, et votre ancien ami politique vous attend[63]. »

L'ensemble du texte demeure profondément ambigu quant aux motivations, à la fois personnelles et politiques, de l'auteur. La dénonciation est rédigée de manière à excuser La Fontaine de l'appui qu'il avait d'abord accordé aux Mondelet, et l'accusation principale porte sur l'injure faite à La Fontaine lui-même. Une seconde ambiguïté concerne le destinataire du texte : si l'usage de la deuxième personne (« vous ») est d'abord une exhortation aux Mondelet, la publication du pamphlet crée toutefois un

---

58. *Ibid.*, p. 24.
59. *Ibid.*, p. 65.
60. *Ibid.*, p. 67.
61. *Ibid.*, p. 68.
62. *Ibid.*, p. 74.
63. *Ibid.*, p. 75.

second destinataire, l'opinion publique, que le texte pose comme juge des crimes dénoncés et qui occupe le pôle dévolu à la troisième personne. Le fait que les Mondelet demeurent destinataires premiers du texte réduit l'efficacité du pamphlet : La Fontaine recourt rarement aux procédés rhétoriques et aux références littéraires, comme s'il cherchait à se protéger contre les accusations de libelle ou de diffamation (la brochure est d'ailleurs signée par son auteur et elle porte l'adresse de son éditeur). En ce sens, le titre présente ce que le texte offre de plus violent. En 1835, sous le pseudonyme de Un avocat, Dominique Mondelet publie une réponse non pamphlétaire, *Traité sur la politique coloniale du Bas-Canada. Divisé en deux parties. Opposition dans le gouvernement – licence de la presse – conseil législatif par voie d'élection. Réflexions sur l'état actuel du pays*, où il attaque les positions politiques de Louis-Joseph Papineau et du Parti patriote.

La petite clique dévoilée, ou quelques explications sur les manœuvres dirigées contre la minorité patriote, qui prit part au vote sur les subsides dans la session de 1835 et 1836 et plus particulièrement contre C.C. Sabrevois de Bleury, Ecuyer, avocat du Barreau de Montréal, membre de la Chambre d'assemblée du Bas-Canada, attribuée à Hyacinthe-Poirier Leblanc de Marconnay et publiée en 1836, ne porte ni le nom de son auteur ni celui de son imprimeur. Comme dans le cas précédent, l'auteur considère comme un « devoir[64] » la nécessité d'intervenir devant l'opinion publique et de surmonter sa « plus grande répugnance [pour] dérouler devant [ses] concitoyens les trames ourdies par de fallucieux patriotes, pour dénigrer, dépopulariser et persécuter de sincères amis du peuple[65] ». L'objet premier du pamphlet est de prendre la défense de Clément-Charles Sabrevois de Bleury qui, pour avoir voté en faveur de l'attribution des subsides, se serait vu pris à partie par « la petite clique » patriote, dans les pages de *La Minerve* et du *Vindicator and Canadian Advertiser*.

La première partie du pamphlet dénonce l'existence de cette « clique » et nomme les « faux amis du peuple[66] » qui la forment, d'abord Louis-Hippolyte La Fontaine, « la vapeur motrice qui met en mouvement le bâtiment de la petite clique[67] », que l'auteur se plaît à nommer à la manière populaire, Louis Ménard, dit Lafontaine ou Louis Lafontaine Ménard, puis le docteur Edmund Bailey O'Callaghan, « arracheur de dents, journaliste par occasion, qui vendroit jusqu'à la conscience qu'il n'a jamais eue[68] », et Charles-Ovide Perrault, « avocat imberbe, qui fait son apprentissage législatif en servant d'espion sous d'aussi dignes maîtres[69] ». Ces trois personnes forment la « Trinité paradoxologue », le « chef cliquocrate[70] », autour duquel gravitent les « aboyeurs cliquocrates[71] » que sont le baron Vallée, « caissier de la troupe »,

---

64. [Hyacinthe-Poirier Leblanc de Marconnay], *La petite clique dévoilée* […], p. 3.
65. *Ibid.*, p. 48.
66. *Ibid.*, p. 5.
67. *Loc. cit.*
68. *Ibid.*, p. 7.
69. *Ibid.*, p. 8.
70. *Ibid.*, p. 6.
71. *Ibid.*, p. 7.

l'imprimeur Louis Perrault, « l'homme affiche de la clique » et un menu « fretin cliquocrate[72] ». L'auteur prend toutefois le soin de dissocier le nom de Louis-Joseph Papineau, en soulignant que le but premier de la clique est précisément de le renverser.

La deuxième partie du pamphlet s'attarde à la « narration des faits[73] » et commence par rappeler les circonstances qui entourent la première échauffourée, c'est-à-dire le moment où Sabrevois de Bleury et Charles-Ovide Perrault règlent avec les poings un différend concernant les questions législatives et administratives de la province. C'est l'occasion pour l'auteur de rappeler aux lecteurs les grands principes qui gouvernent la démocratie parlementaire, les droits et responsabilités des représentants du peuple. Il convoque les écrits de Jean-Jacques Rousseau, *Du contrat social* en particulier, de Benjamin Constant et de Mirabeau pour étayer son argumentation. Il rappelle les idéaux qui ont animé Sabrevois de Bleury à l'occasion du vote des subsides, et qui le révèlent un patriote modéré, plus enclin à la négociation qu'à la guerre ouverte. Le conflit à l'origine du pamphlet apparaît d'abord comme une guerre entre deux factions patriotes, qui se réclament chacune de Papineau.

La troisième partie s'attarde « à ce qui regarde personnellement Mr. De Bleury et aux persécutions ridicules, pour ne point dire infames, dont son vote devint le prétexte[74] ». Interviennent alors deux nouveaux personnages, celui du Suisse Amury Girod, « nouveau Gil Blas[75] », journaliste connu sous le pseudonyme de Jean Paul, présenté comme un aventurier, « digne mercenaire pour la petite clique[76] », et Ludger Duvernay, l'éditeur de *La Minerve*, « ce bœuf, cherchant à imiter la grâce instinctive de l'éléphant [et présenté comme] l'individu le plus sot, comme le plus isolément confiant en son mérite personnel, qui existe dans l'Amérique-britannique[77] ». Le texte fait état des calomnies selon lesquelles Leblanc de Marconnay serait l'auteur véritable du discours de Sabrevois de Bleury, et d'un second duel. Leblanc de Marconnay insiste sur le procès qui fut alors fait à Girod, dénonce l'attitude du juge et égratigne au passage la réputation littéraire de l'inculpé : « Comment est-il possible qu'un homme qui, professionnellement, doit être instruit, puisse pudiquement vanter les talens littéraires de Jean Paul, qu'il ôse dire que ses *Notes diverses sur le Bas-Canada* soient un chef-d'œuvre digne d'admiration ?... il faut ne point les avoir lues ; ou il faut avoir oublié la langue des Montesquieu, des Dagnesseau, des Corneille, des Benjamin-Constant, des Chateaubriand, etc.[78] » En conclusion, le pamphlet rappelle encore une fois comment Louis-Joseph Papineau s'est tenu à l'écart de toutes ces querelles et il réitère les principes d'une politique réformiste.

Plus virulent que le pamphlet précédent, ce que marque bien le double anonymat de la signature, *La petite clique dévoilée* [...] utilise également une gamme de procédés rhétoriques plus étendue, notamment la citation d'auteurs d'écrits politiques, et établit des comparaisons avec des personnages de l'histoire latine, Cicéron, César, Ovide, Pompée, Tibère et Germanicus. L'écriture elle-même présente un mélange de genres, passant de l'argumentation judiciaire à la narration de faits, ce qui rend parfois la compréhension difficile pour qui ignore les événements en cause.

---

72. *Ibid.*, p. 8-9.
73. *Ibid.*, p. 10.
74. *Ibid.*, p. 21.
75. *Ibid.*, p. 23.
76. *Ibid.*, p. 24.
77. *Ibid.*, p. 26.
78. *Ibid.*, p. 43.

LES POLÉMIQUES

Pendant ces années, l'imprimé au Bas-Canada est traversé par une parole polémique qu'entretient le débat politique en cours. Peu d'écrits y échappent, mais l'essai politique, le discours sur la littérature et la critique littéraire sont parmi les textes les plus fortement marqués par cette forme un peu particulière de dialogue. Plusieurs polémiques importantes se limitent à des séries de courts articles parus dans les journaux. Dans certains cas, la réflexion cède le pas aux querelles d'ordre personnel. Rares toutefois sont celles qui débordent le cadre journalistique et qui se trouvent sur la place publique dans un ensemble de trois ou quatre brochures. Parmi celles-ci, notons, en 1815 et 1816, la polémique sur les *Procédures d'une cour d'enquête, sur plainte du lieut. colonel Bourdages, contre le lieut. Joseph Cartier, ordonnée par Son Excellence le lieut. general Drummond, et tenue à Chambly, le 1 juin, 1815*, qui met en cause le député Louis Bourdages ; celui-ci vient d'être nommé lieutenant-colonel du bataillon de milice de Saint-Denis en remplacement de Joseph Cartier. À la suite d'un différend qui oppose les deux miliciens en 1813, à propos d'une question de transport d'armes, Cartier est convoqué devant une cour d'enquête qui l'innocente, ce qui ne l'empêche pas cependant de perdre sa commission. Sous le pseudonyme de Testis est alors publiée la *Réponse à l'auteur d'un pamphlet sur les Procédures d'une cour d'enquête, sur plainte du Lieutenant colonel Bourdages ; contre le Lieut. Joseph Cartier, Quart. Mait. ordonnée par Son Excellence le Lieut. general Drummond, et tenue à Chambly, le 1 juin, 1815* puis, de manière anonyme, la *Réponse à Testis, sur les Procédures d'une cour d'enquête, sur plainte du lieut. colonel Bourdages, contre le lieut. Joseph Cartier, ordonnée par Son Excellence le lieut. general Drummond ; et tenue à Chambly, le 1 juin, 1815*. Quoique l'enjeu semble être l'introduction, au sein des tribunaux militaires, des principes démocratiques, qui sont au fondement du droit dans les tribunaux civils, la polémique se transforme rapidement en une querelle de personnalités qui ne trouve guère à s'alimenter, dans ces brochures où, pour l'essentiel, les auteurs se contentent de reproduire les diverses pièces du dossier, lettres, affidavits et jugements. Pour cette raison, l'ensemble n'offre guère d'intérêt littéraire.

Retient toutefois l'attention une polémique engagée entre des membres du clergé, et qui inscrit dans les institutions de l'opinion publique le débat sur le gouvernement ecclésiastique de Montréal. En réalité, le fait que l'abbé Augustin Chaboillez, curé de Longueuil, ait recours à la publication pour énoncer, en 1823, ses *Questions sur le gouvernement ecclésiastique du district de Montréal* est tout aussi étrange que l'a été la lettre de

Charles-François Bailly de Messein[79]. La polémique que cette publication amorce engendre trois autres brochures. Deux réfutent les positions de Chaboillez, l'une signée par Un prêtre du district de Québec, identifié plus tard comme étant Louis-Marie Cadieux, l'autre signée par Pierre-Hospice Bédard mais attribuée, par Narcisse-Eutrope Dionne, à Mgr Jean-Jacques Lartigue lui-même. L'abbé Chaboillez rédige par la suite une réplique à ces deux réfutations, ce qui constitue le quatrième texte. La polémique trouve écho dans les journaux de l'époque : annonces, accusations, dénonciations d'identité s'ajoutent aux quatre brochures mais n'apportent guère d'arguments supplémentaires.

La première de ces quatre brochures, les *Questions sur le gouvernement ecclésiastique du district de Montréal*, emprunte la forme juridique du mémoire – quoique Chaboillez et ses opposants parleront plus tard de « pamphlet », vraisemblablement en fonction de l'usage anglais du terme –, où l'auteur se prononce contre un mandement de Mgr Plessis, en date du 20 février 1821, nommant Mgr de Telmesse, c'est-à-dire Jean-Jacques Lartigue, « Suffragant, Auxiliaire, et Vicaire-Général de l'Evêque de Québec, pour la Ville et District de Montréal[80] ». Se fondant sur le droit canon et le droit civil français, Chaboillez conteste la création du district épiscopal de Montréal, la nomination de Mgr de Telmesse au poste d'évêque diocésain de ce district, le droit qu'il aurait de recevoir les honneurs dus à l'évêque diocésain, la prolongation de ses pouvoirs après la mort de l'évêque de Québec, ainsi que l'obligation pour les membres du clergé de le considérer comme leur supérieur immédiat. Chaboillez a consulté trois avocats qui, dans une lettre liminaire, déclarent le texte conforme aux principes du droit canon et du droit civil. Là est l'une des caractéristiques les plus intéressantes de cette brochure, qui soumet le fonctionnement de l'Église au modèle des institutions civiles. Sont ainsi invoqués l'« esprit du Concile de Trente[81] », des auteurs comme Boniface Ier, Gratien, Innocent III, saint Léon, des ouvrages comme le *Dictionnaire du droit canonique*, l'*Histoire ecclésiastique*, la *Lettre synodale du Concile d'Alexandrie*. La jurisprudence renvoie essentiellement à l'exemple de la France, affichant les positions gallicanes de l'auteur. Chaboillez rappelle encore que l'autorité du pape n'est pas absolue dans ces questions (le dogme de l'infaillibilité ne sera en effet proclamé qu'en 1870), que la création d'un district épiscopal doit recevoir l'aval des autorités civiles, qu'elle doit être demandée par le peuple et qu'un mandement, pour être valide, doit avoir été publié. Ainsi, le texte reconnaît la légitimité du droit civil dans ce débat religieux et place les lecteurs dans la position de juges et de premiers destinataires.

Bien que le texte de Chaboillez appelle une réponse, la parole polémique n'apparaît véritablement que dans les réfutations qui suivront, et en particulier dans le jeu des signatures. Il semble bien d'ailleurs que,

---

79. Maurice LEMIRE (dir.), *La vie littéraire au Québec*, t. I : *1764-1805. La voix française des nouveaux sujets britanniques*, p. 295-297.

80. Augustin CHABOILLEZ, *Questions sur le gouvernement ecclésiastique du district de Montréal*, p. 7.

81. *Ibid.*, p. 15.

dès l'origine, le nom des auteurs véritables ait été un secret de polichinelle. L'incipit de la *Lettre à Mr. Chaboillez, curé de Longueuil, relativement à ses Questions sur le gouvernement ecclésiastique du district de Montréal*, « Je ne suis qu'un Laïc », crée un auteur fictif, qui « aime sincèrement la religion Catholique[82] » et qui discutera non en spécialiste, mais en croyant. Le signataire pose un certain nombre de principes, à savoir « que la discussion de matières si délicates, outre qu'elle ne manque pas de repaître la malignité d'un certain monde, mene souvent les personnes beaucoup plus loin qu'elle ne vouloient d'abord et qu'elles n'avoient prévu [et qu'il] est encore plus dangereux de jetter dans le public des questions extrêmement importantes et difficiles[83] ». L'appel à l'opinion publique apparaît également comme l'objection principale d'Un Prêtre du district de Québec, dans *Observations sur un écrit intitulé Questions sur le gouvernement ecclésiastique, du district de Montréal*, qui avoue « la répugnance [ressentie] à discuter sous les yeux du Public des matières aussi sérieuses[84] » et qui voit dans les positions du curé Chaboillez matière à « inspirer au peuple le mépris des premières autorités Ecclésiastiques[85] ». L'un et l'autre sont toutefois contraints d'adopter la logique même que Chaboillez leur a imposée en publiant son mémoire et de donner la discussion en spectacle.

Les deux textes présentent les objections de leurs auteurs à ce que les décisions de l'Église soient soumises au droit et à la jurisprudence. Appuyant leur argumentation sur la nécessité pour le clergé et pour les fidèles de respecter la hiérarchie ecclésiastique, ils demeurent l'un et l'autre hostiles à une logique argumentative fondée sur le droit, la jurisprudence et le consensus. Et, bien qu'il soit contraint de recourir lui aussi aux textes canoniques pour asseoir sa contre-argumentation – cette discussion d'ordre juridique constitue l'essentiel de ces textes –, Bédard (ou Lartigue) ne peut que laisser échapper un « Quelle dépense inutile d'érudition[86] ! » révélateur de sa conception des débats. Une telle stratégie de réfutation, caractérisée par la personnalisation de la querelle, la méfiance envers l'opinion publique et l'absence d'argument d'autorité, n'est guère convaincante. Elle aurait été élaborée par Mgr Plessis, lequel, en outre, aurait révisé le mémoire de Cadieux. En ce sens, le choix des signatures est curieux : un tout jeune homme, même s'il est le fils du fondateur du *Canadien*, et un prêtre anonyme du diocèse de Québec n'apparaissent guère avoir les compétences pour être les porte-parole des autorités ecclésiastiques. Mais peut-être était-ce précisément l'intention des polémistes que de minimiser l'importance du débat et d'éviter de montrer le spectacle d'une dissension au sein des autorités ecclésiastiques elles-mêmes.

La Réponse de Messire Chaboillez, Curé de Longueuil, à la lettre de P.H. Bédard ; suivie de quelques remarques sur les Observations imprimées

---

82. *Ibid.*, p. 5.
83. *Loc. cit.*
84. [Louis-Marie CADIEUX], *Observations* [...], p. 3-4.
85. *Ibid.*, p. 3.
86. [Pierre-Hospice BÉDARD], *Lettre à Mr. Chaboillez* [...], p. 31.

aux Trois-Rivières, dont on vend 150 exemplaires en une seule journée de février 1824[87], pousse un degré plus loin la dimension pamphlétaire de la polémique. L'auteur fait état de sa volonté de répondre sur le même ton : « Vous ne m'avez pas épargné les épithètes ; vous ne trouverez pas mauvais que je vous rende la pareille, et que j'appelle chaque chose par leur nom[88]. » Divisé en deux parties, la première étant une réponse à Bédard et la seconde à Un Prêtre du diocèse de Québec, le texte joue sur la confusion des identités pour justifier une plus grande violence verbale. Il est plus facile en effet de dénoncer Bédard, de remettre en question son argumentation, ses compétences et ses qualités plutôt que celles de Lartigue, tout en dénonçant la substitution d'identité que représente la signature. Chaboillez commence donc par se poser comme le mandataire de la vérité et de la justice (« Il ne peut y avoir de danger à faire connoître la vérité et la justice, que pour ceux dont les prétentions sont contraires à la justice et à la vérité[89] ») aux yeux du public devant lequel il vient répondre des accusations portées contre lui. Il n'est pas le premier prêtre, rappelle-t-il, à recourir à la presse pour faire état de différends avec les autorités ecclésiastiques. Il aurait soumis son mémoire à l'évêque du diocèse avant de le publier. Sa position serait largement partagée par le clergé de la région montréalaise. Il s'arrête, pour les réfuter, à ce qu'il considère comme des calomnies, des plaisanteries ou des sophismes et termine sa lettre à Bédard en lui rappelant qu'il s'est « couvert d'un ridicule qui ne s'oubliera pas de longtems, en prêtant [sa] signature à la lettre[90] » qu'il vient de réfuter. De même, dans sa réponse à Cadieux, Chaboillez reprend ses principaux arguments et conclut en déclarant : « [...] je ne répondrai dorénavant à aucun écrit, à moins qu'il ne soit signé du nom de l'Auteur, en toutes Lettres, comme j'ai déjà fait pour mon premier Pamphlet, et comme je fais encore pour celui-ci[91] ».

Ainsi se termine cette polémique qui mettait en jeu l'avenir de l'Église canadienne et qui s'interrompt faute de combattants. Car, avant même que Chaboillez ne s'en explique, si l'obéissance à Lartigue fait problème, c'est qu'elle exige des prêtres du diocèse un profond changement. « La doctrine de l'infaillibilité du Pape, de son indépendance des Canons, de sa souveraine autorité spirituelle et temporelle sur tout l'Univers[92] » représente les fondements de l'ultramontanisme, « doctrine qui n'a jamais été adoptée par l'Église de France, et qui, j'espère, ne le sera jamais par l'Église du Canada, malgré tous vos efforts pour une fin si louable[93] ». On ne pouvait mieux se tromper.

---

87. Édouard-Zotique MASSICOTTE, « Le succès de librairie de 1824 », *BRH*, vol. XXXIV, n° 5 (mai 1928), p. 283-284.
88. Augustin CHABOILLEZ, *Réponse de Messire Chaboillez* [...], p. 56.
89. *Ibid.*, p. 3.
90. *Ibid.*, p. 52.
91. *Ibid.*, p. 70.
92. *Ibid.*, p. 56.
93. *Loc. cit.*

Quelques années plus tard, les positions ultramontaines de Mgr Lartigue seront encore une fois le point de départ d'une polémique qui commence par une série de joutes oratoires, pendant les exercices de fin d'année au séminaire de Saint-Hyacinthe, où sont exposées les idées politiques de La Mennais, favorisées alors par le prélat. La polémique déborde rapidement le cadre de ces exercices pour devenir une discussion publique, en 1833 et 1834, dans les pages de *L'Ami du peuple* [...] de Montréal et dans *L'Écho du pays* de Saint-Charles, et elle oppose le curé de Saint-Hilaire, Jacques Odelin, à Jean-Charles Prince et Joseph-Sabin Raymond. Si elle ne sort pas des pages de ces journaux pour être diffusée sous forme de brochure, la polémique atteint toutefois une qualité de débat rare à cette époque – qualité d'ordre philosophique qui atténue grandement l'effet littéraire qu'on retrouvait dans les pamphlets précédents –, et elle sera interrompue le 15 juillet 1834, au moment où le pape Grégoire XVI condamnera *Paroles d'un croyant*.

L'éloquence religieuse

Entre 1806 et 1839, 55 sermons ou recueils de sermons sont publiés dans le Bas- et le Haut-Canada, ce qui représente une nette augmentation comparativement à la période précédente et reflète ainsi tant l'accroissement de la population et l'établissement de ses institutions religieuses que la mise en place des infrastructures propres à l'édition. Une partie de ces publications se compose d'*exempla* rédigés par des maîtres européens de la rhétorique ou encore de pièces de circonstance. Cinquante sermons semblent toutefois être des productions locales, quoique certains de leurs auteurs demeurent des inconnus. De ce nombre, 12 ont été prononcés dans le Haut-Canada, mais souvent publiés à Montréal. Parmi eux, on trouve des oraisons funèbres et des sermons qui représentent une faible proportion de l'ensemble de l'œuvre oratoire du révérend John Strachan, futur évêque de York, et de John Bethune, ministre de l'Église anglicane, mais fils d'un pionnier de l'Église presbytérienne au Canada.

Les 37 sermons repérés dans la production du Bas-Canada ont presque tous été prononcés et publiés en anglais. Deux seulement sont en français, le *Sermon preche par l'eveque catholique de Quebec dans sa cathédrale le IVe dimanche du Careme, 1er. avril, 1810, À la suite de la Proclamation de Son Excellence le gouverneur en chef, du 21e mars meme année*, et le « Sermon prêché à la cathédrale de Québec [...] à l'occasion de la paix américaine, le jour fixé pour la célébrer, savoir le jeudi, 6 avril 1815 » par Mgr Joseph-Octave Plessis. S'y ajoute l'oraison funèbre en hommage à ce

Interior of the Cathedral. Montreal (détail), dessin de
William Henry Bartlett, gravé par James Carter, 1842.
Musée du Québec (68.242). Photographe : Neuville Bazin.

dernier, prononcée en 1825 par l'abbé Jean Raimbault et publiée dans
L'Écho du Cabinet de lecture paroissial en 1860. Ces quelques sermons ne
représentent qu'une infime partie de la riche production oratoire dont
l'essentiel demeure manuscrit et peu étudié. La faible tradition d'édition
de l'Église catholique tient en partie au fait que, contrairement aux Églises
protestantes, elle réserve le rôle d'interprète des Écritures aux plus hautes
autorités ecclésiastiques et, aussi, que la lecture en chaire des mandements
des évêques joue le même rôle que l'imprimé. Elle révèle également une
Église où l'art oratoire s'inscrit toujours dans une civilisation dominée par
la tradition orale et où la publication n'intervient qu'en de très rares
occasions.

LES PUBLICATIONS

Il est difficile de préciser les raisons qui mènent à la publication d'un texte d'éloquence religieuse. Celle des oraisons funèbres est parfois commandée par la famille du défunt. La notoriété de certains personnages, hommes d'Église ou hommes d'État, justifie l'édition de certaines autres, en particulier dans les congrégations dont la légitimité politique est moins assurée. Certaines associations commanditent la publication de sermons et en assurent la distribution auprès de leurs membres. On voit encore certain pasteur publier pour ses ouailles des textes à méditer en son absence. Dans l'ensemble, on remarque que l'imprimé est d'autant plus nécessaire que la communauté à laquelle il est destiné est petite et dispersée. Les principales publications sont toutefois celles qui ont un caractère politique, sermons de pénitence ou d'action de grâces, prononcés parfois à la demande des autorités civiles. Entre 1805 et 1839, quelques événements en particulier attirent l'attention: la fin des guerres d'abord, de la guerre avec les États-Unis, mais aussi des guerres napoléoniennes, qui mérite une journée d'action de grâces en 1815 et en 1816, et pour laquelle les Églises publient l'œuvre de prédicateurs renommés, Joseph-Octave Plessis, Robert Easton, John Bethune, Jehosaphat Mountain, James Somerville, Alexander Spark, etc. Le choléra, ensuite, donne lieu à des journées de pénitence, puis à une action de grâces, le 6 février 1833, à l'occasion desquelles sont publiés des sermons de prédicateurs connus, tels John Bethune ou George Jehoshaphat Mountain, parfois moins célèbres, comme Charles Andrews Farley et George Salmon. Chez les méthodistes, le décès d'un personnage royal semble avoir une portée plus grande si on en juge par le nombre d'oraisons funèbres qui lui sont consacrées. Seules les proclamations du gouverneur et le décès du prélat ont entraîné les catholiques francophones à publier quelques sermons et oraisons d'importance.

La plus grande partie des sermons est imprimée à Montréal, mais on note déjà que ceux qui sont prononcés dans le Haut-Canada le sont de plus en plus souvent à Kingston, aux ateliers de Charles Kendall (1812) puis de James Macfarlane (1826), à York (Toronto), chez John Cameron (1812) et Robert Stanton (entre 1828 et 1836). La publication à Montréal d'un sermon du révérend Micajah Townsend, prononcé à Alburgh au Vermont, souligne alors le rôle de cette ville comme centre d'édition.

LES SERMONS
DE JOSEPH-OCTAVE PLESSIS

Le *Sermon preche par l'eveque catholique de Quebec dans sa cathedrale le IVe dimanche du Careme, 1er. avril, 1810* [...] suit de près les événements liés à la saisie du *Canadien* par le gouverneur Craig. Ce sermon fait d'ailleurs lui-même allusion aux « circonstances du moment [et aux] accusations de déloyauté dont [les Canadiens ont] aspergé [leur] Clergé dans les premiers jours de la semaine dernière[94]... » Aussi ce texte, prononcé le quatrième dimanche du Carême de l'année 1810, présente-t-il quelques caractéristiques particulières liées à cette situation d'urgence. L'introduction elle-même met en place ces données exceptionnelles : « Je serois naturellement porté à continuer mes précédentes instructions sur le précepte de l'aumône. Mais un autre objet vient fixer aujourd'hui notre attention[95]. » Le sermon ne respecte pas toutes les règles du genre : la division en parties n'est pas apparente ; le commentaire des Écritures est limité aux références à l'Épître de Paul aux Romains et aux quelques renvois qu'on trouve aux Évangiles de Jean, de Luc et de Matthieu. Les références littéraires sont peu nombreuses et l'ensemble ne commente que fort indirectement l'épigraphe tirée de l'Évangile de Jean et citée tant en latin qu'en français : « Jesus prit donc les pains, et, après avoir rendu graces, il les distribua à ceux qui étoient assis et leur donna aussi du poisson autant qu'ils en voulurent[96]. »

L'objectif poursuivi par Plessis est énoncé clairement : « Je veux parler, mes freres, de vos devoirs, comme sujets, envers le Gouvernement, et de ce que Dieu exige de vous en cette qualité[97]. » D'entrée de jeu, il précise avoir affaire à deux publics distincts : les partisans du gouvernement, d'une part, et ses opposants, d'autre part. Si l'espace consacré aux uns et aux autres peut être utilisé comme indice de leur importance respective, il faut bien admettre qu'aux premiers n'est consacrée que une page et demie du sermon qui en compte 11. Le prélat saisit l'occasion de rappeler la soumission, la loyauté et le respect qu'a toujours manifestés l'Église catholique à l'égard des autorités britanniques, encore plus « scrupuleuse » de ce point de vue que les « sectes » qui se sont séparées d'elle. Le sermon est concis et va droit au but, sans préoccupation rhétorique évidente. Plessis y manifeste ses positions antidémocratiques, faisant de la « souveraineté du peuple » le sophisme le plus « méchant », le plus « faux » et le plus « absurde[98] » des années récentes.

---

94. Joseph-Octave PLESSIS, *Sermon preche par l'eveque catholique de Quebec dans sa cathédrale le IVe dimanche du Careme, 1er. avril, 1810* [...], p. 3.

95. *Ibid.*, p. 1.
96. *Loc. cit.*
97. *Ibid.*, p. 2.
98. *Ibid.*, p. 8.

Le « Sermon prêché à la cathédrale de Québec par Mgr Plessis, à l'occasion de la paix américaine [...] » se conforme davantage aux règles de la rhétorique. La division est apparente : elle spécifie les premier, deuxième et troisième points. Comme les sermons antérieurs de Plessis, celui-ci traite de la nécessaire soumission du peuple aux autorités, religieuses d'abord et laïques ensuite. Il reprend également les principaux éléments de l'histoire providentielle, faisant de Dieu le destinateur et le destinataire de l'histoire. L'épigraphe, en français et en latin, tirée des Psaumes, le confirme : « C'est le Seigneur qui a fait cela, et il devient le sujet de notre admiration[99]. » L'argumentation ne fait que peu référence aux événements de l'histoire religieuse et l'auteur cite rarement les auteurs classiques.

Quoique prononcé « à l'occasion de la paix américaine », ce sermon traite en réalité de tout autre chose : « Assemblés aujourd'hui pour lui rendre de solennelles actions de grâces de ce dernier traité, vous croyez peut-être que je me bornerai à vous en entretenir. Mais mon dessein n'est pas de m'en tenir là[100]. » Ainsi, Plessis profite de l'occasion pour revenir sur les 26 dernières années de révolution et de guerre, pour passer d'abord en revue l'ensemble des catastrophes envoyées par Dieu sur terre, en particulier la révolution française, qu'il compare à un « orage[101] » qui aurait éclaté en Europe et l'aurait aspergée, et dont il attribue les causes notamment aux mauvais livres et à la raison, cette grande « prostituée[102] ». Le deuxième point annonce la venue d'un « homme extraordinaire, général heureux, politique adroit[103] », dont le rôle s'est révélé avec le temps moins glorieux et dont les actions auraient favorisé la guerre entre l'Angleterre et les États-Unis (ce sera d'ailleurs la seule référence du sermon à cette guerre). Le cas de Napoléon permet ainsi de mettre en évidence la deuxième leçon, qui concerne les « ravages de l'ambition », ici qualifiée de « perfide », « sacrilège », « sanguinaire », « scandaleuse », « aveugle » et « extravagante[104] ». Le troisième recommande l'action de grâces proprement dite, et il donne l'occasion à Plessis de rappeler les bienfaits de l'Angleterre : la constitution de 1791, la levée du serment du Test, la création d'un collège catholique en Irlande, le secours apporté en Angleterre aux immigrants français de la Révolution, la fin des guerres napoléoniennes, la libération du pape, la résignation dont font maintenant preuve de nombreuses familles européennes.

Ces deux sermons n'offrent guère la même valeur littéraire que le *Discours a l'occasion de la victoire remportée par les forces navales de Sa Majesté britannique dans la Mediterrannée [...]*, prononcé en 1799, et qui manifestait un important apparat rhétorique[105]. L'écriture est modeste, entièrement tournée vers l'efficacité du prêche. L'auteur reste toutefois fidèle à ses préceptes originaux : la nécessaire soumission aux autorités civiles et religieuses et l'histoire providentielle. Son style est manifestement

---

99. Joseph-Octave PLESSIS, « Sermon prêché à la cathédrale de Québec [...] à l'occasion de la paix américaine [...] », p. 161.
100. *Loc. cit.*
101. *Ibid.*, p. 162.
102. *Ibid.*, p. 163.
103. *Ibid.*, p. 165.
104. *Ibid.*, p. 166-167.
105. Maurice LEMIRE (dir.), *op. cit.*, p. 278-284.

oratoire. L'auteur a souvent recours au jeu des questions et réponses. Il marque encore son récit d'images terrifiantes, efficaces, et attire l'attention en décrivant un événement ou une personne avant de la nommer. Le sermon tend toutefois à perdre sa fonction esthétique de monument ou de célébration. Cet effet est peut-être imputable aux importants enjeux que Plessis souligne dans les événements politiques de ces années, enjeux qui prennent le pas sur la rhétorique. Peut-être est-ce également un virage dans la relation qui existe entre l'éloquence religieuse et la littérature. Le nombre insuffisant de sermons publiés ne permet pas de trancher.

L'ORAISON FUNÈBRE DE JOSEPH-OCTAVE PLESSIS, PAR JEAN RAIMBAULT

C'est à l'abbé Jean Raimbault, diplômé du collège royal d'Orléans en France, curé de Nicolet et supérieur du séminaire, que revient l'honneur de prononcer l'oraison funèbre à la mémoire de Joseph-Octave Plessis, décédé le 4 décembre 1825. Cette oraison, publiée 35 ans plus tard dans *L'Écho du Cabinet de lecture paroissial*, est de facture classique mais ne présente pas de divisions apparentes, comme l'exigent pourtant les lois du genre. Raimbault utilise la figure d'Aaron, frère de Moïse et premier grand prêtre des Hébreux, comme matrice de son oraison funèbre, rappelant du même coup que Plessis fut le premier Canadien élevé à la dignité d'évêque de Québec. L'épigraphe, en latin et en français, l'indique d'emblée : « Lorsqu'on eut appris la mort d'Aaron, le deuil fut général parmi le peuple[106]. » Contrairement aux épigraphes des sermons de Plessis, celle-ci ne servit pas de point de départ à la figuration. Le personnage cité est aussitôt oublié.

Curieusement, cette oraison ne sert pas de prétexte à une grande leçon de morale, même si la conclusion rappelle qu'il faut « envisager d'un œil plus chrétien l'instabilité de la vie, et la vanité de ce monde[107] ». Raimbault se donne pour unique objectif de rendre un « triple hommage » au prélat : un « tribut d'honneur », que lui mérite sa dignité d'évêque, un « tribut d'estime », qui rendra compte des mérites personnels de Plessis, et un « tribut de regrets et de prières », qui reconnaîtra ses bienfaits. Aussi l'oraison prend-elle avant tout la forme d'un

---

106. Jean Raimbault, « Oraison funèbre de monseigneur J.O. Plessis [...] », *L'Écho du Cabinet de lecture paroissial*, vol. II, n° 1 (5 janvier 1860), p. 6.

107. *Ibid.*, p. 11.

récit biographique. L'orateur rappelle l'étroite collaboration ayant uni Plessis à Mgr Briand, qui en fit son secrétaire, puis à Mgr Hubert, mais il passe sous silence les difficiles relations avec Mgr Denaut. Il le présente comme un pasteur préoccupé d'assurer les rites religieux et de faire respecter le droit canon, profondément attaché à ses ouailles, entretenant une correspondance suivie avec ses curés, allant jusqu'à entreprendre pour visiter son diocèse un difficile voyage, dont le retour devient, sous la plume de Raimbault, un triomphe. Parmi les œuvres de Plessis, l'auteur souligne la fondation du séminaire de Nicolet, l'érection de l'église de Saint-Roch à Québec, la création de la Société de secours et de bienveillance et de la Société de Saint-Michel. Il rappelle ses nombreuses conférences et la volumineuse correspondance qu'il aurait laissée. L'oraison se termine avec le voyage de Plessis en Europe, où l'évêque aurait eu la prémonition de sa fin prochaine.

La rhétorique de cette oraison est peu recherchée. Les figures sont rares et, en général, elles sont pauvres. Raimbault ne cite pas d'auteurs classiques ou contemporains, littéraires ou religieux. Il abuse de la forme interrogative qui structure le déroulement de l'argumentation : « Que viens-je donc faire ici ? Offrir des consolations à votre douleur ?... Et comment ?... Est-ce en vous exposant toute la grandeur de la perte que nous déplorons[108] ? » L'auditoire se trouve ainsi continuellement interpellé, ce qui fait du public (le mot même apparaît à plusieurs reprises) le destinataire de l'oraison en même temps que le témoin amené à rendre compte de la carrière du personnage honoré. L'effet obtenu est redoublé par l'énoncé de la volonté de plaire, but ultime de l'orateur : « [...] je n'ai qu'un avantage, et je le reconnais, c'est de trouver d'avance, dans les dispositions de ceux qui m'entendent et dans l'affection publique pour celui dont j'ai à faire l'éloge, l'assurance de vous plaire[109] ». Ces éléments, convocation de l'opinion publique, désir de plaire, présence d'un narrateur à la première personne (« je »), manifestent d'emblée des préoccupations d'ordre esthétique et littéraire que l'écriture, simple et dépouillée, ne soutient pas.

---

108. *Ibid.*, p. 6.
109. *Loc. cit.*

LE DISCOURS DE L'APPROPRIATION DU PAYS

L'histoire

Entre 1806 et 1839, l'histoire, en tant que genre littéraire, jouit sans contredit de la meilleure légitimation[110]. Cette valorisation résulte cependant moins d'un effet du romantisme que de l'inscription dans la tradition de l'Amérique anglo-saxonne. En effet, plusieurs États disposent déjà de leurs histoires qui, toutes, relatent leurs contestations et leurs démêlés avec la Nouvelle-France. Une histoire du Canada écrite d'un point de vue britannique compléterait la victoire qui a chassé la France du continent. L'initiative part donc des anglophones qui ont l'avantage d'orienter le discours dans un sens favorable à leur politique. Il faudra attendre François-Xavier Garneau pour leur opposer un contre-discours efficace.

Certes, l'histoire de Charlevoix demeure déterminante, mais elle est rédigée d'un point de vue à bien des égards inacceptable aux Britanniques. De plus, elle s'arrête en 1732, laissant dans l'oubli la glorieuse guerre de Sept Ans. Une relecture de l'*Histoire et description generale de la Nouvelle France* [...] s'avère donc nécessaire pour la réinterpréter à la lumière du dénouement de la colonisation française en Amérique. Aussi, dès 1792, le

---

110. Voir, dans le présent ouvrage, le chapitre 7 intitulé « La réception », en particulier p. 485-486.

rédacteur de *La Gazette de Québec* invite-t-il les Canadiens à compléter l'œuvre de Charlevoix. L'ouvrage devait compter deux volumes. Le premier, couvrant la fin du Régime français, serait d'une plume canadienne ; le second, consacré au Régime britannique, « seroit mieux executé […] par un écrivain Anglois[111] ». L'imprimeur de *La Gazette de Québec* s'offre à éditer l'ouvrage aux meilleures conditions possibles. La tâche semble relativement facile : « Comme les anciennes archives Françoises sont actuellement recueillies, et que leur dépot et leur état sont connues au public, on peut aisément y avoir recours[112]. » Cet appel reste sans réponse : il faudra attendre 12 ans avant la parution d'une première histoire du Canada.

GEORGE HERIOT

George Heriot publie à Londres, en 1804, *The History of Canada from Its First Discovery, Comprehending an Account of the Original Establishment of the Colony of Louisiana*. Mais ce fonctionnaire entend moins répondre aux désirs de l'imprimeur que rendre accessibles au public anglais les écrits de la Nouvelle-France. Aussi ne prétend-il pas offrir un ouvrage original, « car la majeure partie du contenu provient de l'*Histoire de la Nouvelle-France*, écrite il y a plusieurs années par Charlevoix[113] ».

Arrivé à Québec en 1792 à titre de « commis civil au Board of Ordnance », Heriot devient maître général des Postes adjoint de l'Amérique du Nord britannique en 1799, grâce à l'amitié qu'entretient son frère avec le premier ministre William Pitt. Peu engagé dans les luttes politiques du pays, il désire faire connaître la nouvelle colonie en Angleterre. Même s'il se présente comme un simple traducteur de Charlevoix, il se livre à une singulière interprétation. Non content d'abréger, il élague tout ce qui contredit sa vision laïque, comme les interventions providentielles, l'apostolat missionnaire et la conversion des Amérindiens. Il retient au contraire les signes annonciateurs de la faillite de la colonisation française : le manque d'assistance de la France, le monopole des compagnies, la tyrannie des gouverneurs, qui favorisent une expansion territoriale démesurée pour s'enrichir plus vite. Cette politique entraîne des guerres sans fin qui se terminent par la défaite de 1760.

L'élagage n'empêche pas Heriot de suivre Charlevoix d'assez près. Comme son guide, il s'arrête en 1732, concentrant sa narration sur

---

111. *La Gazette de Québec*, 16 février 1792, p. [4].
112. *Loc. cit.*
113. George Heriot, *The History of Canada from Its First Discovery* […], p. v.

certains héros : Samuel de Champlain garde la figure mythique que les jésuites lui ont donnée, même si son alliance avec les Hurons déclenche une série de guerres indigènes. Frontenac incarne la tyrannie même avec son instinct belliqueux et son avidité. Cavelier de La Salle personnifie le héros malheureux qui déploie courage, endurance et ténacité, mais en vain.

Cette première histoire a peu de retentissement au pays, tout comme les *Travels through the Canadas, Containing a Description of the Picturesque Scenery on Some of the Rivers and Lakes with an Account of the Productions, Commerce, and Inhabitants of those Provinces, to which Is Subjoined a Comparative View of the Manners and Customs of Several of the Indian Nations of North and South America* (1807), rédigés et illustrés par Heriot. Même si elle fixe les paramètres d'une interprétation qui variera peu, elle est rarement citée par les contemporains et personne ne s'en réclame.

WILLIAM SMITH FILS

En écrivant une histoire du Canada volontairement polémique, William Smith fils assume un rôle provocateur qui donnera le branle au mouvement historique du XIXe siècle. Ce n'est pas par hasard s'il rédige la première véritable histoire du Canada. Son père, qui a déjà publié une histoire de la province de New York, lui a en quelque sorte frayé la voie : écrire une histoire de la colonie voisine équivaut d'une certaine façon à relater les divers affrontements entre les établissements français et anglais. Les guerres iroquoises, qui durent toute la seconde moitié du XVIIe siècle, ne sont souvent que des conflits franco-britanniques par indigènes interposés. Smith fils hérite donc d'une documentation et d'un discours déjà bien orientés dont il n'a qu'à prolonger les conséquences particulières au Canada.

Il appartient au cercle le plus sélect des hauts fonctionnaires britanniques : son père, juge en chef et familier de lord Dorchester, et son beau-frère, Jonathan Sewell, procureur général, le mettent en relation avec d'autres membres du cercle, comme Herman Witsius Ryland, secrétaire du gouverneur, et l'évêque anglican Jacob Mountain. Ce cercle, fortement imbu de la supériorité britannique, s'épuise en stratégies pour amener les Canadiens à accepter l'anglicisation comme moyen de secouer leur « ignorance ». C'est dans cet esprit que Smith fils rédige son histoire.

Il occupe longtemps des postes subalternes qui lui laissent le loisir de faire des recherches historiques. Il aurait commencé son histoire vers 1800 et l'aurait terminée en 1805, car il présente alors son manuscrit à John

Neilson pour obtenir une estimation des coûts de publication. Mais les querelles qui surgissent entre le *Quebec Mercury* et *Le Canadien* lui font craindre que ses prises de position radicales ne nuisent à sa carrière. Ce n'est pas avant 1815 qu'il accorde le bon à tirer, sans toutefois autoriser la mise en vente immédiate. Une fois assuré de son siège au Conseil législatif, après la fondation de la Société littéraire et historique de Québec, et après de longues négociations avec Neilson, il accepte de diffuser son histoire en 1825.

Guidé par Charlevoix, qu'il cite d'abondance, Smith dispose d'une documentation suffisante pour adopter un point de vue autonome. Élevé dans les colonies américaines jusqu'en 1783, il perçoit les événements dans une perspective hostile aux Canadiens. Bien au fait des histoires de New York, du Massachusetts, du Connecticut et de la Nouvelle-Angleterre, il adopte spontanément leur interprétation, s'attachant d'abord aux relations extérieures de la colonie, telles les guerres, les escarmouches, les raids, les alliances et les traités. Il ne s'intéresse à la politique interne que pour en dénoncer les scandales. On peut douter qu'il ait lu *in extenso* des auteurs comme Chrestien Le Clercq ou Bacqueville de la Potherie, auxquels il se réfère à l'occasion. Il les connaît sans doute à travers l'ouvrage de l'abbé Guillaume Raynal qu'il fréquente comme un livre de chevet. Dans son *Histoire philosophique et politique* […], cet écrivain français conteste toute entreprise de colonisation, en particulier la colonisation française en Amérique et en Asie. En énumérant toutes sortes d'abus, il fournit à Smith un arsenal pour démolir la colonisation en Nouvelle-France. Parce que Raynal n'a pas dénoncé la colonisation britannique, qu'il connaît moins bien, Smith y voit un éloge implicite à l'égard de la Grande-Bretagne.

L'historien a-t-il eu accès aux archives de la colonie, comme il le laisse entendre ? Pour répondre adéquatement à cette question, il faudrait connaître la teneur et l'ampleur des documents administratifs conservés à Québec après la Conquête. Francis Parkman a posé la question à ses correspondants canadiens, quelque 50 ans plus tard et, sur leur réponse, il en a conclu qu'un voyage à Paris s'imposait. À ce chapitre, les sources de Smith demeurent limitées : son silence presque total sur la période entre 1732 et 1745 démontre sa dépendance à l'égard de Charlevoix. Il aurait été plus loquace s'il avait disposé de documents de première main. Son grand bonheur est d'avoir pu profiter d'un manuscrit sur l'histoire du Canada rédigé par le sieur Aumasson de Courville. Édité par la Société littéraire et historique de Québec en 1838, ce document diffère sensiblement, par l'ampleur et par le contenu, de celui qui lui avait été fourni par l'honorable Thomas Dunn : « Il faut donc croire que l'historien anglais a eu alors à sa disposition d'autres parties de l'*Histoire du Canada* que celle que nous avons, parties qui, de la même façon que la première, devaient refléter le manuscrit antérieur des Mémoires[114]. » Ces révélations fournissent à Smith plus d'éléments qu'il n'en cherche. Aumasson de Courville, « homme de caractère difficile dont les animosités personnelles tenaces obscurcissent parfois la vision des événements[115] », occupe un poste privilégié en tant que secrétaire du gouverneur. Déçu dans ses ambitions, il prend sa revanche en noircissant ses supérieurs. Quelle bonne fortune pour l'historien anglais qui veut montrer aux Canadiens les avantages du Régime anglais !

Bien que rudimentaire en certains endroits, cette documentation suffit pour donner au discours historiographique une crédibilité que seuls pourront démolir les historiens ayant accès à la documentation européenne. Dans l'intervalle, les collègues anglophones de Smith, Fleming et Christie en adoptent les thèses essentielles. Les historiens francophones, faute de pouvoir les démentir, les reprennent malgré leurs réticences. Jacques Labrie, Joseph-François Perrault et surtout Michel Bibaud écrivent l'histoire de « bureaucrates ».

Smith n'est véritablement intéressé que par la rivalité entre la France et l'Angleterre pour la possession du continent nord-américain. De la longue période des tentatives manquées de colonisation, il retient surtout les faits qui permettent d'établir les titres du roi d'Angleterre à la possession des terres neuves. Dès le début, les explorateurs français apparaissent comme des intrus qui violent des droits internationalement reconnus. Toutefois, les divers traités entre les deux couronnes confèrent une certaine légitimité à la colonisation française, légitimité insuffisante pour l'épargner de deux maux qui, à la longue, causeront sa perte : l'absolutisme et le papisme. Tout au long de son exposé, Smith s'ingénie à démontrer que la Nouvelle-France a moins succombé au sort des armes qu'aux vices internes qui corrompaient son administration.

L'historien se sent particulièrement autorisé à traiter des guerres iroquoises. À ses yeux, les différends entre Anglais et Français prennent naissance dans la concurrence commerciale pour la traite des fourrures. Il fonde son interprétation à partir du postulat de la libre entreprise : les transactions à l'intérieur du continent devraient jouir d'une liberté totale, laissant au plus offrant la chance de l'emporter. Les Français contreviennent à ce code par des présents, par des alliances et, surtout, par l'apostolat missionnaire. En adoptant la cause de certains indigènes de préférence à d'autres, ils rompent un équilibre fragile. Voilà pourquoi les relations entre « Blancs et Peaux-rouges » dégénèrent en guerres. Si les Français ne les avaient d'abord attaqués, les Iroquois n'auraient jamais riposté.

---

114. Ægidius FAUTEUX, « Le S... de C... enfin démasqué », *Les Cahiers des Dix*, n° 5 (1940), p. 262.

115. François ROUSSEAU, « Aumasson de Courville, Louis-Léonard », *DBC*, t. IV, p. 40.

Smith dispose des événements pour former un argument en faveur de la bonne foi des Anglais, qui n'interviennent militairement que pour mettre un terme aux atrocités et à la traîtrise. Protecteurs des Iroquois, ils leur prêtent assistance en cas de besoin. Les Français au contraire, en dépit des traités de paix et des pactes avec les indigènes, les attaquent perfidement. Ils incitent leurs alliés amérindiens à perpétrer toutes sortes d'ignominies.

Loin de songer à contester l'emprise des Français sur les indigènes, Smith l'attribue, avec une certaine raison, aux missionnaires qui s'établissent au milieu des bourgades. Mais ces apôtres ne sont, à ses yeux, que des agents déguisés du gouvernement français se servant de la religion pour exercer une influence indue sur des populations non prémunies. Seuls les Iroquois auraient eu la sagesse de résister à leur offensive. Malgré ses préventions, l'historien est bien obligé d'admettre que les indigènes ont consenti à faire la paix avec les Français en 1701, sans l'intermédiaire du gouverneur de New York. Cette victoire aurait été impossible sans l'apport des missionnaires.

Mais les Canadiens, d'un naturel belliqueux, ne s'apaisent pas pour autant. Après quelques années de paix, ils projettent de nouvelles attaques contre les colonies anglaises: « Pendant que ces transactions avaient lieu, une expédition était prévue à Montréal contre les établissements de la Nouvelle-Angleterre[116]. » L'expédition de 1711 contre Québec ne serait qu'une riposte à ces provocations. L'attaque surprise d'un village de Nouvelle-Angleterre par un groupe de Canadiens aurait déclenché une nouvelle guerre coloniale.

De la paix d'Utrecht à la guerre de Succession d'Autriche, Smith trouve peu de chose à rapporter, à l'exception des escarmouches dans la région des Grands Lacs et dans la vallée de l'Ohio. Pendant cette période, les Français consolident leurs positions à l'intérieur du continent par l'établissement d'un chapelet de forts entre le Canada et la Louisiane. Dans l'esprit de l'historien, ces entreprises contre la liberté du commerce donnent lieu à des actes de barbarie indignes de peuples civilisés.

Pour la guerre de Sept Ans, Smith dispose d'une documentation substantielle. En plus de l'histoire de son père, de celles de Thomas Hutchinson et de Benjamin Trumbull, il a eu accès à l'*Historical Journal of the Campaigns in North-America, for the Years 1757, 1758, 1759, and 1760* [...] de John Knox, publié à Londres en 1769. En revanche, sa documentation française laisse à désirer, non qu'elle fasse défaut, mais parce qu'elle n'est pas encore accessible. Chose certaine, Smith ne connaît pas le journal de campagne de Montcalm, ni ceux de ses principaux lieutenants. C'est surtout en s'appuyant sur le manuscrit d'Aumasson de

---

116. William SMITH, *History of Canada* [...], t. I, p. 164.

Courville que Smith redonne de l'intérêt à son récit. Les malversations que le notaire français étale à chaque page confirment l'historien anglais dans ses préjugés contre une administration despotique et papiste. Même s'il affirme à plusieurs reprises qu'elles ont sapé les bases de l'empire français en Amérique, jamais il ne montre comment elles ont influé sur le cours de la guerre. Les anecdotes croustillantes semblent simplement épinglées sur la trame de fond, sans plus. Montcalm, qui en a subi les conséquences, témoigne dans son journal d'une lucidité beaucoup plus prégnante.

Smith affiche surtout sa partialité en ne relevant les scandales que d'une partie, comme si l'armée britannique se comportait toujours de façon exemplaire. Si les troupes anglaises incendient un village ou quelque ferme, c'est parce qu'elles y ont été contraintes par la désobéissance des habitants. Elles envahissent le pays seulement pour rétablir l'ordre au sein d'une population qui a violé l'éthique internationale. Ce parti pris préside généralement à l'aménagement des faits. Les victoires françaises ne sont jamais rapportées que comme de malheureux concours de circonstances qui ont desservi les valeureux soldats britanniques. En revanche, à chaque victoire anglaise, l'historien interrompt son récit pour faire l'éloge du vainqueur et rapporter les heureux effets de la nouvelle à la cour de Londres. Sous sa plume, la reddition de Québec signifie la délivrance des Canadiens du despotisme et du fanatisme : « [...] que la nation la plus généreuse de la terre leur offrait une protection, et que leur conduite antérieure doit être oubliée, s'ils font la preuve, par leur comportement futur, qu'ils méritent une telle clémence[117] ».

À la fin du premier volume, Smith se réjouit de la victoire anglaise comme de l'éventualité la plus heureuse qui puisse arriver au peuple canadien[118]. Dans son second volume, consacré au Régime anglais (1764-1791), il ajoute que, pour porter pleinement ses fruits, le nouveau régime aurait dû s'établir dans les mêmes conditions qu'en Nouvelle-Écosse, où les Acadiens ont été déportés pour faire place à des immigrants qui ont mis sur pied une société prospère et dynamique. Mais au Canada, le processus de modernisation est bloqué par la population de langue française, qui demeure attachée à ses anciennes lois et coutumes. Des institutions archaïques éloignent les immigrants progressistes et empêchent l'expansion du commerce. L'attitude des nouveaux sujets s'explique facilement : bien que la Conquête ait mis fin à la tyrannie, elle n'a pas changé les mentalités des sujets habitués à obéir aveuglément aux autorités, qu'elles soient laïques ou religieuses. Pour les Canadiens, la libération ne peut venir que de l'assimilation.

La Proclamation de 1763 donnait au nouveau gouvernement tous les moyens pour l'accomplir. Mais le Parlement impérial, effrayé par la

---

117. *Ibid.*, t. I, p. 341.   118. *Ibid.*, t. I, p. 383.

révolution américaine, a dévié de sa conduite originelle en concédant l'Acte de Québec. Les marchands britanniques, révoltés d'une aussi honteuse concession, réclament alors à grands cris le retour à la *common law* et au gouvernement représentatif. Ils sont assurés de dominer la future Assemblée, car ils possèdent déjà la moitié des seigneuries et régentent le commerce et la propriété privée. Smith termine sur une note optimiste. L'Acte constitutionnel de 1791 fournit le cadre politique par lequel le Canada est doté d'une Constitution semblable à celle de l'Angleterre, qui permet d'envisager ici des résultats aussi intéressants que là-bas.

Pour ne pas prêter flanc à la critique, l'historien adopte dans son second volume une attitude de compilateur plutôt que d'historien. Des documents sont disposés dans un certain ordre qui leur laisse le soin de parler par eux-mêmes. Cette objectivité n'est cependant qu'apparente, puisque l'auteur sélectionne uniquement les textes qui lui conviennent et qu'il les juxtapose pour leur donner un sens nouveau. Présentés en vrac, ces documents donnent l'impression que l'historien ne domine pas suffisamment sa matière pour l'intégrer dans une synthèse originale et personnelle.

En somme, ce pionnier de l'histoire a l'avantage de travailler dans un champ vierge : les empreintes qu'il y a laissées seront difficiles à effacer. Sa relecture de Charlevoix se fait à la lumière des événements qui se sont déroulés au cours des 60 dernières années : les questions que se pose le jésuite sur l'avenir de la colonie ont reçu leur réponse. La France a démontré son incapacité à établir des colonies de peuplement et les Canadiens, marqués par leurs antécédents, ont refusé le progrès. Les résultats obtenus par les Britanniques prouvent au contraire qu'eux seuls ont les institutions et la sagesse politique nécessaires au bonheur des peuples. Aussi le projet d'une nouvelle France doit-il céder le pas à celui d'une Amérique du Nord britannique.

JACQUES LABRIE

Le premier disciple de Smith pourrait bien être Jacques Labrie. Il commence sa carrière d'historien en même temps que ses études de médecine. À l'automne 1806, il accepte la rédaction du *Courier de Québec*. Plutôt que de participer au débat acrimonieux que se livrent le *Quebec Mercury* et *Le Canadien*, Labrie préfère justifier son option politique en la replaçant dans une perspective historique. Chaque numéro du journal comporte trois rubriques : « Mélanges », la plupart du temps des extraits littéraires, « Canada », consacré à l'histoire du pays ou à une question canadienne, et

« Nouvelles étrangères ». La deuxième rubrique donne un véritable cours d'histoire échelonné sur plus d'une année.

Âgé de 22 ans seulement, le journaliste n'a pas encore eu le temps de se livrer à de longues recherches. Pour étoffer son feuilleton, il doit avoir consulté le manuscrit de Smith, qui avait probablement circulé parmi un certain nombre d'intimes : « Toutefois, en 1814, il [Smith] se montrait intéressé à faire imprimer son ouvrage, même si le contenu circulait apparemment à l'état de manuscrit pendant un certain temps, probablement afin de permettre à Smith d'obtenir des évaluations quant à sa valeur scientifique avant de le rendre public[119]. » Cette hypothèse est d'autant plus plausible que l'interprétation de Labrie épouse habituellement celle de Smith. Comme son maître, il déplore l'attachement des Canadiens à leurs anciennes lois et coutumes et y voit plus le résultat de l'ignorance que de la fidélité. Pour les gagner au point de vue britannique, il compare les deux régimes. Comme Smith, il insiste sur les lacunes de l'administration française et sur l'esprit belliqueux qu'elle a insufflé aux Canadiens. Non content d'évoquer les faits, il brosse de petits tableaux pour frapper l'imagination populaire :

> Mais que devinrent les Canadiens sous la domination d'une mère-patrie ingrate? Ils furent malheureux, et on devait s'y attendre. Contraints de se défendre eux-mêmes [...] ils négligèrent les seuls travaux, qui pouvaient leur procurer l'aisance [...] Pendant ces intervalles, les terres restaient incultes, et, au lieu de festins et de réjouissances, les épouses malheureuses de ces guerriers laboureurs, n'avaient à leur offrir, à leur retour qu'une disette réelle et affligeante[120].

Les causes de la faillite française en Amérique se ramènent à trois : le mépris à l'égard des travaux champêtres, les privilèges excessifs accordés aux différentes compagnies qui furent successivement en possession du commerce des pelleteries, le pouvoir illimité et despotique qu'usurpèrent les gouverneurs[121].

La conclusion de son introduction indique sans ambages sa position : « Sous le premier [régime], il n'y avait que guerre, oppression et pauvreté ; sous le second, la paix, l'aisance et la liberté les remplacent et font réellement le bonheur des Canadiens[122]. » Après cette introduction, Labrie relate les premières tentatives manquées de colonisation. Mais, probablement incapable de suivre le rythme de parution de son journal, il est bientôt réduit à livrer une simple chronologie[123] qui devait servir de fil

---

119. John M. Bumsted, « William Smith Jr and the History of Canada », dans Lawrence H. Leder (dir.), *Colonial Legacy*, t. I : *Loyalist Historians*, p. 197.
120. *Courier de Québec*, 7 janvier 1807, p. 7.
121. *Courier de Québec*, 14 janvier 1807, p. 14-15.
122. *Courier de Québec*, 17 janvier 1807, p. 19.
123. *Courier de Québec*, 15 et 18 avril 1807, p. 118-119 et 122.

conducteur à sa rédaction. Relativement explicite avant 1700 – elle compte 39 entrées –, elle se réduit à 12 entrées seulement pour le XVIIIe siècle. Il reprend son histoire en 1747 avec le début de la guerre de Sept Ans.

À partir du 27 avril 1807, il expose chronologiquement les événements qui conduisent à la défaite de 1760, en adoptant un point de vue anglais. À la suite de l'établissement de plusieurs forts dans la vallée de l'Ohio, il note : « Les colonies anglaises ne purent voir sans chagrin s'élever derrière [elles], des établissemens français, qui joints aux anciens semblaient les envelopper[124]. » Les succès répétés des Français au début de la campagne s'expliquent moins par leur bravoure que par la crainte qu'inspirent aux Anglais les Amérindiens pour lesquels la guerre ne diffère en rien de la chasse : « Les sauvages coururent à la chasse des Bretons, comme à celle des Ours[125]. » La prise du fort Duquesne redonne courage aux Anglais : « Ces succès relevant un peu la réputation des armes Britanniques, dans le Canada [...] [l']espérance renaissant dans leurs esprits, ils devinrent plus hardis[126]. » Le siège de Québec est également raconté du point de vue des envahisseurs, comme l'indiquent les titres de chapitres : « Détail de l'expédition contre Québec[127] », « Siège de Québec – les difficultés[128] », « Les Anglais gagnent les hauteurs d'Abraham[129] ». Pendant la bataille, le narrateur n'a d'yeux que pour les Anglais. Seules la blessure et la mort de Wolfe sont rapportées ; les Français n'ont droit qu'à des reproches. Labrie termine son premier volume sur l'« heureux événement[130] » de la prise de Québec.

On aurait pu croire que Labrie continuerait son histoire du Canada aussi longtemps que paraît le *Courier de Québec*, mais il abandonne, probablement faute de pouvoir rédiger assez vite. C'est donc en chercheur solitaire qu'il continue pendant les 20 années qui suivent. Avec le temps, il se rapproche des patriotes, noue des amitiés avec Augustin-Norbert Morin et Ludger Duvernay et correspond régulièrement avec Jacques Viger et quelques autres chercheurs. Jusqu'à quel point demeure-t-il tributaire, pour le gros œuvre, de son devancier William Smith ? La destruction de son histoire ne permet pas de le dire.

Le mérite de Labrie est d'avoir inauguré un mode de diffusion de l'histoire bien adapté au marché canadien. George Heriot avait eu la sagesse de se faire éditer à Londres, où son ouvrage pouvait atteindre un certain public. La mésaventure de Smith, dont le manuscrit attend 20 ans avant de paraître, révèle l'exiguïté du public capable d'acheter des livres d'histoire : Smith n'écoule que 68 exemplaires d'un tirage pourtant limité à 300.

---

124. *Courier de Québec*, 6 mai 1807, p. 142.
125. *Courier de Québec*, 27 mai 1807, p. 167.
126. *Courier de Québec*, 30 mai 1807, p. 172.
127. *Courier de Québec*, 10 juin 1807, p. 182.
128. *Courier de Québec*, 13 juin 1807, p. 186.
129. *Courier de Québec*, 17 juin 1807, p. 200.
130. *Courier de Québec*, 27 juin 1807, p. 210.

Ce premier historien de langue française n'est plus aujourd'hui qu'un nom puisque, à sa mort, il laisse à son ami Augustin-Norbert Morin le soin de compléter et de publier son manuscrit en trois volumes de 500 pages chacun, couvrant l'histoire depuis les découvertes jusqu'à la guerre de 1812. Une demande de subvention pour cette édition fut agréée par la Chambre, mais refusée par le Conseil. Déposé chez le notaire Jean-Joseph Girouard de Saint-Benoît dans l'attente d'un meilleur sort, le manuscrit fut consumé dans l'incendie allumé par les troupes gouvernementales lors des troubles de 1837.

ROBERT CHRISTIE

Entre 1818 et 1829, Robert Christie publie des *Memoirs* [...], repris dans son *History of the Late Province of Lower Canada* [...], parue de 1848 à 1855. Il commence sa carrière comme libéral. D'origine modeste, Christie se montre partisan d'un accroissement des pouvoirs de la Chambre d'assemblée, comme d'autres anglophones tels James Stuart et John Neilson. Dans *A Brief Review of the Political State of Lower Canada, Since the Conquest of the Colony, to the Present Day. To Which Are Added, Memoirs of the Administrations of the Colonial Government of Lower Canada, by Sir Gordon Drummond, and Sir John Coape Sherbrooke*, publié en 1818 à New York, il démontre qu'une oligarchie composée de marchands et de loyalistes sans attaches réelles avec le pays empêche le progrès de la province pour détourner dans leurs poches l'argent du gouvernement.

Christie se limite aux travaux de la Chambre. En bon chroniqueur parlementaire, il divise ses *Memoirs* [...] d'après la succession des divers gouverneurs depuis 1791. Il rapporte substantiellement les débats avec une objectivité que plusieurs loueront. Malgré son ouverture d'esprit, il désapprouve les manœuvres du Parti canadien. Après le gouvernement de James Craig, les animosités ethniques s'apaisent grâce à l'attitude conciliante de George Prevost et à la guerre de 1812. Mais ce n'est que partie remise, puisque la Chambre maintient ses exigences. La question des subsides se pose de nouveau avec autant d'acuité sous John Coape Sherbrooke. Les concessions du gouverneur, selon Christie, loin d'apaiser le débat, l'enveniment. Ayant marqué un bon point, les députés espèrent maintenir leur avantage. Cette question a une signification différente selon qu'elle est vue par des libéraux anglais ou par des libéraux canadiens. Pour les premiers, elle n'est qu'un moyen de surveiller les agissements du Conseil exécutif; pour les seconds, elle permet de transférer les pouvoirs réels aux mains des représentants du peuple.

Christie aurait voulu traiter des questions politiques en dehors des querelles de races mais, avec l'évolution des partis, il est obligé d'admettre que les affrontements ethniques priment les autres. Il acquiert la conviction que les Canadiens ignorent l'essence du vrai libéralisme : leur opposition purement négative, au lieu d'améliorer, ne cherche qu'à détruire. Ses difficultés personnelles avec la Chambre d'assemblée le confirment dans cette opinion. Aussi en vient-il, bien malgré lui, à comprendre sinon à adopter le point de vue des bureaucrates. Il approuve de plus en plus lord Dalhousie dans son opposition ouverte à la Chambre. Quand il refond tous ses manuscrits antérieurs pour en faire *A History of the Late Province of Lower Canada* [...], il chasse l'hésitation qu'il avait eue sur les intentions politiques des Canadiens pour adopter le discours alors commun aux autres commentateurs britanniques : toutes les difficultés surgissent à cause du manque de culture politique des « habitants », qui constituent la majorité des électeurs. La diffusion de l'éducation et de la presse leur fera comprendre un jour les responsabilités et aussi les avantages que leur apporte la Constitution britannique. Dans l'intervalle, le gouvernement doit composer avec leurs préjugés[131].

MICHEL BIBAUD

La formule adoptée par Robert Christie pour ses premières publications s'impose au jeune Michel Bibaud, qui rêve d'en faire autant. Il publie son histoire par tranches dans son journal, quitte à la faire éditer plus tard en volume : « Nous croirons donc faire une œuvre agréable au public canadien, en consacrant quelques pages de chacun des numéros de notre journal à l'Histoire du Canada. Nous nous proposons de publier, par la suite, cette histoire sous une autre forme, si les circonstances nous le permettent[132]. »

Bibaud fonde donc son mensuel avec l'arrière-pensée d'y publier son *Histoire du Canada, sous la domination française*. Une telle formule offre plusieurs avantages : elle sert de boîte aux lettres aux érudits et aux amateurs d'histoire. Dès les premiers numéros, des collectionneurs lui font parvenir des documents inédits pour publication dans la rubrique « Matériaux pour l'histoire du Canada ». Ces échanges créent une émulation qui incite les fervents de l'histoire à la recherche et à la divulgation de documents anciens. Labrie, alors en pleine rédaction de son histoire, et

---

131. Robert Christie, *A History of the Late Province of Lower Canada* [...] , t. I, p. ix-x.

132. *La Bibliothèque canadienne*, juin 1825, p. 5-6.

Viger, qui jouit déjà d'un renom d'archiviste, sont au nombre des collaborateurs.

Des histoires du Canada, comme celles de Charlevoix, de Smith, du Français Philarète Chasles (*Beautés de l'histoire du Canada* [...], signées du pseudonyme D. Dainville), ne s'adressent pas aux Canadiens. Bibaud ambitionne de les réécrire en fonction de ses compatriotes : « Pour nous qui écrivons en Canada, et pour des Canadiens, nous nous proposons de suivre une route opposée : c'est l'histoire des Français venus dans le pays et de leurs descendans, sur l'histoire de nos ancêtres, que nous voulons nous étendre, bien plus que sur celle des aborigènes[133]. » Sa relecture de Charlevoix se fait à partir du seul point de vue des Canadiens : « [...] il ne s'agira, pour ainsi dire, que de retrancher de l'« Histoire de la Nouvelle France » des détails minutieux et assez souvent hors du sujet, qui en rendent la lecture ennuyeuse et rebutante pour la plupart des lecteurs[134] ».

Charlevoix, à cause de ses destinataires européens, fait autant l'histoire des missions jésuites que celle du Canada. Dans sa perspective, l'apostolat missionnaire, les relations avec les peuplades indigènes, le comportement des néophytes, de même que les guerres tribales, occupent l'avant-scène. Focalisée par les « Sauvages », la narration peut-elle être rétablie en faveur des Canadiens ? Même en élaguant autant qu'il peut, Bibaud parvient mal à recentrer le récit sur la vallée du Saint-Laurent. C'est toujours à travers les *Relations* des jésuites qu'il voit se dérouler la première moitié du XVIIe siècle. Mais sa relecture n'est pas entièrement autonome : tenant Charlevoix d'une main, il consulte Smith de l'autre. Bibaud suit fidèlement l'ordre chronologique imposé par l'historien jésuite, relevant au passage les commentaires de Smith et y ajoutant au besoin les siens[135].

Partageant généralement les jugements du religieux, Bibaud ne renonce pas pour autant à le critiquer. Naïf et crédule, le jésuite aurait fait de la mise en scène pour séduire ses lecteurs européens, par exemple dans son rapport sur les ravages des épidémies parmi les Amérindiens : « Nous n'avons transcrit mot-à-mot ce récit de Charlevoix, (qui semblerait être une traduction libre [...] des *Géorgiques* de Virgile,) que pour faire voir combien l'ignorance et la superstition étaient grandes et générales, dans le Canada, à l'époque dont il est ici question[136]. » C'est surtout à propos du tremblement de terre de 1663 que le jésuite perd sa crédibilité : « Charlevoix est ici un de ces écrivains crédules, qui copient sans examen, s'ils ne les exagèrent pas, des récits populaires presque toujours invraisemblables, et souvent ridicules[137]. » Le sens commun, lui semble-t-il, aurait suffi à rendre ce récit suspect.

---

133. *Ibid.*, p. 5.
134. *Loc. cit.*
135. *La Bibliothèque canadienne*, [novembre] 1825, p. [165]-166.
136. *La Bibliothèque canadienne*, octobre 1826, p. [161].
137. *La Bibliothèque canadienne*, novembre 1826, p. 202.

Michel Bibaud, gravure anonyme, sans date. Tirée d'Adam Shortt et Arthur G. Doughty, *Canada and its Provinces*, t. XII : *The Dominion. Missions; Arts and Letters*, hors-texte entre les pages 450 et 451.

Quand ses sources se contredisent, Bibaud fait la part des choses sans se livrer à de nouvelles recherches. Sur le sort d'un déserteur français qui sert de guide à des marchands anglais, l'opinion de Lahontan et celle de Charlevoix divergent :

> Le Français qui leur avait servi de guide, fut ensuite fusillé, par ordre du gouverneur général : châtiment sur lequel L<small>AHONTAN</small> s'écrie à l'injustice, par la raison qu'il y avait paix alors entre l'Angleterre et la France : que Charlevoix approuve, en prétendant, à tort, que ce Français *combattait* contre le service de son prince ; et que, pour tenir un juste milieu, nous nous permettons de qualifier de sévère et disproportionné à l'offense[138].

Malgré un certain sens critique, Bibaud reste fidèle à la thèse qui sous-tend l'entreprise de Charlevoix. Rejetant la position radicale de Smith, qui ne voit dans l'apostolat missionnaire qu'intrigues et manigances, il souscrit, du moins implicitement, à la thèse centrale du jésuite, à

---

138. *La Bibliothèque canadienne*, septembre 1827, p. 123.

savoir le caractère surnaturel et désintéressé de l'évangélisation des indigènes. Pour l'échec de la colonisation française, il blâme avec le religieux les grandes compagnies et les administrateurs véreux plutôt que le pouvoir royal.

Malheureusement, Bibaud perd son guide en cours de route, puisque Charlevoix s'arrête en 1732. Réduit au silence, comme Smith, sur la période de 1732 à 1745, il nie tout simplement l'histoire plutôt que d'avouer son manque de sources : « Depuis l'année 1733 ou 34, jusqu'au premier siège de Louisbourg, en 1745, le Canada se trouve dans un état à peu près nul pour l'histoire : il ne s'y passe presque aucun événement digne d'entrer dans les annales de la colonie, ou plutôt, il n'y a pas, dans cet espace de temps, d'annales canadiennes[139]. » Bibaud s'en remet donc à Smith pour la suite, mais avec réticences. Dans une note, il avertit son lecteur des suspicions qu'il entretient à l'égard de son maître : « Dans tout ce que nous avons dit de l'Acadie, depuis que nous n'avons plus Charlevoix pour guide, nous avons été obligé de nous en rapporter presque entièrement à Mr. Smith. Cet auteur nous paraît avoir puisé la plus grande partie de ce qu'il rapporte des affaires de cette province, dans des mémoires ou des journaux anglais du temps, qui, sans doute n'étaient rien moins qu'exempts de partialité[140]. » Dans son rapport sur les démêlés entre Français et Anglais en Acadie, Bibaud dégage sa responsabilité en refusant de cautionner la thèse de l'historien anglais. Il avoue du même souffle son incapacité à en vérifier le bien-fondé. Quand la partialité de Smith lui paraît trop évidente, il la dénonce.

À mesure que s'engage la guerre de Sept Ans, Bibaud hésite à cautionner les scandales que signale l'historien anglophone tellement le parti pris lui paraît évident. À propos d'un brigandage auquel se seraient livrés des soldats canadiens, Bibaud remarque : « [...] mais nous aimons mieux croire qu'il y a ici erreur, ou du moins exagération, de la part d'un historien, dont la prévention paraît être la passion dominante, et qui, par un nombre d'avancés plus que suspects, avertit indirectement son lecteur d'être constamment sur [ses] gardes[141] ». À l'historien indigné par la réserve des Canadiens à souscrire aux conditions de la proclamation de James Murray, Bibaud rétorque qu'ils avaient quelque raison de se méfier après le traitement qui avait été infligé récemment aux Acadiens[142].

Pour l'histoire du Régime anglais, Bibaud transforme son mensuel en hebdomadaire et le rebaptise *L'Observateur*. Bien qu'il ait déjà pris une certaine avance pour alimenter son journal, il ne produit pas assez pour suivre ce nouveau rythme. Le 2 juillet 1831, il suspend la rédaction de son

---

139. *La Bibliothèque canadienne*, 15 août 1829, p. 68.
140. *La Bibliothèque canadienne*, 1er novembre 1829, p. 169.
141. *La Bibliothèque canadienne*, 15 décembre 1829, p. 228.
142. *La Bibliothèque canadienne*, 15 février 1830, p. 308.

feuilleton ; il vient tout juste d'atteindre l'année 1793. Pour la suite, il se contente d'une chronologie très révélatrice de sa façon de travailler. Il sélectionne un certain nombre d'événements dignes de figurer dans l'histoire. Loin de se limiter à la seule politique, il tient compte de la vie culturelle et religieuse. Toutefois, les événements ne sont pas choisis en fonction d'une interprétation à donner, mais bien plutôt comme des points de repère utiles au besoin. Une comparaison entre la chronologie et l'histoire qui lui succède révèle que Bibaud, loin de se sentir lié par ces événements, trouve son interprétation au fur et à mesure qu'il écrit.

Pour la période de 1760 à 1793, Bibaud suit Smith assez fidèlement, bien qu'il éprouve encore du mal à adopter sa thèse principale. Pour l'historien anglophone, l'attachement des Canadiens à leurs anciennes coutumes, confirmées par l'Acte de Québec, a contribué à perpétuer l'arbitraire et le despotisme parmi eux. Même s'il approuve le maintien des lois françaises et la reconnaissance de la religion catholique, Bibaud ne désavoue pas son maître. L'administration de Frederick Haldimand apparaît comme la conséquence logique de l'Acte de Québec. Doté d'un pouvoir discrétionnaire, le gouverneur devait en abuser un jour ou l'autre. Pour illustrer les excès de despotisme, Bibaud puise abondamment dans l'*Appel à la Justice de l'État* [...] de Du Calvet.

Plus il avance dans le temps, plus ses sources se multiplient. Il se réfère aux travaux du Conseil législatif, aux nombreuses pétitions, dont il cite au long le préambule. Le tout revêt l'apparence d'une mosaïque de textes mal joints. Une documentation maintenant trop abondante donne une allure indigeste à son propos. On comprend son essoufflement en cours de route. Abandonnant le feuilleton, il poursuit sa tâche en solitaire pour en arriver à la publication de l'*Histoire du Canada, sous la domination française*, en 1837, et de l'*Histoire du Canada, et des Canadiens, sous la domination anglaise*, en 1844. Ces éditions revues et corrigées n'améliorent cependant pas sensiblement la qualité de l'ensemble. Malgré ses réserves, Bibaud confirme plutôt qu'il n'infirme la thèse de Smith. Bien qu'elle soit encore incomplète, c'est dans les années 1830 que l'histoire de Bibaud exerce une influence déterminante en tant que propagatrice du discours de son prédécesseur anglophone. Avec l'*Abrégé de l'histoire du Canada* [...] de Joseph-François Perrault, cette version du passé historique atteint le monde scolaire pour susciter la honte chez les Canadiens. Elle a produit son effet, si on en croit Aubert de Gaspé père : « Honte à nous, qui, au lieu de fouiller les anciennes chroniques si glorieuses pour notre race, nous contentions de baisser la tête sous le reproche humiliant de peuple conquis qu'on nous jetait à la face à tout propos ! Honte à nous, qui étions presque humiliés d'être Canadiens[143] ! »

---

143. Philippe-Joseph AUBERT DE GASPÉ, *Les anciens Canadiens*, 1975, p. 162.

La publication du premier volume de son histoire en 1837 déçoit Bibaud. Sa dépendance trop visible à l'égard de Smith déplaît dans une conjoncture où prédominent les animosités ethniques. La publication du second volume en 1844 ne reçoit pas un accueil plus chaleureux, car elle est vite reléguée dans l'ombre par le succès de Garneau, dont le premier volume d'histoire du Canada paraît quelques mois plus tard. En 1855, François-Maximilien Bibaud intervient dans une brochure intitulée *Revue critique de l'Histoire du Canada, de M. Garneau* pour rétablir la réputation de son père comme historien.

JOHN FLEMING

Moins historien que polémiste, John Fleming, l'auteur des *Political Annals of Lower Canada; Being a Review of the Political and Legislative History of that Province, Under the Act of the Imperial Parliament, 31, Geo. III, Cap. 31, Which Established a House of Assembly and Legislative Council; Showing the Defects of this Constitutional Act, and Particularly its Practical Discouragement of British Colonization. With an Introductory Chapter on the Previous History of Canada, and an Appendix Documents, &c.* (1828) recourt à l'histoire pour étayer ses thèses. Nul n'a exprimé avec plus de clarté le nouveau projet collectif des Britanniques en Amérique du Nord depuis l'indépendance américaine: réserver à l'émigration anglo-saxonne le reste du continent pour jeter les bases d'une nation commerçante et prospère. Un obstacle toutefois s'y oppose: l'occupation de la vallée du Saint-Laurent par une population qui prétend s'y maintenir et former une nation, car les Canadiens refusent de s'intégrer pour garder leurs institutions vétustes et leurs mœurs rétrogrades.

Le gouvernement de Londres serait responsable de cet état de choses, parce qu'il a reconnu, par la constitution de 1774, les lois françaises, la tenure seigneuriale et les droits de l'Église catholique. Une seconde erreur, commise en 1791, accorde aux francophones, par la division du Canada en deux provinces, une majorité permanente à la Chambre. C'était condamner la colonie à la stagnation et à la pauvreté. Seule la réunification des deux Canadas peut corriger la situation en mettant les Canadiens en minorité.

Déjà, en 1810, Fleming avait exposé sa pensée à ce sujet dans une brochure, *Some Considerations on this question; Whether the British Government Acted Wisely in Granting to Canada her Present Constitution? With an Appendix; Containing Documents, &c.* Dix-huit ans plus tard, il revient à la charge sans avoir modifié ses positions, car le temps semble lui avoir donné raison. Les affrontements entre la Chambre et lord Dalhousie gagnent en virulence et paralysent l'appareil gouvernemental. Le pamphlétaire se mue donc en historien pour couvrir une période d'un quart de siècle. Ses *Political Annals of Lower Canada* [...] passent en revue des travaux de la Chambre depuis sa constitution jusqu'aux années récentes.

Dans une longue introduction, l'historien commente l'histoire de Charlevoix, qu'il cite à l'occasion, mais sans s'astreindre à organiser les faits en fonction de son interprétation. Se limitant à l'ordre chronologique, il se livre à de longues digressions selon la signification qu'il veut donner aux événements. Après un sommaire des caractéristiques géographiques du pays, il formule le projet collectif en fonction duquel il écrit : « [...] toutes ces circonstances prédestinent le Canada à devenir le foyer d'un grand empire, comprenant probablement cinquante millions d'âmes, caractérisé par des lois, un langage et des institutions britanniques, à même d'offrir un théâtre illimité pour le perfectionnement de la civilisation humaine[144] ».

Puis commence la chronologie d'après les années indiquées en marge. Une énumération d'éphémérides serait vite fastidieuse si l'historien ne l'accompagnait de commentaires, presque toujours acidulés. Loin d'être un lecteur passif et crédule, Fleming réagit souvent violemment. Avec des yeux de Britannique et de protestant, il perçoit derrière les intentions avouées des motifs mesquins et perfides.

Comme les autres historiens guidés par Charlevoix, Fleming se trouve à court de matière après 1732. Lui aussi passe donc directement à la guerre de Sept Ans, dont le sieur Aumasson de Courville a écrit une version si scandaleuse pour les Britanniques. Il entend corriger l'impression laissée par les historiens anglais, qui attribuent la victoire uniquement à la supériorité des armées, en montrant que le régime s'est effondré sous le poids de sa propre corruption. Sa rectification met en lumière le manque flagrant d'esprit civique des Français dans la gouverne de l'État. Même aux heures les plus noires, les personnes en place sont incapables d'oublier leurs intérêts personnels pour assurer le salut public.

Cette longue introduction vise à faire apprécier le changement d'allégeance. Dans l'esprit de Fleming, l'Angleterre aurait moins considéré son intérêt que le sort malheureux des Canadiens. Le corps de l'histoire rapporte les travaux de la Chambre d'assemblée depuis 1792. Après un chapitre consacré aux débuts du Régime anglais, les autres couvrent en général une ou deux années de débats parlementaires. Cette revue révèle les effets néfastes d'une Constitution qui accorde la majorité aux députés canadiens. L'historien démontre aux administrateurs britanniques qu'ils ont eu tort de diviser le Canada et d'accorder un suffrage quasi universel.

---

144. John FLEMING, *Political Annals of Lower Canada* [...], p. XIII.

Les Canadiens s'en sont servis pour contrecarrer l'établissement d'une véritable colonie anglaise au profit de leurs anciennes lois et de leurs institutions vétustes, détournant ainsi le pouvoir législatif de son but premier.

À l'instar de plusieurs de ses contemporains, Fleming soupèse les deux projets de société en concurrence. Les francophones prétendent se réserver le pays pour l'établissement et l'expansion de leurs descendants, tandis que les anglophones veulent en disposer comme d'une terre vierge. La présence des premiers représente donc un obstacle à l'établissement des derniers. D'après Fleming, la constitution de 1791 favorise uniquement les Canadiens, et force les Britanniques à s'assimiler : « La tendance de la législation et de la pratique au [Bas-]Canada est d'obliger les Anglais à étudier le français et, jusqu'à un certain point, à devenir des Français puis à se fondre à la *Nation Canadienne*[145]. »

Fleming réfute ceux qui minimisent la question linguistique. Pour lui, la fidélité à la langue et aux institutions françaises n'est rien d'autre que la fidélité à la France elle-même, comme on s'en est bien rendu compte pendant la Révolution : il a fallu former des « associations loyales » pour conjurer l'esprit révolutionnaire[146]. D'ailleurs, les jeunes députés qui dirigent l'opposition sont eux-mêmes imbus de ces principes qui ont infiltré le peuple, pourtant illettré.

La guerre de 1812 fournissait à Fleming une belle occasion de sonder la fidélité des Canadiens, mais il aime mieux faire abstraction de faits susceptibles de ruiner son argumentation. Pour lui, Français est synonyme de révolutionnaire et de déloyal. En conséquence, il faut lutter par tous les moyens contre l'expansion des Canadiens dans le Bas-Canada. La distribution des nouvelles terres est un moyen efficace. Une politique judicieuse favoriserait l'établissement d'une « population d'origine britannique instruite et bien choisie[147] ». Mais la Commission des terres de la couronne a complètement failli à sa tâche en préférant les spéculateurs. Les membres du Conseil exécutif en sont donc réduits à restreindre la fondation de nouvelles paroisses ou encore à prohiber l'agrandissement des anciennes[148]. Le Conseil s'oppose également à consacrer le revenu des biens des jésuites à l'éducation parce qu'il servirait à maintenir « la Nation Canadienne dans un statut particulier[149] ».

Ces mesures souhaitées par Fleming produisent rapidement leur effet. La surpopulation des seigneuries déclenche un mouvement d'émigration vers les États-Unis, et le manque de fonds perpétue l'ignorance populaire. Les députés canadiens élèvent la voix pour les condamner. Loin d'être fondées, ces plaintes témoigneraient de la déloyauté des Canadiens

---

145. *Ibid.*, p. 14.
146. *Ibid.*, p. 20.
147. *Ibid.*, p. 32.
148. *Ibid.*, p. 35.
149. *Ibid.*, p. 44.

qui poursuivent avec entêtement leur projet contraire à celui du gouvernement. Leurs belles professions de fidélité ne leurrent personne. Pour être sincère, la loyauté implique, selon Fleming, l'acceptation pure et simple du projet d'une Amérique britannique d'une seule langue et d'une seule religion. Comment des colons britanniques pourraient-ils supporter d'être gouvernés par une majorité « isolée des Anglais par des lois, une langue, des croyances et des habitudes qui leur sont propres[150] » ? Après tout, n'est-ce pas l'immigration anglaise qui a assuré à la province sa prospérité ?

Pour mieux faire voir l'irréalisme des patriotes, Fleming imagine la province abandonnée aux mains des seuls Canadiens. Une société vieillie prématurément et profondément corrompue ne doit qu'à l'encadrement des prêtres et des seigneurs de ne pas tomber dans un désordre irréversible[151]. La seule colonisation valable du Québec se fera par une collaboration avec les Britanniques.

Selon Fleming, l'opposition de la minorité britannique à l'affirmation de la majorité française ne retarde en rien l'essor du Bas-Canada. De nouveau, l'historien recourt à son argument passe-partout : c'est le caractère même des Canadiens qui constitue le principal obstacle au progrès du pays. Dans un contexte idéal, le correctif indiqué serait de réduire la population française à l'état de minorité par une immigration massive des Britanniques, mais la population actuelle, par sa langue, ses lois et ses coutumes, sert de repoussoir à une telle immigration.

Les idées de Fleming n'ont rien de singulier : elles reflètent la position courante du Parti bureaucrate qui s'est cristallisée en 1822 dans un effort suprême auprès du gouvernement métropolitain pour la réunification des deux Canadas. L'échec essuyé alors a radicalisé les partisans, fermement convaincus que leur succès résulterait d'une meilleure information auprès du gouvernement britannique. D'où la nécessité d'exposer aux Communes la situation politique du Bas-Canada.

PIERRE-JEAN DE SALES LATERRIÈRE

Pierre-Jean de Sales Laterrière, qui vit en Angleterre depuis quelques années, sent le besoin d'intervenir auprès de l'opinion britannique pour contredire la thèse de Fleming. Lui aussi croit que le Canada gagnera à être mieux connu. En 1830, il publie à Londres *A Political and Historical Account of Lower Canada; With Remarks on the Present Situation of the People, as*

---

150. *Ibid.*, p. 87.
151. *Ibid.*, p. 96.

Regards their Manners, Character, Religion, &. &. Laterrière indique clairement, lui aussi, le lieu d'où il parle. Même s'il écrit un livre, il ne se prend pas pour un écrivain, encore moins pour un historien. L'état critique de la situation le pousse à intervenir[152]. C'est en tant que Canadien qu'il le fait, rappelant que son texte a été traduit à partir du français.

Au contraire de Fleming, Laterrière n'éprouve pas le besoin de s'étendre longuement sur le Régime français. Une dizaine de pages suffisent pour amener le lecteur jusqu'en 1791. L'auteur concentre son attention sur les travaux de la Chambre. Il rappelle d'abord l'esprit de la nouvelle Constitution : « Le Gouvernement de Sa Majesté avait l'intention de confier à la majorité des citoyens de chaque province et, par voie de conséquence, aux *Canadiens français* du Bas-Canada, la réglementation de leur vie publique[153]. » Rien d'étonnant, donc, que l'Assemblée soit dominée par les députés francophones. Pourquoi les vilipender, « les accabler [...] des épithètes de démagogues, de républicains, et d'autres désignations délibérément injurieuses[154] » ? Le malaise ne vient pas d'eux, mais des Conseils exécutif et législatif, composés surtout de fonctionnaires. La Constitution canadienne, censée être un calque de la Constitution britannique, diffère en ceci que la Chambre haute ne regroupe pas une aristocratie indépendante de fortune, mais des serviteurs de l'État. Quand ils prétendent défendre les intérêts de la couronne, ils luttent pour leurs avantages personnels. Que la question des subsides soit au centre des débats n'a rien d'étonnant puisque ce sont les fonctionnaires qui revendiquent leurs propres émoluments. Voter les subsides en bloc pour toute la durée du règne équivaudrait à remettre aux plus intéressés la disposition entière des deniers publics. Alors qu'en Angleterre la Chambre des lords arbitre de façon désintéressée les différends entre la couronne et les Communes, ici le Conseil législatif est une partie prenante qui témoigne d'autant plus d'appétit qu'elle a besoin de s'enrichir. Voilà pourquoi les « officiers de la Couronne demeurent prudents et confondent leurs droits avec ceux du souverain[155] ».

Les gouverneurs, dont les mandats, selon lui, sont trop courts, n'ont pas le temps de connaître réellement la population. Ils s'en remettent à leurs conseillers et agissent plus ou moins comme des marionnettes entre les mains d'une clique jalouse de ses intérêts. Aussi les « bons » gouverneurs sont-ils, comme Craig et Dalhousie, ceux qui braquent la Chambre et la majorité contre eux. Des gouverneurs comme Prevost et Sherbrooke veulent-ils se montrer impartiaux ou favorables aux Canadiens, ils sont aussitôt rappelés en Angleterre.

---

152. Pierre-Jean DE SALES LATERRIÈRE, *A Political and Historical Account of Lower Canada* [...], p. IX.
153. *Ibid.*, p. 13.
154. *Ibid.*, p. 20.
155. *Ibid.*, p. 27.

C'est d'après ces principes que Laterrière interprète les débats de la Chambre en se fondant la plupart du temps sur les *Memoirs* [...] de Robert Christie. Il tient à réfuter les accusations d'ignorance portées contre les Canadiens, qui se laisseraient conduire aveuglément par des démagogues. D'après lui, les dissolutions successives de la Chambre par Craig ont amené ses compatriotes à s'intéresser très tôt à la politique. Quant à la qualité des représentants du peuple, si souvent méprisés par les Britanniques, elle surpasse de loin celle des conseillers législatifs.

Laterrière tient à dissiper un dernier préjugé, celui de la déloyauté des Canadiens, parce qu'ils restent fidèles à leur langue, à leur religion et à leurs coutumes. Il pourrait arguer que la fidélité tient à autre chose, comme les Canadiens ont bien su le démontrer en 1775 et en 1812, mais il préfère construire son argument autrement. Il se fonde sur les prémisses que le but de l'Angleterre, c'est de procurer le bonheur des peuples qu'elle administre. Or, une condition essentielle au bonheur du peuple canadien, c'est la préservation de sa langue et de ses coutumes. D'ailleurs, les Anglais ont tort de voir dans l'usage de la langue un attachement à la France et un dédain de l'Angleterre. Aussi son intention est-elle de « démontrer que les Canadiens, bien qu'ils soient de souche française, ne sont ni français, ni même iroquois, ni allemands, ni anglais, ni écossais, ni yankees, mais qu'ils demeurent assurément des *Canadiens*[156] ».

Le quatrième chapitre est certes le plus pertinent de l'essai. Intitulé « Of the Character, Manners, Customs, Industry and Religion of the Canadians [...][157] », il délaisse la polémique proprement dite pour l'étude anthropologique prise au sens large. C'est la première fois qu'un Canadien jette un regard favorable sur ce que sont devenus les colons français après deux siècles en Amérique. Jusqu'alors, le regard est toujours venu de l'extérieur, en particulier de Français, d'Anglais et d'Américains qui jugeaient d'après leurs normes. Chaque voyageur aurait voulu retrouver ici ce qu'il a connu chez lui. Laterrière cherche à modifier cette optique en montrant comment les Canadiens ont acquis une nouvelle originalité en s'adaptant à l'habitat que l'histoire leur a assigné.

Malgré ses prétentions à l'objectivité, le discours n'en est pas moins agonique : il réfute les accusations d'ignorance, de paresse, de manque d'initiative, de conservatisme qu'on porte traditionnellement contre les Canadiens. Sous l'influence des Britanniques, la société s'est sensiblement modifiée avec l'introduction de l'esprit du négoce. C'est ainsi que la bourgeoisie a supplanté la noblesse désavantagée par son ignorance. Comme la terre constitue encore l'investissement le plus sûr, les bourgeois achètent des seigneuries. De là provient la principale distinction sociale entre les

---

156. *Ibid.*, p. 112.
157. *Ibid.*, p. [111].

seigneurs et les autres. Une autre différence à noter entre citadins et ruraux : la richesse a introduit dans les villes des raffinements inconnus des premiers colons. C'est maintenant à la campagne qu'il faut aller pour retrouver le véritable « habitant ». Le sort du peuple du Canada est meilleur que partout au monde, les États-Unis exceptés[158].

Laterrière est un des premiers à formuler un discours favorable aux Canadiens dans une perspective historique. Il fonde son argumentation moins sur des documents, comme le fera Garneau, que sur son expérience personnelle. Il montre que, avec un peu de compréhension, les Britanniques pourraient accepter les Canadiens tels qu'ils sont.

*

Écrire l'histoire du Canada sous le Régime britannique, c'est d'abord relire Charlevoix à la lumière des événements récents. Certes, l'historien jésuite est-il fortement contesté, mais il n'en impose pas moins la sélection et l'ordonnance des faits. C'est dire qu'on reconnaît à son histoire un rôle fondateur du discours historiographique. Charlevoix termine son histoire en posant deux questions, dont l'une surtout retient l'attention des historiens anglophones : pourquoi le Canada, la colonie la plus ancienne de la France, est-il aussi le territoire le moins développé ? La défaite de 1760 apparaît comme une réponse à cette question, car elle démontre l'inaptitude de la France à établir des colonies. En revanche, elle consacre l'excellence de la politique coloniale anglaise.

Faute de documentation capable de jeter un jour nouveau sur les événements qu'ils rapportent, les historiens se livrent à des commentaires sur Charlevoix qui révèlent leurs préjugés plus que leur esprit critique. Profondément engagés dans les débats politiques de l'heure, ils songent d'abord aux résultats immédiats de leur interprétation avant de viser à l'impartialité dont se réclament les disciples de Clio. Avec John Fleming, l'histoire verse dans la polémique, comme le perçoit pertinemment Laterrière.

L'histoire de cette période, qu'elle soit rédigée en anglais ou en français, affiche peu de préoccupation littéraire. Elle ne se réclame d'aucun modèle ancien ou moderne, ne cite que très rarement des auteurs consacrés et ne compare jamais les événements rapportés à des archétypes reconnus par la tradition littéraire. Mais elle n'est pas à négliger pour autant, car, sans elle, le mouvement historiographique inauguré par Garneau ne saurait être expliqué. Le contre-discours mis en place par William Smith vise explicitement à détacher les Canadiens de leur passé en suscitant chez eux

---

158. *Ibid.*, p. 119.

honte et remords pour les faits et gestes de leurs ancêtres. Mieux disposés, ils devraient accepter la domination britannique comme une délivrance.

Comme il ne peut réfuter adéquatement Smith, Bibaud se résigne à adopter une version des faits qui souvent lui répugne. Pour d'autres, comme Viger et Faribault, l'histoire de Smith, carrément inacceptable, doit être remplacée par une autre, fondée sur de nouveaux documents qui permettront d'apporter un démenti aux allégations de l'historien anglophone. C'est ainsi que se mobilisent tout un groupe de chercheurs, qui fouillent les archives, copient des documents, dressent des bibliographies, constituent des collections de livres. Ils ouvrent ainsi la voie à Garneau.

La géographie

Durant le premier tiers du XIXe siècle, la géographie ne jouit pas encore d'une légitimité aussi grande que l'histoire, mais son étoile montante l'impose aux milieux intellectuels. La première société de géographie voit le jour à Paris en 1821 et regroupe des noms aussi prestigieux que Laplace, Chateaubriand, Cuvier et Gay-Lussac. En 1830, c'est au tour de Londres de fonder la Royal Geographical Society. Suivra de peu la fondation de l'American Geographical Society de New York. Québec attendra 1877 pour obtenir sa Société de géographie. Ces sociétés rassemblent autant de littéraires que de scientifiques, montrant par là que la discipline ne s'est pas encore affranchie de la littérature. Cependant, avec l'expansion des empires coloniaux, elle s'impose comme une auxiliaire puissante du commerce. On ne pourra tirer des richesses des colonies que dans la mesure où on les connaîtra mieux. C'est dans cet esprit que plusieurs ouvrages sur le Canada paraissent au cours des premières décennies.

William Berczy inaugure le genre en 1811 avec un « Tableau statistique » qu'il soumet à Jacques Viger. D'après la correspondance entre les deux érudits, l'ouvrage serait parachevé, mais il ne connaîtra jamais la publication. C'est donc à Joseph Bouchette que revient l'honneur d'avoir écrit le premier texte de géographie publié.

JOSEPH BOUCHETTE

À titre d'arpenteur général du Canada, Joseph Bouchette possède une excellente connaissance du territoire et de ses habitants. Il entend donc profiter de son poste pour composer un ouvrage d'allure scientifique. Mais en tant que bureaucrate entièrement dévoué aux intérêts du gouvernement, il n'a pas le recul nécessaire pour lui donner une dimension de géographie humaine à partir d'un point de vue autochtone.

Sa profession lui dicte sa méthode: il décrit le pays d'après les cadastres, selon le système des tenures. Viennent en premier lieu les seigneuries, puis en second les townships. La description de concessions féodales se fait d'après un modèle unique: l'arpenteur indique les bornes, le nom du premier seigneur et la date de la concession, puis le nom du propriétaire actuel. Suivent ensuite les considérations sur la configuration et la richesse du sol, les villages s'il y a lieu, le nombre de lots concédés, l'état des routes, les ponts, les bacs, etc.

La description commence par le district de Montréal en partant de la frontière, soit du Haut-Canada, soit des États-Unis, mais sans suivre l'ordre qu'imposent naturellement les rives du Saint-Laurent. L'exposé ne se comprend bien qu'avec une carte à portée de la main, car les noms des seigneuries, des comtés et des townships sont aujourd'hui pour la plupart inconnus. De plus, les divisions d'après lesquelles l'arpenteur dépeint le pays ne répondent en rien à la géographie physique. Les cadastres sont trop arbitraires pour que leur partage corresponde à la physionomie du terrain.

Les forges sur la rivière Saint-Maurice, aquarelle de Joseph Bouchette, sans date. Musée du Québec (59.345). Photographe: Patrick Altman.

Bouchette voudrait parler d'un lieu neutre, comme il sied à un observateur, mais son parti pris de ne présenter que le beau côté des choses mine sa crédibilité. Sous le règne du meilleur des souverains, le gouvernement le plus efficace ne peut faire que des heureux. Il remarque toutefois que les terres des loyalistes sont mieux cultivées sans jamais dire que celles des Canadiens laissent à désirer. Comme les Britanniques, il regarde plus le pays à venir que celui du présent. C'est pourquoi il se permet à l'occasion des suggestions : un canal ici, une route là, un phare à tel endroit, etc.

Bien que Bouchette écrive assez correctement le français, on sent parfois la contamination de l'anglais dans l'orthographe et la syntaxe. Le genre de la description topographique exigerait une plume précise servie par un vocabulaire abondant et adapté au sujet. Malheureusement, les mêmes épithètes reviennent pour caractériser des paysages différents. La description du lac Maskinongé illustre bien sa manière : « Le paysage d'alentour possède plusieurs beautés naturelles dans le genre sauvage et sublime, offrant un amphithéâtre d'éminences et de vastes colines, couronnées par derrière par la magnifique chaîne de montagnes qui se prolonge à l'ouest depuis Quebec[159]. »

Pour la description des édifices, le vocabulaire technique fait généralement défaut. Pour une boiserie en caissons, il écrit « une boiserie divisée en compartiments carrés[160] » ; pour désigner le transept de la cathédrale de Québec, il emploie le terme impropre d'« aile ». Ses connaissances en architecture sont à l'avenant : certains édifices ont du style, d'autres pas. L'Hôtel-Dieu de Québec est construit « avec plus d'égard pour la commodité intérieure que pour la symétrie, et sans aucun ornement d'architecture[161] ». Au contraire, il affirme de l'hôtel de l'Union qu'« il est d'un beau style d'architecture moderne[162] ».

Même après l'échec relatif de son premier ouvrage[163], Bouchette n'en continue pas moins à recueillir de la documentation et à améliorer sa méthode. En 1831, il présente au public un ouvrage considérable en trois volumes, les deux premiers intitulés *The British Dominions in North America; or a Topographical and Statistical Description of the Provinces of Lower and Upper Canada, New Brunswick, Nova Scotia, the Islands of Newfoundland, Prince Edward, and Cape Breton. Including Considerations on Land-Granting and Emigration. To Which Are Annexed, Statistical Tables and Tables of Distances, &c.*, et le troisième, *A Topographical Dictionary of the Province of Lower Canada*. L'arpenteur a élargi son horizon : il traite non seulement du Haut et du Bas-Canada, mais aussi des

---

159. Joseph Bouchette, *Description topographique de la province du Bas Canada* […], p. 298.
160. *Ibid.*, p. 453.
161. *Ibid.*, p. 456.
162. *Ibid.*, p. 464.
163. Voir, dans le présent ouvrage, le chapitre 4 intitulé « L'essor de la lecture », en particulier p. 185.

Territoires du Nord-Ouest, du Nouveau-Brunswick, de la Nouvelle-Écosse, de l'Île-du-Prince-Édouard et de Terre-Neuve. Grâce au recensement de 1831 et à certaines monographies maintenant disponibles, il possède suffisamment de données pour s'affranchir du cadastre et jeter un regard plus large sur l'ensemble des colonies britanniques du continent. Certes, la délimitation des frontières continue à préoccuper l'arpenteur, mais les relations entre l'homme et le territoire s'inscrivent dans un système où le temps, l'hydrographie, la nature du sol et les communications entrent en interaction pour déterminer la valeur du lieu aux yeux des immigrants éventuels.

Alors que la *Description topographique de la province du Bas Canada, avec des remarques sur le Haut Canada, et sur les relations des deux provinces avec les États Unis de l'Amérique* ressemblait plutôt à un ouvrage de propagande, *The British Dominions in North America* [...] esquisse une problématique du pays. Par exemple, l'obstruction de la grande artère fluviale par les glaces pendant six mois nuit sérieusement au commerce ; les différences de langue et d'institutions entre les Canadiens anglophones et francophones compromettent l'avenir de la colonie... Appuyant sans réserve le projet collectif des Britanniques, Bouchette insiste sur la nécessité de maintenir des liens étroits avec la Grande-Bretagne pour que les immigrants se sentent encore chez eux au Canada. L'accroissement de l'immigration, que provoque la crise économique en Angleterre, rendra au pays, selon l'arpenteur, un visage typiquement anglais, quoi que fassent les Canadiens français.

Bouchette rédige mieux en anglais qu'en français. Un vocabulaire plus varié et plus précis donne de la substance à ses descriptions. La lecture n'en est pas facilitée pour autant, car l'arpenteur s'embarrasse souvent dans des détails techniques plutôt que d'aller droit au but. Satisfait du régime en place, il contribue à le consolider dans la mesure de ses moyens. En cela, sa vision épouse parfaitement celle des autres bureaucrates, qui considèrent les Canadiens français comme une nuisance à l'expansion du pays.

Les ouvrages de Bouchette ne reçoivent qu'un accueil fort mitigé, comme le rapporte Faribault : « Il est à regretter qu'un ouvrage national qui a dû coûter tant de recherches à son auteur, et qui est, ainsi qu'il l'annonce, le résultat de trente années de travail, ait été publié d'une manière si coûteuse, qu'il n'a pu avoir qu'un faible débit parmi nous[164]. » Le premier volume lui vaut une médaille d'or de la Society for the Encouragement of Arts, Manufactures and Commerce de Londres (1er avril 1816), mais ses publications subséquentes méritent une cinglante critique dans la

---

164. Georges-Barthélemi FARIBAULT, *Catalogue d'ouvrages sur l'histoire de l'Amérique* [...], p. 17.

Westminster Review. Michel Bibaud, qui la corrobore, la traduit pour publication dans le *Magasin du Bas-Canada*.

Le critique anglais s'en prend plutôt au ton qu'au fond de l'ouvrage. Le style de perpétuelle adulation à l'égard des autorités coloniales agace les métropolitains: «[...] le ton qu'il peut convenir à un colon officiel d'employer, ne résonne pas agréablement aux oreilles de plusieurs des habitans de la métropole[165]». Dans une société coloniale qui reproduit en plus petit celle de la mère patrie, le moindre personnage prend une dimension démesurée. Le rappel constant que fait Bouchette du séjour du duc de Kent au Canada en est un bon exemple. Le style flagorneur est d'autant plus ridicule qu'il désigne souvent des administrateurs cordialement détestés. Le ton « courtisan » édulcore tellement le propos qu'il en devient insignifiant. Le critique conclut: « M. Bouchette a plutôt excité que satisfait la curiosité sur des questions très importantes; et cela pour n'avoir pas voulu se départir de la manière d'écrire d'un courtisan[166]. » Si un critique anglais pouvait être aussi agacé par les flagorneries de Bouchette, on imagine facilement quel pouvait être le ressentiment des patriotes!

JEAN HOLMES

L'abbé Jean Holmes s'inscrit dans le courant des études géographiques pour avoir introduit au programme du séminaire de Québec l'enseignement de cette discipline. En 1831, il publie son *Nouvel abrégé de géographie moderne, suivi d'un petit abrégé de géographie ancienne, à l'usage de la jeunesse*, qu'il augmente considérablement pour l'édition de 1833. Ce manuel tire son importance du regard particulier que l'auteur jette sur le monde. Grâce à lui, le jeune Canadien apprend à se situer comme individu à l'intérieur d'une collectivité par rapport au reste de l'humanité. L'auteur décrit les diverses parties du globe en commençant par le continent nord-américain. Après un aperçu général de la configuration physique, il suit les divisions politiques, donnant pour chaque pays les bornes frontalières, les cours d'eau, les montagnes, les lacs, les divisions intérieures en provinces, en comtés ou en townships. Les renseignements sur les produits agricoles, le commerce et, enfin, la population complètent l'ouvrage.

Il va sans dire que le Bas-Canada obtient la part du lion, suivi du Haut-Canada et des autres colonies britanniques nord-américaines. Les

---

165. *Magasin du Bas-Canada*, 1er mai 1832, p. 173.
166. *Ibid.*, p. 176.

États-Unis viennent en second lieu, marquant bien l'appartenance américaine des Canadiens. À mesure qu'on s'éloigne de l'*ombilicus canadiensis*, les renseignements se font plus succincts et rendent plus apparente la formule pédagogique qui vise d'abord la mémorisation. L'abbé Holmes retient parfois quelques détails pittoresques sur un lieu particulièrement célèbre ou sur une population bizarre, histoire d'atténuer la sécheresse d'une trop grande schématisation.

L'appendice substantiel de l'édition de 1833 contient une mine de renseignements tirés en bonne partie du « Tableau statistique » de Jacques Viger, pour la région de Montréal, et du recensement canadien de 1831 : la répartition de la population d'après les régions, les sexes, les religions et les langues ; les importations et les exportations ; les effectifs du clergé et des diverses professions ; les propriétés et leur valeur. D'autres tableaux concernent l'évolution du peuplement aux États-Unis, les plus grands fleuves, les plus hautes montagnes, les plus grandes villes, etc. Parfois, une note indique le sens à donner à ces statistiques. Ce manuel, malgré sa sécheresse, révèle assez bien comment les jeunes Canadiens instruits pouvaient alors se représenter le monde.

Le mérite de l'abbé Holmes est clairement reconnu par Faribault :

> Mais c'est surtout relativement au Canada que l'on trouve une foule de renseignements d'autant plus précieux, qu'ils sont exempts de ces erreurs grossières, ou au moins, de ces incorrections inexcusables que l'on trouve dans la plupart des ouvrages du même genre. M. Holmes a dû faire de nombreuses recherches pour arriver à la description exacte et claire qu'il donne des bornes et des limites de chaque province, et de leurs différentes divisions ; l'indication toute neuve des montagnes, rivières, lacs et isles qui s'y trouvent[167].

ISIDORE LEBRUN

L'année 1833 marque également la publication à Paris du *Tableau statistique et politique des deux Canadas,* qui joue un rôle considérable dans l'évolution de la perception que les Canadiens ont d'eux-mêmes et de leur pays. Le lieu d'où parle Isidore Lebrun confère à son ouvrage un caractère nettement polémique. Ce Français, qui n'a jamais mis les pieds au Canada, affiche bien haut ses couleurs républicaines et livre par le fait même la clef

---

167. Georges-Barthélemi FARIBAULT, *op. cit.,* p. 63.

d'interprétation de ses écrits. Pour lui, ce sont la religion et la monarchie qui ont entravé le progrès de l'humanité. Il confesse à chaque page son admiration pour les révolutions américaine et française. S'il cache mal un certain enthousiasme pour la Constitution britannique, il n'en range pas moins le monarque anglais parmi les despotes. Par ailleurs, sa sympathie envers les Canadiens ne l'empêche pas de les juger. Son critère d'appréciation reste toujours la France.

À une époque où le Canada est tombé dans un oubli complet en France, comment ce Français en vient-il à s'y intéresser d'aussi près ? On peut croire que sa curiosité a d'abord été éveillée par son ami N. Lemoult, qui a séjourné un certain temps au Canada. Lebrun a par la suite reçu chez lui les Canadiens de passage à Paris. Son principal informateur est certainement Amable Berthelot, qui se lie d'amitié avec lui pendant ses deux séjours à Paris. Puis des visiteurs occasionnels, comme Denis-Benjamin Viger, François-Xavier Garneau et Joseph-Isidore Bédard nouent des relations avec lui. Grâce à ces gens, Lebrun échange des lettres avec Ludger Duvernay, Augustin-Norbert Morin et Étienne Parent. Pendant des années, il suit l'évolution de la politique canadienne grâce à *La Minerve* et au *Canadien* qu'on lui envoie. Berthelot oriente également ses lectures. Il connaît les histoires de Charlevoix et de Smith. Il a lu les principaux récits de voyages au Canada rédigés par des Anglais. Il cite Raynal à l'occasion. Mais on peut aussi croire que beaucoup de renseignements lui sont transmis de vive voix au cours de conversations avec ses visiteurs canadiens, à tel point que l'abbé Thomas Maguire, qui publie, en 1833, une brochure sur la question, a pu croire que Lebrun n'était qu'un prête-nom aux députés patriotes radicaux.

Malgré sa remarquable érudition, Lebrun ne dispose que de renseignements de seconde main. Plusieurs noms de personnes ou de lieux sont déformés, les chiffres ne concordent pas toujours et certaines interprétations sont osées. Ce serait la révolution française qui aurait forcé l'Angleterre à accorder au Canada l'Acte constitutionnel de 1791 ; celle de 1830 aurait réveillé le zèle des patriotes... Aussi son principal conseiller, N. Lemoult, entretient-il des doutes sur l'objectivité de son travail. Il écrit à Ludger Duvernay : « M. Lebrun est un singulier corps qui a voulu faire à sa tête dans une affaire à laquelle il ne connaît rien et qui par cela même la gâtera en partie, je crains. Mes manuels, mes observations n'ayant rien pu sur son amour-propre d'auteur, je l'ai abandonné à son étoile[168]. » Son *Tableau statistique et politique des deux Canadas* s'impose donc moins par les renseignements qu'il contient que par l'interprétation qu'il en fait.

---

168. Lettre de N. Lemoult à Ludger Duvernay, 27 février 1832, dans Ivanhoé CARON, « Papiers Duvernay conservés aux Archives de la province de Québec », *RAPQ*, 1926-1927, p. 156.

Lebrun est largement inspiré par le mythe américain du Nouveau Monde qui offre à l'ancien une occasion unique de se régénérer : des populations faméliques fuient la tyrannie et la pauvreté pour une vie meilleure. En peu d'années, les immigrants accèdent à la propriété, participent aux élections et peuvent même briguer les plus hautes charges de l'État. Certes, ce sont les États-Unis qui incarnent le mieux cet idéal, mais le Canada n'en est pas dépourvu pour autant. Cependant, les conditions n'y sont pas aussi favorables, parce que les Canadiens n'ont pas su secouer le joug de la tyrannie. En particulier, comment se fait-il qu'ils n'aient pas répondu aux appels des Français au cours de la révolution américaine ? L'Église catholique en est en partie responsable, car elle a toujours voulu maintenir le peuple dans l'ignorance pour mieux le dominer.

Malgré les entraves de la religion et de la monarchie, les Canadiens sont sur la voie de l'émancipation. Grâce à la Constitution que leur a concédée l'Angleterre, ils ont les moyens de réaliser des progrès énormes. Ils ont établi un bras de fer avec l'oligarchie locale pour obtenir la place qui leur revient dans l'administration et dans le commerce. Mais plusieurs obstacles s'opposent à une amélioration rapide de leur sort, comme la tenure féodale des terres, l'emprise de l'Église sur l'éducation et les méthodes désuètes de culture des terres. Heureusement, la législature est parvenue à mettre sur pied un système d'éducation primaire indépendant de l'Église. Une instruction pratique indiquera bientôt au peuple ses véritables priorités.

En comparaison, le Haut-Canada répond mieux aux données du rêve américain. L'Angleterre aristocratique, à la suite du monopole grandissant des terres, règle son problème de pauvreté en déportant ses indigents. Plusieurs se fixent dans le Canada supérieur, où ils accèdent rapidement à la propriété. Mais eux aussi supportent mal une oligarchie locale qui veut exploiter la colonie à son seul avantage, de telle sorte que les libéraux des deux Canadas sont alors engagés dans une même lutte pour une administration plus démocratique.

Lebrun se garde bien toutefois d'épouser les querelles de race. Pour lui, il n'y a que des démocrates et des oligarques. C'est par là que son opinion et celles de ses informateurs canadiens divergent. Il passe sous silence leur opposition à la construction des canaux pour ne retenir que l'enthousiasme juvénile qui a présidé à la construction de la plus longue voie d'eau au monde. En beaucoup d'autres endroits, il blâme l'intransigeance des députés canadiens qui expulsent de la Chambre certains de leurs collègues pour les punir de leur dissension. N'assimilant pas le projet collectif des Canadiens à la recherche d'un État-nation, il les distingue peu des autres immigrants. À ses yeux, les diverses collectivités, pour peu qu'elles soient suffisamment nombreuses, imposent leur langue et leurs coutumes sans encadrement juridique. Lebrun invite les Français à émigrer nombreux en Amérique et à former des communautés francophones, à l'instar des Allemands et des Suisses. Ainsi le commerce avec la France en retirerait un grand avantage.

Ce discours n'a toutefois rien de systématique. Il s'égrène au cours des chapitres sur les populations, l'émigration, les tenures, les religions, l'instruction publique, les sociétés, les journaux, la littérature, l'agriculture, les communications, la milice, l'administration et la Constitution. Aussi l'ouvrage ressemble-t-il plus à un essai qu'à une thèse d'économie. À propos de divers sujets, l'auteur s'adonne à des digressions où il expose ses vues de façon plutôt impromptue, sans plan préconçu. La clarté de la démarche en souffre souvent.

Lebrun attache peu d'importance à la forme. Des incorrections de style et de syntaxe déparent son écrit, qui n'a pas joui d'une fortune littéraire comparable à *De la démocratie en Amérique* de Tocqueville, publié deux ans plus tard. En effet, les Français reçurent l'ouvrage de Lebrun dans l'indifférence, comme généralement ce qui concerne le Canada, mais les Canadiens en tinrent grand compte[169].

Cette première vision du Canada par un Français déplaît par son anticléricalisme militant. Sous le pseudonyme de Vindex, l'abbé Thomas Maguire le dénonce avec véhémence sans toutefois vraiment le réfuter. Plus tard, à mesure que le cléricalisme prend de la vigueur, on revient à l'écrit de Lebrun comme à l'expression la plus outrée des attaques contre l'Église. Quant aux libéraux, ils sont fiers d'avoir trouvé un tel défenseur. Qu'on soit pour ou contre, Lebrun restera un point de référence dans les débats à venir.

*

L'objectif de l'essai géographique vise à transformer en un lieu humain un espace encore indéterminé. Bouchette écrit le sien visiblement pour reconnaître le pays au nom du roi d'Angleterre. Son souci constant de loyalisme l'empêche de prendre une attitude critique qui l'aurait amené à formuler une problématique du pays. Holmes, emprisonné par la formule du manuel, se limite à relever des caractéristiques et à donner des chiffres. Lebrun, au contraire, affiche ouvertement ses couleurs. Libéral convaincu et grand admirateur des États-Unis, il critique l'Église et la monarchie et les tient responsables du retard des Canadiens par rapport aux Américains. Il esquisse ainsi une problématique du Canada qui lui suscitera beaucoup d'adversaires.

---

169. Voir, dans le présent ouvrage, le chapitre 7 intitulé « La réception », en particulier p. 463-466.

La bibliographie et l'archivistique

L'HISTOIRE qui s'écrit durant le premier tiers du XIXᵉ siècle repose sur la stratégie suivante : elle déprécie le Régime français pour mieux faire valoir le Régime anglais. Dans un esprit propre au Siècle des lumières, elle fait le procès de la monarchie absolue et de la religion catholique pour magnifier le gouvernement constitutionnel et le libre examen.

« MA SABERDACHE » DE JACQUES VIGER

Comment les Canadiens peuvent-ils réfuter ce discours dépréciatif à leur endroit ? Une réécriture de l'histoire comme celle que fait Michel Bibaud convainc peu, même en adoptant le point de vue canadien. Seules des recherches plus approfondies parviendront à redonner aux Canadiens la fierté de leurs origines. Voilà bien la conviction de Jacques Viger, le premier des archivistes québécois. Très tôt dans sa carrière, ce jeune homme commence à collectionner des documents dans le dessein de réécrire une histoire du Canada. Viger n'accumule toutefois pas ces matériaux pour son seul usage personnel. Tout ce qui peut contribuer à la connaissance du passé national l'intéresse. Sa cueillette est très large : poèmes, chansons, sermons, essais, pamphlets, correspondances, documents législatifs et juridiques. Il se décrit ainsi : « Grand et Inexorable Redresseur des torts de mes devanciers en Annales, chroniques, Mémoires, Histoire, voire même en dates et vraie orthographe de noms propres, etc. parce que, enfin je me crois appelé à cette impitoyable fonction par l'horreur que j'éprouve pour le faux et l'amour ou le goût inné que j'ai pour le vrai[170]. »

Il semble bien que, au début, Viger recueille indistinctement toutes sortes de documents. Les 43 cahiers reliés qui se trouvent maintenant aux Archives du séminaire de Québec seraient une refonte de cahiers antérieurs dont quelques-uns subsistent encore. La « Saberdache », qui désigne un sac à plusieurs compartiments dont se servaient les militaires pour mettre les dépêches de toutes sortes, se divise en deux grandes parties : la « Saberdache rouge », qui réunit 30 volumes, a été constituée entre les années 1840 et 1853. La « Saberdache bleue », dans laquelle Viger a copié une grande partie de sa correspondance, comprend 13 volumes ; elle a été formée entre les années 1839 et 1841. Avec le recul du temps, Viger aurait procédé à une importante épuration de sa documentation. La constitution de sa « Saberdache » fut l'affaire de sa vie : pendant plus de 50 ans, il ne cesse de copier et d'annoter des documents. Au cours de séances assidues au séminaire de Québec, au couvent des ursulines, à l'Hôtel-Dieu et à l'évêché, il copie des documents. Grâce à son entregent, Viger noue des relations avec les vieilles familles canadiennes et plusieurs anglophones éminents. Il parvient ainsi à mettre la main sur plusieurs manuscrits.

À la charnière de la tradition orale et de la documentation écrite, Viger s'intéresse au passé, mais en préférant le document au témoignage, car la mémoire collective n'est plus guère fiable au-delà de deux ou trois générations. Au début du XIXe siècle, la légende menace de l'emporter sur l'histoire. Avec le temps, le passé devient une connaissance réservée à quelques érudits qui recherchent et conservent des documents. Par sa « Saberdache », Viger détrône la mémoire collective.

D'après l'envergure de sa cueillette, Viger se fait une idée très moderne de l'histoire. Certes, il accorde une préférence aux écrits officiels, tels les édits, les ordonnances, les textes législatifs ou juridiques, sur lesquels se fonde l'histoire politique, mais il ne dédaigne pas les écrits plus personnels, tels les récits de voyages, les journaux de campagne, les mémoires particuliers et la correspondance. Ses notices sur les prêtres et les religieuses, ses recensements, ses statistiques révèlent un penchant très moderne pour la quantification. À ses yeux, l'histoire, loin de se limiter à des personnages d'avant-scène comme Mgr de Laval ou le gouverneur Frontenac, concerne l'état de la population entière. Les « tablettes statistiques », utili-

---

170. MSa, vol. I, p. 93.

sées par Joseph Bouchette et Jean Holmes, illustrent bien le genre d'enquêtes sur le terrain auxquelles il se livre. On pourrait croire qu'il s'orientait vers une histoire de la vie quotidienne.

Viger conserve une vision au ras du sol, embrassant l'individu, qui le rend incapable de synthèse. Il ne saura pas tirer parti de l'immense documentation qu'il a accumulée. Les travaux qui couronnent sa carrière, l'*Archéologie religieuse du diocèse de Montréal. 1850* et l'*Archéologie canadienne : souvenirs historiques sur la seigneurie de La Prairie*, dénotent encore un esprit féru de détails, mais incapable de les interpréter.

Dans sa « Saberdache bleue », Viger conserve des lettres qui montrent bien la place éminente qu'il occupe dans le champ littéraire. Dans cette correspondance[171], l'érudit n'apparaît pas vraiment intéressé par l'échange d'idées. Il s'attache plutôt à vérifier des détails tels que dates, noms propres et chiffres. Il confronte les documents les uns avec les autres pour en tirer les renseignements les plus sûrs. Cette méthode, que rend possible sa vaste documentation, lui permet de répondre à de nombreux correspondants sur des points de détail.

Viger inaugure un genre de recherche qui sert de modèle aux générations à venir. Plusieurs historiens-documentalistes suivront ses traces : l'abbé Louis-Édouard Bois, Benjamin Sulte et Joseph-Edmond Roy. « Ma Saberdache » reste une mine inépuisable de renseignements dont plusieurs chercheurs bénéficient encore. Sa forme encore manuscrite en rend toutefois la consultation difficile.

« COLLECTION D'OUVRAGES SUR L'HISTOIRE DE L'AMÉRIQUE SEPTENTRIONALE [...] » DE MICHEL BIBAUD

Michel Bibaud est de cinq ans l'aîné de Jacques Viger, mais, dans la société, il apparaît comme son cadet puisqu'il commence sa carrière en retard. À partir de 1813, il combine journalisme et enseignement pour joindre les deux bouts. Ses occupations orientent sa carrière intellectuelle, car il sera toujours plus pédagogue que chercheur. En ce sens, il complète

---

171. Voir, dans le présent ouvrage, à la section intitulée « Les acteurs de la vie littéraire », p. 94-99.

admirablement Viger. Issu d'une famille illettrée et lui-même venu tardivement à la culture, il se montre toujours très sensible à l'«ignorance» des Canadiens, comme en témoigne sa satire[172]. Si l'école présente le remède tout indiqué pour la jeunesse, le journal offre le même avantage pour les adultes. Aussi est-ce dans le dessein de favoriser la lecture populaire qu'il lance ses diverses revues. «Encouragez ces publications, et vous encouragez les connaissances; encouragez les connaissances, et vous assurez le bien-être de la postérité[173].»

Il combine ainsi l'utile à l'agréable: en dirigeant des revues, il se bâtit une situation privilégiée par rapport aux autres écrivains de son époque, en diffusant ses écrits au fur et à mesure de leur composition. Ses poésies paraissent dans les journaux avant d'être publiées en recueil. Son *Histoire du Canada, sous la domination française* paraît en feuilleton entre 1825 et 1832 avant les éditions de 1837 et de 1844.

En 1829, Bibaud publie une première bibliographie sur l'histoire du Canada, intitulée «Collection d'ouvrages sur l'histoire de l'Amérique septentrionale, et en particulier sur celle du Canada». Elle compte 101 titres d'ouvrages divers, 9 cartes et quelques indications d'estampes. Il ne s'agit pas d'une bibliographie analytique et critique, même si l'auteur ajoute quelques notes à l'occasion. Au contraire de Faribault, Bibaud ne semble pas avoir eu à sa disposition les grands répertoires bibliographiques européens et américains, d'où le caractère forcément limité de son entreprise. Par ailleurs, ce qu'il perd en extension, il le gagne en précision: son choix d'ouvrages concerne plus immédiatement le Régime français que celui de Faribault. La bibliographie aurait plutôt été dressée d'après une collection qu'à partir de répertoires. Tout porte à croire qu'il s'agit de la collection d'Amable Berthelot que Bibaud connaît, puisque c'est lui qui annonce sa mise en vente en 1832. La seule autre collection qu'il aurait pu consulter est celle de la Société littéraire et historique de Québec, alors en voie de constitution. Mais les titres en langue anglaise dominent cette dernière.

Les écrits de la Nouvelle-France – c'est-à-dire des écrits de voyageurs français ou de narrateurs qui ont vécu ou voyagé en Amérique du Nord – représentent les deux tiers de cette bibliographie. L'autre tiers est composé d'ouvrages rédigés par des Français séjournant en Amérique depuis la Conquête ou qui ont écrit sur le Canada sans y venir. Y figurent quelques ouvrages en langue anglaise, en traduction cependant. Un ciblage aussi précis renforce l'hypothèse d'une collection plutôt que d'une bibliographie de répertoires. D'ailleurs, Bibaud ne cite jamais ses instruments de recherche. Une note à propos de l'*Histoire de l'Amerique Septentrionale* [...] de Bacqueville de La Potherie révèle qu'il travaille avec des catalogues: «Par une

---

172. Voir, dans le présent ouvrage, à la section intitulée «Michel Bibaud», p. 333-337.

173. Prospectus du *Magasin du Bas-Canada*, 1ᵉʳ janvier 1832, p. 4.

erreur qui est répétée dans tous les catalogues, on donne à cet ouvrage 4 volumes. Il n'en a jamais eu plus de deux[174]. » Il a donc été capable de vérifier l'exactitude des renseignements bibliographiques, livres en main. En revanche, la note qui accompagne *Relation de ce qui s'est passé en la Nouvelle France depuis l'année 1632 jusqu'en 1672* laisse voir qu'il n'a jamais pu consulter une collection complète des *Relations* des jésuites. L'indication de 19 volumes le laisse incrédule !

Avec la bibliographie de Bibaud commencent à se dessiner les grands axes d'un corpus qui servira de référent tant au mouvement historique qu'au mouvement littéraire au cours du siècle. Viennent en premier le *Brief Recit* [...] de Jacques Cartier et *Les Voyages* [...] de Samuel de Champlain. Puis l'*Histoire de la Nouvelle France* [...] de Marc Lescarbot, *Le Grand Voyage du pays des Hurons* [...] de Gabriel Sagard. Les *Relations*, celles du récollet Chrestien Le Clercq, les récits de voyages de Louis Hennepin, du baron de Lahontan, de Nicolas Jérémie, les *Lettres* [...] de Marie de l'Incarnation, l'*Histoire de l'Amerique Septentrionale* [...] de Bacqueville de La Potherie, les *Mœurs des sauvages Ameriquains, comparées aux mœurs des premiers temps* de Joseph-François Lafitau et l'*Histoire et description generale de la Nouvelle France* [...] de Pierre-François-Xavier de Charlevoix. Bibaud accorde une attention particulière aux mémoires rédigés pour la défense des principaux responsables de la perte du Canada. Il note : « Tous ces mémoires sont très intéressants en ce qu'ils font connaître le dernier état du Canada sous les Français[175]. » Cependant, il ignore ou omet tous les récits, journaux ou mémoires concernant la campagne de 1756-1760. Pourtant, la *History of Canada* [...] de William Smith, qu'il avait sous les yeux, le renseignait abondamment sur cette période.

On aurait pensé que la bibliographie parue dans *La Bibliothèque canadienne* en 1829 était celle qu'il avait préparée pour rédiger son histoire du Canada à partir de 1825. Mais son ouvrage montre qu'il suit fidèlement Charlevoix et Smith sans recourir directement aux œuvres de l'époque qu'il traite. D'ailleurs, il avoue sans ambages qu'il n'entend réécrire Charlevoix que pour centrer le récit sur les Canadiens plutôt que sur les Amérindiens. Pourquoi alors publie-t-il cette bibliographie au moment où il achève la rédaction de son *Histoire du Canada, sous la domination française* ? Certainement pas pour remanier son premier volume, qui paraît en 1837 sans changements importants. Plusieurs hypothèses sont recevables, mais l'une paraît plus plausible que les autres.

Amable Berthelot, riche avocat de Trois-Rivières, séjourne à Paris de 1820 à 1824, où il s'initie à la bibliophilie. Ses origines le portent à

---

174. Michel BIBAUD, « Collection d'ouvrages sur l'histoire de l'Amérique septentrionale [...] », *La Bibliothèque canadienne*, t. IX, n° 3 (1ᵉʳ août 1829), p. 52.

175. *Ibid.*, p. 57.

constituer une collection sur l'Amérique du Nord et, plus particulièrement, sur le Canada. Le temps et l'argent dont il dispose lui permettent de faire ce que beaucoup de Canadiens auraient souhaité. De retour au pays, il pose sa candidature dans le comté de Trois-Rivières et entre à la Chambre d'assemblée en 1824. Dans la capitale, il ne tarde pas à montrer son intérêt pour l'histoire. Sa dissertation sur un canon de bronze découvert en 1826 montre qu'il connaît très bien les écrits de Verrazzano, de Cartier et de Champlain. Nul doute que, à cette époque, il entre en contact avec Georges-Barthélemi Faribault, bibliothécaire de la Société littéraire et historique de Québec, et qu'il lui communique son intérêt pour constituer une collection sur l'histoire de l'Amérique. De toute façon, la nouvelle société cherche alors à compléter sa collection, après avoir hérité du fonds de la Quebec Library. Bibaud, qui s'est fait connaître par son *Histoire du Canada, sous la domination française*, publiée en feuilleton dans *La Bibliothèque canadienne*, ne peut rester indifférent à ce qui se passe à Québec. C'est alors qu'il entre en relation avec les deux bibliophiles et publie sa bibliographie, plus pour rendre compte de ce que pourrait être une collection avant tout consacrée à la Nouvelle-France que pour couper l'herbe sous le pied de Faribault. Alors que Smith avait traité du Régime français d'un point de vue d'abord britannique, la bibliographie de Bibaud privilégie le point de vue français tant par la quantité que par la qualité. Une histoire écrite d'après cette bibliographie serait dominée par le point de vue de ceux qui l'ont vécue. Voilà un autre élément qui porte à croire qu'il s'agit en majeure partie d'une bibliographie constituée à partir de la collection de Berthelot rassemblée à Paris.

Toutes ces suppositions résultent du fait que le catalogue d'encan des livres de Berthelot mis en vente en 1831 n'a jamais été retrouvé. Malgré sa dispersion, la collection Berthelot atteint ses objectifs: une bonne partie est acquise par la Chambre d'assemblée. En 1833, Étienne Parent devient le premier bibliothécaire en titre de la Chambre et choisit Faribault comme assistant. Le projet de collection sur l'histoire de l'Amérique prend alors forme. Elle comptera 1 600 volumes en 1842, l'année où Garneau obtient un poste de traducteur au Parlement. C'est grâce aux soins des bibliophiles qu'il peut concrétiser son rêve d'une histoire du Canada écrite d'un point de vue canadien.

CATALOGUE D'OUVRAGES SUR L'HISTOIRE DE L'AMÉRIQUE [...] DE GEORGES-BARTHÉLEMI FARIBAULT

En constituant son *Catalogue d'ouvrages sur l'histoire de l'Amérique, et en particulier sur celle du Canada, de la Louisiane, de l'Acadie, et autres lieux, Ci-devant connus sous le nom de Nouvelle-France ; avec des notes bibliographiques, critiques, et littéraires*, le dessein de Faribault est clair : « [...] dans l'espoir que les nombreux matériaux qu'on est parvenu à rassembler dans ce Catalogue pourront servir utilement à ceux qui se sentiraient disposés à écrire une Histoire du Canada[176] ». Apparemment, il n'a pas d'autre but que de rédiger une bibliographie analytique et critique à l'intention des historiens. Mais son entreprise peut avoir et aura effectivement une autre portée, puisque c'est la première tentative pour rassembler une collection de Canadiana. Tout écrit concernant le Canada ou publié au Canada y

Portrait de Georges-Barthélemi Faribault (détail), huile sur toile de Théophile Hamel, sans date. Musée du Québec (66.149). Photographe : Patrick Altman.

---

176. Georges-Barthélemi FARIBAULT, *op. cit.*, préface.

trouve place. Dépouillant des catalogues, des bibliographies, des dictionnaires, plutôt que des fonds d'archives et des bibliothèques, Faribault élargit sa cueillette à toute l'Amérique parce que beaucoup d'ouvrages plus généraux concernent occasionnellement l'histoire du Canada. Il s'ensuit une certaine dilution qui empêche de préciser le critère de sélection. Mais le tout tend à constituer une histoire du Canada, «plus complète qu'aucune de celles qui existent maintenant[177]».

À la différence de Jacques Viger, adonné à l'archivistique, Faribault procède en bibliothécaire. Au lieu de recueillir indistinctement les documents qui lui tombent sous la main, il recourt aux grands ouvrages de référence à sa disposition : la *Bibliothèque universelle des voyages* [...] d'Albert Montémont, la *Biographie universelle* [...], la *Biographie des hommes vivants* [...], le *Catalogue of Books, Relating Principally to America* [...] de Obadiah Rich, et les œuvres de John Pinkerton (*A General Collection of the best and most interesting Voyages and Travels in all parts of the World* [...]), Giovanni Battista Ramusio (*Della Navigazioni é Viaggi raccolti* [...]), et de Richard Hakluyt (*The principal Navigations, Voyages, Traffiques, and Discoveries of the English Nation* [...]). Il part du principe que toute entreprise de colonisation en Amérique peut jeter une certaine lumière sur l'histoire du Canada, car les intérêts des pays colonisateurs sont toujours conflictuels. Une histoire rédigée d'après le présent catalogue insisterait plus sur les relations extérieures de la colonie française que sur sa politique interne.

Les diverses inscriptions de la bibliographie de Faribault sont classées par ordre alphabétique, indépendamment de leur provenance. L'auteur aurait pu introduire des subdivisions distinguant les ouvrages généraux des monographies, ou encore regrouper les ouvrages sur la colonisation espagnole, la colonisation portugaise, la colonisation anglaise et la colonisation française. Seul le supplément des ouvrages publiés après 1832 comporte des divisions.

Les descriptions bibliographiques sont souvent sommaires. Faribault se contente, dans beaucoup de cas, d'indiquer la ville, l'année de publication et le format. On peut croire qu'il n'annote que les ouvrages qu'il a lus. Pour les autres, il s'en remet aux commentaires puisés dans des ouvrages de référence. Les citations choisies rendent en général justice aux auteurs. Cependant, les commentaires personnels du bibliographe intéressent bien davantage.

La recension de grands ouvrages, comme ceux de Ramusio, de Hakluyt et de Pinkerton lui permet de suivre la fortune souvent surprenante de certains manuscrits. Par exemple, le deuxième voyage de Jacques Cartier aurait d'abord été recueilli par Ramusio et ensuite par Hakluyt. Il

---

177. *Loc. cit.*

en va de même pour la relation du voyage de Roberval en 1542. Faribault en conclut que Champlain et Lescarbot ignoraient ces documents quand ils ont écrit. L'*Histoire de la Nouvelle France* [...] de Marc Lescarbot lui paraît une excellente synthèse de tout ce qui a porté jusqu'alors sur la colonisation française. Il note : « On comprendra d'avantage, combien les Mémoires de Lescarbot sont précieux pour l'Histoire des premiers temps du Canada, lorsqu'on saura qu'il est le seul des Historiens Français qui nous ait conservé dans cette langue, les intéressantes relations des deux premiers voyages que Jacques Cartier fit au Canada, en 1534 et 1535[178]. »

Faribault parvient tant bien que mal à reconstituer les *Relations* des jésuites, mais il ne les traite pas comme un tout ou encore comme une publication régulière qui paraît annuellement de 1632 à 1672. Les inscriptions sont faites au nom de chaque narrateur, comme s'il s'agissait d'œuvres autonomes, ce qui empêche de leur donner l'importance qu'elles acquerront au moment de leur publication intégrale. Il ne leur accorde aucun commentaire. Faribault connaît le voyage du père Jacques Marquette, non par les *Relations*, mais par le *Recueil de Voyages* publié par Melchisédech Thévenot. De même, il repère le voyage du père Gabriel Marest à la baie d'Hudson avec Pierre Le Moyne d'Iberville en 1694 dans les *Lettres édifiantes* [...] (t. X). Il accorde une attention particulière aux ouvrages de Lafitau et de Charlevoix, qui ont connu une large diffusion au XVIIIe siècle, même au Canada. Bien qu'il soit grandement redevable à Charlevoix – il le cite très souvent –, il ne se risque pas à critiquer son histoire.

Le bibliographe connaît la plupart des hagiographies rédigées sous le Régime français. Pourtant, il attribue la même œuvre à deux jésuites différents. Il serait très surprenant que les pères Paul Prince et Paul Ragueneau aient publié sous le même titre *(La Vie de mère Catherine de Saint-Augustin, religieuse Hospitalière de la Miséricorde de Québec en la Nouvelle-France)*, chez le même éditeur (Florentin Lambert), la même année (1671), deux vies différentes de Catherine de Saint-Augustin. Il en va de même pour *La Vie de la Sœur Marguerite Bourgeois* [...] de Sylvestre-François-Michel Ransonnet, publiée à Avignon en 1728. Faribault affirme que *La Vie de la venerable sœur Marguerite Bourgeois* [...] publiée à Montréal chez William Gray en 1818 n'est qu'une réimpression, quand une lecture attentive lui aurait montré, par des allusions à des événements postérieurs à la Conquête, que l'ouvrage a été rédigé après 1775. Faribault a de meilleures raisons d'ignorer *La Vie de la B. Catherine Tegakouita* [...] du père Claude Chauchetière rédigée entre 1681 et 1685, parce qu'elle est restée manuscrite jusqu'en 1887. Toutefois, cette vie était bien connue, puisque mère Françoise Juchereau de La Ferté de Saint-Ignace en parle dans l'*Histoire de l'Hôtel-Dieu de Québec*, et Charlevoix, dans son *Histoire*

---

178. *Ibid.*, p. 87.

et description generale de la Nouvelle France [...]. C'est pour la même raison qu'il ignore l'*Histoire du Montréal 1640-1672* de François Dollier de Casson, imprimée seulement en 1868.

Le *Catalogue d'ouvrages sur l'histoire de l'Amérique* [...] contient la plupart des récits de voyages d'exploration en Amérique du Nord rédigés par des Français et publiés en Europe. Il accorde une place spéciale aux plus populaires. Sans commenter personnellement les œuvres de Lahontan, Faribault cite en premier un jugement très défavorable de Charlevoix : « Presque tous les noms propres y sont estropiés, la plupart des faits y sont défigurés, et l'on y trouve des épisodes entières qui sont de pures fictions, tel est le voyage sur la Rivière-Longue[179]. » En revanche, le bibliographe cite un très long extrait de la *Biographie universelle* [...] qui contredit Charlevoix : « [...] la fidélité de cette relation est garantie par autant de témoins qu'il y avait de Français à la suite du voyageur ». Le jésuite est ni plus ni moins traité de revanchard : « Charlevoix n'a pu oublier le jugement que porte l'auteur sur la conduite politique des Jésuites[180]. » La note qui accompagne la traduction anglaise, tirée du *Catalogue of Books Relating Principally to America* [...], explique que Lahontan a été persécuté en France et ses œuvres diffamées parce qu'il s'est permis de critiquer le clergé. La traduction anglaise faite sous sa direction serait plus conforme à sa pensée que l'original[181].

Pour la *Description de la Louisiane* [...] (1683) et pour le *Nouveau Voyage* [...] (1698) de Louis Hennepin, Faribault recourt à la même stratégie : il cite d'abord un extrait de Charlevoix qui met en doute la crédibilité du récollet, puis il recourt à la *Biographie universelle* [...] qui prend sa défense : « [...] il ne mérite pas tous les reproches que lui adresse Charlevoix. Ce dernier était sans doute choqué de la liberté avec laquelle le Récollet parlait du peu de fruit qu'on pouvait espérer de la prédication de la foi aux Sauvages[182]. »

Charlevoix se montre également sévère pour l'*Histoire de l'Amerique Septentrionale* [...] de Bacqueville de La Potherie (1722). Bien au courant de la documentation dont s'est servi son devancier, il lui reproche de transcrire, dans son deuxième volume, « des mémoires assez peu digérés et mal écrits [...] On peut compter sur ce que l'auteur dit comme témoin oculaire[183]. » L'extrait de la *Bibliothèque universelle des voyages* [...] est en revanche très élogieux[184].

En comparaison du progrès ultérieur de l'historiographie du Régime français, le catalogue accorde peu de place à René-Robert Cavelier de La Salle, Pierre-Esprit Radisson, Louis Jolliet et Pierre Le Moyne d'Iberville. À partir des travaux de Francis Parkman, la figure du découvreur de la

---

179. *Ibid.*, p. 74.
180. *Ibid.*, p. 75.
181. *Ibid.*, p. 76.
182. *Ibid.*, p. 59.
183. *Ibid.*, p. 78.
184. *Loc. cit.*

Louisiane prend une place prééminente dans l'histoire de l'Amérique du Nord. Figure énigmatique et sujette à la contestation, Cavelier de La Salle alimente la controverse qui multiplie les écrits. Durant les années 1830, Faribault ignore l'importance de ce personnage et des écrits qui en traitent. Il en va de même pour Pierre-Esprit Radisson et Louis Jolliet.

Ces absences manifestent aussi que Faribault ne sélectionne pas en fonction d'une histoire héroïque, inconnue avant Garneau, mais plutôt en vue d'une histoire défensive. Il attache beaucoup d'importance à tous les mémoires rédigés pour la défense des divers administrateurs traduits en justice après la cession du Canada à l'Angleterre. L'abondance de la documentation sur la fin du Régime français laisse deviner un désir de vérifier les faits sur lesquels se fondent des historiens comme William Smith et John Fleming pour discréditer la colonisation française.

Faribault accorde également une grande importance à l'histoire des autres colonies américaines avant 1760. La plupart d'entre elles sont entrées en lutte contre la colonie française au cours de la décennie qui a précédé la défaite. Leur histoire témoigne de la perception qu'il a de la colonisation française en Amérique. Smith s'en est abondamment servi pour justifier les attaques britanniques contre le Canada. Il importait de bien connaître ce point de vue pour le contester.

Après la cession, ce sont surtout les prises de position des voyageurs britanniques dans la nouvelle colonie qui retiennent son attention. Les Canadiens se sont multipliés sans trop prendre conscience de leur spécificité. Maintenant, on leur présente une image sans fard d'eux-mêmes. Tous ces récits de voyages tendent à les marginaliser en Amérique et à faire d'eux une population isolée qui ne participe pas à la dynamique nouvelle de l'Amérique. Pour entamer le dialogue, il faut savoir où les Canadiens se situent. Aussi Faribault note-t-il les récits de voyages de Thomas Anbury, Isaac Weld, Hugh Gray, Alexander Henry, John Lambert et Joseph Sansom, qui sont loin d'être toujours favorables aux Canadiens.

En revanche, les récits de Français consacrés au Canada sont moins nombreux, peut-être par manque d'intérêt pour leur ancienne colonie. Faribault note le *Voyage dans les États-Unis d'Amérique* [...] du duc de La Rochefoucauld-Liancourt, traduit en anglais dès 1799. Une longue citation de la *Bibliothèque universelle des voyages* [...] en fait l'éloge. Il note également les mémoires de l'ingénieur militaire Pierre Pouchot, décédé en 1769, et dont les descendants ont publié le manuscrit à Yverdun en 1781. Le *Tableau statistique et politique des deux Canadas* d'Isidore Lebrun ne suscite aucun commentaire. Par contre, les ouvrages de Volney et de Raynal jouissent d'une attention spéciale, en raison de leur popularité non seulement en France, mais aussi en Angleterre et aux États-Unis : ces deux philosophes disaient aux Anglo-Saxons ce qu'ils désiraient entendre. Par mimétisme, Faribault choisit l'extrait de la *Bibliothèque universelle des voyages* [...] qui explique le succès ou l'échec de la colonisation par le caractère de chaque peuple[185]. Même si elle ne bénéficie d'aucun commentaire, l'*Histoire philosophique et politique* [...] est bien connue des voyageurs et des historiens, qui y trouvent une ample justification de leurs préjugés contre la colonisation française et contre les Canadiens.

Quand il en vient à traiter des Canadiana, Faribault manque d'instruments, parce qu'aucun répertoire bibliographique n'a encore été publié. Il aurait dû connaître la bibliographie de Michel Bibaud parue dans *La Bibliothèque canadienne* de 1829 et le catalogue de la collection d'Amable Berthelot, mise en vente en 1831. Des auteurs facilement identifiables par delà leur pseudonyme, comme John Fleming et l'abbé Thomas Maguire, restent dans les anonymes malgré la révision de Jacques Viger en 1832. Le fait qu'il ignore complètement l'*Histoire du Canada, sous la domination française* de Michel Bibaud, dont le premier volume a paru dans *La Bibliothèque canadienne* entre 1826 et 1830 et le second, en partie seulement, dans *L'Observateur* à partir de 1830, indique qu'il ne lit pas les revues de Bibaud ou qu'il se limite volontairement aux livres et aux brochures. Mais alors pourquoi n'inclut-il pas des publications comme *Some Considerations on this question* [...] de John Fleming et les deux courts essais de Robert-Anne d'Estimauville, *Esquisse de la Constitution britannique* et *Cursory View* [...] ? Faut-il croire que ces publications n'ont eu aucun retentissement, même au sein de la Société littéraire et historique de Québec ? Faribault exclut-il de propos délibéré tout ce qui peut s'apparenter à la littérature ? Pourquoi ne mentionne-t-il pas le premier recueil de poésie de Michel Bibaud publié en 1830, et la chronique romancée de François-Réal Angers, *Les révélations du crime* [...] (1837) ? *L'acadiade ; ou, proüesses angloises en Acadie* [...], poème comi-héroïque en quatre chants de Chevrier, figure dans ses pages, mais pas *L'Areopage* de Ross Cuthbert.

Ces indices pourraient porter à croire que l'information circule mal. À l'exception de Jacques Viger, qui entretient une correspondance abondante, les autres chercheurs semblent isolés, même s'ils sont encadrés par une association comme la Société littéraire et historique de Québec. Le sommaire des communications parues dans les *Transactions* ne comporte que des sujets de géographie physique et de sciences naturelles. Les anglophones, majoritaires dans la société, semblent accorder peu d'importance aux questions historiques[186].

Puisque la majorité des publications canadiennes ne sont pas recensées dans les répertoires bibliographiques, le bibliographe aurait pu y suppléer par ses notes critiques. Pourtant, aucune appréciation des histoires du Canada de Heriot et de Smith, ni des *Memoirs* [...] de Christie. On peut

---

185. *Ibid.*, p. 128.
186. Voir, dans le présent ouvrage, à la section intitulée « Les pratiques associatives », p. 115-118.

y voir des omissions diplomatiques envers Smith et Christie. Le bibliographe place les *Political Annals of Lower Canada* [...] parmi les anonymes. Les écrits provocateurs de Fleming auraient-ils si peu attiré l'attention que personne ne se serait enquis de son identité véritable ? Pourtant, Pierre-Jean de Sales Laterrière, qui réside à Londres, sait bien qu'il s'adresse à Fleming quand il entreprend de lui répondre[187].

Il en va tout autrement pour les ouvrages que Faribault connaît bien et peut juger en toute liberté. Il donne une longue notice biographique de Du Calvet et porte un jugement assez sévère sur son œuvre : « Le tableau que M. Du Calvet lui-même nous donne de ces époques et des acteurs qui y figuraient est probablement surchargé, et dans bien des cas ces portraits sont absolument des caricatures[188]. » *The British Dominions in North America* [...] de Joseph Bouchette sont abondamment commentés, d'abord par un extrait de la *Westminster Review*, ensuite par Faribault lui-même, qui raconte les circonstances dans lesquelles l'arpenteur a entrepris cet ouvrage et qui déplore l'indifférence avec laquelle les Canadiens l'ont reçu.

Le *Nouvel abrégé de géographie moderne, suivi d'un petit abrégé de géographie ancienne, à l'usage de la jeunesse*, de l'abbé Jean Holmes a droit au même traitement, en dépit de son but évident de vulgarisation. Faribault mentionne que le manuel corrige de nombreuses erreurs sur le Canada et l'Amérique du Nord. Il s'en fait le promoteur : « C'est donc avec la plus grande confiance que l'on peut en recommander l'adoption exclusive dans toutes les écoles de ce pays[189]. » Au contraire, l'*Abrégé de l'histoire du Canada* [...] de Joseph-François Perrault ne mérite aucun commentaire, probablement parce qu'il est largement inspiré de l'histoire du Canada de William Smith.

Les brochures, celles de Denis-Benjamin Viger (*Considérations* [...]), Ross Cuthbert (*An Apology for Great Britain* [...]), François Blanchet (*Appel au Parlement impérial* [...]), restent sans commentaires. Au contraire, la dissertation sur le canon de bronze d'Amable Berthelot force le rédacteur à manifester son désaccord. Une lecture attentive de Lescarbot aurait suffi à lui démontrer la fragilité de son hypothèse.

Les récits de voyages de Luc de La Corne et de Gabriel Franchère ne sont que mentionnés, parce que le rédacteur n'en a pas pris connaissance personnellement et qu'ils n'ont pas encore (pour Franchère en particulier) de retentissement international. Les *Voyages from Montreal, on the river St. Laurence, through the continent of North America to the frozen and Pacific oceans ; In the Years 1789 and 1793. With a preliminary account of the rise, progress, and present state of the fur trade of that country* d'Alexander

---

187. Pierre-Jean DE SALES LATERRIÈRE, *op. cit.*, p. x.
188. Georges-Barthélemi FARIBAULT, *op. cit.*, p. 41.
189. *Ibid.*, p. 63.

Mackenzie, édités à Londres en 1801 et traduits en français à Paris dès l'année suivante, sont recensés dans Pinkerton et dans la *Biographie des hommes vivants* [...].

*

Peut-on parler d'un mouvement en faveur de la récupération des écrits de la Nouvelle-France ou tout simplement d'efforts isolés ? Il est évident que les publications de Smith, de Christie et de Fleming intiment aux Canadiens le devoir d'écrire leur propre histoire. Des dénégations comme celles de Maguire et de Laterrière ne suffisent pas. Une interprétation nouvelle ne peut être fondée que sur une documentation inédite et irréfutable. Or, cette documentation fait encore défaut. D'où un consensus général sur la nécessité de la recueillir et de la rendre accessible. En ce sens, on peut parler d'un mouvement non concerté. Archivistes, bibliophiles et bibliographes partagent le même souci sans nécessairement coordonner leurs efforts. Deux pôles d'attraction tiraillent les chercheurs : l'archivistique et la bibliographie. Le recul historique révèle que le premier a été beaucoup plus fécond que le second. Faribault semble avoir cru qu'on pouvait écrire une histoire particulière à partir de l'histoire générale. Au contraire, Viger collationne les moindres documents, croyant qu'une histoire générale ne peut être le fruit que des histoires particulières. Au lieu de consulter des répertoires bibliographiques, il établit un réseau d'informateurs qui alimentent sa documentation. Sa formule s'avère beaucoup plus dynamique à long terme. Outre qu'elle suscite un intérêt réel pour les recherches historiques, elle établit entre lettrés des circuits d'échanges où les propositions de chacun sont jugées au mérite par les pairs. C'était jeter les fondements d'une véritable vie littéraire, mais en dehors du cadre habituel.

Le mouvement qu'anime Jacques Viger ne produit apparemment pas de résultats au cours de la période 1806-1839, si on excepte les histoires de Jacques Labrie et de Michel Bibaud. Mais, sans lui, l'histoire n'aurait pu devenir, durant la période suivante, le genre littéraire le plus fécond et le plus reconnu.

*

La fin du XVIIIe siècle a vu quelques immigrés européens et de rares Canadiens lettrés imposer l'usage du français dans la communication publique ; Jautard, Du Calvet ou Plessis jouent dans le bilinguisme conjoncturel de cette époque un rôle décisif. Par eux, les lettres canadiennes en langue française deviennent possibles. La réaction indignée des colons anglophones du début du XIXe siècle face à ce changement imprévu oblige les Canadiens à justifier leurs droits à une culture propre et, ainsi, à la définir.

Le discours de l'opinion publique francophone réalise deux formes de réponses à la condamnation par les Britanniques de « l'ignorance des nouveaux sujets » : la réplique immédiate au moyen de diverses formes agoniques, et la mise en place d'un savoir à caractère officiel qui fournisse des références pour la légitimation. Les textes de combat, en journal ou en brochure, n'ont que des prétentions immédiates et pragmatiques ; ils prolongent le plus souvent le débat parlementaire et ne posent pas pour la postérité. L'issue du combat prime l'élégance des engagements. La fonction dialogique fortement marquée de ce discours se réalise dans une forme fréquemment très libre, proche de la parole spontanée. De façon exemplaire, le plus grand orateur, Papineau, ne songe pas à faire préserver ses interventions par la mémoire de l'imprimé, ni le plus grand journaliste, Parent, à faire rééditer ses écrits journalistiques en volume. Avec 1837, leur combat échoue ; reste paradoxalement derrière eux une pensée, une parole apparemment sans emploi, celle du libéralisme patriote. Celui-ci ne cessera pourtant de nourrir les lettres canadiennes, malgré l'ultramontanisme bientôt triomphant qui en sera lui-même marqué.

Le discours de justification scientifique ne rencontre pas d'abord beaucoup plus de succès immédiat. Le principal géographe, Bouchette, se ruine dans l'entreprise et il est même désavoué par les Britanniques qu'il flagorne. Les historiens ne trouvent pas les arguments pour répliquer efficacement à la dévalorisation du passé de la colonie française que la pensée des lumières a accréditée. Pourtant, en ce domaine comme en celui de l'opinion publique se réunissent et s'organisent les pièces d'un dossier que Garneau, après 1840, réarticulera en une affirmation décisive de la valeur des Canadiens. Il faut la « Saberdache » de Jacques Viger pour en arriver là !

Ce discours de l'opinion publique, agonique et scientifique, sans préoccupation littéraire et sans succès pratique, peut d'abord apparaître comme un échec. S'y constituent pourtant l'idéologie qui ne cessera de hanter et de relancer cette littérature qui deviendra, à terme, québécoise, et la mémoire qui assurera ses références et sa légitimité. Un programme génétique, celui du nationalisme libéral, est maintenant codé, l'ultramontanisme ne saura l'effacer.

Pour en savoir davantage

Études françaises (L'éveil des nationalités), vol. X, n° 4 (novembre 1974), p. [341]-433.

FALARDEAU, Jean-Charles, *Étienne Parent, 1802-1874. Biographie, textes et bibliographie*, Montréal, Éditions La Presse, « Échanges », 1975, 344 p.

HÉBERT, Pierre, « Le clergé et la censure de l'imprimé au Québec : les années décisives (1820-1840) », *Voix et images*, vol. XV, n° 2 (hiver 1990), p. 180-195.

LEMIRE, Maurice (dir.), avec la collaboration de Jacques BLAIS, de Nive VOISINE et de Jean DU BERGER, *Dictionnaire des œuvres littéraires du Québec*, t. I : *Des origines à 1900*, 2ᵉ édition, revue, corrigée et mise à jour, Montréal, Fides, 1980, 5 vol. parus. [*DOLQ*]

OUELLET, Fernand, « Inventaire de la « Saberdache de Jacques Viger » », *RAPQ*, 1955-1956 et 1956-1957, p. 31-176.

ROUSSEAU, Louis, *La prédication à Montréal de 1800 à 1830. Approche religiologique*, Montréal, Fides, « Héritage et projet », 16, 1976, 269 p.

WYCZYNSKI, Paul, François GALLAYS et Sylvain SIMARD (dir.), *L'essai et la prose d'idées au Québec. Naissance et évolution d'un discours d'ici. Recherche et érudition. Forces de la pensée et de l'imaginaire. Bibliographie*, Montréal, Fides, « Archives des lettres canadiennes », VI, 1985, 921 p.

Portrait d'homme, sanguine sur papier de François Baillairgé, 1792. Musée du Québec (67.202). Photographe : Patrick Altman.

CHAPITRE 6

LES TEXTES DE L'IMAGINATION ET DE LA SUBJECTIVITÉ

S I LE DISCOURS de l'opinion publique se trouve polarisé par les enjeux de la question nationale et manifeste assez peu de souci esthétique apparent, des pratiques d'écriture d'une littérarité plus moderne commencent à réagir au mouvement romantique international, surtout après 1830 : les écrits de l'imagination et de la subjectivité. Les lettres canadiennes y expérimentent des formes que la critique ultérieure placera au premier rang : la poésie lyrique et patriotique, le théâtre, le récit de fiction et de voyage et l'écrit intime.

La poésie sert à la célébration de la nation dès la guerre de 1812, mais ne trouve un souffle romantique qu'avec François-Xavier Garneau ; Michel Bibaud, qui publie le premier recueil de poèmes canadiens en 1830, regarde pour sa part en arrière, vers Boileau. La narrativité prend forme dans des nouvelles, une chronique judiciaire, *Les révélations du crime* […], un premier roman, *L'influence d'un livre*, et quelques récits de voyages. Tous ces genres prennent le vent du romantisme à partir des années 1830. Au contraire, le théâtre et l'écrit intime donnent lieu à une production moins abondante et peu publicisée. Malgré cela, la postérité gardera en mémoire les remarquables lettres d'un patriote rebelle de 1837 condamné à mort, Chevalier de Lorimier.

Les textes poétiques

En France, la bataille entre classiques et romantiques mobilise les intellectuels au cours des premières décennies du XIXe siècle. Mais alors que le romantisme triomphant redonne la première place à la poésie lyrique, au Canada, de propos délibéré, les écrivains demeurent fidèles aux préceptes classiques : Voltaire représente toujours la tradition tandis que Delille apparaît comme un innovateur. Bien que les journaux reproduisent certains poèmes d'auteurs romantiques, tels Marceline Desbordes-Valmore, Alphonse de Lamartine et Victor Hugo, personne ne peut conclure que ces poètes influencent les Canadiens, du moins avant 1830. Tant par les sujets que par la facture des vers, la poésie demeure classique. L'influence de la littérature anglaise se manifeste cependant dans des traductions en vers et dans des imitations. L'exemple le plus connu reste «A Canadian Boat-Song» de Thomas Moore, traduit par Dominique Mondelet. Outre Moore, les poètes les plus à la mode dans les traductions et les imitations sont James Thomson, Walter Scott, Alexander Pope et George Gordon Byron, dont les *Poems on his Domestic Circumstances* paraissent à Montréal en 1816. On compose aussi quelques chansons sur l'air américain de *Yankee Doodle*.

La période 1806-1839 peut se subdiviser en trois parties, les poètes Joseph-David Mermet, Michel Bibaud et François-Xavier Garneau représentant chacune d'entre elles, même si plusieurs auteurs importants, tels

Joseph-Guillaume Barthe, Napoléon Aubin et N.D.J. Jeaumenne interviennent à partir du milieu des années 1830. De 1806 à 1816, le genre satirique domine sous la forme de l'épigramme et de la chanson. Entre 1817 et 1830, les poètes délaissent peu à peu l'événementiel pour exploiter divers sujets: les poèmes didactiques et amoureux connaissent une certaine vogue. De plus, quelques femmes commencent à publier. L'infiltration du romantisme marque la période de 1831 à 1839: le politique côtoie l'intime. Certains genres, telle la romance, font leur apparition ou encore, telles les stances, jouissent d'une plus grande popularité. Mais malgré d'évidentes préoccupations formelles, les changements tiennent davantage au ton adopté par les poètes qu'à la forme des poèmes.

La production poétique publiée entre 1806 et 1839 est nettement politisée. Il semble, pour parodier Mermet, que sur la politique, « un vers qui ne dit rien ne peut être qu'un bien fol entretien ». Le moindre événement mobilise l'attention des rimeurs qui prêchent habituellement en faveur de la liberté. La pratique des étrennes, qui persiste au cours de la période, donne l'occasion aux auteurs de jeter un regard rétrospectif sur la situation politique du Canada et d'exprimer une opinion à l'occasion. Pour sa part, le genre satirique est à l'honneur. Au moyen de poèmes, les auteurs dénigrent leurs adversaires et cherchent à faire valoir leur point de vue. Même si la poésie devient le reflet des aspirations canadiennes, des vestiges de poésie de célébration subsistent, entre autres dans les concours. En 1809, par exemple, la Société littéraire de Québec offre « une médaille d'argent à la personne qui célébrera la naissance de sa glorieuse Majesté George III, par une piéce de vers, Angloise, Françoise ou Latine[1] », tandis que *Le Canadien* propose comme sujet de concours, en 1831, « Le Départ ou la Mission de l'Honorable D.B. Viger[2] ». Quelques poèmes, dédiés à George IV, à l'occasion de son couronnement en 1821, ou aux gouverneurs de la province, connaissent la publication. Mais, au fil des ans, ce genre de poésie disparaît: les compliments font place aux revendications.

---

1. *Le Canadien*, 8 avril 1809, p. 84.
2. L'unique participant au concours est François-Xavier Garneau. Voir *Le Canadien*, 7 mai 1831, p. 2, et 30 août 1831, p. 3, en partie reproduits dans *TPCF*, t. III, n° 117, p. 176-177.

UNE POÉSIE DE COMBAT
(1806-1816)

La poésie satirique

La polémique entre les journaux, dite « guerre de plume », manifeste une des premières divergences politiques. Dès le début de la période, la querelle s'engage entre *Le Canadien* et le *Quebec Mercury* : celui-ci accuse les Canadiens de déloyauté envers l'Angleterre à cause de leur prétendue sympathie envers Napoléon. Les collaborateurs du *Canadien* ripostent par des jeux de mots – parfois obscurs – sur les effets du mercure. Très souvent, tout en respectant les règles de l'épigramme, traditionnellement définie comme un court poème se terminant sur une pointe satirique, les auteurs contrefont les poèmes de leurs adversaires pour mieux les ridiculiser. L'adresse suprême consiste à reprendre leurs arguments, mais à les découdre avec leurs propres mots. Lorsqu'en mars 1807 une querelle rimée se déclare entre *Le Canadien* et le *Courier de Québec*, deux poètes s'aiguillonnent :

Du petit *Courier de Quebec*,	Des auteurs de *Le Canadien*,
Jeune impudent qui mord ou flatte,	Ce vrai foyer de la discorde,
J'expliquerois sans être Grec,	Sans être grec, je dirais bien,
Pourquoi le style est disparate ;	Pourquoi, peu, leur plait la concorde :
Voici donc mon avis Messieurs,	Voici donc, Messieurs, mon avis ;
Sauf à vous à donner les vôtres,	L'ambition avec l'envie,
Le *modéré*, c'est le style des autres,	Cette cruelle épidémie
L'*impertinent*, celui des Editeurs[3].	Du cœur a gagné leurs esprits[4].

Alors que le poète du *Canadien* compose un huitain formé de six octosyllabes et de deux décasyllabes, construit sur des rimes croisées et embrassées, celui du *Courier de Québec* opte pour le huitain d'octosyllabes à rimes croisées et suivies. Il s'efforce cependant de reprendre le plus fidèlement possible les termes du premier texte pour inverser le message, puisque moins il changera de mots, meilleur sera son pastiche. L'argumentation des deux auteurs illustre bien les procédés employés pour dénigrer l'adversaire. D'un côté, on critique le style, de l'autre, on spécule sur les mobiles cachés, en supposant évidemment les pires intentions. Ainsi, d'une part, au nom de la versification ou du bon goût, on discrédite l'adversaire en lui déniant tout talent poétique tandis que, d'autre part, au nom d'un certain idéal politique ou de la morale, on cherche à le rendre suspect.

---

3. *Le Canadien*, 7 mars 1807, p. 64, reproduit dans *TPCF*, t. II, n° 22, p. 41.

4. *Courier de Québec*, 11 mars 1807, p. 79, reproduit dans *TPCF*, t. II, n° 23, p. 42.

Si certains satiristes respectent les limites de la décence, combien d'autres cèdent à l'injure! Aussi, même si la qualité de la saillie, la justesse de la formule et l'élégance du vers enveloppent la pointe du dard, les propos n'en sont-ils pas moins blessants. Un auteur reproche au *Courier de Québec* d'avoir délaissé le « petit mot pour rire[5] » au profit de la satire. En conséquence, il suspend sa collaboration au journal jusqu'à ce que celui-ci revienne à un ton plus modéré. Dans une lettre à William Berczy, Jacques Viger s'indigne à son tour du ton et des propos de certains poètes pendant l'élection partielle tenue à Montréal à l'automne de 1811 : « En vérité, les chansonniers de votre illustre Ville ont trop d'esprit! [...] Est-il possible qu'on soit réduit à se servir de si pitoyables moyens et employer d'aussi foibles instrumens[6]? » Ces polémiques versifiées montrent la place que la poésie tient dans le combat pour gagner l'opinion publique. Elles se caractérisent par leur prise directe sur l'événement et leur forme agonique.

Malgré leur rivalité politique, les poètes sont animés d'un même sentiment patriotique qui n'exclut pas toutefois la fidélité à l'Angleterre. Ainsi, durant la guerre de 1812, bon nombre évoquent les victoires de 1775-1776, confiants de voir les exploits d'autrefois se renouveler :

À Québec, ils vinrent autrefois
Comme on leur a fait la conduite
S'ils y reviennent, par ma foi
Ça recommencera leur fuite[7].

L'allégeance envers le souverain britannique en inspire plus d'un. Un père, après avoir vu dix de ses garçons et un de ses gendres entrer dans l'armée, loin de maudire la guerre, proclame sa fierté de servir la patrie de cette façon[8]. Malgré l'affirmation de leur identité, les Canadiens désirent toujours la protection de l'Angleterre et espèrent qu'elle saura faire respecter leurs droits et libertés.

Joseph-David Mermet

Le Français Joseph-David Mermet, chantre de la guerre de 1812, arrive au pays en 1813 avec le régiment de Watteville et domine en peu de temps la scène littéraire canadienne. En témoignent les 82 poèmes qu'il signe. En 1816 cependant, il rentre en France et met ainsi fin à sa carrière littéraire. Lié d'amitié avec Jacques Viger depuis leur séjour à Kingston, Mermet entretient avec lui une correspondance suivie. Il lui envoie alors quelques pièces de vers, que Viger s'empresse de faire publier dans *Le Spectateur canadien* qui inaugure la rubrique « Parnasse canadien » en son honneur.

---

5. *Courier de Québec*, 20 juillet 1808, p. 17, reproduit dans *TPCF*, t. II, n° 44, p. 76.
6. Lettre de Jacques Viger à William Berczy, 22 novembre 1811, MSa, vol. II, p. 46.
7. *TPCF*, t. II, n° 75, p. 149.
8. *BRH*, vol. V, n° 8 (août 1899), p. 237-239, reproduit dans *TPCF*, t. II, n° 82, p. 160-161.

Mermet se fait d'abord connaître par son intervention dans la « Guerre des Rimeurs » qui oppose Denis-Benjamin Viger à Hugues Heney. Viger publie alors des vers qu'il extrait d'un recueil de poésies intitulé « Porte-feuille d'un Canadien ». À l'exception d'une chanson, les poésies de Viger, écrites en vers pairs à rimes suivies, sont brèves, légères et humoristiques. Heney ironise pourtant à leur endroit et allègue que la vanité seule pousse le poète à les publier. Devant l'avalanche de critiques défavorables que lui attirent ses productions, Viger se défend par de longs poèmes en vers suivis et déplore que « trop souvent, il faut ici briller,° Pour se faire valoir, d'un éclat étranger[9] ». De son côté, Jacques Viger note, non sans humour : « Son Pégase fut terriblement étrillé et les huées, justes ou non méritées, lui tombèrent dessus de *toutes* parts, en prose, en vers, et autrement autant que possible [...] Pégase ruoit, mais il rimoit toujours clopin clopant[10]. » Mermet intervient à trois reprises dans la querelle. Dans un premier temps, il appuie Heney et se moque allégrement des poèmes de Viger. Il essaie ensuite d'amener les deux adversaires à faire la paix. Enfin, il dénonce ces querelles stériles et incite les poètes à mettre leur plume au service de la guerre :

> Eh ! qu'importe au Public la Guerre des Rimeurs,
> Quand il a sur le dos celle des Empereurs ?
> Qu'on ne parle donc plus de ces gens du Parnasse,
> S'ils n'ont point au canon attelé leur Pégase :
> Sur la Paix, sur la Guerre, un vers qui ne dit rien,
> Ne peut être aujourd'hui qu'un bien fol entretien[11].

Le « Trait d'humeur » de Mermet suscite à son tour quelques réactions. Ainsi, Un Ami de votre feuille accepte de consacrer temporairement sa plume à la guerre, se promettant toutefois de commenter plus longuement la versification de Mermet dès que les circonstances le permettront[12]. Plus ironique, un auteur anonyme se moque franchement du poème :

> Que direz-vous du faux rimeur
> Qui, dèsque Pégase est rebelle,
> Par un trait de mauvaise humeur
> Veut qu'au plus gros char on l'attelle ?
> Vous répondrez en bon railleur :
> « Pégase a raison quand il rue ;

---

9. *Le Spectateur*, 23 septembre 1813, p. 72, reproduit dans *TPCF*, t. II, n° 97, p. 191.
10. « Lutte littéraire et de Gazette entre C'est moi, Un Canadien et Mistigri », 1813, MSa, vol. III, appendice, p. 9-10.
11. *Le Spectateur*, 28 octobre 1813, p. 1, reproduit dans *TPCF*, t. II, n° 104, p. 206.
12. *Le Spectateur*, 16 décembre 1813, p. 117.

« Mais ôtons le de la charrue,
« Et mettons y le rimailleur[13]. »

La forme interrogative, l'utilisation du « vous », assimilé au « bon railleur », de même que les sentiments prêtés au « faux rimeur » amènent le lecteur à partager le point de vue de l'auteur et rendent l'épigramme efficace. Ces critiques, publiées près de deux mois après la parution du poème de Mermet, ne nuisent cependant en rien à la réputation du poète. Si la victoire des 300 Voltigeurs canadiens-français à Châteauguay marque le point tournant de la guerre, le poème « La victoire de Châteauguay » consacre le talent du lieutenant Mermet. À la suite de sa publication, il semble qu'à Montréal on « mermettisait avec passion et intempérance[14] ». Jacques Viger affirme dans sa lettre du 28 janvier 1814 : « Que mes compatriotes vous auront d'obligation, mon cher ami ! Leurs actions ont donné matière à vos vers, il est vrai ; mais vos vers immortaliseront ces actes héroïques. La reconnaissance associera à jamais dans leur cœur, Mermet et de Salaberry, et la renommée transmettra à la postérité la plus reculée les noms chéris du Guerrier et du Poète[15]. »

La guerre de 1812 n'est pas la seule source d'inspiration de Mermet. Les poèmes de l'auteur peuvent se diviser en trois catégories : les poèmes politiques – dans lesquels s'insèrent les poèmes sur la guerre –, les poèmes descriptifs et les poèmes satiriques. La situation politique du Canada apparaît surtout dans les premiers poèmes de Mermet. Le poète s'intéresse aussi à l'actualité européenne, plus particulièrement à l'actualité française, et affiche dans quelques poèmes ses convictions légitimistes : « Ci-gît Napoléon Premier ;° Dieu veuille qu'il soit le dernier[16] ! » Les poèmes descriptifs, le « Tableau de la cataracte de Niagara, après la bataille du 25 juillet 1814 » et « Chambly », comptent parmi les rares poèmes francophones consacrés à la nature canadienne. Écrit en alexandrins suivis à rimes plates, le « Tableau de la cataracte de Niagara [...] » trahit la fidélité de l'auteur à l'esthétique classique par sa manière de présenter les événements. Mermet établit ainsi un parallèle entre les soldats contemplant les chutes du Niagara et les Grecs admirant l'Ida au cours de la guerre de Troie :

C'est ainsi que les Grecs, près des murs d'Illion,
Suspendant des combats l'affreuse passion,
Admiroient d'un air fier, sur les rives du Xanthe
De l'Ida sourcilleux la majesté frappante[17].

---

13. Loc. cit., reproduit dans *TPCF*, t. II, n° 115, p. 228.
14. Camille Roy, *Nos origines littéraires*, p. 168.
15. Lettre de Jacques Viger à Joseph-David Mermet, 28 janvier 1814, MSa, vol. IV, p. 4-5.
16. *Le Spectateur*, 14 juin 1814, p. 9, reproduit dans *TPCF*, t. II, n° 136, p. 258.
17. *Le Spectateur*, supplément du 9 mai 1815, p. 1-2, reproduit dans *TPCF*, t. II, n° 192, p. 355.

Plus loin, le poète s'inspire d'un épisode de la mythologie grecque pour décrire l'eau des chutes : « C'est le miroir ardent dont le cristal épais° De l'amant de Thétis réfléchit les attraits[18]. » De plus, il affectionne un vocabulaire classique où abondent les épithètes de nature et les références mythologiques. En fait, Mermet semble être resté imperméable au style de Chateaubriand, dont la description de la cataracte du Niagara avait pourtant été reproduite dans *Le Spectateur* du 19 avril 1814.

La veine satirique l'emporte en nombre dans les poésies de Mermet, qui multiplie les épigrammes et les épitaphes. Le premier, il recourt à l'épitaphe pour exprimer l'ironie et la satire. Plusieurs l'imiteront. Dans cette veine satirique, l'antithèse lui réussit particulièrement : il se plaît à ironiser sur des sujets politiques ou encore sur le thème du mari trompé et de la femme volage, mais toujours sur un ton badin. Nulle intention didactique ne transparaît chez le satiriste, qui cherche plus à amuser qu'à dénoncer. Le succès de ses poèmes atteste d'ailleurs leur conformité à l'horizon d'attente de l'époque.

La variété des poésies de Mermet peut s'expliquer par leur échelonnement dans le temps. Il semble en effet que Mermet tirait quelques-unes de ses poésies d'un vieux recueil : « Nous savons par la correspondance de ce poète avec [Jacques Viger] qu'il avait dans ses tiroirs deux recueils de vers, un *vieux* qui datait de 1796, et un *nouveau*. Ces recueils circulaient à Montréal sous le manteau, le vieux du moins, car le nouveau avait été confié au docteur Boidin, de Montréal, lequel avait ordre précis de ne le remettre à personne[19]. » Bien qu'aucun de ses recueils ne soit publié et que Mermet quitte définitivement le Canada en 1816, ses poèmes connaissent une fortune littéraire certaine. Non seulement Viger les conserve dans sa « Saberdache » et Huston les reproduit en partie dans son *Répertoire national*, mais certains poèmes, notamment « La victoire de Châteauguay », serviront de modèle à la célébration des gloires nationales.

DU DIDACTISME, DE L'AMOUR ET DES FEMMES (1817-1830)

La fin de la guerre, et peut-être aussi le départ de Mermet, amène les poètes à suspendre temporairement leur lyre héroïque pour se consacrer à d'autres sujets. La production littéraire de la *Gazette des Trois-Rivières*, entre le 12 août 1817 et le 22 mars 1822, fait abstraction des querelles politiques.

---

18. *Ibid.*, p. 356.
19. Camille Roy, *op. cit.*, p. 199.

Pour la première fois, poètes et prosateurs accordent une attention toute particulière à la question féminine. Certains, sur un ton moralisateur, conseillent le beau sexe sur la conduite à adopter en amour et le préviennent contre la lecture des romans. D'autres se livrent à des réflexions sur ses travers, en particulier son infidélité. L'inconstance cause d'ailleurs la plupart des chagrins d'amour. Sans prendre parti, quelques poètes se contentent de souligner la supériorité de l'esprit sur la beauté physique. Enfin, la majorité rend hommage à la femme dans des pièces de vers, dont la plus célèbre, la « Chanson à la Canadienne », mieux connue sous le titre « Vive la Canadienne », sera publiée en 1826, dans *L'Argus*, autre journal de Trois-Rivières.

Les femmes qui écrivent

Seulement deux pièces de vers écrites par des femmes précèdent la production de la *Gazette des Trois-Rivières*. La première, de Marie-Marguerite La Corne, femme de Jacques Viger, est une chanson d'amour – demeurée longtemps inédite – où l'amant, séduit par la beauté et la simplicité d'une jeune fille, succombe au sentiment amoureux[20]. La seconde, attribuée à Marie-Louise Cureux, femme de Pierre-Florent Baillairgé, célèbre par un acrostiche la mémoire de l'époux[21]. Il est probable que d'autres femmes ont écrit des vers auparavant, mais qu'elles n'ont pas osé les publier puisqu'une honnête femme ne s'exprimait pas à l'époque sur la place publique. L'exemple de la *Gazette des Trois-Rivières* est d'autant plus inattendu qu'il est le seul journal à promouvoir l'écriture féminine en littérature. Cette production s'avère cependant plus polémique que sentimentale. Seule Mlle D., dans « L'erreur », exprime sa détresse devant l'amour qui fuit « Comme une vaine erreur,° Comme un riant mensonge[22] ».

Les productions de Dorimène et d'Adélaïde s'inscrivent respectivement dans des polémiques avec Damon et l'Hermite qui calomnient la gent féminine. L'épigramme de Dorimène clôt une longue tirade en prose dans laquelle elle critique le style de Damon: « Votre Epigramme nous présente un ton digne des halles et un style hâché, des tournures vicieuses, des termes plats et communs[23]. » Adélaïde se contente d'accompagner l'Hermite jusqu'au tombeau et signe son épitaphe:

---

20. Chanson incluse dans la lettre de Marie-Marguerite La Corne (Mme Jacques Viger) à Jacques Viger, 13 février 1809, MSa, vol. I, p. 143-144, reproduit dans *TPCF*, t. II, n° 50, p. 89-90.
21. *La Gazette de Québec*, 24 décembre 1812, p. 3, reproduit dans *TPCF*, t. II, n° 79, p. 157.
22. *Gazette des Trois-Rivières*, 12 octobre 1819, p. 1, reproduit dans *TPCF*, t. II, n° 269, p. 495.
23. *Gazette des Trois-Rivières*, 7 octobre 1817, p. 4, reproduit dans *TPCF*, t. II, n° 218, p. 407.

> Ici repose un pauvre sire,
> Pauvre esprit, pauvre auteur,
> [...]
> Quoique ignorant, orgueilleux, hypocrite,
> Il prétendoit réformer l'Univers.
> [...]
> Passant, sur son tombeau jette quelques
> Chardons[24].

Mademoiselle, pour sa part, reproche aux hommes leur manque de galanterie, leur inconstance, leur vantardise et leur hypocrisie[25]. Après ces quelques polémiques, si on excepte la romance publiée en 1831 et attribuée à Marie Donnelly, il faut attendre près de 20 ans pour que d'autres femmes publient leurs vers.

En 1822, le projet d'union ranime l'ardeur combative des rimeurs canadiens. On le voit par le ton véhément qu'ils adoptent pour s'opposer au projet, qualifié de « projet infâme », de « destructive UNION », de « gros et monstrueux projet ° De la gent scotifique », etc. Les poètes dénoncent unanimement la machination du parti anglais. À Montréal, l'opposition se manifeste par la fondation d'un club patriotique et gastronomique autour de Jacques Viger, club que les « Unionaires » tentent vainement de ridiculiser en le surnommant « La vigerie[26] ». À la suite de l'échec des unionistes, les Canadiens restent fidèles à l'Angleterre, mais pour autant qu'elle protège leurs intérêts. Dans le cas contraire, l'indépendance apparaît désormais comme une solution :

> Si d'Albion la main chérie
> Cesse un jour de te protéger,
> Soutiens toi seule, ô ma patrie !
> Méprise un secours étranger[27].

Michel Bibaud

Tant par le nombre de ses poèmes que par la variété des sujets, Michel Bibaud domine la période 1817-1830. Au cours de ces années, il fait paraître plusieurs poèmes qu'il réunit en 1830 dans le premier recueil en langue française de poésies canadiennes sous le titre *Épîtres, satires, chansons, épigrammes et autres pièces de vers*. Son recueil contient, en outre, plusieurs pièces inédites, principalement des épigrammes et de longs poèmes prétextes à étalage d'érudition. La poésie de Bibaud se rapproche

---

24. *Gazette des Trois-Rivières*, 1er juin 1819, p. 2, reproduit dans *TPCF*, t. II, n° 261, p. 484.
25. *Gazette des Trois-Rivières*, 20 juillet 1819, p. 4, reproduit dans *TPCF*, t. II, n° 267, p. 492-493.
26. *TPCF*, t. II, n° 306, p. 572-575.
27. Feuille volante de *La Gazette de Québec*, 1er janvier 1829, reproduit dans *TPCF*, t. III, n° 44, p. 66.

fréquemment de la prose. Le poète en est conscient et il reconnaît à plusieurs reprises son manque de talent: «Mon étoile, en naissant, ne m'a point fait poëte[28]», mais «Si je ne suis Boileau, je ne serai Chapelain [...]° En dépit d'Apollon je veux être poète[29]». Il lui semble toutefois que, dans un milieu où l'ignorance triomphe, un talent supérieur demeurerait incompris et le sien lui apparaît alors amplement suffisant.

Bibaud se met à l'école des classiques. Disciple d'Horace et de Boileau — on le surnomme «le Boileau Canadien[30]» —, il suit de près ses modèles. Un passage de sa satire contre l'ignorance s'inspire de *L'art poétique*:

S'il ne sent point du ciel l'influence secrète	Mon étoile, en naissant, ne m'a point fait poëte;
Si son astre en naissant ne l'a formé poète [...]	Et je crains que du ciel *l'influence secrète*
N'allez pas sur des vers sans fruit vous consumer,	Ne vienne point exprès d'un beau feu m'animer:
Ni prendre pour génie un amour de rimer[31].	Mais comment résister à l'amour de rimer[32].

Moraliste sévère, Bibaud veut «dire en vers durs de dures vérités [en se] bornant à parler et raison et bon-sens». «À tous les vicieux je déclare la guerre[33]» affirme-t-il. Le poète, selon sa conception, joue d'abord un rôle social et il légitime sa position dans la mesure où il remplit ce rôle. En tant que gendarme des bonnes mœurs, Bibaud rédige quatre satires, en alexandrins suivis à rimes plates, dans lesquelles il dénonce successivement l'avarice, l'envie, la paresse et l'ignorance, tandis que, dans deux épîtres, il prêche la modération et la tolérance. Multipliant les noms fictifs, il puise ses exemples dans la société canadienne. Le vice en général l'intéresse moins que la forme particulière qu'il revêt au pays. L'avarice porte les Canadiens aux pires excès, l'envie transforme la moindre chose en objet de convoitise, la paresse n'épargne personne — lui-même en est atteint — et l'ignorance est un véritable fléau national. Sa principale préoccupation demeure l'éducation. Il y revient dans trois de ses satires: l'avare refuse de payer des études à ses enfants, la paresse engendre l'ignorance puisque la «Paresse souvent du corps passe dans l'âme» et l'ignorance, souveraine au

---

28. Michel BIBAUD, *Épîtres, satires, chansons, épigrammes* [...], p. 43-55, reproduit dans *TPCF*, t. II, n° 271, p. 497-503.
29. *L'Aurore*, 13 décembre 1817, p. 3-8, reproduit dans *TPCF*, t. II, n° 230, p. 428.
30. *Le Canadien*, 14 décembre 1831, p. 1, reproduit dans *TPCF*, t. III, n° 130, p. 204.
31. *L'art poétique*, chant 1, v. 3-4 et 9-10.
32. Michel BIBAUD, *op. cit.*, p. 43-55, reproduit dans *TPCF*, t. II, n° 271, p. 497-503.
33. *L'Aurore*, 13 décembre 1817, p. 3-8, reproduit dans *TPCF*, t. II, n° 230, p. 427-428.

Canada, nuit au progrès des lettres. Un observateur tend un miroir aux Canadiens et les somme de s'amender.

À plusieurs reprises, Bibaud s'adresse à son lecteur pour susciter son adhésion : « Ecoute à ce sujet une histoire authentique,° Et dont tous les témoins sont encore vivants [...]° J'ai vu (tu peux tenir le récit pour certain)[34] », etc. Sa position le rend d'autant plus crédible qu'il n'intervient pas en tant qu'observateur étranger. À l'instar des poètes français du XVIIe siècle, Bibaud traite des caractères et non des actions scandaleuses. Chez lui, la satire s'attache plus aux vices qu'aux vicieux et ne s'abaisse pas au règlement de comptes. En 1823, sous le pseudonyme de Tranquillus, émule de Bibaud – à moins que ce ne soit le poète lui-même – compose deux autres satires, l'une contre l'ivrognerie et l'autre contre la flatterie, dans lesquelles il adopte la forme des satires de Bibaud. Le ton diffère cependant : au lieu de mettre en scène des personnages types, Tranquillus interpelle ses lecteurs par l'utilisation continue du « vous ». Il demeure le seul épigone de Bibaud.

La fortune littéraire de Bibaud a surtout retenu la figure du moraliste. Pourtant, il s'est plus souvent adonné à la poésie amoureuse, dans laquelle il proclame un amour inconditionnel envers Glycère, nom traditionnel de l'amante : « Sans Glycere, tout ne m'est rien[35]. » En vain, il souhaite pouvoir changer d'identité pour se rapprocher de sa bien-aimée. Ses déboires amoureux l'amènent à maudire Vénus. Il fait des yeux de l'amante la panacée à ses souffrances. Mais, s'il suffit d'un regard de l'aimée pour apaiser ses craintes et faire renaître l'espoir : « Je vis pour Glycère et l'Amour[36] », il ne se rétracte pas moins dès que l'illusion se dissipe et que le regard se détourne : « J'accuse et l'Amour et Glycère,° Cherchant, mais en vain, le bonheur ;° Il ne regne point à Cythère[37]. »

Bibaud est un des premiers poètes à explorer les possibilités ludiques du langage. Dans « Le vin d'Espagne », il s'amuse à faire rimer « tout au moins six ou sept fois » le mot Espagne avec d'autres mots, tandis que dans « Les rimes en Ec, ou [...] », il cherche « au bout du vers [à] mettre Québec » le plus grand nombre de fois. De plus, il se montre humoriste à l'occasion et

---

34. *L'Aurore*, 31 janvier 1818, p. 3-8, reproduit dans *TPCF*, t. II, n° 235, p. 443.
35. *L'Aurore*, 20 septembre 1817, p. 3, reproduit dans *TPCF*, t. II, n° 213, p. 401. Maîtresse de Harpalus, puis de Ménandre, convoitée ensuite par Philémon, Glycère fut l'une des plus belles courtisanes d'Athènes. Le premier éleva une statue en son honneur, le deuxième en fit un personnage de théâtre et le troisième lui dédia des vers. Mais c'est surtout sa correspondance amoureuse avec Ménandre qui la distingua des autres courtisanes grecques : elle s'y révèle « comme une épouse ou, mieux encore, comme cette muse inspiratrice que Musset a chantée avec de si amoureux accents » (Pierre Larousse, *Grand dictionnaire universel du XIXe siècle*, Genève et Paris, Slatkine, 1982, t. VIII, deuxième partie, p. 1315).
36. *L'Aurore*, 20 juin 1818, p. 206, reproduit dans *TPCF*, t. II, n° 245, p. 462.
37. *L'Aurore*, 14 novembre 1818, p. 3, reproduit dans *TPCF*, t. II, n° 253, p. 474.

surtout polémiste, comme l'illustrent ses prises de bec avec le député Louis Bourdages et l'avocat William Vondenvelden.

Pour mieux comprendre la polémique qui l'oppose à Vondenvelden, il faut rappeler la critique d'Isidore Lebrun[38] sur les *Épîtres, satires, chansons, épigrammes* [...]. Pour Lebrun, Bibaud est «assurément un homme de bien, un défenseur courageux de la morale, [qui] a composé des imitations d'Horace [...] s'est nourri de nos classiques [et] affectionne Boileau». Le critique français déplore cependant que l'«âpre censeur de sa patrie» ait eu lui-même parfois recours au style injurieux qu'il condamne chez ses compatriotes et il note que «ses idées, parfois mal co-ordonnées, son style heurté, incorrect, diffus, montrent qu'il n'est pas toujours resté dans le *vrai lieu*». Il lui reproche surtout, outre «des inversions et des enjambemens que défend l'auteur de notre art poétique», de n'avoir pas écrit un livre qui répondrait aux attentes de lecteurs français friands d'exotisme. Dans une réponse de huit pages en prose, publiée dans le premier numéro du *Magasin du Bas-Canada*, Bibaud s'évertue à se justifier, tout en reconnaissant ses faiblesses et en admettant nombre d'erreurs.

Vondenvelden profite de cette critique pour attaquer à son tour le poète:

Pitoyable B... [...]
[...]
Connais-toi donc toi-même et pense au deshonneur
Qu'encourt un charlatan qui prend le nom d'auteur.
Isidore Lebrun, trop indulgent critique,
En t'accordant la verve est bien peu véridique
[...]
Va donc faire à Lebrun une amende honorable:
Accuse le surtout d'être trop charitable[39].

Dans sa réplique, Bibaud traite Vondenvelden d'écrivailleur et de sot. Après quelques répliques versifiées intervient une troisième voix, attribuée à Pierre Laviolette, qui invite les deux antagonistes à la réconciliation, sans rater pour autant l'occasion de décocher une flèche à Bibaud, le taxant de jalousie vis-à-vis d'un jeune poète capable de lui faire concurrence. Un quatrième intervenant se manifeste le lendemain et appelle les combattants à «des sentiments plus dignes de la Muse Canadienne»:

N'avez vous pas assez de sujets à chanter,
Sans perdre ainsi le temps à vous injurier?

---

38. *La Revue encyclopédique*, juin 1831, p. 529-532. Ce compte rendu est repris dans *La Minerve*, 20 octobre 1831, p. 1, et dans le *Magasin du Bas-Canada*, 1er janvier 1832, p. 21-23.

39. *La Minerve*, 17 novembre 1831, p. 2.

> Déjà notre pays s'élançant vers la gloire
> Invite vos crayons à tracer son histoire[40].

Feignant une attitude conciliante, Vondenvelden prétend n'avoir voulu que dénoncer l'arrogance de Bibaud et conteste la première place que s'attribue le poète dans le champ littéraire. L'auteur des *Épîtres, satires, chansons, épigrammes* [...] avoue en effet sans fausse modestie :

> Quand un insecte vil me bourdonne à la face,
> Sans pitié ni courroux je l'écrase ou le chasse :
> Un poëte attaqué par un poëtereau
> Est un arbre insulté par un abject petreau,
> Ou le géant à qui s'attaque le pigmée[41].

Il se résigne pourtant à faire la paix, non sans tenter de justifier l'utilité du poète en terre canadienne. Sous le pseudonyme de Z., il compose une épître pour inciter ses compatriotes à répondre aux attentes que la France fonde sur eux[42].

Tout au long de sa carrière de poète, Bibaud privilégie les vers suivis et les mètres pairs, essentiellement les octosyllabes, les décasyllabes et les alexandrins. Ses recours fréquents à la mythologie, à la périphrase et aux inversions témoignent de sa fidélité au classicisme, même s'il ne dédaigne pas à l'occasion la pose du romantique : « Depuis ce temps triste et rêveur[43] ». De plus, il tente parfois de travailler la forme (vers courts, enjambements, etc.) et de renouveler l'image. « Avec Michel Bibaud, nous terminons, semble-t-il, une première période de l'histoire de la poésie canadienne : celle des origines[44]. » Mais ce n'est pas tant à cause du classicisme de Bibaud, qu'on a voulu désuet, qu'en raison de l'arrivée en poésie de François-Xavier Garneau.

LES DÉBUTS DU ROMANTISME (1831-1839)

Après avoir évoqué les dangers de l'invasion, concrétisés par la guerre de 1812, la menace d'assimilation, rendue plus vive par le projet d'union de

---

40. *La Minerve*, 15 décembre 1831, p. 3, reproduit dans *TPCF*, t. III, n° 131, p. 205.
41. *La Minerve*, 21 novembre 1831, p. 3, reproduit dans *TPCF*, t. III, n° 126, p. 198. Un petreau est un « sauvageon qui pousse au pied d'un arbre » (Paul Augé (dir.), *Larousse du xxᵉ siècle*, Paris, Larousse, 1932, t. V, p. 515).
42. *La Minerve*, 29 décembre 1831, p. 1, reproduit dans *TPCF*, t. III, n° 133, p. 208-212.
43. *L'Aurore*, 14 novembre 1818, p. 3, reproduit dans *TPCF*, t. II, n° 253, p. 474.
44. Camille Roy, *op. cit.*, p. 235.

1822, et le meurtre de trois Canadiens à l'occasion d'une élection partielle à Montréal en 1832, les poètes font de la patrie leur thème principal d'inspiration. L'attachement au sol devient un leitmotiv et se traduit sous leur plume par des expressions telles «terre chérie», «TERRE DE LIBERTÉ», «terre promise», «terre du sage, du héros» et «terre d'espérance». Les Canadiens prennent possession de leur sol. Jusqu'à la rébellion des patriotes, ils radicalisent leurs propos. Le temps des compromis est passé. «[D]ésormais : Tout ou Rien[45]» clame-t-on.

Un certain nombre de poètes prêchent cependant l'union et la concorde. Pierre Laviolette, par exemple, réplique à un patriote que le peuple n'a nulle envie de «marcher à l'anarchie [...] de briser le lien° Qui justement l'attache à la mère-patrie [pour finir dans] un gouffre et de deuil et d'horreurs[46]». Les tenants du statu quo qualifient les radicaux de «vautours», d'«ambitieux aiglons», d'«ingrats» et de «peuple agitateur». Seule «la soif de l'or et de la gloire» motiverait leurs actes. Le «Chant patriotique» et le «Chant patriotique. Parodié par M. R***» illustrent la division entre les partisans de la liberté et ceux de la soumission :

Nous avons promis allégeance	Quand vous promites allégeance,
Pour que nos droits soient respectés ;	Tous vos droits furent respectés ;
Nous oublirons l'obéissance	Si vous manquez d'obéissance,
Le jour qu'ils seront menacés.	Bientôt ils seraient menacés.
Chacun de nous, à son pays fidèle,	Canadien, à ton pays fidèle ;
Répond de loin à l'honneur qui l'appelle :	Réponds toujours à l'honneur qui t'appelle :
Au Canada jurons fidélité,	Au Canada jurons fidélité ;
Vivent nos droits, vive la Liberté[47] !	À notre roi respect et loyauté[48] !

La parodie s'attache moins à ridiculiser l'auteur du premier poème qu'à mettre en relief la fausseté de ses allégations. M. R*** emporte d'autant plus l'adhésion du lecteur qu'il réussit à dire exactement le contraire des affirmations de l'adversaire, à peu près dans les mêmes mots.

L'ambivalence des sentiments envers la révolte se cristallise autour de la figure du chef patriote, Louis-Joseph Papineau, que d'aucuns présentent comme «l'espoir de la patrie° Et de nos droits l'illustre défenseur», comme un «libérateur». On compare même «ce bon père» à «un grand phare sur

---

45. *La Minerve*, 14 mars 1833, p. 3, reproduit dans *TPCF*, t. III, n° 168, p. 277.
46. *L'Ami du peuple* [...], 23 mars 1833, p. 289, reproduit dans *TPCF*, t. III, n° 170, p. 281. Voir aussi les poèmes n°s 169, 176, 284, 289 et 290.
47. *Le Jean Baptiste*, 18 décembre 1840, p. 1, reproduit dans *TPCF*, t. III, n° 216, p. 383.
48. *L'Ami du peuple* [...], 12 avril 1834, p. 304, reproduit dans *TPCF*, t. III, n° 217, p. 385.

les eaux ». Pour d'autres cependant, Papineau n'est qu'un « Nouveau Marat du nord de l'Amérique ». Sa fuite surtout ruine sa réputation[49]. Dans la chanson « C'est la faute à Papineau[50] », probablement imitée de la chanson française « C'est la faute à Voltaire », Jacques Viger ironise à propos d'une certaine opinion qui lui attribue tous les maux susceptibles de frapper le Canada et fait retomber le ridicule sur les adversaires du chef patriote.

À la suite de l'échec de la rébellion, le pessimisme et l'amertume dominent la poésie : « L'anglais a triomphé, et la clarté s'enfuit,° Et partout c'est la mort, et partout c'est la nuit[51]. » Le thème de l'exil, déjà exploité sur le mode romantique par Garneau, Jeaumenne et Aubin, prend une résonance nouvelle[52]. L'espace géographique importe soudain davantage : l'ici et l'ailleurs s'opposent de façon radicale, surtout pour les exilés politiques bannis de leur terre natale. Les manifestations de sympathie à leur égard sont toutefois risquées : Joseph-Guillaume Barthe est emprisonné à Trois-Rivières, du 2 janvier au 3 avril 1839, pour avoir publié le poème « Aux exilés politiques canadiens[53] ».

François-Xavier Garneau

Plus que tout autre, François-Xavier Garneau exprime dans ses vers les sentiments patriotiques des Canadiens. Son premier poème est daté de 1830, bien qu'il ne soit publié qu'en 1833, et son dernier aurait été écrit entre 1849 et 1854[54]. Ardent défenseur de la liberté des peuples, Garneau s'inspire de la situation politique au Canada et en Europe. Il célèbre ainsi la bravoure des premiers colons dans leur résistance aux envahisseurs anglais. Sous sa plume, la France redevient la mère patrie et Napoléon, un héros. Son amour de la patrie s'accompagne d'un sentiment d'hostilité à l'égard des étrangers, en l'occurrence les anglophones, qui l'amène à déplorer la Conquête :

> Déjà les champs où reposent nos pères
> À d'autres mains ont cédé leurs moissons.
> Et sous nos toits des langues étrangères
> Chassent l'écho de nos douces chansons[55].

---

49. *Le Populaire*, 17 novembre 1837, p. 1, reproduit dans *TPCF*, t. III, n° 380, p. 654.
50. Chanson incluse dans la lettre de Jacques Viger à sa femme, 17 février 1834, MSa, vol. IX, p. 246, reproduite dans *TPCF*, t. III, n° 209, p. 370-371.
51. *Le Canadien*, 6 avril 1838, p. 1, reproduit dans *TPCF*, t. IV, n° 29, p. 58.
52. Au sujet du thème de l'exil, voir Micheline CAMBRON, « Du « Canadien errant » au « Salut aux exilés » : l'entrecroisement de l'histoire et de la fiction », *Études françaises*, vol. XXVII, n° 1 (printemps 1991), p. 75-86.
53. *Le Fantasque*, 26 décembre 1838, p. 301-302, reproduit dans *TPCF*, t. IV, n° 83, p. 166-167.
54. Marc LEBEL, « Trois poèmes inédits de François-Xavier Garneau », *Revue d'histoire littéraire du Québec et du Canada français*, n° 7 (hiver-printemps 1984), p. 49-55.
55. *Le Canadien*, 30 août 1833, p. 1, reproduit dans *TPCF*, t. III, n° 187, p. 323.

Ce sentiment n'interdit pas au « barde de la Révolution[56] » d'affirmer, après les événements de 1837-1838 : « Notre langue, nos lois, pour nous c'est l'Angleterre[57]. » Cette ambivalence se retrouve à quelques reprises dans les poésies de Garneau :

> Garneau déplore l'abandon du Canada par la France, mais se réjouit des principes libéraux que représente Albion ; il condamne les excès de la révolution, mais sait y discerner le germe de liberté ; il repousse rudement l'Américain, mais il admire l'égalité que préconise la démocratie ; il lutte sans merci contre l'Anglo-Canadien oppresseur, mais place sa sécurité dans l'Angleterre. C'est que toujours il juge les situations par référence au sort de sa nation[58].

Réconforté par les gloires du passé, le poète n'en redoute pas moins l'avenir. L'inquiétude et l'anxiété affleurent d'ailleurs dans presque tous ses poèmes. « À mon fils[59] », composé en 1838, traduit plus particulièrement l'angoisse et le pessimisme du poète.

Dans quelques pièces de vers, notamment « Élégie », « L'étranger » et « Le tombeau d'Émilie », les préoccupations intimes du poète l'emportent sur celles de la collectivité. Le sentiment de solitude domine, conséquence de l'exil dans les deux premiers cas et de la mort de la femme aimée dans le second. Garneau exprime une sensibilité nouvelle. Pendant son séjour en Europe, il a pris contact avec des nationalistes et s'est initié aux auteurs romantiques, tant anglais que français, tels Lamartine, Hugo, Scott, etc. Ces influences l'amènent à composer des ballades, ou romances, sur le modèle de Wordsworth et Coleridge : « La harpe », « Le marin canadien », « Louise. Une légende canadienne » et « Le dernier Huron ».

La poésie de Garneau se situe au carrefour du classicisme et du romantisme. Si la plupart de ses poèmes conservent un style pseudo-classique, très souvent, au tournant d'un vers, une image, un accent, ou encore la construction d'une strophe se rattachent au romantisme. Même s'il exploite un grand nombre de thèmes romantiques, le poète affectionne particulièrement l'inversion, la périphrase et le terme abstrait. S'il se sert parfois d'alexandrins suivis à rimes plates dans la plus pure tradition classique, à d'autres moments il a recours à la strophe libre chère aux romantiques.

Dans ses poèmes, Garneau prête une attention particulière au rythme et à la forme. « Le papillon » se présente comme un exercice formel et rythmique plutôt réussi. En utilisant trisyllabes, quadrisyllabes et hexa-

---

56. Joseph COSTISELLA, *L'esprit révolutionnaire dans la littérature canadienne-française de 1837 à la fin du XIXᵉ siècle*, p. 47-63.
57. *Le Canadien*, 8 juin 1838, p. 1, reproduit dans *TPCF*, t. IV, n° 43, p. 82.
58. Jeanne d'Arc LORTIE, *La poésie nationaliste au Canada français (1606-1867)*, p. 256.
59. Dans *TPCF*, t. IV, n° 69, p. 131-133, le poème porte le titre « Inédit. À mon fils ».

syllabes, alignés à l'intérieur de quatrains et de douzains, le poète insuffle une légèreté au rythme qui s'accorde bien avec le sujet. Dans plusieurs de ses productions, il utilise diverses formes strophiques et varie la composition de ses strophes dans un même poème. Quelques-unes de ses productions, composées « sur l'air de » avec refrain, sont évidemment destinées à être chantées. La variété de sa thématique de même que son souci de la forme lui valent la reconnaissance de Huston, qui reprend nombre de ses poèmes dans *Le répertoire national*. Le poète ne parvient cependant pas à asseoir véritablement sa réputation. Ce n'est qu'après sa consécration comme historien qu'on se souvient de ses poésies et encore ne sont-elles perçues que comme des œuvres de jeunesse, annonciatrices de l'*Histoire du Canada depuis sa découverte jusqu'à nos jours*.

Napoléon Aubin

Si Garneau est le premier poète à traduire la réalité d'une façon romantique, il n'est toutefois pas le seul à le faire. Napoléon Aubin exploite un grand nombre de thèmes romantiques. De 1834 à 1839, il compose 17 pièces de vers, dont 13 en 1835. Sa principale préoccupation, la quête de la liberté, l'amène à inciter les Canadiens au combat (« Les Français aux Canadiens »), à sympathiser avec les Polonais qui vivent sous le joug d'un tyran (« Le jeune Polonais ») et à faire des Suisses les derniers défenseurs de la liberté (« Chanson. La Suisse libre »). Deux poèmes réhabilitent Napoléon en faisant valoir sa mission libératrice. Poète intimiste, Aubin s'adonne aussi à la confidence. Dans trois poèmes, « Souvenirs », « Tristesse » et « Quarante ans », il se remémore son enfance tout en déplorant la fuite du temps et sa jeunesse envolée. « Tristesse » réunit les principales tendances de la littérature romantique : langueur, fièvre ardente, solitude, détresse, mélancolie, etc. Avec « Le songe », Aubin verse dans la poésie amoureuse et se désole de l'absence de l'aimée. Peut-être est-ce justement pour combattre ce mal de l'âme que le poète, dans deux textes d'allure philosophique, prêche en faveur d'une conception légère de la vie : « RIONS de tout, c'est mon principe […]° Car, ce monde est une folie,° Dont les morts sont les spectateurs[60]. » « Amis ! *évitons les extrêmes*[61]. »

Joseph-Guillaume Barthe

De tous les poètes de la période, Joseph-Guillaume Barthe se veut le plus romantique. Dans de longs textes en prose, il exprime son admiration pour des auteurs tels Chénier, Lamartine et Béranger. De plus, il enchâsse nombre de ses poèmes dans une prose où la mythologie dispute la place

---

60. *La Minerve*, 16 février 1835, p. 1, reproduit dans *TPCF*, t. III, n° 259, p. 459.

61. *La Minerve*, 23 mars 1835, p. 1, reproduit dans *TPCF*, t. III, n° 264, p. 467.

aux effusions romantiques. S'élabore donc, parallèlement à son œuvre poétique, une conception pessimiste de la vie où se décèle la figure du poète malheureux et incompris.

Barthe commence sa carrière le 10 mai 1837 lorsque, sous le pseudonyme de Marie-Louise, il envoie un poème au *Populaire* accompagné de la note suivante :

> Ma prédilection pour la saison printannière m'a inspiré un tout petit morceau de poésie à ma façon, que je vous prie d'initier à vos colonnes, dans le seul but d'engager mes jeunes concitoyennes à produire quelque chose de mieux, sur quelque sujet que leur dictera leur goût. Prouvons aux jeunes *Poëtes* Canadiens qu'ils n'ont pas exclusivement le monopole de la littérature, que nous autres aussi, Demoiselles, avons nos *rêves d'or*, nos *caprices poëtiques* [...] Comme il serait glorieux, le jeune Canada ! si de jeunes vierges lui ceignaient le front d'une auréole de gloire, fruit de l'âme et du génie[62] !

Les premiers écrits de Barthe présentent Marie-Louise comme une jeune orpheline esseulée et durement éprouvée par la mort : « Lecteur, au milieu du champ paternel, sur un tertre élevé, gisent trois tombes isolées, c'est la famille de Marie Louise que la mort a moissonné toute entière[63] ! » Dans sa prose, encore plus que dans ses vers, Marie-Louise ne cesse de gémir sur son sort et de se répandre en lamentations. Ces effusions lyriques éveillent la compassion des autres poètes. Le 18 août, Un solitaire, pseudonyme de N.D.J. Jeaumenne, envoie un poème au journal dans lequel il exalte le talent de Marie-Louise et semble nourrir de véritables sentiments amoureux pour elle :

> Du fond de ta retraite, aux mortels inconnue,
> Tes écrits, pétillants d'une grâce ingénue,
> Sont venus tellement s'emparer de mon cœur
> Qu'il ne palpite plus que pour l'aimable auteur[64].

Dans ce même poème, il lui reproche de ne peindre « jamais que les maux de la vie » et lui conseille d'ouvrir son cœur à l'amour, remède à toute souffrance. Marie-Louise accepte à la fois les conseils d'Un solitaire et l'hommage de son amour. C'est le début d'un échange qui dure quelque quatre mois et auquel se joint André-Romuald Cherrier, sous le pseudonyme de Pierre-André. Au cours de leurs échanges, ils devisent sur le passé, la mort, le sens de la vie, et surtout sur la douceur de l'amour. Alors qu'elle s'ouvre à l'amitié d'Un solitaire, Marie-Louise préfère cependant tenir Pierre-André à l'écart, sous prétexte de lui épargner la douleur. Lorsque

---

62. *Le Populaire*, 10 mai 1837, p. 1.
63. *Le Populaire*, 24 mai 1837, p. 1, reproduit dans *TPCF*, t. III, n° 338, p. 599.

64. *Le Populaire*, 18 août 1837, p. 1, reproduit dans *TPCF*, t. III, n° 348, p. 616.

Marie-Louise révèle sa véritable identité, Le solitaire, qui devient pour la circonstance Le pauvre solitaire, ne peut cacher sa douleur et son amertume.

L'initiative de Barthe démontre quel tabou entoure alors l'écriture féminine. C'est la raison qu'allègue l'éditeur du *Populaire* lorsque Barthe lève l'incognito : « Il est probable que MARIE LOUISE se sera fatigué des hommages dont elle était l'objet, qu'elle aura craint de pousser l'indiscrétion trop loin en gardant un incognito qui poussait à tant de recherches, et qui surchargeait quelques dames d'une réputation qu'elles auraient voulu éviter[65]. » Les femmes éprouvent donc toujours des réticences à recourir à l'écriture publique pour s'exprimer. Grâce à ce subterfuge, Barthe dénonce cette situation, mais sans produire l'effet escompté. Il faut dire que l'auteure la plus prolifique de la période laisse dormir ses poèmes dans ses cahiers. Louise-Amélie Panet compose six pièces entre 1811 et 1832, toutes demeurées inédites de son vivant, qui s'inspirent du poète romantique Thomas Moore. Quatre de ses poèmes traitent de l'amour tandis que les deux derniers témoignent de sa résignation devant la mort. La jeune fille n'a pourtant que 28 ans. La versification de Panet est correcte, sans plus, et

Portrait [de Louise-]*Amélie Panet* (Berczy) (détail), aquarelle de William Berczy, sans date. Musée du Québec (78.80).
Photographe : Patrick Altman.

---

65. *Le Populaire*, 6 novembre 1837, p. 1.

son style est parfois maladroit : « Te faut-il chasser de nos cœurs [...]° Rose qu'épine cruelle arme⁶⁶ ? »

Deux femmes semblent avoir été influencées par Marie-Louise. Odile Cherrier, qui publie trois poèmes en 1838 sous le pseudonyme d'Anaïs, adopte le même procédé que Barthe et enchâsse ses poèmes dans une prose larmoyante. Ses textes trahissent un sentiment quasi incestueux pour son frère, André-Romuald Cherrier. Améla, jeune poétesse de 15 ans, publie pour sa part quatre poèmes entre le 4 octobre 1839 et le 21 octobre 1840. Sa douleur et ses plaintes rappellent étrangement celles de Marie-Louise. Elle se désole de sa solitude, après la mort de l'être aimé de même que celle de sa mère, et cherche un interlocuteur : « Est il dans vos hameaux une âme bienveillante° Pour aimer Améla, pour essuyer ses pleurs⁶⁷ ? », « Qui s'intéresse à ma mélancolie ?° Qui d'Amela veut connaître le cœur⁶⁸ ? » Améla prend beaucoup de liberté dans la composition de ses poèmes, variant sans cesse le mètre des vers et faisant fi, à l'occasion, de la rime. Elle est la première au Canada à former des dessins avec la disposition typographique des vers.

Après l'épisode de Marie-Louise, Barthe poursuit sa carrière sous son vrai nom en variant sa thématique : il compose quelques poèmes de circonstance pour l'album de jeunes filles⁶⁹ (il semble d'ailleurs être le premier poète à publier de tels écrits), quelques cantiques, plusieurs poèmes politiques et, surtout, des poèmes d'amour. Pour lui, « l'amour, c'est le Dieu du poëte⁷⁰ ». La prolixité de ses épanchements langoureux agace cependant ses pairs :

> Tendre Barthe, pardon si mon zèle indiscret
> De tes *chastes* amours vient troubler le secret.
> Qu'ai-je dit le secret ? Est-ce donc un mystère ?
> Quand ta bouche a cent fois dit à la terre entière,
> Dans les transports fougueux de ta fiévreuse ardeur,
> [...]
> Faut-il toujours t'entendre, infatigable apôtre.
> Proner Vénus, l'Amour d'un bout du monde à l'autre,
> En te faisant un jeu, dans ta brûlante ardeur,
> D'outrager la morale et blesser la pudeur⁷¹ ?

---

66. *TPCF*, t. II, n° 80, p. 158.
67. *L'Aurore des Canadas*, 12 novembre 1839, p. 1, reproduit dans *TPCF*, t. IV, n° 115, p. 228.
68. *L'Aurore des Canadas*, 6 décembre 1839, p. 1, reproduit dans *TPCF*, t. IV, n° 121, p. 236.
69. L'album se définit comme un « cahier destiné à recevoir les productions des artistes et des écrivains à la mode : prose, vers, dessin, musique, etc. » (*Encyclopédie du xixᵉ siècle. Répertoire universel des sciences, des lettres et des arts*, Paris, Librairie de l'encyclopédie du xixᵉ siècle, 1877, t. I, p. 77).
70. *Le Populaire*, 21 août 1837, p. 1.
71. *L'Ami du peuple* [...], 18 juillet 1838, p. 3, reproduit dans *TPCF*, t. IV, n° 63, p. 118.

L'intervention du censeur montre bien que la poésie doit rester publique pour être reçue favorablement. L'expression de sentiments intimes blesse la pudeur et offense le bon goût des lecteurs. En fait, elle n'a droit à la divulgation que dans la mesure où elle se raccorde à l'universel. Le poète qui, à l'instar de Barthe, se prétend digne d'intérêt au point de se mettre en scène dans ses écrits risque d'être accusé d'infatuation : « [...] ci gît un wawaron° Que l'orgueil fit surgir du bourbier d'Apollon[72] ».

L'absence de reconnaissance littéraire, de même que l'horizon limité de la critique, n'encourage guère les poètes canadiens à composer des vers. De plus, la poésie régentée par la rhétorique répugne aux manifestations du « moi » qui percent dans les années 1830. Un tel contexte explique peut-être la défection de certains auteurs. André-Romuald Cherrier, après avoir publié une vingtaine de poèmes, se retire de la scène littéraire, tandis que Napoléon Aubin et François-Xavier Garneau délaissent la poésie et se tournent vers le journalisme et l'histoire.

LA CHANSON

De 1806 à 1839, la chanson continue d'être considérée comme un instrument de propagande non négligeable et parfois perçu comme dangereux : « Les Chansons, loin d'être des choses frivoles, sont quelquefois des choses très importantes, des moyens puissants pour ceux qui savent en faire usage[73]. » Certaines productions, sitôt composées, gagnent la faveur populaire et sont consacrées chansons nationales. C'est le cas de « Chanson patriotique » d'Augustin-Norbert Morin, de *Sol canadien ! Terre chérie !* de Joseph-Isidore Bédard, de *O Canada ! Mon pays ! Mes amours !* de George-Étienne Cartier. Toutefois, les compilateurs des recueils éprouvent certaines réticences à introduire des pièces révolutionnaires. Quand *Le chansonnier canadien, ou nouveau recueil de romances, idylles, vaudevilles, &c. &c.* publie l'hymne national français sous le titre « Chanson républicaine », on ne manque pas de noter, en bas de page : « [...] nous ne mettons ici cette Chanson qu'à cause de son air qui est très estimé[74] ». En 1834, le Français Léon Potel suggère à Ludger Duvernay, qui projette de publier un recueil sous le titre « Parnasse canadien », d'écarter soigneusement les chansons politiques, d'abord parce qu'elles « n'ont jamais que l'intérêt du moment » et, ensuite, parce qu'elles « pourraient empêcher la vente de

---

72. *L'Ami du peuple* [...], 6 octobre 1838, p. 3, reproduit dans *TPCF*, t. IV, n° 76, p. 146.
73. *La Bibliothèque canadienne*, août 1825, p. 93.
74. *Le chansonnier canadien, ou nouveau recueil de romances, idylles, vaudevilles, &c. &c.*, p. 87.

quelques centaines d'exemplaires[75] ». Il admet toutefois l'insertion de certaines d'entre elles, telles *Sol canadien* [...] ou « [Riches cités...] ».

La prudence des compilateurs contraste avec la détermination et l'assurance parfois arrogante des chansonniers de l'époque. Au cours de la guerre de 1812, les soldats fredonnent une pièce de vers sur Salaberry[76]. Dans une lettre à sa femme, Jacques Viger remarque :

> Vous ne croiriez pas que quoique tous nos Voltigeurs tremblent [devant le major de Salaberry], ils ont la hardiesse de chanter tous les soirs, dans les rues et par bandes, une chanson qu'ils ont faite sur lui et dans laquelle ils ne l'épargnent certainement pas : ils ne craignent pas de la chanter jusque sous ses fenêtres, et comme le Major veut bien faire la sourde oreille, aucun des autres Officiers (qui tous ont plus ou moins une dent contre lui...) ne se met en frais d'arrêter la sérénade[77].

Plus que les chansons politiques, dont certaines prônent la soumission à l'Angleterre, les chansons satiriques, probablement parce qu'elles demeurent trop centrées sur l'actualité, sont écartées des recueils.

Véhicule privilégié tant par les lettrés que par les gens du peuple, la chanson est de toutes les réjouissances : elle accompagne toasts, banquets, réunions familiales et autres événements, publics ou privés, qui regroupent un certain nombre de personnes. Toutefois, on la confie désormais de moins en moins à la mémoire. Avant 1839, quatre recueils voient le jour, en plus du *Nouveau recueil de cantiques* [...] de Jean-Denis Daulé. Leur publication atteste le passage d'une culture orale à une culture écrite : de cette façon, on soustrait la chanson à la tradition orale pour la confier à la littérature. La récupération du folklore entraîne donc une ouverture vers le littéraire : en éditant les chansons, pratique populaire, on tend à les littérariser.

Le premier recueil paraît en 1821 sous le titre *Recueil de chansons choisies*. John Quilliam en est vraisemblablement le compilateur[78]. Le volume ne comporte ni préface ni subdivision et reproduit les chansons sans identifier les auteurs. Seule la première pièce est « attribuée à Henri IV. Roi de France ». Les textes semblent tous d'origine française, à l'exception de « La rose et son bouton » de l'abbé Jean-Jacques Lartigue.

Dans la préface du deuxième recueil, *Le chansonnier canadien, ou nouveau recueil de romances, idylles, vaudevilles, &c. &c.*, publié en 1825, le compilateur souligne les avantages que présente son répertoire par rapport

---

75. Lettre de Léon Potel à Ludger Duvernay, 7 avril 1834, Archives nationales du Québec, *Papiers Duvernay*, n° 212.
76. *BRH*, vol. XXVI, n° 6 (juin 1920), p. 189-191, reproduit dans *TPCF*, t. II, n° 78, p. 155.
77. Lettre de Jacques Viger à sa femme, 18 septembre 1812, MSa, vol. II, p. 140-141.
78. *La Bibliothèque canadienne*, août 1825, p. 95.

au précédent : « [...] plus de goût, par exemple, dans le choix des pièces, plus d'ordre dans leur arrangement [...] impression plus correcte ». Il énonce ensuite ses critères de sélection : il a pris soin « de rejetter dans le CHANSONNIER CANADIEN toutes les Chansons où la religion et les mœurs n'ont pas paru suffisamment respectées, afin que rien n'en pût interdire l'usage même aux femmes et aux jeunes gens ». Le recueil se divise en quatre parties respectivement intitulées « Romances, pastorales, idylles, vaudevilles, &c » (48 pages), « Chansons bachiques, de table, &c » (36 pages), « Chansons patriotiques et militaires » (16 pages) et « Chansons sur différens sujets » (24 pages). Outre la chanson liminaire, 15 productions sur 110 sont mentionnées comme canadiennes dans la table des matières, dont 5 ont déjà été fixées par la publication.

Le troisième recueil, publié en 1830, s'intitule *Le passe-tems, ou nouveau recueil de chansons, romances, vaudevilles, &c. &c.* Le compilateur, probablement Ludger Duvernay, souligne dans la préface que deux « recueils de chansons dont l'édition a été successivement épuisée, prouvent que les Canadiens n'ont rien perdu de la gaité de leurs ancêtres. C'est pour satisfaire à ce besoin de plaisir et de chant, qu'on a compilé ce nouveau choix, où l'on a mêlé avec beaucoup de variété, des Chansons nouvelles à celles que contenaient les Chansonniers précédens. » Plusieurs auteurs français sont identifiés, tels Chateaubriand, Béranger, Rousseau, Desbordes-Valmore, Boileau, Delavigne, etc. Une dizaine des 209 textes retenus sont canadiens, dont 7 sont dûment désignés comme tels dans la table des matières.

Enfin, Joseph Laurin publie en 1838 le dernier recueil sous le titre *Le chansonnier canadien ou nouveau recueil de chansons*. Il justifie ainsi cette publication : « Invité par quelques Dames de cette Ville, à publier un nouveau recueil de Chansons, je me suis empressé de condescendre à leurs désirs [...] afin de leur procurer un moyen d'amusement dans leurs momens de loisir, et dissiper ainsi les ennuis trop fréquens de la vie. » L'ouvrage se divise en trois parties : « Amourettes ou chansons d'amour » (124 pages), « Chansons bachiques, de table, &c. » (23 pages) et « Chansons patriotiques et militaires » (29 pages). Il ne comporte pas de table des matières et aucun auteur n'est identifié. Une quinzaine de chansons sur 116 sont canadiennes.

La chanson canadienne la plus populaire semble être « [Riches cités ...] » de Morin, reprise dans trois des répertoires, puis « Le vin d'Espagne » de Bibaud, « La rose et son bouton » de Lartigue, *Sol canadien ! Terre chérie !* de Bédard, etc., qui se retrouvent dans deux recueils. Toutefois, si ce genre d'ouvrage est une forme de consécration, il n'assure guère la reconnaissance de l'auteur, puisque les textes canadiens, anonymes, sont noyés parmi les compositions françaises. La reconnaissance de l'auteur et la popularité de la chanson précèdent ici la publication et déterminent le choix du compilateur. L'absence d'indication de l'air ou encore les notations « sur un air connu » ou « sur un air nouveau » attestent la popularité des pièces retenues.

*

Au cours de la période, les auteurs privilégient les poèmes strophiques sans recourir nécessairement aux formes fixes ; seuls quelques sonnets et romances, de même qu'un rondeau, paraissent entre 1806 et 1839. Parallèlement à un amour grandissant envers la patrie, la langue française et la foi catholique, on assiste à la réhabilitation de Napoléon et à un détachement progressif des Canadiens vis-à-vis de l'Angleterre. Aussi, la poésie se préoccupe moins des dirigeants de la colonie et des événements solennels. Toutes les classes de la société, de même que les menus faits du quotidien, deviennent sujets à rimer des vers. La popularité du Français Béranger, considéré comme le « poète du peuple[79] », est représentative de cette évolution. La forme des poèmes demeure classique et les dénominations des amantes restent fidèles à la poésie élégiaque traditionnelle : Hélène, Thémire, Phillis, et même Glycère, que les préromantiques et Hugo ont reprises. En revanche, les images romantiques foisonnent et le « moi » commence à poindre.

La montée du nationalisme et du romantisme dans la littérature suscite une recherche du pittoresque et de la couleur locale. La réalité canadienne commence à se poétiser. Suivant l'exemple de Mermet et les conseils de Bibaud (« Le sol du Canada, sa végétation,° Présentent un champ vaste à la description[80] »), certains poètes décrivent l'influence des saisons sur la nature. D'autres s'inspirent des coutumes et des mœurs canadiennes : un poème décrit les boucheries (1823), un autre, la fête de la Saint-Jean-Baptiste (1834). À quelques reprises, les événements de la vie privée alimentent la poésie : entre autres, une poésie composée à l'occasion du cinquantième anniversaire de mariage d'un couple, les vers d'un enfant à son chien, les sensations et souvenirs d'une promenade en traîneau. Les poètes se bornent alors au genre descriptif et évitent de laisser transparaître leurs sentiments.

D'abord simple délassement pour gens cultivés, la poésie canadienne, à mesure qu'elle s'affirme, se définit par rapport à l'espace public. Loin d'être gratuite, elle a un rôle à jouer, que ce soit pour inciter les gens au combat (Mermet) ou pour dénoncer leurs vices et leurs travers (Bibaud).

---

79. *Le Populaire*, 27 août 1838, p. 3.
80. Michel BIBAUD, *op. cit.*, p. 43-55, reproduit dans *TPCF*, t. II, n° 271, p. 497-503.

De plus, bien qu'on admette que le poète « sait vivre inconnu, mais [...] meurt immortel[81] », la renommée future importe moins que la reconnaissance immédiate. Garneau plaide en faveur du poète méconnu :

> Cependant, quand tu vois au milieu des gasons
> S'élever une fleur qui devance l'aurore,
> Protége-la contre les aquilons
> Afin qu'elle puisse éclore.
> Honore les talens, prête-leur ton appui ;
> Ils dissiperont la nuit
> Qui te cache la carrière :
> Chaque génie est un flot de lumière[82].

Désormais, les poètes prétendent à la reconnaissance de leurs contemporains. Il leur faudra néanmoins attendre la parution du *Répertoire national* de Huston pour voir leur talent consacré, et l'arrivée sur la scène littéraire d'Octave Crémazie pour qu'un premier poète canadien soit sacré « poète national ».

---

81. *Le Populaire*, 17 janvier 1838, p. 1,
    reproduit dans *TPCF*, t. IV, n° 15, p. 33.
82. *Le Canadien*, 10 février 1837, p. 1,
    reproduit dans *TPCF*, t. III, n° 329,
    p. 586.

Les textes dramatiques

Quatre pièces de théâtre ont été imprimées au pays[83] entre 1806 et 1839. Elles constituent les seuls vestiges d'une écriture théâtrale qui a peut-être été beaucoup plus féconde que ces rares témoins le laissent croire, car la pratique du genre dramatique est indéniable. N'est-ce pas pendant cette période que Joseph Quesnel voit imprimer *Colas et Colinette* [...] (1808) et qu'il rédige les parties chantées de *Lucas et Cécile*[84]? Jacques Labrie, en 1807, ouvre une souscription pour l'« édition des meilleures pieces de BERQUIN, avec des notes[85] ». Comme bien d'autres annonces du genre, celle-ci demeure sans suite. Arnaud Berquin n'en reste pas moins un auteur de prédilection pour le théâtre de collège et pour les journaux, qui reproduisent et citent son œuvre. Un de ses drames, *L'honnête fermier. Drame en cinq actes par Berquin, à l'usage des écoles*, connaît même l'honneur de la publication. En 1831, un acteur en tournée, J.F. Schinotti, lance un encouragement au génie en offrant « la somme de CINQUANTE

---

83. La dernière comédie à ariettes de Joseph Quesnel, *Lucas et Cécile*, n'a été publiée qu'en 1984 par Jean Marmier dans *Études canadiennes / Canadian Studies*, n° 16 (juin 1984), p. 23-30. Voir Maurice Lemire (dir.), *La vie littéraire au Québec*, t. I : *1764-1805. La voix française des nouveaux sujets britanniques*, p. 319.

84. Maurice Lemire (dir.), *op. cit.*, p. 314 et 319.

85. *La Gazette de Québec*, 5 mars 1807, p. [3].

PIASTRES pour le meilleur MELODRAME calqué sur les mœurs et les coutumes des ABORIGENES de l'Amérique Septentrionale[86] ». Cet appel aux dramaturges survient au moment où l'artiste remporte un franc succès avec sa danse de guerre indienne. Devenu la vedette du volet dramatique dans le cirque de Mr. Page[87], Schinotti insère son numéro dans une scène de « Sauvages des îles du Sud[88] ». Mais que reste-t-il de cette effervescence culturelle ?

GRIPHON [...] DE PIERRE PETITCLAIR

Pierre Petitclair produit la majorité de ses écrits littéraires entre 1831 et 1843. Seule *Une partie de campagne*, rédigée en 1856 et publiée en 1865, s'inscrit en dehors de cette période d'écriture où il publie *Griphon* [...] (1837) et « La donation » (1842). Il aurait aussi rédigé « Qui trop embrasse mal étreint » et « Le brigand », dont l'existence demeure fondée sur les témoignages du *Canadien* et du biographe Louis-Michel Darveau. Un prospectus paru en 1836 ouvre une souscription pour le premier texte d'origine incertaine : « L'ouvrage est une Comédie en deux Actes dont le titre est un vieux Proverbe, "QUI TROP EMBRASSE MAL ETREINT," qui en explique assez le sujet. Le premier Acte comprend vingt-deux scènes et le second et dernier trente-sept[89]. » À la place, Petitclair publie son *Griphon* [...] l'année suivante, chez le même éditeur :

> A MONSIEUR LE SOUSCRIPTEUR
> Pour une raison qu'on lui permettra bien de taire, l'Auteur ne peut faire paraître la Comédie « Qui trop embrasse mal étreint », qu'il promettait dans son Prospectus inséré dans le Canadien. Pour suppléer à son défaut, il offre celle-ci, ne doutant nullement qu'elle soit acceptée par un souscripteur généreux[90].

Darveau affirme pour sa part que Petitclair a écrit « Le brigand », drame en trois actes et en prose créé au cours d'une soirée de théâtre à la maison[91].

---

86. *Le Canadien*, 28 mai 1831, p. 4.
87. Voir, dans le présent ouvrage, à la section intitulée « Le théâtre », p. 138.
88. Au sujet du pittoresque, voir, dans le présent ouvrage, le chapitre 7 intitulé « La réception », en particulier p. 440-447. Plusieurs écrits narratifs mettent aussi les Amérindiens à l'honneur ; voir, dans le présent chapitre, à la section intitulée « Les récits de fiction », p. 364-368.
89. *Le Canadien*, 7 novembre 1836, p. 2.
90. Pierre Petitclair, *Griphon* [...], page en regard de la page de titre, retrouvée par Manon Brunet, « La littérature française du Québec de 1764 à 1840 », thèse de doctorat en études françaises, f. 259.
91. Louis-Michel Darveau, *Nos hommes de lettres*, p. 73.

Griphon ou la vengeance d'un valet, comédie en trois actes écrite en prose, est donc la seule pièce de théâtre de Petitclair publiée pendant la période; jusqu'à ce jour, aucune représentation n'en a été répertoriée. Aucun écho n'a été relevé dans la presse non plus, contrairement aux *Révélations du crime* [...] et à *L'influence d'un livre*, récits publiés la même année (1837)[92].

Dans l'histoire littéraire, la fortune de *Griphon* [...] est bien modeste. Avant 1840, les manuels de littérature ne donnent lieu, la plupart du temps, qu'à un palmarès de « premiers » où Petitclair est présenté comme le premier dramaturge né au Québec, et *Griphon* [...], comme la première pièce de théâtre écrite par un Canadien de langue française, tout comme *Colas et Colinette* [...] y avait récolté le titre de première œuvre écrite, jouée et publiée au pays.

Griphon [...] puise son essence aussi bien dans le théâtre de son époque que dans celui qui l'a précédé. La trame rappelle le canevas traditionnel de la *commedia dell'arte*, tandis que les diverses péripéties qui étoffent ce plan sont tirées d'œuvres fréquemment jouées à l'époque de Petitclair. La pièce raconte l'histoire de Griphon, barbon tartuffe, crédule, hypocrite et luxurieux. Il fait une cour quasi incestueuse à sa servante, Florette – il lui enseigne « l'amitié d'un père tendre pour son enfant chéri[93] » ainsi que les « devoirs d'une fille vertueuse[94] » – , et maltraite son valet, Citron. Celui-ci s'associe à son ami Boucau pour tendre un piège à Griphon. L'opération a lieu en l'absence de Normand, maître de Boucau, parti à la campagne avec sa nièce Julie. Les types fondamentaux de la *commedia dell'arte* sont donc représentés. Deux serviteurs (Citron et Boucau), dont l'un est généralement plus rusé que l'autre, utilisent la fourberie pour sortir de leur éternel état de dominés. Deux maîtres incarnent deux figures différentes de Pantalon: d'une part, un vieillard libidineux et avare (Griphon) et, d'autre part, un père de famille autoritaire et vertueux (Normand). Personnage secondaire, la servante est le seul élément féminin à tenir un rôle quelque peu utile au déroulement de l'action. Ingénue en apparence, elle est assez délurée pour tenir tête à qui voudrait abuser d'elle; la promesse d'une récompense ou d'une union rémunératrice efface généralement ses scrupules.

Les deux valets font croire à Griphon qu'une jeune fille, Émilie Dupuis (Citron travesti), est follement amoureuse de lui; malheureusement, un ex-amant jaloux, Antoine Jourdain (Boucau déguisé), et un tuteur on ne peut plus sévère sont aussi de la distribution. Les deux valets en font voir de toutes les couleurs à ce pauvre Griphon, qui, pour mériter l'amour d'Émilie, tantôt ingurgite une potion exécrable, tantôt reçoit le

---

92. Voir, dans le présent chapitre, à la section intitulée « Les récits de fiction », p. 373-381.
93. Pierre PETITCLAIR, *op. cit.*, p. 14.
94. *Ibid.*, p. 15.

contenu d'un vase de nuit sur la tête, se fait battre, voler, enfermer, égratigner, jusqu'à ce que Normand, qui revient plus tôt que prévu, découvre le pot aux roses et fasse la morale à... Griphon.

La haine, la colère, l'avidité et l'appétit sexuel motivent les personnages et fournissent les moteurs de l'action de la *commedia dell'arte*. L'amour constitue le lieu où s'assouvissent toutes les attentes, et la source du comique. Les serviteurs, déjà peu fortunés, ont à subir les conséquences du trait inhérent au maître, l'avarice. Les valets parviennent à dominer le vieillard en exploitant sa faiblesse la plus flagrante, l'amour. C'est là que commence la « comédie des erreurs[95] ». La poursuite de l'amoureuse transporte le vieillard dans tous les dédales – guet-apens et culs-de-sac – d'une intrigue qui aboutit généralement à la découverte d'une personne travestie. Le serviteur triomphe alors d'un maître ridiculisé.

L'action de la pièce se passe en deux lieux: la résidence de Griphon et celle de Normand, qui est aussi la pseudo-demeure d'Émilie. *Griphon* [...] se déroule sur deux ou trois jours; les indications données à ce sujet au hasard des dialogues ne concordent pas. L'action principale de la comédie combine les projets des deux valets: Boucau s'amuse en aidant Citron à se venger.

Les trois actes de la pièce sont dotés d'une solide structure. Le premier amuse franchement, le deuxième accumule les fourberies et le dernier clôture le tout dans un dénouement moralisateur: les valets organisent un bal où, on le présume, culminera la vengeance de Citron. Il y a au contraire réconciliation entre Griphon et Antoine qui, dans l'acte précédent, devaient s'affronter en duel.

Les caractères des personnages sont entièrement au service de la fiction. Deux individus, Champlure et Fanchon, arrivent au milieu du troisième acte, sans autre utilité apparente que d'amener des invités au pseudo-bal. La crédulité et la poltronnerie de Griphon, traits qui donnent lieu à la pièce – on ne pourrait attirer le barbon dans ce guet-apens s'il ne croyait pas tout et n'avait pas peur de tout –, sont aussi apprêtés selon les besoins du moment. Pourquoi Citron désire-t-il se venger de Griphon? Parce que ce dernier croit que Citron lui a volé une bague:

– Boucau: Est-il crédule?
– Citron: Ce défaut, il le possède au plus haut degré. Il n'y a que pour cette bague que son incrédulité est extrême[96].

Même remarque pour la lâcheté: n'est pas si poltron celui qui décide d'enlever une fille des « griffes » d'un « oncle impitoyable » qui a déjà tué et maltraité plusieurs ex-amants[97].

---

95. Norbert Jonard, *La commedia dell'arte*, p. 19.
96. Pierre Petitclair, *op. cit.*, p. 13.
97. *Ibid.*, p. 24-25.

Sur ce canevas de *commedia dell'arte* se greffent des marques bas-canadiennes. L'action se déroule à Québec[98] ; quelques allusions au climat journalistique[99] et quelques anglicismes[100] parsèment le texte. La pièce imite les journaux dans leur façon de rassembler en un seul lieu des articles de provenances diverses. Les pièces et les auteurs qu'imite Petitclair sont alors les plus couramment mis en scène. Le travestissement de Citron s'inscrit dans la tradition de l'époque ; faire jouer un rôle féminin par un homme, trouver naturel qu'une femme soit « charmante [...] malgré son son de voix un peu trop masculin[101] » sont choses courantes, et d'autres auteurs (Shakespeare, *Le marchand de Venise*, acte IV, scène I ; Molière, *Le dépit amoureux*, avec le personnage d'Ascagne) utilisent le procédé. Le fantastique omniprésent – outre la scène du revenant, la pièce est farcie de superstitions, de loups-garous, d'esprits follets, de lutins, de tireurs de cartes, etc. – rappelle *L'influence d'un livre*, publiée la même année.

La pièce tire profit du réemploi de la dramaturgie française et anglaise. Citron et Boucau possèdent l'esprit pétillant de Scapin ; Griphon cumule les défauts des maîtres crédules et avares de Molière et les vices du John Falstaff de Shakespeare (anti-héros des *Joyeuses épouses de Windsor* et des deux parties de *Henri IV*). La mise en situation – des domestiques profitent de l'absence de leurs patrons pour s'amuser à leurs dépens – rappelle celle de *High Life Below Stairs*. L'intrigue de *Griphon* [...] procède cependant à l'envers : Petitclair maltraite les maîtres ingrats et tordus, tandis que David Garrick réprimande les valets insoumis et peu scrupuleux. L'épisode du mouchoir posé sur la gorge de la servante à la demande du faux dévot vient tout droit du *Tartuffe* de Molière (acte III, scène II) ; celui du duel qui tombe à plat, du *Joueur* de Jean-François Regnard (acte III, scène IX) et des *Joyeuses épouses de Windsor* de Shakespeare (acte III, scène I). La scène de l'amant transporté dans un panier à linge fait aussi partie de cette dernière comédie (acte III, scène III), où on effraie également le froussard avec des revenants (acte V, scène V). Le thème du retour du conjoint défunt et du pseudo-devin est emprunté au *Tambour nocturne* de Destouches. Paul Scarron, dans *Don Japhet d'Arménie* (acte IV, scène VI), avait déjà fait subir à son personnage le supplice du pot de chambre renversé sur la tête. *Les précieuses ridicules* se terminent aussi par un bal où les valets, vêtus des habits de leurs maîtres, sont démasqués, où l'honneur des nobles est menacé, et où les musiciens réclament d'être payés pour leurs services (scène XV). Griphon reprend le nom du vieil amoureux de *La sérénade* de Regnard ; monsieur Jourdain du *Bourgeois gentilhomme*, qui avait inspiré Quesnel pour son *Anglomanie* [...], se trouve encore nommé ici.

Griphon [...], à lui seul, fait la synthèse de la vie théâtrale de son époque : c'est un véritable centon. Il s'inspire des auteurs qui appartiennent à la fois au répertoire anglophone et francophone. Molière est joué en anglais, tout comme Shakespeare est connu par l'entremise des adaptations

---

98. *Ibid.*, p. 4 et 44.
99. *Ibid.*, p. 6.
100. *Ibid.*, p. 29.
101. *Ibid.*, p. 36.

de Jean-François Ducis ; *Le tambour nocturne* n'est ni plus ni moins que la francisation, l'imitation et la traduction du *Drummer* de Joseph Addison. Petitclair n'a rien inventé, surtout pas l'habitude d'imiter les modèles sans les citer : formés à copier les œuvres des maîtres, les artistes, tant graveurs que peintres ou littéraires, exercent ainsi leur talent.

De toute évidence, Petitclair fréquente les salles de spectacle et lit les grands dramaturges : *Griphon* [...] en donne une preuve patente. Mais les raisons qui motivent Petitclair à se lancer dans la dramaturgie demeurent obscures. Il semble en effet curieux de rédiger une pièce de théâtre dans le seul but de la publier. C'est du moins ce que l'indépendance de Petitclair vis-à-vis de l'activité théâtrale semble signifier et ce que l'absence de représentation sur scène vient corroborer. Bref, comment expliquer le silence qui entoure la première pièce de Petitclair, lui qui verra une partie de sa production littéraire consacrée par *Le répertoire national* ? Seules les accointances de Petitclair avec Napoléon Aubin semblent justifier son penchant pour la dramaturgie. Il apparaît plausible que *Griphon* [...], homonyme de Griffon, le cheval de « Mon voyage à la Lune[102] », aurait été joué par les Amateurs typographes si Petitclair n'avait été engagé comme précepteur chez Labadie avant la formation de la troupe.

NAPOLÉON À SAINTE-HÉLÈNE [...] DE FIRMIN PRUD'HOMME

D'autres pièces de théâtre, de plumes étrangères celles-là, sont publiées au pays entre 1806 et 1839. La presse de l'époque reste tout aussi muette à l'endroit de leur parution : seuls des entrefilets qui ouvrent les souscriptions ou qui indiquent les comptoirs de vente ont été repérés.

Firmin Prud'homme occupe une place de choix au sein de la vie théâtrale de la décennie 1830-1839[103]. Outre qu'il organise et dirige des troupes, joue des auteurs jusqu'alors inconnus au pays, introduit de nouveaux styles de jeux au théâtre, l'acteur français publie, en 1831, un arrangement de cinq scènes historiques en prose, *Napoléon à Sainte-Hélène, scènes historiques, arrangées par Firmin Prud'homme, et représentées pour la première fois sur le théâtre de Montréal, le 28 de décembre, 1831*. La pièce, dont le texte est vendu sur place, est reprise, toujours au Theatre Royal de Montréal, le 28 janvier 1832, à l'intérieur d'un spectacle bilingue où les

---

102. Voir, dans le présent chapitre, à la section intitulée « Les récits de fiction », p. 370-371.

103. Voir, dans le présent chapitre, à la section intitulée « Le théâtre », p. 139-140.

Amateurs anglais et les Amateurs canadiens, accompagnés par Prud'homme, se partagent la scène[104]. Deux représentations sont ensuite données à Québec, les 25 février[105] et 3 mars 1832[106].

L'action se déroule à l'île Sainte-Hélène, plus précisément à Longwood, lieu où Napoléon est emprisonné de décembre 1815 à mai 1821. La pièce comporte cinq scènes et trois personnages : Napoléon Bonaparte, son fidèle ami Henri Gratien, comte Bertrand, et un soldat anglais, simple figurant. Napoléon se plaint de la tyrannie du gouverneur de l'île, sir Hudson Lowe, et se remémore ses souvenirs : on ne peut imaginer plus pure expression du romantisme. Le pathétique est à son comble lorsque Napoléon, demandant à Bertrand de se retirer, laisse libre cours à sa mélancolie et à ses regrets. Cette deuxième scène, remplie de phrases en suspens, d'allusions au fils de Napoléon qui ne connaîtra peut-être jamais

Napoléon à Waterloo, gravure de Jazet, sans date. Archives nationales du Québec à Québec (P 600-5/EN-72).

---

104. *La Minerve*, 16 janvier 1832, p. [3].
105. Jean-Claude Noël, « Pierre Petitclair : sa vie, son œuvre et le théâtre de son époque », thèse de doctorat en littérature française, f. 394.
106. *The Quebec Mercury*, 1er mars 1832, p. 2.

son illustre père, de réminiscences de succès et de défaites, fait aussi l'éloge du théâtre français: les grands dramaturges Corneille et Racine, et le célèbre acteur François-Joseph Talma y occupent une place de choix. L'envers de l'homme politique, son « moi », est ici glorifié ; la vérité historique et la couleur locale sont soigneusement reconstituées. Que présenter de plus romantique dans un pays délaissé par sa mère patrie et où commence à poindre le culte de Napoléon ? « Adieu, France ! » lance l'empereur à la tombée du rideau.

Le mot « arrangées », utilisé dans le titre de *Napoléon à Sainte-Hélène* [...], signifie que la pièce n'est pas originale ou utilise un matériel déjà vu. Elle s'inscrit en effet dans la « vague Napoléon » qu'a connue la France des années 1820 : les encyclopédies recensent plusieurs titres d'ouvrages historiques et fictifs, notamment plusieurs vaudevilles, sur l'empereur. En fait, la pièce de Prud'homme prend son essence dans le best-seller de l'époque, le *Mémorial de Sainte-Hélène* que publie en 1823 Emmanuel Augustin Dieudonné, comte de Las Cases[107].

La rédaction de *Napoléon à Sainte-Hélène* [...] procure un louable prétexte à Prud'homme pour faire montre de ses talents et mériter la reconnaissance du public. S'il se charge d'interpréter lui-même le rôle de l'empereur, il confie à un amateur le soin d'incarner Bertrand. Louangé pour son éloquence, Prud'homme l'est donc aussi pour les progrès qu'il fait accomplir à ses complices de scène. Un compte rendu, paru dans *Le Canadien* du 7 mars 1832, estime que le séjour du comédien au pays aura tôt fait d'avoir « un effet heureux à la tribune et au barreau, et au forum aussi ». Du même coup, Prud'homme s'inscrit dans le mouvement de la réhabilitation de Napoléon, tout comme Leblanc de Marconnay et Aubin avec leur *Soldat* [...].

LE SOLDAT ET *VALENTINE* [...] D'HYACINTHE-POIRIER LEBLANC DE MARCONNAY

Hyacinthe-Poirier Leblanc de Marconnay demeure à Montréal de 1834 à 1841. Journaliste, engagé dans la vie politique et maçonnique, homme de

---

107. L'édition critique du *Mémorial de Sainte-Hélène*, effectuée par André Fugier, comporte un index qui permet de retrouver aisément les passages qui ont inspiré Prud'homme.

théâtre, il participe, pendant son séjour en terre canadienne, à la rédaction de quatre journaux, publie trois écrits politiques[108] et deux textes dramatiques en prose, *Le soldat. Intermède en deux parties mêlé de chants. Exécuté sur le Théâtre royal de Montréal, (Bas Canada,) en 1835 et 1836. Arrangé par Mr. Leblanc de Marconnay* et *Valentine ou la Nina canadienne. Comédie en un acte. Par H. Leblanc de Marconnay, Écuyer*. À son arrivée, l'écriture théâtrale ne lui est pas totalement étrangère : il a déjà à son crédit un opéra-comique en un acte, *L'hôtel des princes* [...], joué et publié à Paris en 1831.

C'est en 1836, année où il devient président de l'éphémère Société dramatique des auteurs français, que Leblanc de Marconnay publie l'« arrangement » de son intermède en deux scènes et édite sa pièce. La page couverture du premier annonce que *Le soldat* aurait été joué au Theatre Royal de Montréal en 1835 et en 1836. Le dépouillement des journaux ne permet de confirmer qu'une seule de ces dates : le 6 février 1836, les Amateurs canadiens de Montréal, aidés des musiciens du 32ᵉ Régiment, donnent une soirée au Theatre Royal où seront aussi joués *La tontine* (Alain René Lesage), *Des plaideurs* (Racine) et *L'ours et le pacha* (Saintine et Scribe)[109]. *Valentine* [...] doit également y être présentée.

Il est possible qu'une autre représentation ait eu lieu le 23 octobre 1839. Cette fois, l'origine du soldat est précisée (*Le soldat français*, dit l'annonce), et l'intermède en deux parties, présenté comme étant écrit par Napoléon Aubin, qui a probablement « arrangé » le texte publié quelques années plus tôt par Leblanc de Marconnay. La contribution d'Aubin à la dramaturgie reste énigmatique ; l'autre texte qu'il prétend avoir écrit, *Le chant des ouvriers*, n'a jamais été publié.

Un soldat anonyme chante les vertus de la vie militaire : « Je sais qu'il y a des gens qui ne s'amuseraient point de cette perspective ; mais cette vie me charme et je trouve qu'elle forme merveilleusement la jeunesse[110]. » Cette première partie euphorisante se termine au moment où les canons et les fusils se mettent à tonner et que le soldat vole au secours de son pays, lequel n'est pas précisé. On le retrouve, en deuxième partie, sur un lit d'hôpital, à demi mort, mais chantant toujours l'amour de la patrie :

> L'armée maint'nant est triomphante
> Et moi j'ai l'bras gauche emporté :
> Nous avons eus d'grands avantages
> La mitraille m'a brisé les os !
> Nous avons pris arme et baggages
> Pour ma part j'ai deux balles dans l'dos[111].

---

108. Voir, dans le présent ouvrage, à la section intitulée « Les acteurs de la vie littéraire », p. 101-102.
109. *L'Ami du peuple* [...], 3 février 1836, p. 227.
110. Hyacinthe-Poirier LEBLANC DE MARCONNAY, *Le soldat*, p. [3].
111. *Ibid.*, p. 7.

Il meurt en écrivant une lettre d'adieu à sa douce Rose, à qui il demande de prendre soin de son chien ; est jointe à l'envoi la somme de 10 francs, que le médecin lui a consentie en échange de son corps. Le tout se termine lorsque « le soldat épuisé tombe mort sur son lit et son corps roule à terre inanimé[112] ».

La version que publie Leblanc de Marconnay, *Le soldat*, ne donne aucune indication temporelle ou spatiale. Un seul indice, les 10 francs, laisse croire que le soldat, seul personnage de l'intermède, est de nationalité française. La représentation de 1836 ne suscite aucune critique journalistique : la troupe ne divulgue que le montant des recettes de la soirée donnée au profit de l'Hôpital général de Montréal.

En 1839, la représentation du *Soldat français* suscite toutefois un tollé : l'événement est qualifié de tendancieux. Il y a tout lieu de croire qu'Aubin restitue l'action de l'intermède au cœur des guerres napoléoniennes ; le nouveau titre confirme d'ailleurs l'origine du militaire. On sait aussi que Prud'homme, en accord avec les revendications patriotes, a participé à la représentation, et que *La mort de César* est inscrite au même programme. Un peu remaniée, la pièce de Voltaire peut facilement figurer dans une soirée où, pour encourager l'action des patriotes, le « chant des ouvriers », on ravive le souvenir de Napoléon. Grâce à la tradition napoléonienne, *Le soldat* entre dans la dramaturgie canadienne.

Valentine [...], comédie en un acte et en prose, compte six personnages et quelques figurants. La pièce se déroule en 1820 en un seul lieu, le salon d'un capitaine français à la retraite, monsieur de Prainville, qui a promis la main de sa nièce et pupille, Valentine, à l'un de ses amis qu'on ne verra jamais sur scène, Gobineau, riche rhumatisant de 60 ans. Valentine se résout difficilement à obéir : elle est déjà amoureuse de son cousin Charles, enrôlé dans la marine anglaise. Mais ce dernier, parti faire la guerre de 1812-1814, est porté disparu depuis six ans et on le présume mort. Madame Derbois, jeune veuve canadienne qui prend soin de Valentine, est courtisée par le Français Saint-Léon, le fils d'un ami de Prainville ; elle lui accordera sa main – c'est sa condition – le jour où Valentine épousera Charles. Un domestique canadien, Jean-Baptiste (Batisse), est au service de la maison.

Au moment où le mariage de Gobineau et Valentine est imminent, Charles réapparaît. Prainville demeure toutefois inflexible : sa nièce épousera son vieil ami. Madame Derbois, indignée de la décision du capitaine, plie bagage. Saint-Léon, apprenant la nouvelle de ce départ, croit que sa bien-aimée s'en va pour ne pas tenir sa promesse de l'épouser. Il emploie donc un subterfuge et laisse traîner sur une table un billet anonyme : « Ne conservant plus d'espoir de bonheur dans le reste de ma vie ; elle me

---

112. *Ibid.*, p. 8.

devient insupportable, je n'ai plus qu'à mourir[113]. » Il sort ensuite tirer du pistolet, son loisir préféré. Valentine lit le message et entend, au même moment, un coup de fusil. Elle en devient folle. Heureusement, Saint-Léon saura retourner la situation et lui faire recouvrer la raison en écrivant un second billet. Prainville consentira alors à l'union de Charles et de Valentine.

Certes, *Valentine* [...] ne retient pas le schéma traditionnel de la *commedia dell'arte*, essentiellement caractérisé par la reprise des mêmes figures typiques : les zannis dominant les vieillards. Cependant, le modèle littéraire et les ressorts de l'intrigue restent identiques à ceux de *Griphon* [...]. L'amour demeure subordonné à l'argent. Le mariage d'affaires est prôné par le personnage le plus respectable de la pièce, et le mariage d'inclination est associé à la déraison : Valentine est folle d'amour. La tension dramatique ne repose que sur la méprise. La situation est renversée par un faux billet et résolue par un autre, une séance de tir est confondue avec un suicide, etc. Ici encore, la comédie des erreurs ridiculise les fiancés : Gobineau n'est plus d'un âge pour aimer, et Valentine ne le supporte tout simplement pas.

L'action se déroule sur les bords du Saint-Laurent, fleuve magnifié tout le long de la pièce et érigé en symbole canadien : « Pour Jean-Batisse, le St. Laurent est tout l'univers[114]. » La situation conflictuelle à l'origine de la comédie, le pseudo-deuil, est une conséquence de la guerre de 1812. Les évocations de la bataille de Châteauguay, de l'ennemi au lac Champlain, du fort Saint-Louis, de Jacques Cartier à Hochelaga, de la cession de la Nouvelle-France, déterminent le cadre historique et politique. *Valentine* [...] est agrémentée de chants puisés au répertoire français, certes, mais bien connus des Canadiens (« Derrière chez nous », « À la claire fontaine », etc.). Le langage, avec sa « couleur locale », semble refléter la réalité linguistique de l'époque : madame Derbois représente à cet égard la classe bourgeoise, tandis que Jean-Baptiste utilise les formes populaires.

Comme Petitclair, qui glane un peu partout les différents éléments de son intrigue, Leblanc de Marconnay emprunte la déraison subite de Valentine à une pièce de Marsollier des Vivetières et Nicolas Marie d'Alayrac, publiée à Paris en 1787, *Nina ou la folle par amour, comédie en un acte et en prose, mêlée d'ariettes*. Quelques autres procédés proviennent du répertoire de l'époque. Le capitaine, par exemple, qui abuse de la métaphore, rappelle le monsieur Pincé du *Tambour nocturne* de Destouches qui, pour sa part, présente toujours les choses de façon méthodique. Les dialogues distants et affectés des amoureux entre eux, qui pourraient être imputés à la maladresse de l'auteur, font partie du protocole.

---

113. Hyacinthe-Poirier Leblanc de Marconnay, *Valentine* [...], p. 36.
114. *Ibid.*, p. 47.

Les Amateurs canadiens annoncent deux représentations de *Valentine* [...], les 6 février 1836 et 17 avril 1839, au Theatre Royal de Montréal, mais la première est annulée. À un journaliste qui a colporté que Leblanc de Marconnay aurait retiré *Valentine* [...] de l'affiche parce que la troupe refusait de lui donner une partie des profits, la *Montreal Gazette* réplique que Saint-Léon serait subitement tombé malade et qu'il restait difficile de trouver une interprète pour Valentine. La seconde représentation ne suscite que des éloges : « La salle était bien garnie ; mais de faux bruits qu'on avait circulés sur des troubles qui pourraient avoir lieu, empêchèrent probablement plusieurs Dames de s'y faire admirer. L'ordre le plus parfait a régné dans la salle, et rien n'est venu troubler les plaisirs de la soirée[115]. »

Comme dans les deux autres textes d'auteurs étrangers, la guerre est à l'origine de l'action. Pas de guerre, pas de *Napoléon à Sainte-Hélène* [...], ni de *Soldat*, ni de *Valentine* [...] ; c'est le cadre nécessaire à toute glorification du grand empereur, et le fond de scène idéal à l'expression du romantisme.

*

La dramaturgie est née au Canada avec l'édition d'un titre de répertoire de collège, *Jonathas et David* [...], et la production, isolée mais étonnante, de Joseph Quesnel, immigrant affligé par l'incompréhension de son public[116]. La période 1806-1839 voit en revanche trois dramaturges publier leurs œuvres. Dans un pays où chaque prospectus de journal encourage la production de littérature canadienne, ces écrits ne suscitent aucune réaction. La valeur littéraire ne peut être mise en cause : l'analyse des textes démontre l'érudition des auteurs et le soin qu'ils ont mis à situer leurs pièces dans un mouvement reconnu, dans une tradition théâtrale et dans un genre qui sera partie intégrante du *Répertoire national*, ultime instance de consécration.

---

115. *L'Ami du peuple* [...], 20 avril 1839, p. 2.
116. Maurice LEMIRE (dir.), *op. cit.*, p. 311-320.

Les récits de fiction

Entre 1827 et 1839, les périodiques publient des récits brefs d'auteurs canadiens à thématique amérindienne, puis les premiers textes représentant le genre « terrifiant » ou « frénétique », enfin des écrits narratifs, brefs et longs, inaugurant le roman d'aventures au Québec. Après la légende anonyme « L'Iroquoise », parue en 1827, il faut attendre jusqu'en 1835 pour trouver une série de récits brefs d'auteurs identifiés, caractéristiques du genre romanesque et aptes à le fonder sur des critères définis. En 1837, on peut lire pour la première fois sous forme de livre la chronique romancée d'un fait divers, *Les révélations du crime ou Cambray et ses complices* de François-Réal Angers, et le premier roman canadien de langue française, *L'influence d'un livre* de Philippe-Ignace-François Aubert de Gaspé.

LES RÉCITS BREFS

Même après un parcours superficiel, on se rend compte de l'abondance des textes narratifs qu'on peut trouver dans la presse périodique. Les journaux contiennent, en plus des pages réservées à l'information, une part considérable de textes narratifs, à savoir anecdotes, contes, nouvelles, légendes, en somme des récits brefs. Les périodiques adoptent très tôt la coutume de publier des extraits d'œuvres littéraires, surtout étrangères. Peu à peu, cet espace sera envahi par des auteurs canadiens.

Dans 30 périodiques de l'époque, on dénombre environ 1 700 « narrations brèves » de tous ordres et de toutes provenances ; on trouve dans cette liste environ 200 (12 %) textes d'auteurs canadiens de langue française, soit anonymes, soit identifiés malgré l'usage d'initiales ou de pseudonymes. L'expansion des périodiques favorise les occasions de raconter autant l'information que la fiction. Bientôt ces journaux fournissent un support aux écrits romanesques. Les sujets le plus fréquemment traités se concentrent notamment sur des aventures, réelles ou fictives, où filous, voleurs, brigands, bohémiens, pirates et corsaires occupent le premier plan. Des fables, des contes et des légendes mettent en vedette des êtres tirés des superstitions populaires, tels des revenants, des fantômes, des cadavres, etc., propres à susciter l'émotion, surtout l'inquiétude et la peur.

L'INFLUENCE ROMANTIQUE

« L'Iroquoise », récit anonyme

Le premier récit d'importance, « L'Iroquoise », tiré du *Truth Teller* de New York (14 juillet 1827), journal catholique irlandais, paraît en traduction dans *La Bibliothèque canadienne* de Michel Bibaud en octobre et novembre 1827. Ce texte marque le début d'un modeste courant littéraire fondé sur l'exotisme et l'apologétique chrétienne, en présentant un amour impossible entre un Blanc et une Amérindienne.

Cette première manifestation du sentiment romantique dans le genre narratif canadien suit de très près la publication des *Natchez* de Chateaubriand, publiés pour la première fois en 1826. Rappelons la publication, cette même année, du *Dernier des Mohicans* de James Fenimore Cooper, et du *Voyage en Amérique* de Chateaubriand, l'année suivante. Ces coïncidences ne laissent aucun doute sur l'intertextualité où se situe l'auteur de « L'Iroquoise » et sur la pratique qu'elle inaugure. Le système narratif, l'espace, les personnages et les intentions apologétiques de la « légende » l'illustrent.

« L'Iroquoise », d'abord sous-titrée « Histoire, ou nouvelle historique » par Bibaud, puis par Huston, est souvent présentée comme une nouvelle ou une légende. L'épilogue d'*Atala* [...] éclaire le modèle narratif proposé ici. Le narrateur prête la parole à un simple cultivateur : « Asseyez-vous, et je vais vous raconter tout ce que j'en ai entendu dire à mon grand-père : le bon vieillard, il aimait à parler de ses voyages. » Bien plus, le narrateur (l'auteur) précise que le récit qu'on va lire constitue une sorte de réduction de celui que fait le cultivateur : « Le petit-fils l'aimait aussi, et l'étranger écouta patiemment le long récit que lui fit son hôte, et qui, en substance, se réduit à ce qui suit. » Le cultivateur est présenté comme un « narrateur délégué » qui, d'après les premiers mots du récit (« Il paraît que... ») semble incertain devant les propos qu'il rapporte. Or, l'original du manuscrit échappé du bréviaire trouvé dans une grotte et sorte de relation destinée à être envoyée en France « avait été écrit par le Père Mesnard dont la mémoire vénérée avait consacré la cellule du lac Huron, et contenait les particularités suivantes ». L'origine de la copie du manuscrit étant établie et sa place dans le portefeuille justifiée, l'auteur enlève subitement la parole à son narrateur délégué, en l'occurrence le cultivateur, pour résumer le contenu du manuscrit, qui raconte enfin, après un long préambule, l'histoire de deux Iroquoises, dont l'une, Rosalie, entre au couvent, et l'autre, Françoise, périt sur le bûcher pour avoir refusé d'abjurer la religion catholique. L'intervention de l'auteur est manifeste, car il résume l'histoire en ses propres mots, en la paraphrasant et en agissant comme un narrateur omniscient. Or, l'auteur a besoin d'un autre narrateur délégué, ici une narratrice, qui complète le récit inachevé du père Mesnard (presque) miraculeusement rescapé du massacre et qui poursuit son œuvre d'évangélisation « plus avant dans le désert pour y jeter la bonne semence ». Cette « fille outaouaise », délivrée de sa captivité, se fait la messagère de Françoise, morte martyre de sa foi. La nouvelle se termine sans que se manifeste de nouveau le narrateur omniscient : système narratif curieusement scellé, qu'excuse sans doute la « chute » finale du récit, ou l'inexpérience de l'auteur, libre imitateur de Chateaubriand.

Un net dessein d'exotisme préside à la description de l'espace : des noms de lieux typiquement canadiens, la nature, le lac Huron et la baie de Saguinam, des mentions d'arbres, de fruits et d'animaux, des détails sommaires d'un « village sauvage » et des mœurs des Amérindiens. L'ensemble compose un tableau pittoresque pour le lecteur friand d'aventures. Quant à l'introduction des personnages, elle se rapproche de la manière de Chateaubriand : la figure du père Mesnard constitue une pâle copie de celle du père Aubry (dans *Atala* [...]), tandis que le couple Eugène et Françoise reprend, d'une façon assez différente, le couple Atala et René (dans *Atala* [...]), mais très peu le couple Céluta et René (dans *Les Natchez*). Ajoutons les personnages du cultivateur, d'« un jeune officier avide d'aventures », Eugène Brunon, de « l'inexorable barbare » Talasco, « le plus puissant chef des Iroquois, l'aigle de sa tribu », de Genanhatenna, la mère des deux Iroquoises connues de leurs seuls noms chrétiens, du jeune chef Alleweni, et le tableau est satisfaisant. Cette fiction offre une fresque stéréotypée du monde « exotique » des « Sauvages », des bons et des méchants, que reprendront à leur profit, avec des aménagements variés, les multiples épigones de la saga amérindienne. Le décor, quant à lui, crée l'ambiance nécessaire avec ses « déserts », ses forêts et ses solitudes, mots employés à satiété par l'auteur des *Natchez*.

Mais il faut encore davantage pour séduire des lecteurs canadiens et étrangers éventuels : les mobiles qui font agir les personnages principaux.

Du père Mesnard, le narrateur souligne le « dessein courageux et difficile de propager la religion chrétienne parmi les sauvages du Canada ». Voilà qui se rapproche du Chateaubriand des *Natchez* : « L'intention de ce récit est de mettre en opposition les mœurs des peuples chasseurs, pêcheurs et pasteurs, avec les mœurs du peuple le plus policé de la terre. » L'auteur de « L'Iroquoise » manifeste les mêmes intentions apologétiques. Si les mobiles apostoliques du missionnaire sont nobles, ceux de Talasco respirent la vengeance, et on ne serait pas loin de croire, dans cette optique, à un relent des *Natchez* ou, peut-être, à un reliquat du *Dernier des Mohicans*.

L'auteur inaugure une pratique narrative qui aura des suites, puisque pas moins de neuf récits et romans s'en inspireront jusqu'en 1922[117]. Dans la même livraison de *La Bibliothèque canadienne* paraît un récit amérindien non signé (peut-être de Bibaud lui-même), intitulé « L'Abénaquis, ou la tendresse paternelle ». Ce texte reprend le thème romantique des bienfaits de la « civilisation », qui incitent un « Sauvage » à faire preuve de mansuétude à l'égard d'un jeune prisonnier, au nom de la tendresse qu'il continue d'éprouver pour son fils tué par les Anglais. En même temps réapparaît la noble figure du bon vieillard prêt à pardonner plutôt qu'à condamner ou à tuer, image préfigurant celle de Canatagayon dans « Louise Chawinikisique ».

« Louise Chawinikisique » de Georges Boucher de Boucherville

La veine romantique se poursuit avec le jeune Georges Boucher de Boucherville qui publie, en 1835, « Louise Chawinikisique », nouvelle liée à la thématique amérindienne inaugurée par « L'Iroquoise ».

Boucher de Boucherville a lu « L'Iroquoise » : l'emprunt évident du nom « Saguima », altération anagrammatique certaine du toponyme « Saguinam », de même que la ressemblance du patronyme « Simaghan » dans *Atala* […], annonce ce que la lecture de « Louise Chawinikisique » confirme. Boucher de Boucherville a aussi lu Chateaubriand. Le système narratif rappelle celui de « L'Iroquoise » : après la mise en situation – qui diffère toutefois dans les deux récits –, un narrateur, personnage du récit, rapporte ce qu'il a lui-même entendu raconter. Ce modèle est monnaie courante dans la littérature narrative du XIXe siècle. C'est de la bouche d'un vieillard qu'il a appris les événements qu'il relate. Le point de départ lui-même est simple : la rencontre d'un vieillard en contemplation devant une

---

117. Voir : John HARE (dir.), *Contes et nouvelles du Canada français, 1778-1859*, t. I, p. 49-50 ; Maurice LEMIRE, « « L'Iroquoise », nouvelle anonyme », *DOLQ*, t. I, p. 396-397 ; Maurice LEMIRE, *Les grands thèmes nationalistes du roman historique canadien-français*, p. 23-36.

pierre placée comme une borne près d'un chemin éveille la curiosité du narrateur. De plus, l'auteur ne se prive pas d'intervenir dans l'histoire qu'il rapporte. Ses fréquentes intrusions, doublées parfois d'interpellations adressées au lecteur, ralentissent le récit plutôt mélodramatique.

Le déroulement des événements rapportés imite de loin « L'Iroquoise », mais de plus près *Atala* […] : deux jeunes filles enlevées, dont l'une, devenue catholique et « Européenne », épouse un Français (Canadien), Eugène Brunon (dans « L'Iroquoise ») ; une jeune Algonquine sauvée des eaux du lac Nipissing par un jeune Amérindien, Saguima, devient éperdument amoureuse de son sauveteur. Pour le reste, la fiction s'apparente étroitement à celle d'*Atala* […], à quelques inversions de situations près. Le décor, les personnages et les péripéties aidant, l'auteur réadapte librement le récit de Chateaubriand, tout en recourant à « L'Iroquoise », elle-même inspirée de cette œuvre : la nature sauvage, un lac, une mission à Oka, deux amoureux, un bon vieillard, un missionnaire, des combats qui opposent les Mohawks aux Algonquins, des destructions, des enlèvements, etc. L'intervention de la religion, jugée provocatrice et hostile par les indigènes, suscite la vengeance, mobile des deux récits canadiens. Canatagayon, qui enlève à son tour Louise, lui transmet la petite vérole. Sauvée ensuite par Saguima, l'Algonquine vit les affres de la terrible maladie et sombre dans le délire – comme dans « L'Iroquoise » et *Atala* […] –, dont elle est tirée grâce aux bons soins de son sauveteur. Mais le malheureux a lui-même contracté la maladie par un baiser (!), maladie « dont les effets sont si rapides, surtout parmi les sauvages qui par leurs habitudes et leur genre de vie nomade semblent la rendent plus mortifère encore, que peu d'heures suffisent pour enlever ceux qui en sont atteints ». Les « victimes » de la civilisation européenne sont devenues les coupables de la contagion de la maladie...

On pourrait trouver d'autres ressemblances, par exemple dans la façon de raconter mise au point par Chateaubriand, dans les figures de vieillards et de missionnaires, dans les blasphèmes de Chactas et de Saguima – réprimandés par les missionnaires –, dans l'attitude d'Atala, de Françoise et de Louise, dans certaines formules même (« Je me roulai furieux sur la terre » (*Atala*) […], « le cœur de Louise battait rapide » et « une ombre glissait silencieuse » (« Louise Chawinikisique »).

« Louise Chawinikisique » remporte le premier prix d'un concours littéraire institué par *L'Ami du peuple* […]. Le rapport présenté par Dominique Mondelet et Augustin-Norbert Morin en relève d'abord les qualités : « La composition de l'essai ci-dessus offre de l'ensemble, et un intérêt qui se soutient bien, l'histoire en est bien ourdie et variée, le style animé, et les pensées dénotent un auteur habitué à la réflexion sur plusieurs sujets d'importance majeure[118]. » Le dernier point a soulevé des opinions contradictoires en raison de l'interférence certaine de l'auteur dans son récit et de considérations qui en retardent la progression.

---

118. *L'Ami du peuple* […], 23 septembre 1835, p. 7. L'article est daté du 17 septembre.

Les deux juges abordent ensuite divers points négatifs, entre autres « quelques invraisemblances, quelques endroits qui ne se soutiennent pas et sont trop emphatiques ou trop vulgaires », des « négligences de style » et une ponctuation « souvent négligée », sans cependant fournir d'exemples précis. C'est le système narratif qui retient le plus leur attention : « Enfin l'auteur paraît oublier souvent que le morceau est tout en récit, et il met dans la bouche de son sauvage des idées et un raffinement qui ne peuvent appartenir qu'à notre civilisation et à nos mœurs. » Ils trouvent de l'invraisemblance dans le mode d'expression utilisé par les deux indigènes. « Peut-être aussi, ajoutent-ils, l'importance donnée au narrateur, lorsqu'il se fait connaître à la fin n'est-elle pas justifiée du côté moral ou littéraire, par le rôle qu'il a rempli dans l'histoire qu'il raconte. » Cette réserve prudente (« peut-être ») met le doigt sur l'invraisemblance qu'ils trouvent dans la transformation radicale du cruel « Sauvage » devenu bon.

« La tour de Trafalgar » de Georges Boucher de Boucherville

Probablement inspiré par le roman noir à l'anglaise, dit « gothique », Boucher de Boucherville publie « La tour de Trafalgar » le 2 mai 1835. Ce court texte, qui porte sur un sujet canadien, inaugure le genre « terrifiant » au Canada et le récit d'aventures, auquel Boucher de Boucherville reviendra dans *Une de perdue, deux de trouvées*, roman qui paraîtra de janvier 1849 à juin 1851 dans l'*Album littéraire et musical de La Minerve*.

Ce récit bref, d'une douzaine de pages, commencerait innocemment comme une simple histoire de visite d'un lieu pittoresque, si ce n'était l'introduction par laquelle l'auteur prévient le lecteur des « souvenirs sinistres et sombres pour celui qui connaît la scène d'horreur dont elle [la tour] a été le théâtre ». L'auteur met délibérément l'accent sur le décor : une tour en ruines, sise dans un lieu écarté, en pleine forêt, le toit défoncé, du

Ruines, fusain de Théophile Hamel, sans date. Musée du Québec (81.311). Photographe : Patrick Altman.

sang sur les murs, etc. Cet espace, que Boucher de Boucherville s'attarde à décrire tout en caractérisant l'ambiance mystérieuse et menaçante qui semble l'entourer, n'acquiert de signification que par l'histoire dont il a été la scène, et lui, la victime. Boucher de Boucherville raconte à la première personne l'aventure malencontreuse qui lui est arrivée dix ans plus tôt, en 1825, au moment où on achevait la construction de la tour de Trafalgar en mémoire de la victoire de l'amiral Horatio Nelson (21 octobre 1805). Le récit est divisé en six parties intitulées « L'orage », « La tourelle », « La rencontre », « La jalousie », « La vengeance » et « Le loquet », qui laissent prévoir le déroulement de l'action : un jeune homme, égaré dans la forêt, est surpris par un violent orage et se réfugie dans une tour délabrée. La fatigue, l'émotion, la peur, l'angoisse alimentent les fantasmes de son imagination, il croit sentir une main le frôler, voir du sang sur le mur. Il fuit ce lieu sinistre et rencontre un individu qui lui raconte le drame qui s'est déroulé dans la tour. Ce narrateur second lit « quelques feuilles de papier sales et noires » sur lesquelles le meurtrier a consigné le double crime qui a ensanglanté la tour. Devenu narrateur, l'individu – qui s'avère être l'assassin – raconte l'histoire à la troisième personne. Le double mobile qui anime un amant éconduit, la jalousie et la vengeance, l'amène à tuer à la fois son amante et son rival. De nombreux signes posent aux acteurs – et au lecteur – des interrogations de plus en plus pressantes qui prolongent l'indécision et le suspense, accentuent l'émotion, la crainte et la frayeur. L'auteur, désireux de produire des effets, les multiplie, puis en dévoile peu à peu la signification.

La nature s'accorde aux événements : au beau temps qui accompagne une agréable excursion de chasse succède un violent orage qui oblige le jeune homme à se réfugier dans un lieu sinistre. L'atmosphère ainsi créée, le vocabulaire, à son tour, devient le support du frisson de la peur par son amplification, le mélodrame enflamme l'imagination, l'espace enfin offre toutes les caractéristiques du danger, du sang et de la mort qui rôde.

Ce conte connaît une large diffusion, puisqu'il est reproduit à six reprises dans différents périodiques, de 1858, dans *La Guêpe*, à 1906, dans *L'Album universel*, sans compter qu'il est repris par Huston et Hare[119] dans leurs répertoires, et par Huston dans ses *Légendes canadiennes*[120].

---

119. James Huston (dir.), *Le répertoire national*, t. I, 1982, p. 263-275 ; John Hare (dir.), *op. cit.*, p. 90-101.
120. James Huston (dir.), *Légendes canadiennes*, p. 34-48.

LES RÉCITS DE NAPOLÉON AUBIN

Dans *La Minerve*, les 11 et 22 juin, le 13 juillet et le 6 août 1835, paraissent quatre récits brefs d'un immigré suisse, Napoléon Aubin. À part la triste histoire d'amour que raconte « Une chanson – un songe – un baiser », les trois autres, « La lucarne d'un vieux garçon », « Une entrée dans le monde » et « Histoire qui n'a pas de nom, ou plutôt Mélanges » – ce dernier récit sera repris dans *Le répertoire national* sous le titre « Monsieur Desnotes » –, évoquent des scènes de la vie courante. Ces récits brefs relèvent de l'anecdote en même temps que de l'observation des travers sociaux dans laquelle Aubin, avec son regard neuf d'étranger, se complaît tout particulièrement.

Aubin manifeste son talent de narrateur surtout dans « La lucarne d'un vieux garçon » et dans « Histoire qui n'a pas de nom, ou plutôt Mélanges ». Dans le premier récit, un vieux garçon oisif se poste à sa lucarne pour observer à loisir les va-et-vient des personnes de l'appartement d'en face occupé par une jeune fille. N'y tenant plus, le vieux garçon court à la défense de celle qu'il croit opprimée. La subite découverte qu'il fait, après un suspense entretenu habilement, débouche sur un dénouement surprise. Il en est de même pour « Monsieur Desnotes » qui, alléché par un prétendu gros héritage, se lance dans des rénovations coûteuses. La façon de conduire les deux intrigues, de ménager le suspense en le dosant d'interrogations, d'incertitudes et de naïveté, mène à un dénouement inattendu.

La fondation du *Fantasque*, en 1837, fournit à l'auteur une tribune privilégiée où exercer sa plume par l'observation de ses contemporains au moyen du sarcasme, de la satire et de l'humour. On y dénombre, éparpillés sur plus de six ans, soit entre le 1er août 1837 et le 4 novembre 1843, cinq autres récits d'inspirations relativement diverses. Le feuilleton en six épisodes, demeuré inachevé, « Mon voyage à la Lune », s'inspire librement d'un ouvrage de Cyrano de Bergerac, *Histoire comique des États et Empires de la Lune* (1657), mieux connu sous le nom de *Voyage dans la Lune*, et de *Micromégas* (1752), où fuse l'esprit satirique de Voltaire. Le récit comprend un épisode sur le Canada inspiré des *Aventures du Chevalier de Beauchêne*, parues pour la première fois en 1732. Aubin adopte le ton qu'il utilise régulièrement dans son journal ; ses cibles préférées s'y reconnaissent et la critique mordante et railleuse de la société de son temps vise la même dénonciation.

L'auteur s'y met en scène personnellement : « Voilà longtemps que j'aurais voulu vous entretenir de l'événement miraculeux dont je fus le héros. » Le voyage à la Lune qu'il fait au moyen d'un cheval nommé

Griffon passe pour le « premier récit de science-fiction[121] » canadien. Leur ascension se termine par une dégringolade sur « un immense globe lumineux », la Lune, habitée par de « petits bonshommes verts », comme le veut la légende. À la vérité, ce cadre narratif sert de prétexte : Aubin en use pour critiquer à son aise ses contemporains, qui se comportent comme des « lunatiques », et qu'il caricature en les observant par la lorgnette de la Lune, comme le fait Voltaire de la planète Sirius.

Parce qu'on lui a assigné comme cicérone une « jeune nymphe de la lune, laide à faire cabrer un cheval de porteur d'eau », il se laisse guider par la dénommée Bavardine qui lui décrit avec force paroles les travers des lunatiques. L'auteur interpelle fréquemment ses lecteurs pour les prendre à témoin de l'« objectivité » avec laquelle il relate les faits et livre ses réflexions sur ses concitoyens travestis en lunatiques. À l'instar de Voltaire, il stigmatise « cette espèce d'insecte remuant, orgueilleux, qu'on appelle homme ». « Insectes invisibles, que la main du Créateur s'est plu à faire naître dans l'abîme de l'infiniment petit[122] », dit Voltaire qui, vers la fin de son conte, ajoute : « Il [l'habitant de Sirius] leur soutint que leurs personnes, leurs mondes, leurs soleils, leurs étoiles, tout était fait uniquement pour l'homme[123] », dénonçant par là la fatuité de l'habitant de la Terre. Aubin nomme les magistrats de Québec, les médecins, les médisants, les « clercs fainéants et oisifs », les mauvais musiciens, les fonctionnaires, les parvenus et les arrivistes, les gens de justice qui sont tous passés au crible, en plus des femmes, victimes d'un brin de misogynie malicieuse.

Comme chez Cyrano de Bergerac et surtout Voltaire, l'exotisme interplanétaire fournit un prétexte à un exercice débridé de satire sociale. Dans le reste de ce conte, on croirait suivre le rédacteur, le « flâneur-en-chef », qui déambule parmi ses concitoyens et livre ses observations au fur et à mesure de ses rencontres. La sixième tranche du feuilleton se termine sur la promesse d'un « à continuer » qui n'aura pas de suite, *Le Fantasque* étant interdit de publication par ordre de justice. Quand il réapparaît, Aubin renonce à la fiction pour se consacrer entièrement au journalisme.

L'ANNÉE 1837

L'année 1837 est fertile en événements de toutes sortes sur le plan littéraire, comme sur le plan politique d'ailleurs. À la veille de l'insurrection, la

---

121. David KETTERER, « Science fiction and fantasy in English and French », dans William TOYE (dir.), *The Oxford Companion to Canadian Literature*, p. 730-731.
122. VOLTAIRE, *Micromégas*, chapitre 6.
123. *Ibid.*, chapitre 7.

presse publie plusieurs récits brefs de cinq auteurs. Pour la première fois, deux jeunes écrivains lancent une chronique romancée et un premier roman sous forme d'ouvrage. Joseph-Guillaume Barthe livre trois récits brefs ou contes, « Opium littéraire ou conte de ma grand-mère », « La pauvre famille » et « Des plaisirs – leur frivolité ». Après la mise en scène habituelle, et ayant interpellé le lecteur, le premier conte est, selon l'usage, placé dans la bouche d'un narrateur – ici, la grand-mère –, et fréquemment interrompu par des remarques du premier conteur à la façon de Boucher de Boucherville dans « Louise Chawinikisique ». Comme il le souligne lui-même, « le diable et les spectres y jouent un grand rôle » : un ménage mal assorti voit son sort réglé par le démon et ses acolytes. La thématique se caractérise par des interventions surnaturelles. Quant au deuxième récit, écrit dans un style pathétique et larmoyant, il raconte une promenade au cours de laquelle le narrateur s'arrête devant l'humble demeure d'une famille frappée par la faim et la misère ; il déplore de ne pouvoir lui venir en aide. Le troisième se complaît dans la même tristesse et accentue les traits de la mélancolie, comme en font foi les nombreuses références à des auteurs romantiques français qui ont nourri « tous ces fantômes d'une brûlante imagination ». En somme, l'auteur utilise le genre du conte moral à la fois pour émouvoir et livrer des leçons, et se rapproche par certains éléments de la mission sociale du romantisme.

Dans *Le Glaneur*, on peut lire « Caroline. Légende canadienne », due à la plume de Louis-Joseph-Amédée Papineau. On y retrouve la technique du récit dans le récit, de même qu'une tendance marquée vers le romantisme avec ses ruines et l'exaltation du sentiment, ainsi que l'évocation de faits présumés historiques, en l'occurrence l'assassinat demeuré inexpliqué de Caroline, fille d'un officier français et d'une mère algonquine, devenue la maîtresse de François Bigot. La légende aura de nombreux épigones[124].

Arrivent aussi sur la scène littéraire André-Romuald Cherrier et sa sœur Odile. Le premier fait paraître, dans *Le Populaire* du 15 septembre 1837, « Une épisode gallico-canadienne. 1800 ». Un triangle amoureux va se dénouer grâce à un duel, quand intervient un ami, qui invoque la loi divine interdisant l'homicide pour séparer les deux rivaux. En même temps, il cite *La nouvelle Héloïse* dans laquelle Jean-Jacques Rousseau, opposant l'homme de bien, dénonce ce qu'il appelle « le plus vil, le plus inhumain, le plus féroce et le plus horrible de tous les crimes[125] ». Le jeune Cherrier a peut-être trouvé son inspiration dans les pièces classiques qu'il étudie au collège de Montréal, *Le Cid* entre autres, que certaines répliques rappellent[126]. Six mois plus tard, il fait paraître « Une entrevue », autre nouvelle qui exploite le thème des amours déçues. Ici encore l'auteur

---

124. Maurice LEMIRE, *Les grands thèmes nationalistes du roman historique canadien-français*, p. 30-36.

125. Jean-Jacques ROUSSEAU, *La nouvelle Héloïse*, première partie, lettre 57.
126. Selon John HARE (dir.), *op. cit.*, p. 130.

manifeste ses souvenirs livresques, quand il évoque pêle-mêle des personnages bibliques, le poète latin Virgile et les muses de l'Antiquité grecque et latine.

On trouve, de sa sœur aînée Odile, sous le pseudonyme d'Anaïs, trois récits brefs, dont deux sont des traductions libres de l'anglais. Dans « Rosalie Berton », traduction d'un récit paru dans le *Lady's Book* de Philadelphie, une jeune fille sombre dans la folie en apprenant la mort de son fiancé au cours de la campagne espagnole. L'action de « Une scène à St. Domingue » se déroule dans cette île, en 1791 : un riche planteur blanc, Polydore le Breton et tous les membres de sa famille, y compris ses fidèles esclaves qui n'« étaient que de nom [...] *enfants de la servitude*[127] », sont assassinés au cours d'un soulèvement d'esclaves. La conteuse, ici, condamne à sa façon les atrocités dont furent victimes les hommes et surtout les femmes, car « ce serait violer les règles de la décence, et blesser des oreilles qui ne sont encore ouvertes qu'à la pureté et à la sensibilité[128] ». Quant à « Adolphe et Eugène », nouvelle réaliste, la seule que la jeune femme semble avoir imaginée, elle s'inscrit dans la veine romantique. Grâce à l'amitié d'Eugène, son fidèle compagnon, Adolphe, parvient à corriger son mauvais caractère et à obtenir, non sans peine, la main d'Olympe, la cousine qu'Eugène a accepté de lui présenter.

Dans l'intervalle avait paru dans *Le Télégraphe* [...] l'unique nouvelle connue d'Ulric-Joseph Tessier, « Emma, ou l'amour malheureux », sous-titrée « Épisode du choléra à Québec en 1832[129] ». Le caractère romantique de ce récit se manifeste dans l'exacerbation du sentiment et son atmosphère sombre l'apparente à la morbidité du roman gothique, surtout lorsque Eugène dégage de la terre qui le recouvre le corps meurtri et inanimé de sa fiancée enterrée vivante. Tessier, futur ministre et maire de Québec, reprend donc l'idéologie socialisante romantique et juge sévèrement les décisions des autorités municipales, qui auraient contribué à propager la contagion en faisant passer les malades du port jusqu'au faubourg le plus populeux de la ville.

Les révélations du crime [...] de François-Réal Angers

En 1837 paraissent deux récits de plus grande envergure : *Les révélations du crime* [...] et *L'influence d'un livre*. La situation décrite dans le premier correspond aux goûts du public pour le genre « terrifiant ». Un règne de terreur, évoquant celui des romans feuilletons et des romans noirs, afflige la ville de Québec en 1834 : pillages, meurtres, vols alimentent les pages des journaux locaux. Un groupe de brigands, dirigé par un certain

---

127. James Huston (dir.), *Le répertoire national*, t. II, 1982, p. 115.
128. *Ibid.*, t. II, p. 117.
129. *Le Télégraphe* [...], 1er et 3 mai 1837, reproduit dans James Huston (dir.), *Le répertoire national*, t. II, 1982, p. 17-30.

Prescott Gate, Quebec, dessin de William Henry Bartlett, lithogravure de J. Tingle, 1842. Musée du Québec (A68 245E). Photographe : Neuville Bazin.

Charles Chambers[130], marchand de bois ici désigné sous le nom de Cambray, et un commerçant de bois nommé George Waterworth font la pluie et le beau temps à Québec et dans la région. François-Réal Angers relate l'arrestation des bandits, suivie de trois procès successifs et de la déportation des fautifs. *Les révélations du crime ou Cambray et ses complices* rapportent les délibérations des procès intentés aux accusés et y joignent une dénonciation du système pénal et des déficiences de l'appareil judiciaire du Bas-Canada. Il demeure conscient de l'effet de séduction qu'entraîne la révélation d'événements intéressants, mais s'inquiète pour une société où rien de dérogatoire ne devrait se passer. Il décrit le mal pour éveiller la conscience des lecteurs aux problèmes sociaux, tout en étant conscient des dangers auxquels son exercice les expose. Angers revient à la charge, à quelques reprises, soit en exprimant directement son opinion sur le sujet, soit en commentant la faiblesse de la nature humaine. Parfois, il cède la parole à son personnage principal, Cambray, qui, entre autres, prend position pour la déportation plutôt que pour la peine de mort.

Le protagoniste Waterworth raconte lui-même ses aventures sous forme de mémoires, comme le précise le sous-titre de l'ouvrage, *Chroniques*

---

130. John Hare, Marc Lafrance et David Thierry Ruddel, *Histoire de la ville de Québec, 1608-1871*, p. 207 et 253.

canadiennes de 1834, qui porte en épigraphe ce vers de Racine : « Ainsi que la Vertu le crime a ses degrés. » Puis Angers rapporte les témoignages produits devant la cour, les interrogations et les adresses au jury. Paraissant oublier qu'il ne fait fonction que de rapporteur, l'auteur anime son récit par des dialogues en apparence saisis sur le vif, peint en détail les portraits des divers accusés, entre dans le cœur et l'esprit de ces personnes, dont il révèle les mobiles et les sentiments secrets, sait tout et dit tout.

Lorsqu'il dénonce « la funeste coutume suivie dans nos Prisons » d'enfermer dans une chambre commune scélérats et vieux délinquants, il rend la parole à Waterworth : « Il est difficile d'imaginer et plus encore de peindre les mœurs diaboliques qui règnent dans ces cercles de bandits. Pour en donner une faible idée, nous ferons encore parler le complice-révélateur [...] de qui nous tenons la plupart de nos renseignements[131]. » Enfin, le chapitre XVIII rapporte une visite qu'il a faite à la prison où sont détenus les condamnés et recueille leurs témoignages sur la vie qu'on y mène et sur les dernières dispositions qu'ils ont prises, et conclut hâtivement sur leur déportation. En somme les « révélations » de Waterworth forment une enfilade de récits racontant les divers complots et les nombreuses expéditions (« travaux ») entreprises par les bandits, auxquelles l'échange épistolaire entre Cambray et Waterworth ajoute un caractère d'authenticité par l'exposé naturel des réactions des condamnés.

Le narrateur s'arrête aussi bien à « la justice de Dieu et des Hommes », au courage hors de l'ordinaire de la servante Cécilia Connor, qui épie les criminels au péril de sa vie, aux « industriels » (brigands) des plaines d'Abraham et du Carouge, aux angoisses de pauvres femmes en danger de mort et à la nature « touchante et sublime » de la religion. La description des bandits des plaines d'Abraham et du Carouge rivalise avec celle des meilleurs romans d'aventures. L'auteur reconnaît aux bandits des lieux privilégiés : « Ils ont dans les bois leurs retraites, leurs fontaines, leurs cavernes, et dans les environs leurs auberges et leurs tripôts[132]. » Cet espace alimentera la légende populaire et certains auteurs, comme Eugène L'Écuyer dans *La fille du brigand*, ne manqueront pas de s'en inspirer.

La description appuyée de violences physiques menaçantes et l'usage d'un vocabulaire approprié au danger de mort renforcent le climat inquiétant de la fiction. L'ambiance et le décor sont surchargés à l'extrême : l'obscurité complice, l'insécurité d'un espace facilement vulnérable, la fragilité et la terreur des femmes, tout concourt à surexciter les sentiments et l'imagination.

---

131. François-Réal ANGERS, *Les révélations du crime* [...], p. 78.
132. *Ibid.*, p. 45.

Les révélations du crime ou Cambray et ses complices suscitent une brève querelle lors de leur parution, centrée sur des questions de moralité publique. Le débat s'engage alors entre Un Canadien et F.R.A. (François-Réal Angers) à partir d'une lettre parue dans *Le Canadien* du 28 juillet 1837, et il s'étirera jusqu'au 27 octobre. L'auteur de la lettre nie l'avancé d'Angers qui prétend que peu « de sociétés, eu égard au nombre de la population, comptent autant de criminels que la nôtre[133] », même s'il vient d'affirmer qu'elle est « proverbialement morale ». À partir d'arguments *ad hominem*, il « démontre » que l'auteur est un ignorant et un calomniateur, en opposant sur ce point le Canada à d'autres pays comme l'Angleterre, l'Italie, l'Espagne, la France et les États-Unis, où pullulent les brigands. Sans douter de « l'intention dans laquelle ces révélations ont été publiées », il s'élève cependant contre « l'effet qu'elles peuvent malheureusement produire [dans] une population composée de divers éléments et que tout le monde dit ignorante ». Blâmant l'indulgence dont on a fait preuve envers le coupable, il s'indigne des sentiments qui l'ont animé et qui sont livrés à la pâture publique. Il continue en déplorant les dangers que peuvent produire ces révélations : « [...] je pense que ce livre est un des plus dangereux que l'on ait mis jusqu'à présent entre les mains des Canadiens, parce que ce livre est à la portée de tous ». Son dernier blâme porte sur le tort fait à des « familles respectables », car l'auteur s'est contenté de changer un nom seulement, celui de Chambers : « [...] pour le rendre méconnaissable il aurait fallu changer le nom de ses complices et changer aussi les faits ».

Angers rétorque aux trois points dans l'ordre. Au premier il répond que, « à une certaine époque Québec comptait beaucoup de crimes et de criminels, et avait un nombre disproportionné de mauvais sujets dans ses prisons » : 160 détenus au 1er avril 1837, précise-t-il. Au deuxième reproche qui soutient que ces révélations contiennent « des leçons pour les scélérats, et une séduction pour les honnêtes gens », il réplique qu'il a, au contraire, écrit un ouvrage utile à la police, au public et aux tribunaux, ajoutant qu'il a « évité de donner les détails des tours du métier et des secrets de la filouterie [et que] la triste fin de ses rusés coquins n'a rien d'attrayant ». Enfin, il retourne le troisième argument du critique qui lui reproche « d'avoir r'ouvert la plaie de familles respectables[134] ». La contre-réplique met en doute l'utilité de ces révélations.

La querelle se transporte dans *Le Libéral* [...] sous la plume de J.K.L. (Joris Karl Laflamme), qui attaque directement l'auteur des *Chroniques*, puis d'Un Étudiant en Droit du Comté de K***. D'autres anonymes ajoutent leur grain de sel, sans qu'intervienne Angers dans le débat. À vrai dire, la querelle se déroule hors du champ strictement littéraire. La longue « correspondance » de J.K.L., qui paraît par tranches, tend à démontrer qu'Angers est un « calomniateur » et un « menteur » : il discrédite son pays et déforme les faits, et son livre est pernicieux du point de vue moral. Sans tenir compte des intentions de l'auteur, il soutient que « la morale et les mœurs y sont blessées [...] Pourquoi ces réflexions qui sont hors de propos et qui ne servent qu'à souiller l'esprit. Ne dirait-on pas que vous ne cherchez qu'à flatter les passions, et que vous voulez faire passer dans les autres des impressions chéries. Mais gardez pour vous ce poison cruel[135]. »

---

133. *Ibid.*, p. 10.
134. *Le Canadien*, 31 juillet 1837, p. 2.
135. *Le Libéral* [...], 16 août 1837, p. 1.

L'ouvrage connaît quelques rééditions et une traduction, mais la critique ne le retiendra pas comme faisant partie du corpus littéraire. Cependant, cette chronique colorée de faits criminels garde des rapports assez manifestes avec les romans noirs de l'époque.

L'influence d'un livre de **Philippe-Ignace-François Aubert de Gaspé**

Féru de lectures romantiques tant françaises qu'anglaises, le jeune Aubert de Gaspé, dans ce roman, exploite le fantastique dans certaines mœurs canadiennes. Pour ce faire, il s'autorise des libertés nouvelles proclamées par la *Préface de Cromwell* pour secouer la règle des unités et adapter la littérature aux temps et aux lieux de ses lecteurs. À l'édification il préfère l'observation : « C'est la nature humaine qu'il faut exploiter pour ce Siècle positif[136]. » Cependant, il avoue candidement que la réalité lui fait défaut : « Le Canada, pays vierge, encore dans son enfance, n'offre aucun de ces grands caractères marqués, qui ont fourni un champ si vaste au génie des Romanciers de la vieille Europe[137]. »

Admirateur de Shakespeare et de Walter Scott, il entend moins brosser une fresque sociale à la Balzac que de pénétrer dans l'imaginaire de certains individus marginaux. Dans la même perspective que les *Waverly Novels*, il sélectionne un certain nombre de personnes déviantes bien

Philippe-Ignace-François Aubert de Gaspé, dessin anonyme, sans date. Archives nationales du Canada (C81493).

136. Philippe-Ignace-François AUBERT DE GASPÉ, *L'influence d'un livre*, 1837, p. III.

137. *Ibid.*, p. IV.

connues dans son entourage: Charles Amand (l'alchimiste), la mère Nolet (la nécromancienne), Lepage (le meurtrier), etc., le tout agrémenté de légendes et de chansons. Comment amalgamer l'ensemble dans une même intrigue romanesque?

Grâce à l'esthétique nouvelle, Aubert de Gaspé ne se croit plus tenu à une stricte unité. Son intrigue principale en forme de quête indique Charles Amand comme protagoniste, sans qu'il soit besoin d'y intégrer avec une parfaite cohérence les intrigues secondaires concernant le meurtre d'un colporteur et les amours d'un étudiant en médecine. Il pousse même la fantaisie jusqu'à introduire des légendes enclavées, comme «L'étranger» et «L'homme de Labrador», sans aucun lien avec l'action en cours. Le romancier opte de toute évidence pour une disposition d'allure baroque, choquante pour les esprits cartésiens, mais plus conforme au goût moderne et mieux adaptée à des lecteurs encore imprégnés de culture orale.

Comme pour légitimer un projet littéraire aussi hétérodoxe, Aubert de Gaspé multiplie les marques de l'intertextualité. Chaque chapitre s'ouvre par une épigraphe tirée d'un de ses auteurs préférés: Shakespeare, La Mennais, Bertaut, Byron, Campbell, etc. La variété laisse deviner son éclectisme. Il intervient dans le texte par des citations et des allusions pour marquer la référence à des précédents littéraires, qui soulignent l'inscription de son propos dans une intertextualité reconnue: il surdétermine ainsi la littérarité du texte.

Il semble avoir été le premier à se demander sous quel aspect les mœurs canadiennes se prêtaient le mieux à la stylisation littéraire. Évidemment, «les mœurs pures de nos campagnes» offrent peu de prise à l'imagination romanesque. Aubert de Gaspé le reconnaît sans ambages, car il dédaigne, comme il l'admettra dans sa dispute avec son critique Pierre-André (pseudonyme d'André-Romuald Cherrier[138]), cette espèce de convention qui oblige à édulcorer la réalité pour édifier les concitoyens et impressionner les étrangers. L'«habitant» canadien paraît peut-être banal dans son existence, mais il l'est moins dans son imaginaire, où il peut vivre la déviance impunément. C'est par son côté superstitieux qu'il lui paraît intéressant. Ses tentatives pour communiquer avec les forces de l'au-delà compromettent, dans son esprit, son salut éternel pour quelques avantages matériels. Il sort ainsi de sa banalité quotidienne pour entrer dans ce que Stendhal appellera la «vie dangereuse».

Le personnage de Charles Amand se prête à ce genre d'exercice. Sa manie l'oblige à évoluer presque toujours dans le décor habituel du genre «terrifiant». Toutefois, Aubert de Gaspé remplace le château médiéval par

---

138. Voir, dans le présent ouvrage, le chapitre 7 intitulé «La réception», en particulier p. 462.

la grande nature de l'estuaire du Saint-Laurent. L'action se déroule généralement au milieu des éléments déchaînés, dans l'obscurité et en des endroits accidentés. Les diverses scènes d'épouvante contribuent moins à la progression de l'intrigue qu'à l'effroi immédiat du lecteur. C'est aussi en ce sens que des épisodes comme « L'étranger » et « L'homme de Labrador », enchâssés à un second niveau narratif, contribuent à l'effet d'ensemble.

Conscient de puiser son inspiration dans un domaine encore non légitimé, Aubert de Gaspé prévient les objections des lettrés au cours même de l'action. Un clerc de notaire apostrophe Amand : « [...] il ne faudrait jamais avoir mis le nez dans la science pour ne pas savoir que toutes ces histoires d'apparitions ne sont que des contes que les grand'-mères inventent pour endormir leurs petits enfans[139] ». Pourtant, le vieillard qui se tient debout devant le clerc de notaire témoigne, par son apparence physique, de la vérité de ce qu'il avance.

C'est certainement avec le sentiment de transgresser les conventions classiques qu'Aubert de Gaspé place les croyances populaires au centre de son inspiration. La distance qu'il prend avec son protagoniste le prouve. Non seulement Amand ne réussit-il pas dans ses diverses conjurations, mais il doit aussi s'incliner devant celui qui détient la vraie science, Saint-Céran. En donnant la main de sa fille au jeune médecin, il renonce au livre du fétichisme pour faire confiance au scientifique. Le roman semble condamner les pratiques superstitieuses, mais sa position n'est pas aussi tranchée, comme les deux légendes enclavées portent à le croire.

Sous le masque d'un conteur intermédiaire, Aubert de Gaspé, libéré de son rôle d'homme éclairé, se laisse aller à raconter, dans deux chapitres, « L'étranger » et « L'homme de Labrador », avec une verve inégalée ailleurs dans le roman. La progression de l'action, les détails du décor, les indices semés ici et là pour jeter le doute dans l'esprit du lecteur, tout concourt à faire de ces contes fantastiques des modèles du genre : c'est vraisemblablement une inspiration tirée directement de la tradition orale. Aubert de Gaspé n'invente probablement pas, même si ses versions de ces contes demeurent les plus complètes qu'on connaisse. À force d'écouter les conteurs, il semble avoir retenu les principales variantes et les avoir mises à profit dans son texte. On peut y voir l'indice que les deux Aubert de Gaspé avaient commencé dès cette époque à s'intéresser à ce qu'on appellera plus tard les études de folklore.

Ainsi ces deux légendes, apparemment simples hors-d'œuvre, jouent le rôle de mise en abyme inversée. Amand recherche par l'alchimie le moyen d'asservir les forces surnaturelles, tandis que c'est par la transgression morale que Rose Latulipe et Rodrigue Bras-de-fer évoquent les esprits

---

139. Philippe-Ignace-François AUBERT DE GASPÉ, *op. cit.*, p. 78.

malins. Pour les auditeurs des conteurs populaires, l'usage de talismans tels que la poule noire ou la main de gloire produit moins d'effroi que le défi lancé à Dieu et au diable, sommés tous deux de se manifester.

La cohérence du roman s'impose moins par la logique interne du récit que par une certaine unité de ton. La recherche du fantastique préside à l'organisation des diverses séquences; l'auteur choisit les scènes, les décors et les événements en fonction de leur potentiel terrifiant. Leur agencement très souple dans une intrigue à plusieurs paliers vise plus l'effet à produire que la logique de l'enchaînement. Aussi le romancier n'épargne-t-il à son lecteur aucun détour pour intégrer les scènes qu'exploitent habituellement les auteurs de roman noir ou encore les bons conteurs populaires. Cette gymnastique sacrifie l'effet d'ensemble au profit des parties; le roman se lit donc comme une suite d'épisodes qui engagent émotivement le lecteur, même si la trame narrative du récit est plutôt lâche. Peut-être est-ce là une concession à l'esthétique nouvelle?

Bien avant que le mouvement de 1860 fasse de la récupération de la tradition orale une doctrine qu'illustre l'épigraphe de Charles Nodier, « Hâtons-nous de raconter les délicieuses histoires du peuple avant qu'il les ait oubliées », en tête du premier numéro des *Soirées canadiennes*, les deux Aubert de Gaspé se tournent spontanément vers la tradition orale comme inspiration originale de la littérature à naître. Ils distinguent toutefois le tableau de mœurs de l'imaginaire fantastique. La déviance et l'interdit les intéressent surtout. Bien que le fils écrive: « Les mœurs pures de nos campagnes sont une vaste mine à exploiter[140] », il confesse à la fin de sa préface avoir dû se rabattre sur des exceptions. Il écrème donc une réalité banale de son faible potentiel d'insolite pour en faire sa pâture, mais il n'en arrive pas moins à peindre les mœurs canadiennes. Il recherche des individus plutôt que des types, échappant ainsi aux généralisations qui déréalisent les personnages. Avec son protagoniste Amand, Aubert de Gaspé engage le roman québécois sur la voie de l'individualité, déjà avalisée par les romantiques. Par la suite, il aura peu d'imitateurs.

Desservi par la conjoncture, le premier roman de langue française au Canada provoque tout de même une série d'articles dans *Le Populaire*, qui tournent autour de la conception du genre. Dans son *Répertoire national* (1848), James Huston ne le publie pas en entier, comme il le fait pour « La fille du brigand » d'Eugène L'Écuyer. Il reproduit seulement les légendes « L'étranger » et « L'homme de Labrador », qu'il insère également dans ses *Légendes canadiennes*, éditées à Paris en 1853. L'abbé Henri-Raymond Casgrain répare l'omission de Huston en inscrivant le roman au sommaire du premier tome de *La littérature canadienne de 1850 à 1860*, bien que le récit ait précédé la plupart des écrits parus dans les quatre tomes de

---

140. *Ibid.*, p. III.

Huston. Toutefois, le grand public pouvait croire que c'était une œuvre nouvelle, puisque le titre en était changé. *Le chercheur de trésors* [...] commence en effet une nouvelle carrière dans une version passablement différente de la première. Quand Casgrain décide de rééditer le roman, il demande la permission d'apporter des corrections de style. Aubert de Gaspé père lui répond : « Tout bien considéré je n'en vois pas même l'utilité. Mon fils n'avait que 20 ans lorsqu'il a écrit cet ouvrage ; je préfère le laisser tel qu'il est. » Il continue plus loin : « Il y a plusieurs fautes d'impressions dans l'épreuve que vous m'avez transmise ; et libre à vous de faire les changements que vous signalez[141]. » L'autorisation ne concerne que les fautes d'impression, mais Casgrain se croit tout permis.

Outre qu'il change le titre, Casgrain supprime la dédicace à Thomas Cushing Aylwin et les nombreuses citations en épigraphe. Le quatrain de la chanson du « curé Béranger » connaît le même sort. Certains personnages changent de nom : par exemple, Lepage devient Mareuil, plus semblable au nom véritable de l'assassin, Marois. Les mots « baiser », « sein » et « amour » disparaissent pour des raisons de pudibonderie. Les jurons, les allusions à la danse et les manifestations de l'amour sont également éliminés. Casgrain réduit de moitié la lettre d'amour de Saint-Céran à Amélie et il expurge soigneusement la description du flibustier Clenricard.

C'est ainsi remanié que le roman connaît sa plus large diffusion. Autorisé par le Conseil de l'instruction publique à choisir des livres d'auteurs canadiens pour les distribuer en prix de fin d'année aux écoliers méritants, Casgrain retient le roman d'Aubert de Gaspé fils, pas nécessairement à cause de ses qualités littéraires, mais parce qu'il prétend en avoir obtenu la propriété littéraire. Il peut encaisser les redevances sans avoir à redouter de contestation. Le livre connaît trois réimpressions en 1885. Il faut attendre 1968 pour que *Le chercheur de trésors* [...] réapparaisse en librairie. Avec l'essor des études québécoises dans les universités canadiennes, *L'influence d'un livre* a repris la place qui lui revient dans le corpus de la littérature.

*

La somme impressionnante des textes narratifs publiés durant le premier tiers du XIXᵉ siècle manifeste une pratique littéraire déjà bien ancrée au Bas-Canada. Au siècle précédent, on avait assisté à un phénomène particulier, au passage de la nouvelle journalistique, qui rapporte des événements réels, à la nouvelle littéraire, qui embellit les faits et les

---

141. David M. Hayne et Marcel Tirol, *Bibliographie critique du roman canadien-français, 1837-1900*, p. 44.

transforme par la fiction. Cette pratique s'accentue à partir du début du XIXe siècle pour laisser libre cours à la littérature narrative d'imagination. Des tâtonnements inévitables, dus à l'absence d'une tradition autochtone et à une maîtrise insuffisante des modèles européens, ont marqué les débuts de la littérature narrative de fiction, pour s'accélérer par la suite avec la diffusion des œuvres de Scott et de Chateaubriand, en particulier au Canada. Les connaissances littéraires acquises durant le cours classique n'entravent pas l'influence des courants les plus récents. Chateaubriand devient le paradigme obligé des nouveaux écrivains ; on le pille, on le copie, on l'imite abondamment. Le récit romantique se propage rapidement et connaît une fortune considérable. Si les récits amérindiens véhiculent un prosélytisme religieux évident, si les mobiles apostoliques et apologétiques traduisent une propagande missionnaire explicite, ils le font également sous le couvert de l'idéal romantique.

À part les nombreux récits anecdotiques, tels ceux d'Aubin et d'Odile Cherrier, qui relèvent plutôt du banal quotidien, le lecteur découvre bientôt le genre «terrifiant», provenant en droite ligne des romanciers anglais et français. La vogue de ce type de littérature, à partir des récits brefs jusqu'aux *Révélations du crime* […] et à *L'influence d'un livre*, prouve l'engouement des auteurs pour ce genre. La préface de ce dernier roman inaugure la pratique d'un discours liminaire, où les romanciers auront tendance à fonder leur esthétique. À la différence de François-Réal Angers, Aubert de Gaspé fils cherche moins son inspiration dans les débordements de conduite des citadins que dans les superstitions des campagnards. Il ouvre ainsi un champ d'inspiration nouveau que le mouvement de 1860 saura exploiter pleinement.

Les récits
de voyages

L E RÉCIT de voyage est un genre littéraire particulièrement prisé en Europe au XIXe siècle. Chateaubriand, par exemple, avec son *Itinéraire de Paris à Jérusalem* (1811), inaugure une nouvelle manière de découvrir des horizons nouveaux. À sa suite, nombre de grands écrivains rédigent des récits de voyages dépourvus de toute visée pratique et destinés à exprimer leurs réactions face aux réalités étrangères.

Au Canada, pays encore largement inexploré, le récit de voyage ne peut atteindre immédiatement à autant de littérarité. Encore largement utilitaires au début du siècle, les récits se raffinent avec le temps pour atteindre dans la dernière décennie de la période une expression littéraire explicite. Le récit de voyage prend la forme du journal quand le voyageur note au jour le jour les divers incidents sans trop se préoccuper de leur organisation narrative. Moins soumis aux éphémérides, une autre forme de récit de voyage se centre particulièrement sur les événements et les lieux qui marquent les temps forts de la narration.

ALEXANDER MACKENZIE

Comme préambule au récit de voyage de Gabriel Franchère, il faut d'abord considérer ceux de ses prédécesseurs immédiats, Alexander Mackenzie et Simon Fraser. Les explorations vers l'Ouest se poursuivent sous le Régime britannique et donnent lieu à des récits de voyages assez semblables à ceux qu'avaient laissés des Canadiens, comme Louis Jolliet et Pierre Gaultier de Varennes et de La Vérendrye sous l'Ancien Régime. Bien qu'ils aient été publiés en anglais, les *Voyages from Montreal, on the river St. Laurence, through the continent of North America to the frozen and Pacific oceans; In the Years 1789 and 1793. With a preliminary account of the rise, progress, and present state of the fur trade of that country* d'Alexander Mackenzie s'inscrivent dans la continuité de l'exploration du continent. L'objectif de l'auteur peut sembler à première vue purement scientifique mais, en réalité, il est avant tout pratique: Mackenzie cherche une voie commode pour établir des échanges commerciaux avec les habitants de la côte du Pacifique. Il souhaite trouver un cours d'eau navigable jusqu'au littoral ouest. Déçu par l'exploration du fleuve qui portera son nom à cause de son orientation vers le Nord, il entreprend une seconde expédition vers l'Ouest. Tenant compte de l'avis des indigènes quant à l'impossibilité de naviguer sur le fleuve auquel Simon Fraser donnera son nom, il emprunte la voie de terre pour passer les Rocheuses, mais renonce à descendre un fleuve aux eaux impétueuses. Les deux expéditions présentent des renseignements utiles pour la connaissance du continent, mais elles ne sont cependant d'aucun apport pour le commerce des fourrures. Aussi les résultats en sont-ils plus appréciés à Londres qu'à Montréal, où le roi décerne à l'explorateur le titre de chevalier. Dès 1802, une traduction française diffuse le récit au Bas-Canada.

SIMON FRASER

Le récit de Mackenzie suscite de nouvelles explorations dans la région où il a abandonné la voie d'eau pour la voie de terre. C'est avec ce livre de Mackenzie en poche que Simon Fraser entreprend en 1806 une expédition vers la vallée du fleuve Columbia, mais les indigènes lui décrivent le cours d'eau en termes si effrayants qu'il refuse d'abord, tout comme son prédécesseur, de s'y engager. Mais, au printemps de 1808, il se résout, quoi qu'il en coûte, à descendre le cours d'eau.

Les textes de l'imagination et de la subjectivité 385

Simon Fraser descendant le fleuve qui porte son nom, 1808, lithographie de Charles William Jefferys, sans date. Collection de la Compagnie pétrolière Impériale ltée.

Le « Journal of a Voyage from the Rocky Mountains to the Pacific Coast, 1808 », récit de cette seconde expédition publié par Louis Rodrigue Masson dans *Les bourgeois de la Compagnie du Nord-Ouest* […], est aussi palpitant qu'un roman d'aventures à cause de ses multiples rebondissements. Fraser, certes, est un homme à l'instruction limitée dont le texte a été soumis à une réécriture sérieuse, qui n'altère toutefois pas les qualités fondamentales de la narration. Il est vrai que l'auteur n'a rien à inventer, chaque jour lui fournissant une abondante ration d'événements. Les difficultés sont généralement annoncées par les Amérindiens, mais Fraser décide de les affronter quand même. Ses hommes se partagent souvent en équipes, se perdent de vue, s'inquiètent les uns des autres et se recherchent… Le fleuve, tout en cascades, en torrents et en chutes, s'avère impropre à la navigation sur la plus grande partie de son cours. Les rives escarpées ne sont guère plus hospitalières. Aux difficultés du parcours s'ajoutent celles des approvisionnements et des relations avec les indigènes.

Fraser ne cède pas à l'effusion de sentiments. Jamais il ne s'attarde à décrire la nature austère et grandiose qu'il affronte. Les décisions pourtant extrêmement difficiles qu'il prend ne donnent lieu à aucune tergiversation. Il se révèle homme d'action, sans pitié pour lui comme pour les autres, capable de s'adapter au rythme de la vie indienne. Impossible, en effet, d'arriver dans un village sans s'être fait annoncer, sans prendre le temps de serrer les mains tendues, sans festoyer longtemps sous la tente du chef. Plusieurs indigènes, qui voient des Blancs pour la première fois, manifestent une curiosité insatiable et tentent de s'emparer des merveilles qu'ils découvrent. Sans prétention anthropologique, Fraser décrit attentivement leurs habitations, leur alimentation et surtout leurs tombeaux ornés de sculptures. Les peuplades en amont, hospitalières et généralement bien disposées, contrastent avec celles qui habitent en aval, car leur hostilité manifeste l'oblige à retraiter. Le retour prend l'allure d'une déroute à cause des Amérindiens qui, en nombre, harcèlent la troupe.

Bien qu'il soit dépourvu d'ambition littéraire, Fraser reste un commentateur intéressant surtout par le choix des incidents qu'il rapporte. Ceux qu'il exploite révèlent bien l'enjeu de la situation : aucune chaussure, par exemple, ne résiste aux portages sur les parois rocheuses très inclinées du canyon. C'est moins l'ingéniosité des voyageurs qui tient le lecteur en haleine que leur situation critique. Les progrès de l'expédition ne se font la plupart du temps qu'au péril de leur vie. Par une sorte de miracle sans cesse renouvelé, leur témérité n'entraîne jamais de catastrophe : aucune perte de vie à déplorer, malgré des comportements plus appropriés à des cascadeurs qu'à des voyageurs. Sans l'aide des indigènes, cette expédition aurait toutefois été impossible.

Le récit de Fraser reste inédit jusqu'en 1889, probablement parce que l'expédition vers le Pacifique par le fleuve Fraser ne révèle pas la route commode que cherchent les associés de la North West Company. Comme Mackenzie, Fraser garde l'impression d'avoir échoué dans sa tentative d'ouvrir la côte de l'Océan aux traiteurs.

GABRIEL FRANCHÈRE

La rivalité entre les compagnies pour monopoliser le commerce des fourrures de la côte ouest suscite une autre expédition. L'Américain Jacob Astor décide d'établir un poste de traite à l'embouchure du fleuve Columbia. Il organise deux expéditions, l'une par mer, l'autre par terre, qui doivent se rejoindre à point nommé. Gabriel Franchère, jeune Canadien engagé à titre de commis, tient un journal qui décrit le voyage de Montréal à New York, la navigation sur l'Atlantique jusqu'au cap Horn, puis la navigation sur le Pacifique avec escale à Hawaï et, enfin, l'arrivée et l'établissement dans le golfe du Columbia. Après un séjour de plus de deux ans, l'équipe regagne Montréal par voie de terre.

Sans être fin lettré, Franchère n'est pas non plus analphabète. Né à Montréal en 1786, il fréquente le collège de Montréal pendant quatre ans. De son éducation première il a gardé, à défaut de la maîtrise de l'orthographe, le goût de la lecture. À Astoria, les livres occupent ses moments de loisir. La *Relation d'un voyage à la côte du Nord-Ouest de l'Amérique Septentrionale dans les années 1810, 11, 12, 13, et 14*, corrigée et remaniée par Michel Bibaud en 1820, ne donne pas une idée fidèle de la narration initiale. Le manuscrit original a été conservé. Vendu aux enchères à Boston en 1890, il a été acquis par la Toronto Public Library. Wessie Tipping Lamb et William Kaye Lamb en ont fait une traduction et une édition critique en 1969 pour la Champlain Society, qui permettent d'apprécier la réécriture de Bibaud à sa juste valeur.

Comme Fraser, Franchère a le sens du récit. Sans jamais se perdre dans un dédale d'événements inextricable, il maintient une focalisation non pas tant sur lui-même que sur l'équipe. Simple commis dans l'expédition, il ne profite pas de sa position de narrateur pour orienter le récit à son avantage. Il accorde le beau rôle aux propriétaires, qu'il appelle respectueusement « nos messieurs ». Ce jeune Montréalais possède peu de points de comparaison pour apprécier le monde qu'il découvre. Le Bas-Canada constitue le centre de son univers et le comportement des Canadiens, l'étalon de sa normalité. À ce titre, sa vision du monde est strictement régionale, quoique sans préjugé. Jamais il ne manifeste de mépris pour les indigènes, comme le font souvent les Européens.

Bien qu'il soit rarement ému par le spectacle de la nature, il décrit parfois des paysages avec plus de justesse que de poésie, comme le montre son tableau de la baie de Karakoua :

> L'aspect de la Côte qui s'elève en amphitheatre offre le plus riant Spectacle. Et quoique les montagnes y soient d'une hauteur prodigieuse, elles nous parrurent néanmoins toutes couvertes d'arbres. Les vallons qui les entrecoupe ont l'apparence d'un etat de culture, et tout le long de la côte, on y voit une lisière de terre basse, qui est couverte de cocotiers & de Bananiers, parmi lesquels on appercoit les maisons des Insulaires[142].

---

142. Gabriel Franchère, *Journal of a Voyage on the North West Coast* [...], p. 218.

Pour écrire ainsi, il faut avoir quelques lectures, mais pas nécessairement une formation littéraire. En effet, Franchère ignore généralement les figures de style : peu de comparaisons ou de métaphores, ni d'autres ornements qui donneraient une allure poétique à son texte. Cela ne l'empêche pas de manifester une curiosité naturelle pour tous les spectacles nouveaux que le voyage offre à son attention ingénue.

Franchère soutient l'intérêt du lecteur plus par le contenu que par le contenant. Chaque jour renouvelle les péripéties : menace de famine, conspiration des indigènes, arrivée d'aventuriers, maladies et morts. On pourrait croire parfois qu'il aménage le temps de façon à créer des attentes, comme c'est le cas pour la perte du navire *Tonquin*. Il rapporte d'abord une rumeur sans trop donner de détails. Plusieurs mois plus tard, des nouvelles en provenance des îles viennent la confirmer. Enfin, un témoin oculaire survient pour raconter par le menu tous les détails du massacre. Est-ce là une stratégie voulue ou un simple respect des événements ? Quoi qu'il en soit, le résultat est le même et ce n'est qu'avec plus d'avidité que le lecteur apprend enfin toute la vérité. On peut croire qu'à force de lire des récits d'aventures, le jeune homme s'en est inconsciemment approprié la forme et l'art d'aménager des effets.

Ce journal n'est certainement pas destiné à la publication, comme l'avoue l'auteur : « Je n'avais d'autre but en l'écrivant que de procurer à ma famille et à mes amis, un détail plus exact et plus suivi de ce que j'aurais vu ou appris dans le cours de mon voyage, qu'il ne m'eût été possible de le faire par un narré de vive voix[143]. » On peut se demander comment il y est arrivé. Chose certaine, le manuscrit circule à Montréal depuis quelques années quand il tombe entre les mains de Michel Bibaud, qui y prend un vif intérêt et s'offre à en faire la toilette pour la publication.

Bibaud compose une préface pour préciser le destinataire du texte remanié et lui trouver un créneau ajusté à son genre de littérarité : « [...] si une narration simple et ingénue, dénuée du mérite de la science et des grâces de la diction, devait être moins goûtée de l'homme de lettres et du savant, elle avait en récompense l'avantage d'être à la portée d'un plus grand nombre de lecteurs[144] ». Autrement dit, voilà une publication pour un public élargi. Mais cette précaution oratoire ne dupe personne. Bibaud entreprend le remaniement du texte précisément pour lui donner ces « grâces de la diction ». La réécriture entend donner au texte une qualité littéraire.

La correction de Bibaud dépasse de beaucoup les fautes d'orthographe et de syntaxe. Dans ce texte, sans autre ordre que chronologique, il introduit la division par chapitres en tâchant d'assurer à chacun une

---

143. *Ibid.*, p. 204.
144. *Loc. cit.*

certaine homogénéité. Pour cela, il ne craint pas de bouleverser l'ordre d'exposition adopté par Franchère. En effet, l'auteur avait noté au passage, par exemple, des coutumes, des jeux et des rites propres aux insulaires d'Hawaï. Bien au courant des récits de voyages truffés de considérations anthropologiques, Bibaud regroupe ces remarques pour en faire un développement continu qu'il introduit par une phrase de son cru : « Je ne suis pas demeuré assez longtems chez ces peuples, pour acquérir des notions bien étendues et bien exactes sur leur religion[145]. » L'asservissement de la majorité toutou par la minorité eris lui inspire des comparaisons propres aux lettrés. Il s'étonne que, chez un peuple indigène, se soit produit le même phénomène social qu'à Sparte. Ce développement sur la réduction en esclavage d'une majorité par une minorité prend une allure philosophique qui détonne dans un récit habituellement factuel.

Ce sont surtout les descriptions qui donnent l'occasion à Bibaud de faire montre de son savoir littéraire. Il les étoffe sans trop se soucier de l'économie générale du texte. Le correcteur recherche moins les effets de style que la clarté de l'ensemble. Cependant, ses interventions « littéraires » ne sont pas toujours heureuses. On lui pardonnerait peut-être ses ajouts s'il avait moins bouleversé l'ordre de la narration. Une lecture comparée ne démontre pas à l'évidence la supériorité de la version de Bibaud, car il ne se signale ni par son imagination ni par son sens poétique. Pas plus que Franchère, il ne parvient à décrire la nature autrement qu'avec des épithètes éculées. Leur multiplication ne rend pas le texte plus littéraire.

Le travail éditorial de Bibaud renseigne sur sa notion du « littéraire ». À ses yeux, le manuscrit de Franchère ne répond pas aux normes alors en vigueur. Pour l'améliorer, il s'attaque autant au fond qu'à la forme. La « disposition » lui paraît d'une importance primordiale : ses tentatives de réorganisation l'illustrent bien. Les améliorations de la forme se limitent généralement à des enjolivements qui allongent indûment le récit.

Cette toilette ne permet toutefois pas au journal de Franchère de connaître la célébrité, du moins sous sa forme française. Pourtant, l'aventure d'Astoria prend de l'importance à mesure que progresse la colonisation de la côte ouest. En 1831, Ross Cox, qui a été, comme Franchère, un commis de l'expédition, publie *Adventures on the Columbia River* […], mais son récit se ressent d'avoir été écrit de mémoire longtemps après et de se fonder surtout sur des ouï-dire. En 1836, le célèbre auteur américain Washington Irving publie *Astoria* […], histoire de l'aventure en trois volumes. Ami personnel de John Jacob Astor, il a eu droit à une documentation privilégiée, mais qui ne valait pas le témoignage de l'un des principaux participants. Enfin, en 1846, l'édition de Bibaud sort de l'ombre quand le

---

145. Gabriel Franchère, *Relation d'un voyage à la côte du Nord-Ouest* […], p. 57.

sénateur américain Thomas Hart Benton l'invoque pour revendiquer la souveraineté américaine sur l'Orégon. La publication d'Alexander Ross en 1849, *Adventures of the First Settlers on the Oregon or Columbia River* […], décide Franchère à faire traduire son journal, voyant qu'il est le seul à contenir autant de renseignements de première main sur des faits qui prennent de plus en plus d'importance. Le traducteur utilise l'édition de 1820 comme texte de base, ajoutant à son tour des explications et des enjolivements, comme l'avait déjà fait Bibaud. Publiée par Redfield à New York en 1854 sous le titre *Narrative of a Voyage to the Northwest Coast of America, in the Years 1811, 1812, 1813, and 1814, or, The First American Settlement on the Pacific*, cette édition abondamment annotée est dotée d'une substantielle introduction par Reuben Gold Thwaites qui la publie en 1904 comme sixième volume de la collection «Early Western Travels […]». En 1967, un arrière-petit-fils de l'auteur, Hoyt C. Franchère, revient au texte de Bibaud comme principale source d'une nouvelle traduction. Après ces avatars, on comprend que la Champlain Society ait éprouvé le besoin de reprendre le manuscrit primitif, qui compte maintenant parmi les classiques sur la colonisation de l'Ouest américain.

JOSEPH-OCTAVE PLESSIS

Mgr Joseph-Octave Plessis inaugure une autre forme de récit de voyage avec ses journaux de visites apostoliques. Amateur de voyage autant que d'écriture, il parcourt l'Acadie en 1811, 1812 et 1815, monte dans le Haut-Canada en 1816 et passe en Europe en 1819. Pendant tous ces voyages, il tient un journal, publié en 1865 dans *Le Foyer canadien* sous le titre «Journal de deux voyages apostoliques dans le Golfe Saint-Laurent et les Provinces d'en bas, en 1811 et 1812». S'il rédige avec facilité, il ne se livre pas à cet exercice gratuitement. Son but n'est certes pas d'accéder à une quelconque réputation littéraire. Ce n'est pas pour autant un journal intime. Selon la coutume ecclésiastique, ce genre de récit convient parfaitement pour les lectures au réfectoire dans les établissements religieux. Le pasteur, tout en rendant compte de sa mission apostolique, se propose d'édifier ses diocésains en montrant son zèle pour les plus délaissés de son troupeau. Aussi les communautés chrétiennes de la diaspora sont-elles l'objet premier de sa sollicitude. En administrateur lucide, il jette un regard neuf sur la géographie tant physique qu'économique des régions visitées.

Plessis apprécie les diverses communautés qu'il visite d'abord en tant que pasteur. Cependant, ce point de vue est compatible avec le projet narratif. Les moyens rudimentaires de transport multiplient en effet les péripéties : tantôt les caprices des vents retardent l'arrivée, tantôt le curé de la mission manque à l'appel, tantôt ce sont les paroissiens qui sont partis à la pêche. Aussi des incidents imprévus renouvellent-ils l'intérêt d'un récit qui pourrait facilement sombrer dans la monotonie.

Plessis n'est guère impressionné par le spectacle de la grande nature qui se déroule sous ses yeux. Le trajet de Québec à Gaspé mérite peu de commentaires. La majesté du cap Fourillon (aujourd'hui Forillon) ne s'exprime que par ses dimensions : « Le Fourillon est un cap dont le contour ne pourrait être mesuré que par une ligne d'environ 60 arpents. Il est coupé comme serait la muraille d'une forteresse à plus de 200 pieds de sa moyenne hauteur et orne magnifiquement la baie de Gaspé[146]. » Le fameux rocher Percé n'éveille pas davantage son sens poétique : « […] il est totalement séparé de la terre-ferme, a la forme d'un parallèlipipède, large de deux arpents, long de dix ou douze, tout hors de l'eau à marée basse, percé en deux endroits par deux arches hautes de 40 à 45 pieds[147] ». Les rares fois que l'émotion esthétique s'empare du narrateur, elle est aussitôt récupérée par le sentiment religieux. Apercevant le cap Breton du sommet des collines des Îles-de-la-Madeleine, il écrit : « Après cela, la vue se perd de tous côtés dans l'Océan et donne lieu à des réflexions sublimes sur l'immensité de Dieu dont l'esprit était porté sur les eaux dès le commencement du monde[148]. »

La forme du journal obligerait à l'emploi de la première personne, mais une telle familiarité de la part d'un évêque serait inconvenante. Aussi Plessis parle-t-il de lui à la troisième personne, employant pour se désigner tantôt le terme « évêque », tantôt le mot « prélat ». Avec cette contrainte, l'expression de sentiments personnels n'est possible que dans l'indétermination du « on » se substituant au « je ». Il se sert de ce procédé pour exprimer, par exemple, sa joie de toucher enfin la terre ferme : « Marcher sur la terre, entrer dans des maisons, voir des hommes, de l'herbe, des animaux paissants, après n'avoir aperçu que des oiseaux et des poissons, devient une jouissance à la suite d'une navigation de quinze ou seize jours[149]. » Même procédé pour exprimer son désagrément d'avoir à séjourner sur le pont par gros temps avec des gens sans éducation : « Dans le cours de la journée il fallait demeurer pêle-mêle sur le pont avec tous ces grossiers compagnons, entendre leurs insignifiants propos, respirer l'odeur continuelle de leurs pipes, marcher sur leurs morves et leurs crachats[150]. »

Les voyages en Acadie ont un caractère assez répétitif à la fois par leur itinéraire, par leur but et par leur traitement. Le voyage dans le Haut-Canada en 1816 pourrait apporter du nouveau si l'évêque s'intéressait à la

---

146. Joseph-Octave PLESSIS, « Journal de deux voyages apostoliques […] », *Le Foyer canadien*, t. III, 1865, p. 84.
147. *Ibid.*, p. 86.
148. *Ibid.*, p. 93.
149. *Ibid.*, p. 91.
150. *Ibid.*, p. 143.

nature, mais la situation des diverses communautés catholiques dans une province que dominent les protestants capte généralement son attention.

Le *Journal d'un voyage en Europe par Mgr Joseph-Octave Plessis évêque de Québec, 1819-1820* diffère des précédents plus par son objet que par sa forme. Selon son habitude, le voyageur note au jour le jour les divers événements qui marquent ses pérégrinations. Comme il s'agit d'une mission diplomatique, une certaine teneur politique domine le discours. L'évêque voudrait subdiviser son diocèse pour en créer deux nouveaux, ceux de Montréal et du Nord-Ouest. Mais l'assentiment de Rome ne lui servirait de rien sans celui de Londres. Sa mission l'oblige donc à commencer par l'Angleterre, à traverser la France pour se rendre ensuite en Italie.

Antirévolutionnaire convaincu, Plessis cherche à montrer, dans sa lecture de l'Europe, la supériorité des pays demeurés fidèles à l'ordre établi en comparaison de ceux qui ont subi la tourmente révolutionnaire. Toutefois, ce préjugé n'obnubile pas complètement son champ de vision. Premier lettré entièrement formé au pays à scruter aussi attentivement l'Europe, Plessis n'éprouve aucun sentiment d'infériorité. Son statut d'évêque et de conseiller législatif lui donne l'assurance nécessaire à l'esprit critique. Ses premières impressions en débarquant à Liverpool sont désagréables: ville bruyante, polluée par la fumée du charbon et toute en venelles. Accaparé par les affaires pendant son séjour à Londres, il se contente de visiter l'abbaye de Westminster, la cathédrale Saint-Paul et l'asile de Chelsea.

Même s'il aborde la France avec énormément de prévention, Plessis éprouve un certain sentiment d'appartenance: «On se croit presque chez soi, lorsqu'après avoir entendu parler une langue étrangère pendant six semaines, on se trouve au milieu de gens qui parlent la sienne[151].» N'empêche qu'il établit des comparaisons désobligeantes pour la France au sujet des diligences, des routes et des hôtels. Il trouve cependant la campagne française plus variée que celle de l'Angleterre. Ses premières impressions de Paris sont également défavorables: rues étroites, sales, puantes et bruyantes. L'éclairage y est piètre par rapport à celui de Londres. Sur le chemin du retour, il admet toutefois avoir été injuste envers Paris: «Réparation d'honneur à la capitale de la France: elle a plus de belles rues que ce journal ne lui en avait d'abord accordées[152].» Pour un Canadien, la référence pour évaluer un beau paysage reste la baie de Québec, dont la perspective embrasse le cap Tourmente. Arrivé sur une hauteur à trois lieues de Lyon, il reste ébahi devant un panorama exceptionnel: «[…] il faut avouer que la vue de la côte du Nord près de Québec, tant vantée et avec tant de raison, est inférieure à celle-ci[153]». Toutefois, il ne se hasarde pas à en faire une description détaillée.

---

151. Joseph-Octave Plessis, *Journal d'un voyage en Europe* […], p. 68.
152. *Ibid.*, p. 388.
153. *Ibid.*, p. 108.

La traversée de la France éveille-t-elle en lui des souvenirs littéraires ? Son attention ne semble pas portée de ce côté. La Savoie, par exemple, ne lui rappelle ni saint François de Sales ni Jean-Jacques Rousseau. Joseph de Maistre, pourtant champion de l'intégrisme catholique, lui est encore inconnu jusqu'à leur rencontre à Turin : « Cet homme instruit, bon catholique et d'une conversation aimable, publia, pendant sa légation de Russie un ouvrage sous le titre *Considérations sur la France*, qui fut bien accueilli par le public et lui a donné de la réputation[154]. » Il rapporte dans ses bagages des exemplaires de ses œuvres que l'auteur lui a gracieusement offerts. Les gloires littéraires de la France contemporaine le laissent indifférent. Jamais un mot de Chateaubriand, initiateur du renouveau littéraire catholique, alors au faîte de sa gloire. Il fréquente cependant les abbés Denis Antoine Frayssinous et Nicholas Tuite MacCarthy, prédicateurs alors célèbres à Paris. Trait significatif de son orientation idéologique, il tient à rencontrer l'abbé Augustin de Barruel, auteur des *Mémoires pour servir à l'histoire du jacobinisme*, qui rendait les francs-maçons responsables de tous les bouleversements survenus en Europe depuis 30 ans. Cet abbé prétendait détenir, depuis la publication de son livre, d'autres renseignements propres à confirmer Plessis dans ses préjugés.

Le seul écrivain que l'évêque aurait tenu à visiter est Joseph-David Mermet : « Ses rapports avec l'évêque de Québec avaient été fréquents et amicaux ; plusieurs fois il avait adressé au prélat de fort jolies pièces de vers[155]. » Plessis lui envoie donc une lettre pour le féliciter de sa croix de Saint-Louis. Le poète y répond longuement en affirmant qu'il aurait mieux fait de suivre les conseils du prélat et de rester au Canada. Un poème célébrant le voyage du pasteur en Europe termine la lettre.

Ses visites d'églises et de cathédrales ne manifestent pas de culture architecturale particulière. Il remarque surtout les mutilations qu'elles ont subies pendant la Révolution. À Massa, chez les Desjardins, il trouve enfin une France selon son cœur : « Sous le rapport moral, celui de Massa est excellent. Veut-on trouver la simplicité antique, les mœurs patriarcales, des pères vigilants, des enfants soumis, des filles modestes, des garçons sobres et réservés ? C'est à Massa qu'il faut venir. Il semble que ce petit endroit ait été préservé seul des funestes ravages de la Révolution[156]. » Les habitants de Massas n'ont-ils pas les mêmes qualités que les Madelinots ? L'Italie correspond plus à la culture littéraire du prélat que la France. À mesure qu'il approche de Rome, Plessis se remémore les auteurs anciens, qu'il cite avec plus de régularité. Ferland trouve ce changement tout à fait

---

154. *Ibid.*, p. 357.
155. Jean-Baptiste-Antoine FERLAND, « Notice biographique sur monseigneur Joseph-Octave Plessis, évêque de Québec », *Le Foyer canadien*, t. I, 1863, p. 259.
156. Joseph-Octave PLESSIS, *Journal d'un voyage en Europe* […], p. 384.

normal : « Après avoir étudié sérieusement les classiques latins comme il l'avait fait, il ne pouvait parcourir sans un vif intérêt les différentes parties du théâtre où s'étaient passés les grands événements de l'histoire romaine[157]. »

À cause de son rôle historique et surtout de sa vocation spirituelle, Rome devrait être la plus belle ville du monde, malgré la réalité décevante que le visiteur ne cache pas. C'est alors que la conviction supplée à l'observation : « Rome n'est pas la plus belle ville du monde, mais elle est assurément la plus curieuse, la plus célèbre, la plus digne de fixer les regards d'un étranger, et d'exalter son imagination[158]. » La ville actuelle n'est pas moins digne que la cité antique. C'est pourquoi Plessis prend la défense du gouvernement pontifical et de la cour romaine qui scandalise « les protestants et les mauvais catholiques ».

Sous la plume de Mgr Plessis, le récit de voyage ne progresse guère comme genre littéraire. Certes, les divers journaux coulent d'une plume correcte, sinon élégante, mais desservie par une culture littéraire assez mince. Il n'est pas un grand lecteur de récits de voyages. Sa bibliothèque personnelle n'en contient pas, sauf un guide touristique de l'Italie[159]. Faute de connaître les modèles les plus cotés, il arrange son récit en fonction de l'édification populaire sans trop se soucier de ses effets de texte. Garant de l'ordre et de la stabilité, l'évêque apporte paix et réconfort aux populations par l'administration des sacrements et par la prédication. En revanche, il manifeste une certaine curiosité pour des modes de vie nouveaux, pour des industries inusitées, etc. C'est surtout de cette façon que ses relations gagnent en intérêt.

Ce n'est qu'à sa publication dans *Le Foyer canadien* de 1865 que le « Journal de deux voyages apostoliques [...] » reçoit sa consécration littéraire, qui s'explique plus par le contexte que par le texte. L'équipe de direction se donne comme mot d'ordre de recueillir tous les textes susceptibles d'entrer dans le corpus de la littérature nationale, mais elle ne cache pas ses préjugés contre les écrits de fiction. Sa prédilection va aux textes à caractère historique, même si leur littérarité paraît douteuse.

---

157. Jean-Baptiste-Antoine FERLAND, « Notice biographique sur monseigneur Joseph-Octave Plessis, évêque de Québec », *Le Foyer canadien*, t. I, 1863, p. 246.
158. Joseph-Octave PLESSIS, *Journal d'un voyage en Europe* [...], p. 239.
159. Gilles LABONTÉ, « Les bibliothèques privées à Québec (1820-1829) », mémoire de maîtrise en histoire, f. 256.

JEAN-BAPTISTE-ANTOINE FERLAND

Avant de publier le journal de voyage de Plessis, Ferland avait déjà publié le sien dans *Les Soirées canadiennes* de 1861 sous le titre « Journal d'un voyage sur les côtes de la Gaspésie ». Le caractère littéraire de son récit ne faisant aucun doute, il n'avait pas de réticence à exhumer de ses cartons un manuscrit vieux de 25 ans. Au contraire de celui de François-Xavier Garneau, ce journal n'est pas le fruit d'une réécriture récente, mais remonte bien à l'année 1836 : « Durant le cours du voyage, je jetai sur le papier des notes, que je mis en ordre à mon retour, et qui depuis sont restées dans mes cartons[160]. » La date de composition importe beaucoup, parce qu'elle précise une des premières manifestations du romantisme au Canada. Toutefois, le caractère primesautier de cette écriture ne doit pas leurrer. À l'encontre de son prédécesseur, Ferland bénéficie de modèles tant canadiens que français. Chateaubriand lui apprend à tirer des effets poétiques de la nature vierge de l'Amérique.

Après avoir fait le même voyage dans les mêmes conditions, Ferland est plus à même que personne de constater la non-littérarité du récit de Plessis. Il le reprend en substance pour en faire cette fois une œuvre vraiment littéraire. Son point de vue diffère sensiblement de celui de l'évêque en visite pastorale. Simple accompagnateur, il n'a de comptes à rendre à personne. Écrivant tout à fait gratuitement, il s'affranchit d'une réalité trop contraignante pour en reconstruire une plus conforme aux règles de l'art. C'est alors que l'influence de Chateaubriand se fait sentir. Du grand maître, il a appris que la poésie est moins dans la nature que dans l'œil de celui qui la regarde. Comme lui, il cherche non pas à rendre un compte exact du décor, mais à communiquer l'émotion qu'il suscite, quitte à le trafiquer légèrement.

Peu importe l'heure véritable à laquelle la *Sara* quitte réellement le port de Québec ; pour un poète, les adieux ne peuvent avoir lieu qu'au crépuscule. Le tableau de la ville de Québec qui s'estompe dans les dernières lueurs du jour illustre bien la manière de Ferland dans l'aménagement du décor. D'abord, des notations auditives : « La Sara glisse *silencieusement* [...] La conversation *a cessé* parmi les passagers[161]. » Une atmosphère de recueillement prépare au spectacle qui va se dérouler sous les yeux des voyageurs, vision éphémère résumée en quelques instants : « Le soleil vient de se cacher [...] aux premiers jours de son croissant, la lune répand une lumière faible et incertaine[162]. » Du ciel, le regard s'abaisse vers

---

160. Jean-Baptiste-Antoine Ferland, « Journal d'un voyage sur les côtes de la Gaspésie », *Les Soirées canadiennes*, t. I, 1861, p. 301.

161. *Ibid.*, p. 304 (l'italique est de nous).
162. *Loc. cit.*

Jean-Baptiste-Antoine Ferland, photographie, sans date. Archives nationales du Canada (PA 74096).

la ville selon un ordre bien défini : la haute-ville, la basse-ville, le port, puis un tour d'horizon pour embrasser la rive gauche et la rive droite jusqu'à la pointe de Lévis. Le temple de la nature a produit son effet : tous s'agenouillent sur le pont pour prier Dieu.

À mesure que la goélette glisse vers la haute mer, les berges s'estompent et les sujets de description se font plus rares. Plessis n'avait noté que bien peu de chose. À Rivière-à-Pierre, il avait remarqué une barge surchargée de neuf personnes, quatre chiens et tout l'ameublement[163], sans émettre d'autre commentaire. Ferland reprend la scène en la visualisant : « Les enfants et les chiens, couchés pêle-mêle, dorment dans la plus profonde sécurité, au milieu des ustensiles de ménage, des couvertures, des peaux et des pièces de la tente[164]. » Il fait percevoir le contraste entre la surcharge de l'embarcation, qu'une vague pourrait engloutir à chaque instant, et la parfaite quiétude de ceux qui l'occupent.

Là où Mgr Plessis s'était rapidement lassé du spectacle monotone des cétacés, Ferland associe leurs évolutions à une stratégie militaire : « Quelques centaines d'individus s'avancent à notre rencontre, avec rapidité et sur une seule ligne, comme pour défendre leur domaine. Puis les rangs se

---

163. Joseph-Octave PLESSIS, « Journal de deux voyages apostoliques […] », *Le Foyer canadien*, t. III, 1865, p. 80.
164. Jean-Baptiste-Antoine FERLAND, « Journal d'un voyage sur les côtes de la Gaspésie », *Les Soirées canadiennes*, t. I, 1861, p. 305.

brisent, des escouades de vingt et de trente se forment, tournent, se croisent, se poursuivent, s'évitent. Semblables à de nouvelles levées, ils défient l'ennemi[165]. » L'image ici prime sur la réalité et sert à sa représentation. Parfois, Ferland s'attache à traduire des impressions : « L'on voit des milliers de taches blanches s'élever alentour, tournoyer et s'abattre ; ce sont, nous dit-on, des pigeons de mer[166]. » Même procédé pour décrire les navires qu'il rencontre : « Un point brillant paraît bien loin en avant ; il grossit ; des voiles se détachent de la masse ; une coque de bâtiment s'arrondit, s'élargit[167]. »

Bien que Plessis ait déjà déterminé une certaine façon de parler de la Gaspésie, Ferland éprouve le besoin d'étoffer un peu mieux le discours à son sujet. Ce pays n'existe pas par sa seule topographie, mais aussi par la place qu'il occupe dans l'imaginaire collectif. Son histoire et ses légendes lui confèrent sa signification réelle. L'île du Bic, par exemple, outre qu'elle est pittoresque, évoque des souvenirs : « Jadis le chemin entre les Trois-Pistoles et le Bic suivait les bords du fleuve [...] Autrefois M. D'Avaugour, gouverneur du Canada, avait formé le projet d'ouvrir un port et d'établir un entrepôt pour le commerce[168]. » Ferland est un voyageur exceptionnel par ses connaissances historiques qui lui permettent d'accorder à des lieux apparemment insignifiants une valeur que la mémoire collective devrait leur reconnaître. Comme les grands poètes, il apprend à ses compatriotes comment voir leur pays. Là où l'histoire fait défaut, la légende prend le relais, comme à l'« Îlet au massacre » et au « Braillard de la Madeleine ».

Même avec Chateaubriand pour modèle, Ferland se sent assez dépourvu pour célébrer, d'après les normes littéraires de son époque, les spectacles d'une nature encore étrangère à la culture cultivée. Confiné jusqu'alors au Canada, il ne risque pas de comparaison avec les lieux célébrés par les poètes et les artistes européens, mais il n'en est pas moins convaincu de la supériorité du décor gaspésien, comme il le suppose dans les sentiments qu'il attribue aux deux fils du chef Honguedo que Cartier ramène au pays après un séjour d'un an en France :

> Malgré les splendeurs qu'ils avaient entrevues dans les villes européennes, ils portaient leurs regards avec bonheur vers la terre de leurs ancêtres. Et ils avaient le droit de la contempler avec un juste orgueil, car la France ne leur avait rien offert de plus majestueux que les monts Notre-Dame, de plus noble que la baie de Gaspé, de plus beau que le bassin sur les eaux duquel ils avaient souvent, dans leur enfance, poussé le léger canot de leur père[169].

---

165. *Ibid.*, p. 310.
166. *Ibid.*, p. 309.
167. *Loc. cit.*
168. *Ibid.*, p. 315.
169. *Ibid.*, p. 356.

Mais comment un littéraire devrait-il décrire le cap Forillon, la baie de Gaspé, le rocher Percé... ? La référence à l'Antiquité s'impose : Ferland qualifie le cap de « colonne aussi grandiose que le Calpé et l'Abyla d'Hercule[170] » mais, pour plus de précision, il ne dispose pas d'autre modèle que Plessis. Impressionné par cette paroi rocheuse qui se dresse presque à la verticale, il traduit lui aussi son émotion en donnant les dimensions : « Du côté du nord, il présente un roc nu, taillé à pic et s'élevant à une hauteur de sept cents pieds[171]. » Puis, suit l'explication géologique de l'effondrement d'une partie de la montagne. Il est plus heureux dans sa description du rocher Percé : une comparaison assez ingénieuse donne vie à tout un paysage : « Plus près de nous, est l'île de Percé dont les deux arches se dessinent sur l'azur de la mer ; on dirait les restes d'un pont bâti par une race de géants, pour unir l'île de Bonaventure au Mont-Joli, dont le beau plateau vert s'incline légèrement vers l'anse[172]. »

*

Le récit de voyage est d'abord strictement utilitaire avec Mackenzie et Fraser. Le hasard des découvertes leur confère cependant un indéniable intérêt pour la science, sinon pour la littérature. L'attrait pour les contrées encore vierges ne se dément pas. On se rend compte, avec Fraser surtout, que l'intérêt réside autant dans la manière de raconter que dans les événements eux-mêmes. Le texte marque ainsi une tendance à s'imposer pour lui-même. Avec Franchère, le récit atteint un nouveau seuil. Sans mission officielle, sans intérêt particulier, le jeune commis rédige pour le plaisir de mieux raconter et centre ainsi l'intérêt sur le texte. Cependant, son manque de formation littéraire ne lui permet pas de tirer de sa narration tous les effets qu'on pourrait en attendre. Bibaud croit combler cette lacune par des ajouts trop souvent maladroits. Ses corrections démontrent que la littérarité ne réside pas dans l'enjolivement.

Avec Mgr Plessis, le récit de voyage passe de la plume d'un aventurier à celle d'un lettré. Le prélat écrit avec netteté et précision, avec élégance même parfois, mais sans prétention littéraire. Jamais il ne recherche l'effet artistique. La trivialité de ses descriptions illustre les limites de sa culture littéraire. Les parallèles de mise chez les gens qui ont beaucoup lu ou beaucoup voyagé demeurent rarissimes. N'évoquant presque jamais de souvenirs, d'états d'âme ou d'impressions, il prouve que le récit de voyage romantique n'atteint les rives du Saint-Laurent qu'avec Ferland.

---

170. *Ibid.*, p. 346.
171. *Loc. cit.*
172. *Ibid.*, p. 360.

Avec le « Journal d'un voyage sur les côtes de la Gaspésie », le processus de littérarisation du genre atteint son épanouissement. Le voyage devient prétexte à écriture. Plus question de raconter fidèlement des événements, mais plutôt de livrer une vision artistique d'une terre encore ignorée de la littérature. Malgré sa familiarité avec les modèles et son usage des procédés reconnus, Ferland n'est pas toujours à la hauteur de sa tâche. Ses tentatives démontrent que la « poétisation » d'un pays ne s'obtient pas en une génération.

Les écrits intimes

En excluant la « Déclaration de M. de Lorimier[173] », en février 1839, les écrits intimes bas-canadiens de la première partie du XIXe siècle ne font pas écho au sentiment romantique qui culmine alors, notamment en France et en Angleterre. Pendant la période 1806-1839, peu de journaux personnels, d'autobiographies et de recueils de souvenirs ont connu la publication. Ces formes de littérature intime recruteront, après 1860 surtout et comme les mémoires, quelques adeptes de grande renommée. Voilà autant d'écrits dans lesquels « l'auteur fait explicitement partie de son énoncé – ce qui exclut l'essai où l'auteur ne se met en scène qu'à titre d'énonciateur – et qui est fondé sur une épistémologie réaliste, doublée d'une éthique de la véracité – ce qui exclut la fiction romanesque, le roman autobiographique notamment[174] ».

De par son caractère privé, la correspondance intime permet à l'épistolier, « qui ne tient pas compte de l'existence du public », de se confier sans crainte, de donner librement son opinion, de livrer un commentaire tout en étant sûr de la confidentialité de ses réflexions ou opinions. L'auteur épistolaire, au contraire, « se soucie plus d'un public éventuel que

---

173. James Huston (dir.), *Le répertoire national*, t. II, 1982, p. 101-103.
174. Nicole Gagnon, « Comptes rendus [de *La littérature intime au Québec* de Françoise Van Roey-Roux] », *Recherches sociographiques*, vol. XXV, n° 1 (janvier-avril 1984), p. 153.

Bouchette en prison (détail), dessin à la plume et à l'aquarelle de Robert-Shore-Milnes Bouchette, sans date. Musée du Québec (59.10). Photographe : Patrick Altman.

de celui à qui il est censé écrire[175] ». L'épistolier, comme Louis-Joseph Papineau et Julie Bruneau, sa femme, ou encore quelques patriotes condamnés à mort, ne s'adresse qu'à un seul destinataire et non à plusieurs lecteurs, comme l'auteur épistolaire, l'essayiste ou le mémorialiste, qui cherche à atteindre un public le plus vaste possible, tels Chevalier de Lorimier, Louis-Joseph-Amédée Papineau et Pierre de Sales Laterrière.

---

175. Roger Duchêne, « Réalité vécue et réussite littéraire : le statut particulier de la lettre », *Revue d'histoire littéraire de la France*, vol. LXXI, n° 2 (mars-avril 1971), p. 177.

LES LETTRES
DE LOUIS-JOSEPH PAPINEAU

La correspondance recueillie dans le *Rapport de l'archiviste de la province de Québec* (1953-1955) à partir de la collection Papineau-Bourassa, créée par Augustine Bourassa, constitue un excellent échantillon des lettres qu'adresse Louis-Joseph Papineau à sa femme au cours de ses nombreux voyages et séjours à Québec, aux États-Unis et à Paris. Entreprise en 1820, elle s'échelonne jusqu'en 1862 et aide « à mettre en lumière la vie intime de Papineau et à montrer sous un aspect nouveau le rôle de celui qui a été le principal artisan de la crise canadienne au 19e siècle[176] ». Ces lettres renferment des informations qui permettent de réinterpréter la personnalité déterminante de l'homme.

Plusieurs lettres datent de l'époque où Papineau siège à l'Assemblée comme député (1809), puis comme « orateur » (1815). L'épistolier profite de ce qui tient lieu de tête-à-tête pour informer sa femme des débats en Chambre et des différents projets de lois auxquels il a pris une part active. Qu'il suffise de mentionner, à titre d'exemples, le bill des banques, le projet d'union (1822), abandonné grâce à son action et à celle de John Neilson, avec qui il effectue une mission à Londres, le bill d'appropriation, l'épineuse question des subsides, sans oublier les agissements du Conseil législatif, « corps malfaisant [...] qui par ses intrigues, son inimitié déguisée contre l'Administrateur, & [sa] haine ouverte [contre le Parti patriote] entraîne des délais inutiles[177] » et empêche ainsi, d'une année à l'autre, la prorogation de la Chambre à la date prévue ou souhaitée. Conscient de la confidentialité de ses lettres, qu'il remet souvent à des commissionnaires, il ne se gêne pas pour s'en prendre aux membres de ce corps constitué, qu'il qualifie d'« honnêtes pillards[178] », d'« aveugles[179] » et d'« imbéciles tirés du néant par le Gouvernement pour le servir[180] ». Le Conseil nommé à vie, responsable donc « du mal présent et futur », est « méchant, entêté, capricieux[181] », « paresseux[182] » même, réfractaire aux idées nouvelles, « encore plus asservi & dépendant que nous le supposions[183] ».

Papineau s'emporte souvent. Il juge sévèrement le gouverneur, le comte de Dalhousie, qu'il rend responsable des difficultés que connaît le pays. Il fustige les quatre juges de Québec, Jonathan Sewell, James Kerr, Edward Bowen et Jean-Thomas Taschereau, « profondément immoraux et

---

176. Fernand Ouellet, en introduction à Louis-Joseph PAPINEAU, « Lettres de L.-J. Papineau à sa femme (1820-1862) », *RAPQ*, 1953-1955, p. 188.
177. Louis-Joseph PAPINEAU, *op. cit.*, p. 298.
178. *Ibid.*, p. 264.
179. *Ibid.*, p. 291.
180. *Ibid.*, p. 298.
181. *Ibid.*, p. 320.
182. *Ibid.*, p. 317.
183. *Ibid.*, p. 314.

méprisables[184] », qui devront s'absenter de la Chambre pour aller siéger en cour et qui « ne prêteront plus leurs lumières au Conseil, ces aveugles qui ne pourront plus marcher sans bâton[185] ». L'épistolier se montre sensible aux ripostes du clergé qui l'a attaqué parce qu'il a défendu en Chambre « les principes de la tolérance religieuse universelle » et la souveraineté du peuple. Il se croit victime des prêtres qui le persécutent parce qu'il a voulu que « le catholique ne gêne pas le protestant, ni le protestant le catholique[186] ». Il attribue en partie au clergé l'échec de la rébellion.

Sa correspondance renseigne sur le projet qu'il caresse de rédiger une histoire du Canada, surtout après avoir découvert aux États-Unis des livres qu'il n'avait pu consulter au Canada. Ce projet ne sera cependant jamais mené à terme. Pendant son exil à Paris, il prépare toutefois une longue réfutation du mémoire de lord Durham, *Histoire de l'insurrection du Canada* […], pour rétablir la vérité et restaurer sa crédibilité bafouée depuis son départ[187].

Les lettres de Papineau à Julie Bruneau permettent de découvrir les dessous de la politique, mais aussi les sentiments intimes d'un homme constamment éloigné des siens par les travaux de la Chambre. Tantôt il se dit « triste comme un bonnet de nuit [qu'il a] sur la tête par un jour de pluie[188] », tantôt il parle de « l'accablant ennui d'une si longue séparation[189] ». Il s'inquiète des enfants, de la santé de sa femme qu'il encourage dans les sombres moments, notamment à la mort de leur fillette Aurélie.

En raison de ses absences prolongées, Papineau se préoccupe des besoins de sa famille et multiplie les conseils. À sa femme il recommande tantôt de sevrer un enfant pour diminuer la fatigue et réduire la dépendance, tantôt de voir un médecin pour améliorer sa santé ou celle d'un enfant. Il lui enjoint de se distraire par des sorties en société ou par des exercices qui apportent réconfort et « tranquillité d'esprit[190] ». Papineau lui reproche son pessimisme et sa mélancolie. Quand il décèle chez elle un trop grand « esprit d'indépendance contre l'autorité légitime et absolue de [son] mari », il se dit plus affligé que surpris. Pour lui, l'homme est indubitablement le chef dans le couple et doit de ce fait toujours l'emporter. Il écrit : « Si donc les femmes ne veulent pas être soumises, mais souveraines il faudrait qu'elles tendissent un piège adroit aux hommes ; qu'elles fissent passer une loi qu'il ne serait permis à aucun d'eux de se borner à n'avoir qu'une seule femme. Ils seraient célibataires, ou bien ils en prendraient plusieurs[191]. »

---

184. *Ibid.*, p. 291.
185. *Loc. cit.*
186. *Loc. cit.*
187. Voir, dans le présent ouvrage, à la section intitulée « L'essai politique », p. 245.
188. Louis-Joseph PAPINEAU, *op. cit.*, p. 206.
189. *Ibid.*, p. 210.
190. *Ibid.*, p. 203.
191. *Ibid.*, p. 232.

Papineau sait prendre ses distances vis-à-vis des questions politiques qui le retiennent à Québec pour se confier à celle qu'il aime. D'une lettre à l'autre, il dévoile sa personnalité véritable. Il revient souvent sur l'importance de l'éducation dans une société qui manifeste peu d'intérêt pour une valeur qu'il juge fondamentale. L'épistolier insiste sur «le sentiment du devoir» qui le pousse à «servir au milieu des plus vifs dégoûts et des plus décourageantes perspectives, la cause de [son] pays et par là l'intérêt de [ses] chers enfans[192]». Il accomplit sa tâche avec courage et détermination, en dépit de la haine que lui vouent ses adversaires politiques. Papineau va même jusqu'à remettre en question l'orientation de sa carrière. Il se promet de veiller à ce que ses enfants «n'entrent pas si jeunes dans la Chambre», convaincu que «suivre les affaires publiques avec assiduité c'est se mettre dans l'impossibilité de suivre les siennes avec ordre[193]».

Sa correspondance prend une tout autre allure après sa fuite aux États-Unis et son exil en France. Si, dans ses premières lettres, il n'ose aborder le sujet (trop) brûlant de la politique, de peur de nuire à ses amis et d'«[attiser] contre eux le feu de la persécution», il loue le courage, la témérité, le mérite des patriotes, ces «nobles victimes qui ne respiraient que pour le bonheur de leur pays [...] Que leur sang répandu soit celui des martyrs des confesseurs, qui fait triompher les principes, sanctifie les victimes, convertit les bourreaux, et sauve les croyants[194]!» Privé pendant longtemps de nouvelles de sa famille, il envisage avec appréhension les répercussions désastreuses pour le pays tout entier entraînées par l'exil, la désertion de plusieurs citoyens influents qui ont cru en leur pays et qui l'ont soutenu, dans certains cas, jusqu'à la mort. Mais ceux-là, les martyrs, il ne les évoque qu'une fois dans sa correspondance et semble oublier les exilés politiques aux Bermudes ou aux Terres australes. Il sait que le bannissement sera long et les souffrances morales, innombrables. Aussi demande-t-il à sa femme de vendre la seigneurie et sa bibliothèque (à l'exclusion des livres relatifs à l'histoire du Canada) et de venir s'établir avec lui en France, «en attendant que l'ordre & légalité soient rétablis en Canada, ou mieux son Indépendance[195]», ainsi qu'il se plaît parfois à rêver.

Papineau n'écrit pas pour la postérité. Tout au plus songe-t-il à utiliser, un jour, cette correspondance intime pour écrire une histoire du Canada. D'où les détails qu'il livre sur la vie politique du pays, sur son action et sur celle des membres de son parti en Chambre. Si ses lettres sont riches et utiles pour quiconque s'intéresse à l'histoire avant 1840, elles ne comportent pas de références à la vie littéraire et culturelle de l'époque. Jamais Papineau ne livre ses réflexions sur un ouvrage qu'il a lu ou qui

---

192. *Ibid.*, p. 196.
193. *Ibid.*, p. 224.
194. *Ibid.*, p. 394.
195. *Ibid.*, p. 432.

vient de paraître. Écrite au fil de la plume, entre deux séances de la Chambre, parfois en Chambre même, voire en pleine nuit, sa correspondance avec Julie Bruneau laisse souvent le littéraire sur son appétit, qui n'y retrouve pas le style emporté ni la flamme du grand tribun populaire qui avait l'art de mobiliser les foules. La langue de l'épistolier est correcte certes, juste aussi, mais on sent ici et là un certain relâchement, et dans l'expression, et dans l'organisation de la matière des lettres, dans lesquelles il passe d'un sujet à un autre, oubliant une idée qu'il reprend plus loin, souvent sans aucun lien. Avait-il vraiment à fignoler son style, sachant qu'il ne serait lu que par sa femme et quelques membres de sa famille et qu'il pourrait toujours retravailler certains passages utiles pour son histoire du Canada ? Cet échange épistolaire prouve qu'au Bas-Canada, durant la première moitié du XIXe siècle, la correspondance n'est pas un genre légitimé ni consacré, comme en France.

LES LETTRES DE JULIE BRUNEAU-PAPINEAU

La correspondance de Julie Bruneau avec son mari et ses deux fils, Amédée et Lactance, est à la fois riche et fascinante. Elle révèle, en effet, « les confidences d'une femme politisée, préoccupée par l'état d'infériorité dans lequel les Canadiens français sont tenus, parfaitement au fait de ce qui se passe à la Chambre des députés, à Québec, et qui en comprend les enjeux[196] ».

En tout, 93 lettres échelonnées sur une période de 39 ans (1823-1862), d'une répartition inégale, car il y a des temps forts et des temps faibles, des silences inexpliqués et des tirades parfois surprenantes. Plusieurs lettres ont été délibérément détruites par Papineau et ses descendants, de peur sans doute qu'elles ne tombent entre des mains indiscrètes, susceptibles de compromettre la réputation de la mère[197].

Si une seule missive a été conservée pour l'année 1837, par exemple, on dispose d'une vingtaine de lettres en 1838 et 1839, années de la rébellion dans le Bas-Canada qui provoque la séparation de la famille

---

196. Micheline LACHANCE, « 1837. La patriote », *L'Actualité*, vol. XIII, n° 10 (octobre 1987), p. 134.
197. Fernand Ouellet, en introduction à Julie BRUNEAU-PAPINEAU, « Correspondance de Julie Bruneau, épouse de L.-J. Papineau (1823-1862) », *RAPQ*, 1957-1959, p. 55.

Papineau. La correspondance de Julie Bruneau, avant 1840, compte 38 lettres, dont les destinataires sont ainsi répartis : 20 lettres à son mari, dont 16 pendant qu'il réside à Québec, 7 à son fils Amédée, 5 à son autre fils Lactance, 5 autres sont adressées conjointement aux deux fils et une à sa belle-sœur, Rosalie Papineau[198].

Dans sa correspondance, Julie Bruneau, jeune femme « douce, timide et mélancolique », se plaint des absences fréquentes de son mari, tantôt occupé à Québec, tantôt exilé à Saratoga Springs ou à Paris. Elle s'inquiète pour lui et pour ses enfants, car, profondément malheureuse, elle porte sur elle le poids du monde. Mais, même si elle déteste écrire, elle y trouve sa consolation.

Dans ses lettres, sorte de journal du quotidien, dont aucune, du moins parmi celles qui nous sont parvenues, ne répond directement aux missives de son mari, elle donne des nouvelles de la famille et des enfants, qu'on voit grandir d'une lettre à l'autre. Mais la politique l'emporte sur tout le reste et c'est là que réside l'intérêt de cet échange épistolaire, qui révèle une femme aussi engagée que son mari : « Il n'y a que la politique qui m'amuse et m'intéresse quand je peux en avoir des nouvelles mais on n'en a guères les gasettes ne nous donne que peu de débats et bien incorrects[199]. » Elle suit l'actualité avec la même ardeur que son mari. Dans la seule lettre écrite pendant le séjour de celui-ci en Angleterre et qui a été conservée, elle le renseigne sur les débats de la Chambre et du Conseil. Julie Bruneau donne son opinion sur une loi, un projet de loi ou une décision. Elle approuve son mari dans ses nombreuses démarches et ne rate jamais une occasion pour l'encourager. L'épistolière apprécie sa harangue contre le clergé, l'exhorte à demeurer ferme sur ses positions et admire les sacrifices qu'il s'impose pour ses concitoyens. Elle lui enjoint de se montrer digne des Canadiens et de faire fi des mesquineries et des attaques. La femme de l'exilé sait qu'il possède « toute l'énergie et le courage qu'il faut pour se mettre au dessus de ces attaques personnels », même s'il doit en souffrir. L'important n'est-il pas de « faire [son] devoir » et de sacrifier « en toute occasion » ses propres intérêts « à ceux du public comme c'est le devoir d'un homme public[200] » ? Si elle se réjouit de la popularité de son mari, elle se montre parfois jalouse de ses nombreuses sorties (bals, fêtes, soirées, etc.), alors qu'elle n'a, comme lot, que « des occupations ennuyeuses la plupart du tems[201] ». Cette femme ne prise guère les travaux ménagers, mais elle a à cœur l'éducation de ses enfants, qu'elle comble d'amour, de tendresse et de soins.

---

198. Après 1840, Julie Bruneau a rédigé au moins 55 lettres ainsi réparties : 13 à son mari en exil, 12 à Amédée et 6 à la femme de celui-ci, 2 à Lactance, 2 à Ézilda et 13 à Azélie, ses deux filles, et une à son frère.

199. Julie Bruneau-Papineau, *op. cit.*, p. 66.
200. *Ibid.*, p. 64.
201. *Ibid.*, p. 71.

Julie Bruneau désapprouve la position du clergé, qui s'est rangé du côté des bureaucrates. Elle est toutefois convaincue que les prêtres devront « faire amende honorable et appuyer le peuple[202] ». Elle rend les bureaucrates responsables de la soumission et de l'écrasement des Canadiens. Dès décembre 1835, l'épistolière craint une guerre civile devant cette infamie des gouvernants qui refusent aux habitants une nouvelle magistrature et déplore la totale inertie du gouverneur qui s'abstient, à sa grande honte, « de se montrer[203] ». Soutenant son mari à la suite de certaines déceptions, elle condamne la conduite « si extravagante et si innattendue » de Pierre-Dominique Debartzch, qui a accepté la proposition du gouverneur d'entrer au Conseil législatif. L'attitude des « Québecquois », dits du Parti du Québec, opposés au parti de Papineau, Étienne Parent et Elzéar Bédard en particulier, ne la surprend pas, car ils ne sont en Chambre que pour « leur avancement personnel, surtout ceux du Barreau »; elle les qualifie d'« hommes sans principes politiques ». Elle condamne la nomination de George Vanfelson et d'Elzéar Bédard comme juges, qui « ne sont pas assez intègres et [qui] surtout après une pareille intrigue [...] méritent punition[204] ». Julie Bruneau félicite son mari de refuser de voter les subsides et de ne pas céder sur la question importante de l'élection des membres du Conseil législatif. L'épistolière est convaincue que ces derniers sont dans le droit chemin, car ils défendent le bien commun et elle juge infâme la conduite des adversaires, entendons surtout les membres du parti anglais et le gouverneur. Elle craint une violation de la Constitution de la part de lord Gosford, croit en l'inutilité du Conseil et propose même son abolition.

Secouée par le conflit qui s'envenime entre les deux partis, Julie Bruneau s'avoue désemparée devant la tournure des événements; l'absence de nouvelles de son mari en fuite, après que sa tête a été mise à prix, la désespère. Elle se révolte et désigne les vrais coupables: « Lord Durham est partie d'un gouvernement Machiavélique & corrompu », Gosford est un imbécile, Ellice, un égoïste et un voleur, ceux qui gouvernent le pays pendant ce temps de crise sont « des hommes vomis de la prison où ils avaient été justement renfermés[205] ». Julie Bruneau espère que les Canadiens se défendront mieux. Elle rejoint son mari en exil aux États-Unis. Lorsque celui-ci part précipitamment pour la France, elle songe à revenir au Canada, mais elle craint l'accueil qui lui sera réservé et, surtout, elle sait la misère qui sévit dans les campagnes au cours de l'hiver 1838-1839. « C'est une désolation[206] », écrit-elle à Amédée. Touchée par la mort de son ami Porter, Julie Bruneau, malade, s'abandonne au désespoir, mais conjure son mari d'établir des contacts auprès de ceux qui sont prêts à

---

202. *Loc. cit.*
203. *Ibid.*, p. 72.
204. *Ibid.*, p. 75.

205. *Ibid.*, p. 87.
206. *Ibid.*, p. 106.

défendre les intérêts des Canadiens. Elle lui réitère sa confiance et espère des nouvelles favorables concernant l'avenir des Canadiens dans ce pays. Lassée, elle décide enfin d'aller le retrouver en France avec ses enfants, Amédée excepté, qui poursuit ses études de droit aux États-Unis. Mais les déceptions se multiplient, même après son arrivée à Paris, comme elle le confie à son fils aîné.

Dans sa correspondance, Julie Bruneau se révèle une femme marquée par les malheurs et la solitude. La mort de sa fille Aurélie (1830) l'a particulièrement touchée : ses lettres de l'époque, malheureusement égarées ou détruites, respirent une « profonde douleur », selon les propos mêmes de Papineau[207]. Sa correspondance laisse deviner aussi une femme politisée, qui « n'a rien à voir avec le portrait-robot des femmes au temps de la Rébellion : épouses dociles et silencieuses obnubilées par leurs curés qui prêchent à des convaincues que la désobéissance civile mène directement en enfer et qui freinent leurs maris dans leur lutte[208] ». À sa façon, Julie Bruneau a participé à la rébellion de 1837-1838. Elle a clairement exposé ses idées dans ses lettres, condamnant sans équivoque la mollesse et la médiocrité du gouverneur, et la conduite infâme des loyalistes fanatiques. Déterminée, convaincue, elle l'a été jusqu'à envisager la violence comme dernier recours pour le peuple canadien.

Jamais, dans ses lettres rédigées à la hâte, Julie Bruneau ne considère d'autres destinataires que son mari à qui elle s'adresse comme à un confident pour étaler ses états d'âme, dévoiler ses sentiments, ses émotions, et livrer ses réflexions. Elle ne se préoccupe aucunement des critiques qu'on pourrait lui adresser concernant ses révélations et la franchise dont elle fait preuve. Voilà qui confirme qu'elle n'écrit pas pour un public, contrairement, par exemple, à Mme de Sévigné. Les fautes, tant morphologiques que syntaxiques et grammaticales, qu'elle commet ne la préoccupent pas et ne freinent jamais son ardeur. Toujours pressée de remettre sa missive à un commissionnaire ou de la confier à la poste pour qu'elle arrive à destination dans un délai raisonnable, elle écrit au fil de la plume, sans fignoler son style, les idées étant souvent énoncées pêle-mêle, sans transition. Ses phrases, généralement bien structurées, s'allongent outre mesure, en raison de ses lacunes dans l'art de ponctuer. Elle avoue d'ailleurs les carences de son écriture : « J'aurais encore bien des choses à te dire et je te les dirai sans ordre et aussi mal que je te les écris[209]. » Il ne faut donc pas chercher, dans ses lettres, des effets de littérarité, l'épistolière n'ayant pas une grande pratique de l'écriture et ne disposant que de peu de temps pour s'adonner à cette activité. Julie Bruneau a recours à un vocabulaire simple et néglige les images et les figures de style. Elle va toujours au plus court,

---

207. Louis-Joseph Papineau, *op. cit.*, p. 296.
208. Micheline Lachance, *op. cit.*, p. 134.
209. Julie Bruneau-Papineau, *op. cit.*, p. 71.

car, pour elle, la lettre n'a pas à être belle, mais à exprimer de l'attention à son destinataire. Sa correspondance intéresse dans la mesure où elle révèle le quotidien d'une femme passionnée de politique, préoccupée par le bien-être de son mari et de ses enfants, et attachée aux siens et à son pays.

LE « TESTAMENT POLITIQUE » DE CHEVALIER DE LORIMIER

Bien différentes, par le contenu, le ton et la qualité de l'écriture, sont les 12 lettres que le chef patriote Chevalier de Lorimier rédige à la prison de Montréal, à la veille de son exécution, en février 1839. Ces lettres, que James Huston a obtenues de la famille, font partie d'un ensemble reproduit par ordre chronologique, dans *Le répertoire national*, sous le titre « Dernières lettres d'un condamné », qu'on ne peut s'empêcher de rapprocher du *Dernier jour d'un condamné* de Victor Hugo. On peut les diviser en trois groupes : celles dans lesquelles Chevalier de Lorimier annonce la triste nouvelle de sa mort prochaine à un cousin, à sa femme, à son frère – cette lettre n'est pas signée et semble inachevée – et à deux amis non identifiés. Suit la « Déclaration [...] », aussi appelée « Testament politique », qui déborde nettement le cadre d'une simple lettre et qui se veut un hymne à la liberté et un chant d'espérance. Viennent ensuite trois lettres de remerciement, chacune des deux premières adressée à un ami, la troisième à une dame qui lui a demandé un mot pour son album. Enfin, telle une gradation, trois lettres d'adieu, qu'il adresse à son compagnon de cellule, Jean-Baptiste-Henri Brien, sans qu'il sache que ce dernier l'a trahi pour sauver sa vie, à un ami qui lui a demandé un mot et, enfin, la plus émouvante, à sa femme.

Ces lettres, intéressantes à plus d'un point de vue, ont pour auteur un homme qui approche de sa fin, mais qui l'accepte avec sérénité. Son stoïcisme désarme : « Je suis calme et résigné plus que jamais[210] », « Je suis ferme et calme comme de coutume[211] », « il faut que je meurs, mais je meurs courageux, ferme et calme[212] ». Convaincu d'avoir soutenu « une noble cause[213] », il affirme que son seul crime est d'avoir cru en la liberté pour sa patrie et pour les siens. Il ne se considère pas comme un criminel, encore moins comme un traître, mais comme un martyr de la liberté : « Je ne désirais que le bien de mon pays dans l'insurrection, et son indépendance ; mes

---

210. James Huston, *Le répertoire national*, t. II, 1982, p. 105.
211. *Ibid.*, t. II, p. 99.
212. *Loc. cit.*
213. *Ibid.*, t. II, p. 101.

Chevalier de Lorimier, dessin anonyme, sans date. Tiré de Paul-Jean Coupal, « Bas-Canada : 1838 », *Horizon Canada*, vol. III, n° 36 (1985), p. 842.

vues et mes actions étaient sincères, n'ont été entachées d'aucuns crimes qui déshonorent l'humanité et qui ne sont que trop communs dans l'effervescence des passions déchaînées[214]. »

Lorimier ne s'apitoie jamais sur son sort[215] et ne regrette pas l'engagement qui l'a conduit à la potence. Dès l'annonce de sa condamnation, ce qu'il appelle dans sa première lettre la « triste nouvelle[216] », il n'hésite pas à l'annoncer. Il ne cherche ni la sympathie ni la gloire ou la renommée, même s'il se préoccupe grandement de sa femme qu'il aime et de ses jeunes enfants, qu'il confie à l'attention de ses meilleurs amis. Contrairement à ce que dit Huston, dans une note où il s'excuse de la piètre qualité de ces lettres, qui lui « semblent avoir été écrites très à la hâte, ce qui explique, selon [lui], les incorrections de style qu'on y rencontre[217] », les lettres de Lorimier sont admirablement écrites : « Ce qui frappe dans ces lettres [...]

---

214. *Ibid.*, t. II, p. 102.
215. *Ibid.*, t. II, p. 105. Il confie à une dame, pour son album : « Irais-je vous faire du pathétique dans des mots ronflants, du touchant à vous faire fondre en larmes sur mon sort ? »
216. *Ibid.*, t. II, p. 97.
217. *Loc. cit.*, note 1.

c'est la maîtrise de la langue, du style, comme des sentiments et des idées [...] La langue est aussi claire que les idées, l'écriture aussi ferme, aussi digne, aussi discrètement vivante que le caractère[218]. » Même à la veille de « l'heure suprême[219] » « de rendre [son] esprit à [son] créateur[220] », il respecte les règles de la politesse et se montre encore capable de gratitude et de reconnaissance à l'égard tantôt d'un cousin, qui a tout fait pour le sauver, tantôt d'un ami qu'il s'en voudrait de ne pas remercier pour services rendus. À chacun de ses correspondants il souhaite le bonheur : « Sois donc heureuse, ma chère et malheureuse épouse, ainsi que mes chers petits enfants ; c'est le vœu le plus ardent de mon âme [...] Vis et sois heureuse », lui écrit-il avant de signer, pour la dernière fois, « Ton malheureux époux[221] ».

Toutes ses lettres parlent de mort, réalité depuis longtemps apprivoisée : « J'entrevois la mort depuis le jour de ma réclusion – je me suis bien familiarisé avec cette idée sinistre du trépas[222]. » Elle ne l'effraie nullement tant il est détaché de la vie terrestre jusqu'à imaginer son propre cadavre : « Je ne te reverrai plus sur cette terre ! Oh quelle pensée ! Mais toi, ma chère Henriette, tu pourras encore me revoir une fois, et pour la dernière fois ; alors je serai... froid... inanimé... et... défiguré[223]. »

Cette mort, il l'accepte comme inévitable pour lui comme pour tous les humains, tôt ou tard : « [...] mon sort est fixé, la mort est inévitable, il faut la voir arriver de notre mieux... plus on est faible, plus la mort a d'horreur. D'ailleurs ne vais-je pas passer par la voie ordinaire à tous les hommes ? Si ma mort arrive un peu plus tôt, elle est pour des motifs dont je ne puis rougir : je meurs en sacrifice à mon pays[224]. » Le même jour, soit le 12 février, mais à 9 heures du soir, il confie à un ami qu'il lui en coûte, certes, de « laisser le monde quand des liens aussi forts que ceux qui [l']unissent à la terre, existent, mais pas autant qu'on se l'imagine quand la mort se montre dans le lointain. Plus on la considère de près, moins elle est dure, moins elle est cruelle. Si beaucoup la redoutent autant, c'est parce qu'ils n'ont pas pensé sérieusement à mourir[225]. » Il se fait grave dans la lettre qu'il adresse « à un ami qui doit donner la sépulture à [son] corps » :

> Mes bourreaux m'envoient périr sur un échafaud, sur un gibet ! Mais que m'importe de mourir lancé dans l'air : la mort sous ses formes variées, soit par le supplice de la croix ou par l'empalement, par le feu ou par la guillotine, par la corde ou par l'épée, ne produit toujours que le même effet. Si des hommes ignorants ou préjugés attachent des idées de déshon-

---

218. Laurent MAILHOT, « Notre « jeune romantisme » (1830-1839) », dans Maurice LEMIRE (dir.), *Le romantisme au Canada*, [à paraître].
219. James HUSTON, *Le répertoire national*, t. II, 1982, p. 97.
220. *Ibid.*, t. II, p. 102.
221. *Ibid.*, t. II, p. 108.
222. *Ibid.*, t. II, p. 101.
223. *Ibid.*, t. II, p. 108.
224. *Ibid.*, t. II, p. 97-98.
225. *Ibid.*, t. II, p. 100.

neur, de honte ou de préférence à aucun de ces divers modes de supplices, c'est parce qu'ils ne réfléchissent pas sur les causes qui les ont amenés, ou sur le résultat inévitable de tous ces supplices : la mort[226].

Lorimier envisage la mort avec sérénité, même s'il lui en coûte de quitter ses amis, sa femme et ses enfants surtout ; il se préoccupe de leur sort, après son départ pour « le voyage long de l'éternité[227] ». Il supplie quelques proches de prendre soin d'eux ; ce sont les êtres qui lui sont les plus chers et il espère les revoir, un jour, dans l'au-delà.

Les lettres de Lorimier sont révélatrices parce qu'elles laissent deviner un écrivain romantique, d'abord par la tragédie qu'il vit et qui évoque, « par plusieurs aspects, le drame romantique : jeunesse, énergie, courage, passion amoureuse et passion patriotique, échec, cachot, échafaud, testament », ensuite parce qu'il est obligé de distinguer « le moi-centre du non-moi-circonférentiel » : « Les Rébellions de 1837-1838 furent sa Révolution française, anti-hiérarchique. Sa condamnation à mort lui enseigne la distance fondamentale entre l'individu et le monde, entre soi et les autres, entre le groupe restreint, élu, et le groupe élargi, indifférent ; et c'est précisément cette distance qui permettra à l'individu romantique de se qualifier comme individualité singulière[228]. » Bien qu'il ait été exécuté le matin du 15 février 1839, Lorimier, avec ses lettres, laisse un souvenir, ainsi qu'il l'avait souhaité : « [...] dans de longues années on répétera mon nom (si l'on m'en trouve digne) parmi ceux des martyrs pour la liberté[229] ». Par leur facture, elles ont assuré la renommée du patriote, contrairement à la correspondance de ses malheureux compagnons.

QUELQUES MISSIVES DE PATRIOTES

Des patriotes, emprisonnés, condamnés à mort ou à l'exil, ont laissé quelques lettres à la postérité. Ces écrits, rares témoins d'une époque tourmentée, ont surtout une valeur documentaire, tant ils manquent de distance par rapport à l'événement. Ainsi en est-il des deux lettres de

---

226. *Ibid.*, t. II, p. 105.
227. *Ibid.*, t. II, p. 100.
228. Laurent MAILHOT, « Notre « jeune romantisme » (1830-1839) », dans Maurice LEMIRE (dir.), *Le romantisme au Canada*, [à paraître].
229. James HUSTON, *Le répertoire national*, t. II, 1982, p. 101.

Charles Hindenlang, qui, la veille de sa pendaison, fustige le lieutenant-colonel Taylor qu'il qualifie de menteur. Son ironie mordante, sans plus, ne suscite pas l'émotion: « Ce que je puis dire seulement, c'est que demain matin nous devons servir de spectacle à ces gredins-là et que j'ai bonne envie de leur rire au nez[230]. » Sans regrets, comme sans remords, il recommencerait si c'était à refaire, car, pour lui, la liberté n'est pas un vain mot et il souhaite que sa lettre contribue non pas tant à susciter la vengeance qu'à intensifier la lutte. Il condamne l'attitude des Anglais usurpateurs, véritables bourreaux issus d'une « nation cruelle et sauvage, êtres arrogants et sans générosité[231] ». Il meurt content, emportant « la douce satisfaction d'avoir fait ce [qu'il] pu[232] », car « la mort n'a rien d'affreux quand elle laisse derrière elle de longs et glorieux souvenirs[233] ».

Il faudrait encore parler de la lettre pathétique qu'adresse Joseph-Narcisse Cardinal à sa femme, Eugénie Saint-Germain, enceinte d'un cinquième enfant, avant de monter à son tour à l'échafaud, le 21 décembre 1838. Il ne craint nullement « ce moment redoutable », car il est « muni de toutes les consolations de la religion[234] » et se dit convaincu d'être bien accueilli par son Dieu après son dernier soupir. À sa femme il recommande le pardon car, lui avoue-t-il, « nous sommes nés pour souffrir[235] ». Il meurt résigné et en bon chrétien, soutenu par un courage extraordinaire. Ne termine-t-il pas sa lettre en lui confiant, en signe d'encouragement: « [...] si je pouvais te communiquer la moitié de mes forces, il m'en resterait encore assez pour le moment fatal[236] »? La lettre de supplication que sa femme adresse à lady Colborne (Elizabeth Yonge) pour obtenir sa grâce n'a pas suffi[237], pas plus que celle de la mère d'un autre jeune patriote, la veuve Duquet (Louise Dandurand)[238], adressée à John Colborne lui-même pour demander le pardon de son fils Joseph, pendu en même temps que son compagnon d'infortune Cardinal. Ces lettres témoignent de la grandeur d'âme de ces hommes et de ces femmes, victimes de l'insurrection mais martyrs de la cause nationale[239].

---

230. Laurent-Olivier DAVID, *Les patriotes de 1837-1838*, p. 233.
231. *Ibid.*, p. 234.
232. *Ibid.*, p. 233.
233. *Ibid.*, p. 235.
234. *Ibid.*, p. 201.
235. *Ibid.*, p. 202.
236. *Loc. cit.*
237. *Ibid.*, p. 203-205.
238. *Ibid.*, p. 210-212.
239. On trouvera en bibliographie, sous les noms des patriotes Girouard, Marchesseault, Nelson, Papineau et Rochon, les lettres qui leur sont attribuées.

LE *JOURNAL D'UN FILS DE LA LIBERTÉ* [...] DE LOUIS-JOSEPH-AMÉDÉE PAPINEAU

Beaucoup moins émotif est le *Journal d'un Fils de la liberté réfugié aux États-Unis, par suite de l'insurrection canadienne, en 1837* de Louis-Joseph-Amédée Papineau, resté inédit jusqu'en 1924, année où *La Presse* en publie des extraits. Il n'existe pas encore d'édition intégrale du manuscrit.

Ce n'est pas, à proprement parler, un journal intime écrit au jour le jour. Le contenu du premier tome et une partie du deuxième ont été reconstitués de mémoire par l'auteur, alors âgé de 18 ans à peine, à l'aide de notes qu'il a pu emporter avec lui et de documents consultés sur place, à Albany ou à Saratoga Springs surtout, où il s'est réfugié à la suite de la rébellion de 1837 dans le Bas-Canada. Conscient qu'« il est peu de personnes qui puissent mieux que [lui] réunir les matériaux » nécessaires pour faire connaître les principaux événements qui ont conduit un groupe de ses concitoyens à la révolte, il écrit son journal pour ses parents, ses amis et pour lui-même, dans l'espoir que les détails qu'il contient seront plus tard utiles à l'historien. S'il espère qu'il soit un jour publié, il estime toutefois qu'« il y aurait bien des choses à y retrancher, qu'il ne conviendrait pas de mettre sous les yeux du public[240] », surtout dans la période troublée où il écrit.

En 1838, étant réfugié à Saratoga Springs, il décide de commencer son journal et de livrer sa propre version de l'histoire de son pays. Il rédige un long texte intitulé « Quelques mots sur l'histoire politique du Canada, depuis la Conquête jusqu'à nos jours », dans lequel il met en évidence les hommes qui ont défendu le pays, en particulier les patriotes, puisqu'il s'attarde presque au jour le jour à l'année 1837, surtout aux actions et aux injustices qui mèneront ses compatriotes à la révolte. Le premier cahier se termine avec sa fuite aux États-Unis, le 2 décembre, dans des conditions extrêmement pénibles, voire périlleuses.

Le deuxième tome s'ouvre sur la reproduction du *Journal historique des événemens arrivés à Saint-Eustache* [...] par Un témoin oculaire, que Papineau attribue à Jacques Paquin, alors curé de la paroisse. Dans ce journal, écrit après les événements, donc reconstitué au jour le jour du 26 novembre au 16 décembre 1837 inclusivement, comme en témoignent certains passages[241], l'auteur s'oppose catégoriquement aux patriotes et

---

240. [Louis-Joseph-]Amédée Papineau, *Journal d'un Fils de la liberté* [...], t. I, p. 2.

241. *Ibid.*, t. II, p. 34 et 37.

considère les âmes dirigeantes de cet inutile soulèvement comme des illuminés. Jean-Olivier Chénier, sous sa plume, est un chef « bien connu par son patriotisme outré, par ses emportemens et la vehémence extraordinaire [de ses] harangues révolutionnaires[242] ». Amury Girod n'est qu'un traître et un menteur. Ces chefs ont donné foi aux paroles enflammées de quelques agitateurs venus de Montréal, dont Chevalier de Lorimier[243]. Paquin veut montrer que ses paroissiens ont été de loyaux sujets, qu'ils n'ont pas participé à la lutte révolutionnaire et que, en conséquence, Saint-Eustache était admissible à une indemnité gouvernementale après sa destruction, à la suite de l'affrontement sanglant entre patriotes et soldats anglais, le 14 décembre 1837. Paquin n'hésite pas, pour s'attirer les grâces des autorités, à discréditer les rebelles, forcés à se battre, tout en disculpant Colborne et ses troupes, responsables de la destruction de plusieurs villages, vengeance excusable « d'un gouvernement justement irrité[244] ».

Louis-Joseph-Amédée Papineau commente abondamment le journal de Paquin dans les marges, accusant l'auteur d'être un « prêtre fanatique, l'ami des « *loups* », l'ennemi de son troupeau[245] ». Il en veut à ce prêtre « délateur[246] », à cet « ami du gouvernement », à ce « loyal sujet[247] » d'avoir refusé la sépulture au héros Chénier dans le cimetière catholique de la paroisse. Aux yeux de Papineau, des passages de ce journal sont nettement exagérés, voire erronés – il donne ici et là sa version des faits –, et d'autres « prouvent la mauvaise organisation des Patriotes, leur peu de moyens, la désunion causée par les prêtres, & par un de leurs Représentants, & le courage, la persévérance, & le patriotisme du brave Chénier[248] ». Le journal de Paquin est suivi de quelques articles de périodiques relatifs aux actes des troupes de John Colborne dans le village de Saint-Eustache après la rébellion, documents qui prouvent que « cette insurrection n'était point méditée, & a été […] involontaire de la part du Peuple ». Dans l'esprit de Papineau, le patriote, fondateur de l'association des Fils de la liberté, le « Gouvernement a attaqué le Peuple, & celui-ci s'est défendu [avec de] méchants fusils de chasse, des fourches, & des fleaux[249] ».

Le journal de Papineau proprement dit suit ces documents et couvre la période du 23 décembre 1837 au 5 novembre 1838. Il comporte environ 300 entrées, allant de quelques lignes à plusieurs pages. Au jour le jour, Papineau fournit des renseignements sur le mouvement insurrectionnel et sur le sort de plusieurs compatriotes réfugiés, comme lui, aux États-Unis. Il commente les allées et venues de personnages célèbres, notamment son père et les docteurs Robert Nelson et Edmund Bailey O'Callaghan.

---

242. *Ibid.*, t. II, p. 27.
243. *Ibid.*, t. II, p. 29.
244. *Ibid.*, t. II, p. 55.
245. *Ibid.*, t. II, p. 31.
246. *Ibid.*, t. II, p. 29.
247. *Ibid.*, t. II, p. 51.
248. *Ibid.*, t. II, p. 24.
249. *Ibid.*, t. II, p. 63.

Sans prétention littéraire, le *Journal d'un Fils de la liberté* [...] de Papineau, qui s'appuie à l'occasion sur l'ouvrage de Henry Samuel Chapman, *An impartial & authentic account of the Civil War in the Canadas*[250], est, selon son auteur, « une relation courte & succinte [...] des mouvements insurrectionnels dans la partie-sud du District de Montréal[251] ». Il fournit des renseignements inédits qui permettent de mieux éclairer les aspirations du peuple bas-canadien à l'époque de la rébellion. Il est toutefois dommage que le deuxième tome publié s'arrête juste au moment où les patriotes se préparent à un nouveau soulèvement. Le ton de ce journal n'en permettait pas la publication à l'époque. Les premiers patriotes à publier des mémoires à partir de 1845 le feront sous forme d'autocritique.

Emprisonné pendant sept mois à Montréal, le patriote Jean-Philippe Boucher-Belleville rédige un journal à l'intention de ses descendants. Dans la première partie, il présente d'abord les causes du soulèvement de 1837, la victoire de Saint-Denis, l'échec de Saint-Charles, la déroute et la fuite. Puis, il décrit au jour le jour ses tentatives pour échapper à la capture. Arrêté à Bedford, près de la frontière, il est incarcéré à l'île aux Noix et, ensuite, à Montréal. Là, il révèle tous les secrets de la nouvelle prison. La seconde partie relate surtout les tractations des autorités avec certains détenus pour leur faire signer un aveu de culpabilité. Ce n'est qu'après l'avoir obtenu que huit condamnés peuvent partir pour l'exil. Dans son *Journal d'un patriote (1837 et 1838)*, Boucher-Belleville est le seul prisonnier à décrire de l'intérieur, en termes réalistes, la vie des prisonniers politiques.

LES *MÉMOIRES DE PIERRE DE SALES LATERRIÈRE ET DE SES TRAVERSES*

Contrairement aux lettres de Lorimier ou à l'échange épistolaire de Papineau et de Julie Bruneau, les *Mémoires* [...] de Pierre de Sales Laterrière soulèvent encore beaucoup de questions. Chercheurs et historiens continuent à s'interroger sur la véracité et l'authenticité de cet ouvrage que l'abbé Henri-Raymond Casgrain a découvert dans les papiers de la famille, en rendant visite au fils du mémorialiste, Marc-Pascal, dans sa seigneurie des Éboulements, vers 1870. Casgrain est le premier à parler de ce manuscrit qui « forme [...] un volume considérable, de l'intérêt le plus piquant. Écrit

---

250. *Ibid.*, t. II, p. 15.
251. *Ibid.*, t. I, p. 111.

Pierre de Sales Laterrière (détail), photographie du tableau, peintre et photographe inconnus, sans date. Archives nationales du Québec à Québec (P 600-61N-1075-1).

d'un style clair et ferme, il ressuscite une foule d'anecdotes, ouvre des aperçus nouveaux sur la politique, les hommes et les mœurs de cette époque trop peu connue de notre histoire[252]. » Le poète Alfred Garneau, à qui la famille confie l'édition, « le recopia en corrigeant la rédaction. Celle-ci, poursuit Gérard Malchelosse, étant assez pauvre il y introduisit des formes acceptables et il laissa de côté des longueurs inutiles, comme aussi des passages par trop scabreux[253]. »

Les *Mémoires de Pierre de Sales Laterrière et de ses traverses* paraissent en 1873, avec quelques notes explicatives de l'éditeur Garneau, qui ne s'assure pas de sa véracité, hormis quelques dates qu'il corrige pour rendre vraisemblable la chronologie établie par le mémorialiste. C'est Benjamin Sulte qui, le premier, met en doute une partie du contenu des *Mémoires* [...], vers 1881 ; en 1926, Ægidius Fauteux est lui aussi convaincu que « les *Mémoires*, par ailleurs extrêmement intéressants, ont été [...] colorés par l'imagination de leur auteur ». Il conteste « les prétentions nobiliaires et la légitimité du nom de « de Sales »[254] ». Malchelosse l'imite, quelques années plus tard, en réutilisant les notes restées inédites de son devancier.

---

252. Henri-Raymond Casgrain cité par Gérard MALCHELOSSE, « Mémoires romancés », *Les Cahiers des Dix*, n° 25 (1960), p. 103.

253. *Ibid.*, p. 103-104.
254. *Ibid.*, p. 104.

Il est certain que l'auteur controversé a rédigé son manuscrit en 1811 et 1812, au moment où, « vieux et infirme[255] », il vient de se retirer dans sa seigneurie des Éboulements. Il songe déjà à des destinataires immédiats, à ses enfants d'abord, puis à un public élargi : « Il me paroît raisonnable de diviser par chapitres le corps de mes notes afin que, si quelqu'un de mes fils veut les commenter en vue de les livrer à l'impression, il puisse les disposer aisément dans un meilleur ordre[256]. » Il ne se leurre ni sur la qualité littéraire de son texte – il se défend d'être écrivain ou historien –, ni sur son contenu, car il s'agit « de faits bien divers, dont le ramassis sans choix ne peut être bien régulier ni suffisamment raisonné[257] ». Aussi se recommande-t-il à la clémence et à la générosité du « lecteur étranger », qu'il interpelle souvent dans ses *Mémoires* [...], divisés en 11 chapitres d'inégale longueur, dans lesquels il entend faire la lumière sur les grandes étapes de son existence, depuis sa naissance à Bonneval, en Languedoc, le 23 septembre 1747, jusqu'à son installation aux Éboulements, en 1809.

À en croire le mémorialiste, il serait de noble lignée et aurait entretenu d'importantes relations qui l'ont conduit jusqu'à l'entourage du roi. En octobre 1765, rêvant de faire carrière dans l'armée comme son frère, il se rend d'abord à La Rochelle, où il étudie les mathématiques nautiques pendant un an, puis à Paris où il est, 18 mois durant, l'élève de l'éminent chirurgien Rochambeau. Il passe ensuite à Londres et, de là, « séduit par des espérances illusoires[258] », il décide de venir s'établir au Canada, où il arrive, le 5 septembre... 1765.

Une telle chronologie ne résiste pas longtemps à l'analyse. Fauteux[259] a tenté de prouver que l'auteur des *Mémoires* [...] n'était pas fils d'un comte du Languedoc, dont il aurait usurpé le baptistaire, mais un Fabre, de la même région ; qu'il n'a jamais étudié ni les mathématiques nautiques ni la médecine, s'étant contenté, après avoir quitté sa famille, d'accompagner son oncle, Pascal Rustan, de son vrai nom Henri-Marie-Paschal Fabre ; qu'il a utilisé plusieurs noms et prénoms, à son arrivée au Canada, le 5 septembre 1766, avant de se faire connaître sous le nom de Pierre de Sales Laterrière, en 1789. Quant à Malchelosse, il a poursuivi le travail de Fauteux, en découvrant suffisamment d'erreurs, souvent de détail, pour intituler son texte « Mémoires romancés ».

Laterrière a connu, en terre américaine, une existence mouvementée, parsemée de « traverses », qu'il raconte à son avantage. C'est ainsi, par exemple, qu'il se présente à la population comme un grand médecin qui a obtenu beaucoup de succès auprès des malades pourtant condamnés par les plus grands spécialistes. Il nie catégoriquement avoir sympathisé avec

---

255. Pierre de Sales Laterrière, *Mémoires* [...], 1980, p. 265.
256. *Ibid.*, p. 5.
257. *Ibid.*, p. 5-6.
258. *Ibid.*, p. 65.
259. Le texte de Fauteux, resté inédit, est reproduit *in extenso* par Gérard Malchelosse, *op. cit.*

les républicains américains, prétexte à son emprisonnement. Pour se disculper, à la fin de sa vie, il crie au complot et porte des jugements à l'emporte-pièce sur les responsables de ses malheurs et de sa ruine. Le « méchant suisse Haldimand[260] » est un général inhumain, cruel et despote, « d'un caractère dur, avare, vindicatif, et se plaisant à faire souffrir l'humanité[261] ». Le gouverneur avait, selon lui, promis à Christophe Pélissier, son associé aux forges du Saint-Maurice, traître de la pire espèce, « de [le] faire périr dans les prisons sitôt qu'il en auroit le pouvoir[262] ». Son emprisonnement ne serait donc qu'une vengeance, parce qu'il cohabitait avec la femme légitime de Pélissier, dont le mariage aurait dû être invalidé, parce que cette dernière y avait été contrainte sous la menace. Les autres artisans de ses malheurs forment une clique de marchands « de chair humaine[263] », à commencer par le juge René-Ovide Hertel de Rouville, qu'il accuse d'avoir obtenu son titre par favoritisme et qu'il qualifie d'homme « dur, vindicatif et méchant ». C'est aussi par esprit de vengeance que ce juge aurait entériné son incarcération puisque Laterrière, alors directeur des forges du Saint-Maurice, avait « jeté hors des Forges son fils bâtard Voligni ». Louis-Joseph Godefroy de Tonnancour, qui a, selon le mémorialiste, « fait fortune [...] avec le bien du roi de France[264] », est « un parfait tartuffe[265] », un envieux, un « illibéral, sans éducation, jésuite comme un chien et ne pardonnant jamais[266] ». Quant au grand vicaire Pierre Garreau, dit Saint-Onge, à qui il voue une haine éternelle, il le qualifie d'« homme éduqué, ambitieux et rusé[267] », qui « a porté les coups les plus traîtres[268] » parce qu'il vivait en concubinage avec la femme d'un autre. Laterrière se défend d'avoir été déloyal envers ses concitoyens et d'avoir trahi sa patrie d'adoption, en vendant aux Américains des armes fabriquées aux forges du Saint-Maurice.

Dans sa prison, où il a croupi durant trois ans et demi sans avoir été entendu, Laterrière, qui se considère comme un « prisonnier d'État », fraternise quelques mois avec Pierre Du Calvet, lui aussi « soupçonné d'inimitié et accusé [...] faussement d'avoir des intelligences avec l'ennemi », note-t-il. À propos du règlement de compte dont ce « fort honnête homme et [...] juge de paix [...] sévère et juste » a été victime, le mémorialiste renvoie son lecteur éventuel « à un mémoire de justification du dit sieur, imprimé à Londres, où le détail de tous ces faits est très-supérieurement raconté[269] ».

Autant il a de l'estime et de l'admiration pour Du Calvet, autant il déteste deux autres prisonniers comme lui, l'avocat Valentin Jautard, « un ivrogne, faux et menteur comme le diable et grand épicurien », « plein de

---

260. Pierre de Sales Laterrière, op. cit., p. 110.
261. Ibid., p. 103.
262. Ibid., p. 104.
263. Ibid., p. 106.
264. Ibid., p. 105.
265. Ibid., p. 106.
266. Ibid., p. 105.
267. Ibid., p. 106.
268. Ibid., p. 107.
269. Ibid., p. 117. Voir Maurice Lemire (dir.), op. cit., p. 289-295.

préjugés, jésuite surtout et fort mauvais ami», et l'imprimeur Fleury Mesplet, «fourbe et menteur presque autant que celui-ci, et d'un génie méchant[270]». Sa préférence va au maître tonnelier Charles Hay, qui partage aussi sa cellule après avoir été accusé à tort de complot avec l'ennemi. Son gendre, François-Xavier Lehouillier, mari de sa fille aînée Dorothée, demeure une de ses cibles préférées. Jamais, du moins selon le mémorialiste, il n'aurait consommé son mariage en raison de son homosexualité. Ce mari infâme, ce «menteur fourbe, lâche, avare et ennemi secret d'un sexe aimable et chéri de l'univers» qui cache tous ses «vices […] sous le masque le plus fardé[271]», aurait voulu «faire de sa femme une sorte de mercenaire, d'esclave, enchaînée aux soins domestiques, et sans aucune des jouissances de l'épouse[272]». Devant la conduite de ce «barbare», Laterrière se prononce, dans certaines situations, en faveur du divorce et condamne l'attitude des autorités religieuses notamment, qui «refusent d'admettre le divorce dans ce païs, rempli de fanatisme et de préjugés, et laissent périr les innocens faute de leur accorder ce prudent et sage secours[273]». On croirait qu'il plaide en sa faveur, pour justifier sa conduite, lui qui a vécu plusieurs années avec la femme de Pélissier, avant de légaliser sa situation, en 1799, à la mort de son ex-associé.

Si, dans ses *Mémoires* […], Laterrière n'est pas toujours précis à propos de certains événements qu'il tente de reconstituer après plusieurs années, il manifeste encore une certaine propension à se mettre en évidence, voire à fabuler à l'occasion. Ses origines nobiliaires et ses études de médecine à Paris, au cours desquelles il dit avoir assisté à une transfusion de sang d'un veau sur un être humain, son triomphe à l'occasion de sa soutenance de thèse à Cambridge, etc., laissent plus d'un lecteur sceptique. Quand il attribue des pouvoirs extraordinaires au cadavre de Marie Brisebois, condamnée à mort pour complicité dans une affaire de meurtre, le mémorialiste tombe alors dans le fantastique. De même, quand il rappelle les exploits de son cheval, le Diable, né du croisement d'un orignal et d'une jument, qui saute «les ponts et les clôtures sans y toucher[274]».

Laterrière sait maintenir l'intérêt. Plusieurs passages de ses *Mémoires* […], notamment la course aux cadavres effectuée par les étudiants en médecine – qui pourrait bien être la première version connue des nombreux «épisodes de résurrectionnistes» qui auront cours dans le récit bref de la deuxième moitié du XIXe siècle –, empruntent des éléments au conte. Le cadavre de cette «vieille fille, grosse et grasse[275]» qu'il disséqua avec un groupe de confrères «fut un sujet superbe[276]», avoue-t-il sans remords. Ainsi

---

270. *Ibid.*, p. 118.
271. *Ibid.*, p. 204.
272. *Ibid.*, p. 210.
273. *Ibid.*, p. 222-223.
274. *Ibid.*, p. 191.
275. *Ibid.*, p. 168.
276. *Ibid.*, p. 169.

en est-il de cette longue quête qu'il évoque, au début de son texte, quand il quitte sa famille pour la première fois, pour monter à Paris, via La Rochelle. Les descriptions des villes qu'il visite contiennent de précieux renseignements. De plus, le mémorialiste manie la plume avec aisance, voire avec élégance. Ses phrases sont bien construites, le texte est structuré, le vocabulaire, riche et imagé. Quelle part y a prise Garneau, l'éditeur? Il faudrait retrouver le manuscrit original pour répondre à cette question[277]. L'énigme Laterrière est toutefois loin d'être résolue.

On pourrait également mentionner l'autobiographie de Joseph-François Perrault qui, presque octogénaire, décide de livrer le secret de sa longévité. Après avoir raconté les nombreuses traverses du début de sa vie, il révèle son attitude combative face à l'adversité. Ayant adopté la devise du poète latin Martial, *Non est vivere, sed valere vita* (Ce n'est pas la vie qui emporte, mais la façon de vivre), il mise sur l'équilibre psychologique pour assurer sa bonne santé: frugalité, gaieté, alternance de travail et de repos, voilà le meilleur moyen de bien profiter de la vie. Malheureusement, ce pionnier de l'éducation au Québec reste trop discret quant à son expérience exceptionnelle en ce domaine. Au lieu de livrer un tableau de la situation scolaire, il préfère s'en tenir à quelques anecdotes.

*

Jusqu'à preuve du contraire, Laterrière est un écrivain véritable, capable de jouer avec les sentiments et les émotions de ses lecteurs, toujours présents à son esprit, car c'est à eux qu'il s'adresse pour se justifier aux yeux des siens et du public. Lorimier n'agit pas autrement dans sa correspondance pour se défendre devant sa famille et l'histoire, qu'il sait être en train d'écrire. Quant au couple Papineau, qui a aussi choisi l'écrit intime, il n'est aucunement préoccupé par la renommée. Jamais Julie Bruneau n'a pensé que ses lettres pourraient être publiées, pas plus que son mari, qui n'a pas voulu, ni dans ses lettres, ni dans ses autres écrits, ni dans ses nombreux discours, recevoir la consécration de l'écrivain. L'attitude du couple Bruneau-Papineau explique sans doute l'absence complète de fortune de leur correspondance, contrairement à celle qu'ont connue, et les lettres de Lorimier, et les *Mémoires* [...] de Laterrière, qui intriguent encore. Ce n'est qu'après 1860 que les écrits intimes commenceront à recevoir une certaine consécration.

*

---

277. Bernard ANDRÈS, «De la Conquête au XIXe siècle: le cas de Sales Laterrière», dans *Écrire le Québec: de la contrainte à la contrariété*, p. 62.

Le discours de l'imagination et de la subjectivité fonde ce qui s'autonomise alors en Occident sous le nom de littérature. La poésie entendue au sens d'œuvre en vers consacrée principalement au lyrisme, le roman, le théâtre et l'essai en proposent les formes essentielles. Les lettres canadiennes s'orientent dans la même voie. Les genres narratifs peu contraints par les règles qui régentent la tradition classicisante s'y placent d'emblée. La poésie y vient plus difficilement, car le souci de célébration nationale retarde pour longtemps encore la valorisation du lyrisme intime. La dramaturgie, plus bloquée dans ses conventions traditionnelles et peu productive, ne s'organise pas dans une évolution perceptible. L'écrit personnel du journal, de la correspondance ou des mémoires commence à se pratiquer, mais sans qu'on sente encore, sauf chez Lorimier, une quelconque cohérence littéraire de pratiques dont les écritures diverses ne convergent pas durant cette période.

Les genres courts de la poésie, marqués par une forte tradition et moins complexes à maîtriser, continuent de fournir la plus grande part de la production et il n'y a pas à s'étonner que le premier recueil publié précède les premiers livres dans les autres genres. Le récit bref, fortement modelé par le romantisme, évolue rapidement dès le début des années 1830. Les genres plus amples du récit de voyage, du roman et de la pièce de théâtre ne donnent encore que des productions occasionnelles ; la première pièce et le premier roman publiés ne paraissent qu'à la toute fin de la période. Quant à la littérature intime, correspondance ou mémoires, il suffit de noter qu'elle ne connaît pas encore à cette époque la publicité de l'édition.

La qualité de ces écrits n'a pas conduit la postérité à leur accorder beaucoup d'attention. Le recueil de Bibaud, le roman d'Aubert de Gaspé fils, la pièce de Petitclair n'ont suscité aucun enthousiasme à leur parution : au mieux une critique mitigée, au pire le silence. Leur fortune ultérieure n'a pas été bien différente. Des trois, le texte le plus notoire, *L'influence d'un livre*, survit aujourd'hui dans une version modifiée et retirée, *Le chercheur de trésors* [...], que publie Henri-Raymond Casgrain en 1864 dans *La littérature canadienne de 1850 à 1860*. Si la poésie de Garneau et les lettres de Lorimier intéressent davantage, elles n'arrivent pas non plus à la reconnaissance comme monuments fondateurs. Seule la poésie patriotique de Mermet acquiert une renommée relativement importante et préfigure la poésie de célébration patriotique de ce siècle au pays. En pratique, ces diverses productions établissent des usages, des orientations ; elles balisent un domaine où s'affirme une prétention à la littérarité moderne. Elles préforment les œuvres fondatrices de la génération de 1860 : « Le drapeau de Carillon », *Les anciens Canadiens* et *Félix Poutré*.

Pour en savoir savantage

ANDRÈS, Bernard, « De la Conquête au XIXᵉ siècle : le cas de Sales Laterrière », dans *Écrire le Québec : de la contrainte à la contrariété. Essai sur la constitution des lettres*, Montréal, XYZ, « Études et documents », 1990, p. 61-77.

BENSON, Eugene, et L.W. CONOLLY, *The Oxford Companion to Canadian Theatre*, Toronto, Oxford et New York, Oxford University Press, 1989, XVIII-662 p.

HÉBERT, Pierre, et Marilyn BASZCYNSKI, *Le journal intime au Québec. Structure. Évolution. Réception*, Montréal, Fides, 1988, 209 p.

LEMIRE, Maurice, *Les grands thèmes nationalistes du roman historique canadien-français*, Québec, Les Presses de l'Université Laval, « Vie des lettres canadiennes », 8, 1970, XII-281 p.

———— (dir.), *Le romantisme au Canada*, Québec, Nuit blanche, « Cahiers du CRELIQ », [à paraître].

LORD, Michel, *En quête du roman gothique québécois : tradition littéraire et imaginaire romanesque*, Québec, Université Laval, Centre de recherche en littérature québécoise, « Essais », 2, 1985, 155 p.

LORTIE, Jeanne d'Arc, *La poésie nationaliste au Canada français (1606-1867)*, Québec, Les Presses de l'Université Laval, « Vie des lettres québécoises », 13, 1975, IX-535 p.

Noël, Jean-Claude, « Le théâtre de Pierre Petitclair », dans Paul Wyczynski, Bernard Julien et Hélène Beauchamp-Rank (dir.), *Le théâtre canadien-français. Évolution. Témoignages. Bibliographie*, Montréal, Fides, « Archives des lettres canadiennes », V, 1976, p. 127-136.

Tadié, Jean-Yves, *Le roman d'aventures*, Paris, Presses universitaires de France, « Écriture », 1982, 220 p.

Wyczynski, Paul, Bernard Julien, Jean Ménard et Réjean Robidoux, *Le roman canadien-français. Évolution. Témoignages. Bibliographie*, Montréal, Fides, « Archives des lettres canadiennes », III, 1971, 514 p.

Cyprien Tanguay, huile sur toile de Théophile Hamel, 1832.
Musée du séminaire de Québec (1991.74). Photographe :
Pierre Soulard.

CHAPITRE 7

LA RÉCEPTION

À partir du XIXe siècle, le choix des textes publiés dans les périodiques revient à un éditeur ou à un rédacteur qui, tout en encourageant une production locale de plus en plus abondante, mais encore insuffisante pour répondre aux attentes du public, continue à puiser librement dans la presse étrangère la matière littéraire qu'il lui destine. La multiplication des revues et journaux en langue française, la normalisation des relations commerciales entre l'Angleterre et la France et l'ouverture de nouvelles librairies réduisent considérablement l'emprunt aux revues et aux journaux anglais. On cherche à s'approvisionner du côté de la France en premier lieu où on puise des informations diverses sur la vie littéraire, des articles et comptes rendus critiques, des poèmes, des récits, etc., qu'on publie la plupart du temps sans commentaire. Le modèle français jouit d'un préjugé favorable et s'impose ; il marque l'évolution de la littérature au Canada.

Une telle pratique constitue en soi un discours sur la littérature par auteurs interposés, et s'affirme selon des critères propres à déterminer un horizon d'attente. Les préoccupations morales et la fidélité à un idéal classique atrophié, deux récurrences des interventions critiques, étrangères pour la plupart, n'empêchent cependant pas la parution d'une « nouvelle littérature » dans la presse périodique, principal lieu de sa diffusion. Bien qu'elle y soit souvent décriée, la production romantique ne tarde pas, à partir de la fin des années 1820, à retenir l'attention de la jeune génération, celle qui se manifestera au cours de la décennie suivante tout en s'éveillant à la contestation sociale et politique. En effet, elle tend alors à prendre parti pour les modernes, tandis que la critique canadienne, qui n'évolue pas au même rythme, demeure dans l'ensemble fidèle à la cause des anciens.

Soutenue par cet apport romantique, l'idée d'une littérature susceptible d'assurer au Canada une place parmi les nations commence à se développer au début des années 1830 et contribue à aiguillonner les efforts de la génération montante désireuse de se faire entendre.

L'HORIZON D'ATTENTE

Si on exige de la littérature, en ce début de siècle, d'unir l'utile à l'agréable, on persiste également à reconnaître la priorité de l'utile sur l'agréable. « [P]our plaire [...], il faut que l'agréable soit utile[1]. » Le conseil vaut tant pour l'écrivain que pour le lecteur. « Toute lecture qui n'a pour objet que l'amusement, est en pure perte », affirme-t-on péremptoirement, en rappelant qu'il vaut mieux lire peu mais bien[2]. Bibaud fait écho à cette opinion dans sa satire contre l'avarice : « Qu'on te lise avec goût, qu'on te lise avec fruit : ° On n'est parfait qu'autant qu'on plaît et qu'on instruit[3]. »

Est utile, selon Un Amateur de Journaux, qui s'adresse au rédacteur de *L'Aurore*, la publication d'extraits « des meilleurs ouvrages de l'Antiquité et des tems présents [ce qui] donne à l'esprit de l'élévation, de l'étendue et de la justesse[4] ». Est utile principalement tout écrit propre à inculquer au lecteur l'amour de la vertu et le dégoût du vice sous toutes ses formes, à « rassurer l'innocent [à] effrayer le coupable », renchérit Bibaud.

Soucieuse d'affirmer son emprise sur l'enseignement, l'Église se préoccupe de la diffusion de la littérature et des connaissances en général. Les éditeurs en sont conscients et vont parfois jusqu'à reprendre à leur compte le discours de l'Église : « Le bon sens et la prudence veulent que l'on ne s'abandonne qu'aux lectures capables de réformer les mœurs. Celle des auteurs [sacrés] sont très propres à nous tracer les routes que nous devons prendre pour embrasser la vertu. Comme on ressemble aux per-

---

1. *Courier de Québec*, 21 février 1807, p. 57.
2. *Gazette de Montréal*, 31 octobre 1808, p. [1].
3. *L'Aurore*, 13 décembre 1817, p. [3], reproduit dans *TPCF*, t. II, n° 230, p. 427.
4. *L'Aurore*, 14 mars 1818, p. [8]-[9].

sonnages que l'on fréquente, et que le commerce des gens sages et honnêtes nous touche, la bonne lecture opère le même effet sur nos cœurs[5]. » Le bien-lire tout comme le bien-écrire vont de pair avec le bien-penser et le bien-vivre.

Volontiers perçue comme une école de vie, la littérature a une double fonction, didactique et moralisatrice, qu'on s'évertue à rattacher à la *bonne littérature* et que les journaux s'approprient. La *Gazette de Montréal* se présente ainsi comme « un papier rédigé sur de vrais principes de religion et de morale » et promet aux parents et aux tuteurs que, s'ils « s'attachoient à faire tomber entre les mains d'une jeunesse ingénue une gazette honnête et bien conduite, ils leur verroient faire de grand progrès dans la science de la droiture et des mœurs, sans qu'il leur en coutât la moindre peine[6] ». La presse de langue anglaise ne fait point exception. *The Canadian Magazine and Literary Repository* offre, le 11 juillet 1823, l'hospitalité de ses pages aux écrits « qui font la promotion de la religion, de la vertu, de la moralité, de l'éducation et qui répandent des connaissances en agriculture, ainsi que des conseils utiles ». La plupart des périodiques du Bas-Canada tiennent un tel langage et indiquent clairement leur volonté de respecter la morale.

Durant le premier quart du siècle surtout, les journaux et les revues ont tendance à privilégier la teneur morale des ouvrages qu'ils critiquent. Cette vigilance s'exerce spécialement à l'endroit des ouvrages français et étrangers, car la production locale est déjà soumise à la censure de l'éditeur ou de l'imprimeur, voire à l'autocensure de l'auteur. Il ne s'agit pas de déterminer si un livre est réussi sur le plan de l'art, ni même s'il est intéressant, mais bien s'il est bon, c'est-à-dire de juger si son auteur a consenti à subordonner l'objet au sujet en assurant la promotion du bien et de la vertu, qualité indispensable à un ouvrage jugé utile. « Une muse Canadienne doit être pure ! » affirme le critique anonyme du *Charivari* […] de George Longmore, l'un des rares ouvrages écrits par un anglophone du Bas-Canada, ouvrages polémiques mis à part, dont on accuse réception dans la presse de langue française. Cette préoccupation paraît d'autant plus capitale que « la lecture des bons Livres et des bonnes Histoires fait une impression insensible, qui tourne au profit des mœurs[7] ».

Parle-t-on d'un Berquin ? C'est pour citer son œuvre comme modèle de *bonne littérature* et pour en faire la promotion : « Ses œuvres sont si utiles aux jeunes gens, pour leur former le cœur, et leur donner des sentiments d'honneur et de probité que nous avons cru ce morceau capable de leur inspirer l'envie de le lire, à la place des romans qui ne laissent dans l'âme qu'un vide au lieu de satisfaire[8]. » Se porte-t-on à la

---

5. *Gazette des Trois-Rivières*, 26 août 1817, p. [2].
6. *Gazette de Montréal*, 7 juillet 1808, p. [1].
7. *Courier de Québec*, 14 septembre 1808, p. [61].
8. *Courier de Québec*, 10 janvier 1807, p. 9.

défense du poète Nicolas Joseph Laurent Gilbert, que le *Canadian Courant* [...] aurait injustement traité, qu'on s'empresse de faire valoir qu'il fut victime de la cabale antireligieuse de son temps et qu'il « est juste de venger la mémoire de ce respectable champion du bon goût, de la bonne littérature, le défenseur des principes religieux et des bonnes mœurs[9] ».

C'est dans le dessein avoué de réfuter certaines accusations de l'auteur contre le clergé et la religion catholique et de condamner son parti pris hostile à l'égard d'un peuple religieux qu'on signale la parution de l'histoire du Canada de William Smith[10]. Telle est également l'unique préoccupation de l'abbé Thomas Maguire dans *Le clergé canadien vengé par ses ennemis; ou observations sur un ouvrage récent, intitulé « Tableau statistique et politique des deux Canadas »*, brochure publiée en 1833 sous le pseudonyme de Vindex.

Que ce soit pour rendre compte d'une représentation théâtrale ou d'exercices littéraires dans un collège, pour apprécier un roman ou un recueil de chansons, pour choisir le président d'une éventuelle académie, on fait aussitôt intervenir des considérations morales. Illustrant à quel point celles-ci imprègnent l'opinion publique et influent sur la vie intellectuelle des Canadiens de l'époque, Édouard-Raymond Fabre ne manque pas, au moment d'annoncer l'ouverture de sa librairie, de rassurer le public et le clergé en particulier qu'il a eu soin d'éliminer tout ouvrage immoral ou irréligieux.

Dans un tel climat où le discours moral des journaux ne présente probablement qu'un pâle reflet de celui qu'on tient à l'école et en chaire, il n'y a guère lieu de s'étonner qu'éditeurs et rédacteurs favorisent les porte-parole des valeurs traditionnelles au détriment de ceux qui véhiculent des idées nouvelles.

LA FIDÉLITÉ À L'IDÉAL CLASSIQUE

Formés à l'école du classicisme, les rédacteurs et les éditeurs de journaux reproduisent volontiers des textes critiques prônant la primauté de la raison sur l'imagination et les grands principes de l'art poétique classique. Ils font ainsi écho aux idées véhiculées alors dans les collèges et autres

---

9. *Gazette de Montréal*, 3 octobre 1808, p. [1].
10. *La Bibliothèque canadienne*, mars 1827, p. 132-137.

maisons d'enseignement[11]. Tout comme la littérature est subordonnée à la philosophie, dont elle est la « plus sublime production[12] », les genres continuent d'être hiérarchisés conformément à leur utilité. Abstraction faite des ouvrages philosophiques et des livres religieux, l'histoire et ce qui s'y apparente, tels les récits de voyages et les biographies, occupent le premier rang. Ce genre, estime-t-on, est propre à instruire et à offrir à l'esprit une nourriture de choix, c'est-à-dire des modèles de vie exemplaire. Le *Courier de Québec* demande à l'histoire du pays de rappeler aux Canadiens, comme autant d'exemples à imiter, « la valeur, la fidélité et les mœurs exemplaires de [leurs] pères[13] ». Un correspondant de la *Gazette des Trois-Rivières* tient des propos semblables, quelques années plus tard : « Un lecteur ne sauroit avoir un entretien plus agréable, que celui de comparer les vertus et les vices de son tems avec les vices et les vertus qui regnoient du tems de ses ancêtres[14]. »

Au second rang vient la poésie. Bien qu'on la croie capable d'embrasser « tous les objets sérieux, tendres et plaisans » et de renforcer les pensées philosophiques en les imprimant plus aisément dans la mémoire, on la juge moins apte que l'histoire à remplir une fonction didactique. Si le *Courier de Québec* la définit comme « l'art d'embellir les idées par les charmes de l'harmonie [et] de donner la vie aux images, par un choix de mots heureux, faciles et naturels[15] », elle cherche encore à amuser en exaltant l'imagination et en excitant les passions.

Tout en ayant recours aux clichés pour qualifier la poésie de « *langage des Dieux* » et d'« espèce de maladie incurable », l'écrivain français Joseph de Berchoux propose en 1822 une image dont les romantiques feront grand usage, celle du poète misérable condamné à vivre son purgatoire sur terre. Les poètes, selon lui, sont « presque toujours obérés, souffreteux, mal logés, mal peignés, errants et vagabonds comme [leur] chef, le *divin* Homère, qui étoit aveugle par dessus le marché[16] ». Cette image finit par s'imposer dans les années 1830 si on en juge d'après un article sur « La littérature dans l'Amérique du Nord », publié dans *Le Glaneur* de février 1837, dans lequel l'auteur déclare que, si la poésie a peine à se développer en Amérique, c'est qu'il y a « peu de *mal-être* [qui] fait les Grands poètes ».

Plus bas dans l'échelle des genres viennent le théâtre, puis le roman. Souvent décriés, voire condamnés, le théâtre et ceux qui s'y sont illustrés trouvent parfois grâce devant la critique ; il n'en est pas de même ou très

---

11. Voir, dans le présent ouvrage, le chapitre 2 intitulé « Les conditions générales », en particulier p. 43-49.
12. *Courier de Québec*, 29 juin 1808, p. 199.
13. *Courier de Québec*, 3 janvier 1807, p. 1.
14. *Gazette des Trois-Rivières*, 5 septembre 1820, p. 1.
15. *Courier de Québec*, 31 janvier 1807, p. [33].
16. *Le Canadien*, 5 juin 1822, p. [153]-154.

rarement pour le roman. Il faut peu d'esprit pour en écrire un[17] et leur lecture est une perte de temps.

Le roman est donc considéré comme un obstacle à la vertu, parce qu'il présente un « tissu d'impostures » et des « peintures dangereuses », qui camouflent les épines sous les fleurs[18]. Ce sont surtout les adolescents et les femmes que menace ce genre diabolique[19]. Comme l'illustre une lettre de Lucie L'Éveillée, une éducation trop libérale qui permet la lecture de romans mène à des écarts de conduite condamnables[20]. Seules les jeunes filles frivoles délaissent « la lecture des livres qui pourraient les instruire » pour des livres aussi « pervers » que les romans[21]. On les encourage, tout comme les jeunes gens, à lire Berquin qui enseigne « l'amour de la vertu, la tendre sensibilité, l'amour de l'industrie, l'attachement à son devoir, la piété filiale, la fermeté et le courage[22] ». Bref, le roman est un genre qu'il conviendrait d'interdire, à tout le moins de censurer[23].

L'attaque contre le roman, tout particulièrement soutenue dans la *Gazette des Trois-Rivières* en 1817 et 1818, se poursuit tant en anglais qu'en français jusqu'à la fin des années 1830. Ses défenseurs s'efforcent d'être rassurants en multipliant les *distinguo*. Rendant compte de *Cécile, ou les passions* de Victor Joseph Étienne, dit de Jouy, roman dont il se refuse à faire l'analyse, un critique canadien soutient qu'il « ne faut point juger comme un roman ordinaire un ouvrage sorti de la plume d'un académicien connu par des ouvrages remarquables sous le rapport littéraire, et par un tact exquis à observer et à peindre les mœurs et les ridicules du tems et de l'empire ». Bien qu'il se défende de s'ériger en moraliste sévère, le critique signale tout de même que « la lecture des romans est presque toujours dangereuse pour la jeunesse [et que] le plus grand danger des romans est de présenter aux imaginations vives un plaidoyer passionné en faveur des sentimens naturels contre les convenances de la société ». Le fait que ce romancier « [siège] dans le premier corps littéraire de l'Europe » paraît au critique un gage de sa haute moralité, encore qu'« en épluchant son livre », il y ait découvert « deux ou trois petites impiétés », ce qui est peu, avoue-t-il, « par le tems qui court[24] ». Par ailleurs, si *Arthur*, roman d'Ulric Guttinguer, a droit à des éloges, bien qu'il soit apparenté à *Volupté*, *René*, *Oberman* et *Les souffrances du jeune Werther*, c'est qu'il est avant tout perçu et présenté comme le roman de la religion capable de contrebalancer efficacement l'influence des romans mélancoliques et d'apporter ainsi un

---

17. *Courier de Québec*, 14 janvier 1807, p. [13]-14.
18. *Gazette des Trois-Rivières*, 6 avril 1819, p. [4], reproduit dans *TPCF*, t. II, n° 259, p. 482.
19. *Gazette des Trois-Rivières*, 26 août 1817, p. [2], et 24 février 1818, p. [4].
20. *Le Spectateur*, 3 juin 1813, p. [5]-6.
21. *Courier de Québec*, 23 mars 1808, p. [61]-62.
22. *Courier de Québec*, 10 janvier 1807, p. [9], et 14 janvier 1807, p. [13].
23. *Gazette des Trois-Rivières*, 14 octobre 1817, p. [4].
24. *La Minerve*, 9 juin 1828, p. [1].

remède au mal du siècle. Intitulé « Le credo », l'extrait qu'on en cite est éloquent à cet égard, car le narrateur y raconte sa conversion et la victoire des forces du bien et de la tradition contre « la malice de Voltaire » et l'influence des lectures néfastes[25].

Qui lire ? Tout d'abord les classiques de l'Antiquité gréco-latine, puis ceux du XVIIe siècle français, s'accordent à dire les critiques jusqu'au début des années 1830 ; ainsi qu'on l'enseigne à l'école, ils y voient une source privilégiée d'anecdotes et de modèles aptes à fournir un enseignement utile sur le plan tant de la morale que de l'art. C'est parce qu'il a puisé ses principes « à leur véritable source », c'est-à-dire dans l'étude approfondie des chefs-d'œuvre de l'Antiquité, que Clément (pseudonyme de Jean-Marie Bernard) est considéré comme un grand critique[26]. La supériorité des anciens sur les modernes paraît d'autant plus incontestable qu'on y trouve ce qu'on veut bien y chercher[27].

Malheureusement, dès le début du siècle, on déplore que la tradition classique perde de son importance : « Les bons auteurs, écrit Voltaire, n'ont de l'esprit qu'autant qu'il en faut, ne le recherchent jamais pensent avec bon sens, et s'expriment avec clarté. Il semble qu'on n'écrive plus qu'en énigmes. Rien n'est simple, tout est affecté, on s'éloigne en tout de la nature, on a le malheur de vouloir mieux faire que nos maîtres. » Comment le *Courier de Québec*, qui reproduit ces propos, aurait-il pu formuler meilleurs conseils ? L'illustre philosophe ne parle-t-il pas avec mépris des « phrases entortillées de nos petits romans[28] » ? L'une des principales causes de la décadence de la littérature contemporaine, au dire du chevalier de Jaucourt, que cite le même journal, consiste « en ce que plusieurs beaux esprits, prétendus ou véritables, ont introduit la coutume de condamner comme une science de collège, les citations des passages Grecs et Latins, et toutes les marques d'érudition[29] ».

Demeuré fidèle à l'Antiquité, le XVIIe siècle français a produit de grands écrivains, soutient Fayolle[30]. C'est pourquoi, selon lui, il est nécessaire de revenir sans cesse à ces maîtres. Fénelon, Louis Bourdaloue, Dominique Bouhours et Jean de La Fontaine sont souvent cités dans les journaux, pendant le premier quart du siècle surtout ; ils apparaissent souvent dans les programmes d'études et les comptes rendus d'exercices littéraires, de 1806 à 1839. C'est toutefois l'auteur de *L'art poétique* – ouvrage que le séminaire de Québec édite pour ses étudiants et met officiellement au programme à partir de 1829 – qui s'affirme comme le maître incontesté

---

25. *Le Populaire*, 14 avril 1837, p. [1].
26. *La Bibliothèque canadienne*, août 1828, p. 91.
27. *La Bibliothèque canadienne*, avril 1827, p. 166.
28. *Courier de Québec*, 19 octobre 1808, p. [101].
29. *Courier de Québec*, 14 mai 1808, p. [133].
30. *La Bibliothèque canadienne*, septembre 1828, p. 156-157.

pendant toute la période[31]. Son influence est manifeste tant chez les écrivains que chez leurs critiques.

LA FORTUNE DE LA LITTÉRATURE DU XVIIIe SIÈCLE

Si la supériorité des anciens sur les modernes prend pratiquement valeur de dogme dans le discours que les journaux véhiculent sur la littérature, encore faut-il que les écrivains consacrés aient respecté la religion et la morale! C'est là qu'achoppent la plupart des auteurs du XVIIIe siècle, à de rares exceptions près, tels Montesquieu, qu'on loue pour ses idées politiques, Buffon, Anne Gabriel Meusnier de Querlon, l'un des « meilleurs littérateurs de ce siècle », selon le *Courier de Québec*, qui le propose en modèle le 19 octobre 1808, et Élie Fréron en qui on reconnaît, dans *L'Ami du peuple* [...] du 1er août 1837, « le plus grand critique qu'ait eu la France ».

Sous Louis XIV, les lettres et les sciences polirent les mœurs et formèrent l'opinion, tandis que, sous Louis XV, à la suite de Voltaire, « elles sacrifièrent tout pour se rendre agréable à la multitude », selon *La Bibliothèque canadienne* de juillet 1827. Voilà qui explique le recul de la morale! Dix ans plus tard, en mars 1837, on tient le même langage dans *Le Glaneur*. Partageant l'histoire de l'humanité en trois grandes périodes, l'Antiquité, le christianisme et le siècle des philosophes, on en arrive à la conclusion que ce dernier siècle est indifférent « aux charmes des sensations et de l'enthousiasme » et qu'il n'aspire finalement qu'au bien-être matériel.

Entre 1806 et 1839, le discours philosophique du XVIIIe siècle est anathématisé et honni dans son ensemble. Avec Bernardin de Saint-Pierre, qui dénonce les « fausses lumières », et La Harpe, pour qui la « vraie philosophie » est « presque toute religieuse », on accuse le « philosophisme de ce siècle » d'avoir fait de la France « le théâtre de tous les crimes ». L'auteur du *Clergé canadien vengé par ses ennemis* [...] accuse les philosophes d'être à l'origine du libéralisme, doctrine dangereuse et néfaste déjà responsable de la contamination de nombre de Canadiens. S'en prenant à ceux qui, à *La Minerve*, osent attaquer le clergé, un lecteur du *Populaire*, en 1837, croit leur faire honte et les forcer à de meilleurs sentiments en les appelant les

---

31. David M. Hayne, « Boileau au Québec », dans Roger Lathuillère (dir.), *Mélanges offerts à M. le Professeur Frédéric Deloffre*, p. 647-654.

« nouveaux disciples de Diderot et d'Helvétius[32] ». Un lecteur, qui rend hommage aux « écrits philantropiques des vrais Philosophes du dernier siècle » et loue ceux qui ont fait trembler les despotes[33], demeure un cas isolé.

Le philosophe de Ferney trouve peu de disciples dans la presse canadienne. Bien que l'auteur de « L'opinion, les lettres et la philosophie, sous Louis XV et Louis XVI » reconnaisse qu'il a été « souvent sublime quand il peignit les passions humaines », il ne manque pas de le condamner sévèrement pour avoir voulu saper les bases de la morale chrétienne. Ce jugement, qu'on portait déjà du temps de *La Gazette littéraire* [...], paraît sans appel. « On lit tout dans Racine, on choisit dans Voltaire. » Ce vers de Jacques Delille, qu'on aime rappeler, traduit bien l'attitude des journaux à l'égard de Voltaire. Si ce dernier y est plus souvent cité que tout autre auteur avant 1825, il s'agit habituellement de pages inoffensives, comme celles que publie le *Courier de Québec*, où il est mis à contribution pour vanter le classicisme et ses grands modèles. Ailleurs, on lui demande de faire l'éloge de la langue française et du bon goût. Le même journal n'hésite point, cependant, à dénoncer Voltaire historien, ni à ridiculiser ceux qui voient en lui un génie encyclopédique et universel[34].

Malgré la mauvaise presse à son endroit, Voltaire continue pourtant à jouir d'une grande notoriété dans les milieux tant francophones qu'anglophones. Plusieurs de ses livres y circulent librement, au grand dam des autorités religieuses. Par ailleurs, les journaux rapportent toutes sortes d'anecdotes à son sujet et ses œuvres figurent régulièrement dans les catalogues des libraires. Bibaud en fait mention dans sa satire contre l'ignorance et C., dans « Ma lecture favorite. À Mademoiselle***[35] ». *La mort de César* est produite en 1815 et de nouveau en 1839. Cette dernière représentation fait beaucoup de bruit : les Amateurs typographes la présentent deux fois et s'attirent les foudres de la critique bien-pensante. On joue aussi *Le fanatisme ou Mahomet le prophète* en 1817.

Les œuvres de Rousseau sont très répandues également, bien qu'on en fasse moindre cas dans les journaux. Un Habitant de la campagne affirme avoir lu *Émile*, *La nouvelle Héloïse*, *Du contrat social* et *Les confessions*, aveu qui lui vaut la réprobation d'un abonné qui juge que de telles lectures sont propres à corrompre et « ne sont guères plus propres à inspirer le sentiment de la vertu ou le respect pour les mœurs[36] ». Au passage, le même lecteur condamne Mirabeau, Marmontel, voire Bernardin de Saint-Pierre, pour les mêmes raisons. Reste que, dans l'ensemble, on se montre plutôt clément envers Rousseau, en qui on reconnaît un écrivain génial,

---

32. *Le Populaire*, 25 août 1837, p. [1].
33. *Le Canadien*, 5 novembre 1823, p. [1].
34. *Courier de Québec*, 7 décembre 1808, p. [162].
35. *Gazette des Trois-Rivières*, 25 mai 1819, p. [4], reproduit dans *TPCF*, t. II, n° 262, p. 485-486.
36. *L'Aurore*, 14 avril 1817, p. [3].

ami de l'éducation, et un homme solitaire qui a «profondément senti les beautés de la nature» et qui a su rendre «la poésie de ses premières émotions[37]». L'abbé Maguire voit même en lui l'un des rares écrivains de son siècle, avec Diderot et l'astronome Joseph Jérôme Lefrançois de Lalande, à s'être porté à la défense des disciples de saint Ignace. On n'en déplore pas moins ses erreurs, sans lesquelles il eût été «un des plus beaux diamans à la couronne du dix-huitième siècle». «Une épisode gallico-canadienne. 1800», récit d'André-Romuald Cherrier publié dans *Le Populaire* du 15 septembre 1837, révèle l'influence de l'auteur de *La nouvelle Héloïse*.

Diderot, d'Alembert, Paul Henri, baron d'Holbach, Marie Jean Antoine Nicolas de Caritat, marquis de Condorcet et Claude-Adrien Helvétius, Étienne Bonnot de Condillac et Nicolas Malebranche, pour ne retenir ici que quelques grands noms, sont rarement cités dans les journaux. De l'œuvre de l'abbé Raynal, manifestement familière aux historiens de l'époque, on extrait quelques pages anodines sur «Les Créoles», «La pêche du loup-marin» et «La pêche à la morue», mais c'est le portrait qu'on y trouve du Canadien qui retient surtout l'attention. La plupart de ces auteurs figurent au catalogue de la Bibliothèque de Québec et dans ceux des libraires. Il en est de même, dans d'autres genres, de plusieurs ouvrages d'Alain René Lesage, de l'abbé Prévost d'Exiles et de Beaumarchais, sur lesquels la presse demeure discrète. On raconte des anecdotes au sujet des malheureux poètes Nicolas Joseph Laurent Gilbert et Jacques Charles Louis de Clinchamp de Malfilâtre, mais leurs œuvres sont assurément peu connues, tout comme celles de Chénier qui, au dire d'un critique, n'ont rien de littéraire[38]. Marie-Louise rend toutefois un vibrant hommage à ces trois poètes, dans *Le Populaire* du 26 juin 1837.

En revanche, on puise abondamment, en 1818 surtout, dans les *Éléments de littérature* de Marmontel et on cite à plusieurs reprises La Harpe, l'abbé Jean-Jacques Barthélemy, Buffon, Jean-Pierre Claris de Florian et Antoine, dit le comte de Rivarol. En somme, les journaux appuient le discours critique sur la littérature de l'âge des lumières en n'en retenant que des pages inoffensives ou qui en condamnent les abus.

---

37. *La Bibliothèque canadienne*, juillet 1827, p. 66-67.
38. *La Minerve*, 12 juillet 1827, p. [1].

LA RÉCEPTION DES ÉCRIVAINS FRANÇAIS CONTEMPORAINS

Plus ambivalente paraît la position de ces mêmes journaux vis-à-vis des écrivains contemporains. D'une part, en effet, on les cite régulièrement, mais on reproduit, d'autre part, un discours critique, importé de France le plus souvent, qui leur est plutôt défavorable et qui vise à mettre en garde contre les nouvelles tendances et l'engouement du jour. Cette ambivalence, manifeste pendant le premiers tiers du siècle, tient peut-être au fait qu'éditeurs et rédacteurs, qui se vantent volontiers d'être des hommes de principe et sans autre parti pris que celui du bien et de la religion, ne sauraient remplir les colonnes littéraires de leurs journaux de textes classiques dans le seul but d'illustrer un discours critique prônant la supériorité des anciens sur les modernes, sans risquer de lasser leurs abonnés, qui ont vraisemblablement étudié pareils textes à l'école. Sous prétexte de plaire à tous et désireux de tirer profit de la production française récente, les éditeurs et les rédacteurs puisent donc dans le corpus contemporain, quitte au début à publier de conserve un discours critique décriant cette même production. Heureux sont-ils lorsqu'ils ont la chance de rencontrer un héritier du classicisme, tel l'abbé Delille, qui leur permet d'offrir à leurs abonnés une « nouveauté » à saveur ancienne. Ils en font alors grand usage, ainsi que l'atteste la publication de plusieurs de ses poèmes jusque vers 1832. Pour un Delille, cependant, ou pour un Bernardin de Saint-Pierre, que d'Eusèbe Salverte, de Gabriel Legouvé, d'Arnaud Berquin et d'auteurs anonymes qui ne doivent qu'à leurs bons sentiments et à leur ton moralisateur, si ce n'est à leur réputation d'hommes de lettres dûment accréditée en France, d'avoir obtenu sans peine le *nihil obstat* des éditeurs !

Dans ce contexte, la réception au Bas-Canada de l'auteur de *La mort d'Abel* s'inscrit naturellement dans le discours sur la littérature qu'on y tient au début du siècle. En effet, à l'instar de Delille, fort populaire au pays à ce moment, Gessner, qu'appuie hautement Bernardin de Saint-Pierre, propose le modèle d'un classicisme moderne d'autant plus rassurant qu'il exalte la vertu sous le couvert de la naïveté. C'est ce visage édifiant que la *Gazette de Montréal* met en relief, le 29 août 1808, en publiant « Glicera, or the triumph of Virtue » ; c'est également celui que vante le *Courier de Québec*, quelques mois plus tard. Il n'en faut pas davantage pour faire des *Idylles* une lecture à recommander aux adolescents.

La pratique du compte rendu est peu fréquente avant 1820 et il est plutôt exceptionnel de lire un article de fond consacré à un seul auteur. Par ailleurs, il est aussi rare, à cette époque, que la critique canadienne, qui doute vraisemblablement de ses propres moyens devant la littérature française, ose se prononcer elle-même sur un écrivain de France. C'est par critiques français interposés qu'on expose certaines tendances de la littérature contemporaine prise dans son ensemble, en leur laissant volontiers la tâche de discréditer cette « foule d'*auteurs*, de *demi-auteurs* et de *quart d'auteurs*, qui espèrent remplir l'univers du bruit de leur nom[39] » et de décrier la production de ces derniers comme un monument « d'une paresse ingénieuse ».

Les critiques se montrent souvent sévères à l'égard des écrivains qui vivent de leur plume. On accepte mal l'idée que l'écriture puisse être autre chose qu'une activité gratuite. « On ne lit guère et l'on n'étudie plus […] On ne travaille plus à se faire une réputation, mais une fortune : nos écrivains même sont des espèces de financiers littéraires », écrit un critique français désabusé dans le *Courier de Québec* du 14 janvier 1807. Mermet, lui-même Français, partage ce sentiment de méfiance. À l'éditeur du *Spectateur*, à qui il recommande par ailleurs de publier, outre des fables de La Fontaine, des vers galants de Pierre-Joseph Bernard ou de Stanislas Jean, chevalier de Boufflers, il écrit :

> Mais abjure à jamais les monstrueux discours,
> Les termes ampoulés des Français de nos jours,
> Cet horrible fatras qu'on ne peut plus comprendre,
> Et que nos vieux Auteurs refuseroient d'entendre[40].

À L'ÉCOUTE DES PREMIERS ROMANTIQUES

En dépit de ce rejet des modernes au nom des anciens, lointain écho d'un débat qui a alors cours en France, deux voix nouvelles sont l'objet d'un accueil sympathique au Bas-Canada : celles de Bernardin de Saint-Pierre et de Chateaubriand, qui, après Jean-Jacques Rousseau, y introduisent une sensibilité nouvelle, teintée de mélancolie. Le 6 mai 1807, le *Courier de Québec* consacre deux pages aux *Études de la nature*. Le critique se plaît à y reconnaître « une conformité fréquente, mais naturelle » avec *Les aventures de Télémaque*, car il y perçoit une volonté didactique dont le but est « la démonstration d'une Providence Divine par les ouvrages de la nature, et par des réponses neuves aux objections qu'ils ont fait naître ». Tout en louant l'art et le style de l'auteur, il ne manque évidemment pas de souligner son « amour vrai pour la vertu ». Il insiste tout particulièrement sur *Paul et Virginie*, « histoire touchante » dont la forme romanesque n'est que la mise

---

39. *Gazette des Trois-Rivières*, 2 juin 1818, p. [1].

40. *Le Spectateur*, 16 septembre 1813, p. 68, reproduit dans *TPCF*, t. II, n° 95, p. 185.

en action de la morale contenue dans les trois premiers volumes des *Études de la nature*, mais qui suffirait néanmoins à assurer, à elle seule, la fortune de Bernardin de Saint-Pierre.

Ce fut effectivement le cas au Bas-Canada – où on connaissait *La chaumière indienne* depuis 1802 –, ainsi qu'en attestent notamment les annonces dans les journaux et la lettre d'Un Habitant de la campagne dans *L'Aurore* du 28 avril 1817. Témoignage additionnel de cette rare fortune, Joseph-Guillaume Barthe, alors étudiant au collège de Nicolet, vers la fin des années 1820, traduit *Paul et Virginie* en latin[41].

Plus remarquable encore est la vogue de Chateaubriand. Dès octobre 1812, soit une année à peine après sa publication, la Bibliothèque de Québec met l'*Itinéraire de Paris à Jérusalem* à la disposition de ses membres, de même qu'*Atala ou les amours de deux Sauvages dans le désert*, édition de 1809. Ce n'est cependant que le 19 avril 1814 que paraît pour la première fois, semble-t-il, le nom de Chateaubriand dans la presse de langue française du Bas-Canada. *Le Spectateur* publie alors la description des chutes du Niagara. Quelques mois plus tard, le 7 août 1815, est reproduit dans le même journal un passage de *De Buonaparte et des Bourbons*, dont on donne la suite le 28 août. *Le Spectateur canadien* rend compte, le 9 décembre 1816, de ce pamphlet paru deux ans plus tôt. En cette même année, le *Catalogue de livres qui se trouvent aux Magazins de Messrs. G. & B. Horan, à Québec et chez M. H. Bossange à Montréal* offre en vente, parmi les «livres sur la religion», le *Génie du christianisme*, édition en cinq volumes et édition abrégée en deux volumes, ainsi que *Les martyrs*. Après 1818, il devient courant de rencontrer le nom de Chateaubriand dans les annonces et les catalogues des libraires de Québec et de Montréal.

Ce n'est toutefois qu'à partir de 1826, quand paraît le premier volume de ses *Œuvres complètes*, que l'auteur du *Génie du christianisme* et des *Notes sur la Grèce*, «appel aux nations chrétiennes», connaît des heures de gloire au pays. Témoignages éloquents de cette popularité, une traduction du «Serpent» en vers latins, qu'Un jeune Canadien publie dans *La Bibliothèque canadienne*, en août 1826, mais surtout une lettre d'admiration extrême qu'adresse au Maître, le 19 janvier 1826, le curé de Sainte-Anne-de-la-Pocatière, Charles-François Painchaud. Plus d'une fois, lui confie alors ce dernier, il a dû déposer son livre «pour aller à l'église sécher d'abondantes larmes de religion et d'admiration [...] Je dévore vos ouvrages, dont la mélancolie me tue, en faisant néanmoins mes délices; c'est une ivresse», confesse-t-il. «Comment avez-vous pu écrire de pareilles choses sans mourir[42]?»

---

41. *Le Populaire* du 13 septembre 1837, p. [1], cite un extrait de cette traduction.
42. Séraphin MARION, *Les lettres canadiennes d'autrefois*, t. VII: *Bataille romantique au Canada français*, p. 42.

Révélant ensuite sa perception de l'héritage du Siècle des lumières, l'abbé Painchaud loue la divine Providence d'avoir donné, « après l'orage destructeur de la révolution française qui a ébranlé le monde physique et moral [...] rien moins qu'un Bonald, un de Maistre, et surtout un Chateaubriand, pour couvrir de leurs boucliers impénétrables la reconstruction de l'ancien temple ». Tout comme dans le cas de Bernardin de Saint-Pierre, cet « homme de la nature et celui de la religion », l'apologiste tout autant sinon plus que l'artiste, émerveille l'abbé Painchaud qui termine sa lettre en assurant son célèbre correspondant qu'il trouvera toujours chez le peuple canadien le plus chaleureux des accueils.

De 1826 à 1838, Chateaubriand est sans doute l'un des auteurs le plus souvent cités dans les journaux du Bas-Canada. On lui rend hommage ; on y parle de ses nouveaux livres et on y suit l'évolution de ses idées politiques. On l'imite aussi[43] ! Cet engouement, manifeste aussi pour Béranger et Lamartine, reflète à sa manière l'émergence d'une mentalité nouvelle, plus expansive, plus sensible aux choses de l'esprit et aux valeurs de l'éducation, plus ouverte aux réalités politiques du monde moderne.

Si on en juge par les annonces de livres et par les textes publiés dans les journaux, il est certain qu'à partir de 1826 environ les classiques cèdent du terrain aux auteurs modernes, à qui le public, mieux informé de la production littéraire de l'heure en France, réserve un accueil favorable. Il ne faut pas en conclure, toutefois, si grande soit la sympathie à l'endroit de Bernardin de Saint-Pierre et de Chateaubriand à la fin des années 1820, qu'on est disposé à accueillir sans résistance la jeune littérature. Ces deux écrivains sont tout d'abord perçus comme des catholiques, imbus d'une grande sensibilité religieuse et dotés d'une mission apologétique susceptible de faire efficacement contrepoids à l'influence néfaste des philosophes. Boileau et La Harpe règnent encore en maîtres dans les écoles, et les journaux persistent à reproduire un discours critique visant à juger la littérature qui se fait à l'aune des classiques, encore qu'on se veuille parfois rassurant à cet égard. Rendant compte d'une nouvelle édition des *Essais* de Montaigne, dans *La Minerve* du 10 août 1829, un critique écrit : « Je finis par un mot sur le bon effet et l'à-propos d'une collection monumentale des Classiques Français. Dans le tems qu'une jeune littérature se fait jour tout autour de nous, et demande à de nouvelles études, de nouveaux moyens de popularité, il fait bon de s'entourer de la vieille école, non pas comme un préservatif pour combattre la nouvelle, mais comme d'un guide pour la juger. »

---

43. Voir, dans le présent ouvrage, aux sections intitulées « Les récits de fiction », p. 364-368, et « Les récits de voyages », p. 395-398.

LES PREMIÈRES PERCEPTIONS DU ROMANTISME

C'est à des partisans des anciens et à des opposants français du romantisme qu'on demande, vers la fin des années 1820, deux ans seulement après la célèbre *Préface de Cromwell*, d'expliquer aux Canadiens en quoi consiste le nouveau mouvement littéraire. Ce dernier, on l'imagine facilement, est alors présenté sous des couleurs sombres et défavorables, au point que le critique de *La Minerve*, dans son compte rendu du livre de Baour-Lormian, s'oppose aux accusations de celui-ci et se dit outré par sa déclaration de guerre, au nom de Boileau, à la « jeune littérature tout entière, en quelques écrits qu'elle se montre[44] ». Il l'invite à faire montre d'un peu de bienveillance et de justice, ce qui laisse supposer que la « jeune littérature » a d'ores et déjà trouvé auprès de certains Canadiens un accueil plutôt sympathique. D'ailleurs, la semaine précédente, au sujet du *Dernier jour d'un condamné*,

Arrivée en hiver du 43ᵉ régiment d'infanterie légère sur le bord du fleuve Saint-Laurent à la hauteur de Saint-André de Kamouraska, aquarelle sur mine de plomb de William Robert Herries, 1837. Royal Ontario Museum (982.90.1).

---

44. *La Minerve*, 21 mai 1829, p. [1].

livre qui lui avait donné l'impression de faire un « mauvais rêve », mais qu'il se disait bien aise de connaître, N. en était venu à cette conclusion : « Rien de ce que fait M. Hugo n'est indifférent pour notre littérature, soit qu'il fasse mauvais, soit qu'il fasse bon[45]. »

Un mois plus tard, le même journal reproduit un article du *Figaro* comparant classicisme et romantisme à l'avantage du premier. Plaçant le romantisme sous le sceau de l'imagination et de l'inspiration, l'auteur indique que le jeune mouvement littéraire cherche à se démarquer du classicisme par l'affranchissement des règles du beau et de la convention. Ce ne serait, au fond, qu'une chicane sur les mots, car tous s'entendent pour dire que « le beau seul a droit à notre admiration ». Au reste, prétend-il, les romantiques n'inventent rien, puisque les prophètes, tout comme Moïse, Salomon et David, ont droit au même titre. La Bible elle-même présente le « romantisme dans sa pure essence ». Si Lamartine « rêveur » et « l'immortel auteur du *Génie du christianisme* » trouvent grâce à ses yeux, le critique s'attriste :

> [...] cette foule de jeunes gens, vrais romantiques suivant la fausse acception du mot, qui, sans avoir fait d'études, et par conséquent ignorant de toutes les règles des arts et de tout ce qu'on a fait avant eux, travaillent, dans les mansardes de Paris, à noircir du papier, et à faire des ouvrages tels quels. – L'esprit n'y manque pas ; qui en manque aujourd'hui ? mais la vraisemblance, mais la couleur, mais la clarté, mais l'ordre !!!

Pareil discours, aux thèmes récurrents, est impuissant à freiner l'enthousiasme de la génération montante, celle des Garneau, Aubert de Gaspé fils et Barthe, pour la nouvelle littérature. À partir de 1830, celle-ci s'impose dans les journaux ; elle y véhicule des idées nouvelles, de nouveaux accents, de nouveaux rythmes, de nouvelles images qui ne manquent pas de retenir l'attention des jeunes Canadiens, ni de solliciter leur imagination. S'ils consentent ainsi à satisfaire au goût moderne, les éditeurs, qui sont loin de toujours le partager eux-mêmes, ainsi que l'illustre le cas de Bibaud, n'en continuent pas moins de veiller à la bonne réputation de leurs journaux en n'y présentant qu'un « romantisme sain », selon le mot de Séraphin Marion, juge pourtant sévère en la matière : « Ils évitent de blesser les susceptibilités les plus chatouilleuses du Canada français en ne lui offrant que des pages romantiques de tout repos, des poèmes imprégnés d'un parfum religieux ou agreste, de la prose animée de sentiments patriotiques[46]. »

---

45. *La Minerve*, 14 mai 1829, p. [1].
46. Séraphin MARION, *op. cit.*, t. IV : *La phase préromantique*, p. 126-127.

Tout texte susceptible de choquer ou de faire scandale est donc écarté. Pas question de publier Alfred de Musset, par exemple. En revanche, on cite Béranger dès 1821, mais son nom revient surtout après 1827 ; celui de Lamartine apparaît en 1825, mais on ne le rencontre régulièrement qu'à partir de 1830. Quant à Victor Hugo, découvert en 1829, il ne tarde pas à se situer parmi les auteurs les plus cités de l'époque ; Aubert de Gaspé fils se plaît à en donner de « beaux vers » dans *L'influence d'un livre*.

C'est assurément Lamartine qui, de tous les poètes vivants, jouit alors de la plus grande renommée. Bibaud lui-même, pourtant peu enclin aux effusions romantiques, se laisse toucher par la poésie de ce « tendre La Martine[47] ». Pour leur part, Garneau, qui le découvre dès 1831, et Barthe sont littéralement charmés ; les poèmes du premier tout autant que les textes critiques du second en témoignent. Seul Béranger pourrait, selon Barthe, être comparé au poète des *Méditations*. « Après les jours de Lamartine il n'en est pas de plus précieux que ceux de Béranger… Lamartine, c'est l'âme de la France et Béranger sa vie[48] ! » Utilisant le pseudonyme de Marie-Louise, il multiplie dans *Le Populaire* les éloges dithyrambiques à l'endroit des deux poètes et se laisse volontiers emporter par ses élans lyriques. Lamartine et Béranger, « l'Anacréon français », paraissent d'autant plus admirables aux yeux de Barthe qu'il leur confie une mission divine, celle d'être les porte-parole de Dieu en ce monde.

Ainsi que le constate un critique en 1832 dans un compte rendu d'une traduction de *La Jérusalem délivrée* du Tasse, les temps comme les goûts changent : « Monsieur de L'Horme, pourquoi n'avoir pas publié votre traduction durant les belles années de l'empire[49] ? » demande-t-il au traducteur, en faisant valoir que l'ère des longs poèmes épiques est révolue. Le roman a pris la relève.

Genre honni, le roman n'avait jusque-là occupé que peu de place dans les journaux et les revues, où on se contentait habituellement de le dénoncer comme immoral. Certes, pareille critique ne suffit pas à enrayer tout à fait la diffusion de ces œuvres jugées dangereuses, bien qu'elle ait contribué à la limiter. Les romans sont rares avant 1830, affirme Alphonse Lusignan, qui précise qu'il arrive parfois qu'on se résigne alors à en copier un en entier[50]. Jugement à nuancer assurément, car les catalogues des libraires et les annonces publiées dans les journaux en mentionnent plusieurs avant cette date et le catalogue de la Bibliothèque de Québec confirme qu'elle est en mesure d'en mettre à la disposition de ses membres. Peu citée dans les journaux avant 1830, Mme de Genlis est pourtant beaucoup lue, ce

---

47. *La Minerve*, 29 décembre 1831, p. [1], reproduit dans *TPCF*, t. III, n° 133, p. 210.
48. *Le Populaire*, 20 octobre 1837, p. [1].
49. *Magasin du Bas-Canada*, décembre 1832, p. 234-235.

50. Alphonse Lusignan, « Nos premiers rapports littéraires avec la France », *Les Nouvelles Soirées canadiennes*, t. V, 1886, p. 433.

qui est aussi le cas de Lesage, sans oublier le grand Walter Scott. Des romans de la « Bibliothèque bleue » circulent au pays, où on réimprime même l'*Histoire de Jean de Calais roi de Portugal; ou La Vertu recompensee* de Mme de Gomez, en 1810, sans mention de l'imprimeur.

Conscients sans doute de cette faveur du roman auprès du public, au moment où la concurrence entre journaux partisans se fait de plus en plus vive, les éditeurs ont recours à la pratique récente du roman-feuilleton, dans le but d'attirer une nouvelle clientèle. Une telle pratique prend son essor au Bas-Canada en 1835.

On publie rarement l'œuvre intégrale, sauf pour une nouvelle ou un court récit. La sélection des textes, parfois empruntés à d'autres journaux, au *Courrier des États-Unis* notamment, est soumise à des critères peu explicites, qui relèvent plus de l'opportunisme que de convictions profondes. Comme dans le choix des poèmes ou de tout autre texte, on se montre prudent au chapitre de la moralité ; par ailleurs, la position éditoriale du journal influence ce choix. C'est en fonction de l'intérêt du texte choisi, de son degré d'autonomie par rapport à l'ensemble de l'œuvre et des attentes des lecteurs, friands d'aventures, de souvenirs historiques et de romans de mœurs, que s'effectue habituellement le découpage, qu'on coiffe au besoin d'un titre attrayant, sans se préoccuper de nommer l'auteur. Cet article est souvent une description ou un court épisode qui, ainsi isolé, suffit rarement à refléter l'œuvre dont il est extrait. Comment se fait le choix ? Reproduit-on simplement des textes publiés dans les journaux français ? A-t-on les œuvres en main ? On ne saurait le dire.

Cette pratique permet aux Canadiens de découvrir plusieurs œuvres de S. Henry Berthoud et de Pitre-Chevalier, mais aussi, quelques mois après que le *Montreal Museum* eut publié « The Red Rose » d'Alexandre Dumas, de voir le nom de Balzac dans *Le Canadien* du 25 octobre 1833. *L'Ami du peuple* [...] offre à ses lecteurs trois textes de Dumas en 1834. Charles Nodier et Prosper Mérimée leur sont révélés en 1837, Eugène Sue en 1838. Tout particulièrement actif dans la diffusion de nouvelles et de romans-feuilletons, *L'Ami du peuple* [...], sous la direction d'Alfred-Xavier Rambau, récemment immigré au pays, publie, du 29 août 1835 au 16 juin 1836, soit un an seulement après sa parution en France, *Le père Goriot* de Balzac. Sous le titre affriolant de « La Comtesse a deux maris », le même journal offre, du 20 juillet au 5 août 1836, des extraits du *Colonel Chabert* du même écrivain.

LA RÉCEPTION DES AUTEURS
NON FRANCOPHONES

Malgré quelques réserves, la presse de langue française du Bas-Canada se montre somme toute accueillante pour les écrivains français contemporains ; même attitude vis-à-vis des étrangers qu'a adoptés la France romantique, ouverte au cosmopolitisme et friande de littérature exotique. Si la publication d'un article sur Gessner dans le *Courier de Québec* des 24 et 28 décembre 1808 peut paraître tardive, compte tenu du fait qu'Anne Robert Jacques, baron de L'Aulne Turgot publia la première traduction des *Idylles* en 1762, et bien que la fortune du poète suisse continue d'être considérable en France, dès 1817, il est fait mention dans *L'Aurore* du *Childe Harold's Pilgrimage* de Byron, dont le troisième chant avait paru une année auparavant. Il est question d'Ossian dans un article « Sur la Poësie lyrique des différents peuples » publié dans *Le Canadien*, le 3 avril 1822. Par ailleurs, *L'Abeille canadienne* du 1er août 1818 offre quelques pages de *L'antiquaire* de Walter Scott, roman publié en 1816, et *L'Ami du peuple* [...] des 25 et 28 octobre 1837, un extrait de *Pickwick Papers* de Charles Dickens, roman dont les derniers épisodes viennent de paraître dans la presse londonienne.

L'œuvre de Byron pénètre au Bas-Canada d'abord en anglais. Dès 1816 paraissent à Montréal des pages extraites de celle-ci, sous le titre de *Poems on his Domestic Circumstances*. Ainsi que le suggère ce titre, la vie du poète tout autant que son œuvre excitent la curiosité. Pendant la première moitié des années 1820, la presse anglophone peint de Byron, que le *Canadian Courant* [...] considère comme « l'auteur préféré du *bon ton*[51] », un portrait qui ne manque pas d'inquiéter : celui d'un homme passionné et soumis à ses instincts, dont la conduite est souvent répréhensible. Cette description est loin d'encourager les éditeurs de langue française à lui ouvrir les pages de leur journal. À l'occasion, on mentionne son nom, on raconte une anecdote à son sujet, mais on ne le publie guère en traduction. Sa renommée en France, où *La fiancée d'Abydos*, *Childe Harold's Pilgrimage* et *Le siège de Corinthe* ont rapidement conquis une jeunesse libérale enthousiasmée par le soulèvement des Grecs contre les Turcs, trouve finalement écho dans la presse de langue française du Bas-Canada vers la fin des années 1820. On vénère alors la figure du poète-héros romantique, prêt à sacrifier sa vie pour la liberté. Fait significatif, *La Minerve*, journal dévoué à la cause des patriotes, se fait le propagandiste de ce culte en publiant notamment la « Messienne sur Lord Byron » de Casimir Delavigne, le

---

51. *Canadian Courant* [...], 18 septembre 1822, p. [1].

25 juin 1827, et « Byron et la liberté. Hymne de mort » d'Édouard Louvet, le 28 août 1828. Ces deux poèmes magnifient le champion de la liberté et louent ses exploits en Grèce ; ils chantent le guerrier qui fait trembler les tyrans et le poète qui console les malheureux, thèmes propres à susciter la sympathie et à solliciter l'imagination des jeunes Canadiens qui s'éveillent au libéralisme.

L'enthousiasme pour Byron est grand dans les années 1830. Garneau lit *Le corsaire* en anglais pendant sa traversée en Angleterre, en juin 1831. Ce « Voltaire romanisé » qui enivre « d'héroïsme et de liberté[52] » l'emballe et il copie une quarantaine de ses vers. Influencés peut-être par le culte byronien, des poètes canadiens exploitent alors la veine patriotique et appuient tant la cause de l'Irlande et de la Pologne que celle de leurs compatriotes. Aubert de Gaspé fils apprend par cœur plusieurs vers du poète anglais et peut facilement en réciter deux cents « sans se tromper d'une syllabe[53] ».

Semblable engouement est contagieux. Voilà qui en inquiète plus d'un tant en France qu'au Bas-Canada. Ainsi que le révèle un long article du *Constitutionnel* reproduit dans *Le Canadien* du 29 mai 1839, on craint que l'« École byronienne ou satanique » ne soit un danger sérieux pour l'ordre social. Le commentateur s'empresse toutefois de rassurer ses lecteurs : le poète byronien n'est pas dangereux. Pauvre comédien et victime de la mode, il est plus à plaindre qu'à craindre : « Rassurez-vous, cher lecteur, je vous prie. Ce poète byronien est gros et vermeil. Il a des cheveux blonds, des yeux fort doux, une physionomie riante, une démarche timide. C'est seulement d'hier qu'il est sorti du collège, et il ose à peine élever la voix devant son professeur de rhétorique. »

Moins spectaculaire que celle de Byron, l'influence de Walter Scott se prolonge toutefois bien au-delà de 1840. Il jouit d'une renommée au Bas-Canada dès la décennie 1820-1829 et son nom revient fréquemment dans la presse des deux langues. Cette popularité coïncide avec celle qu'il connaît alors en France, où la traduction de ses œuvres, de 1817 à 1831, se révèle un immense succès de librairie.

Le 15 janvier 1823, *La Gazette canadienne* cherche à mettre en lumière à la fois la compétence de l'historien et le talent du romancier, comme s'il importait de rendre ainsi ce dernier plus facilement acceptable. Le critique précise que Scott n'offense personne et qu'il « est impartial comme l'histoire écrite pour la postérité ». Il a adopté la forme du roman, parce que ce genre, « source d'émotions faciles », lui permet d'être plus à l'aise que la poésie en lui accordant plus d'espace pour donner libre cours à son érudition.

---

52. François-Xavier GARNEAU, *Voyage en Angleterre et en France dans les années 1831, 1832 et 1833*, p. 120.

53. *Le Populaire*, 25 septembre 1837, p. [3].

Bien qu'il soit souvent question dans les journaux et les revues du Bas-Canada du romancier qualifié du « plus grand génie de son époque » dans un long article dithyrambique du *Canadian Magazine and Literary Repository*, en juillet 1823, on cite rarement Scott en français. Rien d'étonnant, du moins avant les années 1830, car ce n'est qu'à ce moment qu'on commence à offrir de façon régulière aux lecteurs de la presse périodique des pages extraites de romans. De toute façon, les romans de Scott sont disponibles en librairie en anglais et en français. Inaugurant la pratique du roman-feuilleton, *Le Constitutionnel* publie cependant, du 24 août au 14 septembre 1824, « un épisode d'un nouveau roman anglais », *L'antiquaire*, dont *L'Abeille canadienne* avait déjà offert un extrait le 1er août 1818. Le 28 avril 1821, *La Gazette de Québec* avait proposé, pour sa part, un poème de Scott, « The Maid of Isla », suivi d'une traduction française, œuvre d'un Canadien[54].

La plupart du temps, on se contente de raconter des anecdotes au sujet du romancier écossais et d'informer le public de son état de santé, de ses déplacements, projets, opinions et prises de position. Le 24 novembre 1832, *L'Ami du peuple* [...] publie un compte rendu détaillé de ses funérailles. Par la suite et jusqu'à la fin de la décennie, d'autres anecdotes et souvenirs, tel le récit que Washington Irving fait de sa visite à Abbotsford, dans *Le Glaneur* de janvier 1837, indique la ferveur du culte qu'on lui voue. Le sous-titre du roman du jeune Aubert de Gaspé, *Roman historique*, l'atteste, tout comme plusieurs autres parutions des décennies suivantes.

Le poète irlandais Thomas Moore jouit aussi d'une grande renommée auprès des Canadiens. À deux reprises, en 1811 et 1812, sa poésie intimiste inspire Louise-Amélie Panet[55]. Si la traduction des *Amours des anges* que donne Davesiès de Pontès en 1823 ne semble pas avoir été particulièrement remarquée dans les journaux canadiens, en revanche, il a suffi de la « Canadian Boat-Song » connue en français sous le titre de « Chanson du Voyageur canadien » ou « Chant de voyageur canadien », pour rendre son auteur célèbre au Bas-Canada. Traduite par Dominique Mondelet en mai 1827[56] et par François-Réal Angers à l'automne 1836[57], recueillie plus tard dans *Le répertoire national* dans sa première version, cette chanson est perçue comme un modèle pour les écrivains canadiens. C'est ainsi que Mondelet la présente à Bibaud : « Thomas Moore, l'Anacréon moderne, est un des premiers poëtes du jour. Son goût exquis n'a pas dédaigné un sujet purement canadien ; et la grandeur des sites et la simplicité des mœurs du pays ont su échauffer son enthousiasme. C'est au moins un

---

54. *TPCF*, t. II, n° 290, p. 538-540.
55. Voir, dans le présent ouvrage, à la section intitulée « Les textes poétiques », p. 343-344.
56. *La Bibliothèque canadienne*, mai 1827, p. 235-237, reproduit dans *TPCF*, t. III, n° 8, p. 12.
57. *Le Télégraphe* [...], 12 avril 1837, p. 1, reproduit dans *TPCF*, t. III, n° 322, p. 571-572.

dédommagement bien flatteur pour les prétendus dégoûts que certains aventuriers affichent sur tout ce qui tient au Canada[58]. »

Mis à la mode par le *Génie du christianisme* en 1802 et par la traduction en vers de Delille en 1804, *Le paradis perdu* de John Milton est l'objet d'une réception exceptionnelle dans la presse du Bas Canada. Publié tout d'abord dans *Le Constitutionnel* du 28 octobre 1823, ce long article est repris dans *La Bibliothèque canadienne*, où il paraît en feuilleton de décembre 1826 à mai 1827, avant d'être recueilli dans *Le répertoire national* de Huston. Cette dernière consécration couronne la fortune unique de l'« Essai analytique sur le *Paradis perdu* de Milton, par MM. C*** et V*** ».

Chateaubriand voit dans cette œuvre une preuve manifeste de la supériorité du merveilleux chrétien sur la mythologie païenne comme source d'inspiration. Sans lui contester ce point, les deux critiques du *Constitutionnel*, Charles-Elzéar Mondelet et William Vondenvelden, fidèles au principe selon lequel l'éthique doit avoir préséance sur l'esthétique, le contenu sur la forme, adoptent pour leur part la double perspective du théologien et du moraliste catholiques pour analyser le poème épique de Milton. S'ils reconnaissent en ce dernier « un des plus grands génies qui aient jamais existé » et « le prince des poètes anglais », voire de tous les poètes, à l'exception d'Homère et de Virgile par endroits, et s'ils font preuve de modestie et de prudence en avouant se défier de leurs propres forces face à ce génie sublime, ils ne manquent pas de relever ses impiétés, ses erreurs théologiques et les passages immoraux de son œuvre. Ils projettent sur le merveilleux du *Paradis perdu* les lumières combinées de la raison et de la foi et en arrivent à s'interroger sérieusement sur la vraisemblance de certains passages. Faisant en quelque sorte le procès de l'imaginaire de Milton, ils récusent son langage poétique et lui reprochent d'avoir mis en scène des diablesses avec les diables, « quoique la révélation et la théologie ne nous enseignent pas qu'il y ait des anges féminins dans le ciel ». Ils contestent qu'« il y ait jamais eu de fleuves en enfer, et Dieu n'en avait certainement pas créé pour rafraîchir les démons » et s'étonnent, tels des théologiens, que le poète reconnaisse des fonctions organiques aux anges, sans avoir pris soin au préalable de « nous donner un système anatomique » de leur corps.

Cette analyse d'une œuvre européenne, la première d'envergure à avoir été signée par des plumes canadiennes, révèle la prédominance du critère moral dans la réception des œuvres littéraires à cette époque. Malgré de nombreuses réserves, elle demeure tout de même favorable à Milton, dont elle s'évertue en maints endroits à louer la grandeur et la beauté de pensée.

---

58. *La Bibliothèque canadienne*, mai 1827, p. 235.

Qu'on se soit ainsi attardé au *Paradis perdu* plutôt qu'à toute autre œuvre atteste sûrement l'influence de Chateaubriand et de Delille. Cet intérêt indique aussi que la question du renouvellement du merveilleux n'est pas indifférente aux Canadiens cultivés, qui s'éveillent à la sensibilité nouvelle. Les allusions mythologiques dont les poètes canadiens avaient l'habitude d'émailler leurs vers paraîtront bientôt dépassées à ceux qui choisiront de se ranger sous la bannière des modernes.

Milton est fréquemment mentionné dans les journaux et les revues de langue française du Bas-Canada, mais il y est peu cité. Les Canadiens semblent ignorer ses autres œuvres et retiennent avant tout qu'il est le poète du *Paradis perdu*. En somme, ils se plaisent à honorer « le sublime Milton ». Garneau ira d'ailleurs se recueillir sur son tombeau, à l'occasion de sa visite à l'église de Westminster, en 1831.

Ces écrivains de langue anglaise, auxquels il importe de joindre James Fenimore Cooper, dont parle *La Minerve* du 20 août 1832 et du 21 novembre 1833, ne sont pas les seuls à retenir l'attention des Canadiens, ainsi qu'en témoigne l'auteur de *L'influence d'un livre*, qui, outre Byron, cite notamment George Crabbe, Thomas Campbell et Shakespeare. Ils découvrent – ou redécouvrent – James Thomson, William Collins, William Wordsworth, Percy Bysshe Shelley, John Locke et plusieurs autres, mais ces rencontres sporadiques et dispersées n'ont guère d'influence sensible, la plupart du temps. Les noms de quelques auteurs allemands sont parfois cités. Les « Notices bibliographiques, extraites des derniers journaux français » de *La Bibliothèque canadienne* de juillet 1825 font mention des *Poésies* de Goethe, traduites par Mme E. Panchouke. L'auteur des *Souffrances du jeune Werther* y est alors présenté comme « le poète le plus original et le plus gracieux de nos voisins d'outre-Rhin ». On y annonce aussi qu'une édition du *Ramayana* de August Wilhelm von Schlegel est en préparation. Dans le *Magasin du Bas-Canada*, Bibaud continue à renseigner ses lecteurs sur la production étrangère, en consacrant des notes à Heinrich von Kleist[59], Emmanuel Kant[60], de même qu'à l'*Essai sur le principe de population* de Thomas Robert Malthus[61]. La même revue reproduit aussi un article sur *La Jérusalem délivrée* du Tasse, traduite par de L'Horme[62].

---

59. *Magasin du Bas-Canada*, juillet 1832, p. 31-32.
60. *Magasin du Bas-Canada*, décembre 1832, p. 238.
61. *Magasin du Bas-Canada*, juillet 1832, p. 33.
62. *Magasin du Bas-Canada*, décembre 1832, p. 234-235.

LA RÉSISTANCE AU ROMANTISME

Vers la fin des années 1830, la cause des modernes ne manque plus d'avocats au Bas-Canada. À en croire *Le Gascon*[63], il s'y trouve même des jeunes gens, dès 1834, pour affecter une pose romantique et afficher leur mal du siècle. Cette cause n'est pas gagnée pour autant. Certes, en apparence, ce sont les modernes plutôt que les anciens qu'on propose de plus en plus en modèles à la jeunesse canadienne dans les journaux. Ce choix, l'éditeur en chef du *Populaire* se fait un devoir de le justifier, le 10 avril 1837 : « On s'instruit en général sur les anciens ; mais on se forme beaucoup plus efficacement sur les modernes, car ils vous indiquent les progrès du siècle où vous vivez. » Encore sied-il de distinguer entre modernes et romantiques et de ne pas confondre les uns et les autres. La préface de *L'influence d'un livre*, dans laquelle Aubert de Gaspé fils se permet de défier ouvertement les partisans des anciens et ceux de la règle des unités, en fournira l'occasion à l'éditeur, quelques mois plus tard. Comme pour bien signifier que les partisans des anciens n'ont pas encore rendu les armes et qu'il se range volontiers sous leur bannière, malgré sa prise de position préalable, Leblanc de Marconnay se charge aussitôt de tancer le jeune romancier.

La nouveauté du roman n'échappe pas à l'éditeur du *Populaire*, qui constate le premier que « l'ouvrage roule entièrement sur les légendes familières aux habitants ». Par le seul choix de ce sujet, Aubert de Gaspé transgresse la convention classique qui interdit la trivialité. Mais la forme n'est pas moins romantique, puisqu'elle ne respecte « aucune des règles d'unité ». Se référant à la préface du roman, Leblanc de Marconnay déplore que le jeune romancier agisse ainsi de propos délibéré, fort de la caution des modernes, qui soutiennent la relativité de l'art par rapport aux temps et aux lieux. Il lui rappelle la pérennité des normes classiques : « C'est la rhétorique de tous les temps qui a posé ces bornes comme immuables. » Shakespeare, dont se réclame le romancier, loin d'avoir inauguré une esthétique nouvelle, ne constituerait qu'une exception. Honnies sont les audaces des romantiques, celles de Victor Hugo en particulier : « M. de Gaspé, qui a tant lu, paraît avoir peu médité Boileau qui nous semble une autorité un peu plus respectable que Victor Hugo et nous persistons à croire qu'en étudiant le *Cours de littérature* de Laharpe on risquera beaucoup moins de faire un mauvais ouvrage qu'en puisant ses inspirations dans *Hans d'Islande* ou dans *Bug-Jargal*[64]. »

---

63. *L'Ami du peuple* […], 1ᵉʳ octobre 1834, p. 83, reproduit dans *TPCF*, t. III, n° 231, p. 409-410.

64. *Le Populaire*, 25 septembre 1837, p. 3-4.

Leblanc de Marconnay a 43 ans, Aubert de Gaspé fils, 23. Si le conflit des générations est évident, il ne suffit pas à expliquer le différend. L'éditeur est pourtant sympathique à la jeunesse canadienne, à qui il a ouvert toutes grandes les pages de son journal. Pour l'y attirer, il affiche volontiers un visage moderne, le seul qui ait de l'attrait pour les Barthe et les Cherrier. Leblanc de Marconnay n'en proclame pas moins la supériorité de la doctrine classique, dont il cherche à faire prévaloir les principes dans le rôle de guide qu'il entend jouer auprès de la génération montante. Selon lui, le mouvement littéraire qui soulève l'enthousiasme de nombre de Canadiens n'est vraisemblablement qu'affaire de mode, voire erreur de jeunesse.

Cette prise de position de Leblanc de Marconnay rappelle que l'école nouvelle est loin d'être unanimement applaudie en France. Le jugement que porte Marie Aycard sur l'engouement pour la littérature romantique, dans *Le Canadien* du 25 février 1839, en fournit une autre preuve. Elle est convaincue que cette mode fera long feu, comme est déjà passée celle de Walter Scott et Ann Ward Radcliffe. Quelques mois plus tard, le même journal, qui publie pourtant régulièrement des poètes romantiques, reproduit un article du *Constitutionnel*, dans lequel ces poètes sont présentés comme de simples poseurs aux multiples visages, dont le plus dangereux est celui de poète immoral : « Ceci ne sera pas un article de littérature, mais un article de mœurs. S'il est bon de relever parfois ce qui choque les règles de la grammaire ou de la prosodie chez les poètes de l'école moderne, il ne l'est pas moins de signaler ce qui blesse les lois de la conscience[65]. » Pareille attitude deviendra bientôt fréquente.

LA MISE EN LUMIÈRE DE LA FONCTION SOCIALE DE L'ÉCRIVAIN

Soutenu par l'apport romantique, au moment où la France est soumise au régime de la Restauration, mais encore plus après les événements de la monarchie de Juillet, le discours sur la liberté, l'égalité et la souveraineté des peuples retient l'attention des Canadiens. La fonction didactique qu'ils attribuent volontiers à la littérature tend peu à peu à s'appliquer à la mise en lumière des préoccupations sociales et politiques de la population canadienne. Sous l'influence de Chateaubriand, de Béranger, de Lamartine

---

65. *Le Canadien*, 29 mai 1839, p. [1].

ou de Byron, certains perçoivent l'écrivain comme le défenseur de l'opprimé et l'ami du pauvre et en arrivent même à considérer son rôle, qu'ils confondent volontiers avec celui du journaliste, comme une sorte de sacerdoce.

Dans ce contexte favorable à l'essor d'une pensée contestataire se situent les grands débats politiques qui conduisent à l'affrontement de 1837 ; s'y inscrit aussi l'exceptionnelle fortune de La Mennais au Bas-Canada. Toutefois, il importe plus à l'historien des idées politiques et religieuses qu'à celui de la littérature de suivre cette fortune, même si l'influence de l'auteur des *Paroles d'un croyant* n'est pas négligeable. Qu'il suffise de rappeler que l'*Essai sur l'indifférence en matière de religion* a beaucoup circulé au Bas-Canada et que les *Paroles d'un croyant*, malgré la condamnation de Rome et en dépit d'une vive réaction de la part des autorités religieuses, ont connu une grande diffusion au pays, notamment parmi la bourgeoisie canadienne, qui comptait des personnes disposées à accueillir une pensée catholique dissidente.

LA RÉCEPTION CRITIQUE DE LA LITTÉRATURE CANADIENNE

Les éditeurs et les rédacteurs se montrent habituellement avares de commentaires en présence de textes signés par une plume européenne, comme si cette littérature importée était, de par sa seule origine, consacrée et se situait par conséquent au-dessus de toute critique, si ce n'est sur le plan moral. En revanche, ils usent volontiers de leur privilège d'intervention pour porter un jugement critique sur les écrits que leur font tenir leurs compatriotes. Dans le premier cas, ils se contentent généralement de sélectionner les textes susceptibles à leurs yeux d'intéresser leurs abonnés, en prenant surtout garde de ne pas offenser la morale ; dans le second, ils se croient d'autant plus autorisés à jouer un rôle de mentor qu'ils professent hautement leur volonté d'encourager l'essor d'une littérature canadienne. Ils affichent dans ce dernier cas leur conception de la littérature et les normes qu'ils entendent imposer.

S'il invite le public à collaborer à son journal, s'il se glorifie d'accueillir les jeunes talents, l'éditeur ou le rédacteur ne se gêne pas outre mesure pour mettre de côté un texte qui lui a déplu ou pour prévenir un auteur qu'il ne publiera plus ses « sottises[66] ». Souvent, il accuse réception

---

66. *Courier de Québec*, 21 février 1807, p. 58.

Homme à la pipe, dessin de Harry Neilson, sans date.
Archives nationales du Québec à Québec
(P-192/DEN-2/2).

dans son journal des articles qu'on lui a fait tenir, qu'il ait décidé ou non de les publier. Dans le cas d'un refus, il ne fait pas toujours preuve de diplomatie. Usant volontiers d'ironie, certains cachent mal leur mépris. L'invective est facile et le rejet d'un texte permet quelquefois d'attaquer, par personne interposée, un journal arborant les couleurs politiques de l'adversaire. « L'imprimeur qui avait reçu le premier un *certain rêve* n'aurait pas dû s'en désaisir », lit-on dans le *Courier de Québec* du 3 janvier 1807. « Cet écrit peu inférieur à ceux qui remplissent ordinairement sa feuille, ne conviendrait guère à la nôtre. »

Au rédacteur ou à l'éditeur revient la délicate tâche d'évaluer jusqu'où il lui sera permis de s'avancer sans avoir à craindre les poursuites judiciaires pour libelle ou les représailles des autorités politiques et ecclésiastiques. On ne se prive d'ailleurs pas de le mettre en garde : « La route où vous entrez est difficile : la carrière que vous allez parcourir est épineuse » fait observer Censorius à celui qui vient tout juste de fonder *L'Aurore*. « Cheminez toujours par le droit chemin, lui conseille-t-il, sans vous détourner ni à droite ni à gauche⁶⁷.» Chose certaine, la prudence est de mise. Il se trouvera pourtant des rédacteurs, pendant les années 1830 notamment, pour courir courageusement le risque de publier des hymnes à la liberté et des vers franchement révolutionnaires. Ils devront en payer le prix. Au cours des années 1810, toutefois, la saisie du *Canadien* et l'emprisonnement de ses propriétaires et de son rédacteur avaient eu pour effet immédiat d'inciter les autres journaux à la plus grande précaution. C'est peut-être la raison pour laquelle Charles-Bernard Pasteur juge à propos de ne pas publier certains vers satiriques que lui a fait tenir Mermet. Il se peut aussi qu'il ait ainsi cherché, comme l'avance Mermet lui-même⁶⁸, à prendre au mot celui qui lui avait plus tôt conseillé de ne plus «salir [ses] gazettes° Par de sottes chansons, et de tristes sornettes⁶⁹». Quoi qu'il en soit, l'éditeur du *Spectateur* n'hésite pas à se faire arbitre, quelques mois plus tard, pour amputer un poème du même auteur de la strophe suivante:

> Si chez nous j'avais froid souvent,
> C'était au nez, comme aux oreilles;
> Mais ici… Non, c'est indécent
> De tracer semblables merveilles.
> Oui Maman, pour ne plus souffrir,
> Pour ne plus déplaire aux dévotes,
> Pour couvrir ce qu'on doit couvrir,
> Il faut remettre ses culottes⁷⁰.

Éditeurs et rédacteurs se croient autorisés à interpeller leurs correspondants et à intervenir lorsqu'ils le jugent à propos, que le motif de leur intervention soit d'ordre politique, éthique, esthétique ou autre. «Nous nous sommes permis de faire un petit changement dans le second vers de cette pièce, parce que le premier hémistiche avoit une syllabe de trop, et que le dernier renfermoit un hyatus» écrit Ludger Duvernay, à la suite d'une «Idylle élégiaque» qu'il a insérée dans la *Gazette des Trois-Rivières* du 14 décembre 1819. Il en profite pour déplorer que les collèges négligent l'enseignement de la versification française, alors qu'on y passe des heures à composer des vers «dans une langue morte». Sur un tout autre sujet, Bibaud reproche à un auteur, qui vient de lui envoyer un texte, de ne pas avoir suffisamment parlé de l'épierrement des champs. Il prendrait la liberté de combler lui-même cette lacune, écrit-il, s'il n'en avait pas déjà été question dans *La Bibliothèque canadienne*⁷¹.

---

67. *L'Aurore*, 17 mars 1817, p. [4].
68. Lettre de Joseph-David Mermet à Jacques Viger, 14 février 1814, MSa, vol. IV, p. 53.
69. *Le Spectateur*, 16 septembre 1813, p. 68, reproduit dans *TPCF*, t. II, n° 95, p. 184.
70. Lettre de Joseph-David Mermet à Jacques Viger, 14 mai 1814, MSa, vol. IV, p. 173-175.
71. *La Bibliothèque canadienne*, 1ᵉʳ octobre 1829, p. 131.

Si on en juge d'après la lettre de Nicholas dans *Le Canadien* du 23 août 1817, le public se montre parfois exigeant et s'attend à ce que l'éditeur exerce son autorité de critique. Après avoir annoncé qu'il se permettra lui-même «quelques observations» sur des écrits parus dans *Le Canadien*, ce lecteur incite l'éditeur à l'imiter :

> Cela est du ressort d'un Éditeur ; c'est un moyen tout simple d'encourager vos correspondants, en leur donnant de justes louanges, ou de les corriger en relevant d'une manière juste les petites inexactitudes qui se glissent dans leurs écrits. Ces observations conviendroient mieux à l'Éditeur qu'à un étranger. D'ailleurs vous devez être, si non, le seul, du moins le premier juge des écrits que vous recevez.

Malheureusement, peu de rédacteurs ou d'éditeurs sont en mesure d'exercer ce rôle. Quand ils évitent d'avoir recours à l'ironie ou à l'invective, voire à une lettre anonyme dont ils sont eux-mêmes auteurs, ils se contentent habituellement, fidèles disciples de Boileau, de relever les fautes de versification. Pasteur explique ainsi son refus de publier «deux petites pièces de Poésie» dans *Le Spectateur*: «Nous nous ferons un mérite d'encourager les talens naissans des jeunes Poètes Canadiens, mais nous nous en ferons un autre de rejeter toute production en poésie, qui n'aurait pas au moins le mérite de la versification.»

Bibaud dans *L'Aurore*, Duvernay dans la *Gazette des Trois-Rivières* et bon nombre d'autres éditeurs tiennent le même langage que Pasteur. Ils ont beau ouvrir les pages de leur journal à la «littérature nouvelle», ils n'envisagent pas pour autant de revoir leurs normes à la lumière de cette dernière. Ils s'en tiennent généralement à leur conception du classicisme français, qu'ils réduisent pratiquement à une question de métrique et de prosodie.

Critique à ses heures, le public lecteur, formé lui aussi à l'école d'Horace et de Boileau, emprunte volontiers une jauge analogue lorsqu'il s'avise à son tour de porter un jugement anonyme dans un journal sur l'œuvre d'un compatriote. S'il se déclare prêt, en tant qu'homme «éclairé», à «encourager de tout son pouvoir les progrès des arts et des Belles-Lettres», Nicolas, dans la *Gazette des Trois-Rivières* du 30 novembre 1819, considère toutefois qu'il est «de son devoir d'empêcher le mauvais goût de se répandre dans le monde Littéraire». Il s'en prend tout particulièrement à ceux qui font circuler des «couplets détestables» en empruntant le langage des halles plutôt que celui de la poésie, c'est-à-dire celui «des dieux». «Quelle plate composition! quel style trivial! quelles pensées sales et dégoutantes! Eh quoi! je n'y vois pas même l'ombre d'une rime!» Jocosus déplore que les poètes canadiens ne sachent pas les règles des vers français et il corrige Darnac en lui citant des vers de l'auteur de *L'art poétique*[72]. Dans sa réplique, Darnac ne manque pas de se réjouir d'avoir pris son critique en flagrant délit et l'accuse d'avoir donné un pied de trop à un vers de Boileau[73]. Ailleurs, on porte semblable accusation contre Tranquillus[74] et on lui rappelle que «le but de la poësie et de tous les beaux arts est l'imitation de la belle nature[75]». La référence à Boileau est constante, même à l'heure romantique.

Plutôt timide et silencieux devant la littérature importée, le public montre fort peu de sympathie pour les écrivains canadiens et leurs critiques. Les propos de Jocosus suffisent à indiquer le genre de réception généralement accordée à la production canadienne et à en donner le ton:

> Monsieur*** veut rendre public les sentimens affectueux qu'il porte à la Reine. La nouvelle de son triomphe arrive: se contentera-t-il de mettre sur la gazette un petit discours, une petite congratulation? non; il sait l'air de *God save the King*, il fera une chanson, il barbouillera la gazette de cinq ou six strophes rimant à peine aux oreilles, et qui doivent être étonnées de se voir ensemble. Il sait que la langue y trébuche, que la poësie s'y meurt... n'importe, c'est une chanson, elle va sur l'air, n'est-ce pas assez? Au surplus il m'avertira qu'il n'est pas poëte. N'est-ce pas assez pour gagner mon indulgence? Ô pour cela non. Je le savois peut-être mieux que lui, car si j'eusse enfanté une telle production, non seulement je ne me serois point cru poëte, mais je me serois bien gardé de la publier [...] D'ailleurs, quelle idée ces humbles rimailleurs peuvent-ils donner de leur pays[76]?

Certes, il se rencontre parfois de rares lecteurs, tel Nicholas dans *Le Canadien* du 23 août 1817, pour tenter d'offrir une critique un tant soit peu constructive, mais ils sont rares. Évidemment, on ne saurait s'attendre à ce que la réception précède la production et s'institutionnalise avant celle-ci, d'autant plus que ceux qui écrivent dans les journaux sont les premiers à prétendre qu'ils n'accordent eux-mêmes que valeur de divertissement et de jeu à leurs écrits. À quelques exceptions près et pour ne point parler ici des périodiques de langue anglaise, il faut attendre que paraisse *La Bibliothèque canadienne*, en 1825, c'est-à-dire le moment où point le désir d'une littérature nationale, pour lire un compte rendu le moindrement analytique d'un ouvrage canadien. Ce n'est qu'en 1837 qu'un journal, *Le Populaire*, institue une chronique en partie consacrée à la critique et intitulée «Littérature canadienne». Ce titre, cependant, s'applique plus à l'identité de ceux qui la tiennent qu'à celle des auteurs dont ils traitent. Il

---

72. *Le Canadien*, 21 mars 1821, p. 72.
73. *Le Canadien*, 28 mars 1821, p. 80.
74. *Le Constitutionnel*, 24 juin 1823, p. [3].
75. *Le Canadien*, 2 juillet 1823, p. 186-187.
76. *Le Canadien*, 21 mars 1821, p. 72.

y est tout aussi bien question de Béranger et de Lamartine que d'Aubert de Gaspé fils.

Comme pendant la période précédente, la polémique est fréquente et presque exclusivement réservée aux œuvres canadiennes, dont elle constitue le mode de réception le plus courant. Chatouilleux, les auteurs tolèrent mal qu'on les prenne en défaut, encore moins qu'on les tourne en ridicule. Aussi sont-ils prompts à répliquer aux attaques et à retourner le blâme contre l'accusateur, en se servant de la même encre. On a beau répéter qu'il faut se garder des attaques *ad hominem* et ne point s'en prendre à un auteur sur autre chose que sur ses écrits, on a vite fait de transgresser cette règle et de mettre de côté le précepte de Boileau : « Ma muse en l'attaquant, charitable et discrète,° Sait de l'homme d'honneur distinguer le poète. »

Au moyen d'épigrammes caustiques, de satires mordantes et de lettres anonymes, on s'échange des injures et on se traite d'imbécile, de vaniteux, d'âne, de chien barbet, de corbeau, d'écrivassier, de savantasse, de rimailleur, de plagiaire, etc.[77]. Jeu dangereux parfois, ainsi que Denis-Benjamin Viger ne manque pas d'en prévenir Mermet qui, dans *Le Spectateur*, s'est chargé de répondre d'une plume vengeresse aux sarcasmes de Mungo Kay, rédacteur du *Montreal Herald*[78].

En vers ou en prose, sans hésiter, le cas échéant, à s'immiscer dans les querelles des autres sous le fallacieux prétexte de jouer au conciliateur, on s'interpelle et on se porte des coups d'un journal à l'autre. Certaines polémiques, telle la « Guerre des Rimeurs », en 1813, se prolongent pendant des mois, à la satisfaction du public, semble-t-il[79]. Plus courtes, d'autres, telle celle qui suit la publication des *Révélations du crime* [...], en 1837, n'en sont pas moins virulentes[80].

En novembre et décembre 1831, une polémique s'engage à la suite de la parution des *Épîtres, satires, chansons, épigrammes* [...] de Bibaud, premier recueil à faire l'objet d'un compte rendu dans une revue française. L'événement offre un bon exemple de la façon dont opère ce mode de réception[81]. À la fin, le public amusé n'est pas vraiment informé sur le livre en question, si ce n'est par les allusions au jugement de Lebrun.

---

77. Par exemple *L'Aurore*, 27 décembre 1817, p. 14, reproduit dans *TPCF*, t. II, n° 233, p. 437-438 ; *L'Aurore*, 24 janvier 1818, p. 6, reproduit dans *TPCF*, t. II, n° 236, p. 446-447 ; *L'Ami du peuple* [...], 8 juillet 1835, p. 401, reproduit dans *TPCF*, t. III, n° 276, p. 486.

78. *Le Spectateur*, 31 mai 1814, p. 168-169, reproduit dans *TPCF*, t. II, n° 146, p. 270.

79. Voir, dans le présent ouvrage, à la section intitulée « Les textes poétiques », p. 329.

80. Voir, dans le présent ouvrage, à la section intitulée « Les récits de fiction », p. 373-377.

81. Voir, dans le présent ouvrage, à la section intitulée « Les textes poétiques », p. 336-337.

La critique fait mal, c'est certain ; encore plus lorsque, critique d'humeur, elle emprunte la voix cruelle et souvent mesquine du polémiste, qui ne cherche pas tant à convaincre qu'à démolir son adversaire et à faire rire à ses dépens. Évidemment, qui se complaît comme Bibaud à fustiger ses compatriotes et à distribuer des coups à droite et à gauche doit s'attendre à être payé de retour.

Fausse modestie peut-être, Bibaud avait néanmoins admis, dans sa satire contre l'ignorance, qu'il n'était qu'un rimeur. Il n'accepte pas, cependant, que ses compatriotes se donnent des airs de petits maîtres pour lui en faire le reproche. Il ne leur reconnaît pas la légitimité qu'il accorde spontanément à un Lebrun, dont le statut d'homme de lettres reconnu et la nationalité française inspirent le respect. Tel est le sens de son plaidoyer devant le critique français.

Dans la conjoncture socio-politique du Bas-Canada, le poète qui secrètement aspire à une réputation ne peut qu'être amèrement déçu. Seul a droit parfois à une renommée passagère celui qui accepte de mettre son talent au service de la cause nationale pour seconder l'historien ou faire lui-même œuvre d'historien. Poète, François-Xavier Garneau ne reçoit que des éloges de circonstance ; historien, il deviendra un héros national.

La critique fait peur aussi. C'est pourquoi certains hésitent avant de se compromettre dans un journal, même sous le couvert de l'anonymat. Félicitant l'éditeur de la *Gazette des Trois-Rivières* de ses efforts « pour conserver le goût de la saine littérature en Canada », un abonné, sous le pseudonyme de Spectateur tranquille, avoue qu'il n'écrit pas lui-même parce qu'il craint la critique[82]. Plus tôt, Denis-Benjamin Viger ne cachait pas son profond malaise : « En butte à tout plaisant qui cherche à s'égayer° Sur l'innocent plaisir que je prends à rimer[83]. »

Le poète canadien, soutient Viger, excite l'envie et la jalousie des ignorants. Pourtant, explique-t-il, en composant ses poésies, il n'a d'autre ambition que de s'amuser et de partager son plaisir avec les lecteurs du *Spectateur*. « Fruits de quelques instans de loisir, elles ont des fautes ; je le savois d'avance. Si je n'ai pas fait mieux, c'est que je ne savois guères mieux » reconnaît-il humblement[84]. Pour le « talent naissant » du Canada, Viger, tout comme Bibaud devant Lebrun, réclame l'indulgence : « Ton poète doit voir que Je suis Canadien,° Ma muse n'a point vu les bords de la Garonne° Et ne connut jamais la finesse gasconne. » Il reprend alors à son compte un reproche déjà exprimé dans *La Gazette littéraire* [...] et main-

---

82. *Gazette des Trois-Rivières*, 9 décembre 1817, p. [2].
83. *Le Spectateur*, 23 septembre 1813, p. 72, reproduit dans *TPCF*, t. II, n° 97, p. 189.
84. *Le Spectateur*, 29 juillet 1813, p. 40.

tes fois repris par la suite : « [...] trop souvent, il faut ici briller° Pour se faire valoir, d'un éclat étranger. »

À la fois prudent et téméraire, Bibaud, qui en est encore à ses premières armes, prépare l'opinion publique à la réception de son recueil. Sous le pseudonyme de Tucca, il s'écrit en effet une lettre, adressée à l'éditeur de *L'Aurore*, dans laquelle il s'offre à réveiller le génie poétique « en apparence tout à fait éteint dans ce pays », à condition seulement que l'éditeur l'assure qu'il imprimera ses vers, « bons ou mauvais[85] ».

Deux semaines plus tard, sous le pseudonyme de Varius cette fois, Bibaud commente à l'intention de l'éditeur, c'est-à-dire lui-même, la lettre de Tucca. Tout en soulignant la témérité de la promesse de ce dernier, il le loue « du motif qui le porte à écrire » :

> Quant à la condition à laquelle il veut travailler, qui est que vous imprimerez ses vers, bons ou *mauvais*, elle n'est peut-être pas aussi ridicule qu'on serait d'abord porté à le croire. Tucca est apparemment au fait de la *louable* coutume du Canada ; il sait que nous autres Canadiens nous avons le *bon sens* de trouver maussade tout ce qui est du crû de notre pays, et de regarder comme excellent tout ce qui vient de loin. Pendant que vous pourriez être *unus multorum*, et regardez comme mauvais ce qui serait bon, il est excusable de ne vouloir pas s'en rapporter entièrement à vous[86].

Toutefois, l'éditeur refuse la « première pièce » de Tucca, qu'il considère comme un simple « coup d'essai » ; il lui conseille de la retoucher ou, mieux encore, de prendre un sujet moins difficile que l'éloge dont seul un grand maître peut traiter[87]. Feignant d'avoir été refroidi par cette réception, qui l'a momentanément « dégouté de la poésie, ou plutôt, [lui a] ôté l'envie de faire des vers », Tucca attend jusqu'en septembre avant de faire tenir un autre poème à l'éditeur de *L'Aurore*, le priant d'encourager « un jeune rimeur d'entre [ses] compatriotes, à mieux faire une autre fois[88] ».

Cette tactique visant à l'autopromotion, que d'autres ont déjà utilisée avant lui, le poète Bibaud la fera sienne sa vie durant. À plusieurs reprises, il écrit ainsi des lettres signées de différents pseudonymes soit pour se féliciter, soit pour se critiquer, ce qui lui fournit ensuite l'occasion de se justifier. Il ne se gêne aucunement, par ailleurs, pour s'interpeller dans ses poèmes et y faire son propre éloge.

Bibaud ambitionne avant tout de se faire lire. Il l'avoue dans sa préface à son unique recueil :

---

85. *L'Aurore*, 12 mai 1817, p. [3].
86. *L'Aurore*, 29 mai 1817, p. [3].
87. *L'Aurore*, 9 juin 1817, p. [3].
88. *L'Aurore*, 20 septembre 1817, p. [3].

> Car, plat ou sublime,
> Tout auteur qui rime
> Attend des lecteurs,
> Comme un pantomime
> Veut des spectateurs.

Se défendant de vouloir « narguer la plume maligne prête à [le] morguer », non plus que de briguer un assentiment non mérité, il réclame de nouveau dans cette préface l'indulgence du lecteur. Quelques années plus tard, Aubert de Gaspé fils adoptera la même attitude. Pareille précaution est commune à l'époque, chez les auteurs tant anglophones que francophones.

De crainte qu'on ne lui applique des critères trop exigeants et qu'on le compare à son désavantage aux auteurs d'outre-mer, voire aux modèles classiques qu'on enseigne à l'école, l'écrivain canadien est souvent le premier à dévaloriser le fruit de ses efforts dans un commentaire ou dans une préface. Croyant s'être ainsi mis à l'abri de la critique, il s'estime injustement traité lorsque celle-ci s'exprime d'une façon négative, comme c'est pratiquement toujours le cas. Cédant à une réaction d'autodéfense, il éprouve aussitôt le besoin de répliquer afin de se justifier. D'attaqué, il devient attaquant et s'emploie alors à discréditer son adversaire.

Voilà qui se reproduit au moment de la publication de *L'influence d'un livre*. Si *Le Populaire* incite les Canadiens à « donner de l'encouragement à leur compatriote » en s'empressant d'acheter ce livre « pour le lire » et si on s'efforce dans le même journal de valoriser le travail de l'imprimeur qui a donné au produit « un aspect tout-à-fait européen[89] », on ne s'y montre pas moins acerbe vis-à-vis de l'auteur. Tour à tour, Leblanc de Marconnay et André-Romuald Cherrier s'attaquent à lui, ce qui ne manque pas de le blesser profondément. N'osant pas s'en prendre directement à l'éditeur du *Populaire*, Aubert de Gaspé riposte au plus jeune de ses critiques, « qui, je crois, a 16 années révolues[90] ». Pierre-André se prévaudra, bien sûr, de son droit de réplique[91].

---

89. *Le Populaire*, 25 septembre 1837, p. [4].
90. *Gazette de Québec*, 24 octobre 1837, repris dans *Le Populaire*, 15 novembre 1837, p. 1.
91. *Le Populaire*, 15 novembre 1837, p. 1-2, et 17 novembre 1837, p. [1].

LA RÉCEPTION CRITIQUE DE LA LITTÉRATURE CANADIENNE EN FRANCE

La réception critique de la littérature canadienne en France se résume à un seul nom, Isidore Lebrun, auteur de quelques articles sur le Canada dans *Le Constitutionnel*, d'un compte rendu consacré au recueil de Bibaud dans *La Revue encyclopédique* de juin 1831, et d'un *Tableau statistique et politique des deux Canadas*, en 1833.

Reconnu comme un ami des Canadiens, Lebrun jouit d'un prestige considérable dans les milieux intellectuels du Bas-Canada, bien qu'il n'y soit jamais venu. Il y possède tout un réseau de correspondants, tant anglophones que francophones, qui, de même que les visiteurs canadiens qu'il accueille à Paris, répondent à ses questions, lui fournissent des renseignements sur le Canada et ses habitants, et l'approvisionnent en journaux. À l'occasion, ils l'interrogent à leur tour sur l'actualité littéraire en France et lui demandent des textes susceptibles d'intéresser les lecteurs de tel ou tel journal canadien. Que, spontanément ou sur le conseil d'un ami, Bibaud lui fasse tenir son livre n'a donc rien d'étonnant.

Homme de lettres français jetant un regard européen sur le Nouveau Monde et profondément convaincu de la supériorité que lui confère cette double identité, Lebrun affiche une affection toute paternaliste, teintée d'esprit colonialiste, à l'endroit des Canadiens. Il les regarde de loin et de haut. Juge volontiers sévère, il multiplie ses conseils comme autant de manifestations de ses bonnes dispositions et de sa bienveillance.

Dans son *Tableau statistique et politique des deux Canadas*[92], Lebrun consacre un chapitre à la littérature canadienne, qui englobe aussi bien les sciences et le droit que l'histoire et la pratique journalistique. S'il constate que « la bibliographie du Canada est déjà étendue, si on lui fait comprendre les lettres des missionnaires, les relations des combats avec les indigènes[93] », s'il mentionne plusieurs brochures politiques et s'il reconnaît, comme dans son article de 1831, que le pays possède des « versificateurs », il n'en conclut pas pour autant à l'existence d'une littérature canadienne. Au contraire, devançant lord Durham, il affirme catégoriquement que le Canada est encore sans histoire ni littérature. Bibaud, « le poète français le plus fécond », dont il loue le travail d'éditeur, demeure à ses yeux « un écrivain laborieux et patriote » et il se contente d'énumérer le contenu de son recueil de poèmes. Les Canadiens, dont la langue « conserve une forte

---

92. Voir, dans le présent ouvrage, à la section intitulée « La géographie », p. 298-301.

93. Isidore LEBRUN, *Tableau statistique et politique des deux Canadas*, p. 262.

empreinte du *style réfugié*[94] », en sont encore à l'heure de la scolastique et ils ne sont pas encore parvenus à se libérer des artifices de l'ancienne rhétorique : « De jeunes Canadiens s'essaient versificateurs ; mais sortis récemment du collège, ils n'en ont pas oublié encore les amplifications. Composent-ils des imitations des classiques français, la poésie en est souvent prolixe et incorrecte [...] on dirait que leur muse ne s'allume que par la satire[95]. »

Ce jugement rejoint en somme celui qu'a porté Tocqueville, lors de son passage à Québec, le 29 août 1831 :

> Les gazettes françaises au Canada contiennent tous les jours de petits morceaux de littérature en prose ou en vers, ce qui ne se rencontre jamais dans les vastes colonnes des journaux anglais. Cette versification a l'ancien caractère de la versification française. Elle a un tour simple et naïf fort éloigné de nos grands mots, de l'emphase et de la simplicité affectée de notre littérature actuelle, mais elle roule sur de petites ou de vieilles idées[96].

Lebrun sait que Jacques Labrie a recueilli « tous les matériaux que sa province peut lui fournir pour écrire une histoire du Canada », mais il doute qu'il y ait dans ce pays un homme capable de s'acquitter d'une pareille entreprise, faute de connaissances suffisantes[97]. En dépit de ce bilan négatif, Lebrun n'en croit pas moins à un avenir prometteur pour la littérature au Canada. Paradoxalement, il attend beaucoup du livre de Labrie et se réjouit qu'Augustin-Norbert Morin ait accepté de donner suite à ce projet, car il « écrit avec goût le français », ce qui ne serait pas le cas de Labrie.

S'il n'est pas à court de conseils quant aux moyens d'assurer la destinée de la future littérature canadienne, Lebrun la conçoit essentiellement comme une branche de la littérature française qui contribuera peut-être, un jour, à procurer à cette dernière, « dans l'Amérique du nord, une splendeur que la littérature anglaise n'y a pas encore obtenue [et une] gloire trans-atlantique qui manqua aux lettres grecques et latines[98] ». Pas plus qu'en 1831 il ne semble entrevoir la possibilité qu'un jour la littérature canadienne affirme son autonomie. Comme s'il désirait plutôt mettre les Canadiens en service commandé, Lebrun les invite à répondre aux attentes des Français en suivant les traces de Cooper. Ils contribueront ainsi à renouveler l'ancienne mythologie que « le positif » a refoulée, pour peu qu'ils consentent à se faire les interprètes de l'âme des forêts du Nouveau Monde et de ses enfants :

---

94. *Ibid.*, p. 271.
95. *Ibid.*, p. 274.
96. Charles-Alexis-Henri Clérel de Tocqueville, *Œuvres complètes*, t. V : *Voyages en Sicile et aux États-Unis*, p. 216.
97. Isidore Lebrun, *op. cit.*, p. 273.
98. *Ibid.*, p. 274.

[...] la poésie est à la recherche d'un Parnasse [...] Mais, enfans de la nature, les sauvages ont la foi des prodiges ; ils peuplent encore leurs déserts de fétiches : la mythologie de l'Amérique du nord contient l'histoire des institutions, des usages et des arts des tribus indigènes [...] Ces climats que les orages et les brouillards disputent tour à tour aux aurores boréales, à la sérénité ou glaciale ou brûlante [...] n'inspireraient pas des poètes, quand les échos des forêts vierges répètent toutes les sortes de chants, la ballade écossaise et galloise, la complainte huronne, le lai irlandais et la romance française[99].

Cette image romantique de l'Amérindien qu'a mise à la mode Chateaubriand, Lebrun s'évertue à l'imposer en modèle aux Canadiens, au point de proposer aux avocats et aux hommes politiques du Canada de s'inspirer des harangues énergiques et pittoresques que la « nature inspire aux indigènes », au lieu de se satisfaire d'une éloquence doctorale et compassée[100].

Il tient déjà ce discours en 1831, quand il invite Bibaud à délaisser « les peines de l'amour, le pouvoir des yeux [...] sujets partout usés ou connus » pour s'intéresser davantage aux mœurs typiquement canadiennes et aux us et coutumes des Amérindiens. « Combien d'épopées lui procurerait le Canada ! » Garneau était sans doute mieux disposé que l'auteur des *Épîtres, satires, chansons, épigrammes* [...] à prêter l'oreille à de pareils propos, qu'il entendit peut-être de la bouche même de Lebrun, lorsqu'il le rencontra le 21 juillet 1831 et le 15 septembre 1832. La thématique de sa poésie en témoigne amplement.

Les comptes rendus que *La Minerve* du 17 juin 1833 et *L'Écho du pays* du 18 juillet 1833 consacrent au *Tableau statistique et politique des deux Canadas* sont assurément bienveillants. Ils ne manquent pas, toutefois, de reprocher à l'auteur son penchant anticlérical, qui le rendrait injuste à l'endroit du clergé canadien. *L'Écho du pays*, qui en profite pour faire grand éloge des prêtres canadiens, regrette en outre que Lebrun n'ait pas mieux saisi les avantages et les bienfaits du système seigneurial.

L'abbé Maguire se montre toutefois beaucoup moins conciliant dans sa brochure de 19 pages, destinée à venger le clergé canadien des attaques dont il est continuellement et injustement victime dans le *Tableau statistique et politique des deux Canadas*, livre « immonde et mensonger[101] », apparenté à rien moins qu'aux écuries d'Augias. Selon ce critique, Lebrun « n'est qu'un prête-nom mercénaire », ami des libéraux canadiens, et qui,

---

99. *Ibid.*, p. 268-269.
100. *Ibid.*, p. 272.
101. Thomas MAGUIRE, *Le clergé canadien vengé par ses ennemis* [...], p. 3.

comme eux, ambitionne d'importer au Canada «le poison du *libéralisme irréligieux*, et avec lui le fanatisme révolutionnaire, qui a versé sur la France des maux, tels que le genre humain n'en avait encore vû de semblables[102]». Il ne fait aucun cas des propos de Lebrun sur la littérature canadienne, ce qui tend à prouver que le sujet lui est tout à fait indifférent. Seul lui importe de redorer l'image du clergé aux yeux du peuple canadien et de dénoncer ses détracteurs, qu'il associe spontanément aux héritiers des encyclopédistes et des philosophes du XVIIIe siècle.

Le livre, quoi qu'il en soit, paraît d'autant plus précieux que, depuis peu, germe dans l'esprit de quelques Canadiens le concept d'une littérature nationale. C'est la première fois qu'un « littérateur » européen s'occupe du Canada, «oublié des uns et méprisé des autres», pour le faire connaître «à ceux de qui nous tenons, avec notre culte, nos mœurs, et notre langue, notre littérature et la meilleure partie de nos institutions civiles», ainsi que l'observe le critique anonyme de *La Minerve*[103]. Celui de *L'Écho du pays* est d'accord avec lui sur ce point. Dans le récit de son voyage en France et en Angleterre, Garneau exprime le même sentiment de reconnaissance envers Lebrun: «Ses sources se réduisaient à quelques journaux qu'il recevait de temps à autre de Montréal [...] Les erreurs étaient inévitables; mais on doit savoir gré à l'auteur de ses motifs, et surtout reconnaître le patriotisme du premier écrivain français qui eut osé depuis longtemps rappeler à la France les malheureuses victimes du gouvernement de Louis XV[104].»

L'ÉMERGENCE DU NATIONALISME LITTÉRAIRE

Au cours des deux premières décennies, plusieurs correspondants y vont de leurs conseils et suggestions en vue d'encourager et de promouvoir l'essor de la littérature au Bas-Canada. Cet intérêt accru pour une littérature canadienne et la perception qui semble s'en dégager, au seuil des années 1820, traduit à sa façon l'émergence d'un sentiment nationaliste, que le projet d'union du Haut et du Bas-Canada de 1822 contribue à exacerber. En lutte constante contre une minorité anglophone et protestante qui, forte de sa puissance économique, cherche à accaparer le pouvoir politique à leurs dépens, les Canadiens prennent de plus en plus conscience de leur caractère distinctif, qu'ils fondent sur leur langue et leur

---

102. *Ibid.*, p. 17.
103. *La Minerve*, 17 juin 1833, p. [2].
104. François-Xavier GARNEAU, *op. cit.*, p. 198.

Posting on the St. Lawrence during Winter, lithographie de John Richard Coke Smyth, sans date. Musée du Québec (54.61.17). Photographe : Patrick Altman.

religion. Non seulement se sont-ils mis à revendiquer le droit à la différence, en refusant tout commun dénominateur qui porterait atteinte à celle-ci, mais ils ambitionnent aussi de faire respecter leurs droits et de se gouverner conformément à leurs propres aspirations.

Dans ce climat d'effervescence et d'affrontement politique, propice à la méfiance et aux préjugés de toutes sortes, naît l'idée d'une littérature nationale. À l'heure où ailleurs on s'éveille au culte des nations, on entrevoit au Bas-Canada l'importance de nourrir ses racines et de les mettre en lumière. C'est à la littérature qu'on propose de confier cette double mission. Celle-ci, toutefois, n'est pas sans ambiguïté, et d'ores et déjà point la question du destinataire de cette littérature en gestation, à laquelle on ambitionne de conférer un caractère national. Pour qui écrire ? La question est laissée temporairement en suspens, bien qu'il paraisse urgent à certains de satisfaire au plus tôt les attentes de l'étranger, en encourageant la mise en valeur de la couleur locale ; d'où l'importance attachée à l'histoire et à la description des ressources naturelles du Canada, susceptibles l'une et l'autre de faire connaître le pays à l'étranger tout en aiguillonnant le patriotisme des Canadiens. Mais comment parvenir à se dire tel qu'en soi-même tout en cherchant sa définition dans le regard de l'autre, voire à travers ses yeux ?

C'est dans une perspective similaire et en évoquant l'étonnement de l'étranger qui constaterait qu'il n'y a pas encore au Bas-Canada un seul journal littéraire et scientifique de langue française que Bibaud fonde *La Bibliothèque canadienne*, en juin 1825. Il souhaite faire ainsi « disparaître ce qui peut réellement être regardé comme une tache à notre pays ». À l'instar des éditeurs du *Canadian Magazine and Literary Repository* (1823-1825) et du *Canadian Review and Literary and Historical Journal* (1824-1825), il prend soin d'expliciter par son titre l'origine canadienne de sa revue, dont le programme porte notamment sur la mise en valeur de l'histoire nationale et de ses grands noms. C'est ainsi que Bibaud ressuscite le souvenir de Quesnel dont plusieurs poèmes lui paraissent dignes de « passer à la postérité, du moins, pour ne point exagérer, à la postérité canadienne[105] ».

Si on se montre alors unanime à souhaiter l'éclosion d'une littérature *nationale* et si on s'entend pour déclarer que cette littérature doit être canadienne tant dans ses sources d'inspiration que dans son contenu, on ne le perçoit pas pareillement pour autant. On ne privilégie pas le même destinataire et on ne partage donc pas tout à fait les mêmes attentes. D'aucuns, tel Étienne Parent, demandent à l'écrivain de nationaliser ses sources d'inspiration en vue de canadianiser une production qu'ils destinent en priorité à un lecteur canadien. Pour eux, c'est ce dernier qu'il importe de satisfaire grâce à une production capable de concurrencer celle de l'étranger. « Les poésies légères des poètes latins, celles même des poètes français, ne peuvent guère intéresser le lecteur canadien, que sous le rapport des beautés de style et de pensées, prétend Parent, mais celui qui offrirait des sujets canadiens traités en beaux vers, intéresserait sous tous les rapports. *Omne tulit punctum qui miscuit utile dulci* [Il a remporté tous les suffrages, celui qui a su mêler l'utile à l'agréable][106]. » Bref, il s'agit pour lui de mettre l'accent sur une thématique originale, parce que distinctivement canadienne. George-Étienne Cartier tient un langage semblable dans « Avant tout je suis Canadien » :

>Tous les jours l'Europe se vante
>Des chefs-d'œuvre de ses auteurs,
>Comme elle ce pays enfante
>Journaux, Poëtes, Orateurs :
>En vain, le préjugé nous crie,
>Cèdez le pas au monde ancien.
>Moi je préfère ma Patrie,
>Avant tout je suis Canadien[107].

Tout aussi désireux de plaire à leurs compatriotes, d'autres tendent plutôt à assimiler les attentes de ces derniers à celles de l'étranger, persuadés que ce qui sera de nature à intéresser un lecteur européen ne manquera

---

105. *La Bibliothèque canadienne*, décembre 1825, p. 16-17.
106. *Le Canadien*, 13 juillet 1831, p. [3].
107. *La Minerve*, 8 mars 1832, p. 3, reproduit dans *TPCF*, t. III, n° 143, p. 228.

pas de toucher aussi un lecteur canadien. Ainsi, encore sous la forte impression que lui a laissée la lecture du *Corsaire* de Byron, pendant sa traversée vers l'Angleterre et la France en juillet 1831, Garneau a tôt fait d'entrevoir dans l'exploitation de l'exotisme à rebours un champ fertile à cultiver au profit du Canada :

> Quelle source de poésie que les courses et découvertes de ces braves chasseurs, qui, s'enfonçant dans les solitudes du Nouveau-Monde, bravaient les tribus barbares qui erraient dans les forêts et les savanes, sur les fleuves et les lacs de ce continent encore sans cité et sans civilisation. Un jour, sans doute, l'imagination des Français marchant sur les traces de Chateaubriand dans son beau poème d'Atala, s'emparera de ce nouveau champ, comme a déjà commencé à le faire le romancier américain Cooper avec tant de succès. Ce champ nous appartient bien plus légitimement qu'à nos voisins[108].

Comme Parent, Garneau mise sur la thématique et la couleur locale pour donner aux Canadiens une littérature *nationale*. La perspective dans laquelle ils se situent l'un et l'autre est cependant différente, dans la mesure où Parent est d'avis que cette littérature doit s'enraciner dans son milieu et s'adresser en premier lieu aux Canadiens, tandis que Garneau cherche plutôt de l'autre côté de l'Océan l'approbation d'un destinataire idéal, qui se porterait en quelque sorte garant de la qualité de l'œuvre littéraire soumise à son jugement. Bref, à peine serait-il exagéré d'avancer que l'un considère la littérature nationale comme un objet de consommation local en tout premier lieu, alors que l'autre y voit d'abord un objet d'exportation.

Garneau pressent sûrement que des applaudissements en provenance d'Europe pourraient légitimer les aspirations d'un Canadien à être reconnu comme écrivain dans son propre pays. Il est conscient de l'importance pour le Canada de posséder une littérature qui lui permette de prendre place parmi les nations. Homme pragmatique, Parent, de son côté, conçoit la littérature comme un moyen parmi d'autres d'étayer l'identité canadienne et de faire progresser la cause nationale. Son souci est d'ordre politique plutôt qu'esthétique. De fait, sa position, davantage en harmonie avec les préoccupations politiques de l'heure, n'est pas sans quelque analogie avec celle de « l'achat chez nous » prônée plus tard en économie. Le prospectus du *Montreal Museum* attire du reste l'attention sur cet aspect du nationalisme littéraire, en octobre 1832, en déplorant que les Canadiens donnent préférence « à l'industrie et à l'activité d'étrangers […] La facilité extraordinaire avec laquelle on peut se procurer les ouvrages américains, et leur multiplicité ne tendent qu'à entretenir cette indifférence pour le développement du génie natal et l'avancement de la renommée nationale. »

---

108. François-Xavier GARNEAU, *op. cit.*, p. 121.

Simple coïncidence, mais qui illustre bien l'actualité de la question, l'année même où Parent et Garneau font part, à l'insu l'un de l'autre, d'attentes sensiblement divergentes face à la littérature nationale dont ils préconisent l'essor, un critique français, Isidore Lebrun, à l'occasion d'un compte rendu des *Épîtres, satires, chansons, épigrammes* [...] de Bibaud[109], propose aux Canadiens « un moyen puissant de succès » en France : qu'ils suivent les traces de Chateaubriand et de Cooper. La réplique de Bibaud amorce un débat qui se prolongera pendant plus d'un siècle.

Tel l'adolescent impuissant à s'affranchir de la tutelle de sa mère, mais également incapable de taire son agacement devant ses moindres reproches, Bibaud répond par une apologie *pro domo sua* au critique parisien, dont il avait pourtant sollicité l'approbation en lui soumettant son recueil de poèmes ; il lui explique qu'il se veut autonome et indépendant. N'étant aucunement assujetti aux goûts et aux préférences des lecteurs français, il entend bien continuer à écrire pour ses compatriotes, « dont la moitié, peut-être, n'avaient jamais lu deux pièces de vers », sur les sujets qu'il lui plairait d'aborder, si « usés et connus » soient-ils.

Soucieux de se justifier et de solliciter l'indulgence de l'ancienne mère patrie, Bibaud ne réclame, en réalité, qu'un droit de regard personnel. Il ambitionne de se distinguer par le fond, car il s'accorde volontiers, pour tout ce qui relève des questions de style et de forme, avec son critique pour reconnaître l'autorité d'Horace et de Boileau et se soumettre à leurs préceptes, en invoquant au besoin Levizac ou Delille… à l'heure même où se poursuit la bataille d'*Hernani*.

Dans la seconde partie de son apologie, Bibaud confesse humblement ses incorrections de style et de grammaire, une trop grande licence dans la versification, de mauvaises rimes, de fautives césures et des enjambements défectueux. Il prend soin également de fournir à son critique les éclaircissements souhaités sur le sens de certains vers, tout en l'assurant que le lecteur canadien n'a aucune difficulté à les comprendre.

La critique de Lebrun a eu au moins le mérite d'amener Bibaud à réfléchir sur le sort de la littérature canadienne et à prendre position. Sous le pseudonyme de Z., dans *La Minerve* du 29 décembre 1831, dans l'espoir de concilier les attentes des uns et des autres, il invite les écrivains canadiens à ne pas trahir la confiance que met en eux la France, et les exhorte à faire preuve de patriotisme en travaillant à l'élaboration d'une littérature nationale. Cédant la parole à la nation canadienne, il conclut :

S'il faut des orateurs pour maintenir mes lois,
Des guerriers valeureux pour défendre mes droits ;

---

109. *La Revue encyclopédique*, juin 1831, p. 529-532, repris dans *Magasin du Bas-Canada*, 1er janvier 1832, p. 21-23.

> Il ne me faut pas moins encore des poëtes,
> Pour chanter mes succès et publier mes fêtes !
> Sans eux, je ne saurais, dans mes prétentions,
> M'associer, à juste droit, parmi les nations.

Quelques mois plus tard, dans le *Magasin du Bas-Canada* de février 1832, il renchérit, comme pour confirmer le programme qu'il entend dorénavant suivre : « Avant tout, ma patrie° Est ma thèse chérie. »

Ce thème de l'écrivain, à la fois chantre et porte-parole de la nation, revient fréquemment dans les années 1830, tout particulièrement en 1837, au moment où la fièvre nationaliste atteint son point culminant. Sombre et inquiet, Garneau fait alors l'aveu romantique de sa profonde tristesse à la pensée que son peuple, ce « peuple de héros », risque de disparaître sans même avoir laissé de trace durable dans l'histoire des lettres, des sciences et des arts :

> Où sont, O Canada, tes histoires, tes chants ?
> Tes Deluc, tes Rousseau, l'honneur de l'Helvétie,
> Tous ces hommes enfin qu'illustrent les talents,
> Qui font un peuple fier, grandissent la patrie,
> Font respecter au loin son nom, ses lois, ses arts
> Et, pour sa liberté, lui servent de remparts ?
> L'étranger cherche, en vain, un nom cher à la science ;
> [...]
> Pourquoi te traines-tu comme un homme à la chaine,
> Loin, oui, bien loin du siècle, où tu vis en oubli[110] ?

Dans le but de susciter l'émulation de ses compatriotes, Garneau invoque l'exemple du voisin américain qui déjà, grâce à John James Audubon et à James Fenimore Cooper, se fait entendre en Europe, ce qui demeure pour lui la condition *sine qua non* d'une reconnaissance officielle d'une littérature nationale susceptible de faire respecter le pays à l'étranger.

Empruntant le ton du manifeste, *Le Populaire* reprend, le 10 avril 1837, le même refrain dans son premier numéro ; il lance un appel « à la jeunesse canadienne », et lui répète que « la littérature fonde la gloire des peuples ». À ceux qui, motivés par le désir de servir leur patrie, sentiraient s'éveiller en eux le germe d'une vocation d'écrivain, le journal signale que ce ne sont point « les éléments qui manquent au pays pour atteindre un but aussi glorieux » :

> La religion, l'histoire et la politique sont des champs assez
> vastes à exploiter ; ils regorgent de faits intéressants, de phases

---

110. *Le Canadien*, 10 février 1837, p. 1, reproduit dans *TPCF*, t. III, n° 329, p. 585-586.

variées, de circonstances extraordinaires, et peuvent exercer les plumes en tout genre. Tout concourt donc à imprimer à une littérature nationale un caractère neuf, original, héroïque, attrayant, piquant, brillant et sublime, qui serait apprécié autant que recherché même dans la vieille Europe, où le mérite littéraire de chaque peuple du monde ne manque point d'admirateurs éclairés.

Pas plus que Bibaud et Garneau l'auteur ne perd donc l'Europe de vue. Il conclut en invitant « toutes les personnes qui se destinent à écrire » à s'adresser à l'éditeur en chef du journal, qui se fera un agréable devoir de les conseiller.

Sous la pression d'une conjoncture politique menaçante, l'écrivain canadien est ainsi mis en service commandé. On lui dicte ses sources d'inspiration : religion, histoire et politique, en le chargeant, en vertu de l'intérêt collectif et national, de faire œuvre patriotique et didactique. Dans ces conditions, il n'est guère étonnant que *Le Populaire* encourage les jeunes gens à se mettre à l'école du journalisme pour se former à la littérature et « se préparer à marcher dans les voies d'une érudition plus élevée ».

Quelques jeunes gens répondent à l'appel du *Populaire*. Se portant volontaire, l'un d'entre eux, âgé de 20 ans, fait tenir au journal un essai philosophique intitulé « De l'homme », accompagné d'un avant-propos dans lequel il affirme n'avoir d'autre ambition que celle d'exciter l'émulation de ses compatriotes et de mettre ainsi fin à leur apathie coupable qui laisse croire « aux autres pays que le Canada est sans littérature aucune ». Il suffirait pourtant de bien peu d'efforts pour prouver le contraire : « Quand je vois nos journaux Canadiens obligés d'avoir recours aux jeunes littérateurs français pour nous amuser, j'en gémis. Je me dis toujours [qu'il] y a pourtant des Canadiens qui possèdent des talents supérieurs et qui, s'ils voulaient sacrifier deux ou trois heures par semaine à la littérature pourraient amplement fournir toutes les gazettes du pays. »

Quant à la façon de faire œuvre canadienne, elle est fort simple : il suffit, selon ce philosophe en herbe, d'habiller *à la canadienne* la pensée d'autrui et de l'assimiler à son sujet[111]. Sous peu, un autre jeune homme, Aubert de Gaspé fils, désireux lui aussi de se rendre utile à sa patrie et d'éveiller le zèle de ses compatriotes, leur offrira « le premier Roman de mœurs canadien », en les invitant à exploiter à leur tour cette mine que constituent « les mœurs pures » des campagnes. Sa conception du « roman canadien » est loin de faire l'unanimité, ainsi qu'en témoigne le débat que Pierre-André (André-Romuald Cherrier) entame aussitôt avec lui, dans *Le Populaire* du 11 octobre 1837. Ce débat, qui aura ultérieurement des

---

111. *Le Populaire*, 29 mai 1837, p. [1].

échos chez plusieurs intervenants, pose une question fondamentale : à quel point l'artiste ou le poète peut-il transgresser la convention qui préside dans une société aux normes de sa représentation ?

Selon le critique du *Populaire*, l'artiste remplit une mission sociale qui l'oblige à présenter au peuple un miroir de lui-même qui lui assure la renommée parmi les autres nations. À cette fin, l'artiste doit préférer le collectif au singulier et les qualités aux défauts. Pierre-André entend appliquer au tableau des mœurs la théorie de la « belle nature ». De cette prise de position classique découlent la plupart des reproches que le critique adresse à l'auteur de *L'influence d'un livre*. Le premier a trait au choix du héros : Amand n'est pas un Canadien représentatif, mais un cas marginal. Accorder à un alchimiste le rôle de protagoniste laisse croire, selon lui, que tous les Canadiens sont des alchimistes. De plus, le romancier est coupable de ne pas suivre un ordre logique dans le développement de son intrigue : Aubert de Gaspé « détourne l'attention du lecteur pour l'amuser par des récits entièrement détachés ».

Dans sa défense, Aubert de Gaspé réaffirme implicitement les positions théoriques exprimées dans sa préface. Jamais il n'a eu l'intention de présenter Amand comme le type du Canadien : « Je voudrais bien savoir où [Pierre-André] a pris que je voulais représenter tous nos cultivateurs comme des alchimistes parce que j'ai choisi un alchimiste pour mon héros. » De propos délibéré, il a opté pour l'individuel de préférence au collectif, pour l'exceptionnel plutôt que pour le vraisemblable. Pourquoi l'accuserait-on d'avoir trahi la réalité ? Les personnages d'Amand, de la mère Nollet et de Lepage sont connus de tous dans la région de Saint-Jean-Port-Joli. Aussi peut-on l'accuser d'avoir manqué non à la vérité, mais à la convention.

Même si, à l'époque, aucun écrit théorique ne désigne encore ce que doit être un roman canadien, la prise de position de Pierre-André trahit une conception qui s'affirmera au cours des années ultérieures. La littérature nationale doit tout d'abord servir la nation. Son rôle de représentation se limite au collectif, mais pas n'importe lequel : un collectif bienséant, capable d'impressionner favorablement les lecteurs étrangers. Cherrier aurait souhaité que le roman d'Aubert de Gaspé ressemble à la fête de la Grosse Gerbe, suffisamment pittoresque pour attirer l'attention, mais sans incidence sur le comportement moral. La préférence de l'auteur de *L'influence d'un livre* pour le fantastique populaire choque d'autant plus le critique qu'elle manque de légitimation. Aussi se permet-il d'user de sarcasme : « Je crois vraiment que c'est un recueil complet de tous les contes en l'air qui se débitent vulgairement dans le pays. » L'esthétique nouvelle dont se réclame le romancier, et qui lui avait déjà valu la semonce de Leblanc de Marconnay, ne sert aucunement sa cause. Le désir de s'affranchir de la vraisemblance pour étonner, surprendre et effrayer contrarie un lecteur dont l'horizon d'attente reste limité par sa formation scolaire.

Tant les propos de Pierre-André que ceux de Leblanc de Marconnay auraient pu déclencher une querelle susceptible de se transformer en bataille entre classiques et romantiques, si Aubert de Gaspé n'avait abandonné la partie après une première riposte. Il s'est malheureusement retiré du champ des lettres sans avoir laissé de disciples pour défendre et promouvoir sa vision des choses et opérer ainsi une véritable révolution des genres.

La quête de recettes et de formules magiques qui s'instaure au cours des années 1830 en vue de doter le Canada d'une littérature nationale se poursuivra pendant longtemps. De plus en plus fréquemment à partir de 1837, on y fera écho qui dans un avant-propos, qui dans une préface ou ailleurs, en se contentant souvent d'une simple déclaration d'intentions. On s'intéresse alors à ce qui se passe dans d'autres pays. *Le Populaire* des 8 et 10 mai 1837 publie un « État de la littérature en Russie », qui nie l'existence d'une littérature distincte dans ce pays trop occupé à plagier les autres nations. « La littérature est réellement l'expression de la société, on doit trouver dans la stérilité des lettres en Russie, la preuve que ce pays n'est pas encore appelé à participer véritablement aux bienfaits de la civilisation » affirme l'auteur. Il était facile de saisir que cette observation valait aussi pour le Canada.

L'article que publie *Le Glaneur* de février 1837, intitulé « De la littérature dans l'Amérique du Nord », laisse entendre une voix qui peut être considérée comme discordante, bien qu'il porte essentiellement sur la littérature américaine. Après avoir affirmé que « jamais le Canada qui parle français ne cessera d'être Français [, car] la patrie est dans le langage plus que dans le sol », l'auteur prétend que jamais une colonie qui a conservé la langue de sa mère patrie n'a pu créer une littérature propre. À l'appui de sa thèse, il cite le cas des États-Unis : « Non ; une société si inouïe, si peu semblable à tout ce qui a vécu n'a pu trouver une voix, une expression solennelles, indigènes ! Fenimore Cooper et Washington Irving sont tout Anglais : l'un copie Addison ; l'autre se modèle sur Walter Scott. »

Difficile à relever, le défi de doter une colonie d'une littérature nationale n'est cependant pas impossible. L'erreur des Américains a été de chasser les Amérindiens qui, seuls, auraient pu leur donner une poésie authentique. « Chargés des os de leurs pères et disant adieu à leur sol », les « Sauvages » ont emporté avec eux la poésie américaine, « en ne laissant aux bûcherons, serruriers et menuisiers qui vont leur succéder aucune inspiration à transmettre aux générations futures ». La leçon est donc explicite. Puissent les Canadiens la comprendre, eux qui ont cet avantage sur les Américains de pratiquer une même religion ! Car c'est précisément faute d'une religion commune que les Américains n'ont ni nation, ni culte, ni patrie à offrir au poète. Or, « qui n'a point de poésie nationale, ne peut avoir de littérature nationale ».

Un peuple sans littérature est condamné à l'oubli. D'où l'importance de révéler l'existence d'une littérature canadienne en préparant un « recueil choisi », par exemple. Tel est le projet que formule Aubin dans *Le Canadien* du 17 janvier 1838. L'éditeur du *Fantasque*, dont la publication est alors suspendue, envisage de dresser ainsi un monument qui témoigne tant de la renommée des auteurs canadiens que de « la gloire du pays qui les a vus naître ». Aubin ne peut toutefois pas atteindre un nombre suffisant de souscripteurs ; force lui est donc d'abandonner son projet. Il faudra attendre une dizaine d'années pour que James Huston publie *Le répertoire national*.

À un moment où l'avenir leur semble on ne peut plus sombre, les Canadiens sont inquiets : ils craignent de disparaître sans avoir laissé de trace de leur passage. « [E]nfant de la France, la patrie des arts et des sciences », le Canada doit « former ses pas sur les traces de sa mère [et] élever son front au niveau de l'orgueilleuse Europe, pour l'empêcher de rougir de sa filiation[112] ». Comment y arriver ? En sacrifiant l'individu à la collectivité. Telle est la conclusion qui paraît s'imposer à la fin de cette période de ferveur nationaliste :

> On cessera de regarder comme des êtres inutiles ou comme des nuisances sociales ceux qui sont capables d'abdiquer leur bonheur personnel sur l'autel de la patrie, on ne regardera plus comme des insensés ceux qui consument leur existence à illustrer leur patrie, on interprêtera mieux les âmes désintéressées qui aspirent plutôt aux honneurs de l'apothéose qu'au lustre de l'or et des richesses que le hasard dispense aveuglément[113].

*

De 1806 à 1839, la place de la littérature ne cesse de croître dans les revues et les journaux du Bas-Canada. Importé de France, la plupart du temps, le discours sur la littérature que relaie la presse périodique laisse entrevoir, en début de période, un horizon d'attente plus favorable à l'accueil de l'arrière-garde pseudo-classique de l'ancienne mère patrie qu'à celui des idées nouvelles et des innovations sur le plan de l'esthétique. On paraît beaucoup mieux disposé à écouter La Harpe et Rollin, dont les ouvrages sont très fréquemment mentionnés dans les catalogues des libraires de Québec et de Montréal, que Mme de Staël. Qu'elles proviennent de France, d'Angleterre, d'Écosse ou d'ailleurs, des voix annonçant l'émergence

---

112. *Le Canadien*, 2 octobre 1839, p. [1].
113. *Ibid.*, p. [2].

d'une sensibilité nouvelle se font pourtant entendre. Bernardin de Saint-Pierre, Chateaubriand, Lamartine et Hugo ont tôt fait de trouver des lecteurs enthousiastes au Bas-Canada, de même que Scott et Byron, qu'on découvre en traduction ou dans leur langue originale. Dans les années 1830, la pratique démontre déjà chez les écrivains canadiens une certaine familiarité avec les romantiques.

Les rédacteurs et les éditeurs, qui comptent sur les arrivages de livres et de journaux français pour approvisionner les colonnes de leurs journaux en matière littéraire, font en apparence bon accueil à la littérature nouvelle qu'ils citent abondamment. Ils ne sont pas disposés pour autant à loger à l'enseigne des modernes, ainsi qu'en attestent généralement le discours critique tenu dans leurs journaux ou leur propre production d'écrivain. S'il y a une distinction importante à faire entre ce qu'on recommande de lire, ce qu'on offre à lire et ce que lit effectivement le public, il serait exagéré de penser que le choix des textes reproduits dans les périodiques reflète obligatoirement le goût personnel du rédacteur ou de l'éditeur. Le cas de Bibaud est exemplaire à cet égard : éditeur, il publie plusieurs poèmes romantiques ; poète, il demeure fidèle disciple de Boileau.

Les critères de sélection s'inspirent généralement de principes littéraires acquis au collège, mais, à cette époque où le débat politique occupe pratiquement toute l'opinion publique, ils peuvent aussi refléter un parti pris étranger à la littérature. La doctrine classique conserve aux yeux de la plupart des éditeurs valeur de dogme. Leur discours critique retarde habituellement sur la pratique. La préoccupation moralisatrice, qui est omniprésente pendant toute la période, est surtout manifeste durant le premier quart du siècle. Cette double considération influe nécessairement sur le choix des textes reproduits dans les journaux et les revues. Elle imprègne, par conséquent, et à maints égards, le discours sur la littérature – qui, à son tour, tend à la renforcer – et en marque indéniablement la réception.

Le débat entre les classiques et les romantiques qui se poursuit en France ne tarde pas à trouver écho au Bas-Canada. Il contribue à démarquer, à sa façon, la génération montante, celle qui se manifeste à partir des années 1830, de celles qui la devancent, demeurées dans l'ensemble fidèles à la doctrine classique. On lui tiendra longtemps rigueur, du reste, d'avoir prêté une oreille attentive et sympathique aux voix venues d'outre-mer pour lui prêcher l'esprit nouveau. Plus d'un siècle plus tard, l'abbé Lionel Groulx continuera de plaindre cette génération du romantisme : « Un virus violent entre dans les esprits. Ébranlement du traditionnel équilibre de la raison française, débridement de l'individu et pas seulement dans l'art et la littérature, mais dans l'économique, le social, la politique. Nouveau réveil des masses populaires ; ère renouvellée de la déesse liberté, aspiration ardente, presque maladive vers un ordre nouveau, une refonte du monde[114]. »

Le rédacteur ou l'éditeur joue son rôle d'instance critique de la façon la plus manifeste dans l'accueil qu'il réserve à la production canadienne. Non seulement il possède le privilège d'insérer dans son journal ou sa revue les textes qu'il lui plaît d'accepter (poèmes, récits, lettres de lecteurs, etc.) et de refuser ce qu'il ne juge pas à propos de publier, mais encore il coiffe fréquemment ces textes d'un commentaire personnel. Somme toute, qu'il évoque ses engagements préalables ou ne fournisse aucune explication, qu'il retienne ou rejette un texte, qu'il mette un terme à une discussion ou à une polémique qui a fini par le lasser ou qui risque de tourner à son désavantage, le dernier mot lui revient habituellement.

Nourri par l'apport romantique et encouragé par l'émergence du sentiment nationaliste, le discours sur la littérature nationale naît avec le mouvement patriotique. Le projet de « Répertoire de la littérature canadienne [...] » mis de l'avant par Aubin atteste la persistance de cette volonté. Aubin souhaite ainsi offrir à la littérature canadienne la chance de prendre place « avec honneur dans la légion si brillante des littératures contemporaines[115] ». L'heure n'est pas propice à la réalisation de pareil projet, qui renaîtra pourtant quelques années plus tard, grâce aux efforts de Huston.

---

114. Lionel GROULX, *Histoire du Canada français depuis la découverte*, t. II : *Le Régime britannique au Canada*, p. 139.
115. *Le Canadien*, 19 janvier 1838, p. 2.

Pour en savoir davantage

Brunet, Manon, «Anonymat et pseudonymat au XIXe siècle. L'envers et l'endroit de pratiques institutionnelles», *Voix et images*, vol. XIV, n° 2 (hiver 1989), p. 168-182.

Galarneau, Claude, *La France devant l'opinion canadienne (1760-1815)*, préface d'André Latreille, Québec, Les Presses de l'Université Laval, «Les Cahiers de l'Institut d'histoire», 16, 1970, xi-401 p.

Gerson, Carole, *A Purer Taste. The Writing and Reading of Fiction in English in Nineteenth Century Canada*, Toronto, University of Toronto Press, 1989, 210 p.

Hébert, Pierre, «La réception de la littérature canadienne-française en France, au XIXe siècle», *Voix et images*, vol. XI, n° 2 (hiver 1986), p. 265-300.

Lemire, Maurice (dir.), *Le romantisme au Canada*, Québec, Nuit blanche, «Cahiers du CRELIQ», [à paraître].

MacDonald, Mary Lucinda, «Some Notes on the Montreal Literary Scene in the Mid-1820's», *Canadian Poetry*, vol. V (automne-hiver 1979), p. 29-40.

Matheson, Thomas, «La Mennais et l'éducation au Bas-Canada», *RHAF*, vol. XIII, n° 4 (mars 1960), p. 476-491.

MILNER, Max, et Claude PICHOIS, *Littérature française : M. de Chateaubriand à Baudelaire, 1820-1869*, nouvelle édition révisée, Paris, Arthaud, 1990, 445 p.

WYCZYNSKI, Paul, Bernard JULIEN et Jean MÉNARD, *Archives des lettres canadiennes*, Ottawa, Éditions de l'Université d'Ottawa, Centre de recherches de littérature canadienne-française, I, 1961, 219 p.

The River St. Lawrence during the Frost, with a View of the Citadel of Quebec (détail), gravure de John Archer, 1859. Musée du Québec (68.130). Photographe : Patrick Altman.

CONCLUSION

L E CHEMIN parcouru entre 1806 et 1839 permet de mieux mesurer l'évolution de l'activité littéraire au Bas-Canada. Nos conclusions s'articulent selon les cinq axes de la formation, du circuit de production, des frontières du champ, de la réception et de la manifestation du littéraire. Voilà qui nous permettra de répondre à la question du statut de la littérature canadienne en fonction des quatre moments de légitimation de l'existence des pratiques, de leur reconnaissance nationale, puis littéraire, et enfin de leur constitution en objet de savoir.

LA FORMATION DES ACTEURS LITTÉRAIRES

Durant ce premier tiers du XIXe siècle, la formation littéraire n'évolue pas qualitativement. Au Bas-Canada comme ailleurs, le collège offre la voie normale d'accès à la compétence du lettré. Les établissements d'enseignement de la colonie paraissent moins nombreux et dotés d'un personnel moins bien formé que ceux de la France dont ils cherchent toutefois à reproduire les pratiques éducatives. Mais on ne saurait déceler de grandes divergences entre les programmes: l'étude de la morale d'abord et une discipline stricte, l'étude des auteurs latins ensuite, à partir de morceaux choisis, mais jamais de textes d'auteurs contemporains, et quelques rudiments de langue maternelle. L'apprentissage de l'écriture et de l'éloquence s'effectue dans ces conditions, malgré le refus des responsables de lier cet enseignement aux conditions concrètes de la vie publique. Quant aux modèles de discours contemporains, l'écrivain ou l'orateur en herbe doit apprendre à les maîtriser en situation. Ce genre de formation apparemment mal adaptée aux besoins de la clientèle sert pourtant de point de départ à presque toutes les carrières des acteurs de la scène littéraire canadienne. La bibliothèque familiale ou professionnelle, celle d'Archibald Campbell pour François-Xavier Garneau par exemple, y supplée pour quelques rares autodidactes. La seule évolution tangible, soit la multiplication et la décentralisation des établissements, conduit à une nette augmentation du nombre des gens de lettres à partir de 1830, au point qu'on peut effectivement parler de la «génération des années 1830». Cependant, ni le nationalisme libéral ni le romantisme ne trouvent racine dans cette formation; le collège confère la compétence première à l'écriture et à la parole publiques et fournit ainsi le terrain d'exercice de ces tendances conjoncturelles. Il ne les suscite ni ne les appuie d'aucune façon.

LE CIRCUIT DE PRODUCTION

Apparaissent alors des institutions officielles qui ont pour but d'assurer le progrès des activités intellectuelles: associations littéraires, bibliothèques publiques et théâtres. Entre les mains des Britanniques, elles deviennent des instruments d'assimilation culturelle auxquels les Canadiens opposent sinon le rejet du moins une réelle indifférence. Les organismes à caractère officiel jouent ainsi un rôle modeste dans la vie intellectuelle francophone. La socialisation des lettres de langue française passe avant tout par le journal, de loin le principal média imprimé, qui, sous le coup du conflit idéologique, devient unilingue et consacre de cette façon l'échec de la tentative d'assimilation des anciens colons. La littérature se fait d'abord dans les revues de Michel Bibaud et les journaux d'Étienne Parent, de Ludger Duvernay, d'Hyacinthe-Poirier Leblanc de Marconnay ou de Napoléon Aubin. Des réseaux familiaux et professionnels lui assurent une base collective et, au cours des années 1830, les associations patriotiques dynamisent ces activités littéraires, réelles composantes du mouvement national.

Ce même mouvement pousse des érudits à dresser un état des lieux et à constituer une mémoire. Des géographes, des archivistes, des bibliothécaires entreprennent de donner au pays des références propres. Jacques Viger, par exemple, compile sa « Saberdache » et s'impose bientôt comme le premier érudit canadien. Parallèlement au journaliste de l'opinion publique et à l'écrivain d'imagination se profile un spécialiste de l'activité réflexive et classificatrice où perce l'humaniste savant.

Le lieu dominant du discours public reste sans conteste la scène politique où s'élabore le projet patriotique libéral. Le principal contemporain, le parlementaire Louis-Joseph Papineau, brille par son éloquence ; toutefois, l'orateur se soucie peu de la forme écrite. Pas plus qu'Étienne Parent, journaliste le plus respecté de l'époque, il ne songe à réunir pour la postérité ses interventions conjoncturelles. Cette parole du débat politique a alors une portée immédiate, sans souci de la durée. De même, les épistoliers et diaristes ne tentent qu'exceptionnellement l'aventure de la publication : correspondance et journaux intimes restent encore essentiellement des pratiques privées. Les moyens de diffusion étant rares et coûteux, seuls quelques privilégiés ont accès à l'édition.

Comme à la fin du XVIIIe siècle, la colonie accueille des immigrants francophones qui jouent un rôle important dans la vie littéraire du Bas-Canada. La poésie patriotique de Mermet, l'activité de directeurs de journaux tels que Rambau, Leblanc de Marconnay et Aubin comptent encore énormément. Quelques Américains anglophones, comme Jean Holmes et Thomas Maguire, joignent les rangs du clergé québécois, apprennent la langue du pays et apportent leur contribution à la vie des lettres. Ces nouveaux arrivés ne tiennent toutefois plus la place principale maintenant réservée aux écrivains originaires du pays : Étienne Parent, Louis-Joseph Papineau, Michel Bibaud, Georges Boucher de Boucherville, François-Xavier Garneau, Joseph-Guillaume Barthe, etc.

LES FRONTIÈRES

Sur ces bases s'établit un nationalisme soucieux avant tout de trouver des solutions concrètes et locales aux aspirations de la nouvelle nation. Le discours sur « l'ignorance des Canadiens » que tenaient les Britanniques à la fin de la période précédente entraîne une réaction qui divise l'opinion publique suivant l'axe linguistique. Pierre Du Calvet avait cherché autrefois à traiter dans un même ensemble l'opinion publique canadienne et anglaise ; Papineau et Parent parlent et écrivent maintenant avant tout en fonction des colons francophones du Bas-Canada. De même, les nouveaux érudits se consacrent à préciser les références historiques et géographiques de la nation en gestation. Par la revendication nationaliste, les lettres françaises de la colonie se donnent un espace propre : un champ du discours politique dont l'enjeu central se matérialise dans l'idée même d'une nation canadienne de langue française. Le souci d'un projet collectif domine la période.

Si cette tension agit de façon endogène dans le sens d'une autonomisation des pratiques intellectuelles francophones de la colonie, une autre, exogène, que détermine le mouvement romantique européen, contribue à introduire dans ces mêmes pratiques la littérarité moderne et, en particulier, le nouveau récit de fiction. Par Thomas Moore, lord Byron et Walter Scott, mais plus encore par Chateaubriand, Mme de Staël, Charles Nodier et Victor Hugo, naît une esthétique de la liberté de l'imagination et de l'affirmation du sujet. Cet apport étranger est rapidement intégré au patrimoine commun : «L'Iroquoise», les poèmes de Garneau ou *L'influence d'un livre*, romantiques par l'inspiration et la forme, s'affichent comme nationaux par les thèmes et par la couleur locale.

Le champ entier des lettres canadiennes demeure polarisé par la question nationale. Rien n'échappe à cette détermination. La division de l'espace qui s'opère alors dans l'aire du discours public tend plutôt à isoler de façon progressive en un champ spécifique la littérature d'imagination et du sujet. Mais cette séparation n'arrivera à son terme qu'au moment où des instances critiques appropriées en confirmeront la réalisation avec le mouvement littéraire de 1860.

LA RÉCEPTION

Pour que la littérature canadienne soit confirmée dans son existence même, il lui manque encore la critique comme institution légitime. Le discours de l'opinion publique trouve ses sanctions dans le tirage du journal, le vote parlementaire, l'élection ou même la rébellion. Mais la littérature d'imagination ne trouve rien de tel pour se faire reconnaître. Les poèmes de Mermet, Français de passage célébrant nos succès guerriers, obtiennent certes une fortune mondaine et politique, mais les publications de Michel Bibaud, de François-Xavier Garneau, de Georges Boucher de Boucherville, d'Aubert de Gaspé fils ou de Pierre Petitclair ne connaissent, quand il en est, que des répercussions momentanées. La critique multiplie les lieux communs empruntés ailleurs et ne joue pratiquement aucun rôle effectif. Elle se consacre surtout à reproduire ici, à propos des œuvres françaises et anglaises qui monopolisent le marché, des jugements également français et anglais.

Il ne faut pas s'étonner que Bibaud, auteur du premier recueil de poésies canadiennes, recherche en France, chez Isidore Lebrun en particulier, une reconnaissance dont la portée puisse confirmer l'ascendant auquel il prétend dans la république des lettres de la colonie. L'opération échoue, mais elle lui fait bien voir, même s'il est trop tard, la nécessité d'une instance de légitimation liée à l'espace national. Si Papineau, Parent ou Viger sont reconnus pour arbitrer et orienter les conflits du domaine de l'opinion publique, la littérature d'imagination ne présente aucun censeur dont l'intervention fasse autorité et qui assure une cohérence reconnue à l'ensemble de son champ d'activité.

LA MANIFESTATION DU LITTÉRAIRE

La séparation des espaces du discours de l'opinion publique et de l'imagination est plus perceptible dans le recours à des formes d'écriture précises que dans des sanctions évaluatives qui font largement défaut. Le discours de l'opinion publique se caractérise à cette époque par une modalité agonique omniprésente et un niveau de langage très fréquemment proche de la langue orale. Orienté vers l'efficacité immédiate de la réplique, sans souci véritable de conservation, ce discours de prose comporte un ensemble de qualités qui l'écartent de l'espace que la littérature cherche à valoriser. En effet, la versification grandiloquente de Garneau et de Barthe, le recours par les auteurs de fiction à une imagination libérée, le lyrisme de la description et l'importance accordée à la couleur locale dans le récit de voyage comme dans la fiction vont dans une tout autre direction, celle de la littérarité romantique internationale.

UNE LITTÉRATURE CANADIENNE

On comprend mieux dès lors dans quelle mesure on peut reconnaître en ce début du XIXe siècle l'existence d'une littérature canadienne. Des pratiques variées de formation, d'écriture, d'édition, de lecture et de conservation ont été mises en place ; indiscutablement assez faibles quant à la masse critique, elles croissent de façon constante tant en quantité qu'en qualité.

Cette activité intellectuelle acquiert alors une spécification nationale décisive sur laquelle l'évolution ultérieure ne reviendra pas. L'opinion publique de la colonie se concentre sur l'édification de la nation, et tout le discours public y trouve sa détermination. Les immigrants eux-mêmes, Mermet, Leblanc de Marconnay et Aubin en particulier, y contribuent ; Leblanc de Marconnay et Aubin sont parmi les premiers à recourir à l'expression « littérature nationale ». Il y a dès lors des activités littéraires proprement canadiennes.

Cependant, la critique locale n'arrive pas à donner un statut clair à cette activité, ni à l'évaluer adéquatement. Elle juge dans une perspective néo-classique moralisatrice une production orientée vers un romantisme qui la renie. La sanction française, quand on y a recours, se traduit par un rejet. La meilleure reconnaissance reste l'apparition de journaux à caractère littéraire avoué et les souscriptions qui permettent la parution des premières œuvres en volumes. La valeur littéraire des productions qui en revendiquent la qualité arrive difficilement à s'établir.

Déjà, des érudits se mettent à la cueillette des écrits nationaux, mais leur préoccupation ne les entraîne toutefois pas jusqu'à l'analyse. Leur souci encyclopédique s'accorde avec celui des travaux de la Société littéraire et historique de Québec et des premières revues spécialisées, *La Bibliothèque canadienne* et le *Magasin du Bas-Canada*. Comme objet de science, la littérature du Bas-Canada commence à exister ; elle devient l'objet d'un souci de conservation.

Ce champ littéraire reste encore virtuel, il lui manque la cohérence d'une légitimité consensuelle. Au cours de la période suivante s'amorce un discours sur la littérature nationale : certains se demanderont ce qu'elle doit être, d'autres, au contraire, affirmeront qu'elle existe déjà.

CHRONOLOGIE

	BAS-CANADA		MONDE	
1806	Population du Bas-Canada : 250 000 habitants Population du Haut-Canada : 70 700 habitants Joseph-Octave Plessis, évêque de Québec À Québec, ouverture du Garrick Theatre, anglophone, et du Théâtre rue des Jardins (1806-1825), bilingue	À Québec, début de parution du *Canadien*	Blocus continental par Napoléon Ier contre la Grande-Bretagne Victoire de l'armée française à Iéna Création de l'Université impériale française *Le sacre* de David *Compendious Dictionary of the English Language* de Webster	1806
1807	James Henry Craig, gouverneur du Bas-Canada Augmentation massive des exportations de bois À Québec, ouverture du Military Theatre Début de parution du *Courier de Québec* À Montréal, début de parution du *Canadian Courant* [...] et de *La Gazette canadienne* *Travels through the Canadas* [...] de George Heriot		Les troupes françaises entrent en Espagne *Corinne* [...] de Mme de Staël *Alphonsine ou la tendresse d'une mère* de Mme de Genlis *Phénoménologie de l'esprit* de Hegel *Hours of Idleness* [...] de Byron *Salmagundi* [...] d'Irving *Tales from Shakespeare* de Charles et Mary Lamb	1807
1808	À la suite des élections, le Parti canadien voit trois nouveaux venus dans ses rangs : Louis-Joseph Papineau, Denis-Benjamin Viger et Joseph Levasseur-Borgia Début de construction de la prison de Québec, d'après les plans de François Baillairgé	Ouverture du Montreal Theatre (1808-1816), bilingue *La famille Woolsey* de William Berczy Publication de *Colas et Colinette* [...], opéra-comique de Joseph Quesnel	*Discours à la nation allemande* de Fichte Premier *Faust* de Goethe *Marmion : a Tale of Flodden Field* de Scott	1808
1809	Lancement, à Montréal, du premier bateau à vapeur construit en Amérique du Nord, l'*Accommodation* Fondation de la Société littéraire de Québec ; premier concours de poésie Polémique entre Denis-Benjamin Viger et Ross Cuthbert au sujet de la Constitution		Napoléon Ier fait arrêter le pape Pie VII, qui l'a excommunié À Philadelphie, début de parution de la *Literary Gazette* À Londres, début de parution de la *Quarterly Review* *Les martyrs* de Chateaubriand *Les affinités électives* de Goethe *Philosophie zoologique* de Lamarck	1809

	BAS-CANADA		MONDE	
	Letters from Canada, Written during a Residence There in the Years 1806, 1807 and 1808 [...] de Hugh Gray		*Recherches sur l'essence de la liberté humaine* de Schelling *Le moine au bord de la mer* de Friedrich *History of New York* [...] d'Irving	
1810	James Henry Craig et le Conseil exécutif font confisquer les presses du *Canadien* et emprisonner ses principaux rédacteurs et distributeurs à travers la province James Henry Craig commande au clergé catholique d'intervenir en faveur du gouvernement dans la campagne électorale ; Joseph-Octave Plessis lui répond par son *Sermon preche par l'eveque catholique de Quebec dans sa cathedrale le IVe dimanche du Careme, 1er. avril, 1810* [...] Fondation de la Société mécanique, bienveillante et amicale de Québec, et du Canada Club À Montréal, ouverture de la librairie de Henry H. Cunningham À Québec, début de parution du *Vrai Canadien*	Premier catalogue de la Bibliothèque de la Chambre d'assemblée du Bas-Canada *Some Considerations on this question* [...] de John Fleming *A letter ; most respectfully addressed to the Roman Catholic Clergy and the Seigniors of the Province of Lower Canada : Recommending the Establishment of Schools* de Daniel Wilkie *Travels through Lower Canada, and the United States of North America, in the Years 1806, 1807 & 1808* [...] de John Lambert Réimpression à Québec de l'*Histoire de Jean de Calais roi de Portugal* [...] de Madeleine Angélique Poisson de Gomez	Saisie du livre *De l'Allemagne* de Mme de Staël *Les ruines de Babylone* de Pixérécourt *The Lady of the Lake* de Scott	1810
1811	George Prevost, gouverneur du Bas-Canada Tournée pastorale de Joseph-Octave Plessis en Acadie Fondation du séminaire de Saint-Hyacinthe Ouverture, à Montréal, de la Craig Library et du New Theatre Début de parution du *Montreal Herald*		Révolte des luddites contre les machines qui envahissent l'industrie du textile (Angleterre) Koenig invente la presse cylindrique à vapeur *Désastres de la guerre*, eaux-fortes de Goya *Napoléon tenant la Victoire* de Canova *Itinéraire de Paris à Jérusalem* de Chateaubriand	1811

BAS-CANADA	MONDE	
	Pierre de Sales Laterrière commence à rédiger ses *Mémoires* [...]	*Sur les rapports du physique et du moral de l'homme* de Maine de Biran *Sense and Sensibility* d'Austen
1812	Début de la guerre avec les États-Unis Fondation de la Quebec Philosophical Society	Campagne de Russie, incendie de Moscou et désastre de la Grande Armée de Napoléon Ier au passage de la Berezina Début de l'édition des *Contes d'enfant et du foyer* de Jacob et Wilhelm Grimm Parution des deux premiers chants de *Childe Harold's Pilgrimage* de Byron	1812
1813	Bataille de Châteauguay Le bateau à vapeur *Swiftsure* assure une liaison entre Québec et Montréal Décès du dernier prêtre récollet, Louis Demers Fondation du McGill College à Montréal, début de parution du *Spectateur*	Défaite de Napoléon Ier à Leipzig Cours de Sismondi à Genève, *De la littérature du Midi de l'Europe* Traduction par Mme Necker de Saussure du *Cours de littérature dramatique* de Schlegel *The Bride of Abydos* de Byron *Pride and Prejudice* d'Austen *Queen Mab* de Shelley	1813
1814	Population du Bas-Canada : 335 000 habitants Population du Haut-Canada : 95 000 habitants Louis-Joseph Papineau, chef du Parti canadien	Abdication de Napoléon Ier et première restauration de Louis XVIII Ouverture du Congrès de Vienne qui remodèle la carte de l'Europe Le pape rétablit l'ordre des jésuites Le *Times* de Londres est imprimé sur une presse à cylindre *Dos de Mayo* de Goya *Grande Odalisque* d'Ingres *Essai sur le principe générateur des constitutions politiques* de De Maistre *La merveilleuse histoire de Peter Schlemihl* de Chamisso *Fantaisies dans la manière de Callot* d'Hoffmann	1814

Chronologie 493

	BAS-CANADA		MONDE	
			De Buonaparte et des Bourbons de Chateaubriand *Waverley* de Scott *The Corsair* de Byron Key compose *The Star-Spangled Banner*	
1815	Louis-Joseph Papineau, président de la Chambre d'assemblée Hector Bossange ouvre une librairie française à Montréal Fondation de la Female Benevolent Society Formation de deux troupes d'amateurs : la Société des jeunes messieurs canadiens et les Amateurs du théâtre français Visite de la Société des jeunes artistes, première troupe francophone à immigrer temporairement au pays « Sermon prêché à la cathédrale de Québec par Mgr Plessis, à l'occasion de la paix américaine […] »	*Vie politique de Mr.* ******** *[…]* de Pierre-Dominique Debartzch *Description topographique de la province du Bas Canada* […] de Joseph Bouchette Rédaction de la *History of Canada* [...] de William Smith	Les Cent-Jours Napoléon Iᵉʳ vaincu à Waterloo ; exil à l'île Sainte-Hélène Pacte de la Sainte-Alliance, à l'occasion du Congrès de Vienne Deuxième restauration de Louis XVIII À Boston, début de parution de la *North American Review* Schubert compose *Le roi des aulnes* *Chansons morales et autres* de Béranger *Histoire de la littérature ancienne et moderne* de Schlegel *Guy Mannering* de Scott	1815
1816	John Coape Sherbrooke, gouverneur du Bas-Canada Arrivée à Québec du facteur de pianos Frederick Hund À Montréal, fondation des Frères du Canada Ouverture de la Quebec Garrison Library À Montréal, ouverture de la salle de théâtre *Chez Tessyman* (1816-1817) Début de parution du *Quebec Telegraph* À Montréal, début de parution du *Sun* *L'arithmétique en quatre parties* […] de Michel Bibaud Édition montréalaise des *Poems on his Domestic Circumstances* de Byron		*Le barbier de Séville* de Rossini *La nouvelle garde* de Schinkel *The Prisoner of Chillon* […] de Byron *Adolphe* de Constant *The Antiquary* de Scott	1816

	BAS-CANADA		MONDE	
1817	Accords Richard Rush-Charles Bagot qui limitent l'armement des vaisseaux de guerre sur les Grands Lacs Fondation de la Banque de Montréal Joseph-Octave Plessis nommé au Conseil législatif et reconnu comme évêque Ouverture du premier hôpital pour les émigrés contagieux, l'hôpital des Émigrés, à l'île aux Ruaux, au nord-est de l'île d'Orléans	Arrivée des tableaux français de la collection de l'abbé Philippe-Jean-Louis Desjardins à Québec, présentation du panorama de la *Grande bataille de Waterloo* Michel Bibaud fonde *L'Aurore* Début de parution de la *Gazette des Trois-Rivières*	Début de publication de l'*Essai sur l'indifférence en matière de religion* de La Mennais Début de parution de l'*Edinburgh Monthly Magazine* *Cottage in a Cornfield* de Constable *Biographia Literaria* [...] de Coleridge *Principles of Political Economy and Taxation* de Ricardo	1817
1818	Charles Lennox, 4ᵉ duc de Richmond et Lennox, gouverneur en chef de l'Amérique du Nord britannique Fondation de la Quebec Bank et du Quebec Exchange Le *Lauzon*, navire traversier à vapeur, relie Québec et Lévis À Québec, John Goudie ouvre le premier moulin alimenté à la vapeur Fondation du collège de Saint-Roch (Québec) À Montréal, ouverture du théâtre bilingue, le Montreal New Theatre, incendié le 4 mai 1820	À Trois-Rivières, ouverture de la salle de théâtre francophone, la Mansion House (1818-1819) À Montréal, début de parution de *L'Abeille canadienne* Publication de *La Vie de la venerable sœur Marguerite Bourgeois* [...] d'Étienne Montgolfier Les premiers *Memoirs* [...] et *A Brief Review of the Political State of Lower Canada* [...] de Robert Christie	Évacuation de la France par les Alliés *Le monde comme volonté et comme représentation* de Schopenhauer Publication des *Considérations sur les principaux événements de la Révolution française* de Mᵐᵉ de Staël Début de publication des *Messéniennes* de Delavigne *Frankenstein* [...] de Mary Shelley (Godwin) *Rob Roy* de Scott	1818
1819	Joseph-Octave Plessis se rend en Europe Ouverture du Montreal General Hospital Ouverture de la Nickless and McDonald Circulating Library À Québec, Frederick Glackemeyer met sur pied la Société harmonique de Québec À Montréal, début de parution du *Western Star* et du *Courrier du Bas-Canada*		Le *Savannah*, bateau à vapeur, traverse l'Atlantique *Le radeau de la Méduse* de Géricault *Du pape* de De Maistre Première publication des *Œuvres complètes* de Chénier *Sur la différence de structure des langues humaines* de Humboldt *Don Juan* de Byron *The Bride of Lammermoor* et *Ivanhoe* de Scott	1819

	BAS-CANADA		MONDE	
1820	George Ramsay, 9ᵉ comte de Dalhousie, gouverneur du Bas-Canada À Québec, fondation de l'hôpital des Émigrés, où se donne un premier enseignement clinique À Montréal, ouverture de la New Reading Room À Trois-Rivières, début de parution de *L'Ami de la religion et du roi* *Relation d'un voyage à la côte du Nord-Ouest* [...] de Gabriel Franchère		George IV, roi de Grande-Bretagne et d'Irlande, roi de Hanovre Arago découvre l'aimantation par l'électricité Ampère découvre l'électrodynamique Début de parution du *London Magazine* *Méditations poétiques* de Lamartine Première version de *Bug-Jargal* de Hugo *Marie Stuart* de Lebrun *Melmoth the Wanderer* de Maturin	1820
1821	Fusion de la North West Company et de la Hudson's Bay Company Jean-Jacques Lartigue, évêque auxiliaire du district de Montréal Fondation de l'Université McGill Fondation de la Société d'éducation du district de Québec ; ouverture de la première école À Rivière-Chambly, fondation de l'Association pour faciliter les moyens d'éducation	À Montréal, ouverture du théâtre anglophone Blanchard Visite, à Montréal et à Québec, du cirque West Début de parution de l'*Enquirer* (Québec) et du *Scribbler* (Montréal) *Recueil de chansons choisies*, premier chansonnier canadien *Beautés de l'histoire du Canada* [...] de D. Dainville, pseudonyme de Philarète Chasles	Mort de Napoléon Iᵉʳ Début de l'insurrection grecque contre les Turcs Indépendance du Mexique *Adonaïs* et *A Defence of Poetry* de Shelley *Smarra* de Nodier *The Spy* de Cooper *Der Freischütz* de Weber	1821
1822	Premier projet d'union des deux Canadas Ouverture de la première école publique gratuite (école Perrault) à Québec Arrivée de l'aquarelliste James Pattison Cockburn À Montréal, ouverture de la salle de théâtre bilingue *Chez Roy* (1822-1824) À Montréal, début de parution de *La Gazette canadienne*, de la *Free Press* et du *Literary Miscellany*	*Cours d'éducation élémentaire à l'usage de l'école gratuite établie dans la cité de Québec en 1821* de Joseph-François Perrault	Rétablissement de la censure en France *Le naufrage de l'Espoir dans les glaces* de Friedrich *Odes et poésies diverses* de Hugo *Poèmes* de Vigny *Poésies* de Mickiewicz *Confessions of an English Opium Eater* de Quincey *Symphonie nº 8 (Inachevée)* de Schubert	1822

	BAS-CANADA		MONDE	
1823	Louis-Joseph Papineau et John Neilson, pétition en main, se rendent à Londres pour contester le projet d'union des deux Canadas	À Montréal, début de parution du *Canadian Times and Weekly Literary and Political Recorder* et du *Canadian Magazine and Literary Repository*	Déclaration Monroe, interdisant aux Européens d'intervenir dans les affaires du continent américain	1823
	Début de construction de l'église Notre-Dame de Montréal, d'après les plans de James O'Donnell	À Trois-Rivières, début de parution du *Constitutionnel*	Jefferson termine la construction de Monticello, en Virginie	
			À Paris, début de parution de *La Muse française*	
	Ouverture de la librairie Édouard-Raymond Fabre, à Montréal	Début de la polémique occasionnée par les *Questions sur le gouvernement ecclésiastique du district de Montréal* d'Augustin Chaboillez	Début de publication de l'*Histoire de la révolution française* de Thiers	
	Fondation de la Montreal Medical Institution, future Faculté de médecine de l'Université McGill		Début de parution de *Leatherstocking Tales* de Cooper	
	À Québec, ouverture d'une salle de théâtre, *Chez Lelièvre* (1823-1824)		*Mémorial de Sainte-Hélène* de Las Cases	
	À Québec, création de la *Gazette officielle*		*Racine et Shakespeare* de Stendhal	
			Nouvelles méditations poétiques de Lamartine	
	À Québec, début et fin de parution de *La Gazette patriotique*		*L'auberge des Adrets* d'Antier et collaborateurs	
			Quentin Durward de Scott	
1824	*Loi des écoles de fabrique*		Charles X succède à Louis XVIII	1824
	Fondation de la Quebec Literary and Historical Society		À Paris, début de parution du *Globe*	
	Théodore-Frédéric Molt fonde la Juvenile Harmonic Society (Québec)		Salon de Nodier à l'Arsenal	
			Éloa, ou la sœur des anges de Vigny	
	Visite, à Montréal et à Québec, du cirque West et Blanchard; ouverture du Cirque royal à Québec		*Symphonie n° 9* de Beethoven	
	À Montréal, début de parution du *Canadian Review and Literary and Historical Journal*			
	St. Ursula's Convent, or the Nun of Canada […] de Julia Catherine Beckwith			
	The Charivari […] de George Longmore			

	BAS-CANADA		MONDE	
1825	Population du Bas-Canada : 479 288 habitants Population du Haut-Canada : 157 923 habitants Ouverture des canaux Lachine et Érié « Oraison funèbre de monseigneur J.O. Plessis […] » prononcée par Jean Raimbault Fondation du séminaire de Sainte-Thérèse et du collège de Chambly Fondation de la Natural History Society of Montreal À Québec, la Bibliothèque parlementaire est ouverte au public en dehors de la session	À Montréal, ouverture du Theatre Royal (novembre 1825-1844), anglophone, où s'installe une troupe « permanente », et du Pavillion Theatre (janvier-mai 1825), bilingue Michel Bibaud fonde La Bibliothèque canadienne Lettre à l'Honorable Edward Bowen, Écuyer, Un des juges de la Cour du Banc du Roi de Sa Majesté pour le district de Québec d'Augustin-Norbert Morin Publication de Jean Baptiste : a Poetic Olio de Levi Adams, dans la Canadian Review	Histoire de la conquête de l'Angleterre par les Normands de Thierry Théâtre de Clara Gazul de Mérimée The Talisman de Scott Boris Godounov de Pouchkine	1825
1826	À la suite d'un deuxième projet d'union des deux Canadas, Louis-Joseph Papineau cesse de considérer l'Angleterre comme gardienne des droits des Canadiens Fondation de Bytown (Ottawa) Fondation de la Société médicale de Québec, ouverture de sa bibliothèque et début de parution du Journal de médecine de Québec À Montréal, fondation de la Central Auxiliary Society for Promoting Education and Industry in Canada À Montréal, début de parution de La Minerve Analyse d'un entretien sur la conservation des établissemens du Bas-Canada, des loix, des usages, etc. de ses habitans […] et Rapport d'un comité de la Chambre d'assemblée, sur les décisions des cours de justice au sujet de la langue des ordres de somma-tion […] de Denis-Benjamin Viger		Ouverture du Songe d'une nuit d'été de Mendelssohn Les Natchez de Chateaubriand ; première publication de ses Œuvres complètes Cinq-Mars […] de Vigny Physiologie du goût […] de Brillat-Savarin Le mariage de raison de Scribe Première version des Odes et ballades de Hugo The Last of the Mohicans de Cooper Vivian Gray de Disraeli	1826

	BAS-CANADA		MONDE	
1827	Fondation du collège de Sainte-Anne-de-la-Pocatière Fondation de la Société pour l'encouragement des sciences et des arts (Québec) et du Brothers-in-law Club (Montréal) Reprise graduelle des représentations théâtrales dans les collèges Le Québec reçoit une troupe d'acteurs français, celle de Scévola Victor *Les premiers rudimens de la Constitution britannique* […] de Jacques Labrie	*Esquisse de la Constitution britannique* et *Cursory View* […] de Robert-Anne d'Estimauville « L'Iroquoise », nouvelle anonyme parue dans *La Bibliothèque canadienne*	Ohm découvre la loi fondamentale des courants électriques Début du Cénacle avec Hugo Début de parution des guides touristiques de Baedeker *Mort de Sardanapale* de Delacroix *Préface de Cromwell* de Hugo *Le livre des chants* de Heine *Voyage en Amérique* de Chateaubriand Début de publication de *Birds of America* d'Audubon *Les fiancés* de Manzoni	1827
1828	James Kempt, gouverneur du Bas-Canada Joseph Légaré mérite une médaille de la Société pour l'encouragement des sciences et des arts, pour *Le massacre des Hurons par les Iroquois* À Montréal, ouverture de la Bibliothèque des avocats Fondation du Mechanics' Institute de Montréal À Montréal, début de parution du *Irish Vindicator and Canada General Advertiser*	*Political Annals of Lower Canada* […] de John Fleming	À Boston, début de parution de l'*American Ladies' Magazine* Publication en français du premier *Faust* de Goethe, traduit par Nerval et illustré par Delacroix *Tableau de la littérature française au XVIIIe siècle* de Villemain *Tableau historique et critique de la poésie française* […] de Sainte-Beuve *An American Dictionary of the English Language* de Webster	1828
1829	*Loi des écoles de syndics* ou *Loi des écoles d'Assemblée* Parachèvement du canal Welland Création d'un système de chemins à barrière Inauguration de l'église Notre-Dame de Montréal Fondation de la bibliothèque de médecine du McGill College Ouverture de la Montreal News Room	Fait exceptionnel : deux troupes d'amateurs se produisent simultanément à Montréal « Collection d'ouvrages sur l'histoire de l'Amérique septentrionale […] » de Michel Bibaud	En Angleterre, O'Connell obtient l'émancipation des catholiques irlandais En France, création de la Société des auteurs et compositeurs dramatiques Niepce développe la première image photographique en chambre noire Entrée de Lamartine à l'Académie française Début de parution de *La Revue des Deux Mondes* À New York, début de parution du *Courrier des États-Unis*	1829

BAS-CANADA		MONDE	
The Picture of Quebec de James Smillie et George Bourne *Quebec, the Harp, and Other Poems* de William Fitz Hawley *The Lower-Canada Watchman* de David Chisholme		*Les orientales* et *Le dernier jour d'un condamné* de Hugo *Le dernier Chouan* de Balzac *Contes d'Espagne et d'Italie* de Musset	
1830	Matthew Whitworth-Aylmer, 5ᵉ baron Aylmer, gouverneur du Bas-Canada Réaménagement de l'édifice du parlement à Québec, d'après les plans de Thomas Baillairgé Fondation du Mechanics' Institute de Québec Visite du cirque de Mr. Page, qui donne des spectacles à Montréal et à Québec jusqu'en mai 1831 À Montréal, début de parution de *L'Observateur* *Épîtres, satires, chansons, épigrammes* [...] de Michel Bibaud *Plan raisonné d'éducation générale et permanente* [...] de Joseph-François Perrault	*The Huron Chief, and Other Poems* d'Adam Kidd *A Political and Historical Account of Lower Canada* [...] de Pierre-Jean de Sales Laterrière	Révolution de Juillet, règne de Louis-Philippe Iᵉʳ, roi des Français Insurrections en Belgique et en Pologne ; indépendance de la Belgique À Paris, début de parution de *L'Avenir* À Londres, début de parution du *Penny Magazine* *La cathédrale de Chartres* de Corot *Symphonie fantastique* de Berlioz Bataille d'*Hernani* de Hugo *Harmonies poétiques et religieuses* de Lamartine *Le rouge et le noir* de Stendhal *Histoire du roi de Bohême et de ses sept châteaux* de Nodier	1830
1831	Premier recensement Population du Bas-Canada : 553 134 habitants Population du Haut-Canada : 236 702 habitants Voyage de François-Xavier Garneau en Europe Alexis de Tocqueville visite le Bas-Canada À Québec, ouverture de l'hôpital de la Marine et des Émigrés Fondation de l'École d'agriculture à Petite-Rivière-Saint-Charles et de l'Institut pour les sourds-muets à Montréal	Fondation de la Société des artisans de Québec Étienne Parent et Jean-Baptiste Fréchette relancent *Le Canadien* Ouverture de la Bibliothèque des avocats, à Québec Premier séjour de Firmin Prud'homme, acteur français, qui joue l'adaptation de *Hamlet* par Jean-François Ducis Publication de *Napoléon à Sainte-Hélène* [...] de Firmin Prud'homme	Débuts de Chopin à Paris *Norma* de Bellini *Notre-Dame de Paris* et *Les feuilles d'automne* de Hugo *La peau de chagrin* de Balzac *Introduction à l'histoire universelle* de Michelet *La Liberté guidant le peuple* de Delacroix *Poems* [...] de Poe	1831

BAS-CANADA			MONDE	
Nouvel abrégé de géographie moderne, suivi d'un petit abrégé de géographie ancienne, à l'usage de la jeunesse de Jean Holmes *The British Dominions in North America* [...] et *A Topographical Dictionary of the Province of Lower Canada* de Joseph Bouchette				
1832	L'épidémie de choléra fait plus de 6 000 victimes. À Québec, création du Military Cholera Hospital et de l'hôpital Près-de-Ville ; construction de l'hôpital de la Grosse-Île	*L'arithmétique à l'usage des écoles élémentaires du Bas-Canada* de Michel Bibaud	Indépendance de la Grèce L'encyclique *Mirari vos*, du pape Grégoire XVI, condamne les doctrines libérales que défend La Mennais	1832
	Adoption de la loi qui assure l'égalité des droits aux juifs du Bas-Canada		Réforme électorale en Angleterre	
	« Acte pour protéger la propriété littéraire »		Grave épidémie de choléra	
	Fondation du collège de L'Assomption		Daumier est condamné pour ses caricatures de Louis-Philippe Ier	
	À Montréal, fondation de la Maison canadienne du commerce		L'ingénieur français Fourneyron construit la première turbine hydraulique	
	À Montréal, début de parution du *Magasin du Bas-Canada*, de *L'Ami du peuple* [...] et du *Montreal Museum*		À Paris, début de parution du *Journal des enfants* Deuxième *Faust* de Goethe	
	Début de parution de l'*Abrégé de l'histoire du Canada* [...] de Joseph-François Perrault		*Stello* de Vigny *Indiana* de George Sand *Louis XI* et *Les enfants d'Édouard* de Delavigne	
	Moyens de conserver nos institutions, notre langue et nos lois de Joseph-François Perrault		Les premiers contes d'Andersen *Mes prisons* de Pellico	

	BAS-CANADA		MONDE	
1833	Joseph Signay, archevêque de Québec Elzéar Bédard, maire de Québec Jacques Viger, maire de Montréal Le *Royal William*, premier navire canadien à traverser l'Atlantique sous la propulsion de la vapeur seule François-Xavier Garneau fonde *L'Abeille canadienne* À Montréal, début de parution du *Daily Advertiser*, premier quotidien canadien À Saint-Charles, début de parution de *L'Écho du pays* Au séminaire de Saint-Hyacinthe, début de la polémique au sujet des idées politiques de La Mennais	*Cours abrégé de leçons de chymie, contenant une exposition précise et méthodique des principes de cette science, exemplifiés* de Jean-Baptiste Meilleur *Tableau statistique et politique des deux Canadas* d'Isidore Lebrun et critique de Vindex (Thomas Maguire)	En France, adoption de la loi Guizot sur l'instruction primaire En Grande-Bretagne et dans ses colonies, abolition de l'esclavage À Paris, début de parution du *Journal des demoiselles* En Allemagne, début de parution du *Pfenning Magazine* *Eugénie Grandet* de Balzac Début de publication de l'*Histoire de France* de Michelet *Les caprices de Marianne* et *Rolla* de Musset *Lelia* de George Sand Début du Catholic Revival avec la publication de *Tracts for the Times* de Newman *Manuscript Found in a Bottle* de Poe	1833
1834	Abolition de l'esclavage au Canada Deuxième épidémie de choléra : 913 décès à Montréal Les patriotes adoptent les Quatre-vingt-douze Résolutions Fondation des sociétés St. George, St. Patrick et St. Andrew de Québec Fondation de la Société Aide-toi, le Ciel t'aidera (qui devient la Société Saint-Jean-Baptiste de Montréal) et de la Quebec Constitutional Association À Laprairie, début de parution de *L'Impartial*	À Québec et à Plattsburgh, publication des cinq « comédies du statu quo » *Les deux girouettes* [...] de Louis-Hippolyte La Fontaine	*Études symphoniques* de Schumann *Femmes d'Alger dans leur appartement* de Delacroix *Paroles d'un croyant* de La Mennais *Robert Macaire* de Lemaître et Antier *La dame de pique* de Pouchkine *Lorenzaccio* de Musset *Volupté* de Sainte-Beuve Début de publication de la *History of the United States* de Bancroft *The Last Days of Pompeii* de Bulwer-Lytton	1834

	BAS-CANADA		MONDE	
1835	Archibald Acheson, 2ᵉ comte de Gosford, gouverneur À Montréal, fondation de la Société française en Canada, de la Montreal Constitutional Association et de l'Union patriotique *Institutiones philosophicæ ad usum studiosæ juventutis* de Jérôme Demers « Louise Chawinikisique » et « La tour de Trafalgar » de Georges Boucher de Boucherville		Création de l'agence de presse Havas à Paris *La Marseillaise* de Rude Première représentation de *Chatterton* de Vigny Parution des deux premiers tomes de *De la démocratie en Amérique* de Tocqueville *Le père Goriot* et *Le colonel Chabert* de Balzac *Mademoiselle de Maupin* [...] de Gautier *Les chants du crépuscule* de Hugo Début de parution des *Nuits* de Musset *Le journal d'un fou* de Gogol *Lucia di Lammermoor* de Donizetti	1835
1836	Le parlement du Bas-Canada adopte une loi établissant les premières écoles normales du pays Jean-Jacques Lartigue, premier évêque de Montréal Inauguration du premier chemin de fer au Canada, le Champlain and Saint Lawrence Railroad, reliant La Prairie et Saint-Jean-sur-Richelieu Jean Holmes est délégué pour aller examiner les structures scolaires aux États-Unis et en Europe et formuler des recommandations	Le facteur d'orgues Samuel R. Warren se fixe à Montréal À Montréal, fondation du Doric Club À Saint-Charles, début de parution du *Glaneur* Jean-Baptiste-Antoine Ferland rédige son journal de voyage *Anti-Gallic Letters* [...] d'Adam Thom *Le soldat*, intermède, *Valentine* [...] comédie en un acte et *La petite clique dévoilée* [...] de Hyacinthe-Poirier Leblanc de Marconnay	Girardin fonde *La Presse* : publicité, romans-feuilletons, baisse du prix de l'abonnement Construction du chemin de fer Paris–Saint-Germain-en-Laye *La confession d'un enfant du siècle* de Musset *Jocelyn* de Lamartine *The Posthumous Papers of the Pickwick Club* de Dickens *Sartor Resartus* [...] de Carlyle *Le revizor* de Gogol *Nature* d'Emerson	1836

	BAS-CANADA		MONDE	
1837	Résolutions de lord John Russell qui permettent au gouvernement de puiser dans le Trésor public sans l'assentiment de la Chambre　Rébellion des patriotes et mandement de Jean-Jacques Lartigue　Ignace Bourget, coadjuteur de l'évêque de Montréal　Arrivée des premiers frères des Écoles chrétiennes　Ouverture de l'école normale de Montréal　À Montréal, fondation de la Société littéraire n° 1, ancêtre des Fils de la liberté　Soirée de théâtre bourgeois organisée par Louis Panet　À Québec, début de parution du *Libéral* [...], du *Fantasque* et du *Télégraphe* [...]	À Montréal, début de parution de *La Quotidienne* et du *Populaire*, où se distingue Marie-Louise (pseudonyme de Joseph-Guillaume Barthe)　*Histoire du Canada, sous la domination française* de Michel Bibaud　*Catalogue d'ouvrages sur l'histoire de l'Amérique* [...] de Georges-Barthélemi Faribault　*L'influence d'un livre* de Philippe-Ignace-François Aubert de Gaspé　*Les révélations du crime* [...] de François-Réal Angers　*Griphon* [...] de Pierre Petitclair　*Notes sur l'inamovibilité des curés dans le Bas-Canada* de Louis-Hippolyte La Fontaine	Début du règne de la reine Victoria　En France, création de la Société des gens de lettres　Le fronton du Panthéon de David d'Angers　Morse invente un télégraphe électrique　*Les voix intérieures* de Hugo　*The French Revolution* de Carlyle　*Twice-Told Tales* de Hawthorne	1837
1838	John George Lambton, 1er comte de Durham, gouverneur en chef des colonies de l'Amérique du Nord britannique et commissaire enquêteur　John Colborne, 1er baron Seaton, gouverneur général　Arthur Buller nommé par Durham pour mener une enquête sur l'éducation dans le Bas-Canada　Manifeste des patriotes proclamant l'indépendance du Bas-Canada et la république ; deuxième échec　Pendaison de 12 patriotes ; déportation de 58 autres　À Montréal, fondation de l'Association loyale canadienne	Joseph Légaré et Thomas Amiot ouvrent la Galerie de peinture de Québec　*Zacharie Vincent* (*Le dernier des Hurons*) d'Antoine Plamondon　À Montréal, début de parution du *Literary Garland*, du *Courrier canadien* et du *Temps*　Louis-Joseph-Amédée Papineau entreprend la rédaction du *Journal d'un Fils de la liberté* [...]　Jean-Philippe Boucher-Belleville rédige le *Journal d'un patriote (1837 et 1838)*　*Journal historique des événemens arrivés à Saint-Eustache* [...] de Jacques Paquin	Daguerre met au point le daguerréotype　*Les Préludes* de Chopin　Représentation de *Ruy Blas* de Hugo　*De l'égalité* de Leroux　*Le capitaine Paul*, feuilleton de Dumas père　*Oliver Twist* de Dickens　*La chute d'un ange* de Lamartine　*Les mémoires du diable* de Soulié en feuilleton　*Combat du Téméraire* de Turner　*The Narrative of Arthur Gordon Pym* de Poe	1838

	BAS-CANADA		MONDE	
1839	Rapport de Durham Charles Edward Poulett Thomson, 1er baron Sydenham, gouverneur en chef Lettres et « Testament politique » de Chevalier de Lorimier Formation de la troupe de théâtre dirigée par Napoléon Aubin, les Amateurs typographes	À Montréal, début de parution de *L'Aurore des Canadas* *Histoire de l'insurrection du Canada* […] de Louis-Joseph Papineau	Goodyear découvre la vulcanisation du caoutchouc *De l'organisation du travail* de Blanc, fondateur de *La Revue du progrès politique, social et littéraire* *La chartreuse de Parme* de Stendhal *Le curé de village* de Balzac *Nicholas Nickleby* de Dickens	1839

BIBLIOGRAPHIE

La première partie de la bibliographie générale, « Écrits, de 1806 à 1839 », renferme les textes analysés dans ce deuxième tome de *La vie littéraire au Québec*, ainsi que les ouvrages publiés ou écrits au pays pendant la période. La deuxième partie, « Instruments de travail », renvoie aux ouvrages de référence indispensables. Dans la troisième partie, « Études à consulter », le lecteur trouvera les monographies, brochures, thèses, articles et ouvrages théoriques qui ont alimenté la réflexion de l'équipe de rédaction. Se trouvent également en bibliographie générale les références complètes des titres mentionnés dans les notes infrapaginales. Prière de consulter les rubriques « Pour en savoir davantage », en fin de chapitres, où certains titres mentionnés en bibliographie générale sont regroupés par thème.

L'équipe a dépouillé, pour les années 1806 à 1839, les revues et les journaux suivants :

L'Abeille canadienne, Montréal, 1er août 1818-15 janvier 1819 ;
L'Abeille canadienne, Québec, 7 décembre 1833-8 février 1834 ;
L'Ami de la religion et du roi, Trois-Rivières, juin-septembre 1820 ;
L'Ami du peuple, de l'ordre et des lois, Montréal, 21 juillet 1832-décembre 1839 ;
L'Argus, Trois-Rivières et Montréal, 30 août 1826-11 mars 1828 ;
L'Aurore, Montréal, 10 mars 1817-septembre 1819 ;
L'Aurore des Canadas, Montréal, 15 janvier 1839-décembre 1839 ;

La Bibliothèque canadienne, Montréal, juin 1825-5 juin 1830 ;
Le Canadien, Québec, 22 novembre 1806-14 mars 1810, 14 juin 1817-15 décembre 1819, 19 janvier 1820-2 mars 1825, août-septembre 1825, 7 mai 1831-décembre 1839 ;
Le Constitutionnel, Trois-Rivières, 1825 ;
Courier de Québec, Québec, 3 janvier 1807-31 décembre 1808 ;
Le Courrier du Bas-Canada, Montréal, 9 octobre-18 décembre 1819 ;
Courrier des États-Unis, New York, 1829-1831, 1836-1839 ;
L'Écho du pays, Saint-Charles, 28 février 1833-21 juillet 1836 ;
Le Fantasque, Québec, 1er août 1837-décembre 1839 ;
La Gazette canadienne / The Canadian Gazette, Montréal, 3 juillet 1807-mars 1808 ;
La Gazette canadienne, Montréal, 14 août 1822-9 juillet 1823 ;
Gazette de Montréal / The Montreal Gazette, Montréal, 1825-1829 ;
La Gazette de Québec / The Quebec Gazette, Québec, 1825-1829 ;
Gazette des Trois-Rivières, Trois-Rivières, 12 août 1817-29 mars 1822 ;
La Gazette patriotique, Québec, 12 juillet-4 octobre 1823 ;
Le Glaneur, Saint-Charles, décembre 1836-septembre 1837 ;
L'Impartial, Laprairie, 26 novembre 1834-14 mai 1835 ;
Journal de médecine de Québec / The Quebec Medical Journal, Québec, 1826 ;
Le Libéral / The Liberal, Québec, 17 juin-20 novembre 1837 ;
The Literary Garland, Montréal, 1838-1839 ;
Magasin du Bas-Canada, Montréal, 1er janvier-décembre 1832 ;
La Minerve, Montréal, 9 novembre 1826-20 novembre 1837 ;
The Montreal Museum, Montréal, décembre 1832-février-mars 1934 ;
L'Observateur, Montréal, 10 juillet 1830-2 juillet 1831 ;
Le Populaire, Montréal, 10 avril 1837-3 novembre 1838 ;
The Quebec Mercury, Québec, 1825-1839 ;
La Quotidienne, Montréal, 30 novembre 1837-3 novembre 1838 ;
Le Spectateur, Montréal, 1813-27 mai 1815 ;
Le Spectateur canadien, Montréal, juin 1816-octobre 1822 ;
Le Télégraphe / The Telegraph, Québec, 22 mars-3 juin 1837 ;
Le Temps, Montréal, 21 août-30 octobre 1838 ;
Le Vrai Canadien, Québec, 10 mars 1810-6 mars 1811.

I. Écrits de 1806 à 1839

A British Settler [V. Fleming, John.]

A Canadian [V. Sales Laterrière, Pierre-Jean de.]

Angers, François-Réal, *Les révélations du crime ou Cambray et ses complices. Chroniques canadiennes de 1834*, Québec, J.-B. Fréchette, 1837, 73 p. ; Montréal, Réédition-Québec, 1969, xvii-105 p.

Aubert de Gaspé, Philippe-Ignace-François, *L'influence d'un livre. Roman historique*, Québec, Imprimé par William Cowan & Fils, 1837, iv-122 p. ; notice biographique, introduction, bibliographie, notes, variantes et appendices établis par André Senécal, Montréal, Hurtubise HMH, « Les Cahiers du Québec / Textes et documents littéraires », 78, 1984, 214 p. ; *Le chercheur de trésors ou l'influence d'un livre*, présenté par Léopold LeBlanc, Montréal, Réédition-Québec, 1968, XIV-98 p.

[BÉDARD, Pierre-Hospice], *Lettre à Mr. Chaboillez, curé de Longueuil, relativement à ses Questions sur le gouvernement ecclésiastique du district de Montréal*, Montréal, chez James Lane, 1823, 40 p.

BERCZY, William von Moll, « [Correspondance de] William von Moll Berczy », introduction et notes de Fernand Ouellet, *RAPQ*, 1940-1941, p. 1-93.

BERNARD, Jean-Paul (dir.), *Assemblées publiques, résolutions et déclarations de 1837-1838*, Montréal, VLB éditeur, 1988, 304 p.

BERQUIN, Arnaud, *L'honnête fermier. Drame en cinq actes par Berquin, à l'usage des écoles*, Québec, Fréchette, 1833, 158 p.

BERTHELOT, Amable, *Dissertation sur le canon de bronze que l'on voit dans le musée de M. Chasseur à Québec ; par A. Berthelot, écuyer, avocat, de Québec*, à Québec, chez Neilson & Cowan, imprimeurs-libraires, 1830, 13 p.

BIBAUD, Michel, *L'arithmétique en quatre parties, savoir : l'arithmétique vulgaire, l'arithmétique marchande, l'arithmétique scientifique, l'arithmétique curieuse. Suivie d'un précis sur la tenue des livres de comptes*, Montréal, Nahum Mower, 1816, IV-199 p.

_____, « Collection d'ouvrages sur l'histoire de l'Amérique septentrionale, et en particulier sur celle du Canada », *La Bibliothèque canadienne*, t. IX, n° 3 (1er août 1829), p. 48-58.

_____, *Épîtres, satires, chansons, épigrammes et autres pièces de vers*, Montréal, Imprimés par Ludger Duvernay à l'imprimerie de La Minerve, 1830, 178 p.

_____, *Histoire du Canada, sous la domination française*, Montréal, Imprimé et publié par John Jones, 1837, XII-370 p.

BLANCHET, François (pseud. : UN MEMBRE DE LA CHAMBRE D'ASSEMBLÉE), *Appel au Parlement impérial et aux habitans des colonies angloises, dans l'Amérique du Nord, sur les prétentions exorbitantes du gouvernement exécutif et du Conseil législatif de la province du Bas-Canada*, Québec, imprimé par Flavien Vallerand, 1824, 70 p.

BLEURY, SABREVOIS DE, Clément-Charles [V. SABREVOIS DE BLEURY, Clément-Charles.]

BOSWORTH, Newton (dir.), *Hochelaga Depicta ; the Early History and Present State of the City and Island of Montreal*, Montréal, Campbell et Becket, 1839, 284 p. Ill. de James Duncan.

BOUCHER-BELLEVILLE, Jean-Philippe, *Journal d'un patriote (1837 et 1838)*, introduction et notes par Georges Aubin, Montréal, Guérin littérature, 1992, 174 p.

BOUCHER DE BOUCHERVILLE, Georges, « La tour de Trafalgar », *L'Ami du peuple* [...], 2 mai 1835, p. 1.

BOUCHETTE, Joseph, *The British Dominions in North America ; or a Topographical and Statistical Description of the Provinces of Lower and Upper Canada, New Brunswick, Nova Scotia, the Islands of Newfoundland, Prince Edward, and Cape Breton. Including Considerations on Land-Granting and Emigration. To Which Are Annexed, Statistical Tables and Tables of Distances, &c.*, London, Henry Colburn et Richard Bentley, 1831, 2 vol.

——————, *Description topographique de la province du Bas Canada, avec des remarques sur le Haut Canada, et sur les relations des deux provinces avec les États Unis de l'Amérique*, Londres, s.éd., 1815, xv-664-lxxxvi p.

——————, *A Topographical Description of the Province of Lower Canada, with Remarks upon Upper Canada, and on the Relative Connexion of Both Provinces with the United States of America*, London, printed for the author, and published by W. Faden, geographer to his majesty and the prince regent, 1815, xv-640-lxxxvi p.

——————, *A Topographical Dictionary of the Province of Lower Canada*, London, Henry Colburn et Richard Bentley, 1831, xii-entrées de A à Z.

[Bourne, George, et James Smillie], *The Picture of Quebec*, Québec, publié par D. et J. Smillie, Montréal, imprimé par Robert Armour, 1829, 139 p.

Bouthillier, Jean-Antoine, *Traité d'arithmetique pour l'usage des ecoles*, Quebec, John Neilson, 1809, [6]-144 p.

Bruneau-Papineau, Julie, « Correspondance de Julie Bruneau, épouse de L.-J. Papineau (1823-1862) », introduction et notes de Fernand Ouellet, *RAPQ*, 1957-1959, p. 53-184.

Byron, George Gordon, *Poems on his Domestic Circumstances*, The First Montreal, from the Eight London Edition, Montreal, published by H.H. Cunningham, and by Lane and Bowman, 1816, 41 p.

[Cadieux, Louis-Marie] (pseud. : Un prêtre du district de Québec), *Observations sur un écrit intitulé Questions sur le gouvernement ecclésiastique, du district de Montréal*, Trois-Rivières, imprimé par Ludger Duvernay, 1823, 32 p.

Camillus [V. Henry, John.]

Camillus [V. Thom, Adam.]

Carrier, Maurice, et Monique Vachon (dir.), *Chansons politiques du Québec*, t. I : *1765-1833*, 1977 ; t. II : *1834-1858*, 1979, Montréal, Leméac, 2 vol.

Catalogue de livres choisis, dernièrement reçus par T. Cary & cie. (à vendre à des prix très modérés), Québec, s.éd., 1836, 19 p.

Catalogue de livres de piété, jurisprudence, sciences et arts, belles-lettres et histoires, nouvellement arrivés de France. À vendre chez M. Augustin Germain, à Québec, et chez M. Joseph Roi, à Montréal, Québec, s.éd., 1821, 24 p.

Catalogue de livres de sciences et arts, belles-lettres, histoire, jurisprudence et piété. Nouvellement arrivés de France, à vendre Chez Mr. Aug. Germain, à Québec, Et Chez Mr. Isidore Malo, à Montréal, s.l., Imprimé par Frs. Lemaître, 1826, 24 p.

Catalogue de livres qui se trouvent aux Magazins de Messrs. G. & B. Horan, à Québec et chez M. H. Bossange à Montréal, Québec, Thomas Cary, 1816, 17 p.

Catalogue des livres a vendre, par Bossange & Papineau, en leur maison, rue Notre-Dame, Montréal, Montréal, Imprimé par J.V. Delorme, 1819, 39-[1] p.

Catalogue des livres de la bibliothèque de Québec / Catalogue of Books in the Quebec Library, Québec, imprimé par Fréchette & Co., 1832, xiv-84 p.

Catalogue des livres françois et anglois, et autres Articles à vendre à l'Imprimerie, N° 3, Rue de la Montagne / Catalogue of English and French Books, and other Articles for Sale at the Printing Office, No. 3, Mountain Street, Québec, John Neilson, 1817, 2 p.

Catalogue général de la librairie canadienne d'Édouard R. Fabre, Montréal, de l'Imprimerie de Louis Perrault, 1835, 47 p.

Catalogue général de la Librairie canadienne d'Édouard R. Fabre, rue Saint-Vincent, Montréal, de l'Imprimerie de Louis Perrault, juin 1837, 59 p.

Catalogue of books, imported from London, and for sale at J. Neilson's Shop, no. 3, Mountain-Street, Quebec, Quebec, John Neilson, 1811, 42 p.

Catalogue of Books in the Garrison Library of Quebec, Québec, imprimé par Thomas Cary & Co., 1833, 67 p.

Catalogue of books in the Library of the House of Assembly, Quebec, s.éd., [après 1809], 21-[1] p.

Catalogue of Books, in the Various Departments of Science and General Literature, for Sale by Armour & Ramsay, Montréal, imprimé au bureau de la Montreal Gazette, 1836, 36 p.

Catalogue of the Books, in the Montreal Library, Montréal, imprimé au bureau du Herald, 1824, 114 p.

CHABOILLEZ, Augustin, *Questions sur le gouvernement ecclésiastique du district de Montréal*, Montréal, de l'imprimerie de Thos. A. Turner, 1823, 40 p.

_____, *Réponse de Messire Chaboillez, Curé de Longueuil, à la lettre de P.H. Bédard; suivie de quelques remarques sur les Observations imprimées aux Trois-Rivières*, Montréal, imprimé par T.A. Turner, 1824, 70 p.

Le chansonnier canadien, ou nouveau recueil de romances, idylles, vaudevilles, &c. &c., Montréal, Imprimerie du Montreal Herald, 1825, 128 p.

CHRISTIE, Robert, *A Brief Review of the Political State of Lower Canada, Since the Conquest of the Colony, to the Present Day. To Which Are Added, Memoirs of the Administrations of the Colonial Government of Lower Canada, by Sir Gordon Drummond, and Sir John Coape Sherbrooke*, New-York, W.A. Mercein, 1818, 92 p.

_____, *Memoirs of The Administration of the Colonial Government of Lower-Canada, by Sir James Henry Craig, and Sir George Prevost; from the year 1807 until the year 1815. Comprehending the Military and Naval operations in the Canadas, during the late War with the United States of America*, Québec, s.éd., 1818, 150 p.

_____, *Memoirs of the Administration of the Government of Lower-Canada, by Sir Gordon Drummond, Sir John Coape Sherbrooke, the Late Duke of Richmond, James Monk, Esquire, and Sir Peregrine Maitland ; Continued from the 3^d April, 1815, until the 18th June, 1820*, Quebec, Printed at the New Printing-Office, 1820, p. 165-197.

_____, *Memoirs of the Administration of the Government of Lower Canada, by the Right Honorable the Earl of Dalhousie, G.C.B.*, Québec, Thomas Cary & Co., 1829, p. 211-298.

[COCKBURN, James Pattison], *Quebec and its Environs: Being a Picturesque Guide to the Stranger*, Quebec, imprimé par Thomas Cary & Co., 1831, 42 p.

CUTHBERT, Ross, *An Apology for Great Britain, in Allusion to a Pamphlet, Intituled, « Considerations, &c. par un Canadien, M.P.P. »*, Quebec, Printed and sold by J. Neilson, 1809, 30 p.

[Daulé, Jean-Denis], *Nouveau recueil de cantiques, à l'usage du diocèse de Québec, avec tous les airs notés en musique dans le meilleur goût moderne*, à Québec, imprimé à la Nouvelle Imprimerie, 1819, XVI-368 p.

[Debartzch, Pierre-Dominique], *Vie politique de Mr. ******** Ex-Membre de la Chambre d'Assemblée du B C & & & Ecrite par lui même, à la sollicitation de Mr. son Frere et à lui adressée par l'Auteur sous le titre modeste de Confidences d'un Frère à son Frère, ou Dix années de mes erreurs passées; avec cette épigraphe: «Lis et rougis pour nous deux.»*, s.l., s.éd., [1814], 21-[1] p.

Demers, Jérôme, *Institutiones philosophicæ ad usum studiosæ juventutis*, Québec, T. Cary, 1835, 395 p.

Desrivières-Beaubien, Henri, *Traité des lois civiles du Bas-Canada*, Montréal, Ludger Duvernay, 1832-1833, 3 vol.

Dionne, René [V. Marcotte, Gilles.]

[Duvernay, Ludger (dir.)], *Le passe-tems, ou nouveau recueil de chansons, romances, vaudevilles, &c. &c.*, Montréal, Imprimerie de La Minerve, 1830, 260 p.

Edgeworth de Firmont, Henry Essex, *Relation de la mort de Louis XVI, roi de France*, publié par Jacques Viger, Montréal, J. Brown, 1812, VI-[7]-46 p.

Ellice, Edward (pseud.: Mercator), *Les Communications de Mercator, sur la conteste entre le comte de Selkirk, et la compagnie de la Baye d'Hudson, d'une part; et la compagnie du Nord-Ouest, d'autre part, extraites du Montreal Herald, Et Traduites pour l'usage des personnes qui ne sont point versées dans la langue Angloise*, Montreal, de l'imprimerie de C.B. Pasteur et H. Meziere, 1817, 112 p.

Estimauville, Robert-Anne d', *Cursory View of the Local, Social, Moral and Political State of the Colony of Lower-Canada*, Québec, T. Cary & Co., 1829, 57 p.

_____ (pseud.: Un vrai Canadien), *Esquisse de la Constitution britannique*, Québec, T. Cary & Co., 1827, 21 p.

Faribault, Georges-Barthélemi, *Catalogue d'ouvrages sur l'histoire de l'Amérique, et en particulier sur celle du Canada, de la Louisiane, de l'Acadie, et autres lieux, Ci-devant connus sous le nom de Nouvelle-France; avec des notes bibliographiques, critiques, et littéraires*, Québec, W. Cowan, 1837, 207 p. [Réimpression: New York, Johnson Reprints Corporation, 1966.]

Fergusson, Adam, *On the Agricultural State of Canada, and Part of the United States of America*, imprimé et publié par G.S. Tullis, au bureau du Herald, 1832, 37 p.

Ferland, Jean-Baptiste-Antoine, «Journal d'un voyage sur les côtes de la Gaspésie», *Les Soirées canadiennes*, t. I, 1861, p. 301-476.

Fisher, John Charlton [V. Hawkins, Alfred, avec la collaboration de John Charlton Fisher et d'Andrew Stuart.]

Fleming, John (pseud.: A British Settler), *Political Annals of Lower Canada; Being a Review of the Political and Legislative History of that Province, Under the Act of the Imperial Parliament, 31, Geo. III, Cap. 31, Which Established a House of Assembly and Legislative Council; Showing the Defects of this Constitutional Act, and Particularly its Practical Discouragement of British Colonization. With an Introductory Chapter on the Previous History of Canada, and an Appendix Documents, &c.*, Montréal, imprimé au bureau du Montreal Herald et de la New Montreal Gazette, 1828, LXXVIII-180 p.

_____, *Some Considerations on this question; Whether the British Government Acted Wisely in Granting to Canada her Present Constitution? With an Appendix; Containing Documents, &c.*, Montreal, Printed and sold by J. Brown, 1810, 26 p.

« The fourth comédie du statu quo », introduction, texte et notes de Léonard Eugène Doucette, *Histoire du théâtre au Canada / Theatre History in Canada*, vol. III, n° 1 (printemps 1982), p. 33-42. [Cette « comédie du statu quo » est d'abord parue dans *Le Canadien* du 12 mai 1834. Une autre, inédite, fut publiée le 19 mai suivant, dans le même journal.]

Franchère, Gabriel, *Journal of a Voyage on the North West Coast of North America During the Years 1811, 1812, 1813 and 1814*, édition de William Kaye Lamb, transcription et traduction par Wessie Tipping Lamb, Toronto, The Champlain Society, 1969, 330 p.

_____, *Narrative of a Voyage to the Northwest Coast of America, in the Years 1811, 1812, 1813, and 1814, or, the First American Settlement on the Pacific*, traduit et édité par J.V. Huntington, New York, Redfield, 1854, 376 p.

_____, *Relation d'un voyage à la côte du Nord-Ouest de l'Amérique Septentrionale dans les années 1810, 11, 12, 13, et 14*, [notes compilées par Gabriel Franchère fils et rédigées par Michel Bibaud], Montréal, C.B. Pasteur, 1820, 284 p.

Fraser, Simon, « Journal of a Voyage from the Rocky Mountains to the Pacific Coast, 1808 », dans Louis Rodrigue Masson, *Les bourgeois de la Compagnie du Nord-Ouest; récits de voyages, lettres et rapports inédits relatifs au nord-ouest canadien*, Québec, de l'Imprimerie générale A. Côté et cie, t. I, 1889, p. 155-221.

Gagnon, Charles-Octave [V. Têtu, Henri, et Charles-Octave Gagnon (dir.).]

Garneau, François-Xavier, *Voyage en Angleterre et en France dans les années 1831, 1832 et 1833*, texte établi, annoté et présenté par Paul Wyczynski, Ottawa, Éditions de l'Université d'Ottawa, 1968, 375 p.

Gaspé, Philippe-Ignace-François Aubert de [V. Aubert de Gaspé, Philippe-Ignace-François.]

Girod, Amury, *Notes diverses sur le Bas-Canada*, Village Debartzch, Imprimerie de J.-P. Boucher-Belleville, 1835, p. [63-128].

Girouard, Jean-Joseph, « Documents inédits. (Documents Girouard, suite). J.-J. Girouard à sa femme », *RHAF*, vol. VII, n° 1 (juin 1953), p. 110-112.

_____, « Documents inédits. II: Les patriotes de 1837-1838. J.-J. Girouard à sa femme », *RHAF*, vol. XIX, n° 1 (juin 1965), p. 127-128 ; vol. XIX, n° 2 (septembre 1965), p. 302-303 ; vol. XIX, n° 3 (décembre 1965), p. 463-464.

[Gomez, Madeleine Angélique Poisson de], *Histoire de Jean de Calais roi de Portugal ; ou La Vertu recompensee*, A Quebec, s.éd., 1810, 72 p.

Hare, John (dir.), *Contes et nouvelles du Canada français, 1778-1859*, Ottawa, Éditions de l'Université d'Ottawa, Centre de recherche en civilisation canadienne-française, t. I, 1971, 192-[2] p., seul vol. paru.

Hawkins, Alfred, avec la collaboration de John Charlton Fisher et d'Andrew Stuart, *Hawkins's Picture of Quebec With Historical Recollections*, Québec, Neilson & Cowan, 1834, v-477 p.

Hawley, William Fitz, *Quebec, the Harp, and Other Poems*, Montréal, imprimé au bureau du Herald et de la New Gazette, 1829, viii-172 p.

Henry, John (pseud.: Camillus), *An enquiry into the evils of general suffrage and frequent elections in Lower Canada*, Montreal, printed and sold by Nahum Mower, at the Printing-Office of the Canadian Courant, 1810, iv-[5]-32 p.

Heriot, George, *The History of Canada from Its First Discovery, Comprehending an Account of the Original Establishment of the Colony of Louisiana*, London, T.N. Longman and O. Rees, 1804, xv-616 p.

——————, *Travels through the Canadas, Containing a Description of the Picturesque Scenery on Some of the Rivers and Lakes with an Account of the Productions, Commerce, and Inhabitants of those Provinces, to which Is Subjoined a Comparative View of the Manners and Customs of Several of the Indian Nations of North and South America*, London, Richard Philips, 1807, xi-602 p.

Holmes, Jean, *Nouvel abrégé de géographie moderne, suivi d'un appendice, et d'un abrégé de géographie sacrée, à l'usage de la jeunesse*, Québec, Neilson et Cowan, 1833, xii-277-xxxii-16 p.

——————, *Nouvel abrégé de géographie moderne, suivi d'un petit abrégé de géographie ancienne, à l'usage de la jeunesse*, Québec, Neilson & Cowan, 1831, xii-51 p.

Houdet, Antoine-Jacques, *Cours abrégé de rhétorique, à l'usage du collège de Montréal*, Montréal, Leclère et Jones, imprimeurs, 1835, 246 p.

Houdet, Antoine-Jacques [, et Claude Rivière], *Grammaire françoise, pour servir d'introduction à la grammaire latine*, Montréal, imprimé par J. Brown, 1811, [2]-80-[2]-[2]-138 p.

[Houdet, Antoine-Jacques, et Claude Rivière], *Grammaire françoise, à l'usage du petit séminaire de Montréal*, Montréal, J. Brown, 1811, 36 p.

Humbert, Pierre-Hubert, *Instructions chrétiennes pour les jeunes gens: utiles à toutes sortes de personnes; mêlées de plusieurs traits d'histoires et d'exemples édifians*, Montréal, É.-R. Fabre, 1832, xvi-307 p.

Huston, James (dir.), *Légendes canadiennes*, Paris, P. Jannet, 1853, 303 p.

——————, *Le répertoire national*, Montréal, De l'imprimerie de Lovell et Gibson, t. I, 1848, viii-368 p., 4 vol.; 2ᵉ édition, préface d'Adolphe-Basile Routhier, Montréal, J.M. Valois & Cie, libraires-éditeurs, t. I, 1893, xliv-407 p., 4 vol.; Montréal, VLB éditeur, 1982, 4 vol. [Réimpression de l'édition de 1893.]

Huston, James [V. Quesnel, Joseph.]

«L'Iroquoise. Histoire ou nouvelle historique», *La Bibliothèque canadienne*, octobre et novembre 1827, p. 176-184 et 210-215.

L'Iroquoise. Une légende nord-américaine / The Iroquoise. A North American Legend, textes introduits et annotés par Guildo Rousseau, Sherbrooke, Naaman, «Traductions», 1984, 78 p.

Kidd, Adam, *The Huron Chief, and Other Poems*, Montréal, imprimé au bureau du Herald et de la New Gazette, 1830, xii-216 p.

Labrie, Jacques, *Les premiers rudimens de la Constitution britannique, traduits de l'anglais de M. Brooke; précédés d'un précis historique, et suivis d'observations sur la Constitution du Bas-Canada, pour en donner l'histoire et en indiquer les principaux vices, avec un aperçu de quelques-uns des moyens probables d'y remé-*

dier. *Ouvrage utile à toutes sortes de personnes et principalement destiné à l'instruction politique de la jeunesse canadienne*, Montréal, James Lane, 1827, 48 p.

LA FONTAINE, Louis-Hippolyte, *Les deux girouettes, ou l'hypocrisie démasquée*, Montréal, imprimé par Ludger Duvernay, imprimeur de La Minerve, 1834, 75 p.

_____, *Notes sur l'inamovibilité des curés dans le Bas-Canada*, Montréal, imprimé par Ludger Duvernay, à l'imprimerie de La Minerve, 1837, VIII-56 p.

LANGSTAFF, Lancelot [V. LONGMORE, George.]

LARTIGUE, Jean-Jacques, *Mémoire sur l'amovibilité des curés en Canada*, Montréal, de l'imprimerie de Louis Perrault, 1837, 54 p.

LATERRIÈRE, Pierre DE SALES [V. SALES LATERRIÈRE, Pierre DE.]

LATERRIÈRE, Pierre-Jean DE SALES [V. SALES LATERRIÈRE, Pierre-Jean DE.]

LATOUCHE, Daniel (dir.), avec la collaboration de Diane POLIQUIN-BOURASSA, *Le manuel de la parole. Manifestes québécois*, t. I : *1760 à 1899*, Sillery, Boréal Express, 1977, 215 p., 3 vol.

LAURIN, Joseph (dir.), *Le chansonnier canadien ou nouveau recueil de chansons*, Québec, Librairie Ste-Ursule, 1838, 180 p.

LEBLANC DE MARCONNAY, Hyacinthe-Poirier, *Le soldat. Intermède en deux parties mêlé de chants. Exécuté sur le Théâtre royal de Montréal, (Bas Canada,) en 1835 et 1836. Arrangé par Mr. Leblanc de Marconnay*, Montréal, Imprimerie d'Ariel Bowman, 1836, 8 p.

_____, *Valentine ou la Nina canadienne. Comédie en un acte. Par H. Leblanc de Marconnay, Écuyer*, Montréal, Imprimerie de L'Ami du peuple, 1836, 52 p.

[LEBLANC DE MARCONNAY, Hyacinthe-Poirier], *La petite clique dévoilée, ou quelques explications sur les manœuvres dirigées contre la minorité patriote, qui prit part au vote sur les subsides dans la session de 1835 et 1836 et plus particulièrement contre C.C. Sabrevois de Bleury, Ecuyer, avocat du Barreau de Montréal, membre de la Chambre d'assemblée du Bas-Canada*, Rome (N.Y.), s.éd., 1836, 50 p.

LEBRUN, Isidore, *Tableau statistique et politique des deux Canadas*, Paris, Treuttel et Würtz, 1833, 538 p.

LEMOULT, N., et Léon POTEL, *Nouveau cours complet de grammaire française rédigé et publié d'après les décisions les plus récentes des principaux grammairiens de France et de l'Académie de Paris*, Montréal, Ludger Duvernay, 1830, 159 p.

LEQUIEN, E.-A., *Grammaire élémentaire à la portée de toutes les personnes qui n'ont aucune notion des principes de la langue française*, 7e édition, Montréal, É.-R. Fabre, 1830, 287 p.

Librairie de T. Dufort, rue St. François-Xavier, Montréal, Montréal, Imprimé par Ludger Duvernay, au bureau de La Minerve, 1830, 114 p.

LINDSAY, William, « Narrative of the invasion of Canada by the American Provincials under Montgomery and Arnold [...] », *Canadian Review and Magazine*, n° 4 (février 1826), p. 337-352 ; n° 5 (septembre 1826), p. 89-104.

LONGMORE, George (pseud. : Lancelot LANGSTAFF), *The Charivari : or Canadian Poetics : A Tale, After the Manner of Beppo*, Montréal, s.éd., 1824, 48 p.

LORTIE, Jeanne d'Arc (dir.), avec la collaboration de Pierre SAVARD et de Paul WYCZYNSKI, *Les textes poétiques du Canada français, 1606-1867*, édition intégrale annotée, t. I : *1606-1806*, 1987 ; t. II : *1806-1826*, 1989 ; t. III : *1827-1837*, 1990 ; t. IV : *1838-1849*, 1991, Montréal, Fides, 5 vol. parus. [*TPCF*]

MACKENZIE, Alexander, *Voyages from Montreal, on the river St. Laurence, through the continent of North America to the frozen and Pacific oceans; In the Years 1789 and 1793. With a preliminary account of the rise, progress, and present state of the fur trade of that country*, London, printed for T. Cadell, Jun. and W. Davies, Strand ; Corbett and Morgan, Pall Mall ; and W. Creech, at Edinburgh, 1801, CXXXII-412 p.

MAGUIRE, Thomas (pseud. : VINDEX), *Le clergé canadien vengé par ses ennemis ; ou observations sur un ouvrage récent, intitulé « Tableau statistique et politique des deux Canadas »*, Québec, chez Neilson et Cowan, 1833, 19 p.

Le maître français ou nouvelle méthode pour apprendre à bien lire et à bien orthographier, avec des remarques pour rendre la lecture et la prononciation aisée à l'écolier, Montréal, L. Duvernay, 1830, 151 p.

MARCHESSEAULT, Siméon, « Les patriotes aux Bermudes en 1838. Lettres d'exil », *RHAF*, vol. XVII, n° 1 (juin 1963), p. 107-112.

_____, « Documents inédits. Les patriotes aux Bermudes en 1838. Lettres d'exil », *RHAF*, vol. XVII, n° 3 (décembre 1963), p. 424-432.

MARCONNAY, Hyacinthe-Poirier LEBLANC DE [V. LEBLANC DE MARCONNAY, Hyacinthe-Poirier.]

MARCOTTE, Gilles (dir.), *Anthologie de la littérature québécoise*, t. II : *La patrie littéraire, 1760-1895*, sous la direction de René DIONNE, Montréal, Éditions La Presse, 1978, 516 p., 3 vol.

MASSON, Louis Rodrigue [V. FRASER, Simon.]

MEILLEUR, Jean-Baptiste, *Cours abrégé de leçons de chymie, contenant une exposition précise et méthodique des principes de cette science, exemplifiés. Cet ouvrage élémentaire, rédigé d'après les meilleurs auteurs, est adapté à une capacité ordinaire, et destiné à l'usage de la jeunesse canadienne*, Montréal, Des presses de Ludger Duvernay, Imprimerie de La Minerve, 1833, XXIII-144 p.

_____, *Nouvelle grammaire anglaise. Rédigée d'après les meilleurs auteurs*, St. Charles, Village Debartzch, Imprimé par A.C. Fortin, 1833, 120 p.

MERCATOR [V. ELLICE, Edward.]

MONDELET, Dominique (pseud. : UN AVOCAT), *Traité sur la politique coloniale du Bas-Canada. Divisé en deux parties. Opposition dans le gouvernement – licence de la presse – Conseil législatif par voie d'élection. Réflexions sur l'état actuel du pays*, Montréal, imprimé et publié pour l'auteur, 1835, 67 p.

[MONTGOLFIER, Étienne], *La Vie de la venerable sœur Marguerite Bourgeois, dite du Saint Sacrement, institutrice fondatrice et première supérieure des filles séculières de la congrégation Notre-Dame, établie à Ville-Marie, dans l'isle de Montréal, en Canada, tiree de memoires certains, et la plupart originaux*, A Ville-Marie, chez Wm. Gray, 1818, 270-[2] p.

MORIN, Augustin-Norbert (pseud. : UN ÉTUDIANT EN DROIT), *Lettre à l'Honorable Edward Bowen, Écuyer, Un des juges de la Cour du Banc du Roi de Sa Majesté pour le district de Québec*, Montréal, imprimé par James Lane, 1825, 16 p.

NELSON, Wolfred, « Documents inédits. Les patriotes aux Bermudes en 1838. Lettres d'exil », *RHAF*, vol. XVI, n° 1 (juin 1962), p. 117-126; vol. XVI, n° 2 (septembre 1962), p. 267-268; vol. XVI, n° 3 (décembre 1962), p. 436-438; vol. XVI, n° 4 (mars 1963), p. 581-584 [Lettres adressées à Nelson.].

PAPINEAU, Louis-Joseph, « Documents inédits. L.-J. Papineau à M. J.-J. Girouard », *RHAF*, vol. VI, n° 4 (mars 1953), p. 564-570.

_____, *Histoire de l'insurrection du Canada par L.-J. Papineau, orateur de la ci-devant Chambre d'assemblée du Bas-Canada. En réfutation du rapport de Lord Durham*, extraite de *La Revue du progrès*, journal publié à Paris, 1839, 35 p. [Reproduit sous le titre *Histoire de l'insurrection du Canada*, introduction par Hubert Aquin, Montréal, Leméac, 1968, 104 p.]

_____, « Lettres de L.-J. Papineau à sa femme (1820-1862) », introduction et notes de Fernand Ouellet, *RAPQ*, 1953-1955, p. 185-442.

_____, *Papineau, textes choisis et présentés* [par Fernand Ouellet], Québec, Université Laval, « Cahiers de l'Institut d'histoire », 1, 1959, 103 p.

PAPINEAU, [Louis-Joseph-]Amédée, *Journal d'un Fils de la liberté réfugié aux États-Unis, par suite de l'insurrection canadienne, en 1837*, t. I, Montréal, Réédition-Québec, 1972, 111 p.; t. II, Montréal, L'Étincelle, 1978, 196 p.

PAQUIN, Jacques (pseud.: UN TÉMOIN OCULAIRE), *Journal historique des événemens arrivés à Saint-Eustache, pendant la rébellion du comté du lac des Deux Montagnes, depuis les soulevemens commencés à la fin de novembre, jusqu'au moment où la tranquillité fut parfaitement rétablie*, Montréal, John Jones, 1838, 96 p.

PERRAULT, Joseph-François, *Abrégé de l'histoire du Canada, en quatre parties. Première partie. Depuis sa découverte jusqu'à sa Conquête par les Anglais en 1759 et 1760. À l'usage des écoles élémentaires; Seconde partie. Depuis sa Conquête, par les Anglais, en 1759 et 1760, jusqu'à l'établissement d'une Chambre d'assemblée, en 1792*, Québec, P. & W. Ruthven, 1832, 160 p.; *Troisième partie. Depuis l'établissement d'une Chambre d'assemblée jusqu'à l'année 1815*, Québec, P. & W. Ruthven, 1833, 197 p.; *Quatrième partie. Depuis le départ du Général Provost jusqu'à celui du Comte Dalhousie*, Québec, P. & W. Ruthven, 1833, 164 p.; *Cinquième partie. Depuis le départ du Comte de Dalhousie, jusqu'à l'arrivée du Lord Gosford et des Commissaires Royaux*, Québec, P. Ruthven, 1836, 244 p.

_____, *Biographie de Joseph-François Perrault, protonotaire de la Cour du Banc du Roi pour le district de Québec, écrite par lui-même, à l'âge de quatre-vingts ans, sans lunettes, à la suggestion du lord Aylmer, gouverneur en chef du Bas-Canada*, Québec, Imprimé par Thomas Cary et cie, 1834, 41 p.

_____, *Moyens de conserver nos institutions, notre langue et nos lois*, Québec, Impr. de Fréchette, 1832, 32 p.

PETITCLAIR, Pierre, *Griphon ou la vengeance d'un valet*, Québec, William Cowan, imprimeur, 1837, 90 p.

[PLAMONDON, Louis], *Almanach des dames, pour l'année 1807 par un jeune Canadien*, Québec, Nouvelle Imprimerie, [1806], 64 p.

PLESSIS, Joseph-Octave, « Journal de deux voyages apostoliques dans le Golfe Saint-Laurent et les Provinces d'en bas, en 1811 et 1812 », *Le Foyer canadien*, t. III, 1865, p. 73-280.

————, *Journal des visites pastorales de 1815 et 1816*, publié par Mgr Henri Têtu, Québec, Imprimerie franciscaine missionnaire, 1903, 205-75 p.

————, *Journal d'un voyage en Europe par Mgr Joseph-Octave Plessis évêque de Québec, 1819-1820*, publié par Henri Têtu, Québec, Pruneau & Kirouac, 1903, 469 p.

————, «Sermon prêché à la cathédrale de Québec par Mgr Plessis, à l'occasion de la paix américaine, le jour fixé pour la célébrer, savoir le jeudi, 6 avril 1815», *BRH*, vol. XXXV, n° 3 (mars 1929), p. 161-172.

————, *Sermon preche par l'eveque catholique de Quebec dans sa cathédrale le IVe dimanche du Careme, 1er. avril, 1810, À la suite de la Proclamation de Son Excellence le gouverneur en chef, du 21e mars meme année*, Québec, imprimé a la Nouvelle-Imprimerie, 1810, 11 p.

Poisson de Gomez [V. Gomez, Marie Angélique Poisson de.]

Poliquin-Bourassa, Diane [V. Latouche, Daniel (dir.), avec la collaboration de Diane Poliquin-Bourassa.]

Potel, Léon [V. Lemoult, N., et Léon Potel.]

Procédures d'une cour d'enquête, sur plainte du lieut. colonel Bourdages, contre le lieut. Joseph Cartier, ordonnée par Son Excellence le lieut. general Drummond, et tenue à Chambly, le 1 juin, 1815. Rapport fidel de ce qui y a donné lieu, et de ce qui s'en est suivi, Montréal, imprimé par C.B. Pasteur & Co., 1815, 20 p.

Prud'homme, Firmin, *Napoléon à Sainte-Hélène, scènes historiques, arrangées par Firmin Prud'homme, et représentées pour la première fois sur le théâtre de Montréal, le 28 de décembre, 1831*, Montréal, Des Presses de Ludger Duvernay, Imprimerie de La Minerve, 1831, 16 p.

Quesnel, Joseph, *Colas et Colinette ou Le Bailli dupé. Comedie en trois actes, et en prose, mêlée d'ariettes; les paroles et la musique par M.Q.*, À Quebec, Chez John Neilson, imprimeur-libraire, 1808, [6]-78 p. Avec préface de Gilles Potvin, Montréal, Réédition-Québec, 1968. [Réimpression en fac-similé de l'édition de 1808.]; *Colas et Colinette, ou Le bailli dupé. Comédie-Vaudeville*, Toronto, G.V. Thompson, 1974, 72 p. [Partition chant-piano, français et anglais: reconstitution musicale par Godfrey Ridout, avec la version anglaise traduite par Michel S. Lecavelier et Godfrey Ridout et une introduction de Helmut Kallmann.] Paru aussi dans James Huston (dir.), *Le répertoire national*, t. I, 1848, p. 7-56; t. I, 1893, p. 18-72. Disque: arrangement de Godfrey Ridout, orchestre de Radio-Canada, Sélect SSC-24 160.

————, «[...] *Lucas et Cécile*, texte inédit», présentation de Jean Marmier, *Études canadiennes / Canadian Studies*, n° 16 (juin 1984), p. 23-30.

[Quilliam, John (dir.)], *Recueil de chansons choisies*, Montréal, Imprimerie de James Brown, 1821, 216 p.

Raimbault, Jean, «Oraison funèbre de monseigneur J.O. Plessis, évêque de Québec, mort le 4 décembre 1825», *L'Écho du Cabinet de lecture paroissial*, vol. II, n° 1 (5 janvier 1860), p. 6-11.

Rapport d'un comité de la Chambre d'assemblée, sur les décisions des cours de justice au sujet de la langue des ordres de sommation / Report of a Committee of the House of Assembly, on the Decisions of the Courts of Justice Concerning the Language of the

Writs of Summons, s.l., Imprimé par ordre de la Chambre d'assemblée du Bas-Canada, 1826, 29 p.

Rapport d'un Québécois sur quelques écoles élémentaires du district de Québec, Québec, s.éd., 1834, 15 p.

Règles de la Société des artisans de Québec, fondée le 1er février 1831, Québec, Fréchette & Cie, 1832, 27 p.

Réponse à Testis, sur les Procédures d'une cour d'enquête, sur plainte du lieut. colonel Bourdages, contre le lieut. Joseph Cartier, ordonnée par Son Excellence le lieut. general Drummond; et tenue à Chambly, le 1 juin, 1815, Montréal, imprimé par C.B. Pasteur & Co., 1816, 23 p.

Rivière, Claude [V. Houdet, Antoine-Jacques, et Claude Rivière.]

Rochon, Toussaint, « Documents inédits. I : Lettre de Toussaint Rochon à sa femme », *RHAF*, vol. XXII, n° 1 (juin 1968), p. 89-92.

Sabrevois de Bleury, Clément-Charles, *Réfutation de l'écrit de Louis-Joseph Papineau, ex-orateur de la Chambre d'assemblée du Bas-Canada, intitulé « Histoire de l'insurrection du Canada », publiée dans le recueil hebdomadaire « La Revue du progrès », imprimée à Paris*, Montréal, Imprimerie de John Lovell, 1839, 136 p.

Sales Laterrière, Pierre de, *Mémoires de Pierre de Sales Laterrière et de ses traverses*, édition intime, Québec, Imprimerie de L'Événement, 1873, 271 p.; Montréal, Leméac, « Trésors du patrimoine québécois », 1980, 271 p. [Réimpression de l'édition de 1873.]

Sales Laterrière, Pierre-Jean de (pseud.: A Canadian), *A Political and Historical Account of Lower Canada; With Remarks on the Present Situation of the People, as Regards their Manners, Character, Religion, &. &.*, London, William Marsh and Alfred Miller, 1830, xvi-275 p.

Savard, Pierre [V. Lortie, Jeanne d'Arc (dir.), avec la collaboration de Pierre Savard et de Paul Wyczynski.]

Séance de la Société littéraire de Québec, tenue samedi, le 3e. juin, 1809, Québec, imprimée par ordre de la Société, par J. Neilson, imprimeur-libraire, 1809, 21 p.

Smillie, James [V. Bourne, George, et James Smillie.]

Smith, William (fils), t. I: *History of Canada; from its First Discovery, to the Peace of 1763*, iii-375 p.; t. II: *History of Canada; from its First Discovery, to the Year 1791*, 235 p., Québec, John Neilson, 1815, 2 vol.

Stuart, Andrew [V. Hawkins, Alfred, avec la collaboration de John Charlton Fisher et d'Andrew Stuart.]

Supplément au catalogue de la Librairie française d'E.R. Fabre & Cie, Montréal, Imprimé par Ludger Duvernay, 1830, 24 p.

Tessier, X., *Règles et ordres de la Société pour l'encouragement des sciences et des arts en Canada*, Québec, imprimé par T. Cary & Co., 1827, 11 p.

Testis (pseud.), *Réponse à l'auteur d'un pamphlet sur les Procédures d'une cour d'enquête, sur plainte du Lieutenant colonel Bourdages; contre le Lieut. Joseph Cartier, Quart. Mait. ordonnée par Son Excellence le Lieut. general Drummond, et tenue à Chambly, le 1 juin, 1815*, Montréal, imprimé par Nahum Mower, 1815, 40 p.

TÊTU, Henri, et Charles-Octave GAGNON (dir.), *Mandements, lettres pastorales et circulaires des évêques de Québec*, t. III : [1806-1850], Québec, Imprimerie générale A. Côté et Cie, 1888, 635 p.

THOM, Adam (pseud. : CAMILLUS), *Anti-Gallic Letters; Addressed to his Excellency, the Earl of Gosford, Governor-in-chief of the Canadas*, Montréal, imprimé au bureau du Herald, 1836, 226 p.

Les trois comédies du « Statu quo », en 1834, avec une préface de Narcisse-Eutrope Dionne, Québec, Laflamme & Proulx, 1909, 246 p. [Deux de ces comédies sont d'abord parues dans *La Gazette de Québec*, 26 et 30 avril et 5 mai 1834. L'autre fut publiée en brochure sous le titre *Le statu quo en déroute* à Plattsburgh en juin 1834.]

UN AVOCAT [V. MONDELET, Dominique.]

UN CANADIEN [V. VIGER, Denis-Benjamin.]

UN COURTISAN DES NEUF SŒURS (pseud.), « La littérature en Canada », *Le Canadien*, vol. IX, n° 60 (2 octobre 1839), p. 1-2.

UN ÉTUDIANT EN DROIT [V. MORIN, Augustin-Norbert.]

UN MEMBRE DE LA CHAMBRE D'ASSEMBLÉE [V. BLANCHET, François.]

UN PRÊTRE DU DISTRICT DE QUÉBEC [V. CADIEUX, Louis-Marie.]

UN TÉMOIN OCULAIRE [V. PAQUIN, Jacques.]

UN VRAI CANADIEN [V. ESTIMAUVILLE, Robert-Anne D'.]

VACHON, Monique [V. CARRIER, Maurice, et Monique VACHON (dir.).]

VIGER, Denis-Benjamin (pseud. : UN CANADIEN), *Analyse d'un entretien sur la conservation des établissemens du Bas-Canada, des loix, des usages, etc. de ses habitans par un Canadien, dans une lettre à un de ses amis*, Montréal, imprimé chez James Lane, 1826, VI-46 p. Repris dans *Écrits du Canada français*, présenté par Yvon-André Lacroix, Montréal, 1976, n° 40, p. 205-254.

——, *Considérations sur les effets qu'ont produit en Canada, la conservation des établissemens du pays, les mœurs, l'éducation, etc. de ses habitans ; et les conséquences qu'entraîneroient leur décadence par rapport aux intérêts de la Grande Bretagne*, Montréal, Imprimé chez James Brown, Libraire, 1809, II-51 p.

VIGER, Jacques, « Ma Saberdache », divisée en « Saberdache rouge », vol. A à S [constitution : 1840-1853], et « Saberdache bleue », vol. 1 à 14 [constitution : 1839-1841]. Peut être consultée sur microfilm aux Archives de la province de Québec, aux Archives nationales du Canada, à la Bibliothèque municipale de Montréal, à la Bibliothèque de l'Université Laval à Québec et à l'Université du Nouveau-Brunswick à Fredericton. L'original se trouve aux ASQ. [MSa].

——, « Néologie canadienne ou dictionnaire des mots créés en Canada et maintenant en vogue ; – des mots dont la prononciation et l'orthographe sont différentes de la prononciation et orthographe françaises, quoique employés dans une acception semblable ou contraire, et des mots étrangers qui se sont glissés dans notre langue », dans *Bulletin du parler français au Canada*, vol. VIII, n° 3 (novembre 1909), p. 101-103 ; vol. VIII, n° 4 (décembre 1909), p. 141-144 ; vol. VIII, n° 5 (janvier 1910), p. 183-186 ; vol. VIII, n° 6 (février 1910), p. 234-236 ; vol. VIII, n° 7 (mars 1910), p. 259-263 ; vol. VIII, n° 8 (avril 1910), p. 295-298 ; vol. VIII, n° 9 (mai 1910), p. 339-342.

VINDEX [V. MAGUIRE, Thomas.]
WYCZYNSKI, Paul [V. LORTIE, Jeanne d'Arc (dir.), avec la collaboration de Pierre SAVARD et de Paul WYCZYNSKI.]

II. Instruments de travail

ALSTON, Sandra [V. STATON, Frances M., et Marie TREMAINE (dir.).]
BALL, John, et Richard PLANT, *A Bibliography of Canadian Theatre History, 1583-1975*, Toronto, The Playwrights Co-op, 1976, 160 p.
BEAULIEU, André, et Jean HAMELIN, *La presse québécoise des origines à nos jours*, t. I : *1764-1859*, Québec, Les Presses de l'Université Laval, 1973-1990, 10 vol. parus.
BENSON, Eugene, et L.W. CONOLLY, *The Oxford Companion to Canadian Theatre*, Toronto, Oxford et New York, Oxford University Press, 1989, XVIII-662 p.
BOYLE, Gertrude M. [V. STATON, Frances M., et Marie TREMAINE (dir.).]
BUONO, Yolande [V. VLACH, Milada, et Yolande BUONO.]
CANTIN, Pierre [V. DIONNE, René, et Pierre CANTIN.]
COLBECK, Marjorie [V. STATON, Frances M., et Marie TREMAINE (dir.).]
CONOLLY, L.W. [V. BENSON, Eugene, et L.W. CONOLLY.]
Dictionnaire biographique du Canada, t. I : *De l'an 1000 à 1700*, 1986 ; t. II : *De 1701 à 1740*, 1969 ; t. III : *De 1741 à 1770*, 1974 ; t. IV : *De 1771 à 1800*, 1980 ; t. V : *De 1801 à 1820*, 1983 ; t. VI : *De 1821 à 1835*, 1987 ; t. VII : *De 1836 à 1850*, 1988 ; t. VIII : *De 1851 à 1860*, 1985 ; t. IX : *De 1861 à 1870*, 1977 ; t. X : *De 1871 à 1880*, 1972 ; t. XI : *De 1881 à 1890*, 1982 ; t. XII : *De 1891 à 1900*, 1990 ; *Index onomastique. Volumes I à XII. De l'an 1000 à 1900*, 1991, Québec, Les Presses de l'Université Laval, 13 vol. parus. [*DBC*]
DIONNE, Narcisse-Eutrope, *Inventaire chronologique des livres, brochures, journaux et revues publiés en diverses langues dans et hors la province de Québec*, 1er supplément : *1904-1912*, Québec, s.éd., 1912, 76 p.
_____, *Inventaire chronologique des livres, brochures, journaux et revues publiés en langue anglaise dans la province de Québec, depuis l'établissement de l'imprimerie en Canada jusqu'à nos jours, 1764-1906*, Québec, s.éd., t. III, 1907, VIII-228 p., 4 vol.
_____, *Inventaire chronologique des livres, brochures, journaux et revues publiés en langue française dans la province de Québec depuis l'établissement de l'imprimerie jusqu'à nos jours, 1764-1905*, Québec, s.éd., 1905, 175 p.
DIONNE, René, et Pierre CANTIN, *Bibliographie de la critique de la littérature québécoise et canadienne-française dans les revues canadiennes (1974-1978)*, Ottawa, Les Presses de l'Université d'Ottawa, « Histoire littéraire du Québec et du Canada français », 1988, 480 p. ; *Bibliographie de la critique de la littérature québécoise et canadienne-française dans les revues canadiennes (1979-1982)*, 1991, 493 p.
EVANS, Karen [V. STATON, Frances M., et Marie TREMAINE (dir.).]
GAGNON, Philéas, *Essai de bibliographie canadienne*, t. I : *Inventaire d'une bibliographie comprenant imprimés, manuscrits, estampes, etc., relatifs à l'histoire du Canada et des pays adjacents, avec des notes bibliographiques*, Québec, Imprimé pour l'auteur, 1895 [Réimpression : Dubuque (Iowa), W.C. Brown Reprints Library, 1962.] ; t. II : *Inventaire d'une bibliothèque comprenant imprimés,*

manuscrits, estampes, etc., relatifs à l'histoire du Canada et des pays adjacents ajoutés à la collection Gagnon, depuis 1895 à 1909 inclusivement, d'après les notes bibliographiques et le catalogue de l'auteur, préface de Victor Morin, Montréal, Publié par la cité de Montréal, 1913, 2 vol.

HAIGHT, Willet Ricketson, *Canadian Catalogue of Books*, part I : *1791-1895*, Toronto, Haight, 1896, 130 p.

HAMEL, Réginald, John HARE et Paul WYCZYNSKI, *Dictionnaire des auteurs de langue française en Amérique du Nord*, Montréal, Fides, 1989, XXVI-1364 p.

HARE, John [V. HAMEL, Réginald, John HARE et Paul WYCZYNSKI.]

INSTITUT CANADIEN DE MICROREPRODUCTIONS HISTORIQUES, *Catalogue d'imprimés canadiens. Répertoire bibliographique avec index de la collection de microfiches de l'Institut canadien de microreproductions historiques / Canada. The Printed Record. A Bibliographic Register with Indexes to the Microfiche Series of the Canadian Institute for Historical Microreproductions*, Ottawa, CIHM / ICMH, 1985. [Avec mises à jour.]

LEMIRE, Maurice (dir.), avec la collaboration de Jacques BLAIS, de Nive VOISINE et de Jean DU BERGER, *Dictionnaire des œuvres littéraires du Québec*, t. I : *Des origines à 1900*, 2ᵉ édition, revue, corrigée et mise à jour, Montréal, Fides, 1980, 5 vol. parus. [*DOLQ*]

PLANT, Richard [V. BALL, John, et Richard PLANT.]

PROVENCHER, Jean, *Chronologie du Québec*, Montréal, Boréal, 1991, 216 p.

STATON, Frances M., et Marie TREMAINE (dir.), *A Bibliography of Canadiana. Being Items in the Public Library of Toronto, Canada, Relating to the Early History and Development of Canada*, introduction de George H. Locke, Toronto, The Public Library, 1934, 828 p. ; *First Supplement*, sous la direction de Gertrude M. BOYLE et Marjorie COLBECK, 1959, 333 p. ; *Second Supplement*, t. II : *1801-1849*, sous la direction de Sandra ALSTON et Karen EVANS, Toronto, Metropolitan Toronto Library Board, 1985, 839 p.

THIBAULT, Claude (dir.), *Bibliographia canadiana*, Toronto, Longman Canada, 1973, LXIV-795 p.

TOYE, William (dir.), *The Oxford Companion to Canadian Literature*, Toronto, Oxford University Press, 1983, XVIII-842 p.

TREMAINE, Marie, *A Bibliography of Canadian Imprints, 1751-1800*, Toronto, University of Toronto Press, 1952, XXVII-705 p.

TREMAINE, Marie [V. STATON, Frances M., et Marie TREMAINE (dir.).]

VLACH, Milada, et Yolande BUONO, *Catalogue collectif des impressions québécoises, 1764-1820*, Québec, [Bibliothèque nationale du Québec, 1984], XXXIII-251-195 p.

_____, *Catalogue de la Bibliothèque nationale du Québec. Laurentiana parus avant 1821*, Montréal, Bibliothèque nationale du Québec, 1976, XXVII-416-120 p.

WALLACE, William Stewart (dir.), *The Macmillan Dictionary of Canadian Biography*, 4ᵉ édition, revue, augmentée et mise à jour par W.A. McKay, Toronto, Macmillan of Canada, 1978, 914 p. [Première édition : 1926.]

WYCZYNSKI, Paul [V. HAMEL, Réginald, John HARE et Paul WYCZYNSKI.]

III. Études à consulter
A. *Monographies et thèses*

ABRAHAM, Pierre, et Roland DESNÉ (dir.), *Manuel d'histoire littéraire de la France*, t. IV : *De 1789 à 1848*, Paris, Éditions sociales, 1971, 685 p., 6 vol.

AGULHON, Maurice, *Le cercle dans la France bourgeoise, 1810-1848. Étude d'une mutation de sociabilité*, Paris, Armand Colin, 1977, 105 p.

ALLARD, Michel (dir.), *Les deux Canadas, 1760-1810*, Montréal, Guérin, « L'histoire canadienne à travers le document », 3, 1978, 162 p.

ALLEN, Ethan, *A narrative of col. Ethan Allen's captivity, from the time of his being taken by the British, near Montreal, on the 25th day of September, in the year 1775, to the time of his exchange, on the 6th day of May, 1778*, Walpole (N.H.), published by Thomas & Thomas, 1807, XI-158 p.

ALLODI, Mary M., *Canadian Watercolours and Drawings in the Royal Ontario Museum*, Toronto, The Royal Ontario Museum, 1974, 2 vol.

ALLODI, Mary M., Peter N. MOOGK et Beate STOCK, *Berczy*, Ottawa, Musée des beaux-arts du Canada, 1991, 327 p. Ill.

ALLODI, Mary M., et Rosemarie L. TOVELL, *An Engraver's Pilgrimage. James Smillie in Quebec, 1821-1830*, Toronto, Royal Ontario Museum, 1989, XX-139 p.

AMBRIÈRE, Madeleine (dir.), *Précis de littérature française du XIXe siècle*, Paris, Presses universitaires de France, 1990, XXX-637 p.

ANBURY, Thomas, *Travels in the interior parts of America, during the course of the last war, in a series of Letters, by an officer to his friends*, London, s.éd., 1791, 2 vol.

ANDRÈS, Bernard, *Écrire le Québec : de la contrainte à la contrariété. Essai sur la constitution des lettres*, Montréal, XYZ, « Études et documents », 1990, 225 p.

ANGENOT, Marc, *La parole pamphlétaire. Typologie des discours modernes*, Paris, Payot, 1982, 425 p.

ANGERS, Gérard (frère Marie-Germain), « Un siècle de journalisme et son influence sur l'expansion de notre littérature, 1764-1864 », thèse de doctorat, Ottawa, Université d'Ottawa, 1944, 430 f.

ARNELL, J.C., *Steam and the North Atlantic Mails : the Impact of the Cunard Line and the Subsequent Steamship Companies on the Carriage of Transatlantic Mails*, Toronto, Unitrade Press, 1986, X-295 p.

Aspects du théâtre québécois, 45e Congrès. Université du Québec à Trois-Rivières, 19, 20, 21 mai 1977, Trois-Rivières, Association canadienne-française pour l'avancement des sciences (ACFAS), 1978, IV-142 p.

ATHERTON, William Henry, *Montréal, 1535-1914*, t. II : *Under British Rule, 1760-1914*, Montréal, The S.J. Clarke Publishing Company, 1914, XXVI-673 p., 3 vol.

AUBERT DE GASPÉ, Philippe-Joseph, *Les anciens Canadiens*, publié par la direction du Foyer canadien, Québec, Desbarats et Derbishire, imprimeurs-éditeurs, 1863, 411 p. ; Montréal, Fides, 1975, 359 p.

_____, *Mémoires*, Ottawa, G.-E. Desbarats, imprimeur-éditeur, 1866, 563 p. ; Québec, N.S. Hardy, 1885, 563 p.

AUDET, Louis-Philippe, *Histoire de l'enseignement au Québec*, t. I : *1608-1840*, Montréal et Toronto, Holt, Rinehart et Winston, 1971, XV-432 p., 2 vol.

_____, *Le système scolaire de la province de Québec*, t. III : *L'Institution royale. Les débuts, 1801-1825*, t. IV : *L'Institution royale. Le déclin, 1825-1846*, Québec, Les Presses universitaires Laval, 1952 ; t. V : *Les écoles élémentaires dans le Bas-Canada, 1800 à 1836*, Québec, Les Éditions de l'Érable, 1955, 6 vol.

[AUMASSON DE COURVILLE, Louis-Léonard], *Mémoires sur le Canada, depuis 1749 jusqu'à 1760. En trois parties ; avec cartes et plans lithographiés. Publiés sous la direction de la Société littéraire et historique de Québec*, Québec, Impr. de Middleton & Dawson, 1873, VII-207 p. [Réimpression de l'édition de 1838.] [Faux-titre : *Mémoires du S... de C... contenant l'histoire du Canada durant la guerre, et sous le gouvernement anglois.*]

BACQUEVILLE [V. LE ROY.]

BAILLARGEON, Noël, *Le séminaire de Québec de 1760 à 1800*, Québec, Les Presses de l'Université Laval, « Les Cahiers d'histoire de l'Université Laval », 25, 1981, 297 p.

BALL, Norman R. (dir.), *Bâtir un pays : histoire des travaux publics au Canada*, version française sous la direction de Paul-André LINTEAU, Montréal, Boréal, 1988, 351 p. Ill.

BALTHAZAR, Louis, *Bilan du nationalisme au Québec*, Montréal, L'Hexagone, 1986, 212 p.

BANCROFT, Laura Isobel, « The Literary and Historical Society of Quebec. An Historical Outline Written from the Sociological Point of View », mémoire de maîtrise ès arts, Québec, Université Laval, 1950, 86 f.

BASZCYNSKI, Marilyn [V. HÉBERT, Pierre, et Marilyn BASZCYNSKI.]

BATTEUX, Charles, *Cours d'étude à l'usage des élèves de l'École Royale Militaire*, Paris, Chez Nyon aîné, 1776-1780, 48 vol.

_____, *Principes de littérature*, Paris, Bellavoine, libraire, 1824, 6 vol.

BEAUCHAMP-RANK, Hélène [V. WYCZYNSKI, Paul, Bernard JULIEN et Hélène BEAUCHAMP-RANK (dir.).]

BEAULIEU, André [V. VOISINE, Nive, avec la collaboration d'André BEAULIEU et de Jean HAMELIN.]

BÉDARD, Théophile, *Histoire de cinquante ans (1791-1841). Annales parlementaires et politiques du Bas-Canada depuis la Constitution jusqu'à l'Union*, Québec, Des presses à vapeur de Léger Brousseau, 1869, XVI-419 p.

BÉLAND, Mario (dir.), *La peinture au Québec, 1820-1850. Nouveaux regards, nouvelles perspectives*, Québec, Musée du Québec et Les Publications du Québec, 1991, 605 p. Ill.

BÉNICHOU, Paul, *Les mages romantiques*, Paris, Gallimard, 1988, 553 p.

_____, *Le sacre de l'écrivain, 1750-1830. Essai sur l'avènement d'un pouvoir spirituel laïque dans la France moderne*, Paris, Corti, 1973, 492 p.

BERNARD, Jean-Paul (dir.), *Les rébellions de 1837-1838. Les patriotes du Bas-Canada dans la mémoire collective et chez les historiens*, Montréal, Boréal Express, 1983, 349 p.

BERNATCHEZ, Ginette, « La Société littéraire et historique de Québec (The Literary and Historical Society of Quebec) : 1824-1890 », mémoire de maîtrise en histoire, Québec, Université Laval, 1979, IX-160 f.

Betcherman, Lita Rose, « William von Moll Berczy : his Career as an Artist in Lower Canada (1805-1812) », mémoire de maîtrise en histoire, Ottawa, Carleton University, 1962, 126 f.

Bibaud, François-Marie-Uncas-Maximilien (pseud. : Bibaud, jeune), *Bibliothèque canadienne ou annales bibliographiques*, Montréal, Imprimé par Cérat et Bourguignon, 1858, 52 p.

_____, *Les institutions de l'histoire du Canada ou annales canadiennes jusqu'à l'an 1819. Suivies d'un précis jusqu'à nos jours, d'un tableau historique des progrès et biographique des hommes illustres du Canada, et accompagnés de synchronismes de l'histoire générale de l'Amérique*, Montréal, Senécal et Daniel, 1855, 440 p.

_____, *Revue critique de l'Histoire du Canada, de M. Garneau*, Montréal, imprimé par Senécal & Daniel, 1855, 46 p.

Bibaud, jeune [V. Bibaud, François-Marie-Uncas-Maximilien.]

Bibaud, Michel, *Histoire du Canada et des Canadiens sous la domination anglaise*, publié par J.-G. Bibaud, Montréal, Compagnie d'impression et de publication Lovell, 1878, 512 p. [Réimpression : New York, Johnson Reprint Corporation, 1968.]

_____, *Histoire du Canada, et des Canadiens, sous la domination anglaise*, Mont-Réal, Imprimerie de Lovell et Gibson, 1844, 418 p.

Biographie des hommes vivants ou Histoire par ordre alphabétique de la vie publique de tous les hommes qui se sont fait remarquer par leurs actions ou leurs écrits, ouvrage entièrement neuf, rédigé par une société de gens de lettres et de savants, Paris, L.G. Michaud, 1816-1819, 5 vol.

Biographie universelle ou dictionnaire historique : contenant la nécrologie des hommes célèbres de tous les pays, des articles consacrés à l'histoire générale des peuples, aux batailles mémorables, aux grands évènemens politiques, etc. depuis le commencement du monde jusqu'à nos jours, par une société de gens de lettres, de professeurs et de bibliographes, Paris, Furne, 1833, 6 vol.

Bisson, Laurence A., *Le romantisme littéraire au Canada français*, Paris, Droz, 1932, 285 p.

Boivin, Aurélien, *Le conte littéraire québécois au xxe siècle. Essai de bibliographie critique et analytique*, Montréal, Fides, 1975, xxxviii-385 p.

Boucher de La Bruère, Pierre (fils), *Le Canada sous la domination anglaise (analyse historique)*, Saint-Hyacinthe, Lussier et Frères, 1863, 80 p.

Bourgault, Raymond, et Louis Rousseau (dir.), *Religioliques*, Montréal, Les Presses de l'Université du Québec, 1970, 172 p.

Bouthillier, Guy, et Jean Meynaud (dir.), *Le choc des langues au Québec (1760-1970). Recueil de textes présentés et commentés*, Montréal, Les Presses de l'Université du Québec, 1972, xiv-767 p.

Brodeur, Raymond (dir.), *Les catéchismes au Québec, 1702-1963*, Sainte-Foy, Les Presses de l'Université Laval, et Paris, Éditions du Centre national de la recherche scientifique, 1990, viii-456 p.

Brooke, Henry, *The Fool of Quality ; or, the History of Henry Earl of Moreland*, London, W. Johnston, 1766-1770, 5 vol.

Brown, Yvonne, «The Origin of French-Canadian Journalism», mémoire de maîtrise, Kingston, Queen's University, 1955, 184 f.

Bruère, Pierre Boucher de La [V. Boucher de La Bruère, Pierre.]

Brun, Henri, *La formation des institutions parlementaires québécoises, 1791-1838*, Québec, Les Presses de l'Université Laval, «Droit, science, politique», 1970, x-281 p.

Brunet, Manon, «Documents pour une histoire de l'édition au Québec avant 1900. Bibliographie analytique», mémoire de maîtrise ès arts, Montréal, Université de Montréal, 1979, ix-278 f.

_____, «La littérature française du Québec de 1764 à 1840. Essai pour une sémantique historique», thèse de doctorat en études françaises, Montréal, Université de Montréal, 1984, x-555 f. 2 vol.

Bumsted, John M. (dir.), *Canadian History before Confederation. Essays and Interpretations*, Georgetown (Ont.), Irwin-Dorsey International, 1972, viii-514 p.

_____, *Documentary Problems in Canadian History. Pre-Confederation*, Georgetown (Ont.), Irwin-Dorsey, 1969, 280 p.

Buono, Yolande, «Imprimerie et diffusion de l'imprimé à Montréal, 1776-1820», mémoire de maîtrise en bibliothéconomie, Montréal, Université de Montréal, 1980, 216 f.

Burger, Baudouin, *L'activité théâtrale au Québec, 1765-1825*, Montréal, Parti pris, 1974, 410 p.

Butler, Marilyn, *Romantics, Rebels, and Reactionaries: English Literature and its Background, 1760-1830*, New York, Oxford University Press, 1981, 213 p.

Calvet, Pierre Du [V. Du Calvet, Pierre.]

Caron, Pierre, «Le livre dans la vie du clergé québécois sous le Régime anglais», mémoire de maîtrise ès arts, Québec, Université Laval, 1980, xvi-148 f.

Cartier, Jacques, *Brief Recit & Succincte Narration, de la navigation faicte es ysles de Canada, Hochelaga & Saguenay & autres, avec particulieres meurs, langaige, & cerimonies des habitans d'icelles: fort delectable à veoir*, Paris, Ponce Roffet dict Faucheur & Anthoine Le Clerc frères, 1545, 48 p.

[Cartier, Jacques et autres], *Voyages de découverte au Canada, entre les années 1534 et 1542, par Jacques Quartier, le Sieur de Roberval, Jean Alphonse de Xanctoigne, &c. Suivis de la description de Québec et de ses environs en 1608, et de divers extraits relativement au lieu de l'hivernement de Jacques Quartier en 1535-36. (Avec gravures fac-similé)*, réimprimés sur d'anciennes relations, et publiés sous la direction de la Société littéraire et historique de Québec, Québec, Imprimé chez William Cowan et fils, 1843, iv-130 p.

Casgrain, Henri-Raymond, *Œuvres complètes de l'abbé H.R. Casgrain, t. II: Biographies canadiennes*, Montréal, Beauchemin & Valois, 1885, 542 p.

Casson, François Dollier de [V. Dollier de Casson, François.]

Chabot, Richard, *Le curé de campagne et la contestation locale au Québec (de 1791 aux troubles de 1837-38). La querelle des écoles, l'affaire des fabriques et le problème des insurrections de 1837-38*, Montréal, Hurtubise HMH, «Les Cahiers du Québec / Histoire et documents d'histoire», 1975, 242 p.

Champlain, Samuel de, *Les Voyages du Sieur de Champlain Xaintongeois, Capitaine ordinaire pour le Roy, en la marine. Divisez en Deux livres. ou, Iournal tres-fidele des observations faites és descouvertures de la Nouvelle France : tant en la descriptiô des terres, costes, rivieres, ports, havres, leurs hauteurs & plusieurs declinaisons de la guide-aymant; qu'en la creâce des peuples, leur superstition, façon de vivre & de guerroyer : enrichi de quantité de figures. Ensemble deux cartes geografiques : la premiere servant à la navigation, dressée selon les compas qui nordestent, sur lesquels les mariniers navigent : l'autre en son vray Meridien, avec ses longitudes & latitudes : à laquelle est adiousté le voyage du destroict qu'ont trouvé les Anglois, au dessus de Labrador, depuis le 53ᵉ. degré de latitude, iusques au 63ᵉ. en l'an 1612. cerchans un chemin par le Nord, pour aller à la Chine*, À Paris, Chez Iean Berjon, 1613, 325 p.

Chapais, Thomas, *Cours d'histoire du Canada*, t. II : *1791-1814*, 1921 ; t. III : *1815-1833*, 1921 ; t. IV : *1833-1841*, 1923, Québec, Garneau, 8 vol.

_____, *L'honorable A.-R. Angers*, Montréal, La Compagnie de moulins à papier de Montréal, « Les hommes du jour », 16, 1892, [13] p.

Charbonneau, Jean, *Des influences françaises au Canada*, t. II : *Études et problèmes. Avant et depuis la cession*, 1918 ; t. III : *Réflexions sur l'histoire constitutionnelle du Canada*, 1920, Montréal, Beauchemin, 3 vol.

Charlevoix, Pierre-François-Xavier de, *Histoire et description generale de la Nouvelle France, avec le journal historique d'un Voyage fait par ordre du Roi dans l'Amérique Septentrionale*, À Paris, Nyon fils, 1744, 3 vol.

Chartier, Émile, *Au Canada français. La vie de l'esprit, 1760-1925*, Montréal, Bernard Valiquette, 1941, 355 p.

Chartier, Roger [V. Martin, Henri-Jean, et Roger Chartier (dir.).]

Chartrand, Georges-A. (dir.), *Livre, bibliothèque et culture québécoise*, Montréal, ASTED, 1977, 2 vol.

Chartrand, Luc, Raymond Duchesne et Yves Gingras, *Histoire des sciences au Québec*, Montréal, Boréal, 1987, 487 p.

Chasles, Philarète [V. Dainville, D.].

Chauteaubriand, François-René de, *Atala, René, Les aventures du dernier Abencérage*, introduction, notes, appendices et choix de variantes par Fernand Letessier, Paris, Classiques Garnier, 1965, 404 p.

Chauchetière, Claude, *La Vie de la B. Catherine Tegakouita dite à présent la sainte Sauvagesse*, Manate, de la presse Cramoisy de Jean-Marie Shea, 1887, viii-[9]-179 p.

Chaussé, Gilles, *Jean-Jacques Lartigue, premier évêque de Montréal*, Montréal, Fides, 1980, 275 p.

Chevrier, François Antoine de, *L'acadiade ; ou, proüesses angloises en Acadie, Canada & c. Poëme comi-héroïque, en quatre chants, par Mr. D****, À Cassel, aux dépens de l'Auteur, 1758, 80 p.

Choquette, Charles-Philippe, *Histoire du séminaire de Saint-Hyacinthe depuis sa fondation jusqu'à nos jours (1811-1911)*, Montréal, Imprimerie de l'Institution des sourds-muets, t. I, 1911, 538 p. 2 vol.

Christie, Robert, *A History of the Late Province of Lower Canada, Parliamentary and Political, from the Commencement to the Close of its Existence as a Separate*

Province, t. I et II, 1848, Quebec, T. Cary & Co. ; t. III, 1850, Québec, John Lovell; t. IV, 1853; t. V, 1854; t. VI, 1855, Montréal, John Lovell.

CINQ-MARS, François, *L'avènement du premier chemin de fer au Canada: St-Jean–Laprairie, 1836*, Saint-Jean-sur-Richelieu, Éditions Mille Roches, 1986, 223 p.

CLARIGNY, Philippe CUCHEVAL. [V. CUCHEVAL CLARIGNY, Philippe.]

CLÉREL DE TOCQUEVILLE, Charles-Alexis-Henri, *Œuvres complètes*, édition définitive publiée sous la direction de J.-P. MAYER, t. V: *Voyages en Sicile et aux États-Unis*, Paris, Gallimard, 1957, 387 p.

CLOUTIER, Nicole [V. PORTER, John R., avec la collaboration de Nicole CLOUTIER et de Jean TRUDEL.]

COCKLOFT THE ELDER, Jeremy (pseud.), *Cursory Observations Made in Quebec Province of Lower Canada in the Year 1811*, Toronto, Oxford University Press, 1960, XII-42 p.

COLGATE, William, *Nahum Mower. An Early Printer of Montreal*, Toronto, s.éd., 1964, 26 p.

COLLECTIF CLIO (Micheline DUMONT, Michèle JEAN, Marie LAVIGNE et Jennifer STODDART), *L'histoire des femmes au Québec depuis quatre siècles*, Montréal, Le Jour, 1992, 646 p.

CONOLLY, L.W., *Theatrical Touring and Founding in North America*, Westport (Conn.) et Londres, Greenwood Press, 1982, 245 p.

COSTISELLA, Joseph, *L'esprit révolutionnaire dans la littérature canadienne-française de 1837 à la fin du XIXe siècle*, Montréal, Beauchemin, 1968, 316 p.

COURVILLE, Louis-Léonard AUMASSON DE [V. AUMASSON DE COURVILLE, Louis-Léonard.]

COURVILLE, Serge, *Entre ville et campagne. L'essor du village dans les seigneuries du Bas-Canada*, Québec, Les Presses de l'Université Laval, 1990, XII-335 p.

COWAN, Helen I., *British Emigration to British North America, 1783-1837*, Toronto, University of Toronto Library, 1928, 275 p.

COX, Ross, *Adventures on the Columbia River, including the Narrative of a Residence of Six Years on the Western Side of the Rocky Mountains, among various Tribes of Indians hitherto Unknown: Together with a Journey across the American Continent*, London, Henry Colburn et Richard Bentley, 1831, XXIV-368 p.

CROIL, James, *Steam Navigation and its Relation to the Commerce of Canada and the United States*, Toronto, W. Briggs, 1898, XIV-381 p.

CUCHEVAL CLARIGNY, Philippe, *Histoire de la presse en Angleterre et aux États-Unis*, Paris, Amyot, éditeur, 1857, 551 p.

CUTHBERT, Ross, *L'Areopage*, Quebec, John Neilson, 1803, 13-[1] p.

DAGNEAU, G.-H. (dir.), *Rapport de la semaine d'histoire tenue à Québec du 10 au 16 mai 1976 sous le thème « Québec 1800-1835 »*, Québec, s.éd., 1977, 237 p.

DAINVILLE, D. (pseud. de Philarète CHASLES), *Beautés de l'histoire du Canada, ou époques remarquables, traits intéressants, mœurs, usages, coutumes des habitants du Canada, tant indigènes que colons, depuis sa découverte jusqu'à ce jour*, Paris, Bossange Frères, libraires, 1821, IV-511 p.

DARVEAU, Louis-Michel, *Nos hommes de lettres*, Montréal, Stevenson, 1873, VI-276 p.

DAVID, Laurent-Olivier, *Mgr Joseph-Octave Plessis, premier archevêque de Québec*, Montréal, Cadieux et Derome, 1883, 64 p.

_____, *Les patriotes de 1837-1838*, Montréal, Beauchemin, 1884, 297 p.

Dawson, Samuel Edward, *Copyright in Books. An Inquiry into Its Origin and an Account of the Present State of the Law in Canada*, Montréal, Dawson Brothers, Publishers, 1882, 40 p.

Les délices de la langue latine tirées de Cicéron & des auteurs les plus purs, Paris, J. Bardon, 1761.

Demers, Clovis, « Musique et théâtre à Québec, 1764-1900 », mémoire de licence en histoire, Québec, Université Laval, 1955, 34 f.

Denison, Merrill, *Au pied du courant. L'histoire Molson*, traduction d'Alain Grandbois, Montréal, Beauchemin, 1955, 423 p.

Desforges, Louise, « *Le chercheur de trésors ou l'influence d'un livre* », mémoire de maîtrise, Montréal, Université McGill, 1971, 141 f.

Desné, Roland [V. Abraham, Pierre, et Roland Desné (dir.).]

Dionne, Narcisse-Eutrope, *Vie de C.-F. Painchaud, prêtre, curé, fondateur du collège de Sainte-Anne-de-la-Pocatière*, Québec, Léger Brousseau, imprimeur, 1894, xi-440 p.

Dionne, René (dir.), *Le Québécois et sa littérature*, Sherbrooke, Naaman, 1984, 462 p.

Dollier de Casson, François, *Histoire du Montréal 1640-1672*, Montréal, Des presses à vapeur de La Minerve, « Mémoires de la Société historique de Montréal », 4, 1868, 272 p.

Doucette, Léonard Eugène, *Theatre in French Canada. Laying the Foundations, 1606-1867*, Toronto, University of Toronto Press, « Romance Series », 52, 1984, x-290 p.

Doughty, Arthur G., et Duncan McArthur (dir.), *Documents relatifs à l'histoire constitutionnelle du Canada, 1791-1818*, Ottawa, Imprimé par J. de L. Taché, « Document parlementaire », 29c, 1915, xiii-582 p.

Doughty, Arthur G. [V. Shortt, Adam, et Arthur G. Doughty.]

Douglas, Thomas, comte de Selkirk, *A sketch of the British fur trade in North America; with observations relative to the North-West Company of Montreal*, London, printed for James Ridgway, 1816, 130 p.

Douville, J.-A.-Ir., *Histoire du collège-séminaire de Nicolet, 1803-1903*, t. I : *1803-1860*, Montréal, Beauchemin, 1903, xii-459 p., 2 vol.

Drolet, Antonio, *Les bibliothèques canadiennes (1604-1960)*, Montréal, Le Cercle du livre de France, 1965, 234 p.

Du Calvet, Pierre, *Appel à la Justice de l'État ou Recueil de Lettres au Roi, au Prince de Galles, et aux Ministres; avec une Lettre à Messieurs les Canadiens, où sont fidèlement exposés les actes horribles de la violence arbitraire qui a régné dans la Colonie, durant les derniers troubles, & les vrais sentiments du Canada sur le Bill de Québec & sur la forme de Gouvernement la plus propre à y faire renaître la paix & le bonheur public. Une Lettre du Général Haldimand lui-même. Enfin une deuxième lettre à Milord Sydney, où on lit un précis des nouvelles du 4 & 10 Mai dernier sur ce qui s'est passé en Avril dans le Conseil législatif de Québec avec les protêts de six Conseillers, le Lieutenant-Gouverneur Henri Hamilton à leur tête, contre la nouvelle Inquisition d'État établie par le Gouverneur & son parti*, Londres, s.éd., 1784, xiv-320-viii p.

Duchesne, Raymond [V. Chartrand, Luc, Raymond Duchesne et Yves Gingras.]

Dumont, Micheline [V. Collectif Clio.]

Dumont, Micheline [V. Fahmy-Eid, Nadia, et Micheline Dumont.]

Duplessis de Sainte-Hélène, Marie-Andrée Regnard [V. Regnard Duplessis de Sainte Hélène, Marie-Andrée.]

Durham, comte de [V. Lambton, John George, 1er comte de Durham.]

Elliot, Emory (dir.), *Columbia Literary History of the United States*, New York, Columbia University Press, 1988, 1263 p.

Entick, John, *The General History of the Late War: Containing it's Rise, Progress and Event, in Europe, Asia, Africa and America and Exhibiting the State of the Belligerent Powers at the Commencement of the War, their Interests and Objects in it's Continuation, and Remarks on the Measures, which Led Great Britain to Victory and Conquest, Interspersed with the Characters... by Sea and Land*, London, Dilly and Millan, 1763-1764, 5 vol.

Études françaises (L'éveil des nationalités), vol. X, n° 4 (novembre 1974), p. [341]-433.

Fabre, Hector, *Esquisse biographique sur Chevalier de Lorimier*, Montréal, de l'imprimerie du Pays, 1856, 15 p.

Fahmy-Eid, Nadia, et Micheline Dumont, *Maîtresses de maison, maîtresses d'écoles. Femmes, famille et éducation dans l'histoire du Québec*, Montréal, Boréal Express, « Études d'histoire du Québec », 12, 1983, 413 p.

Falardeau, Jean-Charles, *Étienne Parent, 1802-1874. Biographie, textes et bibliographie*, Montréal, Éditions La Presse, « Échanges », 1975, 344 p.

Faucher, Albert, *Québec en Amérique au XIXe siècle: essai sur les caractères économiques de la Laurentie*, Montréal, Fides, 1973, x-247 p.

Fauteux, Ægidius, *The Introduction of Printing into Canada. A Brief History*, Montréal, Rolland Paper Company, 1930, xii-178 p.

Fergusson, Adam, *Practical Notes Made during a Tour in Canada, and a Portion of the United States, in MDCCCXXXI*, Edinburgh, William Blackwood, and London, T. Cadell, Strand, 1833, xv-379 p.

Ferland, Jean-Baptiste-Antoine, *Cours d'histoire du Canada. Première partie, 1534-1663*, Québec, Augustin Côté, éditeur-imprimeur, 1861, xi-522 p.

⎯⎯⎯, *Mgr Joseph-Octave Plessis, évêque de Québec*, Québec, Imprimerie de Léger Brousseau, 1878, 288 p.

Fitzpatrick, Marjorie Ann, « The Fortunes of Molière in French Canada », thèse de doctorat, Toronto, University of Toronto, 1968, xxx-518 f.

Fleuret, Maurice, « L'éducation morale au petit séminaire de Québec, 1668-1857 », mémoire de diplôme d'études supérieures en histoire, Québec, Université Laval, 1977, xxx-504 f.

Freedman, A. [V. Smith, C.E., et A. Freedman.]

Frégault, Guy, et Marcel Trudel (dir.), *Histoire du Canada par les textes*, t. I: *1534-1854*, édition revue et augmentée, Montréal, Fides, 1963, 262 p., 2 vol.

Galarneau, Claude, *Les collèges classiques au Canada français (1620-1970)*, Montréal, Fides, 1978, 287 p.

_____, *La France devant l'opinion canadienne (1760-1815)*, préface d'André Latreille, Québec, Les Presses de l'Université Laval, « Les Cahiers de l'Institut d'histoire », 16, 1970, xi-401 p.

GALARNEAU, Claude, et Maurice LEMIRE (dir.), *Livre et lecture au Québec (1800-1850)*, Québec, Institut québécois de recherche sur la culture, 1988, 269 p.

GALLAYS, François [V. WYCZYNSKI, Paul, François GALLAYS et Sylvain SIMARD (dir.).]

GALLICHAN, Gilles, *Livre et politique au Bas-Canada, 1791-1849*, Sillery, Septentrion, 1991, 519 p.

GARNEAU, François-Xavier, *Histoire du Canada depuis sa découverte jusqu'à nos jours*, t. I, 1845 ; t. II, 1846, Québec, N. Aubin ; t. III, 1848, Québec, Fréchette et Frère ; t. IV, 1852, Québec, John Lovell.

_____, *Histoire du Canada depuis sa découverte jusqu'à nos jours*, 4ᵉ édition, Montréal, Beauchemin & Valois, libraires-imprimeurs, 1882, 4 vol.

GASPÉ, Philippe-Ignace-François AUBERT DE [V. AUBERT DE GASPÉ, Philippe-Ignace-François.]

GASPÉ, Philippe-Joseph AUBERT DE [V. AUBERT DE GASPÉ, Philippe-Joseph.]

GÉRIN-LAJOIE, Antoine, *Antoine Gérin-Lajoie. La résurrection d'un patriote canadien*, avec introduction et compte rendu par Léon Gérin, Montréal, Éditions du Devoir, 1925, 325 p.

GERSON, Carole, *A Purer Taste. The Writing and Reading of Fiction in English in Nineteenth Century Canada*, Toronto, University of Toronto Press, 1989, 210 p.

GINGRAS, Yves [V. CHARTRAND, Luc, Raymond DUCHESNE et Yves GINGRAS.]

GIRARD, Gilles, Réal OUELLET et Claude RIGAULT, *L'univers du théâtre*, Paris, Presses universitaires de France, « Littératures modernes », 13, 1978, 230 p.

GODIN, Jean-Cléo, et Laurent MAILHOT, *Théâtre québécois I*, Montréal, Bibliothèque québécoise, 1988, 366 p.

GOFFLOT, Louis-V., *Le théâtre au collège du Moyen Âge à nos jours*, avec bibliographie et appendices, préface de Jules Claretie, Paris, H. Champion, et New York, Burt Franklin, 1907, xiv-336 p.

GOSSELIN, Auguste, *Le docteur Labrie. Un bon patriote d'autrefois*, Québec, Dussault & Proulx, imprimeurs, 1903, viii-198 p.

GOULET, Denis, et André PARADIS, *Trois siècles d'histoire médicale au Québec. Chronologie des institutions et des pratiques (1639-1939)*, Montréal, VLB éditeur, 1992, 527 p.

GRAHAM, Franklin Thomas, *Histrionic Montreal. Annals of the Montreal Stage with Biographical and Critical Notices of the Plays and Players of a Century*, 2ᵉ édition, Montréal, John Lovell, 1902, 302 p.

GRANDPRÉ, Pierre DE (dir.), *Histoire de la littérature française du Québec*, Québec, Beauchemin, t. I, 1967, 368 p., 4 vol.

GRAVEL, Jacques, « Le théâtre au Québec de 1830 à 1839 », mémoire de maîtrise en études françaises, Montréal, Université de Montréal, 1978, 578 f.

Gray, Hugh, *Letters from Canada, Written during a Residence There in the Years 1806, 1807 and 1808, Shewing the Present State of Canada, Its Productions, Trade, Commercial Importance and Political Relations. Illustrative of the Laws, the Manners of the People and the Peculiarities of the Country and Its Climate: Exhibiting also the Commercial Importance of Nova-Scotia, New Brunswick & Cape-Breton: and Their Increasing Ability, in Conjunction with Canada, to Furnish the Necessary Supplies of Lumber and Provisions to Our West-India Islands*, London, Longman, Hurst, Rees and Orme, 1809, 406 p.

Groulx, Lionel, *L'enseignement français au Canada*, t. I : *Dans le Québec*, Montréal, Librairie d'Action canadienne-française, 1931, 327 p., 2 vol.

——————, *Histoire du Canada français depuis la découverte*, t. II : *Le Régime britannique au Canada*, Montréal, Fides, 1960, 442 p., 4 vol. [Première édition : 1952.]

Guay, André L., « Lower Canadian Constitutional Thought as Seen through *Le Canadien* and *The Quebec Mercury* (1804-1823) », mémoire de maîtrise en histoire, Ottawa, Université d'Ottawa, 1975, 201 f.

Guyart, Marie [V. Martin, dom Claude.]

Hakluyt, Richard, *The principal Navigations, Voyages, Traffiques, and Discoveries of the English Nation, made by sea or over land, to the remote and farthest distant quarters of the earth, at any time within the compass of these 1600 yeeres; divided into three several volumes, according to the positions of the regions whereunto they were directed. The first volume containeth the worthie discoveries of the English, toward the North and North-east by sea. The second Volume comprehendeth the principall navigations, &c. made by sea, or over land, to the South and South-east parts of the world, as well within as without the streight of Gibraltar, at any time within the compasse of these 1600 years, &c. The third and last Volume of the Voyages, &c. of the English Nation, and in some few places where they have not been, of strangers, performed within and before the time of these three hundred yeeres, to all parts of the new-found world of America, or the West Indies, from 73 degrees of northely to 57 of southerly latitude*, London, s.éd., 1599-[1600], 3 vol.

Halden, Charles ab der, *Études de littérature canadienne-française*, Paris, F.R. de Rudeval, 1904, civ-352 p.

Hall, Basil, *Travels in North America, in the Years 1827 and 1828*, Philadelphia, s.éd., 1829, 2 vol.

Hamelin, Jean (dir.), *Histoire du Québec*, Montréal, France-Amérique, 1978, 538 p.

Hamelin, Jean [V. Voisine, Nive, avec la collaboration d'André Beaulieu et de Jean Hamelin.]

Hamelin, Jean [V. Voisine, Nive, et Jean Hamelin (dir.).]

Harding, Thomas S., *College Literary Societies: their Contribution to Higher Education in the United States 1815-1876*, New York, The Pageant Press International Corp., 1971, xv-537 p.

Hare, John, *Les Canadiens français aux quatre coins du monde. Une bibliographie commentée des récits de voyages, 1670-1914*, Québec, Société historique de Québec, 1964, 213 p.

——————, *La pensée socio-politique au Québec, 1784-1812. Analyse sémantique*, Ottawa, Éditions de l'Université d'Ottawa, 1977, 102 p.

_____ (dir.), *Anthologie de la poésie québécoise du XIXe siècle (1790-1890)*, Montréal, Hurtubise HMH, 1979, 410 p.

HARE, John, Marc LAFRANCE et David Thierry RUDDEL, *Histoire de la ville de Québec, 1608-1871*, Montréal, Boréal, 1987, 399 p.

HARE, John, et Jean-Pierre WALLOT, *Les imprimés dans le Bas-Canada, 1801-1810*, préface de Lionel Groulx, Montréal, Les Presses de l'Université de Montréal, 1967, XXIII-381 p.

_____ (dir.), *Confrontations. Choix de textes sur des problèmes politiques, économiques et sociaux du Bas-Canada (1806-1810)*, Trois-Rivières, Boréal Express, 1970, 323 p.

HARVEY, Fernand, *Bibliographie de six historiens québécois : Michel Bibaud, François-Xavier Garneau, Thomas Chapais, Lionel Groulx, Fernand Ouellet, Michel Brunet*, Québec, Université Laval, Institut supérieur des sciences humaines, 1970, 43 p.

HAYNE, David M., et Marcel TIROL, *Bibliographie critique du roman canadien-français, 1837-1900*, Québec, Les Presses de l'Université Laval, 1968, VII-144 p.

HÉBERT, Pierre, et Marilyn BASZCYNSKI, *Le journal intime au Québec. Structure. Évolution. Réception*, Montréal, Fides, 1988, 209 p.

HENNEPIN, Louis, *Description de la Louisiane, nouvellement decouverte au Sud'Oüest de la Nouvelle France, par ordre du Roy. Avec la Carte du Pays : les Mœurs & la Maniere de vivre des Sauvages*, Dédiée à Sa Majesté. Par le R.P. Loüis Hennepin, Missionnaire Recollet & Notaire Apostolique, À Paris, Chez la veuve Sebastien Huré, ruë Saint Jacques, à l'Image S. Jerôme, près S. Séverin, 1683, 312 p. Avec privilege du Roy.

_____ , *Nouveau Voyage d'un Païs plus grand que l'Europe. Avec les reflections des entreprises du Sieur de la Salle, sur les Mines de St. Barbe & c. Enrichi de la Carte, de figures expressives, des mœurs & manieres de vivre des Sauvages du Nord, & du Sud, de la prise de Quebec Ville Capitale de la Nouvelle France, par les Anglois, & des avantages qu'on peut retirer du chemin recourci de la Chine & du Japon, par le moien de tant de Vastes Contrées, & de Nouvelles Colonies*, Avec approbation & dédié à Sa Majesté Guillaume III, Roy de la grande Bretagne par le R.P. Louis Hennepin, Missionaire Recollect & Notaire Apostolique, À Utrecht, Chez Antoine Schouten, Marchand Libraire, 1698, [70]-389 p.

_____ , *Nouvelle Decouverte d'un tres grand Pays Situé dans l'Amerique, entre Le Nouveau-Mexique et La Mer Glaciale, Avec les Cartes, & les Figures necessaires, & de plus l'Histoire Naturelle & Morale, & les avantages qu'on en peut tirer par l'établissement des Colonies*, Le tout dedie à Sa Majesté Britannique Guillaume III. Par le R.P. Louis Hennepin. Missionaire Recollet & Notaire Apostolique. À Utrecht, Chez Guillaume Brodelet, Marchand Libraire, 1697, 506 p. Ill.

HENRY, Alexander, *Travels and adventures in Canada and the Indian territories, between the years 1760 and 1776. In two parts*, New-York, printed and published by I. Riley, 1809, 330 p.

HEWS, Olive, « Les lectures de Philippe Aubert de Gaspé, père et fils », mémoire de maîtrise en littérature, Montréal, Université de Montréal, 1980, III-120 f.

HOLMES, Jean, *Conférences de Notre-Dame de Québec*, Québec, A. Côté, 1850, 137-XXIII p.

[Houdet, Antoine-Jacques], *Cours abrégé de belles-lettres, à l'usage du collège de Montréal,* Montréal, De l'imprimerie de C.P. Leprohon, 1840, 180 p.

Hutchinson, Thomas, *The History of the Province of Massachusets-Bay, from the Charter of King William and Queen Mary, in 1691, until the Year 1750,* Boston, Printed by Thomas & John Fleet, 1767, iv-539 p.

Index to the Archival Publications of the Quebec Literary and Historical Society, 1824-1924, Québec, L'Événement Press, 1923, 215 p.

Irving, Washington, *Astoria, or, Enterprise beyond the Rocky Mountains,* London, R. Bentley, 1836, 3 vol.

Jacobs, Wilbur R. (dir.), *Letters of Francis Parkman,* Norman, University of Oklahoma Press, 1960, 2 vol.

Jean, Michèle [V. Collectif Clio.]

Jérémie, dit Lamontagne, Nicolas, « Relation du détroit et de la baie de Hudson », dans *Recueil d'arrests Et autres pièces pour l'établissement de la Compagnie d'Occident. Relation de la Baie de Hudson. Les navigations de Frobisher au Détroit qui porte son nom,* À Amsterdam, Chez Jean-Frederic Bernard, 1720, p. 3-39.

——————, « Relation du Détroit et de la Baie de Hudson, A Monsieur** Par Monsieur Jeremie », *Recueil de Voyages au Nord. Contenant divers Memoires très-utiles au Commerce Et à la Navigation. Tome V,* À Amsterdam, Chez Jean Frederic Bernard, 1724, p. 396-432.

——————, « Relation du Détroit et de la Baye de Hudson, A Monsieur** Par Monsieur Jérémie », *Recueil de Voyages au Nord, Contenant divers Mémoires très utiles au Commerce Et à la Navigation. Tome Troisième. Nouvelle Edition, Corrigée & mise en meilleur ordre,* À Amsterdam, Chez Jean-Frédéric Bernard, 1732, p. 305-356.

[Jésuites], *The Jesuit Relations and Allied Documents. Travels and Explorations of the Jesuit Missionaries in New France, 1610-1791,* edited by Reuben Gold Thwaites, Cleveland, Burrows Brothers Company, Publishers, 1896-1901, 73 vol.

——————, *Relations des Jésuites, contenant ce qui s'est passé de plus remarquable dans les missions des Pères de la Compagnie de Jésus dans la Nouvelle-France,* Québec, Augustin Côté, éditeur-imprimeur, 1858, 3 vol. [Réimpression : Montréal, Éditions du Jour, 1972.]

Jolois, Jean-Jacques, *Joseph-François Perrault (1753-1844) et les origines de l'enseignement laïque au Bas-Canada,* préface de Jean-Guy Cardinal, Montréal, Les Presses de l'Université de Montréal, 1969, 268 p.

Jonard, Norbert, *La commedia dell'arte,* Lyon, L'Hermès, « Langues romanes », 1982, 108 p.

Juchereau de La Ferté de Saint-Ignace, Françoise, et Marie-Andrée Regnard Duplessis de Sainte-Hélène, *Histoire de l'Hôtel-Dieu de Québec,* à Montauban, Chez Jerosme Legier, Imprimeur du Roy, par les soins de Louis Bertrand de La Tour, 1751, [14]-556-21 p. Avec Privilége du Roy.

Julien, Bernard [V. Wyczynski, Paul, Bernard Julien et Hélène Beauchamp-Rank (dir.).]

Julien, Bernard [V. Wyczynski, Paul, Bernard Julien et Jean Ménard.]

Julien, Bernard [V. Wyczynski, Paul, Bernard Julien, Jean Ménard et Réjean Robidoux.]

Julien, Henri, *Album*, Montréal, Beauchemin, 1916, 205 p.

Kendall, Edward Augustus, *Travels through the Northern Parts of the United States, in the Year 1807 and 1808*, New York, printed and published by I. Riley, 1809, 3 vol.

Kesterton, Wilfred H., *A History of Journalism in Canada*, préface de Wilfrid Eggleston, Toronto, McClelland and Stewart, « The Carleton Library », 36, 1967, 304 p.

Klinck, Carl F. (dir.), *Histoire littéraire du Canada. Littérature canadienne de langue anglaise*, traduit par Maurice Lebel, Québec, Les Presses de l'Université Laval, 1970, 1105 p.

Knox, John, *An Historical Journal of the Campaigns in North-America, for the Years 1757, 1758, 1759, and 1760 : Containing the Most Remarkable Occurrences of that Period ; Particularly the Two Sieges of Quebec, &c. &c. The Orders of the Admirals and General Officers ; Descriptions of the Countries where the Author Has Served, with their Forts and Garrisons ; their Climates, Soil, Produce ; and a Regular Diary of the Weather. As Also Several Manifesto's, a Mandate of the Late Bishop of Canada ; the French Orders and Disposition for the Defence of the Colony, &c. &c. &c.*, London, Printed for the author and sold by W. Johnston and J. Dodsley, 1769, 2 vol.

Labonté, Gilles, « Les bibliothèques privées à Québec (1820-1829) », mémoire de maîtrise en histoire, Québec, Université Laval, 1986, xxvi-301 f.

La Bruère, Pierre Boucher de [V. Boucher de La Bruère, Pierre (fils).]

La Corne, dit La Corne Saint-Luc, Luc de, *Journal du voyage de M. Saint-Luc de La Corne, ecuyer, dans le navire l'Auguste, en l'an 1761*, Montréal, Fleury Mesplet, imprimeur & libraire, 1778, 38 p.

La Ferté de Saint-Ignace, Françoise Juchereau de [V. Juchereau de La Ferté de Saint-Ignace, Françoise.]

Lafitau, Joseph-François, *Mœurs des sauvages Ameriquains, comparées aux moeurs des premiers temps*, Par le P. Lafitau, de la Compagnie de Jesus. Ouvrage enrichi de Figures en taille-douce, À Paris, Chez Saugrain l'aîné, Quay des Augustins, près de la ruë Pavée, à la Fleur de Lys [et] Charles Estienne Hochereau, à l'entrée du Quay des Augustins, à la descente du Pont S. Michel, au Phœnix, 1724, 2 vol. Avec approbation et privilege du Roy.

Laflamme, Jean, et Rémi Tourangeau, *L'Église et le théâtre au Québec*, Montréal, Fides, 1979, 355 p.

Lafrance, Marc [V. Hare, John, Marc Lafrance et David Thierry Ruddel.]

Lagrave, Jean-Paul de, *Histoire de l'information au Québec*, Montréal, Éditions La Presse, « Jadis et naguère », 1980, 245 p.

_____, *Les journalistes démocrates du Bas-Canada, 1791-1840*, Montréal, Lagrave, « Liberté », 1975, 248 p.

Lahontan, Louis-Armand de [V. Lom d'Arce, Louis-Armand de, baron de Lahontan.]

Lajeunesse, Marcel, *L'éducation au Québec (19e-20e siècles)*, Montréal, Boréal Express, « Études d'histoire du Québec », 2, 1971, 145 p.

Lambert, James Harold, « Monseigneur, the Catholic Bishop Joseph-Octave Plessis, Church, State and Society in Lower Canada. Historiography and Analysis », thèse de doctorat en histoire, Québec, Université Laval, 1981, 1300 f.

Lambert, John, *Travels through Canada, and the United States of North America, in the Years 1806, 1807, & 1808. To Which Are Added, Biographical Notices and Anecdotes of Some of the Leading Characters in the United States*, third edition, London, Baldwin, Cradock, and Joy, 1816, 2 vol.

—————, *Travels through Lower Canada, and the United States of North America, in the Years 1806, 1807 & 1808. To Which Are Added, Biographical Notices and Anecdotes of Some of the Leading Characters in the United States; and of Those Who Have, at Various Periods, Borne a Conspicuous Part in the Politics of that Country*, London, Richard Philips, 1810, 3 vol.

Lambert, Thérèse, *Histoire de la Congrégation de Notre-Dame de Montréal*, t. X : *1855-1900*, Montréal, Maison mère de la Congrégation de Notre-Dame de Montréal, 1969, 2 vol. [Le tome X comporte deux volumes.]

Lambton, John George, 1er comte de Durham, *Le rapport de Durham*, présenté, traduit et annoté par Marcel-Pierre Hamel, Aux éditions du Québec, 1948, 376 p.

—————, *Rapport de Lord Durham, haut-commissaire de Sa Majesté, etc, etc, sur les affaires de l'Amérique septentrionale britannique*, Montréal, L'Ami du peuple, 1839, 201 p.

—————, *Le rapport Durham*, document, traduction et introduction de Denis Bertrand et Albert Desbiens, Montréal, L'Hexagone, « Typo », 1990, 317 p.

—————, *Report on the Affairs of British North America*, Montreal, The Morning Courier, 1839, 126 p.

La Mennais, Félicité-Robert de, *Paroles d'un croyant*, introduction et notes de Louis Le Guillou, Paris, Flammarion, 1973, 180 p.

Lamonde, Yvan, *Les bibliothèques de collectivités à Montréal (17ᵉ-19ᵉ siècles)*, Montréal, ministère des Affaires culturelles, Bibliothèque nationale du Québec, 1979, 139 p.

—————, *La librairie et l'édition à Montréal, 1776-1920*, Montréal, Bibliothèque nationale du Québec, 1991, 198 p.

—————, *Territoires de la culture québécoise*, Sainte-Foy, Les Presses de l'Université Laval, 1991, 293 p.

————— (dir.), *Les bibliothèques personnelles au Québec. Inventaire analytique et préliminaire des sources*, Montréal, Bibliothèque nationale du Québec, 1983, 131 p.

————— (dir.), *L'imprimé au Québec. Aspects historiques (18ᵉ-20ᵉ siècles)*, Québec, Institut québécois de recherche sur la culture, 1983, 368 p.

Lamontagne, Nicolas Jérémie, dit [V. Jérémie, dit Lamontagne, Nicolas.]

Langlois, Georges, *Histoire de la population canadienne-française*, Montréal, Albert Lévesque, 1934, 309 p.

La Potherie [V. Le Roy.]

Lareau, Edmond, *Histoire de la littérature canadienne*, Montréal, John Lovell, 1874, viii-496 p.

_____, *Mélanges historiques et littéraires*, Montréal, Eusèbe Senécal, 1877, 351 p.

La Rochefoucauld-Liancourt, François-Alexandre-Frédéric, duc de, *Voyage dans les États-Unis d'Amérique, fait en 1795, 1796 et 1797*, Paris, Du Pont, imprimeur-libraire, 1799, 8 vol. [Traduction: *Travels through the United States of North America, the country of the Iroquois and Upper Canada, in the years 1795, 1796 and 1797; with an authentic account of Lower Canada*, London, s.éd., 1799, 2 vol.]

La Rocque de Roberval, Jean-François de [V. Cartier, Jacques, et autres.]

Las Cases, *Mémorial de Sainte-Hélène*, texte établi, avec introduction, bibliographie et notes par André Fugier, Paris, Classiques Garnier, 1961, 2 vol.

Lathuillère, Roger (dir.), *Mélanges offerts à M. le Professeur Frédéric Deloffre. Langue, littérature du XVIIe et du XVIIIe siècle*, Paris, SEDES, 1990, 771 p.

Lavigne, Marie [V. Collectif Clio.]

Lavoie, Pierre, *Pour suivre le théâtre au Québec. Les ressources documentaires*, Québec, Institut québécois de recherche sur la culture, 1985, 521 p.

Lavoie, Yolande, *L'émigration des Canadiens aux États-Unis avant 1930. Mesure du phénomène*, Montréal, Les Presses de l'Université de Montréal, 1972, 87 p.

Lebel, Jean-Marie, «Ludger Duvernay et *La Minerve*. Étude d'une entreprise de presse montréalaise de la première moitié du XIXe», mémoire de maîtrise en histoire, Québec, Université Laval, 1982, XXVIII-222 f.

Lebel, Marc, Pierre Savard et Raymond Vézina, *Aspects de l'enseignement au petit séminaire de Québec (1765-1945)*, Québec, Société historique de Québec, 1968, 221 p.

Le Clercq, Chrestien, *Nouvelle Relation de la Gaspésie, qui contient Les Mœurs & la Religion des Sauvages Gaspesiens Porte-Croix, adorateurs du Soleil, & d'autres peuples de l'Amérique Septentrionale, dite le Canada*, Dédiée à Madame la Princesse d'Epinay. Par le Pere Chrestien Le Clercq, Missionnaire Recollet de la Province de Saint Antoine de Pade en Artois, & Gardien du Couvent de Lens, À Paris, Chez Amable Auroy, ruë Saint Jacques, à l'Image S. Jerôme, attenant la Fontaine S. Severin, 1691, [25]-572 p. Avec Privilege du Roy.

_____, *Premier Etablissement de la Foy dans la Nouvelle France, contenant la Publication de l'Évangile, l'Histoire des Colonies Françoises, & les Fameuses découvertes depuis le Fleuve de Saint Laurent, la Loüisiane & le Fleuve Colbert jusqu'au Golphe Mexique, achevées sous la conduite de Feu Monsieur de La Salle. Par ordre du Roy. Avec les victoires remportées en Canada par les armes de Sa Majesté sur les Anglois & les Iroquois en 1690*, Dédié à Monsieur le Comte de Frontenac, Gouverneur & Lieutenant General de la Nouvelle France. Par le Pere Chrestien Le Clercq. Missionnaire Recollet de la Province de Saint Antoine de Pade en Arthois, Gardien des Recollets de Lens, À Paris, Chez Amable Auroy, ruë Saint Jacques attenant la Fontaine S. Severin à l'Image Saint Jerôme, 1691, 2 vol.

Leder, Lawrence H. (dir.), *Colonial Legacy*, t. I: *Loyalist Historians*, New York, Harper & Row Publishers, 1971, 206-8 p.

Lefebvre, Jean-Jacques, *William Smith, 1769-1847. Sa famille, sa carrière; son History of Canada*, Montréal, s.éd., 1945, 24 p.

LEMIEUX, Lucien, *L'établissement de la première province ecclésiastique au Canada, 1783-1844*, Montréal, Fides, « Histoire religieuse du Canada », 1, 1968, XXVII-559 p.

LEMIEUX, Lucien [V. VOISINE, Nive (dir.).]

LEMIRE, Maurice, *Les grands thèmes nationalistes du roman historique canadien-français*, Québec, Les Presses de l'Université Laval, « Vie des lettres canadiennes », 8, 1970, XII-281 p.

─────────── (dir.), *Le romantisme au Canada*, Québec, Nuit blanche, « Cahiers du CRELIQ », [à paraître].

─────────── (dir.), *La vie littéraire au Québec*, t. I : *1764-1805. La voix française des nouveaux sujets britanniques*, Sainte-Foy, Les Presses de l'Université Laval, 1991, XVIII-498 p.

LEMIRE, Maurice [V. GALARNEAU, Claude, et Maurice LEMIRE (dir.).]

LE MOINE, James MacPherson, *Quebec Past and Present. A History of Quebec, 1608-1876*, Québec, Augustin Côté et Cie, 1876, VII-466 p.

LEMOINE, Réjean, « Le marché du livre à Québec, 1764-1839 », mémoire de maîtrise en histoire, Québec, Université Laval, 1981, XV-237 f.

LE ROY DE LA POTHERIE, dit BACQUEVILLE DE LA POTHERIE, Claude-Charles, *Histoire de l'Amerique Septentrionale*, t. I : *Contenant le Voyage du Fort de Nelson, dans la Baye d'Hudson, à l'extrémité de l'Amérique. Le premier établissement des François dans ce vaste païs, la prise dudit Fort de Nelson, la Description du Fleuve de saint Laurent, le gouvernement de Quebec des trois Rivieres & de Montreal, depuis 1534, jusqu'à 1701*, 370 p. ; t. II : *Contenant L'Histoire des peuples Alliés de la Nouvelle France, leurs Mœurs & leurs Maximes, leur Religion, & leurs Interêts avec toutes les Nations des Lacs Superieurs, tels que sont les Hurons & les Islinois, l'Alliance faite avec les François & ces Peuples, la possession de tous ces Païs au nom du Roi ; & tout ce qui s'est passé de plus remarquable sous Messieurs de Traci, de Frontenac, de la Barre & de Denonville*, 356 p. ; t. III : *Qui contient L'Histoire des Iroquois, leurs Mœurs, leurs Maximes, leurs Coûtumes, leur Gouvernement, leurs Interêts avec les Anglois leurs Alliez, tous les mouvemens de guerre depuis 1689 jusqu'en 1701, leurs Négociations, leurs Ambassades pour la Paix generale avec les François, & les peuples Alliez de la Nouvelle France*, 310 p. ; t. IV : *Contenant L'Histoire des Abenaguis, la Paix generale dans toute l'Amerique Septentrionale, sous le gouvernement de Monsieur le Comte de Frontenac & Monsieur le Chevalier de Callieres, pendant laquelle des Nations éloignées de six cens lieuës de Quebec s'assemblerent a Montreal*, 271 p., Par Mr. de Bacqueville de la Potherie, né à la Guadaloupe ; dans l'Amerique Meridionale, Aide Major de la dite Isle, À Paris, Jean-Luc Nion, au premier Pavillon des quatre Nations, à Ste. Monique. Et François Didot, à l'entrée du Quai des Augustins, à la Bible d'or, 1722. Avec Approbation & Privilège du Roi, 4 vol. Ill.

LESCARBOT, Marc, *Histoire de la Nouvelle France Contenant les navigations, découvertes, & habitations faites par les François és Indes Occidentales & Nouvelle-France souz l'avœu et authorité de noz Rois Tres-Chrétiens, & les diverses fortunes d'iceux en l'execution de ces choses, depuis cent ans jusques à hui. En quoy est comprise l'Histoire Morale, Naturelle, et Geographique de ladite province : Avec les Tables & Figures d'icelle*, Par Marc Lescarbot Advocat en Parlement, Témoin oculaire d'une partie des choses ici recitées, À Paris, Chez Iean Milot, tenant sa boutique sur les degrez de la grand'salle du Palais, 1609, 888 p. Cartes. Avec Privilege du Roy.

LETOCHA, Louise, « Les origines de l'art de l'estampe au Québec », mémoire de maîtrise en histoire de l'art, Montréal, Université de Montréal, 1975, VIII-136 f.

Lettres édifiantes et curieuses, escrites des missions étrangeres par quelques missionaires de la Compagnie de Jésus, 30 vol., Paris, s.éd., 1707-1713. [Nouvelle édition : Paris, s.éd., 1780-1783, 26 vol.]

LHOMOND, Charles-François, *Elements de la grammaire latine*, A Montreal, chez Roy & Bennett imprimeurs, 1796-1797, en 3 parties.

LINTEAU, Paul-André [V. BALL, Norman R. (dir.).]

La littérature canadienne de 1850 à 1860, publié par la direction du Foyer canadien, t. I, Québec, Desbarats et Derbishire, 1863, 388 p. ; t. II, Québec, G. et G.E. Desbarats, 1864, 389 p.

LOCRÉ DE ROISSY, Jean-Guillaume, baron de, *Discussions sur la liberté de la presse, la censure, la propriété littéraire, l'imprimerie et la librairie, qui ont eu lieu dans le Conseil d'État pendant les années 1808, 1809, 1810 et 1811*, Paris, Garnery, 1819, 300 p.

LOM D'ARCE, Louis-Armand DE, baron de LAHONTAN, *Nouveaux Voyages de Mr. le Baron de Lahontan dans l'Amérique Septentrionale, qui contiennent une Rélation des différens Peuples qui y habitent ; la nature de leur Gouvernement ; leur Commerce, leurs Coûtumes, leur Religion &c leur maniére de faire la Guerre. L'intérêt des François & des Anglois dans le Commerce qu'ils font avec ces Nations ; l'avantage que l'Angleterre peut retirer dans ce Païs, étant en Guerre avec la France. Le tout enrichi de Cartes & de Figures*, t. I : [24]-279 p. ; t. II : *Mémoires de l'Amérique Septentrionale ou la Suite des voyages de Mr. le baron de Lahontan. Qui contiennent la Description d'une grande étenduë du Païs de ce Continent, l'intérêt des François & des Anglois, leurs Commerces, leurs Navigations, les Mœurs & les coutumes des Sauvages &c. Avec un petit Dictionnaire de la langue du Païs*, 220-[17] p. ; t. III : *Supplément aux voyages du Baron de Lahontan, où l'on trouve des Dialogues curieux entre l'auteur et un Sauvage de bon sens qui a voyagé. L'on y voit aussi plusieurs Observations faites par le même Auteur, dans ses voyages en Portugal, en Espagne, en Hollande & en Dannemarck, &c.*, 22 p., À la Haye, Chez les Frères L'Honoré, 1703, 3 vol. Ill., cartes.

_____, *Œuvres complètes*, édition critique de Réal Ouellet, Université Laval, avec la collaboration d'Alain Beaulieu, Montréal, Les Presses de l'Université de Montréal, « Bibliothèque du Nouveau-Monde », 1990, 2 vol.

LORD, Michel, *En quête du roman gothique québécois : tradition littéraire et imaginaire romanesque*, Québec, Université Laval, Centre de recherche en littérature québécoise, « Essais », 2, 1985, 155 p.

LORTIE, Jeanne d'Arc, *La poésie nationaliste au Canada français (1606-1867)*, Québec, Les Presses de l'Université Laval, « Vie des lettres québécoises », 13, 1975, IX-535 p.

MCARTHUR, Duncan [V. DOUGHTY, Arthur G., et Duncan MCARTHUR (dir.).]

MACDONALD, Mary Lucinda, *Literature and Society in the Canadas, 1817-1850*, Queenston (Ontario), The Edwin Mellen Press, 1992, 368 p.

MACKENZIE, William Lyon, *Sketches of Canada and the United States*, London, Effingham Wilson, 1833, XXIV-504-24 p.

MACLAREN, I.S., et C. POTVIN (dir.), avec la collaboration de E. NIKOLAREA, *Les genres littéraires / Literary Genres*, Alberta, University of Alberta, Research Institute for Comparative Literature, 1991, VI-164 p.

MAGUIRE, Thomas, *Manuel des difficultés les plus communes de la langue française adapté au jeune âge: et suivi d'un recueil de locutions vicieuses*, Québec, Fréchette, 1841, 184 p.

MAILHOT, Laurent, *La littérature québécoise*, Paris, Presses universitaires de France, « Que sais-je ? », 1579, 1974, 127 p.

MAILHOT, Laurent [V. GODIN, Jean-Cléo, et Laurent MAILHOT.]

MAITLAND, Leslie, *L'architecture néoclassique au Canada*, Ottawa, Parcs Canada, Direction des lieux et parcs historiques nationaux, 1984, 149 p.

MALCHELOSSE, Gérard, *Michel Bibaud*, Montréal, s.éd., 1945, 12 p.

MARCILLIEN-LOUIS, frère, « La pensée didactique de Michel Bibaud, versificateur. Influences prépondérantes au XVIIIe siècle », mémoire de maîtrise, Ottawa, Université d'Ottawa, 1949, X-258 p.

MARIE DE L'INCARNATION [née Marie GUYART] [V. MARTIN, dom Claude.]

MARIE-GERMAIN, frère [V. ANGERS, Gérard.]

MARIE-MÉDÉRIC, frère, « Un siècle de voltairianisme au Canada français (1760-1875) », thèse de doctorat, Ottawa, Université d'Ottawa, 1939, IV-430 f.

MARION, Séraphin, *Les lettres canadiennes d'autrefois*, t. I : *La phase bilingue*, 1939 ; t. II : *La phase française*, 1940 ; t. III : *La phase canadienne*, 1942 ; t. IV : *La phase préromantique*, 1944 ; t. VII : *Bataille romantique au Canada français*, 1952, Hull, L'Éclair, et Ottawa, Éditions de l'Université, 9 vol.

Martin, dom Claude, *Lettres de la vénérable mère Marie de l'Incarnation, première supérieure des ursulines de la Nouvelle France, divisées en deux Parties*, À Paris, Chez Loüis Villaine, au second Pillier de la grande Salle du Palais, au grand Cesar, 1681, 675-[1] p. Avec Approbation des Docteurs & Privilege de sa Majesté.

MARTIN, Henri-Jean, et Roger CHARTIER (dir.), *Histoire de l'édition française*, t. II : *Le livre triomphant, 1660-1830*, 1984 ; t. III : *Le temps des éditeurs : du romantisme à la Belle Époque*, 1985, Paris, Promodis, 4 vol.

MATHESON, Thomas, « Un pamphlet au Bas-Canada : *Les paroles d'un croyant* de La Mennais », mémoire de licence, Université Laval, 1958, XVIII-92 f.

MAURAULT, Olivier, *Le collège de Montréal, 1767-1967*, 2e édition revue et mise à jour par Antonio Dansereau, Montréal, 1967, 574 p.

MAYER, J.-P. [V. CLÉREL DE TOCQUEVILLE, Charles-Alexis-Henri.]

MAYEUR, Françoise [V. PARIAS, Louis-Henri (dir.).]

MEILLEUR, Jean-Baptiste, *Mémorial de l'éducation du Bas-Canada. Étant un exposé des principaux faits qui ont eu lieu relativement à l'éducation depuis 1615 jusqu'à 1855 inclusivement*, Montréal, J.-B. Rolland & Fils, 1860, XIV-389 p.

———, *A treatise on the pronunciation of the French language, or, A synopsis of rules for pronouncing the French language: with practical irregularities, exemplified*, 2e éd., Montreal, J. Lovell, 1841, 108 p.

MÉNARD, Jean [V. WYCZYNSKI, Paul, Bernard JULIEN et Jean MÉNARD.]
MÉNARD, Jean [V. WYCZYNSKI, Paul, Bernard JULIEN, Jean MÉNARD et Réjean ROBIDOUX.]
MEYNAUD, Jean [V. BOUTHILLIER, Guy, et Jean MEYNAUD (dir.).]
MIALARET, Gaston, et Jean VIAL (dir.), *Histoire mondiale de l'éducation*, t. III : *De 1815 à 1945*, Paris, Presses universitaires de France, 1981, 356 p., 4 vol.
MILNER, Max, et Claude PICHOIS, *Littérature française : M. de Chateaubriand à Baudelaire, 1820-1869*, nouvelle édition révisée, Paris, Arthaud, 1990, 445 p.
MOISAN, Clément (dir.), *L'histoire littéraire. Théories, méthodes, pratiques*, Québec, Les Presses de l'Université Laval, 1989, x-284 p.
MONET, Jacques, *The Last Canon Shot. A Study of French-Canadian Nationalism, 1837-1850*, Toronto, University of Toronto Press, 1969, x-422 p.
MONIÈRE, Denis, *Le développement des idéologies au Québec des origines à nos jours*, Montréal, Québec / Amérique, 1977, 381 p.
_____, *Ludger Duvernay et la révolution intellectuelle au Bas-Canada*, Montréal, Québec / Amérique, « Dossiers-documents », 1987, 231 p.
MONIÈRE, Denis, et André VACHET, *Les idéologies au Québec. Bibliographie*, 3ᵉ édition revue et augmentée, Montréal, Bibliothèque nationale du Québec, 1980, 175 p.
MONTÉMONT, Albert, *Bibliothèque universelle des voyages effectués par mer ou par terre dans les diverses parties du monde depuis les premières découvertes du monde jusqu'à nos jours : contenant la description des mœurs, coutumes, gouvernemens, cultes, sciences et arts, industrie et commerce, productions naturelles et autres*, Paris, Armand-Aubrée, 1836, 46 vol.
MOOGK, Peter N. [V. ALLODI, Mary M., Peter N. MOOGK et Beate STOCK.]
MORGAN, Henry J., *Bibliotheca Canadensis or a Manual of Canadian Literature*, Ottawa, G.E. Desbarats, 1867, xiv-411 p. [Réimpression : Détroit, Gale Research, 1968.]
_____, *Sketches of Celebrated Canadians, and Persons Connected with Canada. From the Earliest Period in the History of the Province Down to the Present Time*, Montréal, R. Worthington, 1865, xiii-779 p.
MORIN, Yvan, « Les niveaux de culture à Québec, 1800-1819. Étude des bibliothèques privées dans les inventaires après décès », mémoire de maîtrise en histoire, Québec, Université Laval, 1979, xv-140 f.
MORISSONNEAU, Christian, *La Société de géographie de Québec, 1877-1970*, Québec, Les Presses de l'Université Laval, 1971, xvi-264 p.
NIKOLAREA, E. [V. MACLAREN, I.S., et C. POTVIN (dir.).]
NOËL, Danièle, *Les questions de langue au Québec, 1759-1850*, gouvernement du Québec, Conseil de la langue française, « Dossiers », 32, 1990, xiv-397 p.
NOËL, Jean-Claude, « Pierre Petitclair : sa vie, son œuvre et le théâtre de son époque », thèse de doctorat en littérature française, Ottawa, Université d'Ottawa, 1975, 466 f. et supplément.
NOPPEN, Luc, *Les églises du Québec (1600-1850)*, Québec, Éditeur officiel, et Montréal, Fides, 1977, 298 p.
NOURRY, Louis, « La pensée politique d'Étienne Parent, 1831-1852 », thèse de doctorat en histoire, Montréal, Université de Montréal, 1971, 2 vol.

OUELLET, Fernand, *Le Bas-Canada, 1791-1840. Changements structuraux et crise*, Ottawa, Éditions de l'Université d'Ottawa, «Cahiers d'histoire de l'Université d'Ottawa», 6, 1976, 541 p.

————, *Éléments d'histoire sociale du Bas-Canada*, Montréal, Hurtubise HMH, 1972, 379 p.

————, *Histoire économique et sociale du Québec, 1760-1850. Structures et conjonctures*, préface de Robert Mandrou, Montréal, Fides, 1971, 2 vol. [Première édition: 1966.]

OUELLET, Réal [V. GIRARD, Gilles, Réal OUELLET et Claude RIGAULT.]

PAQUET, Gilles, et Jean-Pierre WALLOT, *Patronage et pouvoir dans le Bas-Canada (1794-1812). Un essai d'économie historique*, Montréal, Les Presses de l'Université du Québec, 1973, 182 p.

PARADIS, André [V. GOULET, Denis, et André PARADIS.]

PARENT, Étienne [V. FALARDEAU, Jean-Charles]

PARENT-LARDEUR, Françoise, *Les cabinets de lecture. La lecture publique à Paris sous la Restauration*, Paris, Payot, 1982, 201 p.

PARIAS, Louis-Henri (dir.), *Histoire générale de l'enseignement et de l'éducation en France*, t. III: *De la Révolution à l'École républicaine* de Françoise MAYEUR, Paris, Nouvelle librairie de France, 1981, 683 p.

PARIZEAU, Gérard, *La chronique des Fabre*, Montréal, Fides, 1978, 352 p.

————, *La société canadienne-française au XIXe siècle. Essais sur le milieu*, Montréal, Fides, 1975, 550 p.

————, *La vie studieuse et obstinée de Denis-Benjamin Viger (1774-1861)*, Montréal, Fides, 1980, 330 p.

PARKER, George L., *The Beginnings of the Book Trade in Canada*, Toronto, University of Toronto Press, 1985, XIV-346 p.

PICHOIS, Claude [V. MILNER, Max, et Claude PICHOIS.]

PINKERTON, John, *A General Collection of the best and most interesting Voyages and Travels in all parts of the World; many of which are now first translated into English; illustrated with plates*, London, s.éd., 1808-1814, 17 vol.

PLANTE, Hermann, *L'Église catholique au Canada (1604-1886)*, Trois-Rivières, Éditions du Bien public, 1970, 510 p.

PORTER, John R., avec la collaboration de Nicole CLOUTIER et de Jean TRUDEL, *Joseph Légaré, 1795-1855. L'œuvre: catalogue raisonné*, Ottawa, La Galerie nationale du Canada et les Musées nationaux du Canada, 1978, 157 p. Ill.

POTVIN, C. [V. MACLAREN, I.S., et C. POTVIN (dir.).]

POUCHOT, Pierre, *Mémoires sur la dernière guerre de l'Amérique septentrionale, entre la France et l'Angleterre* [...], Yverdon [Suisse], 1781, 3 vol.

PRINCE, Suzanne (sœur Sainte-Sophie Barat), «Jean-Denis Daulé et son époque (1765-1852)», mémoire de maîtrise ès arts, Ottawa, Université d'Ottawa, 1963, VIII-471 f.

PROVOST, Honorius, *Le séminaire de Québec. Documents et biographies*, Québec, Publications des Archives du séminaire de Québec, 1964, XIV-542 p.

RAGUENEAU, Paul, *La Vie de mère Catherine de Saint-Augustin, religieuse Hospitalière de la Miséricorde de Québec en la Nouvelle-France*, À Paris, Chez Florentin Lambert, ruë Saint-Jacques vis à vis saint Yves, à la première chambre, 1671, 384 p. Avec approbations & Privilege du Roy.

RAINVILLE, Serge, « La vie sociale à Québec de 1764 à 1815 à partir des annonces de *La Gazette de Québec* », mémoire de licence en études canadiennes, Québec, Université Laval, 1971, III-91 f.

RAMUSIO, Giovanni Battista, *Della Navigazioni é Viaggi raccolti da M. Giov. Bapt. Ramusio*, Vénise, chez les Juntes, 1554, 1565, 1583, 1650 et 1659, 3 vol.

RANSONNET, Sylvestre-François-Michel, *La Vie de la Sœur Marguerite Bourgeois institutrice, fondatrice & premiere supérieure d'une communauté de filles séculieres, établie en Canada sous le nom de congrégation de Nôtre-Dame*, Imprimé à Avignon & se vend À Liège, Chés Barnabé en Nouvice, 1728, 123-[1] p.

RAYNAL, Guillaume, *Histoire philosophique et politique des établissemens et du commerce des Européens dans les deux Indes*, Amsterdam, s.éd., 1770, 6 vol.

Recensements du Canada. Statistiques du Canada / Censuses of Canada. Statistics of Canada. 1665 to 1871, Ottawa, I.B. Taylor, 1876, LXXXV-422 p.

REGNARD DUPLESSIS DE SAINTE-HÉLÈNE, Marie-Andrée [V. JUCHEREAU DE LA FERTÉ DE SAINT-IGNACE, Françoise, et Marie-Andrée REGNARD DUPLESSIS DE SAINTE-HÉLÈNE.]

REID, Dennis, *A Concise History of Canadian Painting*, Toronto, Oxford University Press, 1988, 418 p.

REID, Philippe, « Représentations idéologiques et société globale. Le journal *Le Canadien* (1806-1842) », thèse de doctorat en sociologie, Québec, Université Laval, 1979, 572 f.

RÉMOND, René, *Introduction à l'histoire de notre temps*, t. II : *Le XIXe siècle, 1815-1914*, Paris, Seuil, « Histoire », 13, 1974, 248 p., 3 vol.

REWA, Natalie, « Garrison and Amateur Theatricals in Quebec City and Kingston during the British Régime », thèse de doctorat, Toronto, University of Toronto, 1987, 403 f.

RICH, Obadiah, *A Catalogue of Books, Relating Principally to America : Arranged Under the Years in Which They Were Printed*, London, O. Rich, 1832, 129 p.

RIGAULT, Claude [V. GIRARD, Gilles, Réal OUELLET et Claude RIGAULT.]

ROBERT, Lucie, *Discours critique et discours historique dans le « Manuel d'histoire de la littérature canadienne de langue française » de Mgr Camille Roy*, Québec, Institut québécois de recherche sur la culture, 1982, 196 p.

———, *L'institution du littéraire au Québec*, Québec, Les Presses de l'Université Laval, « Vie des lettres québécoises », 28, 1989, 272 p.

ROBERVAL, Jean-François de LA ROCQUE DE [V. CARTIER, Jacques, et autres.]

ROBIDOUX, Réjean [V. WYCZYNSKI, Paul, Bernard JULIEN, Jean MÉNARD et Réjean ROBIDOUX.]

ROCHE, Daniel, *Les républicains des lettres. Gens de culture et lumières au XVIIIe siècle*, Paris, Fayard, 1988, 393 p.

ROCHEMONTEIX, Camille DE, *Un collège de jésuites aux XVIIe & XVIIIe siècles. Le collège Henri IV de La Flèche*, Le Mans, Leguicheux, imprimeur-libraire, 1889, 356 p., 4 vol.

Roissy, Jean-Guillaume, baron de Locré de [V. Locré de Roissy, Jean-Guillaume, baron de.]

Rollin, Charles, *Traité des études*, Paris, Librairie de Firmin Didot, 1883, 3 vol. [Première édition: 1726-1728, sous le titre *De la manière d'enseigner et d'étudier les belles-lettres par rapport à l'esprit et au cœur.*]

Ross, Alexander, *Adventures of the First Settlers on the Oregon or Columbia River: being a Narrative of the Expedition Fitted out by John Jacob Astor, to Establish the « Pacific Fur Company »; with an Account of some Indian Tribes on the Coast of the Pacific*, London, Smith, Elder and Co., 1849, v-352 p.

Rousseau, Louis, *La prédication à Montréal de 1800 à 1830. Approche religiologique*, Montréal, Fides, « Héritage et projet », 16, 1976, 269 p.

Rousseau, Louis [V. Bourgault, Raymond, et Louis Rousseau (dir.).]

Roy, Camille, *Manuel d'histoire de la littérature canadienne-française*, Québec, Imprimerie de l'Action sociale, 1918, 120 p.

——————, *Nos origines littéraires*, Québec, Imprimerie de l'Action sociale, 1909, 354 p.

Roy, Jean-Louis, *Édouard-Raymond Fabre libraire et patriote canadien (1799-1854). Contre l'isolement et la sujétion*, Montréal, Hurtubise HMH, « Histoire et documents d'histoire », 17, 1974, 220 p.

Roy, Pierre-Georges, *À travers les « Mémoires » de Philippe Aubert de Gaspé*, Montréal, Ducharme, 1943, 296 p.

——————, *Toutes petites choses du Régime anglais*, 1re série, Québec, Garneau, 1946, 300 p.

Ruddel, David Thierry [V. Hare, John, Marc Lafrance et David Thierry Ruddel.]

Rudin, Ronald, *Histoire du Québec anglophone, 1759-1980*, traduction de Robert Paré, Québec, Institut québécois de recherche sur la culture, 1986, 324 p.

Rumilly, Robert, *Papineau et son temps*, Montréal, Fides, « Vies canadiennes », 1977, 2 vol.

Sagard, Gabriel (Théodat), *Le Grand Voyage du pays des Hurons, situé en l'Amerique vers la Mer douce, és derniers confins de la nouvelle France dite Canada. Où il est amplement traité de tout ce qui est du pays, des mœurs & du naturel des Sauvages, de leur gouvernement & façons de faire, tant dedans leurs pays, qu'allans en voyages: De leur foy & croyance; De leurs conseils & guerres, & de quel genre de tourmens ils font mourir leurs prisonniers. Comme ils se marient et eslevent leurs enfants; De leurs medecins & des remedes dont ils usent à leurs maladies; De leurs dances & chansons; De la chasse, de la pesche & des oyseaux & animaux terrestres & aquatiques qu'ils ont. Des richesses du pays: Comme ils cultivent les terres, & accommodent leur Menestre. De leur deüil, pleurs & lamentations et comme ils ensevelissent & enterrent leurs morts. Avec un Dictionnaire de la langue Huronne, pour la commodite de ceux qui ont à voyager dans le pays, & n'ont l'intelligence d'icelle langue, Par F. Gabriel Sagard Theodat, Recollet de S. François, de la Province de S. Denys en France*, À Paris, Chez Denys Moreau, ruë S. Iacques à la Salamandre d'Argent, 1632, [23]-380 p. Avec Privilege du Roy.

Saint-Luc, Luc de La Corne [V. La Corne, dit La Corne Saint-Luc, Luc de.]

Sansom, Joseph, *Sketches of Lower Canada, historical and descriptive; with the author's recollections of the soil, and aspect; the morals, habits, and religious institutions, of that isolated country; during a tour to Quebec, in the month of July, 1817*, New-York, printed for Kirk & Mercein, 1817, 301-XVI p.

_____, *Travels in Lower Canada, with the Author's Recollections of the Soil, and Aspect; the Morals, Habits, and Religious Institutions, of that Country*, London, printed for sir Richard Phillips and Co., 1820, IV-116 p.

SAVARD, Pierre [V. LEBEL, Marc, Pierre SAVARD et Raymond VÉZINA.]

SELKIRK, comte de [V. DOUGLAS, Thomas, comte de SELKIRK.]

SÉNÉCAL, André-Joseph, « Les débuts d'une tradition romanesque au Canada français, 1837-1852 », thèse de doctorat, Amherst, University of Massachusetts, 1976, 215 f.

SHORTT, Adam, et Arthur G. DOUGHTY, *Canada and its Provinces. A History of the Canadian People and Their Institutions*, t. XII : *The Dominion. Missions; Arts and Letters*, 1913 ; t. XV : *Quebec in the Dominion: General Outlines*, 1914, Toronto, Glasgow, Brook & Company, 23 vol.

SICOTTE, Louis-Wilfrid, *Michel Bibaud*, Montréal, Marchand, 1908, 30 p.

SIMARD, Sylvain (dir.), *La Révolution française au Canada français. Actes du colloque tenu à l'Université d'Ottawa du 15 au 17 novembre 1989*, Ottawa, Les Presses de l'Université d'Ottawa, 1991, 442 p.

SIMARD, Sylvain [V. WYCZYNSKI, Paul, François GALLAYS et Sylvain SIMARD (dir.).]

SMITH, C.E., et A. FREEDMAN, *Voluntary Associations. Perspectives on the Literature*, Cambridge University Press, 1972, x-250 p.

SMITH, William, *The History of the Post Office in British North America, 1639-1870*, Cambridge, The University Press, 1920, VIII-356 p.

SMITH, William (père), *The History of the Province of New-York, From The First Discovery to the Year 1732. To which is annexed, A Description of the Country, with a short Account of the Inhabitants, their Trade, Religions and Political State, and the Constitution of the Courts of Justice in that Colony*, London, Thomas Wilcox, 1757, XII-255 p.

SNELL, J.B., *Premiers chemins de fer*, Paris, Hachette, 1966, 128 p.

STEELE, Charles R., « Canadian Poetry in English. The Beginnings », thèse de doctorat, London, University of Western Ontario, 1974, 297 f.

STOCK, Beate [V. ALLODI, Mary M., Peter N. MOOGK et Beate STOCK.]

STODDART, Jennifer [V. COLLECTIF CLIO.]

TADIÉ, Jean-Yves, *Le roman d'aventures*, Paris, Presses universitaires de France, « Écriture », 1982, 220 p.

TAYLOR, M. Brook, « The Writing of English-Canadian History in the Nineteenth Century », thèse de doctorat en histoire, Toronto, University of Toronto, 1984, v-496 f.

THÉRIEN, Gilles (dir.), *Les figures de l'Indien*, Montréal, Université du Québec à Montréal, « Les Cahiers du Département d'études littéraires », 1988, 398 p.

THÉVENOT, Melchisédech, *Recueil de Voyages*, Paris, Mouette, 1687.

TIEGHEM, Philippe Van, *Les influences étrangères sur la littérature française (1550-1880)*, Paris, Presses universitaires de France, 1961, 275 p.

TIROL, Marcel [V. HAYNE, David M., et Marcel TIROL.]

Tocqueville, Charles-Alexis-Henri Clérel de [V. Clérel de Tocqueville, Charles-Alexis-Henri.]

Tougas, Gérard, *La littérature canadienne-française*, Paris, Presses universitaires de France, 1974, 270 p.

Tourangeau, Rémi [V. Laflamme, Jean, et Rémi Tourangeau.]

Tovell, Rosemarie L. [V. Allodi, Mary M., et Rosemarie L. Tovell.]

Tremblay, Jean-Paul, *À la recherche de Napoléon Aubin*, Québec, Les Presses de l'Université Laval, «Vie des lettres canadiennes», 7, 1969, x-187 p.

Tremblay, Victor-Laurent, *Au commencement était le mythe. Introduction à une mythanalyse globale avec application à la culture québécoise à partir de quelques textes romanesques représentatifs*, Ottawa, Les Presses de l'Université d'Ottawa, 1991, 362 p.

Trofimenkoff, Susan Mann, *Visions nationales. Une histoire du Québec*, traduite par Claire et Maurice Pergnier, Saint-Laurent, Trécarré, 1986, 455 p.

Trudel, Jean [V. Porter, John R., avec la collaboration de Nicole Cloutier et de Jean Trudel.]

Trudel, Marcel, *L'influence de Voltaire au Canada*, t. I : *De 1760 à 1850*, Montréal, Fides, et Québec, Les Publications de l'Université Laval, 1945, 2 vol.

Trudel, Marcel [V. Frégault, Guy, et Marcel Trudel (dir.).]

Trumbull, Benjamin, *A Complete History of Connecticut, Civil and Ecclesiastical, from the Emigration of its First Planters, from England, in the Year 1630, to the Year 1764; and to the Close of the Indian Wars. In Two Volumes*, New-Haven, Maltby, Goldsmith and co. and Samuel Wadsworth, 1818, 2 vol.

Vachet, André [V. Monière, Denis, et André Vachet.]

Vachon, André, *Histoire du notariat canadien, 1621-1960*, Québec, Les Presses de l'Université Laval, 1962, xxviii-209 p.

Verrette, Michel, «L'alphabétisation au Québec, 1660-1900», thèse de doctorat en histoire, Québec, Université Laval, 1989, xxxiv-397 f.

_____, «L'alphabétisation de la population de la ville de Québec de 1750 à 1849», mémoire de maîtrise en histoire, Québec, Université Laval, 1979, xi-138 f.

Vézina, Raymond [V. Lebel, Marc, Pierre Savard et Raymond Vézina.]

Vial, Jean [V. Mialaret, Gaston, et Jean Vial (dir.).]

Viatte, Auguste, *Histoire littéraire de l'Amérique française, des origines à 1950*, Québec, Les Presses universitaires Laval, et Paris, Presses universitaires de France, 1954, xi-545 p.

Viger, Jacques, *Archéologie canadienne: souvenirs historiques sur la seigneurie de La Prairie*, Montréal, s.éd., 1857.

_____, *Archéologie religieuse du diocèse de Montréal. 1850*, Montréal, imprimé par Lovell et Gibson, 1850, 22 p.

Vinet, Bernard, *Pseudonymes québécois*, Québec, Garneau, 1974, 361 p.

Voisine, Nive (dir.), *Histoire du catholicisme québécois. Les XVIIIe et XIXe siècles*, t. I : *Les années difficiles (1760-1839)* de Lucien Lemieux, Montréal, Boréal, 1989, 438 p.

VOISINE, Nive, avec la collaboration d'André BEAULIEU et de Jean HAMELIN, *Histoire de l'Église catholique au Québec (1608-1970)*, Montréal, Fides, «Commission d'étude sur les laïcs et l'Église», 1971, 112 p.

VOISINE, Nive, et Jean HAMELIN (dir.), *Les ultramontains canadiens-français*, Montréal, Boréal Express, 1985, 347 p.

WADE, Mason, *Les Canadiens français de 1760 à nos jours*, t. I: *1760-1914*, traduit par Adrien Venne, avec le concours de Francis Dufau-Labeyrie, 2e édition revue et augmentée, Montréal, Le Cercle du livre de France, «L'encyclopédie du Canada français», III, 1966, 685 p., 2 vol.

WALLOT, Jean-Pierre, *Un Québec qui bougeait. Trame socio-politique du Québec au tournant du XIXe siècle*, Montréal, Boréal Express, 1973, 345 p.

WALLOT, Jean-Pierre [V. HARE, John, et Jean-Pierre WALLOT.]

WALLOT, Jean-Pierre [V. PAQUET, Gilles, et Jean-Pierre WALLOT.]

WEINMANN, Heinz, *Du Canada au Québec. Généalogie d'une histoire*, Montréal, L'Hexagone, 1987, 477 p.

WELD, Isaac, *Travels through the States of North America and the Provinces of Upper and Lower Canada during the Years 1795, 1796 and 1797*, London, John Stockdale, 1799, 2 vol., XXIV-464 p. (pagination continue).

WILLIS, Nathaniel P., *Canadian Scenery Illustrated*, Londres, James S. Virtue, 1842, 2 vol.

WRIGHT, John, *Debates of the House of Commons in the Year 1774, on the Bill for Making More Effectual Provision for the Government of the Province of Quebec*, London, Ridgway, Piccadilly, 1839, XII-303 p.

WÜRTELE, Frédérick Christian (dir.), *Index of the Lectures, Papers and Historical Documents Published by the Literary and Historical Society of Quebec, and also the Names of Their Authors Together with a List of Unpublished Papers Read before the Society, 1829 to 1891*, Québec, Morning Chronicle, 1891, 49 p.

_____, *Our library. A Monograph*, Quebec, Morning Chronicle, 1889, p. 29-73.

WYCZYNSKI, Paul (dir.), *François-Xavier Garneau. Aspects littéraires de son œuvre*, Ottawa, Éditions de l'Université d'Ottawa, 1966, 207 p.

WYCZYNSKI, Paul, François GALLAYS et Sylvain SIMARD (dir.), *L'essai et la prose d'idées au Québec. Naissance et évolution d'un discours d'ici. Recherche et érudition. Forces de la pensée et de l'imaginaire. Bibliographie*, Montréal, Fides, «Archives des lettres canadiennes», VI, 1985, 921 p.

WYCZYNSKI, Paul, Bernard JULIEN et Hélène BEAUCHAMP-RANK (dir.), *Le théâtre canadien-français. Évolution. Témoignages. Bibliographie*, Montréal, Fides, «Archives des lettres canadiennes», V, 1976, 1005 p.

WYCZYNSKI, Paul, Bernard JULIEN et Jean MÉNARD, *Archives des lettres canadiennes*, Ottawa, Éditions de l'Université d'Ottawa, Centre de recherches de littérature canadienne-française, I, 1961, 219 p.

WYCZYNSKI, Paul, Bernard JULIEN, Jean MÉNARD et Réjean ROBIDOUX, *La poésie canadienne-française. Perspectives historiques et thématiques. Profils des poètes. Témoignages. Bibliographie*, Montréal, Fides, «Archives des lettres canadiennes», IV, 1969, 701 p.

_____, *Le roman canadien-français. Évolution. Témoignages. Bibliographie*, Montréal, Fides, «Archives des lettres canadiennes», III, 1971, 514 p.

XANCTOIGNE, Jean Alphonse DE [V. CARTIER, Jacques, et autres.]

YON, Armand, *Le Canada français vu de France (1830-1914)*, Québec, Les Presses de l'Université Laval, «Vie des lettres québécoises», 15, 1975, 235 p.

B. *Articles de périodiques*

AUDET, Francis-Joseph, «John Neilson (1776-1848)», *MSRC*, 3ᵉ série, vol. XXII (1928), section I, p. 81-97.

_____, «Pierre-Édouard Leclère (1798-1866)», *Les Cahiers des Dix*, n° 8 (1943), p. 109-140.

AUDET, Louis-Philippe, «Les écoles indépendantes dans le Bas-Canada, 1800-1825», *Culture*, vol. XVI (1955), p. 33-50.

AVRIL, Yves, «Le pamphlet: essai de définition et analyse de quelques-uns de ses procédés», *Études littéraires*, vol. XI, n° 2 (août 1978), p. 265-281.

BEAUDRY-GOURD, Anne, «Les sociétés littéraires au Canada français», *Vie française*, vol. XIII, nᵒˢ 5-6 (janvier-février 1959), p. 159-176.

BERNATCHEZ, Ginette, «La Société littéraire et historique de Québec (The Literary and Historical Society of Quebec), 1824-1890», *RHAF*, vol. XXXV, n° 2 (septembre 1981), p. 179-192.

BERNIER, Gérald, «Sur quelques effets de la rupture structurelle engendrée par la Conquête au Québec, 1760-1854», *RHAF*, vol. XXXV, n° 1 (juin 1981), p. 69-97.

BOULIANNE, Réal G., «The French Canadians and the Schools of the Royal Institution for the Advancement of Learning», *Histoire sociale / Social History*, vol. V, n° 10 (novembre 1972), p. 144-164.

BRODEUR, Raymond, «Les fonctions de la religion dans la vie quotidienne d'après *Le petit catéchisme du diocèse de Québec*, approuvé et autorisé par Mᵍʳ Plessis, 1815», *Sciences religieuses / Studies in Religion*, vol. XIII, n° 1 (1984), p. 479-488.

BRUNET, Manon, «Anonymat et pseudonymat au XIXᵉ siècle. L'envers et l'endroit de pratiques institutionnelles», *Voix et images*, vol. XIV, n° 2 (hiver 1989), p. 168-182.

_____, «Faire l'histoire de la littérature française du XIXᵉ siècle», *RHAF*, vol. XXXVIII, n° 4 (printemps 1985), p. 523-547.

BUONO, Yolande, «Imprimerie et diffusion de l'imprimé à Montréal, 1776-1820», *Documentation et bibliothèques*, vol. XXVIII, n° 1 (mars 1982), p. 15-25.

CAMBRON, Micheline, «Du «Canadien errant» au «Salut aux exilés»: l'entrecroisement de l'histoire et de la fiction», *Études françaises*, vol. XXVII, n° 1 (printemps 1991), p. 75-86.

CAMPAGNOLI, Ruggero, «Figures et fantasmes de l'industrie dans *L'influence d'un livre*», *Voix et images*, vol. IX, n° 2 (hiver 1984), p. 103-111.

CARON, Ivanhoé, «Inventaire de la correspondance de Mᵍʳ Joseph-Octave Plessis, archevêque de Québec, 1797 à 1825», *RAPQ*, 1928-1929, p. 87-208.

_____, « Inventaire de la correspondance de Mgr Joseph-Octave Plessis, archevêque de Québec. Lettres reçues de divers correspondants », *RAPQ*, 1932-1933, p. 1-244.

_____, « Monseigneur Joseph-Octave Plessis. Sa famille », *MSRC*, 3e série, vol. XXXI (1937), section I, p. 97-117.

_____, « Papiers Duvernay conservés aux Archives de la province de Québec », *RAPQ*, 1926-1927, p. 147-252.

CARRIER, Maurice, et Monique VACHON, « Du présent au passé défini par la chanson politique », *Revue de l'Association canadienne d'éducation de langue française*, vol. IV, n° 2 (1975), p. 7-11.

CASTONGUAY, Émile (pseud. : Bernard DUFEBVRE), « À propos d'un centenaire. Ludger Duvernay et *La Minerve*, 1827-1837 », *Revue de l'Université Laval*, vol. II, n° 3 (novembre 1952), p. 220-229.

_____, « Histoire du Canada. Un pamphlet et sa « Réfutation ». Louis-Joseph Papineau et Sabrevois de Bleury », *Revue de l'Université Laval*, vol. VIII, n° 9 (mai 1954), p. 820-828.

CHAPAIS, Thomas, « Les débuts du régime parlementaire. La question de la langue », *Le Canada français*, vol. I, n° 1 (1918), p. 11-29 ; vol. I, n° 2 (1918), p. 95-111.

_____, « Une séance littéraire à Québec en 1809 », *Le Courrier du livre. Revue mensuelle de bibliophilie et de bibliographie*, n° 2 (juin 1896), p. 13-15 ; n° 3 (juillet 1896), p. 25-29 ; n° 4 (août 1896), p. 45-48.

CHARLAND, Thomas-M., « Un projet de journal ecclésiastique de Mgr Lartigue », dans SOCIÉTÉ CANADIENNE D'HISTOIRE DE L'ÉGLISE CATHOLIQUE, *Rapport 1956-1957*, vol. XXIV, p. 39-53.

CHARTIER, Émile, « Les collèges classiques de Québec », *La Revue trimestrielle canadienne*, vol. X, n° 38 (juin 1924), p. 115-125.

_____, « Éloquence parlementaire, 1792-1867 », *MSRC*, 3e série, vol. XXVII (1933), section I, p. 49-61.

« La *Circulating Library* ou bibliothèque circulante de Cary », *BRH*, vol. XLII, n° 8 (août 1936), p. 490.

COUPAL, Paul-Jean, « Bas-Canada : 1838 », *Horizon Canada*, vol. III, n° 36 (1985), p. 841-847.

COURVILLE, Serge, « La crise agricole du Bas-Canada. Éléments d'une réflexion géographique (première partie) », *Cahiers de géographie du Québec*, vol. XXIV, n° 62 (septembre 1980), p. 193-224.

_____, « Rente déclarée payée sur la censive de 90 arpents au recensement nominatif de 1831 : méthodologie d'une recherche », *Cahiers de géographie du Québec*, vol. XXVII, n° 70 (avril 1983), p. 43-61.

_____, « Un monde rural en mutation : le Bas-Canada dans la première moitié du XIXe siècle », *Histoire sociale / Social History*, vol. XX, n° 40 (novembre 1987), p. 237-258.

COURVILLE, Serge, Jean-Claude ROBERT et Normand SÉGUIN, « Population et espace rural au Bas-Canada : l'exemple de l'axe laurentien dans la première moitié du XIXe siècle », *RHAF*, vol. XLIV, n° 2 (automne 1990), p. 243-262.

————, « Le Saint-Laurent, artère de vie : réseau routier et métiers de la navigation au XIXe siècle », *Cahiers de géographie du Québec*, vol. XXXIV, n° 92 (septembre 1990), p. 181-196.

————, « La Vallée du Saint-Laurent à l'époque du rapport Durham : économie et société », *Revue d'études canadiennes*, vol. XXV, n° 1 (printemps 1990), p. 78-95.

DE RANVILLE, « Amélie Panet », *La Kermesse*, n°s 9-10 (25 novembre 1892), p. 129-135.

DIONNE, Narcisse-Eutrope, « Historique de la Bibliothèque du Parlement à Québec, 1792-1892 », *MSRC*, 2e série, vol. VIII (1902), section I, p. 3-14.

————, « Pierre Bédard et son temps », *MSRC*, 2e série, vol. IV (1898), section I, p. 73-117.

DOUCETTE, Léonard Eugène, « *Les comédies du Statu Quo* (1834) : Political Theatre and Para-theatre in French Canada. Part I : Dramatized Dialogues before 1834 », *Histoire du théâtre au Canada / Theatre History in Canada*, vol. II, n° 2 (automne 1981), p. 83-92 ; « Part II », vol. III, n° 1 (printemps 1982), p. 21-33.

DUBÉ, Juliette, « Inventaire analytique du fonds Édouard-Raymond Fabre », *RAPQ*, vol. L (1972), p. 83-157.

DUCHÊNE, Roger, « Réalité vécue et réussite littéraire : le statut particulier de la lettre », *Revue d'histoire littéraire de la France*, vol. LXXI, n° 2 (mars-avril 1971), p. 177-194.

DUFEBVRE, Bernard [V. CASTONGUAY, Émile.]

DUVERNAY, Ludger [V. CARON, Ivanhoé.]

EDWARDS, Mary Jane, « Fiction and Montreal, 1769-1885. A Bibliography », *Cahiers de la Société bibliographique du Canada*, Toronto, Société bibliographique du Canada, vol. VIII (1969), p. 61-75.

FABRE-SURVEYER, Édouard, « Charles-Ovide Perrault (1809-1837) », *MSRC*, 3e série, vol. XXXI (1937), section I, p. 151-164.

————, « Édouard-Raymond Fabre d'après sa correspondance et ses contemporains », *MSRC*, 3e série, vol. XXXVIII (1944), section I, p. 89-112.

FAUCHER, Albert, « *Le Canadien* upon the Defensive, 1806-10 », *The Canadian Historical Review*, vol. XXVIII, n° 3 (septembre 1947), p. 249.

————, « La notion de luxe chez les Canadiens français au dix-neuvième siècle », *MSRC*, 3e série, vol. XI (1973), section I, p. 175-180.

FAUTEUX, Ægidius, « Le S... de C... enfin démasqué », *Les Cahiers des Dix*, n° 5 (1940), p. 231-292.

————, « Les bibliothèques canadiennes et leur histoire : I, 1534-1763 », *La Revue canadienne*, nouvelle série, vol. XVII, n° 2 (février 1916), p. 97-114.

————, « Les bibliothèques canadiennes et leur histoire : II, 1763-1916 », *La Revue canadienne*, nouvelle série, vol. XVII, n° 3 (mars 1916), p. 193-217.

————, « Les sociétés secrètes d'autrefois IV : les loges de chasseurs », *La Patrie*, vol. LVI, n° 77 (26 mai 1934), p. 40-41.

FAUTEUX, Noël, *Pages d'histoire. Débuts du journalisme au Canada français*, Le Journaliste canadien-français, octobre 1959, p. 18-19, 21, 23, 25, 27 et 31.

FERLAND, Jean-Baptiste-Antoine, « Notice biographique sur monseigneur Joseph-Octave Plessis, évêque de Québec », *Le Foyer canadien*, t. I, 1863, p. 70-317.

FRÉGAULT, Guy, « Michel Bibaud, historien loyaliste », *L'Action universitaire*, vol. XI, n° 4 (décembre 1944), p. 1-17.

GAGNON, Nicole, « Comptes rendus [de *La littérature intime au Québec* de Françoise Van Roey-Roux] », *Recherches sociographiques*, vol. XXV, n° 1 (janvier-avril 1984), p. 153-157.

GAGNON, Philéas, « Le premier roman canadien de sujet par un auteur canadien et imprimé au Canada [*St. Ursula's Convent, or the Nun of Canada* […]] », *MSRC*, 2ᵉ série, vol. VI (1900), section I, p. 121-132.

GAGNON, Serge, et Louise LEBEL-GAGNON, « Le milieu d'origine du clergé québécois, 1775-1840. Mythes et réalité », *RHAF*, vol. XXXVII, n° 3 (décembre 1983), p. 373-397.

GALARNEAU, Claude, « L'abbé Joseph-Sabin Raymond et les grands romantiques français (1834-1857) », *La Société historique du Canada. Rapport 1963 de l'assemblée annuelle tenue à Québec les 5-8 juin de cette année. Contenant les communications historiques*, 1963, p. 81-88.

_____, « Le Canada et la France (1760-1815) », *La Société historique du Canada / Canadian Historical Association*, communications historiques (1970), p. 81-88.

_____, « Les échanges culturels franco-canadiens depuis 1763 », *Recherches et débats* (Paris), nouvelle série, n° 34 (mars 1961), p. 68-78.

_____, « Les écoles privées à Québec (1760-1859) », *Les Cahiers des Dix*, n° 45 (1990), p. 95-113.

_____, « L'enseignement des sciences au Québec et Jérôme Demers (1765-1835) », *Revue de l'Université d'Ottawa*, vol. XLVII, n°ˢ 1-2 (janvier-avril 1977), p. 84-94.

_____, « La légende napoléonienne au Québec », *Recherches sociographiques*, vol. XXIII, n°ˢ 1-2 (janvier-août 1982), p. 163-174.

_____, « Le livre ancien au Québec. État présent des recherches », *Revue française d'histoire du livre* (Bordeaux), vol. XLVI, n° 16 (juillet-septembre 1977), p. 335-348.

_____, « Livre, culture et société », *Société royale du Canada. Présentation*, n° 35 (1979-1980), p. 109-114.

_____, « Les métiers du livre à Québec (1764-1859) », *Les Cahiers des Dix*, n° 43 (1983), p. 143-165.

_____, « La presse périodique au Québec de 1764 à 1859 », *MSRC*, 4ᵉ série, vol. XXII (1984), section I, p. 143-166.

_____, « Recherches sur l'histoire de l'enseignement secondaire classique au Canada français », *RHAF*, vol. XX, n° 1 (juin 1966), p. 18-27.

_____, « Le rôle du clergé canadien dans l'éducation de 1760 à 1914 », dans SOCIÉTÉ CANADIENNE D'HISTOIRE DE L'ÉGLISE CATHOLIQUE, *Sessions d'étude 1967*, vol. XXXIV, p. 75-78.

—————, « Une France en partie double aux frontières du mythe et de la réalité », *Revue de l'Université d'Ottawa*, vol. LV, n° 2 (avril-juin 1985), p. 53-62.

GALLICHAN, Gilles, « L'histoire de la bibliothèque de la Législature, 1802-1850. Un projet de recherche », *Bulletin [de la] Bibliothèque de la Législature du Québec*, vol. VIII, n° 2 (octobre 1977), p. 1-7.

—————, « La *lex parlementaria* ou le Bas-Canada à l'école parlementaire », *Cahiers de la Société bibliographique du Canada / Papers of the Bibliographical Society of Canada*, vol. XXV (1986), p. 38-58.

GOSSELIN, Amédée, « Louis Labadie ou le maître d'école patriotique. 1765-1824 », *MSRC*, 3ᵉ série, vol. VII (1913), section I, p. 97-123.

GOSSELIN, Auguste-E., « L'abbé Holmes et l'instruction publique », *MSRC*, 3ᵉ série, vol. I (1907), section I, p. 127-172.

—————, « Un historien canadien oublié, le Dr Jacques Labrie (1784-1831) », *MSRC*, 1ʳᵉ série, vol. XI (1893), section I, p. 33-64.

HAMELIN, Jean [V. OUELLET, Fernand, et Jean HAMELIN.]

HAMELIN, Louis-Edmond, « L'évolution numérique séculaire du clergé catholique dans le Québec », *Recherches sociographiques*, vol. II, n° 3 (avril-juin 1961), p. 189-241.

—————, « Nombre annuel de nouveaux prêtres au Canada français (1600-1933) », *BRH*, vol. LXV, n° 2 (avril-juin 1959), p. 35-44.

—————, « Petite histoire de la géographie dans le Québec et à l'université Laval », *Cahiers de géographie de Québec*, vol. VII, n° 13 (octobre 1962-mars 1963), p. 137-152.

HARE, John, « L'Assemblée législative du Bas-Canada, 1792-1814. Députation et polarisation politique », *RHAF*, vol. XXVII, n° 3 (décembre 1973), p. 361-395.

—————, « Le développement d'une pensée constitutionnelle au Québec, 1791-1814 », *Revue de l'Université d'Ottawa*, vol. XLV, n° 1 (janvier-mars 1975), p. 5-25.

—————, « La formation de la terminologie parlementaire et électorale au Québec, 1792-1810 », *Revue de l'Université d'Ottawa*, vol. XLVI, n° 4 (octobre-décembre 1976), p. 460-475.

—————, « Le théâtre comme loisir au Québec. Panorama historique avant 1920 », *Loisir et société / Society and Leisure*, vol. VI, n° 1 (printemps 1983), p. 43-70.

HAYNE, David M., « Problèmes d'histoire littéraire du XIXᵉ siècle québécois », *Revue d'histoire littéraire du Québec et du Canada français*, n° 2 (1980-1981), p. 44-52.

—————, « A Survey. Quebec Library History », *Canadian Library Journal*, vol. XXXVIII, n° 6 (décembre 1981), p. 355-361.

HÉBERT, Pierre, « Le clergé et la censure de l'imprimé au Québec : les années décisives (1820-1840) », *Voix et images*, vol. XV, n° 2 (hiver 1990), p. 180-195.

—————, « La réception de la littérature canadienne-française en France, au XIXᵉ siècle », *Voix et images*, vol. XI, n° 2 (hiver 1986), p. 265-300.

Jarrell, R.A., « The Rise and Decline of Science at Quebec, 1824-1844 », *Histoire sociale / Social History*, vol. IX, n° 19 (mai 1977), p. 77-91.

Jolicœur, Louis-Philippe, « Les Mechanics' Institutes, ancêtres de nos bibliothèques publiques », *Bulletin de l'Association canadienne des bibliothécaires de langue française*, vol. X, n° 1 (mars 1964), p. 8-9.

Klein, Owen, « The Opening of Montreal's Theatre Royal, 1825 », *Histoire du théâtre au Canada / Theatre History in Canada*, vol. I, n° 1 (printemps 1980), p. 24-38.

Lachance, Micheline, « 1837. La patriote », *L'Actualité*, vol. XIII, n° 10 (octobre 1987), p. 132-140.

Lacourcière, Luc, « Aubert de Gaspé, fils (1814-1841) », *Les Cahiers des Dix*, n° 40 (1975), p. 275-302.

_____, « Philippe-Aubert de Gaspé (fils) », *Livres et auteurs canadiens 1964*, p. 150-157.

Lafrance, Marc [V. Ruddel, David Thierry, et Marc Lafrance.]

Lamonde Yvan, « La recherche sur l'histoire de l'imprimé et du livre québécois », *RHAF*, vol. XXVIII, n° 3 (décembre 1974), p. 405-414.

_____, « Les revues dans la trajectoire intellectuelle du Québec », *Écrits du Canada français*, n° 67 (1989), p. 27-38.

_____, « Social Origins of the Public Library in Montreal », *Canadian Library Journal*, vol. XXXVIII, n° 6 (décembre 1981), p. 363-370.

Lareau, Edmond, « Nos archives », *La Revue canadienne*, vol. XII (1875), p. 208-215, 294-304 et 347-354.

Larue, F.-A.-Hubert, « Les chansons populaires et historiques du Canada », *Le Foyer canadien*, t. I, 1863, p. 321-384 ; t. III, 1865, p. 47-72.

Lebel, Marc, « Les bibliothèques collectives de la ville de Québec au XVIIIe et au XIXe siècles. Quelques jalons », *Bulletin du Centre de recherche en civilisation canadienne-française*, n° 12 (avril 1976), p. 15-18.

_____, « Trois poèmes inédits de François-Xavier Garneau », *Revue d'histoire littéraire du Québec et du Canada français*, n° 7 (hiver-printemps 1984), p. 49-55.

Lebel-Gagnon, Louise [V. Gagnon, Serge, et Louise Lebel-Gagnon.]

Leclercq, Jean-Michel, « Alexis de Tocqueville au Canada (du 24 août au 2 septembre 1831) », *RHAF*, vol. XXII, n° 3 (décembre 1968), p. 353-364.

Leduc, Pierre, « Note sur les origines et la première phase de développement du mouvement des Mechanics' institutions en Grande-Bretagne », *Recherches sociographiques*, vol. XVI, n° 2 (mai-août 1975), p. 249-260.

Lefebvre, Jean-Jacques, « Les Canadiens aux universités étrangères, 1760-1850 », *MSRC*, 3e série, vol. LV (1961), section I, p. 21-36.

_____, « Pierre-Dominique Debartzch 1782-1846 », *La Revue trimestrielle canadienne*, vol. XXVII, n° 106 (juin 1941), p. 179-200.

Lemire, Maurice, « Les difficultés d'écrire l'histoire littéraire au Québec », *Revue d'histoire littéraire du Québec et du Canada français*, n° 2 (1980-1981), p. 25-32.

Le Moine, Roger, « Un seigneur éclairé, Louis-Joseph Papineau », *RHAF*, vol. XXV, n° 3 (décembre 1971), p. 309-336.

Lessard, Claude, « Le collège-séminaire de Nicolet (1803-1863) », *RHAF*, vol. XXV, n° 1 (juin 1971), p. 63-88.

Lusignan, Alphonse, « Nos premiers rapports littéraires avec la France », *Les Nouvelles Soirées canadiennes*, t. V, 1886, p. 433-446.

MacDonald, Mary Lucinda, « Some Notes on the Montreal Literary Scene in the Mid-1820's », *Canadian Poetry*, vol. V (automne-hiver 1979), p. 29-40.

Macdonell, Blanche, « The Literary Movement in Canada up to 1841 », *Canadiana*, vol. II, n° 2 (février 1980), p. 17-23 ; vol. II, n° 3 (mars 1980), p. 33-40.

Maheux, Arthur, « Jacques Labrie (1784-1831) », *MSRC*, 3ᵉ série, vol. XLII (1948), section I, p. 119-131.

Malchelosse, Gérard, « Mémoires romancés [de Pierre de Sales Laterrière] », *Les Cahiers des Dix*, n° 25 (1960), p. 103-146.

Marion, Séraphin, « La liberté et la presse canadienne-française au début du xixᵉ siècle », *Culture*, vol. III (1942), p. 331-373.

—————, « Sur la croupe d'un pégase valétudinaire. I. Michel Bibaud, disciple de Boileau », *Le Canada français*, vol. XXX, n° 1 (septembre 1942), p. 52-60 ; vol. XXX, n° 3 (novembre 1942), p. 194-205.

Massicotte, Édouard-Zotique, « Les bibliothèques d'autrefois à Montréal », *Les Cahiers des Dix*, n° 12 (1947), p. 9-16.

—————, « Cinquante ans de librairie à Montréal », *BRH*, vol. XLIX, n° 4 (avril 1943), p. 103-107.

—————, « 1800 à 1850. Vieux théâtres de Montréal. Anecdotes et archéologie », *La Revue populaire*, vol. VIII (juillet 1909), p. 63-69.

—————, « Hôtelleries, clubs et cafés à Montréal de 1760 à 1850 », *MSRC*, 3ᵉ série, vol. XXII (1928), section I, p. 37-61.

—————, « La légende de la tour Trafalgar », *BRH*, vol. XXXIV, n° 1 (janvier 1928), p. 117-118.

—————, « Quelques libraires montréalais d'autrefois », *BRH*, vol. XLIX, n° 10 (octobre 1943), p. 298-300 ; vol. L, n° 6 (juin 1944), p. 170-173.

—————, « Le succès de librairie de 1824 », *BRH*, vol. XXXIV, n° 5 (mai 1928), p. 283-284.

—————, « Les théâtres et les lieux d'amusement à Montréal pendant le xixᵉ siècle », *L'Annuaire théâtral*, 1908-1909, p. 83-96.

Matheson, Thomas, « La Mennais et l'éducation au Bas-Canada », *RHAF*, vol. XIII, n° 4 (mars 1960), p. 476-491.

Maurault, Olivier, « L'histoire de l'enseignement primaire à Montréal de la fondation à nos jours », *MSRC*, 3ᵉ série, vol. XXXIII (1939), section I, p. 1-17.

—————, « Souvenirs canadiens. Album de Jacques Viger », *Les Cahiers des Dix*, n° 9 (1944), p. 83-99.

Morin, Victor, « Clubs et sociétés notoires d'autrefois », *Les Cahiers des Dix*, n° 13 (1948), p. 187-222 ; n° 14 (1949), p. 167-187 ; n° 15 (1950), p. 185-219.

_____, « Esquisse biographique de Jacques Viger », *MSRC*, 3ᵉ série, vol. XXXII (1938), section I, p. 183-190.

_____, « La « République canadienne » de 1838 », *RHAF*, vol. II, n° 4 (mars 1949), p. 483-512.

NOËL, Danièle, « Les questions de langue au Québec, 1760-1867 », *Protée*, vol. XI, n° 2 (été 1983), p. 92-104.

NOËL, Jean-Claude, « Notre premier auteur comique : Pierre Petitclair (1813-1860) », *Voix et images*, vol. VI, n° 1 (automne 1980), p. 117-126.

OUELLET, Fernand, « Les classes dominantes au Québec, 1760-1840. Bilan historiographique », *RHAF*, vol. XXXVIII, n° 2 (automne 1984), p. 223-243.

_____, « Le destin de Julie Bruneau-Papineau (1796-1862) », *BRH*, vol. XLIV, n° 1 (janvier-mars 1958), p. 7-31 ; n° 2 (avril-juin 1958), p. 37-63.

_____, « L'enseignement primaire, responsabilité des Églises ou de l'État ? », *Recherches sociographiques*, vol. II, n° 2 (avril-juin 1961), p. 171-187.

_____, « La formation d'une société dans la vallée du Saint-Laurent. D'une société sans classe à une société de classes », *Canadian Historical Review*, vol. LXVII, n° 4 (décembre 1981), p. 407-450.

_____, « Inventaire de la « Saberdache de Jacques Viger » », *RAPQ*, 1955-1956 et 1956-1957, p. 31-176.

_____, « Libéré ou exploité ! Le paysan québécois d'avant 1850 », *Histoire sociale / Social History*, vol. XIII, n° 25 (mai 1980), p. 339-368.

_____, « Mgr Plessis et la naissance d'une bourgeoisie canadienne (1797-1810) », dans SOCIÉTÉ CANADIENNE D'HISTOIRE DE L'ÉGLISE CATHOLIQUE, *Rapport 1955-1956*, vol. XXIII, p. 83-99.

_____, « Le nationalisme canadien-français de ses origines à l'insurrection de 1837 », *The Canadian Historical Review*, vol. XLV, n° 4 (décembre 1964), p. 277-292.

_____, « Nationalisme canadien-français et laïcisme au XIXᵉ siècle », *Recherches sociographiques*, vol. IV, n° 1 (janvier-avril 1963), p. 47-70.

_____, « Officiers de milice et structure sociale au Québec (1660-1815) », *Histoire sociale / Social History*, n° 12 (mai 1979), p. 37-65.

_____, « Toussaint Pothier et le problème des classes sociales », *BRH*, vol. LI (1955), p. 147-155.

OUELLET, Fernand, et Jean HAMELIN, « La crise agricole dans le Bas-Canada, 1802-1837 », *La Société historique du Canada / The Canadian Historical Association* (1962), p. 17-33.

PAQUET, Gilles, et Jean-Pierre WALLOT, « Crise agricole et tensions socio-ethniques dans le Bas-Canada, 1802-1812. Éléments pour une ré-interprétation », *RHAF*, vol. XXVI, n° 2 (septembre 1972), p. 185-237.

PARIZEAU, Gérard, « Joseph Bouchette. L'homme et le haut fonctionnaire », *MSRC*, 4ᵉ série, vol. IX (1971), section I, p. 95-126.

PARKER, George L., « Literary Journalism before Confederation », *Canadian Literature*, nᵒˢ 68-69 (printemps-été 1976), p. 88-100.

PLESSIS, Joseph-Octave [V. CARON, Ivanhoé.]

REID, Philippe, « L'émergence du nationalisme canadien-français. L'idéologie du *Canadien* (1806-1842) », *Recherches sociographiques*, vol. XXI, n°^{os} 1-2 (janvier-août 1980), p. 11-53.

ROBERT, Jean-Claude [V. COURVILLE, Serge, Jean-Claude ROBERT et Normand SÉGUIN.]

ROBINS, Nora, « The Montreal Mechanics' Institute : 1828-1870 », *Canadian Library Journal*, vol. XXXVIII, n° 6 (décembre 1981), p. 373-379.

ROUSSEAU, Louis, « Crise et réveil religieux dans le Québec du XIXe siècle », *Interface*, vol. XI, n° 1 (janvier-février 1990), p. 24-31.

ROY, Antoine, « Sur quelques ventes aux enchères de bibliothèques privées », *Les Cahiers des Dix*, n° 26 (1961), p. 219-233.

_____, « Visiteurs français de marque à Québec (1800-1850) », *Les Cahiers des Dix*, n° 21 (1956), p. 223-235.

ROY, Camille, « Étude sur l'histoire de la littérature canadienne (1800-1820) », *MSRC*, 2e série, vol. XI (1905), section I, p. 89-133.

_____, « Étude sur l'histoire de la littérature canadienne. Michel Bibaud, 1782-1857 », *Bulletin du parler français au Canada*, vol. V, n° 8 (avril 1907), p. 301-311 ; vol. V, n° 10 (juin-juillet-août 1907), p. 376-387 ; vol. VI, n° 2 (octobre 1907), p. 41-54 ; vol. VI, n° 4 (décembre 1907), p. 121-131 ; vol. VI, n° 5 (janvier 1908), p. 161-176 ; vol. VI, n° 6 (février 1908), p. 201-211.

_____, « Jacques Viger », *Bulletin du parler français au Canada*, vol. VIII, n° 2 (octobre 1909), p. 42-55.

ROY, Jean-Louis, « Livres et société bas-canadienne, croissance et expansion de la librairie Fabre (1816-1855) », *Histoire sociale / Social History*, vol. V, n° 10 (novembre 1972), p. 117-143.

ROY, Joseph-Edmond, « De la propriété littéraire. Discours présidentiel », *MSRC*, 3e série, vol. III (1909), section III, appendice A, p. LXXXIII-CXXXIII.

_____, « Napoléon au Canada », *MSRC*, 3e série, vol. V (1911), section I, p. 69-117.

ROY, Pierre-Georges, « Le Cirque royal ou Théâtre royal », *BRH*, vol. XLII, n° 11 (novembre 1936), p. 641-666.

_____, « Une tragédie de Voltaire à Québec en 1839 », *BRH*, vol. XLII, n° 10 (octobre 1936), p. 640.

RUDDEL, David Thierry, et Marc LAFRANCE, « Québec, 1785-1840. Problèmes de croissance d'une ville coloniale », *Histoire sociale / Social History*, vol. XVIII, n° 36 (novembre 1985), p. 315-333.

SAVARD, Pierre, « Les débuts de l'enseignement de l'histoire et de la géographie au petit séminaire de Québec (1765-1830) », *RHAF*, vol. XV, n° 4 (mars 1962), p. 509-525 ; vol. XVI, n° 1 (juin 1962), p. 43-62 ; vol. XVI, n° 2 (septembre 1962), p. 188-212.

_____, « Montalembert au Canada français. Un aspect des relations culturelles des deux mondes (1830-1930) », *Canadian Literature*, n° 83 (hiver 1979), p. 32-49.

SCHONBERGER, Vincent-L., « Le journalisme littéraire de Michel Bibaud », *Revue de l'Université d'Ottawa*, vol. XLVII, n° 4 (octobre-décembre 1977), p. 488-506.

SÉGUIN, Normand [V. COURVILLE, Serge, Jean-Claude ROBERT et Normand SÉGUIN.]

SKLAIR, Leslie, « The development of the sociology of voluntary associations in the United States », *Archives internationales de sociologie de la coopération et du développement*, n° 24 (juillet-décembre 1968), p. 29-53.

STURGIS, James, « Anglicisation as a Theory in Lower-Canadian History, 1807-1843 », *Bulletin of Canadian Studies*, vol. III, n° 2 (novembre 1979), p. 29-53.

SULTE, Benjamin, « Les couplets du jour de l'an », *La Revue canadienne*, vol. VI, n° 1 (janvier 1869), p. 5-21.

_____, « The Historical and Miscellaneous Literature of Quebec, 1764 to 1830 », *MSRC*, 2ᵉ série, vol. III (1897), section II, p. 269-278.

_____, « Les projets de 1763 à 1810 », *MSRC*, 3ᵉ série, vol. V (1911), section I, p. 9-67.

_____, « La Saint-Jean-Baptiste, 1636-1836 », *MSRC*, 3ᵉ série, vol. X (1916), section I, p. 1-25.

SYLVAIN, Robert [Philippe], « Aperçu sur le prosélytisme protestant au Canada français de 1760 à 1860 », *MSRC*, 3ᵉ série, vol. LV (1961), section I, p. 65-76.

TESSIER, Yves, « Ludger Duvernay et les débuts de la presse périodique aux Trois-Rivières », *RHAF*, vol. XVIII, n° 3 (décembre 1964), p. 387-404 ; vol. XVIII, n° 4 (mars 1965), p. 566-581 et 624-627.

TOUSIGNANT, Claude, « Michel Bibaud : sa vie, son œuvre et son combat politique », *Recherches sociographiques*, vol. XV, n° 1 (janvier-avril 1974), p. 21-30.

TURCOTTE, Louis-Philippe, « Histoire de la Société littéraire et historique depuis sa fondation », *Transactions of the Literary and Historical Society of Quebec*, New Series, XIII (Sessions de 1877-78-79), p. 23-49.

VACHON, Georges-André, « Une littérature de combat, 1778-1810. Les débuts du journalisme canadien-français », *Études françaises*, vol. V, n° 3 (août 1969), p. 249-375.

VACHON, Monique [V. CARRIER, Maurice, et Monique VACHON.]

VERRETTE, Michel, « L'alphabétisation de la population de la ville de Québec de 1750 à 1849 », *RHAF*, vol. XXXIX, n° 1 (été 1985), p. 51-76.

VIATTE, Auguste, « Chateaubriand et ses précurseurs français d'Amérique », *Études françaises*, vol. IV, n° 3 (août 1968), p. 253-261.

WALLOT, Jean-Pierre, « Le Bas-Canada et les imprimés (1809-1810) », *RHAF*, vol. XX, n° 4 (mars 1967), p. 556-565 ; vol. XXI, n° 1 (juin 1967), p. 81-98 ; vol. XXI, n° 2 (septembre 1967), p. 268-280 ; vol. XXIII, n° 1 (juin 1968), p. 47-64.

_____, « Frontière ou fragment du système atlantique : des idées étrangères dans l'identité bas-canadienne au début du XIXᵉ siècle », *Communications historiques / Historical Papers*, Ottawa, 1983, p. 1-29.

_____, « La querelle des prisons (Bas-Canada, 1805-1807) », *RHAF*, vol. XIV, n° 1 (juin 1960), p. 61-86 ; vol. XIV, n° 2 (septembre 1960), p. 259-276 ; vol. XIV, n° 3 (décembre 1960), p. 395-407 ; vol. XIV, n° 4 (mars 1961), p. 559-582.

_____, « Révolution et réformisme dans le Bas-Canada (1773-1815) », *Annales historiques de la Révolution française* (Paris), vol. XLV, n° 213 (juillet-septembre 1973), p. 344-406.

―――, « Society and Imprints. The Lower-Canadian Case (1801-1840) », *Cahiers de la Société bibliographique du Canada / Papers of the Bibliographical Society of Canada*, vol. X (1971), p. 70-72.

WALLOT, Jean-Pierre [V. PAQUET, Gilles, et Jean-Pierre WALLOT.]

INDEX DES NOMS DE PERSONNES

Acheson, Archibald, 2ᵉ comte de Gosford, 408
Addison, Joseph, 356, 474
Alayrac, Nicolas Marie d', 361
Alembert, Jean Le Rond d', 77, 83, 438
Allen, Ethan, 96
Alvic, Laurent, 139, 150
Anbury, Thomas, 313
Angers, François-Réal, 70, 74, 173, 235, 314, 363, 373, 374, 375, 376, 382, 449
Appleton, Thomas, 58
Archer, John, 480
Aristote, 47
Arouet, François-Marie (pseud.: Voltaire), 12, 16, 49, 77, 83, 141, 150, 167, 168, 200, 211, 243, 325, 339, 360, 370, 371, 435, 436, 437, 448
Astor, John Jacob, 386, 389
Aubert de Gaspé (famille), 41, 55, 89, 210
Aubert de Gaspé, Philippe-Ignace-François (fils), 70, 74, 87, 89, 105, 154, 173, 174, 190, 209, 210, 363, 377, 378, 379, 380, 381, 382, 423, 444, 445, 448, 449, 452, 453, 459, 462, 472, 473, 474, 486
Aubert de Gaspé, Philippe-Joseph (père), xiii, 76, 77, 112, 143, 209, 284, 381
Aubigné, Françoise d', marquise de Maintenon, 197
Aubin, Napoléon (Aimé-Nicolas), 59, 78, 87, 89, 90, 91, 100, 103, 104, 105, 106, 131, 138, 141, 150, 154, 164, 169, 172, 173, 174, 175, 248, 326, 339, 341, 345, 356, 358, 359, 360, 370, 371, 381, 382, 475, 477, 484, 485, 488
Audubon, John James, 471
Aumasson de Courville, Louis-Léonard, dit sieur de Courville, 272, 273, 274, 286
Austen, Jane, 10

Avaugour, Louis d', 397
Aycard, Marie, 453
Aylmer, baron [V. Whitworth-Aylmer.]
Aylmer, baronne [V. Call.]
Aylwin, Thomas Cushing, 381

Bacqueville [V. Le Roy.]
Baddeley, Frederick Henry, 125
Baillairgé, François, 56, 320
Baillairgé, Marie-Louise [V. Cureux.]
Baillairgé, Pierre-Florent, 332
Baillairgé, Thomas, 56
Bailly, Jean-Sylvain, 176
Bailly de Messein, Charles-François, 256
Balfour, Katherine Jane (Ellice), 148
Balzac, Honoré de, 7, 11, 13, 15, 16, 18, 89, 103, 170, 171, 209, 377, 446
Balzaretti, Giovanni Domenico, 205
Baour-Lormian, Pierre François Marie Baour, dit, 443
Barante, Prosper Brugière, baron de, 16
Barrin de La Galissonière, Roland-Michel, marquis de La Galissonière, 98
Barruel, Augustin de, 393
Barthe, Joseph-Guillaume, 59, 70, 87, 91, 102, 106, 141, 173, 326, 339, 341, 342, 343, 344, 345, 372, 441, 444, 445, 485, 487
Barthélemy, Jean-Jacques, 438
Bartlett, William Henry, 57, 262, 374
Bathurst, Henry, 3ᵉ comte Bathurst, 37
Batteux, Charles, 47, 48, 49
Bayfield, Henry Wolsey, 125
Beaumarchais, Pierre Augustin Caron de, 149, 438
Bédard, 141
Bédard, Elzéar, 235, 408
Bédard, Joseph-Isidore, 58, 70, 74, 210, 299, 345, 347
Bédard, Pierre-Hospice, 256, 257, 258
Bédard, Pierre-Stanislas, 33, 70, 76, 166, 167, 210, 244
Bélanger, 141
Bellenger, Joseph-Marie, 70
Belleville [V. Boucher.]

Benton, Thomas Hart, 390
Béranger, Pierre-Jean de, 12, 15, 104, 169, 174, 209, 341, 347, 348, 442, 445, 453, 459
Berchoux, Joseph de, 433
Berczy, Louise-Amélie [V. Panet.]
Berczy, William, 55, 95, 108, 158, 293, 328, 343
Berlinguet, Louis-Thomas, 56
Bernard, Jean-Marie (pseud.: Clément), 435
Bernard, John, 136
Bernard, Pierre-Joseph, 440
Bernardin de Saint-Pierre, Jacques Henri, 436, 437, 439, 440, 441, 442, 476
Berquin, Arnaud, 143, 183, 197, 200, 351, 431, 434, 439
Bertaut, Jean, 209, 210, 378
Berthelet, Antoine-Olivier, 252
Berthelot, Amable, 70, 74, 88, 93, 125, 212, 216, 218, 299, 306, 307, 308, 314, 315
Berthelot Dartigny, Michel-Amable, 31
Berthoud, S. Henry, 446
Bertrand, Henri Gratien, comte, 357
Besserer, Louis-Théodore, 88
Bethune, John, 261, 263
Beyle, Henri (pseud.: Stendhal), 15, 16, 18, 19, 378
Bibaud, François-Maximilien, 285
Bibaud, Michel, 3, 51, 70, 74, 78, 79, 91, 96, 97, 98, 107, 125, 154, 172, 177, 178, 180, 181, 186, 188, 190, 210, 235, 248, 273, 280, 281, 282, 283, 284, 285, 292, 297, 303, 305, 306, 307, 308, 314, 316, 323, 325, 333, 334, 335, 336, 337, 347, 348, 364, 366, 387, 388, 389, 390, 398, 423, 430, 437, 444, 445, 449, 451, 456, 457, 459, 460, 461, 463, 465, 468, 470, 472, 476, 484, 485, 486, 487
Blackstone, sir William, 35, 234
Blaiklock, Henry Musgrave, 56
Blanchard, C.W., 138, 147
Blanchet, François, 70, 167, 315
Blondel, Jacques-François, 56

Index des noms de personnes 559

Boidin, docteur, 331
Boileau, Nicolas, dit Boileau-Despréaux, 49, 323, 334, 336, 347, 442, 443, 452, 457, 458, 459, 470, 476
Boiret, Urbain, 49
Bois, Louis-Édouard, 305
Bonald, Louis, vicomte de Bonald, 18, 49, 180, 211, 212, 442
Boniface Ier, 256
Bonnot de Condillac, Étienne, 438
Bonnot de Mably, Gabriel, 211
Bossange, Hector, 186, 195, 198, 199, 200, 201, 205, 441
Bossange, Martin, 198, 200
Bossuet, Jacques-Bénigne, 49
Bosworth, Newton, 39, 106, 146
Boucher, dit Belleville, Jean-Baptiste, 45, 211
Boucher-Belleville, Jean-Philippe, 70, 417
Boucher de Boucherville, Georges, 70, 74, 89, 103, 154, 171, 209, 366, 368, 369, 372, 485, 486
Bouchette, Joseph, 53, 54, 70, 74, 75, 92, 93, 99, 185, 187, 293, 294, 295, 296, 297, 301, 305, 315, 317
Bouchette, Robert-Shore-Milnes, 53, 402
Boufflers, Stanislas Jean, chevalier de, 440
Bouhours, Dominique, 435
Bourassa, Napoléon, 220
Bourdages, Louis, 33, 95, 188, 248, 255, 336
Bourdaloue, Louis, 49, 435
Bourget, Ignace, 151
Bourne, Adolphus, 179
Bourne, George, 22, 119, 123, 132, 217
Bourret, François-Emmanuel, 196
Bouthillier, Jean-Antoine, 71, 74, 166
Bowen, Edward, 52, 403
Brassard Deschenaux, Charles-Joseph, 76, 211
Brewer, Jasper, 218
Briand, Jean-Olivier, 151, 267
Brien, Jean-Baptiste-Henri, 410
Brooke, Henry, 232

Brousseau, Léger (Joseph), 205
Brown, Frederick, 145, 146
Brown, James, 165, 185, 186
Brueys, David Augustin de, 149
Bruneau, Julie (Papineau), 402, 404, 406, 407, 408, 409, 417, 422
Buade, Louis de, comte de Frontenac et de Palluau, 271, 304
Buffon, Georges Louis Leclerc, comte de, 168, 211, 436, 438
Buller, sir Arthur William, 44, 99
Bulwer-Lytton, Edward George Earle Lytton, 1er baron Lytton, 89, 209
Burke, Edmund, 211
Burroughs, Edward, 90
Burton, 123
Burton, sir Francis Nathaniel, 116
Byron, George Gordon, 6^{e} baron Byron, 7, 12, 14, 16, 18, 20, 107, 152, 186, 209, 210, 325, 378, 447, 448, 451, 454, 469, 476, 486

Cadieux, Louis-Marie, 256, 257, 258
Call, Louisa Anne (Whitworth-Aylmer, baronne Aylmer), 143
Calvet [V. Du Calvet.]
Cameron, John, 263
Campbell, Archibald, 77, 87, 90, 154, 212, 484
Campbell, Harriet (Sheppard), 123
Campbell, Thomas, 107, 378, 451
Cardinal, Eugénie [V. Saint-Germain.]
Cardinal, Joseph-Narcisse, 414
Caritat, Marie-Jean-Antoine-Nicolas de, marquis de Condorcet, 8, 438
Carleton, Guy, 1er baron Dorchester, 92
Carmontelle, Louis Carrogis, dit, 139
Carter, James, 57, 262
Cartier, sir George-Étienne, 169, 345, 468
Cartier, Jacques, 307, 308, 310, 311, 361, 397
Cartier, Joseph, 255
Cary, Thomas (fils), 186, 205
Cary, Thomas (père), 165, 214
Casgrain, Henri-Raymond, XIII, 380, 381, 417, 418, 423
Caslon, William, 184

Casson [V. Dollier.]
Catherine de Saint-Augustin, 311
Cavelier de La Salle, René-Robert, 271, 312, 313
César, 47, 50, 254
Chaboillez, Augustin, 71, 74, 223, 255, 256, 257, 258
Chambers, Charles, 374, 376
Chambers, William, 56
Champaigne, Philippe de, 54, 55
Champlain, Samuel de, 120, 271, 307, 308, 311
Chapelain, Jean, 334
Chapman, Henry Samuel, 417
Charland, Louis, 56
Charlevoix, Pierre-François-Xavier de, 121, 125, 167, 224, 269, 270, 272, 276, 281, 282, 283, 286, 291, 299, 307, 311, 312
Chartier, Étienne, 71
Chartrain, 141
Chasles, Philarète (pseud.: D. Dainville), 281
Chassebœuf, Constantin-François, comte de Volney, 77, 313
Chasseur, Pierre, 125
Chateaubriand, François-René, vicomte de, 7, 10, 12, 14, 16, 17, 18, 20, 49, 104, 170, 171, 197, 200, 212, 293, 331, 347, 364, 365, 366, 367, 382, 383, 393, 395, 397, 440, 441, 442, 450, 451, 453, 465, 469, 470, 476, 486
Chauchetière, Claude, 311
Chénier, André de, 15, 180, 341, 438
Chénier, Jean-Olivier, 416
Cherrier (famille), 83
Cherrier (frères), 91
Cherrier, André-Romuald, 71, 74, 91, 92, 102, 173, 342, 344, 345, 372, 378, 438, 462, 472, 473
Cherrier, Côme-Séraphin, 94
Cherrier, Odile, 71, 74, 91, 102, 344, 372, 382
Cherrier, Rosalie (Papineau), 407
Chevrier, François Antoine de, 314
Chicoisneau, Jean-Baptiste-Jacques, 46
Chisholme, David, 179

Christie, Alexander James, 179
Christie, P., 106, 146
Christie, Robert, 108, 273, 279, 280, 290, 314, 315, 316
Cicéron, 47, 49, 50, 84, 254
Clément [V. Bernard.]
Clérel de Tocqueville, Charles-Alexis-Henri, 170, 301, 464
Cockburn, James Pattison, 54
Cockloft, Jeremy, 230
Codman, Stephen, 57
Coke Smyth, John Richard, 54, 467
Colborne, Elisabeth, baronne Seaton [V. Yonge.]
Colborne, John, 1er baron Seaton, 414, 416
Coleridge, Samuel Taylor, 340
Colley, Thomas, 56
Collins, William, 451
Comte, Auguste, 16
Condillac [V. Bonnot.]
Condorcet, marquis de [V. Caritat.]
Conefroy, Pierre, 56
Constant, Benjamin, 10, 254
Cooper, James Fenimore, 14, 364, 451, 464, 469, 470, 471, 474
Corneille, Pierre, 18, 49, 152, 358
Cornelius Nepos, 47
Côté, Augustin, 205
Côté, Cyrille-Hector-Octave, 71, 82
Cottin, Sophie Risteau, dame, 13, 200
Couillard de Lespinay (famille), 41
Courier, Paul-Louis, 15, 16
Courville [V. Aumasson.]
Cousin, Victor, 9, 16
Cowan, William, 190, 205
Cox, Ross, 389
Crabbe, George, 451
Craig, sir James Henry, 58, 108, 113, 167, 249, 264, 279, 289, 290
Crémazie, Joseph, 205
Crémazie, Octave (Claude-Joseph-Olivier), xiii, 205, 349
Cujas, Jacques, 77
Cunningham, Henry H., 178
Cureux, Marie-Louise (Baillairgé), 332
Cuthbert, Ross, 186, 228, 229, 230, 314, 315

Cuvier, Georges, baron, 293
Cyrano de Bergerac, Hercule Savinien, 370, 371

Dainville, D. [V. Chasles.]
Dalhousie, comte de [V. Ramsay.]
Dandurand, Louise (Duquet), 414
Dante, Durante Alighieri, 20
Dantin, Louis, xiv
Dartigny [V. Berthelot.]
Dartnell, George Russell, 54
Darveau, Louis-Michel, 352
Daulé, Jean-Denis, 57, 346
Daveluy, François-Xavier, 56
Davesiès de Pontès, 449
Debartzch, Pierre-Dominique, 34, 71, 74, 83, 91, 95, 101, 102, 173, 248, 408
De Bonne, Pierre-Amable, 33, 34, 55, 83, 167
De Camp, Vincent, 146
Delavigne, Casimir, 15, 180, 209, 347, 447
Delille, Jacques, 325, 437, 439, 450, 451, 470
De Lolme, Jean-Louis, 35, 232, 234
Delorme, Joseph-Victor, 78, 186, 199
De L'Orme, Philibert, 56
Demers, Jérôme, 46, 56, 71, 212
Démosthène, 49
Denaut, Pierre, 267
Derome, François-Magloire, 71, 74
Désaulniers [V. Lesieur-Désaulniers.]
Desbarats, Pierre-Édouard, 186
Desbordes-Valmore, Marceline, 10, 325, 347
Deschenaux [V. Brassard.]
Desjardins (famille), 393
Desjardins, Philippe-Jean-Louis, 55
Desrivières-Beaubien, Henri, 189
Dessane, Marie-Hippolyte-Antoine, 57
Dessaulles (famille), 83
Destouches, Philippe Néricault, dit, 141, 149, 355, 361
Dickens, Charles, 7, 171, 447
Diderot, Denis, 77, 83, 167, 437, 438
Dionne, Narcisse-Eutrope, 256
Dollier de Casson, François, 312
Donnelly, Marie, 333

Dorat, Jean Dinemandi, dit, 176
Dorchester, baron [V. Carleton.]
Doughty, Arthur G., xx, 282
Douglas, Thomas, baron Daer et Shortcleuch, 5ᵉ comte de Selkirk, 98, 250
Drummond, sir Gordon, 255
Drummond, Jane (Redpath), 55
Du Calvet, Pierre, 1, 284, 315, 316, 420, 485
Du Cerceau, 152
Ducharme, Charles-Joseph, 212
Ducis, Jean-François, 139, 140, 150, 176, 356
Ducray-Duminil, François Guillaume, 12, 16, 89
Dufort, Théophile, 200, 214
Dulau, 197
Dulongpré, Louis, 55
Dumas, Alexandre (père), 11, 15, 180, 209, 446
Duncan, James D., 39, 94, 106, 146
Dunn, Thomas, 272
Dupin, Aurore, dite George Sand (Dudevant, baronne Dudevant), 10, 11, 13, 16
Duquet, Joseph, 414
Duquet, Louise [V. Dandurand.]
Durham, comte de [V. Lambton.]
Duvernay, Ludger, 55, 59, 71, 79, 81, 82, 83, 84, 85, 86, 101, 102, 105, 168, 169, 171, 179, 184, 188, 189, 190, 191, 201, 203, 236, 250, 252, 254, 278, 299, 345, 347, 456, 457, 484
Duvoisin, Jean-Baptiste, 85

Easton, Robert, 263
Edgeworth de Firmont, Henry Essex, 97
Edward Augustus, duc de Kent et Strathearn, 297
Edwards, Edward, 185
Ellice, Edward, 250, 408
Ellice, Katerine Jane [V. Balfour.]
Emerson, Ralph Waldo, 14
Entick, John, 98
Estimauville, Robert-Anne d', 71, 74, 130, 233, 234, 235, 314

Eutrope, 47
Fabre, Édouard-Charles, 151
Fabre, Édouard-Raymond, 82, 84, 85, 130, 168, 195, 200, 201, 202, 203, 204, 205, 214, 432
Fabre, Pierre [V. Sales Laterrière.]
Fabre, dit Laperrière, Henri-Marie-Paschal (Pascal Rustan), 419
Faillon, Étienne-Michel, 99
Faribault, Georges-Barthélemi, 71, 74, 75, 81, 93, 97, 212, 216, 217, 218, 235, 292, 296, 298, 306, 308, 309, 310, 311, 312, 313, 314, 315, 316
Farley, Charles Andrews, 263
Fayolle, François-Joseph-Marie, 435
Fénelon [V. Salignac.]
Ferland, Jean-Baptiste-Antoine, 71, 74, 99, 393, 395, 396, 397, 398, 399
Filmer, J., 194
Firmont [V. Edgeworth.]
Fisher, John Charlton, 116, 186
Fléchier, Esprit, 49
Fleming, John, 108, 112, 216, 231, 273, 285, 286, 287, 288, 289, 291, 313, 314, 315, 316
Fleury, Claude, 12
Florian, Jean-Pierre Claris de, 12, 438
Forbes, Charles, comte de Montalembert, 38
Forbes, Gordon, 145
Foucher, Louis-Charles, 33
Fourier, Charles, 16
Franchère, Gabriel, 71, 79, 186, 187, 315, 384, 386, 387, 388, 389, 390, 398
François de Sales, saint, 393
Franklin, Benjamin, 176
Fraser, James, 195
Fraser, John, 93
Fraser, Simon, 384, 385, 386, 387, 398
Frayssinous, Denis Antoine, comte de Frayssinous, 8, 18, 393
Fréchette, Jean-Baptiste, 59, 80, 169, 203, 204, 205
Fréchette, Louis, XIII
Fréchette, P., 55
Fréron, Élie, 436

Frontenac, comte de [V. Buade.]
Furch, John, 125
Gagnon, Ernest, 58
Gale, George B., 147
Gandon, James, 56
Garneau, Alfred, 418, 422
Garneau, François-Xavier, XIII, 3, 55, 71, 74, 75, 77, 81, 85, 87, 88, 93, 97, 99, 124, 154, 170, 180, 181, 212, 224, 238, 269, 285, 291, 292, 299, 308, 313, 317, 323, 325, 326, 337, 339, 340, 341, 345, 349, 395, 423, 444, 445, 448, 451, 460, 465, 466, 469, 470, 471, 472, 484, 485, 486, 487
Garreau, dit Saint-Onge, Pierre, 420
Garrick, David, 152, 355
Gaspé [V. Aubert.]
Gaultier de Varennes et de La Vérendrye, Pierre, 384
Gautier, Théophile, 15, 16
Gay-Lussac, Louis Joseph, 293
Genlis, Stéphanie Félicité du Crest de Saint-Aubin, comtesse de, 197, 200, 445
George III, roi d'Angleterre, 112, 242, 326
George IV, 326
Germanicus, 254
Gessner, Salomon, 439, 447
Gibb, James, 56
Gibbon, Edward, 16
Gilbert, Nicolas Joseph Laurent, 432, 438
Girardin, Émile de, 13
Girod, Amury, 87, 100, 103, 254, 416
Girouard, Antoine, 46
Girouard, Jean-Joseph, 86, 279, 414
Glackemeyer, Frederick, 57
Godefroy de Tonnancour, Louis-Joseph, 420
Godwin, Mary [V. Shelley.]
Goethe, Johann Wolfgang von, 7, 451
Gogol, Nicolas Vassillevitch, 7
Gomez, Madeleine Angélique Poisson, Mme de, 183, 446
Gosford, comte de [V. Acheson.]
Gosselin, Léon, 71, 82, 91, 101, 173

Index des noms de personnes

Gosselin, Mary [V. Graddon.]
Graddon, Mary (Gosselin), 91, 179, 180, 181
Gratien, 256
Gray, Hugh, 230, 231, 313
Gray, William, 185, 186, 311
Green, William, 124
Grégoire, Henri, 8
Grégoire XVI (Bartolomeo Alberto Cappellari), 189, 259
Groulx, Lionel, 40, 211, 476
Gugy, Louis, 59
Guillaume III d'Orange-Nassau, 234
Guizot, François Pierre Guillaume, 8, 9, 10, 16
Guttinguer, Ulric, 434
Guyart, Marie, dite de l'Incarnation, 307

Haendel, Georg Friedrich, 57
Hakluyt, Richard, 310
Haldimand, sir Frederick, 118, 284, 420
Hale, John, 125
Hall, William, 56
Hamel, Théophile, 104, 309, 368, 426
Hawley, William Fitz, 107, 123, 124
Hawthorne, Nathaniel, 14
Hay, Charles, 421
Haydn, Franz Joseph, 57
Heine, Heinrich, 7, 13
Helvétius, Claude-Adrien, 437, 438
Heney, Hugues, 94, 130, 329
Hennepin, Louis (baptisé Antoine), 307, 312
Henri IV, 346, 355
Henry, Alexander, 313
Heriot, George, 54, 270, 271, 278, 314
Herries, William Robert, 54, 443
Hertel de Rouville, René-Ovide, 420
Hindenlang, Charles, 414
Hocquart, 201
Hoffmann, Ernst Theodor Wilhelm Amadeus, 7
Holbach, Paul Henri, baron d', 438
Holland, Samuel Johannes, 92

Holmes, John (rebaptisé Jean), 42, 46, 93, 98, 99, 107, 151, 197, 212, 297, 298, 301, 305, 315, 485
Homère, 20, 49, 433, 450
Honguedo, 397
Horace, 47, 49, 334, 457, 470
Horan, G. et B., 198, 441
Houdet, Antoine-Jacques, 46, 212
Hubert, Jean-François, 267
Hugo (frères), 13
Hugo, Victor, 7, 10, 11, 12, 13, 14, 15, 16, 18, 19, 20, 89, 104, 209, 325, 340, 348, 410, 444, 445, 452, 476, 486
Humbert, Pierre-Hubert, 203
Hund, Frederick, 58
Huston, James, XIII, 88, 99, 331, 341, 349, 364, 369, 380, 381, 410, 411, 450, 475, 477
Hutchinson, Thomas, 274

Iberville [V. Le Moyne.]
Iffland, Anthony von, 31
Ignace, saint, 438
Ingliss, 139
Innocent III, 256
Irumberry de Salaberry (couple), 55
Irumberry de Salaberry, Ignace-Michel-Louis-Antoine d', 330, 346
Irving, Washington, 14, 389, 449, 474

Jacquies, 141
Jacquies, Adolphe, 106, 176
Janin, Jules, 13, 19
Jaucourt, Louis, chevalier de, 435
Jautard, Valentin, 67, 87, 316, 420
Jazet, 357
Jean, saint, 264
Jeaumenne, N.D.J., 87, 91, 102, 103, 326, 339, 342
Jefferys, Charles William, 385
Jérémie, dit Lamontagne, Nicolas, 307
Jolliet, Louis, 312, 313, 384
Jones, John, 82, 171
Jouy, Victor Joseph Étienne, dit de, 434
Juchereau de La Ferté, Jeanne-Françoise, dite de Saint-Ignace, 311
Julien, Henri, 237

Justin, 47
Kant, Emmanuel, 451
Kay, Mungo, 459
Kean, Edmund, 136, 145
Kempt, sir James, 30, 117, 216
Kendall, Charles, 263
Kendall, Edward Augustus, 95
Kent et Strathearn, duc de [V. Edward Augustus.]
Kerr, James, 403
Kidd, Adam, 107
Kleist, Heinrich von, 451
Knox, John, 98, 274
Kock, Paul de, 12

Labadie, Guillaume-Louis, 90, 356
Labadie, Louis, 81
Labaune, Eugène, 176
Labrie, Jacques, 71, 74, 96, 98, 112, 114, 125, 167, 177, 183, 185, 232, 233, 273, 276, 277, 278, 280, 316, 351, 464
Labrunie, Gérard, dit Gérard de Nerval, 15
Lacordaire, Henri, 38
La Corne, Luc de, dit Chaptes de La Corne ou La Corne Saint-Luc, 96, 315
La Corne, Marie-Marguerite de (Viger), 332
Ladvocat, 180
La Ferté [V. Juchereau.]
Lafitau, Joseph-François, 307, 311
Laflamme, Joris Karl, 376
La Fontaine, Jean de, 12, 49, 199, 435, 440
La Fontaine, sir Louis-Hippolyte, 33, 71, 75, 81, 82, 83, 84, 188, 203, 250, 251, 252, 253
La Galissonière [V. Barrin.]
La Harpe, Jean François Delharphe ou Delaharpe, dit de, 168, 197, 436, 438, 442, 452, 475
Lahontan, baron de [V. Lom.]
Lalande, Joseph Jérôme Lefrançois de, 438
Lamartine, Alphonse de, 9, 10, 12, 14, 15, 18, 19, 20, 104, 169, 170, 171, 325, 340, 341, 442, 444, 445, 453, 459, 476
Lambert, Florentin, 311
Lambert, John, 230, 313
Lambton, John George, 1er comte de Durham, 32, 44, 55, 61, 99, 103, 135, 148, 229, 244, 245, 404, 408, 463
La Mennais, Félicité-Robert de, 14, 16, 18, 37, 38, 49, 84, 131, 170, 189, 190, 209, 212, 243, 259, 378, 454
Lanaudière [V. Tarieu.]
Lanaudière, Marguerite de, 130
Lancaster, Joseph, 43
Lane, James, 185, 186, 188
Langlois, dit Germain, Augustin-René, 195, 198, 199, 200, 205
Laplace, Pierre Simon, marquis de, 293
La Potherie [V. Le Roy.]
Lareau, Edmond, xiii
La Rochefoucauld, François-Alexandre-Frédéric de, duc de La Rochefoucauld-Liancourt et duc d'Estissac, 313
La Rocque de Roberval, Jean-François de, 311
Lartigue (famille), 83
Lartigue, Jean-Jacques, 37, 43, 94, 256, 257, 258, 259, 346, 347
La Salle [V. Cavelier.]
Las Cases, Emmanuel Augustin Dieudonné, comte de, 358
Laterrière [V. Sales.]
Laugier, Marc-Antoine, 56
Laurin, Joseph, 347
Laval, François de, 304
La Vérendrye [V. Gaultier.]
Laviolette, Pierre, 71, 169, 171, 336, 338
Leblanc de Marconnay, Hyacinthe-Poirier, 3, 78, 82, 87, 91, 100, 101, 102, 103, 138, 141, 150, 154, 173, 210, 253, 254, 358, 359, 360, 361, 362, 452, 453, 462, 473, 474, 484, 485, 488
Le Brun, Charles, 54, 55
Lebrun, Isidore-Frédéric-Thomas, 85, 87, 88, 298, 299, 300, 301, 313,

336, 459, 460, 463, 464, 465, 466, 470, 487
Le Clercq, Chrestien, 272, 307
Leclère, Pierre-Édouard, 102, 171, 172
L'Écuyer, Eugène, 375, 380
Légaré, Joseph, 54, 55, 119, 122, 147
Legouvé, Ernest, 171
Legouvé, Gabriel, 439
Lehouillier, Dorothée [V. Sales Laterrière.]
Lehouillier, François-Xavier, 421
Lejay, 152
Lemaître, François, 174
Lemoult, N., 188, 299
Le Moyne d'Iberville, Pierre, 311, 312
Le Normant, 17
Léon, saint, 256
Leopardi, Giacomo, comte, 7
Leprohon, Charles-Philippe, 205
Lequien, E.-A., 188, 203
Le Roy de La Potherie, dit Bacqueville de La Potherie, Claude-Charles, 272, 306, 307, 312
Lesage, Alain René, 359, 438, 446
Le Saulnier, Candide-Michel, 196, 197, 200
Lescarbot, Marc, 307, 311, 315
Lesieur-Désaulniers, François, 46
Lesieur-Désaulniers, Isaac-Stanislas, 46, 72, 212
Lespinay [V. Couillard.]
L'Éveillée, Lucie, 434
Levizac, 470
Lhomond, Charles-François, 46
L'Horme, 445, 451
Lindsay, William, 96
Livernois, Jules-Ernest, 81
Locke, John, 35, 451
Lom d'Arce, Louis-Armand de, baron de Lahontan, 282, 307, 312
Longmore, George, 431
Lorimier, Chevalier de, 323, 401, 402, 410, 411, 413, 416, 417, 422, 423
Lorrain, Claude Gellée, dit le, 54
Louis XIV, roi de France, 436
Louis XV, roi de France, 436, 437, 466
Louis XVI, roi de France, 437

Louvet, Édouard, 448
Lowe, sir Hudson, 357
Luc, saint, 264
Lucien, 49
Lusignan, Alphonse, 445
Lytton, baron [V. Bulwer-Lytton.]
Mably [V. Bonnot.]
McCarthy, Justin, 112
MacCarthy, Nicholas Tuite, 393
Macfarlane, James, 263
McGill, James, 55
Mackenzie, Alexander, 316, 384, 386, 398
Mackenzie, William Lyon, 98
Macnaughton, J.H., xx
Maguire, Thomas, 72, 85, 107, 211, 299, 301, 314, 316, 432, 438, 465, 485
Maintenon, marquise de [V. Aubigné.]
Maistre, Joseph de, comte de Maistre, 18, 49, 212, 393, 442
Malebranche, Nicolas, 438
Malfilâtre, Jacques Charles Louis de Clinchamp de, 438
Malo, Isidore, 199, 200
Malthus, Thomas Robert, 451
Manzoni, Alessandro, 7
Marat, Jean-Paul, 339
Marchessault, Siméon, 414
Marconnay [V. Leblanc.]
Marest, Pierre-Gabriel, 311
Margry, Pierre, 99
Marie de l'Incarnation [V. Guyart.]
Marlay, Thomas George, 64
Marmontel, Jean-François, 437, 438
Marquette, Jacques, 311
Marsais, César Chesneau, sieur du, 49
Marsollier des Vivetières, Benoît-Joseph, 361
Martial (Marcus Valerius Martialis), 422
Maseres, Francis, 98
Massillon, Jean-Baptiste, 12, 199
Masson, Louis Rodrigue, 385
Matthieu, saint, 264
Maury, Jean Siffrein, 49, 212
Meilleur, Jean-Baptiste, 72, 99, 188

Ménard, dit Lafontaine [V. La Fontaine.]
Mérimée, Prosper, 15, 446
Mermet, Joseph-David, 3, 94, 95, 100, 101, 154, 168, 325, 326, 328, 329, 330, 331, 348, 393, 423, 440, 456, 459, 485, 486, 488
Mesplet, Fleury, 1, 67, 176, 421
Messein [V. Bailly.]
Metcalf, Eliab, 55
Meusnier de Querlon, Anne Gabriel, 436
Mézière, Henry-Antoine, 78, 176, 177, 181, 186
Michelet, Jules, 16
Mickiewicz, Adam, 180
Mignard, Pierre, 54
Millevoye, Charles Hubert, 176
Milnes, sir Robert Shore, 249
Milton, John, 450, 451
Mirabeau, Honoré Gabriel Riqueti, comte de, 49, 254, 437
Mirabeau, Victor Riqueti, marquis de, 212
Molière [V. Poquelin.]
Molson, John, 28, 145
Molt, Théodore-Frédéric, 57
Mondelet (frères), 251, 252, 253
Mondelet, Charles-Elzéar, 250, 251, 252, 450
Mondelet, Dominique, 72, 83, 97, 172, 250, 251, 252, 253, 325, 367, 449
Monsigny, Pierre Alexandre, 139
Montaigne, Michel de, 442
Montalembert, comte de [V. Forbes.]
Montcalm, Louis-Joseph de, marquis de Montcalm, 274, 275
Montémont, Albert, 310
Montesquieu, Charles de Secondat, baron de La Brède et de, 35, 85, 167, 168, 243, 436
Montolieu, Pauline Polier de Bottens, baronne Isabelle de, 13, 200
Moore, Thomas, 58, 107, 325, 343, 449, 486
Moquin, Louis, 112
Morin, Augustin-Norbert, 33, 52, 72, 74, 75, 77, 79, 81, 82, 85, 86, 87, 169, 172, 185, 189, 211, 212, 238, 278, 279, 299, 345, 347, 367, 464
Mountain, George Jehoshaphat, 263
Mountain, Jacob, 271
Mountain, Jehosaphat, 263
Mower, Nahum, 185, 186
Mozart, Wolfgang Amadeus, 57
Murillo, Bartolomé Esteban, 54
Murray, James, 283
Musset, Alfred de, 13, 15, 20, 335, 445

Napoléon Ier, empereur des Français, 17, 113, 150, 188, 194, 197, 227, 265, 327, 330, 339, 341, 348, 356, 357, 358, 360, 362, 441
Necker, Germaine, baronne de Staël-Holstein, dite Mme de Staël, 7, 10, 12, 17, 18, 19, 176, 475, 486
Neilson (famille), 55
Neilson, Harry, 455
Neilson, John, 34, 81, 82, 165, 185, 186, 193, 195, 203, 205, 272, 279, 403
Neilson, Samuel, 205
Nelson, Robert, 416
Nelson, Wolfred, 414
Nerval, Gérard de [V. Labrunie.]
Nevers, Lorenzo de, 129
Nickless, Joseph, 178
Nodier, Charles, 16, 19, 89, 209, 380, 446, 486

O'Callaghan, Edmund Bailey, 59, 89, 107, 201, 253, 416
O'Connell, Daniel, 61
Odelin, Jacques, 259
O'Donnell, James, 56
Olivet, Pierre Joseph Thoulier d', 49
Ossian, Oisin, dit, 20, 107, 447
Ostell, John, 56
Ovide, 254

Page, 138, 352
Painchaud, Charles-François, 46, 212, 441, 442
Palaprat, Jean, 149
Palladio, Andrea, 56
Palsgrave, Charles Theodore, 98
Panchouke, 451

Panet, Jean-Antoine, 165, 212
Panet, Louis, 143
Panet, Louise-Amélie (Berczy), 72, 91, 108, 130, 209, 343, 449
Papineau (famille), 154, 209, 406
Papineau, Aurélie, 409
Papineau, Denis-Benjamin, 186, 199
Papineau, Joseph, 83
Papineau, Julie [V. Bruneau.]
Papineau, Lactance, 406, 407
Papineau, Louis-Joseph, 3, 55, 72, 76, 79, 81, 82, 83, 84, 85, 94, 101, 108, 130, 154, 188, 209, 220, 223, 238, 240, 241, 242, 243, 244, 245, 246, 253, 254, 317, 338, 339, 402, 403, 404, 405, 406, 408, 409, 414, 417, 422, 485, 487
Papineau, Louis-Joseph-Amédée, 130, 372, 402, 406, 407, 408, 415, 416, 417
Papineau, Rosalie [V. Cherrier.]
Paquin, Jacques, 72, 415, 416
Parent, Étienne, 59, 72, 74, 75, 78, 79, 80, 81, 82, 83, 86, 91, 102, 105, 131, 154, 169, 170, 173, 212, 217, 218, 236, 237, 238, 239, 240, 241, 242, 245, 246, 299, 308, 317, 408, 468, 469, 470, 484, 485, 487
Parkman, Francis, 99, 272, 312
Pasteur, Charles-Bernard, 78, 81, 103, 168, 186, 456, 457
Paul, saint, 264
Pélissier, Christophe, 420, 421
Pellico, Silvio, 12
Perrault, Charles, 12
Perrault, Charles-Ovide, 82, 253, 254
Perrault, Joseph-François, 41, 42, 43, 52, 72, 90, 99, 124, 167, 273, 284, 315, 422
Perrault, Louis, 201, 203, 204, 254
Petitclair, Pierre, 72, 77, 90, 91, 154, 190, 212, 352, 353, 355, 356, 361, 423, 486
Phelan, James Julien Theodore, 82
Pigault-Lebrun, Guillaume Charles Antoine Pigault de l'Espinoy, dit, 12, 149
Pinkerton, John, 310, 316

Pitre-Chevalier, 446
Pitt, William, 270
Pixérécourt, René Charles Guilbert de, 16
Plamondon, Antoine, 4, 55, 124, 204
Plamondon, Louis, 72, 76, 97, 112, 113, 133, 167, 211
Planche, Gustave, 13
Plessis, Joseph-Octave, 28, 37, 38, 72, 76, 101, 151, 211, 256, 257, 261, 263, 264, 265, 266, 267, 316, 390, 391, 392, 393, 394, 395, 396, 397, 398
Pline, 47
Poe, Edgar Allan, 7, 14
Poisson de Gomez [V. Gomez.]
Pompée (Cneius Pompeius Magnus), 254
Pope, Alexander, 325
Poquelin, Jean-Baptiste (pseud.: Molière), 12, 15, 139, 149, 152, 355
Porter, 408
Potel, Léon, 87, 103, 188, 345
Pothier, Robert-Joseph, 77, 189
Pouchkine, Alexandre Sergueievitch, 7
Pouchot (Pouchot de Maupas), Pierre, 313
Power, Tyrone, 147
Prevost, sir George, 33, 248, 249, 279, 289
Prévost d'Exiles, abbé, 438
Prince, Jean-Charles, 259
Prince, Paul, 311
Prud'homme, Firmin, 90, 138, 139, 140, 150, 154, 188, 356, 357, 358, 360
Puget, Pierre, 55
Puibusque, Adolphe de, 98

Quesnel, Joseph, 1, 67, 94, 95, 149, 153, 154, 167, 186, 351, 355, 362, 468
Quiblier, Joseph-Vincent, 103
Quilliam, John, 346
Quinte-Curce, 47

Racine, Jean, 12, 15, 18, 49, 152, 156, 200, 358, 359, 375, 437

Radcliffe, Ann Ward, 453
Radisson, Pierre-Esprit, 312, 313
Ragueneau, Paul, 311
Raimbault, Jean, 46, 262, 266, 267
Rambau, Alfred-Xavier, 78, 87, 100, 102, 103, 105, 172, 446, 485
Ramsay, George, 9ᵉ comte de Dalhousie, 59, 108, 116, 117, 125, 179, 232, 234, 285, 289, 403
Ramusio, Giovanni Battista, 310
Ransonnet, Sylvestre-François-Michel, 311
Raymond, Adèle, 87
Raymond, Joseph-Sabin, 87, 197, 212, 259
Raynal, Guillaume-Thomas, 98, 224, 272, 299, 313, 438
Redpath, Jane [V. Drummond.]
Rees, William, 123
Regnard, Jean-François, 355
Regnaud, François-Joseph-Victor, 42
Reiffenstein, John Christopher, 205
Rich, Obadiah, 310
Ricketts, John Bill, 138
Rivarol, Antoine, dit comte de Rivarol, 438
Rivière, Claude, 46
Robe, sir William, 56
Roberval [V. La Rocque.]
Robillard, Joseph, 56
Rochambeau, 419
Rochemonteix, Camille de, 48
Rochon, Toussaint, 414
Rollin, Charles, 47, 475
Romain, François, 112, 113
Roque, Jacques-Guillaume, 46
Ross, Alexander, 390
Rossini, Gioacchino Antonio, 57
Rousseau, Jean-Jacques, 12, 49, 77, 168, 169, 211, 212, 254, 347, 372, 393, 437, 440
Rouville [V. Hertel.]
Rowen, 141
Roy, Camille, XIV
Roy, David, 235
Roy, Joseph, 199
Roy, Joseph-Edmond, 305
Roy-Audy, Jean-Baptiste, 55

Rubens, Pierre-Paul, 54, 55
Russell, John, 1ᵉʳ comte Russell, 238, 241, 243
Rustan, Pascal [V. Fabre, dit Laperrière.]
Ryland, Herman Witsius, 271
Sabrevois de Bleury, Clément-Charles, 34, 73, 101, 173, 252, 253, 254
Sagard, Gabriel (baptisé Théodat), 307
Sainte-Beuve, Charles Augustin, 13, 16, 18, 19
Saint-Germain, Eugénie (Cardinal), 414
Saintine, Joseph-Xavier Boniface, dit, 359
Saint-Marc Girardin, François Auguste Marc Girardin, dit, 13
Saint-Réal [V. Vallières.]
Salaberry [V. Irumberry.]
Sales Laterrière, Dorothée de (Lehouillier), 421
Sales Laterrière, Marc-Pascal de, 417
Sales Laterrière, Pierre de, 402, 417, 418, 419, 420, 421, 422
Sales Laterrière, Pierre-Jean de, 73, 108, 288, 289, 290, 291, 315, 316
Salignac de La Mothe-Fénelon, François de, 12, 49, 200, 435
Salluste, 47
Salmon, George, 263
Salverte, Eusèbe, 439
Sand, George [V. Dupin.]
Sansom, Joseph, 313
Sauvageau, 141
Sauvageau, Charles, 57
Savard, 141
Scarron, Paul, 355
Schiller, Friedrich von, 15, 18, 20
Schinotti, J.F., 138, 351, 352
Schlegel (frères), 7
Schlegel, August Wilhelm von, 451
Scott, Walter, 7, 12, 14, 16, 18, 89, 209, 325, 340, 377, 382, 446, 447, 448, 449, 453, 474, 476, 486
Scribe, Eugène, 140, 149, 359
Seaton, baronne [V. Yonge.]
Secondat [V. Montesquieu.]
Sedaine, Michel Jean, 139

Index des noms de personnes

Segalas, Anaïs, 180
Selkirk, comte de [V. Douglas.]
Sénèque, 47
Sévigné, Marie de Rabutin-Chantal, marquise de, 409
Sewall, Henry, 147
Sewell, Jonathan, 34, 57, 77, 116, 125, 147, 271, 403
Shakespeare, William, 15, 18, 20, 209, 355, 377, 378, 451, 452
Shelley, Mary (Godwin), 10
Shelley, Percy Bysshe, 451
Sheppard, Harriet [V. Campbell.]
Sheppard, William, 125
Sherbrooke, sir John Coape, 279, 289
Shortt, Adam, xx, 282
Sinclair, James, 55
Skillet, Samuel, 29
Smillie, James, 22, 54, 119, 132, 217
Smith, William, 107, 116, 125, 186, 271, 272, 273, 274, 275, 276, 277, 278, 281, 282, 283, 284, 285, 291, 292, 299, 307, 308, 313, 314, 315, 316, 432
Somerville, James, 263
Soulié, Frédéric, 170
Soumet, Alexandre, 170
Spark, Alexander, 263
Sproule, Robert Auchmuty, 179
Staël, Mme de [V. Necker.]
Stanton, Robert, 263
Stendhal [V. Beyle.]
Strachan, John, 261
Stuart, Andrew, 125, 126, 130
Stuart, James, 130, 279
Sue, Eugène, 89, 446
Sulte, Benjamin, 305, 418

Talma, François Joseph, 139, 358
Tanguay, Cyprien, 426
Tarieu de Lanaudière, Charles-Louis, 113
Taschereau, Jean-Thomas, 167, 403
Tasse, le, 445, 451
Taylor, colonel, 414
Telmesse, Mgr de, 256
Tennyson, Alfred, 1er baron Tennyson, 7
Tessier, Ulric-Joseph, 373

Thévenot, Melchisédech, 311
Thierry, Augustin, 16, 238
Thiers, Louis Adolphe, 10
Thom, Adam, 109, 245
Thomas d'Aquin, saint, 142
Thomson, James, 325, 451
Thoreau, Henry David, 14
Thwaites, Reuben Gold, 390
Tibère (Tiberius Claudius Nero), 254
Tingle, J., 374
Tite-Live, 47
Tocqueville, Charles-Alexis-Henri Clérel de [V. Clérel.]
Townsend, Micajah, 263
Tracey, Daniel, 59, 107, 252
Triaud, Louis-Hubert, 147
Trumbull, Benjamin, 274
Turcotte, Joseph-Édouard, 73
Turgot, Anne Robert Jacques, baron de L'Aulne, 447
Turnbull, John Duplessis, 149

Usher, Luke, 136

Vallée, Joseph, 253
Vallières de Saint-Réal, Joseph-Rémi, 73, 75, 76, 80, 112, 116, 211
Vanfelson, George, 408
Van Loo, Jean-Baptiste, 54
Vasseur, Henry, 205
Vattemare, Nicolas-Marie-Alexandre, 217
Verrazano, Giovanni da, 308
Vézina, 141
Victor, Scévola, 138, 139
Viger (famille), 83, 154
Viger, Denis-Benjamin, 52, 73, 74, 77, 81, 82, 83, 84, 85, 87, 88, 94, 95, 98, 130, 165, 186, 188, 209, 212, 223, 226, 227, 228, 299, 315, 326, 329, 459, 460
Viger, Jacques, 3, 26, 51, 73, 75, 79, 94, 95, 96, 97, 98, 99, 100, 101, 108, 125, 130, 154, 165, 177, 181, 210, 212, 278, 281, 292, 293, 298, 303, 304, 305, 306, 310, 314, 316, 317, 328, 329, 330, 331, 332, 333, 339, 346, 485, 487
Viger, Marie-Marguerite [V. La Corne.]

Vignon, Claude, 55
Vigny, Alfred, comte de, 13, 14, 15, 19, 20
Villemain, Abel-François, 9, 10, 16
Vincent, Zacharie, 55
Virgile, 20, 47, 49, 281, 373, 450
Volney, comte de [V. Chassebœuf.]
Voltaire [V. Arouet.]
Vondenvelden, William, 336, 337, 450
Vouet, Simon, 55

Wallace, William, 132
Waller, Jocelyn, 59, 107
Ward, Thomas, 147
Warren, Samuel R., 58
Waterworth, George, 374, 375
Watteville, Frédéric de, 328
Weld, Isaac, 313

Wells, 138
West, William, 138, 147
Whitworth-Aylmer, Louisa Anne, baronne Aylmer [V. Call.]
Whitworth-Aylmer, Matthew, 5e baron Aylmer, 117
Wilcocke, Samuel Hull, 186
Wilkie, Daniel, 125
Willis, Nathaniel P., 57
Wolfe, James, 53, 54, 133, 278
Woolsey (famille), 55
Wordsworth, William, 340, 451

Yonge, Elisabeth (Colborne, baronne Seaton), 414
Young, Mrs., 149
Young, Thomas Ainslie, 141

INDEX DES ŒUVRES

Abrégé de l'histoire du Canada […], 284, 315
L'abrégé de l'histoire romaine, 47
Abrégé du christianisme, 197
L'acadiade; ou, proüesses angloises en Acadie […], 314
Adventures of the First Settlers on the Oregon or Columbia River […], 390
Adventures on the Columbia River […], 389
Album, 237
Amours des anges, 449
Les anciens Canadiens, 423
L'anglomanie […], 355
Annuaires, 26
Anti-Gallic Letters […], 245
L'antiquaire, 447, 449
An Apology for Great Britain […], 186, 228, 315
Appel à la Justice de l'État […], 1, 284
Appel au Parlement impérial […], 315
Archéologie canadienne: souvenirs historiques sur la seigneurie de La Prairie, 305
Archéologie religieuse du diocèse de Montréal. 1850, 305
L'Areopage, 314
L'arithmétique en quatre parties […], 79
Arrivée en hiver du 43ᵉ régiment d'infanterie légère sur le bord du fleuve Saint-Laurent à la hauteur de Saint-André de Kamouraska, 54, 443
Arthur, 434
L'art poétique (de Boileau), 334, 435, 458
L'art poétique (d'Horace), 47
Astoria […], 389
Atala […], 17, 364, 365, 366, 367, 441, 469
Atala, René, Les aventures du dernier Abencérage, 17
L'auberge Neptune à Québec en 1830, 54
« Aux exilés politiques canadiens », 59, 106, 339
L'avare, 149
Les aventures de Télémaque, 12, 197, 199, 440

Les aventures du Chevalier de Beauchêne, 370
L'avocat Patelin, 138, 149
Banquet de fondation de la Société Saint-Jean-Baptiste de Montréal, 1834, 129
Le baptême du Christ, 55
Le barbier de Séville, 149
La bataille de Waterloo ou l'entrée triomphante de l'armée angloise dans Paris, 150
Beautés de l'histoire d'Amérique, 177
Beautés de l'histoire du Canada […], 281
Bibliothèque universelle des voyages […], 310, 312, 313
Biographie des hommes vivants […], 310, 316
Biographie universelle […], 310, 312
Bouchette en prison, 402
Les bourgeois de la Compagnie du Nord-Ouest […], 385
Le bourgeois gentilhomme, 355
Breviarium ab urbe condita, 47
Brief Recit […], 307
A Brief Review of the Political State of Lower Canada […], 279
The British Dominions in North America […], 92, 99, 187, 295, 296, 315
Bug-Jargal, 452

Canada and its Provinces, xx, 282
Canadian Scenery Illustrated, 57
Les casernes des jésuites et la place du marché, 54
Catalogue de livres qui se trouvent aux Magazins de Messrs. G. & B. Horan, à Québec et chez M. H. Bossange à Montréal, 441
Catalogue des livres a vendre […], 186
Catalogue d'ouvrages sur l'histoire de l'Amérique […], 97, 217, 309, 312
Catalogue of books, imported from London […], 195
Catalogue of Books Relating Principally to America […], 310, 312
Catéchisme historique, 12
La Cathédrale de Montréal, 57
Catilinaires, 47

Cécile, ou les passions, 434
Le chansonnier canadien ou nouveau recueil de chansons, 347
Le chansonnier canadien, ou nouveau recueil de romances, idylles, vaudevilles, &c. &c., 345, 346, 347
Chansons, 12
Le chant des ouvriers, 141, 359
The Charivari […], 431
Chatterton, 15, 20
La chaumière indienne, 441
Le chercheur de trésors […], 381, 423
Childe Harold's Pilgrimage, 447
Le choléra à Québec, 54
Les Chouans […], 103
Le Cid, 372
City of Montreal from the canal, 106
Le clergé canadien vengé par ses ennemis […], 432, 436
Colas et Colinette […], 1, 149, 153, 186, 351, 353
«Collection d'ouvrages sur l'histoire de l'Amérique septentrionale […]», 305, 306
Collège (de Montréal), 39
Le colonel Chabert, 103, 446
La comédie humaine, 103
Le comédien sans argent ou le retour d'Alvic, 139, 150
Commentaries, 35
Communications de Mercator, sur la conteste entre le comte de Selkirk, et la compagnie de la Baye d'Hudson, d'une part; et la compagnie du Nord-Ouest, d'autre part, extraites du Montreal Herald […], 250
La comtesse d'Escarbagnas, 149
Les confessions, 437
Considérations […], 95, 186, 226, 229, 315
Considérations sur la France, 393
Contes […], 12
Contretemps sur contretemps, 149
Corinne […], 12
Le corsaire, 448, 469
Cours abrégé de belles-lettres, à l'usage du collège de Montréal, 46

Index des œuvres

Cours abrégé de leçons de chymie, contenant une exposition précise et méthodique des principes de cette science, exemplifiés [...], 99, 188
Cours abrégé de rhétorique, à l'usage du collège de Montréal, 46
Cours de littérature, 197, 452
Cursory View [...], 234, 314
Cyprien Tanguay, 426

Damon et Pythias, 152
Danse au château Saint-Louis, 54
La débâcle du Saint-Laurent dans le port de Montréal au printemps, 54
De Buonaparte et des Bourbons, 441
De la démocratie en Amérique, 170, 301
De l'Allemagne, 18
Les délices de la langue latine, tirées de Cicéron & des auteurs les plus purs, 50
Le délire ou les folies de l'amour, 150
Della Navigazioni é Viaggi raccolti [...], 310
Le démon de la forêt ou l'horloge a sonné, 149
Denis-Benjamin Viger, 226
Le dépit amoureux, 355
La déposition de la croix, 55
Le dernier des Hurons, 55, 124
Le dernier des Mohicans, 364, 366
« Dernières lettres d'un condamné », 410
Le dernier jour d'un condamné, 410, 443
« Le dernier Huron », 55
Description de la Louisiane [...], 312
Description topographique de la province du Bas Canada [...], 54, 92, 187, 296
Le déserteur, 139, 152
Des plaideurs, 359
Les deux Foscari, 152
Les deux girouettes [...], 188, 250
Les deux précepteurs, 149
Dictionnaire des œuvres littéraires du Québec, VI
Dictionnaire du droit canonique, 256
Discours a l'occasion de la victoire remportée par les forces navales de Sa Majesté britannique dans la Mediterrannée [...], 265

Dissertation sur le canon de bronze que l'on voit dans le musée de M. Chasseur à Québec [...], 125
La distillerie Harrower's sur la rivière Trois-Saumons, 54
Divinatio in Quintum Cecilium, 47
« Les Djinns », 19
The Dominion. Missions; Arts and Letters, 282
« La donation », 352
Don Japhet d'Arménie, 355
« Le drapeau de Carillon », 423
The Drummer, 356
Du contrat social, 254, 437

Elements de la grammaire latine, 46
Éléments de littérature, 438
Émile, 437
L'Énéide, 47, 120
L'enragé, 139
Épîtres, satires, chansons, épigrammes [...], 107, 188, 333, 336, 337, 459, 465, 470
Esquisse de la Constitution britannique, 233, 314
Essais, 442
Essai sur le principe de population, 451
Essai sur l'indifférence en matière de religion, 454
Études de la nature, 440, 441

Fables, 12, 199
La famille du baron, 140, 149
La famille Woolsey, 55
Le fanatisme ou Mahomet le prophète, 140, 142, 150, 152, 437
Félix Poutré, 423
La fiancée d'Abydos, 447
La fille du brigand, 375
« Fonction du poète », 20
The Fool of Quality [...], 232
Les forges sur la rivière Saint-Maurice, 294
Les fourberies de Scapin, 138, 139, 149
Frontin, mari-garçon, 149

A General Collection of the best and most interesting Voyages and Travels in all parts of the World [...], 310

The General History of the Late War [...], 98
Génie du christianisme, 12, 18, 441, 444, 450
Georges Dandin, 149
Géorgiques, 47, 281
Grammaire élémentaire [...], 188, 203
Grande bataille de Waterloo, 150
Le Grand Voyage du pays des Hurons [...], 307
Griphon [...], 90, 190, 352, 353, 354, 355, 356, 361
Le grondeur, 149

The Habitant, xx
Hamlet, 139, 140, 150
Hans d'Islande, 452
Hawkins's Picture of Quebec [...], 125
Henri IV, 355
Hernani, 19, 470
High Life Below Stairs, 152, 355
Histoire comique des États et Empires de la Lune, 370
Histoire de Jean de Calais roi de Portugal [...], 183, 446
Histoire de la littérature canadienne, XIII
Histoire de l'Amerique Septentrionale [...], 306, 307, 312
Histoire de la Nouvelle France [...], 307, 311
Histoire de l'Hôtel-Dieu de Québec, 311
Histoire de l'insurrection du Canada [...], 245, 404
Histoire des anciens philosophes, 177
Histoire du Canada, 272
Histoire du Canada depuis sa découverte jusqu'à nos jours, 88, 99, 341
Histoire du Canada, et des Canadiens, sous la domination anglaise, 284
Histoire du Canada, sous la domination française, 79, 280, 284, 306, 307, 308, 314
Histoire du Montréal 1640-1672, 312
Histoire ecclésiastique, 256
Histoire et description generale de la Nouvelle France [...], 167, 269, 270, 307, 311
Histoire philosophique et politique [...], 98, 224, 272, 314

An Historical Journal of the Campaigns in North-America, for the Years 1757, 1758, 1759, and 1760 [...], 98, 274
History of Canada [...], 107, 186, 307
The History of Canada from Its First Discovery, Comprehending an Account of the Original Establishment of the Colony of Louisiana, 270
A History of the Late Province of Lower Canada [...], 279, 280
Hochelaga Depicta [...], 39, 106, 146
Homme à la pipe, 455
Homme devant une bibliothèque, 158
L'honnête fermier. Drame en cinq actes par Berquin, à l'usage des écoles, 351
L'hôtel des princes [...], 359
The Huron Chief, and Other Poems, 107

Idylles, 439, 447
An impartial & authentic account of the Civil War in the Canadas, 417
L'incendie, 152
Les incommodités de la grandeur, 152
L'influence d'un livre, 89, 105, 174, 190, 209, 210, 323, 353, 355, 363, 373, 377, 381, 382, 423, 445, 449, 451, 452, 462, 473, 486
Instructions chrétiennes pour les jeunes gens [...], 203
Interior of the Cathedral, Montreal, 262
« L'Iroquoise », 363, 364, 366, 367, 486
Itinéraire de Paris à Jérusalem, 383, 441

James McGill, 55
James Sinclair, 55
Jean-Baptiste Fréchette, 204
La Jérusalem délivrée, 445, 451
Le jeune homme à l'épreuve, 149
Les jeunes officiers de la garnison, 152
Jonathas et David [...], 362
Joseph vendu par ses frères, 152
Le joueur (de Regnard), 355
« Journal de deux voyages apostoliques [...] », 390, 394
Journal d'un Fils de la liberté [...], 415, 417
Journal d'un patriote (1837 et 1838), 417

Journal d'un voyage en Europe par Mgr Joseph-Octave Plessis évêque de Québec, 1819-1820, 392
« Journal d'un voyage sur les côtes de la Gaspésie », 395, 399
Journal historique des événemens arrivés à Saint-Eustache [...], 415
« Journal of a Voyage from the Rocky Mountains to the Pacific Coast, 1808 », 385
Les joyeuses épouses de Windsor, 355

Légendes canadiennes, 369, 380
Lettre à l'Honorable Edward Bowen, Écuyer, Un des juges de la Cour du Banc du Roi de Sa Majesté pour le district de Québec, 52
Lettre à Mr. Chaboillez, curé de Longueuil, relativement à ses Questions sur le gouvernement ecclésiastique du district de Montréal, 257
Lettres [...] (de Marie de l'Incarnation), 307
Lettres édifiantes [...], 311
Lettre synodale du Concile d'Alexandrie, 256
La littérature canadienne de 1850 à 1860, 380, 423
Le livre des Cent-et-un, 180
« Louise Chawinikisique », 89, 103, 172, 366, 367, 372
Louis-Joseph Papineau (d'Antoine Plamondon), 55
Louis-Joseph Papineau (de Napoléon Bourassa), 220
Lucas et Cécile, 351
Ludger Duvernay, fondateur de la Société Saint-Jean-Baptiste, 81

Madame Angot, 149
Madame de Maintenon, peinte par elle-même, 197
Madame John Redpath, née Jane Drummond, 55
Le maître français, 203
Le malade imaginaire, 149
Le marchand de Venise, 355
Le marchand provençal, 149
Le mariage forcé, 149, 150

Market-Hall and Boat-Landing, Quebec, 194
Market Place Quebec, 1831, 64
Les martyrs, 197, 441
« Ma Saberdache », 94, 96, 97, 99, 177, 210, 303, 304, 305, 317, 331, 485
Le massacre des Hurons par les Iroquois, 122
Le médecin malgré lui, 139, 149
Méditations, 12, 18, 445
Melmoth réconcilié, 103
Mémoires (d'Aubert de Gaspé père), 112, 209
Mémoires de Pierre de Sales Laterrière et de ses traverses, 417, 418, 419, 421, 422
Mémoires pour servir à l'histoire du jacobinisme, 393
Mémoires sur le Canada, depuis 1749 jusqu'à 1760 [...], 126
Memoirs [...], 279, 290, 314
Mémorial de Sainte-Hélène, 358
Michel Bibaud, 282
Michel et Christine, 149
Micromégas, 370
Les mille et une nuits, 143
Le misanthrope, 149
Mœurs des sauvages Ameriquains, comparées aux mœurs des premiers temps, 307
Monsieur de Pourceaugnac, 139, 149
« Mon voyage à la Lune », 356, 370
La mort d'Abel, 439
La mort de César, 140, 141, 142, 150, 152, 360, 437
Mort de saint François Xavier, 54
Moyens de conserver nos institutions, notre langue et nos lois, 52

Napoléon à Sainte-Hélène [...], 140, 188, 356, 358, 362
Napoléon à Waterloo, 357
Narrative of a Voyage to the Northwest Coast of America, in the Years 1811, 1812, 1813, and 1814, or, The First American Settlement on the Pacific, 390

«Narrative of the invasion of Canada by the American Provincials under Montgomery and Arnold [...]», 96
Les Natchez, 89, 364, 365, 366
«Néologie canadienne ou dictionnaire des mots créés en Canada et maintenant en vogue; – des mots dont la prononciation et l'orthographe sont différentes de la prononciation et orthographe françaises, quoique employés dans une acception semblable ou contraire, et des mots étrangers qui se sont glissés dans notre langue», 51
Nina ou la folle par amour, comédie en un acte et en prose, mêlée d'ariettes, 361
«Notes de philosophie, mathématiques, chimie, physique, grammaire, politique et journal, 1798-1810», 76, 210
Notes diverses sur le Bas-Canada, 254
Notes sur la Grèce, 441
Notes sur l'inamovibilité des curés dans le Bas-Canada, 203, 250
Notre-Dame de Paris, 12
Nouveau cours complet de grammaire française [...], 188
Nouveau recueil de cantiques [...], 57, 346
Nouveau Voyage [...], 312
Nouvel abrégé de géographie moderne, suivi d'un petit abrégé de géographie ancienne, à l'usage de la jeunesse, 46, 93, 99, 297, 315
Nouvelle grammaire anglaise [...], 99
La nouvelle Héloïse, 372, 437, 438
Nuits, 20

Oberman, 434
Observations sur un écrit intitulé Questions sur le gouvernement ecclésiastique, du district de Montréal, 257
L'obstacle imprévu, 149
O Canada! Mon pays! Mes amours!, 345
Odes, 47
Odes et ballades, 104
Les orientales, 19
L'orpheline, 149

L'ours et le pacha, 149, 359
Le paradis perdu, 450, 451
Parliament House, 217
Paroles d'un croyant, 84, 170, 189, 259, 454
Le passe-tems, ou nouveau recueil de chansons, romances, vaudevilles, &c., &c., 347
Paul et Virginie, 440, 441
Paysage au monument à Wolfe, 54
Perdus dans la forêt, 4
Le père Goriot, 103, 171, 446
Petit Carême, 12, 199
Petit dictionnaire des inventions, 177
La petite clique dévoilée [...], 253, 254
Pickwick Papers, 171, 447
The Picture of Quebec, 22, 54, 119, 132, 217
Pierre-Amable De Bonne, 55
Pierre de Sales Laterrière, 418
«Plan d'éducation du séminaire de Québec», 46, 49
Poems on his Domestic Circumstances, 186, 325, 447
Poésies, 451
Poétique, 47
A Political and Historical Account of Lower Canada [...], 288
Political Annals of Lower Canada [...], 285, 286, 315
Portrait de Georges-Barthélemi Faribault, 309
Portrait de Jacques Viger, 94
Portrait de John Neilson, 185
Portrait de l'archiprêtre P. Fréchette, 55
Portrait [*de Louise*]*-Amélie Panet* (Berczy), 343
Portrait de Ludger Duvernay, 55
Portrait de Napoléon (Aubin), 104
Portrait d'homme, 320
Posting on the St. Lawrence during Winter, 467
Les précieuses ridicules, 149, 355
«Précis d'architecture pour servir de suite au Traité élémentaire de physique à l'usage du séminaire de Québec», 56
Précis de la Constitution anglaise, 232

Préface de Cromwell, 18, 377, 443
Première apparition d'Atala à Chactas, prisonnier des Muscogulges, 17
Les premiers rudimens de la Constitution britannique [...], 232
Prescott Gate, Quebec, 374
The principal Navigations, Voyages, Traffiques, and Discoveries of the English Nation [...], 310
Principes de littérature, 48
Pro Archia, 47
Procédures d'une cour d'enquête [...], 255
Le procès entre voisins, 152
Pro Ligario, 47
Pro Marcello, 47
Pro Milone, 47
Pro Murena, 47
Pro rege Deiotaro, 47

Quebec, 22
Quebec Driving Club, 132
Quebec in the Dominion: General Outlines, xx
Quebec, the Harp, and Other Poems, 107, 124
Québec vu de la tour ronde sur la rivière Saint-Charles, 54
Questions sur le gouvernement ecclésiastique du district de Montréal, 255, 256

Racine et Shakespeare, 18
Ramayana, 451
Rapport des commissaires nommés pour l'exploration du pays, borné par les rivières Saguenay, Saint-Maurice et Saint-Laurent, 126
Rapport d'un comité de la Chambre d'assemblée, sur les décisions des cours de justice au sujet de la langue des ordres de sommation [...], 52
Rapport d'un Québécois sur quelques écoles élémentaires du district de Québec, 43
Ratio atque institutio studiorum, 47
Les rayons et les ombres, 20
Recueil de chansons choisies, 346
Recueil de Voyages, 311

« The Red Rose », 446
Relation de la mort de Louis XVI, roi de France, 97
Relation d'un voyage à la côte du Nord-Ouest [...], 387
Relations (des jésuites), 281, 307, 311
René, 17, 434
Le répertoire national, XIII, 88, 90, 99, 331, 341, 349, 356, 362, 370, 380, 410, 449, 450, 475
Réponse à l'auteur d'un pamphlet sur les Procédures d'une cour d'enquête [...], 255
Réponse à Testis, sur les Procédures d'une cour d'enquête [...], 255
Réponse de Messire Chaboillez [...], 257
Les révélations du crime [...], 173, 314, 323, 353, 363, 373, 374, 376, 382, 459
Revue critique de l'Histoire du Canada, de M. Garneau, 285
Rhétorique, 47
The Rivals, 143
The River St. Lawrence during the Frost, with a View of the Citadel of Quebec, 480
Royal William, 29
Ruines, 368
Les ruines (de Volney), 77
Rule Britannia, 35

The School for Scandal, 143
Selecta latini sermonis exemplaria, 47
Séminaire (Saint-Sulpice), 39
Séminaire de Nicolet, 45
La sérénade, 355
« *Sermon prêché à la cathédrale de Québec par Mgr Plessis, à l'occasion de la paix américaine* [...] », 261, 265
Sermon preche par l'eveque catholique de Quebec dans sa cathedrale le IVe dimanche du Careme, 1er. avril, 1810 [...], 261, 264
Le siège de Corinthe, 447
Simon Fraser descendant le fleuve qui porte son nom, 1808, 385
Sketches of Canada and the United States, 98

Sketch of the British fur trade in North America [...], 98
Sol canadien! Terre chérie!, 58, 345, 346, 347
Le soldat, 358, 359, 360, 362
Le soldat français, 141, 358, 359, 360
Some Considerations on this question [...], 231, 285, 314
Les souffrances du jeune Werther, 434, 451
Stello, 20

Tableau statistique et politique des deux Canadas, 85, 298, 299, 313, 463, 465
Le tambour nocturne, 141, 149, 355, 356, 361
Tartuffe, 355
Theatre Royal, 146
Tom Thumb, 148
La tontine, 359
A Topographical Dictionary of the Province of Lower Canada, 92, 295
« La tour de Trafalgar », 89, 368
Traité des lois civiles du Bas-Canada, 189
Traité sur la politique coloniale du Bas-Canada. Divisé en deux parties. Opposition dans le gouvernement – licence de la presse – conseil législatif par voie d'élection. Réflexions sur l'état actuel du pays, 253
Transactions, 118, 124, 125, 126, 314
Travels in Lower and Upper Canada, 95
Travels through the Canadas [...], 54, 271
The Treatise of civil Government, 35
Le trésor caché, 149
Le tuteur, 142

Une de perdue, deux de trouvées, 89, 368
« Une épisode gallico-canadienne. 1800 », 372, 438

Une partie de campagne, 90, 352
Une visite à Bedlam, 149
Un vieux de « 37 », 237

Valentine [...], 358, 359, 360, 361, 362
La Vie de la B. Catherine Tegakouita [...], 311
La Vie de la Sœur Marguerite Bourgeois [...], 311
La Vie de la venerable sœur Marguerite Bourgeois [...], 311
La Vie de mère Catherine de Saint-Augustin, religieuse Hospitalière de la Miséricorde de Québec en la Nouvelle-France, 311
Vie politique de Mr. ******** [...], 248, 250
View of the Eastern Townships, Lower Canada, 53
Volupté, 434
Voyage dans la Lune, 370
Voyage dans les États-Unis d'Amérique [...], 313
Voyage en Amérique, 364
Les Voyages [...], 307
Voyages from Montreal, on the river St. Laurence, through the continent of North America to the frozen and Pacific oceans; In the Years 1789 and 1793. With a preliminary account of the rise, progress, and present state of the fur trade of that country, 315, 384
Vue de Québec, 54

Waverly Novels, 377
The Wood Demon or The Clock has Struck, 149

Zacharie Vincent, 55
Zaïre, 152

INDEX DES PÉRIODIQUES

L'Abeille canadienne, 88, 164, 176, 180, 186
Album littéraire et musical de La Minerve, 89, 368
L'Album universel, 369
L'Ami de la religion et du roi, 82, 171
L'Ami du peuple [...], 79, 89, 102, 105, 171, 172, 181, 367, 446
L'Argus, 82, 251
L'Aurore, 78, 186, 430, 447, 455, 457, 461
L'Avenir, 38

La Bibliothèque canadienne, 79, 96, 97, 99, 107, 177, 178, 181, 186, 210, 308, 364, 450, 456, 458, 468, 488

Les Cahiers des Dix, 202
The Canadian Courant [...], 432, 447
The Canadian Magazine and Literary Repository, 107, 178, 468
The Canadian Review and Literary and Historical Journal, 107, 179, 468
The Canadian Spectator, 59, 82

Le Canadien, XII, 33, 36, 58, 59, 71, 79, 80, 81, 85, 86, 88, 89, 94, 95, 105, 106, 113, 164, 165, 166, 167, 168, 169, 170, 176, 181, 205, 226, 230, 236, 257, 264, 272, 276, 299, 326, 327, 352, 456
Le Coin du feu, 80
Le Conservateur littéraire, 13
Le Constitutionnel, 13, 82, 208
Courier de Québec, 96, 167, 186, 276, 278, 327, 328
Courrier des États-Unis, 171, 446
Le Courrier du Bas-Canada, 186

L'Écho du pays, 99, 172
Edinburgh Review, 176
L'Encyclopédie canadienne, 177

Le Fantasque, 91, 105, 141, 164, 174, 175, 176, 181, 248, 370, 371
Le Figaro, 174, 444
Le Foyer canadien, XIII

Gazette de Montréal, 85, 164, 165, 185, 186, 431

La Gazette de Québec, 80, 109, 164, 186, 270
Gazette des Trois-Rivières, 81, 168, 331, 332, 434, 460
La Gazette littéraire [...], 437, 460
Le Glaneur, 99, 102, 172
Le Globe, 13, 18
La Guêpe, 369

Horizon Canada, 411

L'Impartial, 172
L'Institut, 88

Journal de médecine de Québec, 31, 215
Journal des débats, 13

Le Libéral [...], 173, 174, 176
The Literary Garland, 180
The Liverpool Albion, 180
The London Athenæum, 180
The London Ladies Museum, 179
The London Penny Magazine, 180

Magasin du Bas-Canada, 79, 177, 180, 297, 488
Le Magasin pittoresque, 180
Mélanges religieux, 71
La Minerve, 59, 71, 82, 85, 86, 99, 105, 107, 130, 164, 166, 168, 169, 170, 171, 172, 173, 181, 188, 189, 236, 240, 254, 299, 447
The Montreal Gazette, 35
The Montreal Herald, 179, 459
The Montreal Museum, 91, 179, 180, 188, 469

The Morning Chronicle, 238
La Muse française, 13

L'Observateur, 79, 177, 188, 283, 314

Le Patriote canadien, 82
The Penny Magazine, 180
Le Populaire, 91, 99, 101, 102, 172, 173, 174, 181, 342, 343, 452, 458, 462, 472, 473
La Presse, 13

The Quebec Mercury, 35, 89, 105, 106, 163, 165, 166, 167, 186, 226, 272, 276, 327
La Quotidienne, 174

La Revue de Paris, 176
La Revue des Deux Mondes, 13
La Revue encyclopédique, 177
La Ruche d'Aquitaine, 176

The Scribbler, 107, 186
Les Soirées canadiennes, XIII, 380
Le Spectateur, 78, 168, 186, 440, 456, 460
Le Spectateur canadien, 78, 96, 168

Le Télégraphe [...], 91, 105, 172, 173, 174
The Truth Teller, 364

The Vindicator and Canadian Advertiser, 59, 107, 201, 236
Le Vrai Canadien, 167

Westminster Review, 297, 315

TABLE DES MATIÈRES

Présentation	VII
Remerciements	XV
Signes conventionnels et abréviations	XVII
Tableau des monnaies au Bas-Canada vers 1815	XIX
Introduction	1
Les conditions générales entre 1806 et 1839	1
La situation littéraire	2
Plan du tome II	3
Chapitre 1. L'ÂGE DU ROMANTISME	5
La formation littéraire	8
Le circuit de production	10
Les frontières	13
La réception	17
La manifestation du littéraire	19
Pour en savoir davantage	21
Chapitre 2. LES CONDITIONS GÉNÉRALES	23
Le mouvement migratoire	25
Les communications	27

La montée des professions libérales	30
La carrière politique	32
Le projet national	34
Le statut et le rôle de l'Église catholique	36
L'éducation	38
L'enseignement public	38
La formation des maîtres	41
L'initiative de Joseph-François Perrault	42
Les collèges classiques	43
Le personnel enseignant	45
La formation littéraire	46
La langue	50
La norme linguistique	50
Le français, langue nationale	51
Les arts	53
Le paysage	53
L'iconographie religieuse	54
Le portrait	55
L'architecture	55
La musique	57
La liberté de la presse	58
Une période de crises	60
Pour en savoir davantage	62

CHAPITRE 3.   LES AGENTS : INDIVIDUS ET REGROUPEMENTS   65

Les acteurs de la vie littéraire	69
Les Canadiens	74
Les journalistes	78
Michel Bibaud (1782-1857)	78
Étienne Parent (1802-1874)	79
Ludger Duvernay (1799-1852)	81
Les hommes politiques	82
Louis-Joseph Papineau (1786-1871)	83
Denis-Benjamin Viger (1774-1861)	84
Augustin-Norbert Morin (1803-1865)	85
Les gens de lettres	87
François-Xavier Garneau (1809-1866)	87
Philippe-Ignace-François Aubert de Gaspé (1814-1841)	89
Georges Boucher de Boucherville (1814-1894)	89
Pierre Petitclair (1813-1860)	90
Le groupe du *Populaire* (1837-1838)	91
Les auteurs d'ouvrages scientifiques	92
Joseph Bouchette (1774-1841)	92
Jean Holmes (1799-1852)	93

Georges-Barthélemi Faribault (1789-1866)	93
Jacques Viger (1787-1858)	94
Jean-Baptiste Meilleur (1796-1878)	99
Les immigrants francophones	100
Joseph-David Mermet (1775-1828?)	100
Hyacinthe-Poirier Leblanc de Marconnay (1794-1868)	101
Alfred-Xavier Rambau (1810-1856)	102
Napoléon Aubin (1812-1890)	104
Les Britanniques	106
Les pratiques associatives	111
La Société littéraire de Québec (1809)	112
Le projet d'une société littéraire à Montréal (1817)	114
Les sociétés savantes (1820-1830)	115
Les concours et les prix	120
Les conférences et les discours	124
La contribution à la recherche historique	125
La fondation de bibliothèques	126
Les sociétés patriotiques (1830-1839)	127
Le théâtre	135
Le contexte	136
Les troupes itinérantes françaises	139
Les troupes d'amateurs francophones	141
Les lieux de théâtre	143
Le Theatre Royal de Montréal	145
Les Theatre Royal de Québec	146
Les femmes au théâtre	147
Le répertoire	149
L'essor du théâtre de collège (1830-1839)	151
Pour en savoir davantage	156
CHAPITRE 4. L'ESSOR DE LA LECTURE	159
La presse périodique et la formulation d'un discours	163
La presse marchande	164
La presse d'opinion	165
La Minerve	168
Le Canadien, nouvelle version	169
La presse après 1830	171
Le Fantasque	174
Les périodiques encyclopédiques et littéraires	176
Des imprimeries et des questions d'édition	183
La situation avant 1830	184
Ludger Duvernay, imprimeur et éditeur	188
Les ouvrages littéraires en 1837	190

Les librairies et l'importation du livre	193
La situation en 1815	195
La « filière ecclésiastique »	196
Les libraires Bossange et Germain	198
L'ascension d'Édouard-Raymond Fabre	200
Les autres libraires	204
Les bibliothèques et la formation du public	207
Les bibliothèques personnelles	209
Les bibliothèques de curés	210
Les bibliothèques de collèges	211
Les bibliothèques de patrons	212
Les bibliothèques associatives et les cabinets de lecture	213
Les bibliothèques d'associations professionnelles et de métiers	215
La bibliothèque parlementaire	216
Pour en savoir davantage	219
CHAPITRE 5. LA PROSE D'IDÉES	**221**
Le discours de l'opinion publique	225
L'essai politique	225
Le discours autour de la Constitution	226
Considérations […] de Denis-Benjamin Viger	226
An Apology for Great Britain […] de Ross Cuthbert	228
Some Considerations on this question […] de John Fleming	231
Les premiers rudimens de la Constitution britannique […] de Jacques Labrie	232
Le discours bureaucrate	233
Esquisse de la Constitution britannique de Robert-Anne d'Estimauville	233
Le discours patriote	235
Étienne Parent	236
Louis-Joseph Papineau	242
Le rapport du Durham	244
Les satires, pamphlets et polémiques	247
Les satires	248
Les pamphlets	250
Les polémiques	255
L'éloquence religieuse	261
Les publications	263
Les sermons de Joseph-Octave Plessis	264
L'oraison funèbre de Joseph-Octave Plessis, par Jean Raimbault	266
Le discours de l'appropriation du pays	269
L'histoire	269
George Heriot	270

William Smith fils 271
Jacques Labrie 276
Robert Christie 279
Michel Bibaud 280
John Fleming 285
Pierre-Jean de Sales Laterrière 288
La géographie 293
   Joseph Bouchette 294
   Jean Holmes 297
   Isidore Lebrun 298
La bibliographie et l'archivistique 303
   « Ma Saberdache » de Jacques Viger 303
   « Collection d'ouvrages sur l'histoire de l'Amérique
      septentrionale [...] » de Michel Bibaud 305
   Catalogue d'ouvrages sur l'histoire de l'Amérique [...]
      de Georges-Barthélemi Faribault 309
   Pour en savoir davantage 318

CHAPITRE 6. LES TEXTES DE L'IMAGINATION ET DE LA SUBJECTIVITÉ 321

Les textes poétiques 325
   Une poésie de combat (1806-1816) 327
      La poésie satirique 327
      Joseph-David Mermet 328
   Du didactisme, de l'amour et des femmes (1817-1830) 331
      Les femmes qui écrivent 332
      Michel Bibaud 333
   Les débuts du romantisme (1831-1839) 337
      François-Xavier Garneau 339
      Napoléon Aubin 341
      Joseph-Guillaume Barthe 341
   La chanson 345
Les textes dramatiques 351
   Griphon [...] de Pierre Petitclair 352
   Napoléon à Sainte-Hélène [...] de Firmin Prud'homme 356
   Le soldat et *Valentine* [...] d'Hyacinthe-Poirier Leblanc
      de Marconnay 358
Les récits de fiction 363
   Les récits brefs 363
   L'influence romantique 364
      « L'Iroquoise », récit anonyme 364
      « Louise Chawinikisique » de Georges Boucher
         de Boucherville 366
      « La tour de Trafalgar » de Georges Boucher de Boucherville 368

Les récits de Napoléon Aubin	370
L'année 1837	371
Les *révélations du crime* [...] de François-Réal Angers	373
L'influence d'un livre de Philippe-Ignace-François Aubert de Gaspé	377
Les récits de voyages	383
Alexander Mackenzie	384
Simon Fraser	384
Gabriel Franchère	386
Joseph-Octave Plessis	390
Jean-Baptiste-Antoine Ferland	395
Les écrits intimes	401
Les lettres de Louis-Joseph Papineau	403
Les lettres de Julie Bruneau-Papineau	406
Le « Testament politique » de Chevalier de Lorimier	410
Quelques missives de patriotes	413
Le *Journal d'un Fils de la liberté* [...] de Louis-Joseph-Amédée Papineau	415
Les *Mémoires de Pierre de Sales Laterrière et de ses traverses*	417
Pour en savoir davantage	424

CHAPITRE 7. **LA RÉCEPTION**   427

L'horizon d'attente	430
La fidélité à l'idéal classique	432
La fortune de la littérature du XVIIIe siècle	436
La réception des écrivains français contemporains	439
À l'écoute des premiers romantiques	440
Les premières perceptions du romantisme	443
La réception des auteurs non francophones	447
La résistance au romantisme	452
La mise en lumière de la fonction sociale de l'écrivain	453
La réception critique de la littérature canadienne	454
La réception critique de la littérature canadienne en France	463
L'émergence du nationalisme littéraire	466
Pour en savoir davantage	478

Conclusion   481

La formation des acteurs littéraires	483
Le circuit de production	484
Les frontières	485
La réception	486
La manifestation du littéraire	487
Une littérature canadienne	487

Chronologie	489
Bibliographie	505
Index des noms de personnes	557
Index des œuvres	571
Index des périodiques	579

Cet ouvrage a été composé
en caractères Garamond
par l'atelier Mono-Lino inc.,
de Québec, en septembre 1992.

MARQUIS
Montmagny, Qc
novembre 1992